SONDER- UND HEILPÄDAGOGIK
IN DER MODERNEN LEISTUNGSGESELLSCHAFT

SONDER- UND HEILPÄDAGOGIK IN DER MODERNEN LEISTUNGSGESELLSCHAFT
Krise oder Chance?

herausgegeben von
Konrad Bundschuh

2002

VERLAG JULIUS KLINKHARDT • BAD HEILBRUNN / OBB.

Die Deutsche Bibliothek – Cip-Einheitsaufnahme

Ein Titelsatz für diese Publikation ist bei
der Deutschen Bibliothek
erhältlich

2002.9.ng. © by Julius Klinkhardt.
Das Werk ist einschließlich aller seiner Teile urheberrechtlich geschützt.
Jede Verwertung außerhalb der engen Grenzen des Urheberrechtsgesetzes ist ohne Zustimmung des
Verlages unzulässig und strafbar. Das gilt insbesondere für Vervielfältigungen, Übersetzungen,
Mikroverfilmungen und die Einspeicherung und Verarbeitung in elektronischen Systemen.
Druck und Bindung:
WB-Druck, Rieden
Printed in Germany 2002
Gedruckt auf chlorfrei gebleichtem alterungsbeständigem Papier
ISBN 3-7815-1241-X

Inhalt

Vorwort 11

Hauptvorträge

Urs Haeberlin
Gedanken über die Zukunftschancen der Heil- und Sonderpädagogik 17

Klaus Hurrelmann
Kindheit in der modernen Leistungsgesellschaft: Sind Kinder
Modernisierungsgewinner oder -verlierer 39

Gérard Bless
Moderne Leistungsgesellschaft – Krise im öffentlichen Schulwesen? 59

Therese Neuer-Miebach
Aktuelle gesellschaftliche Herausforderungen durch die
humangenetische Forschung 73

Konrad Bundschuh
Krisen meistern – Chancen wahrnehmen 91

Behinderung im Spiegel moderner Leistungsgesellschaft

Martina Schlüter
Forderungen für die Lebenswe(r)ltgestaltung von
(körper-)behinderten Menschen als Antworten zur
Leidvermeidung durch pränatale Diagnostik 107

Andrea Strachota
Biotechnologie, Biochemie, Biomedizin – Biogogik? 115

Ulrike Schildmann
Leistung als Basis-Normalfeld der (post)modernen Gesellschaft
- kritisch reflektiert aus behindertenpädagogischer und
feministischer Sicht   125

Bettina Bretländer
Identitätsarbeit (körper-)behinderter Mädchen im Spannungsfeld
extrem widersprüchlicher Lebensbedingungen   133

Stephan Ellinger
Milieu- und Lebensstilkonzepte als Grundlage
pädagogischer Interventionen bei Lernbehinderung:
Welchen Beitrag leisten Entwicklungstheorien?   141

Katja Koch, Stephan Ellinger
Milieu- und Lebensstilkonzepte als Grundlage
pädagogischer Interventionen bei Lernbehinderung –
Kann die Resilienzforschung einen Beitrag liefern?   151

Sonder- und Heilpädagogik in der Postmoderne

Jürg Blickenstorfer
Vom schwierigen Umgang mit Vielfalt in der Pädagogik   163

Markus Dederich
Behinderung, Ressourcen und biographische Risiken   175

Inge Holler-Zittlau
Reflexion als Aufgabe der Sonderschule und
sonderpädagogischen Förderung in der Leistungsgesellschaft   185

Vera Moser
Die ethische Dimension der Sonderpädagogik   197

Blanka Hartmann
Potenziale des Qualitätsmanagements für sonderpädagogisches
Arbeiten in der modernen Leistungsgesellschaft   203

Sozialarbeit in sonder- und heilpädagogischen Handlungsfeldern

Hans Eberwein
Zu Verständnis von Sonderpädagogik als Sozialpädagogik und
Sozialarbeit 213

Peter Walther-Müller
Qualitätsmanagement (QM) in der Sonderpädagogik - Bedrohung
oder Stütze 221

Nadja Skale, Wolfram Kulig, Günther Opp
Kooperation in der schulischen Erziehungshilfe 233

Andrea Dlugosch
Sonderpädagogik als professionelles Handeln zweiter Ordnung? 245

Ulrich von Knebel
Sonderpädagogischer Förderbedarf als bildungspolitische und
pädagogische Herausforderung – eine neue Chance für eine
‚Pädagogisierung' der Sonder- und Heilpädagogik 255

Clemens Hillenbrand
Selbstbestimmung und Teilhabe nach dem neuen
Sozialgesetzbuch IX – Konsequenzen für die Heilpädagogik 267

Rainer Wetzler
Qualitätsmanagement in Wohneinrichtungen der Behindertenhilfe 281

Gottfried Biewer
Ist die ICIDH-2 für die Heilpädagogik brauchbar? 293

Schule im Zeichen von Integration

Sabine Lingenauber
Moderne Normalitätsspektren und Behinderung am Beispiel der
Integrationspädagogik 305

Petra Gehrmann, Ditmar Schmetz
Veränderte Ausbildung von Lehrern im Kontext des gemeinsamen
Unterrichts 313

Johannes Mand
Low Budget Integration für schulschwache und auffällige Schüler
- Ergebnisse aus drei Jahren Evaluation 325

Ursula Mahnke
Qualifikationserwerb für eine integrative Pädagogik 335

Ada Sasse
Sonderpädagogik aus der Provinz: Zur Situation von Sonderschulen
im ländlichen Raum 343

Eva Gaal
Antwortalternativen auf Erwartungen an die Schulen für
Lernbehinderte in der Leistungsgesellschaft 353

Schule und Unterricht in der Moderne

Heike Schnoor
Qualitätszirkel an einer Schule für Erziehungshilfe
Ergebnisse einer Pilotstudie 367

Tatjana Leidig, Julia Martensmeier
Internet in der Pädagogik und Didaktik bei auffälligem Verhalten
- Chancen und Risiken 377

Barbara Prazak, Mathilde Niehaus
Nutzung moderner Technologien als Chance für Menschen mit
Behinderung?! 389

Marie Vitkova, Jamila Pipekova
Gegenwärtige Situation in der Erziehung und Bildung der
Schwerst- und Mehrfachbehinderten in der Tschechischen Republik 401

Walter Spiess
Was Sie als Autor einer Fachzeitschrift wissen sollten: Ergebnisse
einer Leserbefragung zur Zeitschrift für Heilpädagogik   411

Pädagogisches Handeln vor dem Hintergrund auffälligen Verhaltens

Birgit Warzecha
Verhaltensauffällige Kinder- und Jugendliche - ‚Symptomträger' in
unserer Gesellschaft?   423

Miklos Horvath
Der Zusammenhang von Lern- und Verhaltensproblemen und ihre
Beurteilung durch die Pädagogen   433

Norbert Störmer
Probleme und Grenzen der Grundlegung einer
‚Verhaltensgestörtenpädagogik'   345

Elisabeth von Stechow
Normalitätskonstruktionen und Verhaltensstörungen   457

Ellen Wenzel, Günther Opp
Schulen zur Erziehungshilfe im Spiegel der aktuellen
Schulqualitätsdiskussion   467

Interventionen im Kontext pädagogischer Herausforderungen

Christoph Dönges
Entpädagogisierung schulischer Aufgabenfelder durch
Pathologisierung unerwünschter kindlicher Verhaltesweisen
am Beispiel ADS   479

Michael Fingerle
Flexible Emotionsregulation bei Kindern – Entwicklungsprozess
und Förderung   491

Gerhard Schad
Das Konzept ‚Die Veränderung der Wahrnehmung'   503

Ernst Wüllenweber
Bedeutung, Möglichkeiten und Gefahren der Physischen Intervention   517

Arbeit und Beruf als sonder- und heilpädagogischer Verantwortungsbereich

Horst Biermann
Das Dilemma der beruflichen Rehabilitation im gesellschaftlichen Strukturwandel   529

Carsten Rensinghoff
Jugendliche und junge Erwachsene mit Hirnverletzung in der modernen Leistungsgesellschaft   541

Dagmar Orthmann
Berufliche Planungsprozesse lernbeeinträchtigter Jugendlicher   553

Reinhard Markowetz
Das allmähliche Verschwinden der Arbeit aus der WFB als Herausforderung für die Sonder- und Heilpädagogik   567

Ines Simbrig, Andreas Schmal, Mathilde Niehaus
Einstellungen, Verhaltensintentionen und berichtete Verhaltensweisen gegenüber Mitarbeitern mit Handicap im betrieblichen Kontext   581

Autorinnen und Autoren   591

Vorwort

Die 38. Arbeitstagung der Dozentinnen und Dozenten der Sonderpädagogik in deutschsprachigen Ländern fand vom 04. bis 06. Oktober 2001 an der Ludwig-Maximilians-Universität München statt. Der nun vorliegende Band dokumentiert die wesentlichen Beiträge der im Rahmen dieser Tagung angebotenen Vorträge und Referate.

Mit dem Tagungsthema ‚Sonder- und Heilpädagogik in der modernen Leistungsgesellschaft – Krise oder Chance?' war vom veranstaltenden Lehrstuhl für Geistigbehindertenpädagogik und Verhaltensgestörtenpädagogik des Instituts für Sonderpädagogik der Universität München ein weiter Rahmen vorgegeben.

Diese Arbeitstagung setzt die lange Tradition heilpädagogischer Lehre und Forschung in München fort: 1922 wurde die ‚Gesellschaft für Heilpädagogik' gegründet, 1972 fand letztmalig im Rahmen der Feier ‚50 Jahre Sonderschullehrerausbildung in Bayern' in München die 9. Arbeitstagung der Dozentinnen und Dozenten[1] der Sonderpädagogik in deutschsprachigen Ländern statt. 1977 wurde die Sonderpädagogik als eigenständige Disziplin in die Fakultät für Psychologie und Pädagogik in die Ludwig-Maximilians-Universität München integriert.

Das Thema dieser Arbeitstagung ‚Sonder- und Heilpädagogik in der modernen Leistungsgesellschaft – Krise oder Chance?' impliziert neben einer großen fachlichen Breite auch eine nicht unerhebliche wissenschaftliche und gesellschaftliche Brisanz. Hat die Sonder- und Heilpädagogik in der modernen Leistungsgesellschaft überhaupt eine Chance? Finden wir Antworten auf die raschen Veränderungen in unserer Gesellschaft? Wie kann der Mensch mit Behinderung in einer immer stärker auf Leistung hin orientierten Welt bestehen und welchen positiven Beitrag kann hierbei die Sonder- und Heilpädagogik leisten? Diese und weitere Aspekte wurden im Rahmen der Tagung in unterschiedlichen Zusammenhängen thematisiert und diskutiert.

Urs *Haeberlin* stellte in seinem Eröffnungsvortrag die „Frage nach der Zukunft einer entstigmatisierenden Pädagogik einerseits und die engere Frage nach der Zukunft unserer spezialisierten sonderpädagogischen Fachdisziplin andererseits". Klaus *Hurrelmann* ging in seinen Ausführungen der Frage nach, inwieweit Kinder ‚Gewinner' oder ‚Verlierer' der modernen Leis-

---

[1] Aus Gründen der besseren Lesbarkeit wird im Weiteren für Personengruppen durchgängig die maskuline Bezeichnung verwendet. Sie schließt jeweils die feminine Entsprechung mit ein.

tungsgesellschaft sind. Gerard *Bless* setzte sich in seinem Beitrag mit der möglichen Krise des öffentlichen Schulwesens in der Schweiz vor dem Hintergrund der modernen Leistungsgesellschaft auseinander. Konrad *Bundschuh* stellte resümierend die Frage nach der aktuellen Krise oder Chance der Sonder- und Heilpädagogik. Er betonte, dass es vordringliche Aufgabe sei, die sich stellenden Probleme nicht zu verdrängen, sondern sich den Herausforderungen kritisch-konstruktiv reflektierend zuzuwenden. Er entwickelte dabei auch mögliche Perspektiven.

Die hier veröffentlichten Beiträge sind den insgesamt acht Arbeitsgruppen zugeordnet: Behinderung im Spiegel der modernen Leistungsgesellschaft, Sonder- und Heilpädagogik in der Postmoderne, Sozialarbeit in sonder- und heilpädagogischen Handlungsfeldern, Schule im Zeichen von Integration, Schule und Unterricht in der Moderne, Pädagogisches Handeln vor dem Hintergrund auffälligen Verhaltens, Interventionen im Kontext pädagogischer Herausforderungen, Arbeit und Beruf als sonder- und heilpädagogischer Verantwortungsbereich.

Einen besonderen Schwerpunkt und den Abschluss der Arbeitstagung in München stellten die Herausforderungen durch die moderne Gen- und Biotechnologie dar, die den zentralen Bereich der sogenannten Lebenswissenschaften bilden. Krankheiten, die bisher als unbesiegbar galten, scheinen, so die verheißungsvollen Zukunftsentwürfe dieser Wissenschaften, in absehbarer Zeit heilbar zu sein; genetische Defekte lassen sich vielleicht schon bald korrigieren. ‚Behindertes Leben' wird in diesem Kontext jedoch zu einem ‚Fehler der Natur', den es letztlich zu vermeiden gilt. Der von Bundespräsident Rau in seiner Berliner Rede vom Mai des Jahres 2001 geforderte ‚Fortschritt nach menschlichem Maß' stand und steht zur Diskussion. Therese *Neuer-Miebach* widmete sich in ihrem Vortrag den diesbezüglich aktuellen gesellschaftlichen Herausforderungen. Sie setzte sich dabei u.a. auch mit den Problembereichen ‚Präimplantationsdiagnostik' und ‚verbrauchende Embryonenforschung' kritisch auseinander. Die sich anschließende Podiumsdiskussion, an der Vertreter der Medizin, Soziologie, Philosophie sowie der Sonder- und Heilpädagogik teilnahmen, kann aus Platzgründen hier leider nicht dokumentiert werden.

Ich danke dem Verleger Andreas Klinkhardt sehr für die gute Zusammenarbeit, die sich auch bei der Herausgabe des vorliegenden Tagungsbandes bewährt hat.

Mein besonderer und herzlicher Dank gilt meinen Mitarbeiterinnen und Mitarbeitern des Lehrstuhles für Geistigbehindertenpädagogik und Verhaltensgestörtenpädagogik der Universität München, die durch ihr großes Engagement wesentlich zum Gelingen dieser Tagung beigetragen haben. Ohne deren überaus intensive Unterstützung sowohl im Vorfeld der Planung und Strukturierung als auch im Verlauf der Tagung selbst wäre diese so nicht möglich gewesen.

Frau Sybille Kannewischer, Herrn Wolfgang Dworschak und Herrn Christoph Winkler gebührt großer Dank für die redaktionelle Bearbeitung und die zuverlässige Fertigstellung dieses umfangreichen Tagungsbandes.

München, im Juli 2002

Konrad Bundschuh

HAUPTVORTRÄGE

Urs Haeberlin

Gedanken über die Zukunftschancen der Heil- und Sonderpädagogik

1 Problemstellung

Ein deutsches Menschenleben dauert durchschnittlich 650.000 Stunden. Davon sind nur gerade 55.000 Stunden Erwerbsarbeit. Rund 300.000 Stunden werden hingegen als ‚Freizeit' verbracht (vgl. *Guggenberger* 2001, 105). Die Anzahl der Urlaubsreisen hat sich innerhalb von 30 Jahren verdreifacht und die Ausgaben für Urlaub versiebenfacht (vgl. *Heiderich/ Rohr* 1999, 63f.). Unter dem Eindruck solcher Zahlen erscheint es ratsam, den weit verbreiteten Begriff der ‚modernen Leistungsgesellschaft' nicht mehr zu verwenden. Dieser Begriff ist zu oberflächlich und dient eher der Verschleierung der zentralen gesellschaftlichen Grundwidersprüche. Der Begriff fängt zudem viele für das zukünftige Schicksal der Heil- und Sonderpädagogik maßgebliche Weltprobleme nicht ein. Aus gesellschaftskritischer Sicht muss man zum Schluss kommen, dass wir gesellschaftliche Grundwidersprüche und die sich daraus ergebenden Gefahren für die Heil- und Sonderpädagogik nach wie vor klarer erkennen, wenn wir von einer ‚kapitalistischen Gesellschaft' sprechen.

Es ist sinnvoll, die Problemstellung dieses Beitrags in zwei Fragen aufzuteilen: Die allgemeinere Frage nach der Zukunft einer entstigmatisierenden Pädagogik *einerseits* und die engere Frage nach der Zukunft unserer spezialisierten sonderpädagogischen Fachdisziplinen *andererseits*.

Ich gehe von der Annahme aus, dass es bei den Sorgen bezüglich der allgemeineren Frage innerhalb der Heil- und Sonderpädagogik so etwas gibt wie den von Annedore *Prengel* dargestellten „Konsens im Dissens". Sie bezieht diesen in ihrer Standortbestimmung auf das gespannte Verhältnis zwischen Integrationspädagogen und Separationspädagogen und sieht den „Konsens im Dissens" in der Anerkennung, „dass weder die eigene, noch die andere Gruppe beabsichtigt, den behinderten und nichtbehinderten Kindern, um die es geht, absichtlich zu schaden, sondern, dass es allen um ihr Wohlergehen geht" (*Prengel* 2000, 80). Es dürfte unter Heil- und Sonderpädagogen kaum kontrovers sein, dass dieses Wohlergehen davon abhängt, wie in Zukunft die Pädagogik – ob sie nun Regel-, Heil-, Sonder- oder Integrationspädagogik sei – Stigmatisierungen verhindern und gerecht sein wird. Ob das Wohlergehen von welchen heil- oder sonderpädagogischen Spezialisten abhängig ist, scheint eine weniger konsensfähige Fragestellung zu sein.

Nachfolgend werden zuerst einige allgemeine Weltprobleme und dann Grundwidersprüche des modernen Kapitalismus dargestellt, welche die entstigmatisierende Pädagogik herausfordern und ihre Zukunftschancen in Frage stellen werden. Im zweiten Teil wird *Wockens* provokative Frage, ob „Kulturpessimismus etwa eine professionelle Attitüde der behindertenpädagogischen Wissenschaft sei" (*Wocken* 2000, 288), mit einer eher optimistischen Sichtweise beantwortet. Der Schwerpunkt liegt dabei auf der allgemeinen Frage nach der Zukunft einer entstigmatisierenden Pädagogik. Auf die Zukunft der sonderpädagogischen Fachdisziplinen wird nur kurz eingegangen. Um diese Gewichtung deutlich zu machen, vermeide ich den Begriff ‚Sonderpädagogik' meistens und verwende den Begriff ‚Heilpädagogik'.

2 Weltprobleme im neuen Jahrhundert

2.1 Bevölkerungsexplosion und drohender ökologischer Kollaps

Vor 10.000 Jahren gab es auf der Erde etwa fünf Millionen Menschen (nicht einmal die Zahl der heutigen Bevölkerung der Schweiz). Vor nur 300 Jahren lag die Erdbevölkerung noch weit unter einer Milliarde. Vor 200 Jahren wurden eine Milliarde und vor 70 Jahren zwei Milliarden erreicht. In den vergangenen 70 Jahren ist die Erdbevölkerung von zwei auf fünf Milliarden angestiegen. In 30 Jahren werden wir bei acht Milliarden sein (vgl. *Ulrich* 2001, 23); die nächste Verdoppelung gegenüber heute wird etwa im Jahr 2050 erwartet.

Die sich aus der Bevölkerungsexplosion abzeichnende Zukunftsperspektive für das Leben auf der Erde ist düster. Vorbild für die meisten Länder Asiens, Afrikas und Südamerikas wird auch in Zukunft der Stand der Produktion und Konsumation in den technisch hoch entwickelten Ländern sein. Alle möchten verständlicherweise einen ähnlichen wirtschaftlichen Stand erreichen.

Sie pochen hierbei auf ihr gutes Recht, z.B. den Dreck in die Atmosphäre entlassen zu dürfen, den wir schon immer und seit mehreren Jahrhunderten auf diese Weise entlassen. Es ist andererseits offensichtlich, dass man unser Wohlstandsmodell nicht ungestraft auf die ganze Erde ausdehnen kann und dass das, was dadurch droht, die Erde sprengen und zu einer Ökologie- und Klimakatastrophe führen kann, ja letzten Endes zum Kollaps des gesamten Biosystems. (*Radermacher* 2000, 83)

Angesichts allgemeiner Ressourcenverknappung infolge der Bevölkerungsentwicklung wird die Heilpädagogik zunehmend unter den Zwang geraten, ihr Engagement und den daraus entstehenden Aufwand an Mitteln für eine kleine Minderheit von hilfsbedürftigen Menschen zu legitimieren. Auch wer die Zukunft der Behindertenhilfe grundsätzlich hoffnungsvoll sieht, muss im Auge behalten, dass bezüglich der Einstellung gegenüber Behinderten „der Zeitgeist ambivalent, und damit labil" ist und bleiben wird (*Wocken* 2000, 304). Was eine Wendung ins Negative bewirken könnte, ist „die Heraufbeschwörung einer globalen Situation der Ressourcenknappheit, die den Vielen nicht in gleichem Masse das Überleben sichern kann und die brisante Frage nach der Verteilung dieser knappen Ressourcen aufwirft" (*Dederich* 2000, 110). *Dederich* weist nach, dass das für Menschen mit Behinderungen bedrohliche Argument, die vorhandenen Ressourcen würden nicht mehr für alle ausreichen, auch früher aufgetaucht und beispielsweise bereits 1916 von *Forel* verwendet worden ist „– eine Schlussfolgerung, die in die Postulierung einer Gefahr der Überwucherung der ‚Kulturmenschheit (...) durch inferiore Menschenmassen infolge deren großen Fruchtbarkeit', also eine Gefährdung des Höherwertigen und Gesunden durch das Minderwertige und Kranke, mündete" (*Dederich* 2000, 110).

2.2 Die regional ungleiche Bevölkerungsentwicklung

Im Jahre 1950 lebte in allen Industriestaaten zusammen mit 813 Millionen Einwohnern fast ein Drittel der Weltbevölkerung. Heute umfassen die gleichen Staaten mit 1,19 Milliarden Einwohnern nur noch weniger als ein Fünftel der Weltbevölkerung von rund 6 Milliarden. Es wird damit gerechnet, dass die heutigen Industriestaaten im Jahre 2050 mit noch 1,17 Milliarden Einwohnern nur noch 13% der dann 10 Milliarden umfassenden Weltbevölkerung haben werden.
Auf der einen Seite lassen sinkende Fertilitätsquoten in allen Regionen der Welt zwar erwarten, dass sich die Bevölkerungszunahme stärker als prognos-

tiziert abflachen dürfte. In den Entwicklungsländern lag die Gesamtfruchtbarkeitsrate um 1960 noch bei 6 Kindern je Frau, während sie in den entwickelten Ländern längst unter 3 gesunken war. Innerhalb von 40 Jahren ist sie bis zum Jahr 2000 auch in diesen Ländern auf die Hälfte, d.h. auf 3 gesunken, während sie in den entwickelten Industrieländern nun gerade noch bei 1,6 liegt. Klammert man China aus, wo eine rigorose Geburtenkontrolle eingeführt worden ist, liegt die durchschnittliche Fruchtbarkeitsquote der restlichen Entwicklungsländer bei 3,7 Kindern je Frau (vgl. *Ulrich* 2001, 32). In den meisten Entwicklungsländern zeigen sich im Verlaufe der letzten Jahre deutliche Veränderungen des Kinderwunsches; ein Paradebeispiel der diesbezüglichen Forschung ist Kenia, wo die gewünschte Kinderzahl innerhalb von 15 Jahren (1978 bis 1993) von 7,2 auf 3,9 gesunken ist. Als Folge oft unwirksamer Empfängnisverhütung wird häufig das Mittel der in vielen dieser Länder illegalen Abtreibung gewählt. „Von weltweit 46 Mio. Abtreibungen 1995 fanden 36 Mio. in Entwicklungsländern statt, davon allein 10 Mio. in China. [...] In den Entwicklungsländern endete Mitte der 90er Jahre durchschnittlich jede vierte Schwangerschaft in einer Abtreibung" (*Ulrich* 2001, 41).

Auf der anderen Seite hat aber die weltweit zunehmende Lebenserwartung und abnehmende Säuglingssterblichkeit bisher verhindert, dass die sinkende Geburtenrate die exponentielle Zunahme der Weltbevölkerung hätte stoppen können. In allen Entwicklungsländern zusammengenommen ist seit den 50er Jahren bis heute die Lebenserwartung bei Geburt von 40,9 auf 63,3 gestiegen und die Säuglingssterblichkeit je 1.000 von 178 auf 63 gesunken; in allen entwickelten Industrieländern zusammengenommen ist in der gleichen Zeit die Lebenserwartung von 66,6 auf 74,9 gestiegen und die Säuglingssterblichkeit je 1.000 von 58 auf 9 gesunken (vgl. *Ulrich* 2001, 28). Für Deutschland findet man beispielsweise die folgenden Zahlen:

Die durchschnittliche Lebenserwartung 1997 betrug bei Frauen in den alten Bundesländern 79,7 Jahre, in den neuen Bundesländern 77,8 Jahre. Bei den Männern waren es 73,4 bzw. 70,3. Prognosen sagen, dass bis zum Jahr 2010 die Lebenserwartung bei Frauen auf etwa 81 Jahre, bei Männern auf 75 Jahre ansteigen wird. (*Heiderich/ Rohr* 1999, 40)

Wir müssen davon ausgehen, dass die Bevölkerungszunahme in den Entwicklungsländern noch während vieler Jahrzehnte andauern wird. Ebenso wird es noch lange dauern, bis sich ihre Altersstruktur derjenigen der technisch entwickelten Länder angleichen wird. Heute sind beispielsweise noch 50% der afrikanischen Bevölkerung jünger als 18 Jahre; demgegenüber gehören in den entwickelten Ländern nur noch 20% der Bevölkerung zu dieser Altergruppe.

Trotz der oft beklagten Altenlast in Industriestaaten dürfen wir nicht übersehen, dass der Anteil der Bevölkerung im arbeitsfähigen Alter an der gesamten Bevölkerung bei uns beträchtlich größer ist als in Entwicklungsländern. Die höhere Jugendlast in Entwicklungsländern würde weniger ins Gewicht fallen, wenn jene Jugendlichen, die jedes Jahr ins arbeitsfähige Alter kommen, selbst ihren Lebensunterhalt verdienen und produktiv tätig werden könnten. (*Ulrich* 2001, 36)

Die weiter andauernde soziale Not und Armut in großen Teilen der Welt wird für die Legitimation der Heilpädagogik eine zunehmende Herausforderung bedeuten, wenn sie am Postulat der Anspruchs ausnahmslos aller Hilfebedürftigen auf Hilfe festhalten will. Die Zweifel an der Berechtigung dieser kostenintensiven Pädagogik für eine kleine Minderheit von Behinderten vorwiegend in den reichen Industrieländern könnte angesichts des Elends vieler zunehmen. Auch könnte in einer breiteren Öffentlichkeit der Industrieländer das Bild vom vollen Rettungs-Boot heraufbeschworen werden. Das bedrohliche Bild vom vollen Rettungs-Boot, deren Insassen nur eine Chance haben, wenn sie die sich nicht im Boot Befindlichen ertrinken lassen, könnte immer mehr zur Rechtfertigung von politischem Handeln zum Nachteil von Hilfsbedürftigen herangezogen werden. *Wisotzki* meint, dass diese Überlegung, die zwar nicht explizit ausgesprochen wird, bereits 1993 zu einer Änderung des Deutschen Grundgesetzes geführt habe. Durch Änderung des Paragraphen 16 in den Paragraphen 16a des Grundgesetzes werde das Recht auf Asyl entscheidend eingeschränkt. „In eine ähnliche Richtung gehen Überlegungen, Gesundheitsleistungen der Krankenkassen entsprechend dem Lebensalter (...) einzuschränken. Ebenfalls in diese Richtung zielt seit Anfang der neunziger Jahre die Diskussion, das grundgesetzlich garantierte Recht auf Leben für Schwerstbehinderte einzugrenzen" (*Wisotzki* 2000, 24).

2.3 Verschiebung der Altersstruktur

Die Zunahme des Anteils an alten Menschen in unseren technisch hoch entwickelten Ländern ist ein viel beschriebenes Phänomen. Darstellungen des Bevölkerungsaufbaus zeigen, dass er sich in diesen Ländern vom ursprünglichen Bild einer Pyramide zunehmend zum Bild eines Pilzes verändert. In der Neuen Zürcher Zeitung fand man die Veränderung der Altersstruktur mit Blick auf die von Amerika zu uns überschwappende Anti-Aging-Medizin in folgende journalistisch ironisierte Kurzformel gebracht:

Zu Beginn des 20. Jahrhunderts lag die durchschnittliche Lebenserwartung bei 47 Jahren. Wer hingegen 1997 geboren wurde, kann mit 76,5 Jahren rechnen. Und laut Anti-Aging-Experten wird es im Jahr 2050 selbstverständlich sein, über 100 Jahre alt zu werden. Viele Leute werden sogar ihren 120. Geburtstag feiern können. (*Neue Zürcher Zeitung* 184/ 2001)

Die journalistisch aufbereitete Formulierung der Zukunftsvision der Anti-Aging-Bewegung tönt provokativ:

Mit sechzig aussehen wie vierzig, mit siebzig eine neue Firma gründen, mit achtzig einen Marathon bestreiten, mit neunzig ein Studium absolvieren und am hundertsten Geburtstag mit den Ururenkeln Fußball spielen - all dies sind keine utopischen Phantastereien mehr. Dank Molekularbiologie, Genetik, Medizin und Technik scheint der ewige Jungbrunnen in greifbarer Nähe. Sein Name: Anti-Aging-Medizin. (*Neue Zürcher Zeitung* 184/ 2001)

Demgegenüber fand man allerdings im gleichen Zeitraum im Wirtschaftsteil der ZEIT eine etwas weniger positiv aussehende Realität für älter werdende Arbeitnehmer dargestellt:

Wissenschaftliche Untersuchungen zeigen aber, wie schlecht die deutsche Wirtschaft auf die Veränderung der Altersstruktur vorbereitet ist. Mitarbeiter über 45, gar über 50 Jahren gelten - soweit es keine Führungskräfte sind - vielfach als Ballast. Wann immer eine konjunkturelle Krise, ein Strukturwandel oder eine Fusion die Reduzierung der Belegschaft erfordert, werden zunächst die älteren Mitarbeiter in die Frührente geschickt. (*DIE ZEIT* 11/ 2001)

Zwar sind der Gesundheitszustand und damit die Möglichkeit zu einem relativ unabhängigen Leben der heutigen ‚jungen Alten' zwischen 65 und 75 oder gar 80 bedeutend besser, als es früher auf Menschen in diesem damals hohen Alter zutraf, aber dafür gibt es heute auch eine sehr viel größere Zahl an ‚alten Alten', welche von der Hilfe, Pflege und Zuwendung Anderer abhängig werden (vgl. *Schneider* 2000, 53ff.). An der Bereitschaft der zukünftigen jungen Generationen hierzu wird gelegentlich gezweifelt. Zur Zeit scheint es, dass sich „die Beziehungen zwischen der jüngeren und der älteren Generation generell zu weniger Harmonie entwickelt haben" dürften (*Heiderich/ Rohr* 1999, 42). Es kann vermutet werden, dass die Sprache der Jungen etwas über die eher negative Einschätzung der älteren Generation verraten dürfte: „'Rentnerschwemme', ‚Kukident-Generation', ‚Altenbombe', ‚Krampfadergeschwader', ‚Langlebigkeitsrisiko', ‚Traue keinem über 30'. Dem musste Roman Herzog entgegenhalten, dass das Alter ‚kein almosengespeister Wartesaal des Todes' sei" (*Heiderich/ Rohr* 1999, 41f.).

Es ist vermutlich für die Zukunft einer entstigmatisierenden Pädagogik von großer Bedeutung, wie sich die Einstellung der kommenden jungen Generationen zu den Alten entwickeln wird, die in immer größerer Zahl von der Bereitschaft zur Unterstützung durch die Jüngeren abhängig sein werden. Wenn Altsein und die damit verbundene Abhängigkeit als Folge der zunehmenden finanziellen Belastung der arbeitenden Bevölkerung zum Stigma werden sollte, wären Stigmatisierungen von anderen abhängigen und kostenaufwendigen Menschen kaum vermeidbar.

2.4 Migration und Angst vor dem „Kampf der Kulturen"

Nur wenige Themen werden heute mit so großer emotionaler Betroffenheit diskutiert wie das Thema ‚Ausländer'. Wenn man den Ausländeranteil rein quantitativ erfasst, ist eigentlich die steigende Angst vor einer Bedrohung durch Immigranten kaum berechtigt. Im Jahre 1996 lag der Anteil an Ausländern nur in wenigen europäischen Ländern über 5%: Schweden 6%, Frankreich 6,8%, Deutschland 8,9%, Belgien 8,9%, Österreich 9%, Schweiz 19,3%, Luxemburg 33% (vgl. *Opitz* 2001, 266). Es scheint, dass nicht die Tatsache der Immigration an sich, sondern das fehlende Vertrauen in kulturell Andersartiges und die Furcht vor neuem religiösem Fundamentalismus in Verbindung mit Nationalismus den zunehmenden Vorbehalten gegenüber Immigranten zu Grunde liegen. Diese Entwicklung in der Einstellung gegenüber Ausländern findet eine gewisse Begründung darin, dass in den vergangen Jahren häufig kriegerische Auseinandersetzungen im Anschluss an ethnisch-religiöse oder nationalistische Konflikte stattgefunden und zu Migrationsbewegungen geführt haben. Diese Tatsache erklärt auch, warum die 1996 in *Huntingtons* Buch ‚The clash of Civilization' (‚Kampf der Kulturen') publizierten Thesen in Europa mit großem Interesse und teilweiser Zustimmung aufgenommen worden sind (vgl. *Huntington* 1998). *Huntington* hat in seiner Sammlung von Materialien zur Stützung seiner These vom Kampf der Kulturen unter anderem beunruhigende demographische Hinweise für die zunehmende Bedrohung durch die Islamische Kultur zusammengetragen; so weist er beispielsweise nach, dass sich der Unterschied zwischen dem prozentualen Anteil der Jugendlichen (15-24 jährig) in den muslimischen Ländern gegenüber dem Anteil an Jugendlichen in Europa, den USA und Russland enorm vergrößert hat und entsprechend groß bleiben wird (vgl. *Huntington* 1998, 183). Insbesondere Deutschland hat einen gegenüber andern europäischen Ländern großen Anteil an Muslimen – nur in Frankreich ist er höher (vgl. *Heiderich/ Rohr* 1999, 152); dies mag erklären, warum die Nachfrage nach der deutschen Übersetzung dieses Buches sofort nach deren Erscheinen offenbar größer als in andern Ländern war. Zwar sind *Huntingtons* Thesen unter Wissenschaftlern umstritten, aber die Angst davor, dass wir von Menschen mit andersartigem kulturellem und religiösem Hintergrund unterwandert und angegriffen werden, dürfte mit hoher Wahrscheinlich das aktuelle Bewusstsein nicht nur vieler Deutscher, sondern insgesamt vieler Westeuropäer und Amerikaner prägen. Die Ereignisse in Amerika am 11. September 2001 werden inzwischen von vielen Menschen als Beleg dafür interpretiert, dass die Angst berechtigt ist.

Die pauschale Ablehnung von kultureller Andersartigkeit und damit von Ausländern wird mit hoher Wahrscheinlichkeit als Reaktion auf den 11. September 2001 enorm zunehmen. Bei den abgelehnten und damit stigmatisierten Immigranten wird es sich sehr häufig um sozial benachteiligte Menschen handeln, deren Kinder ganz besonders auf eine gerechte und entstigmatisierende Pädagogik angewiesen wären. Die Angst vor dem ‚Kampf der Kulturen' wird vermutlich eine der schwierigsten Barrieren auf dem Weg zum entstigmatisierten Zusammenleben darstellen. Wie mit Immigranten umgegangen wird, wird auf Dauer auch zum Indikator für die Zukunftschancen der entstigmatisierenden Pädagogik.

2.5 Relativierung von geo- und anthropozentrischen Gewissheiten

Mit der kopernikanischen Wende hatte der Übergang unserer Kultur in einen Zustand begonnen, in welchem sich eindeutige Sichtweisen der Welt und der Stellung des Menschen darin zunehmend relativieren. Die damalige Wende zwang die Menschen, zu erkennen und anzuerkennen, dass die Erde nicht das Zentrum der Welt darstellt, sondern ein kleiner Planet in unserem Sonnensystem ist, und dass die Sonne selbst wiederum ein durchschnittlicher Stern unter Milliarden anderer Sterne ist. Dies war einer der ersten großen Schritte auf dem Weg in die Relativierung aller vermeintlichen Gewissheiten. Er hat die Menschen „aus der als behütet und privilegiert angesehenen Rolle und Vorstellung, das Zentrum zu sein, um das sich alles dreht, in den Zustand der Verlorenheit, des Ungewissen und des Untergeordneten, zu einer Existenz auf einem kleinen und einsamen Planeten irgendwo im weiten All" versetzt (*Radermacher* 2000, 77).

Seither läuft ein unaufhaltbarer Prozess des Verlustes von vermeintlichen Gewissheiten und des dadurch erzwungenen Umdenkens der Menschen. Einer der dramatischsten Umdenkprozesse in neuerer und neuester Zeit wurde durch die darwinistischen Thesen ausgelöst, dass die über viele Jahrhunderte tradierte Gewissheit, eine ausgewählte, einzigartige, von der übrigen Natur prinzipiell abgehobene Art zu sein, jeder Begründung entbehre.

Unser genetisches Material ist zu 95% identisch mit dem unserer nächsten Verwandten im Tierreich (Bonobos, Schimpansen). Wir haben einen gemeinsamen Vorfahren mit den Menschenaffen, und wir besitzen in der weiteren Linie der Säugetiere irgendwo ein mausgroßes Tier als uns allen gemeinsamen Vorfahren. (*Radermacher* 2000, 79)

Das Festhalten am traditionellen Speziesismus, d.h. an der tradierten theologischen Konstruktion des Menschen als einmaliges Ebenbild Gottes wird immer problematischer; und der Schritt zur Ablehnung des Speziesismus, wie er beispielsweise in der präferenzutilitaristischen Ethik gemacht wird, ist eigentlich unvermeidlich geworden. Wir Heil- und Sonderpädagogen – auch ich selbst (vgl. *Haeberlin* 1996, 342) – stemmen uns zwar mit letzter Kraft gegen den Verlust der Gewissheit der Speziesismusthese, weil wir den Dammbruch zur Selektion von Menschen mit Behinderungen bis hin zu Menschen mit kleinsten unerwünschten Merkmalen fürchten. Aber wir werden zunehmend anerkennen müssen, dass die Heilpädagogik wahrscheinlich erst eine gesicherte Zukunft haben kann, wenn sie die gewandelte Sicht des Tier-Mensch-Problems und damit die Relativierung der Speziesismusthese akzeptieren kann, indem sie den schmerzlichen Verlust einer tradierten Gewissheit jedoch anders verarbeitet, als es der von Peter *Singer* und andern geprägte Präferenzutilitarismus tut.

2.6 Die Angst vor dem ‚künstlichen Menschen'

Die rasante Entwicklung der Genwissenschaft macht zunehmend wahrscheinlicher, dass Zeugung und genetische Ausstattung der zukünftigen Generationen durch Technologien weitestgehend beeinflussbar und berechenbar werden könnten. Zwar gelten jene Fortpflanzungsmediziner noch als wissenschaftliche Außenseiter, welche im Sommer 2001 angekündigt haben, bereits in wenigen Monaten den ersten lebensfähigen Embryo zu klonen. Aber solche Ankündigungen unterstützen Zukunftsvisionen, an welche man noch vor wenigen Jahrzehnten nicht hätte denken können.

Glaubt man den neuen Utopikern, dann stehen wir an der Schwelle zu einem neuen Zeitalter. Wir sind Zeuge einer dramatischen Epochenzäsur; rapide verlieren die alten Weltbilder an Gültigkeit, während am Horizont die Umrisse einer Hypermoderne sichtbar werden, in der vertraute, scheinbar naturwüchsige Grenzen verschwinden - die Grenzen zwischen Mensch und Maschine, Technik und Natur, Geist und Materie. [...] Nach Jahrtausenden erzwungener Demut könne der

Mensch sein biologisches Schicksal in die Hand nehmen und sich nach seinem eigenen Bild erschaffen. (*DIE ZEIT* Onlineausgabe 12/ 2001)

Damit scheinen sich die seit der Aufklärung zunehmend ansteigenden Hoffnungen auf wissenschaftliche Entzauberung aller vermeintlichen Geheimnisse in einer Dimension zu erfüllen, an welche man beim Aufbruch zum Fortschritt wahrscheinlich doch kaum gedacht haben dürfte. Wir beginnen uns zu fragen, ob Ansichten, wie sie beispielsweise von den ‚Extropianern' um den kalifornischen Philosophen Max *More* öffentlich vertreten werden, weiterhin als Fantastereien einer Sekte bagatellisiert werden können. Für sie bedeutet die neue Gentechnik eine der größten Hoffnungen „auf dem Weg in den hypermodernen Sonnenstaat, in ein Reich der Freiheit ohne Krankheit und Tod, Alter und Sorge" (*DIE ZEIT* Onlineausgabe 12/2001). Aber nicht nur diese kalifornische Gruppe, sondern eine zunehmend sich vergrößernde Zahl von weiteren Personen in Europa und in den USA beginnen damit zu rechnen, dass wir nun bald vom ‚Zufall der Biologie' oder von der ‚Biologie des Zufalls' erlöst sein werden und das Schicksal der weiteren Evolution selbst in die Hand nehmen können.

Die Vorstellung von der Selbsterschaffung der zukünftigen Generationen ist eine Herausforderung für die Zukunft der Heilpädagogik. Denn diese Vorstellung wird sich die Erschaffung von Generationen ohne Behinderte, Leistungsschwache und unerwünscht Abweichende zum Ziel setzen und damit diametral der Auffassung von Normalität als Vielfalt und Verschiedenheit entgegenstehen.

3 Herausforderungen durch den modernen Kapitalismus

Als lohn- und konsumabhängige Menschen unterliegen wir der Fremdbestimmung durch kapitalistische Gesetzmäßigkeiten. Als Folge der Globalisierung der Märkte und der Kommunikationsmittel sowie des Gebrauchs neuer Technologien hat sich allerdings der alte Kapitalismus gegenüber den früheren Beschreibungen (vgl. *Haeberlin* 1999, 50) zu einem modernen „flexiblen Kapitalismus" (*Sennett* 2000) verändert. Die im alten Kapitalismus eingesetzten Mittel zur Produktivitäts- und Mehrwertsteigerung waren Betriebshierarchien, starre Organisationsstrukturen, Betriebsbürokratien und Routinearbeit. Das Paradebeispiel aus den fünfziger Jahren, das General Motors-Werk Willow Run in Michigan, wird von Richard *Sennett* wie folgt beschrieben:

Willow Run war ein Gebäude von einem Kilometer Länge und 400 Metern Breite. Alle zur Automobilherstellung notwendigen Materialien, vom Rohstahl über Glas bis zum Leder, waren unter einem Dach versammelt, und die Arbeit wurde von einer hoch disziplinierten Bürokratie aus Analytikern und Managern gesteuert. (...) Überall in der riesigen Fabrik wurde die Zeit bis ins kleinste kalkuliert, so dass die Betriebsleitung genau wusste, was jeder in einem bestimmten Moment zu tun hatte. (...) Diese minutiöse Organisation der Arbeitszeit war an sehr lange Zeiteinheiten innerhalb des Unternehmens gekoppelt. Die Dienstalterszulage war präzise auf die Anzahl von Stunden abgestimmt, die ein Mann oder eine Frau für General Motors gearbeitet hatte; ein Arbeiter konnte genau seine Vergünstigungen bei Urlaub und Krankheit kalkulieren. Bei Beförderungen und Zulagen beherrschte diese Mikromessung der Zeit die niedrigeren Ränge der Büroangestellten ebenso wie die Fließbandarbeiter. (*Sennett* 2000, 52f.)

Dieser taylorisierten Routinearbeit im alten Kapitalismus sollten wir keinesfalls nachtrauern. Gleichwohl wird erkennbar, dass die Zeitpläne im alten Kapitalismus vielen Arbeitenden Orientierungsperspektiven gaben. Die Bedeutung der Zeitdimension spiegelte sich im individuellen Bewusstsein der Arbeitenden. Diese begannen auch im privaten Leben die Zeit zu planen. Beispielsweise wurde über große Zeitspannen in Baugenossenschaften für Eigenheime gespart. Damit konnte sich innerhalb der kapitalistischen Arbeitsstrukturen ein individueller Lebenssinn entwickeln.

Im modernen „flexiblen Kapitalismus" ist der an Zeit und Ort orientierte Lebenszusammenhang der Arbeitenden zerstört. Flexibilität bezüglich Zeit, Ort und Arbeitsstrukturen ist zur modernen Qualifikation geworden. Der individuelle Lebenssinn verflüchtigt sich zunehmend. Richard *Sennett* charakterisiert den flexiblen Kapitalismus mit den Merkmalen: Diskontinuierlicher Umbau von Institutionen, Flexible Spezialisierung der Produktion, Konzentration der Macht ohne Zentralisierung.

Der diskontinuierliche Umbau von Institutionen zeigt sich in der Regel am sichtbarsten in Personaleinsparungen. Die kapitalistische Rechtfertigung des sogenannten ‚Re-engineering' lautet: mehr mit weniger leisten. Es gibt allerdings Hinweise, dass dieses Ziel nur selten erreicht wird. Der tiefere Grund für den diskontinuierlichen Umbau von Betrieben liegt vermutlich viel eher im Hunger nach Mehrwertabschöpfung. Im neuen Kapitalismus geht es dabei oft um den Mehrwert von Aktien:

Eine solche Reorganisation von Institutionen sendet das Signal aus, der Wandel sei echt, und wie wir nur allzu gut wissen, steigen im Laufe einer Umstrukturierung häufig die Aktien solcher Unternehmen, als sei jede Art von Wandel erstrebenswerter als eine Weiterführung des Bisherigen. Bei der Funktionsweise moderner Märkte ist das Aufbrechen von Organisationen gewinnträchtig. (*Sennett* 2000, 63)

Flexibilität in der Spezialisierung der Produktion ist im neuen Kapitalismus erforderlich, weil sich die Nachfrage nach modifizierten und neuen Produkten in zunehmender Beschleunigung verändert. Unter der Bezeichnung „Multioptionsgesellschaft" hat Peter *Gross* (1994) beschrieben, wie wir seit den 60er Jahren in wenigen Jahrzehnten unser Leben an die in absurde Dimensionen beschleunigte Produktherstellung und -vermarktung anpassen mussten. Unter dem Deckmantel einer neuen Freiheit sind wir unter einen verschärften ökonomischen Zwang geraten, uns an die beschleunigte Produktion und Vermarktung in Arbeits- und Freizeit anzupassen. Ein Betrieb bleibt in der Multioptionsgesellschaft nur konkurrenzfähig, wenn er gleichsam über Nacht eine neue, den Marktbedürfnissen angepasste Produktpalette auf den Markt bringen kann. Dadurch können sich unter Umständen die Aufgaben von Arbeitern und Angestellten innerhalb von wenigen Tagen völlig verändern. Darauf müssen sie sich flexibel einstellen; sie müssen bereit sein, „das Prinzip ‚so haben wir es schon immer gemacht' zu verwerfen, erstarrte Unternehmensformen zugunsten der Innovation aufzubrechen und die Binnenstruktur von Unternehmen durch die wechselnden Forderungen der Außenwelt bestimmen zu lassen: all dies erfordert die Akzeptanz entschiedenen, abrupten, irreversiblen Wandels." (*Sennett* 2000, 65)

Am schlechtesten durchschaubar ist im neuen Kapitalismus das, was das Wortspiel *Konzentration ohne Zentralisierung* beinhaltet. Firmen sind heute globalisierte Netzwerke, an deren Knotenpunkten Teams in Teilfirmen arbeiten. Wie das Netzwerk zusammengehalten wird, ist schwer überschaubar. ‚Konzentration ohne Zentralisierung' bedeutet keinen Abbau von zentralisierter Macht; sondern diese wird lediglich anders ausgeübt. „Die neuen Informationssysteme liefern der Führungsetage in Wirklichkeit ein umfassendes Bild, so dass der einzelne wenig Möglichkeiten hat, sich innerhalb des Netzwerks zu verstecken; ...." (*Sennett* 2000, 69).

Kontrolle lässt sich ausüben, indem Produktions- oder Gewinnvorgaben für eine breite Spanne von Gruppen innerhalb der Organisation gemacht werden. Jede Einheit kann dann frei entscheiden, wie sie diese Vorgaben verwirklichen will. Dies ist jedoch eine vorgegaukelte Freiheit. Flexible Organisationen setzen nur selten leicht erreichbare Ziele; gewöhnlich stehen die Einheiten unter Druck, weit mehr zu produzieren oder zu verdienen, als in ihrer unmittelbaren Macht steht. (*Sennett* 2000, 71)

Im flexiblen Kapitalismus hängt eine erfolgreiche Berufsbiographie nicht mehr in erster Linie von der individuellen Leistung ab, sondern vielmehr von der Bereitschaft zu vielfältiger Flexibilität in der Lebensgestaltung. Das Motto im neuen Kapitalismus lautet ‚nichts Langfristiges' und ‚keine Bindung an einen Ort oder eine Region'. Flexibilität meint auch die Bereitschaft, auf Vertrauen zu einem Arbeitgeber, Firmenloyalität, Entwicklung gegenseitiger Verpflichtung und Vertiefung von Bindungen zu anderen Menschen am Arbeitsplatz zu verzichten. Flüchtige Formen von Gemeinsamkeiten in Arbeitsteams sind für den flexiblen Kapitalismus wichtiger als langfristige Bindungen. Die neue arbeitsethische Tugend im flexiblen Kapitalismus lautet: mit einem immer wieder wechselnden Ensemble von Personen kurzfristig und in oberflächlicher Beziehung zusammenarbeiten können. Wer sich flexibel den Fiktionen der Teamarbeit anpassen kann, wird eher Erfolg haben, als wer sich noch nach dem Arbeitsethos des alten Kapitalismus geradlinig leistungs- und karriereorientiert verhält.

Angesichts solchen Wandels stellt sich aus pädagogischer Sicht die Frage, ob für den neuen Kapitalismus die Theorie der Schule einschließlich Sonderschule, die seit etwa 30 Jahren aus sozialwissenschaftlicher Sicht für die Schulforschung als gültig betrachtet wird, revidiert werden muss. Seit den 70er Jahren gehen wir davon aus, dass Schule aus sozialwissenschaftlicher Sicht der Reproduktion der Sozialstruktur einer Gesellschaft dient. Die von *Fend* (1980) unterschiedenen Reproduktionsfunktionen der Schule sind Qualifikation, Selektion bzw. Allokation und Integration bzw. Legitimation. Die Qualifikationsfunktion bezieht sich auf das durch Schule vermittelte Wissen und Können, das in den gesellschaftlich zugewiesenen Positionen notwendig sein wird. Die Selektionsfunktion bezieht sich auf die Verteilung von Zugangsberechtigungen zu weiterführenden Schulen und zu Berufsausbildungen; sie ist damit gleichzeitig Allokation, d.h. Platzierung im beruflichen und sozialen Gefüge. Die Integrationsfunktion ist erfüllt, wenn den Schulentlassenen die ihnen zugewiesenen sozialen Positionen als gerechtfertigt erscheinen. Deshalb auch der Begriff ‚Legitimationsfunktion'.

Durch die Brille solcher Schultheorie konnte die Sonderschule, insbesondere jene für Lernbehinderte, als Einrichtung für Kinder aus sozial benachteiligten Familien erkannt werden. Sie hat bisher meist perfekt die Funktionen der Qualifikation, der sozialen Platzierung und der gesellschaftsschützenden Integration von beruflich und sozial Benachteiligten erfüllt. Im flexiblen Kapitalismus sind jedoch die sozialen Positionierungen weniger transparent und weniger eindeutig geworden. Reklame und Medien, Nivellierung und Uniformierung von Kleidung und Konsumgütern, Gleichheitsfiktionen in der Urlaubsanimation u.a.m. vermitteln den Eindruck einer klassenlosen Gesellschaft. In Wirklichkeit nähern wir uns nicht der klassenlosen Gesellschaft, sondern einer extrem ungleichen Verteilung von Einkommen und Vermögen. Aber viel mehr Menschen als früher hoffen darauf, durch Flexibilität und Risikobereitschaft zu Bill Gates werden zu können. Die Wahrscheinlichkeit ihres Scheiterns und sozialen Abstiegs ins gesellschaftliche Nichts ist zugleich unendlich hoch geworden. Eine Höhere Schulbildung bleibt gleichwohl Voraussetzung dafür, dass am Gerangel um die Chancen zum Anschluss an die neue Klasse der Superreichen teilgenommen werden kann. Schule behält ihre Selektionsfunktion, verliert jedoch zunehmend Garantien für die in der Schule erfolgreich Selektionierten.

Die Zunahme an jungen Erwachsenen mit einer Höheren Schulbildung verringert die beruflichen Chancen der Sonderschul- und Hauptschulabgänger gegenüber früher noch mehr. Vielen Abgängern von Gymnasien und Realschulen bleibt nichts anderes übrig, als Jobs für weniger Qualifizierte zu übernehmen. Sonder- und Hauptschüler werden noch mehr benachteiligt. Also ist die Ausübung der Selektions- und Allokationsfunktion von der Sonderschule weiterhin gefragt. Mit einer Entstigmatisierung der Sonderschulen ist kaum zu rechnen. Der flexible Kapitalismus ist widersprüchlich geblieben und erweist sich für die entstigmatisierende Pädagogik als ebenso hinderlich, wie es der alte Kapitalismus war.

4 Anerkennung der Abhängigkeit als Chance für die Zukunft der Heilpädagogik

In Diskussionen zur heilpädagogischen Ethik wird mit Recht unermüdlich die Gefahr eines präferenzutilitaristischen Dammbruchs hervorgehoben. Die Angst vor den Folgen der Aufhebung der Speziesismusthese macht es uns Heilpädagogen jedoch schwer, die kaum bestreitbare Beobachtung einzuordnen, dass Menschen mit einigen Tieren sehr viel Ähnlichkeiten haben und dass es zwischen den Tierarten fast so große Unterschiede gibt wie zwischen Menschenaffen oder Delphinen und Menschen. Solche Beobachtungen anerkennend erachte ich für die Zukunft der Heilpädagogik eine ethische Argumentation als notwendig, welche das Recht auf Leben, Bildung, Achtung und Würde jedes Menschen mit einer revidierten Einstellung zum Speziesismus verbinden kann. Der Philosoph Alasdair *MacIntyre* (2001) weist im Buch „Die Anerkennung der Abhängigkeit" einen vermutlich gangbaren Weg.

Nach *MacIntyres* Meinung hat der traditionelle philosophische Speziesismus den Fehler gemacht, die Abstufungen zwischen den Tierarten als unbedeutend zu vernachlässigen. Eine scharfe Trennungslinie zwischen der Spezies Mensch einerseits und allen andern nicht-menschlichen Tieren andererseits entspricht nicht der Vielfalt von Verhaltensunterschieden zwischen den Tierarten. Das Verhalten einiger Tierarten – beispielsweise jenes von Delphinen - kommt dem menschlichen Verhalten sehr nahe und ist umgekehrt sehr weit weg vom Verhalten anderer Tierarten. Es ist deshalb angebracht, „das Verhältnis von Menschen zu Angehörigen anderer intelligenter Spezies nach dem Muster einer Skala oder eines Spektrums zu verstehen, statt uns eine einzige Trennungslinie zwischen ‚ihnen' und ‚uns' zu denken" (*MacIntyre* 2001, 70).

Trotz des Verzichts auf die scharfe Grenzziehung Mensch-Tier bewertet *MacIntyre* Behinderte und Gebrechliche anders als der beispielsweise von Peter *Singer* vertretene Präferenzutilitarismus. Was der Mensch neben Anderem mit den ihm nahe stehenden Tierarten gemeinsam hat, ist die Tatsache der zeitweisen Abhängigkeit von andern Speziesangehörigen. Ein neugeborener Mensch ist genauso abhängig wie ein neugeborener Delphin oder ein neugeborener Schimpanse. Die Entwicklung des zunächst total abhängigen Menschen wird sich in der Regel von derjenigen eines Delphins oder eines Schimpansen unterscheiden. Sie ist charakterisiert als Übergang von „der Abhängigkeit der Kindheit zur Unabhängigkeit eines praktisch überlegenden Subjekts" (*MacIntyre* 2001, 91).

Unabhängigkeit des Subjekts ist uns nicht anders möglich, als mit Abhängigkeit zu beginnen. Abhängigkeit von Fürsorge und Pflege gilt für das Menschenkind genauso wie für das Delphin- oder das Gorillakind. Delphine, Gorillas wie Menschen werden später in der Regel andern Abhängigen wieder Fürsorge zukommen lassen. Menschen können den Sachverhalt der Abhängigkeit und der Fürsorge in der Regel zum Gegenstand der Beurteilung machen. Auf der Dialektik von Abhängigkeit und Unabhängigkeit lässt sich eine Ethik aufbauen, in welcher die Annahme und Achtung von behinderten und gebrechlichen Menschen zentral ist. Jeder Mensch ist auf dem Weg zur Unabhängigkeit zunächst auf die Hilfe durch andere Menschen angewiesen. Kein Mensch weiß, ob er in späteren Jahren zeitweise wieder in Abhängigkeit geraten wird, weil er krank, behindert oder alt wird. So ist es eine Grundkategorie menschlichen Erlebens, sich in einem Zusammenhang des gegenseitigen Gebens und Nehmens zu verstehen. Wer unabhängig geworden ist, ist aufgrund dessen, dass ihm beim Übergang von der Abhängigkeit zur Unabhängigkeit geholfen worden ist, in der Pflicht, seinerseits wieder abhängige Menschen zu unterstützen. Diese können eigene Kinder, alte oder kranke Eltern oder andere alte oder kranke Menschen und auch Menschen mit Behinderungen sein, welche dauernde Abhängigkeit bedeuten können. Zum moralisch guten Leben eines unabhängig gewordenen Menschen gehört die Anerkennung der Abhängigkeit, in der wir einmal waren, in die wir jederzeit wieder gelangen können und die bei Krankheit und Altersgebrechen auf jeden von uns wieder wartet.

MacIntyres Sicht von Behinderung erscheint mir für die Heilpädagogik grundlegend: Wir „sollten uns daran erinnern, dass es eine Skala von Behinderungen gibt, auf der wir alle einen Ort haben. Behinderung ist eine Frage von mehr oder weniger, sowohl was den Grad der Behinderung betrifft als auch die Zeitspanne, in der wir behindert sind. In verschiedenen Phasen unseres Lebens werden wir uns selbst, oft unvorhersagbar, an verschiedenen Stellen der Skala wieder finden. Wenn sich unsere Position auf dieser Skala verändert, kann es sein, dass wir andere brauchen, um zu erkennen, dass wir dieselbe Person geblieben sind, die wir vor dem Vollzug des Übergangs (gemeint ist der Übergang von der kindlichen Abhängigkeit zur Unabhängigkeit, Anmerkung U.H.) waren." (*MacIntyre* 2001, 88)

Abhängigkeiten und Ansprüche auf ein Leben in Unabhängigkeit prägen die Beziehungen zwischen Menschen. „Wir finden uns an einem bestimmten Ort innerhalb eines Beziehungsgeflechts von Geben und Nehmen wieder, und was und wie viel wir fähig sind zu geben, hängt im allgemeinen auch davon ab, was und wie viel wir bekommen haben" (*MacIntyre* 2001, 117). Das durch solches Geben und Nehmen moralisch gute Leben von Menschen ist allerdings auf ein Leben in überschaubaren Gemeinschaften angewiesen. Diese dürfen nicht durch ein Gefälle der Ungleichheit und der Machtverteilung geprägt sein. Der flexible Kapitalismus bietet für die Entwicklung eines Gemeinschaftsnetzes von Abhängigkeit und Unabhängigkeit äußerst ungeeignete gesamtgesellschaftliche Rahmenbedingungen. Notwendig wäre der Rahmen einer Gesellschaft, „in der es als selbstverständlich gilt, dass Behinderung und Abhängigkeit von andern etwas ist, was jeder von uns zu irgendeinem Zeitpunkt in seinem Leben selbst erfährt, und zwar in einem nicht vorhersagbaren Ausmaß, und dass folglich unser Interesse daran, wie sich die Bedürfnisse der Behinderten angemessen artikulieren und erfüllen lassen, kein Sonderinteresse ist, nicht das Interesse einer bestimmten politischen Gruppe gegenüber anderen Gruppen, sondern das Interesse der ganzen politischen Gemeinschaft, ein Interesse, das ein Wesensbestandteil unserer Idee des gemeinsamen Guts ist." (*MacIntyre* 2001, 155)

Bei einem gemeinschaftlichen Netzwerk von anerkannter Abhängigkeit muss es sich um „eine Form lokaler Gemeinschaft handeln, innerhalb deren die Tätigkeiten in der Familie, am Arbeitsplatz, in der Schule, im Krankenhaus, im Debattierklub, im Sportverein und in der religiösen Kongregation allesamt ihren Ort finden" (*MacIntyre* 2001, 160). Solche Gemeinschaften sind dadurch gekennzeichnet, dass jedes Individuum Anerkennung erhält. Jeder

Angehörige dieser Gemeinschaft – auch wenn es sich um eine schwer behinderte, kranke oder aus anderen Gründen abhängig gewordene Person handelt – wird als jemand anerkannt, „von dem man etwas über das gemeinsame und unser persönliches Gut lernen kann und lernen sollte und der uns jederzeit über die Güter eine Lektion erteilen könnte, die wir an anderer Stelle nicht lernen können." (*MacIntyre* 2001, 160)

MacIntyre zeigt – meines Erachtens ein Novum in der moralphilosophischen Fachliteratur –, wie die Begegnung mit behinderten Menschen uns bewusst machen kann, wie sehr wir unsere Werturteile über Menschen von der äußeren Erscheinung abhängig machen. Es wird bis zur Frage vorgedrungen, ob denn das Argument des Lernens aus Begegnungen mit Behinderten auch auf Behinderung und Abhängigkeit schwerster Art anwendbar sei. Die Beantwortung der Frage ist in ihrer Einfachheit überzeugend:

> Was sie uns geben, ist die Möglichkeit, etwas Wesentliches zu lernen, nämlich was es bedeutet, dass jemand ganz und gar in unsere Fürsorge gegeben ist und wir für sein Wohlergehen verantwortlich sind. Jeder von uns war als Kind in die umfassende Fürsorge eines anderen gestellt, der für unser Wohl Verantwortung trug. Nun haben wir die Gelegenheit zu lernen, was wir diesen Menschen schulden, indem wir lernen, was es heißt, anderen anvertraut zu sein. (*MacIntyre* 2001, 164)

Die Möglichkeit von Beziehungen zu Schwerkranken und schwer Behinderten wird damit konstitutiv für eine überschaubare Gemeinschaft des selbstverständlichen Gebens und Nehmens. Damit bleibt kaum ein Zweifel daran, dass die These, anerkannte Abhängigkeit als gemeinsames Gut habe nur in überschaubaren Gemeinschaften eine Chance, unser Nachdenken über die Zukunft der Heilpädagogik nachhaltig beeinflussen muss.

Das Beziehungsnetz von Abhängigkeit und Unabhängigkeit, von Geben und Nehmen in einer Gemeinschaft muss allerdings auch durch Regeln gestützt sein. Regeln stabilisieren das gegenseitige Vertrauen in einer moralisch stets unvollkommen bleibenden Gemeinschaft. Den Leser direkt ansprechend, sagt *MacIntyre*:

> Soll ich vertrauenswürdig und verlässlich sein, müssen Sie mir auch dann vertrauen und sich auf mich verlassen können, wenn es mir zum Vorteil gereicht, Ihr Vertrauen zu verraten, oder es unbequem für mich ist, das zu tun, worauf Sie sich verlassen. Ich muss Ihnen nicht nur in den Routinegeschäften des Alltags (...) vertrauen und mich auf Sie verlassen können, sondern gerade dann, wenn ich aufgrund meiner Behinderung eine Last und eine Plage bin. (...) Ich muss wissen, dass Sie keine gedankenlosen Versprechungen machen, die Sie dann nicht einhalten. Ich muss wissen, dass Sie in Notfällen das Nötige tun werden und dass Sie nicht zurückschrecken, wenn die Aufgabe, die Sie übernommen haben, sich als sehr viel unangenehmer (...) oder als sehr viel anstrengender denn erwartet herausstellt. (*MacIntyre* 2001, 130)

5 Schlussfolgerungen für die Zukunft der Heilpädagogik

5.1 Entstigmatisierende Pädagogik

Entstigmatisierende Pädagogik hat in Gemeinschaften mit intakten sozialen Bindungen eine Chance. Der flexible Kapitalismus basiert nicht auf solchen Gemeinschaften. Aber eine seiner unbeabsichtigten Folgen ist „die Sehnsucht der Menschen nach der Verwurzelung in einer Gemeinde. All die emotionalen Bedingungen modernen Arbeitens beleben und verstärken diese Sehnsucht: die Ungewissheiten der Flexibilität; das Fehlen von Vertrauen und Verpflichtungen; die Oberflächlichkeit des Teamworks; und vor allem die allgegenwärtige Drohung, ins Nichts zu fallen, nichts ‚aus sich machen zu können', das Scheitern daran, durch Arbeit eine Identität zu erlangen. All diese Bedingungen treiben die Menschen dazu woanders nach Bindung und Tiefe zu suchen" (*Sennett* 2000, 189f.). Mit dem ‚Zurück zum Wir' reagiert der menschliche Selbstschutz gegen den neuen Kapitalismus. Damit treten wir allerdings auch in den Gefahrenbereich eines stigmatisierenden Wir-Gefühls ein. Entstigmatisierende Pädagogik durch Gemeinschaftsbildung wird zur Gratwanderung. Auf der einen Seite lauern die Gefahren der Enge, Intoleranz und Ablehnung des Andersartigen in Gemeinschaften; auf der anderen Seite drohen Unverbindlichkeit, Bindungsarmut und Entwurzelung im kapitalistischen Team. – Dies ist die Gratwanderung des sogenannten ‚Kommunitarismus'.

Namhafte amerikanische Wissenschaftler gehören inzwischen der kommunitaristischen Bewegung an. Der Soziologe *Etzioni* – selbst ein Anhänger dieser Bewegung – umschreibt Kommunitarismus als „eine Bewegung für eine bessere moralische, soziale, politische Umwelt. Kommunitarier wollen Einstellungen verändern und soziale Bande erneuern, wollen das öffentliche Leben reformieren." (*Etzioni* 1998, 277) Den Weg sieht er in der Stärkung von „sozialen Netzwerken, die von den Gemeinschaften in den Wohnvierteln, am Arbeitsplatz und in den ethnischen Clubs und Verbänden angeboten werden. Sie verbinden die Individuen, die sonst auf sich gestellt wären, zu Gruppen, deren Mitglieder sich um einander kümmern und mithelfen, eine zivile, soziale, moralische Ordnung aufrechtzuerhalten". (*Etzioni* 1998, 278)

Trotz aller Gefahren, die in Gemeinschaftsideologien lauern, betrachte ich die Bildung von Gemeinschaften, welche durch die Tugend der Anerkennung der Abhängigkeit zusammengehalten sind, als fast die einzige Chance für Entstigmatisierung, die das eigentliche Ziel integrativer Pädagogik sein muss. Integration ereignet sich am ehesten unter den Bedingungen einer gemeinschaftlichen Pädagogik. Der Gemeinschaftsbegriff bedarf sicherlich weiterer Klärungen. So wird beispielsweise das Konzept der Anwaltschaft bzw. Stellvertretung zu reflektieren sein. Verträgt sich das Gemeinschaftliche mit professionellen heil- und sonderpädagogischen Experten, welche die Anwaltschaft unter Umständen mit Standespolitik verknüpfen? Oder sollte ein Zurück zur Gemeinschaftlichkeit auch ein Zurück zur nicht-professionalisierten Hilfe bedeuten?

Die Priorität des Gemeinschaftlichen gibt Anhaltspunkte für die Zukunftsgestaltung: Die Idee von heil- und sonderpädagogischen und rehabilitativen Großbetrieben sollten wir endgültig aufgeben. Schulen und pädagogische Institutionen müssen integrative Einrichtungen von überschaubarer Größe sein. Wohnortnähe der pädagogischen Betreuung muss für alle Kinder Priorität haben. Weder separierter noch integrierter Unterricht für behinderte Kinder soll durch lange Transportwege erkauft werden. Das Verhältnis zwischen den professionellen und den nicht-professionellen Mitgliedern einer pädagogischen Gemeinschaft muss neu überdacht werden; wir Professionellen müssen uns für das Engagement der Nicht-Professionellen in einer Gemeinschaft öffnen. Wir müssen schulgesetzliche Grundlagen erkämpfen, welche ein breites Spektrum von pädagogischen Gemeinschaften zulassen.

Eine schwierige Aufgabe wird sein, die Entstehung von intoleranten, geschlossenen und nach außen stigmatisierenden Gemeinschaften zu verhindern. Hierzu gibt es keine Handlungsrezepte. Mit Ambivalenzen müssen wir auch in Zukunft leben. Manche Pervertierung der Gemeinschaftsidee lässt sich erst im Rückblick erkennen. Beispielsweise ist im Rückblick heute eindeutig erkennbar, dass die nationalsozialistische Form des Gemeinschaftlichen eine Pervertierung war. In der nationalsozialistischen Ideologie ist die Gemeinschaftskategorie dazu verwendet worden, „einer totalitären Ausgrenzung alles Fremden maßgeblich den Weg" zu öffnen (*Honneth* 1997, 17). Noch reicht bezüglich eines anderen Beispiels die Distanz nicht ganz aus, um das Gemeinschaftliche in den ehemals kommunistischen Ländern einzuordnen. Bei Besuchen in der DDR konnte man zweifelsohne wohnortnahes Gemeinschaftliches beobachten. Wer Erfahrungen mit dem Gemeinschaftlichen der gegenseitigen Abhängigkeit in der DDR hatte, muss wohl zunächst Schwierigkeiten mit dem flexiblen Kapitalismus haben. Dennoch sollte rückgerichtete Sehnsucht nicht zum Gemeinschaftsmythos werden. Vielmehr muss die Instrumentalisierung des Gemeinschaftsbedürfnisses durch das DDR-Regime erkannt werden.

5.2 Die Zukunft der sonderpädagogischen Fachdisziplinen

Spezialisierung und Kategorisierung sind zwei verschiedene Dinge. Gewisse Kategorisierungen im derzeitigen Sonderschulsystem und auch im gesamten Schulsystem unterstützen in erster Linie die Selektions- und die Legitimationsfunktion der Schule. Innerhalb des Sonderschulsystems ist die Sonderschule für Lernbehinderte das naheliegendste Beispiel. Sie war während langer Zeit eine Schule für Kinder aus der Arbeiterschicht; heute wird sie zunehmend zur Schule für Kinder aus sozial benachteiligten Immigrantenfamilien. Es ist zweifelhaft, ob eine in diesem Sinne kategorisierende Schule den Weg zur entstigmatisierenden Pädagogik ebnen wird. Außerdem bleibt unklar, wofür eine Fachdisziplin spezialisieren soll, die eigentlich eher der Legitimation einer längst entlarvten Sonderschulkategorie dient. Wie weit sich Entsprechendes zu anderen Sonderschulkategorien, wie beispielsweise Sprachheilschulen oder Schulen für Verhaltensauffälligen sagen lässt, möchte ich mangels empirischer Materialien offen lassen.

Es erscheint mir unbestritten: Teilweise ist die heutige Einteilung der Sonderpädagogik in Fachdisziplinen einfach ein Abbild der Kategorisierung des Sonderschulsystems. Mit ihrem Anspruch auf Wissenschaftsdisziplinen gelten die Fachdisziplinen auch als Legitimation der Sonderschultypen. Ich glaube nicht, dass es viele andere Wissenschaftsdisziplinen gibt, die in ähnlicher Weise die Struktur von gesellschaftlichen Institutionen abbilden und mit Wissenschaftsanspruch legitimieren.

Wenn wir einer entstigmatisierenden Pädagogik entgegen gehen wollen, dann müssen wir auch bereit sein, die Struktur unserer Fachdisziplinen als offen und veränderbar zu betrachten. Wenn sich beispielsweise die Grundschulpädagogik vermehrt auf den kompetenzanerkennenden Unterricht auch für schwache Schüler einstellen und die Ausbildung entsprechend zeitlich und inhaltlich ausweiten würde, gibt es kaum rein sachliche Argumente dafür, warum an der sonderpädagogischen Fachdisziplin ‚Lernbehindertenpädagogik' im Grundschulbereich festgehalten werden müsste. Entsprechend weiterführende Überlegungen sind unbedingt fortzusetzen.

Wenn es auf der einen Seite überflüssige Fachdisziplinen aufgrund der Kategorisierung im Sonderschulbereich gibt, so besteht möglicherweise ein

Bedarf der zukünftigen entstigmatisierenden Pädagogik an Lehrpersonen, die für den Umgang mit bestimmten Behinderungsformen noch besser spezialisiert sind als bisher. Ich kann mir nicht vorstellen, dass es jemals die allumfassend ausgebildete Lehrperson geben wird, die sich zutrauen kann, bei allen möglichen Formen von Behinderungen die geeigneten pädagogischen Maßnahmen durchzuführen.

5.3 Schlusswort

Weder die Angst vor den Weltproblemen noch die Bedrohlichkeiten des modernen Kapitalismus sollten uns daran hindern, an die Zukunft der entstigmatisierenden Pädagogik und der daran orientierten Heilpädagogik zu glauben. Als Ausbildner und Forscher können wir einen Beitrag leisten, indem wir in den Ausbildungsinstitutionen das Element des Gemeinschaftlichen etwas mehr als bisher betonen und uns als Forscher nicht nur distanziert und objektivierend verhalten, sondern uns gelegentlich auch innerhalb einer pädagogischen Gemeinschaft längerfristig engagieren. Vielleicht wird es uns gelingen, einigen Studierenden neben dem Fachwissen die Tugend der Anerkennung unserer Abhängigkeit zu vermitteln. Versuchen wir doch, diesen Beitrag für die Zukunft der Heilpädagogik zu leisten!

Literatur

Arnet, C.: Alt werden, ohne zu altern. In: Neue Zürcher Zeitung Onlineausgabe 184/ 2001.
Assheuer, Th.: Der künstliche Mensch. In: DIE ZEIT Onlineausgabe 12/ 2001.
Dederich, M.: Behinderung – Medizin – Ethik. Behindertenpädagogische Reflexionen zu Grenzsituationen am Anfang und Ende des Lebens. Bad Heilbrunn 2000.
Etzioni, A.: Die Entdeckung des Gemeinwesens. Das Programm des Kommunitarismus. Frankfurt 1999.
Fend, H.: Theorie der Schule. München 1980.
Gross, P.: Die Multioptionsgesellschaft. Frankfurt a.M. 1994.
Guggenberger, B.: Ernstfall Freizeit. In: Teufel, E. (Hrsg.): Von der Risikogesellschaft zur Chancengesellschaft. Frankfurt a. M. 2001, 105-107.
Haeberlin, U.: Schule, Schultheorie, Schulversuche. In: Antor, G.; Bleidick, U. (Hrsg.): Handlexikon der Behindertenpädagogik. Schlüsselbegriffe aus Theorie und Praxis. Stuttgart 2001, 53-56.

Haeberlin, U.: Heilpädagogik als wertgeleitete Wissenschaft. Ein propädeutisches Einführungsbuch in Grundfragen einer Pädagogik für Benachteiligte und Ausgegrenzte. Bern u.a. 1996.

Haeberlin, U.: Das Menschenbild für die Heilpädagogik. Bern u.a. ^{4}1999.

Heiderich, R.; *Rohr*, G.: Wertewandel. Aufbruch ins Chaos oder neue Wege? München 1999.

Honneth, A.: Individualisierung und Gemeinschaft. In: Zahlmann, Chr.: Kommunitarismus in der Diskussion. Hamburg ^{2}1997, 16-23.

Huntington, S.P.: Kampf der Kulturen. Die Neugestaltung der Weltpolitik im 21. Jahrhundert. München 1998.

MacIntyre, A.: Die Anerkennung der Abhängigkeit. Über menschliche Tugenden. Hamburg 2001.

Opitz, P.J.: Migration – eine globale Herausforderung. In: Opitz, P.J. (Hrsg.): Weltprobleme im 21. Jahrhundert. München 2001, 261-285.

Prengel, A.: Interdiskursive Heterogenität – Zum Verhältnis von Integrationspädagogik, Sonderpädagogik und Allgemeiner Pädagogik. In: Albrecht, F.; Hinz, A; Moser, V. (Hrsg.): Perspektiven der Sonderpädagogik. Neuwied 2000, 74-83.

Radermacher, F.J.: Und sie bewegt sich noch – die Welt im Jahr 2050. In: Holderegger, A. (Hrsg.): Aufbruch ins dritte Jahrtausend. Freiburg (CH) 2000, 75-109.

Schneider, H-D.: Schweizerinnen und Schweizer werden immer älter. In: Holderegger, A. (Hrsg.): Aufbruch ins dritte Jahrtausend. Freiburg (CH) 2000, 49-74.

Sennett, R.: Der flexible Mensch. Die Kultur des neuen Kapitalismus. Berlin ^{3}2000 (1. Auflage 1998).

Thoms, E-M.: Graue Zellen Kneten. Lernen ältere Mitarbeiter noch dazu? In: DIE ZEIT Onlineausgabe 11/ 2001.

Ulrich, R.E.: Globale Bevölkerungsdynamik. In: Opitz, P.J. (Hrsg.): Weltprobleme im 21. Jahrhundert. München 2001, 21-38.

Wisotzki, K.H.: Integration Behinderter. Stuttgart 2000.

Wocken, H.: Der Zeitgeist: Behindertenfeindlich? In: Albrecht, F.; Hinz, A; Moser, V. (Hrsg.): Perspektiven der Sonderpädagogik. Neuwied 2000, 283-306.

Klaus Hurrelmann

Kindheit in der modernen Leistungsgesellschaft: Sind Kinder Modernisierungsgewinner oder -verlierer?

Die Lebensphase Kindheit hat sich in den westlichen Gesellschaften stark verändert. Kinder führen heute in vielen Bereichen ein Leben wie Erwachsene, sie sind den gleichen Belastungen und Anforderungen ausgesetzt und reagieren auch mit erwachsenenähnlichen psychischen Störungen und gesundheitlichen Beeinträchtigungen. Deshalb wird die These erörtert, Kinder seien heute ‚kleine Erwachsene', fast ähnlich wie im Mittelalter, allerdings unter erheblich veränderten sozialen, kulturellen, ökonomischen und ökologischen Bedingungen.

Veränderungen der Kindheitsrolle vom Mittelalter bis heute

Es lohnt sich, erneut in dem schönen Buch von Philippe *Aries* (1978) zu lesen, das in der deutschen Fassung „Geschichte der Kindheit" heißt. In dieser eigenwilligen historischen Studie zeigt *Aries*, wie nach dem Zerfall der offenen mittelalterlichen Gesellschaft Kindheit und Jugendalter als soziale Konstruktion entstehen, wie sie geradezu erfunden werden, um den veränderten wirtschaftlichen und pädagogischen Vorstellungen gerecht zu werden. Bis zum Mittelalter gab es die Abgrenzung zwischen den Lebensphasen Kindheit, Jugendalter und Erwachsenenalter nicht. Kinder lebten schon gleich nach der Säuglingszeit in einem ‚natürlichen' Verhältnis mit den Erwachsenen, trugen die gleichen Kleider, verrichteten die gleichen Arbeiten, sahen und hörten die gleichen Dinge wie die Erwachsenen. Sie wurden wie kleine Erwachsene wahrgenommen und behandelt.

Erst vom 15. Jahrhundert an entstand die Form der Familie, wie wir sie heute kennen. Sie wurde zur wichtigsten Erziehungsinstanz für die Kinder. Sie war um das Kind herum konzentriert und verstand ihre Aufgabe darin, die Persönlichkeitsentwicklung der jungen Menschen vorzunehmen und sie auf das Leben in der Gesellschaft vorzubereiten. Mit der Entstehung der demokratischen und industriellen Massengesellschaft trat neben die Familie die Schule, später der Kindergarten, um die Erziehung, Bildung und Ausbildung der Kinder und der Jugendlichen zu übernehmen. Kindheit wurde damit zur Familienzeit, Jugend zur Schulzeit. Kinder und Jugendliche wurden als Noch-nicht-Erwachsene wahrgenommen, die ihre eigenen, geschützten Entwicklungsbedingungen benötigten, um ihre Persönlichkeit voll ‚reifen' zu lassen (vgl. *Bründel/ Hurrelmann* 1996).

Erst mit der Entstehung der demokratischen und industriellen Massengesellschaft traten im ausgehenden 19. Jahrhundert und zu Beginn des 20. Jahrhunderts die Schule und später der Kindergarten neben die Familie, um Erziehung, Bildung und Ausbildung aller Kinder zu übernehmen. Es hat also Jahrhunderte gedauert, ehe die Vorstellungen von Persönlichkeit, Erziehung und Bedeutung des Kindes, so wie sie heute bestehen, verwirklicht wurden. War man im Frühmittelalter der Ansicht, dass Kinder weder Persönlichkeit noch Individualität besitzen und dass jeweils ein Kind durch ein anderes zu ersetzen sei, so ist man heute, im 21. Jahrhundert, von der Einmaligkeit und der unverwechselbaren Persönlichkeit eines Kindes überzeugt. Nach heutigen Vorstellungen besitzen Kinder für Eltern einen hohen emotionalen Wert. Eltern sehen in ihnen oftmals die Sinnerfüllung ihres eigenen Lebens. An dieser historischen Entwicklung kann man sehen, in welchem Ausmaß sich die Sichtweise über Kinder, ihr Stellenwert und ihre Bedeutung gewandelt hat. Historisch gesehen sind Kinder demnach durchaus die Gewinner im gesellschaftlichen Modernisierungsprozess (vgl. *Hengst* 1985).

De Mause (1977) bezeichnet die frühe Geschichte der Kindheit sogar als einen ‚Alptraum', als Geschichte des Kindesmordes, der Kindesaussetzung, des Schlagens und des Missbrauches. Er sieht einen entscheidenden historischen Wandel darin, dass das Kind heute, im Unterschied noch zum frühen Mittelalter, als menschliches Subjekt mit seinen eigenen Bedürfnissen behandelt wird. Er konstatiert eine positive Aufwärtsentwicklung in der Evolution der Eltern-Kind-Beziehung.

Ist diese Aussage wirklich berechtigt? Können wir bei einer positiven Bilanz stehen bleiben? Meine These ist: Für viele Kinder ist Kindheit heute tatsächlich eine Lebensphase in Wohlstand und Annehmlichkeit. Vor allem in gut situierten Elternhäusern trägt sie auch Züge eines sozialen und psychischen Schutz- und Schonraumes für eine optimale persönliche Entfaltung. Für immer mehr Kinder aus sozial und finanziell schlechter gestellten Elternhäusern aber ist Kindheit heute eine Ernstphase des Lebens, ohne jeden

Schonraum und mit nur begrenzten Möglichkeiten der Selbstentfaltung. Das lässt sich in erster Linie an den Problemen und Störungen der Persönlichkeits- und Gesundheitsentwicklung ablesen, die ausführlich behandelt werden sollen.

Verliert die Kindheit ihren Schonraumcharakter?

Die Kindheitsforschung zeigt, dass heute – in einer eigentümlichen Analogie zum Mittelalter – für immer mehr Kinder eine gesonderte Lebensphase ‚Kindheit' als Raum für eine entwicklungs- und altersgemäße Entfaltung nicht mehr existiert. Die eigenständige Phase ist gefährdet. Viele Kinder stehen unter dem Druck einer leistungsorientierten Früherziehung und erleben schon im Grundschulalter einen erbarmungslosen Wettbewerb um günstige Ausgangssituationen im Schulbereich. Als Konsequenz wird im Leistungsbereich und auch in anderen Lebensbereichen kaum noch zwischen Erwachsenen-, Jugend- und Kindheitsstatus unterschieden, da sowohl eine Angleichung der schulischen Lernbedingungen an die Bedingungen der modernen Arbeitswelt stattfindet, als auch eine Angleichung der kindlichen an die jugendlichen und die erwachsenen Freizeitbeschäftigungen und an die Art ihrer Freundschaftskontakte (vgl. *Hengst* 1985, *Büchner/ Krüger/ Chisholm* 1990).

Die Kluft zwischen den Generationen verschwindet nach Auffassung vieler Kindheitsforscher auch dadurch, dass die Massenmedien Erwachsenen und Kindern gleichermaßen als ‚Repertoire für Spielimpulse' dienen. Dieser Gedanke wird besonders von *Postman* (1983) vertreten, für den vor allem das Fernsehen ein "Medium der totalen Enthüllung" ist, das alle Geheimnisse öffentlich und den Kindern zugänglich macht und eine "Technologie des freien Eintritts" darstellt. *Elkind* (1991) stellt die These auf, dass Kinder heute deshalb nicht mehr entwicklungsgemäß Kinder sein könnten, weil Eltern den Stress, den sie selbst in Partnerschaft und Beruf erleiden, unmittelbar an sie weitergeben. Kinder sind – so die Argumentation – als Statussymbol, als Partnerersatz, als Vertraute und als Ersatz-Ich gefragt, sind mit dieser Rolle aber entwicklungsgemäß überfordert. Durch ihre starke emotionale Belastung haben sie keine Zeit mehr, abhängig, unselbständig und verspielt zu sein. *Elkind* (1991) fordert das Recht der Kinder, wieder "Kinder zu sein", sie "die Freuden der Kindheit genießen" und die "Schmerzen der Kindheit erleiden" zu lassen, und er orientiert sich dabei ganz offensichtlich am Ideal der "Schonphase", Kindheit als "Moratorium im Lebenslauf".

In einem zusammenfassenden Bericht für das Europäische Dokumentationszentrum kommt *Qvortrup* (1990) unter dem Eindruck ähnlicher Analysen zu dem zusammenfassenden Urteil: Immer mehr Kinder können sich kaum alters- und entwicklungsgerecht entfalten, sie haben nur wenige Rechte, einen geringen Anteil an den Ressourcen und nur wenige Möglichkeiten der Mitbestimmung und Mitgestaltung.

Andere Kindheitsforscherinnen und -forscher haben die sozialen und räumlichen Alltagsbedingungen von Kindern untersucht und sehen Kindheit vor allem unter dem Aspekt der ‚Verinselung', der ‚Urbanisierung' und der ‚Verhäuslichung'. Sie sind der Meinung, dass Kinder es heute schwerer haben als früher, sich körperlich-räumlich zu entfalten. In den Großstädten fänden sie kaum noch Spielmöglichkeiten, daher seien sie auf die oftmals beengten Wohnungen der Eltern angewiesen (vgl. *Preuß-Lausitz* 1983; *Honig* 1986; *Zeiher/ Zeiher* 1994;*Zinnecker/ Silbereisen* 1996).

Die Individualisierung erfasst die Kindheit

Alle westlichen Industriegesellschaften sind gekennzeichnet durch einen Veränderungsprozess, der in der Soziologie als "gesellschaftlicher Pluralisierungs- und Individualisierungsprozess" bezeichnet worden ist (*Beck* 1986). Die Entwicklung der Industriegesellschaften hat zu einer Vielzahl von sozialen Institutionen und Teilbereichen, zu konkurrierenden Organisationen und Interessenverbänden und zu einer Vielfalt von Wertorientierungen und Lebensstilen geführt (‚Pluralismus') und damit auch zu einer Vielgestaltigkeit und Offenheit der Eltern-Kind-Beziehungen und der Kindheit als einer Lebensphase und eines biografischen Abschnitts. Die Konsequenz dieser Pluralisierung ist, dass die soziale Rolle ‚Kind' nicht mehr durch soziale Herkunft und Religionsbindung festgelegt ist, sondern frei gestaltbar wird. Schon Kinder haben mehr denn je die Chance und die Verpflichtung, sich eigenständig mit der inneren und äußeren Realität auseinander zu setzen, um ihren Lebensalltag zu bewältigen. Die Einflüsse familienunabhängiger kindlicher Aktivitäten – im historischen Vergleich – nehmen zu, die Eltern-Kind-Beziehungen verlieren ihren exklusiven Charakter, was zu einem Abbau des traditionellen Autoritätsverhältnisses der Eltern gegenüber ihren Kindern führen kann. Mit ‚Individualisierung' ist die mit dem Pluralisierungsprozess einhergehende soziale ‚Freisetzung' gemeint, die das einzelne Gesellschaftsmitglied aus seinen traditionellen Bindungen, Versorgungsbezügen und ‚verinnerlichten Geschlechtsrollen' herauslöst, aber gleichzeitig den Zwängen des Bildungs-, Arbeits- und Konsummarktes aussetzt. Jeder hat – und das ist historisch neu – die Chance, zwischen all den Möglichkeiten, die unsere Gesellschaft ihm bietet, frei wählen zu können, aber jeder trägt gleichzeitig das Risiko, sich falsch zu entscheiden. Der Einzelne befindet sich damit in der widersprüchlichen Situation, den eigenen Lebenslauf gestalten zu müssen, aber auch gleichzeitig Produkt der Verhältnisse zu sein (vgl. *Elias* 1987).

Die den Kindern heute eingeräumte hohe Eigen- und Selbständigkeit führt in einer ‚individualisierten' Gesellschaft unvermeidlich zu einem Individualitätsanspruch, dem Streben nach einer unverwechselbaren und bemerkenswerten Persönlichkeit. Die verstärkte Förderung und Entwicklung der ‚biografischen Identität' durch die Eltern unterstützt diesen Prozess. Es scheint zur wichtigsten Aufgabe der Familie zu werden, die Eigen- und Selbständigkeit der Kinder zu fördern – also ausreichende Impulse für die Persönlichkeitsentwicklung zu geben, ohne das Kind zu bevormunden. Diese Aufgabe ist für die Eltern eine schwierige pädagogische Gratwanderung zwischen Anleitung und Unterstützung auf der einen und Ablösung und Freisetzung auf der anderen Seite (vgl. *Krappmann/ Oswald* 1990).

Die Kehrseite des Individualitätsanspruches ist die intensivierte Erwartung der Kinder, von Erwachsenen berücksichtigt und wahrgenommen zu werden, im Mittelpunkt zu stehen und möglichst sofortige Bedürfnisbefriedigung zu erlangen. Damit verbunden ist die Unfähigkeit vieler Kinder, je nach Situation und Gegebenheit auch einmal zurückzustehen und auf eigene Ansprüche vorübergehend zu verzichten. Spiegelbildlich kommt es zur Erwartung von unverwechselbaren Eigenschaften und von Kreativität im Verhalten der Eltern gegenüber ihren Kindern.

Das ‚Erziehungsverhältnis' zwischen Eltern und Kindern wandelt sich in vielen Familien in ein ‚Beziehungsverhältnis'. Es wird nicht mehr so sehr wie in den 50er- und 60er-Jahren von verbindlichen Normen geprägt als vielmehr von einem ständigen Aushandeln der Wünsche, Bedürfnisse, Umgangsregeln und Grenzen. Als Erziehungsideal wird von den Eltern vor allem die Selbständigkeit der Kinder genannt. Auch in Präambeln von Kindergarten- und Schulgesetzen und in pädagogischen Konzepten für die Jugendarbeit steht dieser Begriff meist an oberster Stelle. Kindern werden heute größere Handlungsspielräume und mehr Entscheidungsmacht als früher zugestanden. Den Selbständigkeitsanforderungen an die Kinder entsprechen allerdings allzu oft auch ganz konkrete Eigeninteressen der Eltern, wie zum Beispiel durch Selbständigkeit und Unabhängigkeit der Kinder mehr Zeit für sich zu haben und mehr ihren persönlichen Neigungen nachgehen zu können (vgl. *Hurrelmann* 1990).

Widersprüchliche Lebenssituationen und damit einhergehende Gefährdungen

Die Lebenssituation von Kindern in unserer Gesellschaft ist also – wie diese Darstellung zeigt – durch eine eigentümliche Spannung gekennzeichnet. Einerseits sind die Freiheitsgrade für die Gestaltung der eigenen Lebensweise für Kinder sehr hoch, andererseits werden aber diese Chancen durch die Lockerung von sozialen und kulturellen Bindungen und durch Umweltbedingungen erkauft, die dem Wohl und der Gesundheit von Kindern abträglich und wenig förderlich sein können. Die heutigen Lebensbedingungen bringen sehr viele Entfaltungs- und Kreativitätschancen mit sich, die Kindern viel mehr Selbständigkeit und Persönlichkeitsentfaltung als in früheren Generationen ermöglichen. Aber zugleich bringen sie auch neue Formen von Belastungen mit sich, die teilweise die Bewältigungskapazität von Kindern überfordern und Risiken des Leidens, des Unbehagens und der Unsicherheit in sich bergen (vgl. *Hurrelmann* 1993).

Der Widerspruch in der Lebenssituation der meisten Kinder drückt sich heute auch in Widersprüchen des Erziehungsverhaltens der Erwachsenen aus:
- Sehr viel mehr als früher werden heute die Grundbedürfnisse von Kindern berücksichtigt und ihre persönlichen Entfaltungs- und Gestaltungspotentiale anerkannt sowie eine Form der Erziehung gesucht, die fördert und fordert, aber nicht diszipliniert und reglementiert. Kindern wird genauso wie Jugendlichen und Erwachsenen zugetraut, dass sie produktive Verarbeiter ihrer inneren und äußeren Realität sind, dass sie ihre Umwelt selbst gestalten und auch von ihr beeinflusst werden. Kinder werden nicht mehr als unfertige, unterentwickelte Wesen, sondern als kindliche Persönlichkeiten betrachtet und behandelt, die sich in jedem Abschnitt des Lebenslaufes in einer Phase von eigenem Gewicht und völliger Unverwechselbarkeit befinden. Sie werden als Akteure verstanden, die selbständig handeln, sich nicht

erst in der Zukunft verwirklichen wollen, sondern im Hier und Jetzt leben möchten, was ihnen auch weitgehend gestattet wird (vgl. *Fend* 1988).
- Auf der anderen Seite werden viele Kinder bei der Aneignung und Verarbeitung ihrer Lebenswelt völlig allein gelassen. Eine einfühlsame Unterstützung und Anleitung fehlt. Sie laufen ‚neben' den Erwachsenen her und finden nur wenige soziale und ökologische Räume vor, die ihnen gehören und die sie selbst effektiv gestalten können. Die Erwachsenen haben durch ihre Macht eigentlich schon alle Spielräume ausgeschöpft: die alltäglichen Verkehrsräume Wohnung und Straße sind alles andere als kinderfreundlich gestaltet. Im öffentlichen Verkehrsbereich sind die Entfaltungsmöglichkeiten für Kinder katastrophal – Verkehrsunfälle sind nicht zufällig die Todesursache Nr. 1 im Kindesalter. Kinder leben in einer verbauten und versiegelten Umwelt, die Körperkontakte mit emotionaler Qualität und sinnlichen Anregungsmöglichkeiten vermissen lässt. Sie erleben durch Radio, Fernsehen, Video und Computer eine Überstimulierung der entsprechenden Sinneseindrücke und erfahren demgegenüber in den emotionalen, haptischen und motorischen Bereichen eine Verarmung. Umweltverschmutzung und Schadstoffbelastung von Wasser und Nahrungsmitteln stellen ein weiteres Kapitel der Beeinträchtigung der freien Entfaltung der Persönlichkeit und des Schutzes der Menschenwürde der Kinder dar (vgl. *Baacke* 1993). Immer mehr Kinder werden wieder, wie es uns *Aries* vom Mittelalter berichtet hat, zu ‚kleinen Erwachsenen'. Sie müssen sich schon mitten im ersten Lebensjahrzehnt dem vollen Ernst des Lebens stellen. Viele Jugendliche, also die Menschen im zweiten Lebensjahrzehnt, haben heute im Konsumbereich, Freizeitleben und auch in der Gestaltung ihrer sozialen, privaten und erotischen Beziehungen fast genau die gleichen Spielräume wie Erwachsene. Die Grenze zu den ‚Erwachsenen' ist fließend, denn so mancher Schüler der gymnasialen Oberstufe und mancher Student führt ohne festes Einkommen ein Leben, das sich kaum von dem einer Angestellten in der Stadtverwaltung unterscheidet.

Kinder haben heute Erwachsenenkrankheiten

Kinder als ‚kleine Erwachsene' – diese These lässt sich mit neueren gesundheitswissenschaftlichen Befunden untermauern. Seit mehreren Jahren beobachten wir in wissenschaftlichen Untersuchungen, dass schon bei Kindern und Jugendlichen Beeinträchtigungen der Gesundheit zu verzeichnen sind, die wir bisher nur von Erwachsenen kannten. Vorbei sind die Zeiten, da das Kindesalter auch durch die klassischen ‚Kinderkrankheiten' gekennzeichnet war: Durch Masern, Mumps, Röteln, Keuchhusten, Kinderlähmung und Scharlach. Diese Infektionskrankheiten sind heute nur noch für einen kleinen Teil der Krankheiten im Kindesalter verantwortlich und sie treten fast in gleichem Ausmaß auch bei Erwachsenen auf. Es sind neuartige, meist chronische Krankheiten und Erkrankungen an die Stelle dieser Kinderkrankheiten getreten, Krankheiten, die sich kaum von denen im Erwachsenenalter unterscheiden lassen (vgl. *Bründel/ Hurrelmann* 1996):

- Bei vielen Kindern kommt es heute zu Erschöpfungszuständen, Nervosität und Unruhe, Magenverstimmungen und Schlafstörungen, die nicht auf eine einzelne Ursache zurückgeführt werden können. Es sind unspezifische Erkrankungen, die ganz offensichtlich mit der Überforderung der körperlichen, seelischen und sozialen Regelkreise zu tun haben, mit geschwächten Abwehrkräften und auch fehlerhafter Ernährung, einem hektischen Tagesrhythmus, viel Stress und einem unzureichenden Entspannungsverhalten. Viele dieser Beschwerden können als psychosomatisch oder soziosomatisch bezeichnet werden. Oft sind sie mit Konzentrationsschwierigkeiten, Müdigkeit, Gereiztheit, Überforderung, Angst und Einsamkeit verbunden. Übrigens bei Mädchen schon im Kinderalter etwas stärker als bei Jungen – ein Unterschied, der sich dann im Jugendalter, nach dem zehnten bis elften Lebensjahr, deutlich weiter ausprägt und im ganzen weiteren Lebenslauf erhalten bleibt. Die Frauen sind in dieser Hinsicht das weitaus sensiblere Geschlecht.
- Die meisten der heute verbreiteten Erkrankungen treten nicht punktuell und vorübergehend auf, sondern sind dauerhafter, chronischer Natur. Besonders auffällig ist das bei Allergien, von denen heute schon bis zu einem Drittel eines Jahrgangs von Kindern und Jugendlichen betroffen sind. Nach unseren Untersuchungen an der Bielefelder Universität leiden Jungen und Mädchen besonders stark unter allergischen Krankheiten der Haut und der Schleimhäute. Als einzelne Krankheitsbilder fallen dabei vor allem das Hautekzem (Neurodermitis) und Asthma Bronchiale auf, die jeweils von fünf Prozent eines Jahrganges als schwere Beeinträchtigung empfunden werden. Hinzu kommen allergische Hautausschläge (15 %), Heuschnupfen (14 %), allergische Reaktionen der Augenbindehäute (9 %) und weitere Formen. Vergleiche mit früheren Untersuchungen zeigen, dass die Werte für Erkrankungen des allergischen Kreises insgesamt seit den 50er-Jahren fast doppelt so häufig auftreten. Ganz offensichtlich spielen neben körper-

lichen Veranlagungen die zunehmende Belastung der Umwelt mit Schadstoffen und Umweltreize auch aus dem sozialen Nahbereich (Familie, Schule, Freundeskreis) eine große Rolle. Die Belastung ist, wie unsere Studien zeigen, in Westdeutschland signifikant höher als in Ostdeutschland. Offenbar wirken die Schadstoffe des Straßenverkehrs und die Versiegelung der Wohnräume im Westen stärker als im Osten. Allergien sind eine echte Zivilisationskrankheit, eine Krankheit, die die Wohlhabenden genauso stark belastet wie die Armen (vgl. *Kolip/ Hurrelmann/ Schnabel* 1995).

- Psychische Störungen, die sich in ihrer Erscheinungsform oft nicht so ohne weiteres von denen Erwachsener unterscheiden lassen, sind stark verbreitet. Das gilt vor allem für Störungen im Leistungsbereich, aber auch für gefühlsmäßige, sexuelle und soziale Entwicklungsstörungen. Eine deutliche Zunahme hat es im Bereich des aggressiven Verhaltens gegeben. Schon bei Kindern im Vorschulalter und im Grundschulalter ist die Verbreitung und vor allem die Intensität von körperlicher, psychischer und verbaler Gewalt gewachsen und hat sich bei 15 % eines Jahrgangs, vor allem bei den 12- bis 16-jährigen Jungen, teilweise bis zu brutalen Formen gesteigert. Den Hintergrund bilden meist soziale Desorientierungen, familiale Haltlosigkeit und tiefe Enttäuschungen von Bindungserwartungen und Leistungszielen, die sich tief in die Persönlichkeitsstruktur eingegraben haben. Die gesellschaftliche Verursachung ist also auch hier nicht zu übersehen (vgl. *Lohaus* 1993).

- Schon für Kinder wird der Konsum von Drogen, von legalen und illegalen Stoffen zur Manipulation des zentralen Nervensystems, immer häufiger. Der Einstieg in den Zigaretten- und den Alkoholkonsum hat sich in den letzten zehn Jahren, wie unsere Bielefelder Studien zeigen, weiter nach vorne im Lebenslauf verlagert. Nicht das Probierverhalten ist damit gemeint, sondern der Einstieg in ein gelegentliches oder regelmäßiges Alkoholtrinken und Zigarettenrauchen. So haben zwei Prozent der von uns befragten Jugendlichen nach ihren eigenen Angaben schon vor dem zehnten Lebensjahr regelmäßige Alkoholerfahrungen. Im Alter von zehn bis elf Jahren wächst der Anteil von Einsteigern um jeweils sieben Prozent an, danach sogar um das Doppelte und Dreifache. Das Ergebnis ist, dass bis zum Alter von elf Jahren schon 16 Prozent und bis zum Alter von zwölf Jahren 36 Prozent regelmäßige oder gelegentliche Alkoholkonsumenten sind. Ganz ähnliche Trends zeigen sich beim Zigarettenkonsum, der altersmäßig noch früher einsetzt als der Alkoholkonsum. Alle bisherigen Studien zeigen: Mit einem frühen Einstieg ist die Wahrscheinlichkeit verbunden, das Konsummuster über den ganzen weiteren Lebensweg aufrechtzuerhalten. Wer intensiv legale Substanzen konsumiert, greift später auch häufiger zu den illegalen. Fazit: Auch diese Form des erwachsenenartigen, gesundheitsschädigenden Verhaltens ist schon Kindern heute voll vertraut (vgl. *Engel/ Hurrelmann* 1993).

- Das gilt auch für den Konsum von Arzneimitteln und Medikamenten: Schon Kinder im Grundschulalter greifen, angeregt und unterstützt durch die Eltern oder aus eigener Entscheidung, zu Schmerzmitteln und Anregungs- und Beruhigungsmitteln, wenn sie sich nicht gut fühlen. Besonders bei Leistungsanforderungen klettern die Werte in die Höhe. Nach unseren Studien müssen wir damit rechnen, dass insgesamt ein Drittel der Kinder und Jugendlichen regelmäßig wöchentlich in den Arzneimittelschrank der Familie greift. Dieses Verhalten ist suchtgefährdend, denn es folgt einem mechanischen Muster: "Fühlst du dich in einer Belastungs- oder Stresssituation, dann greife zur chemischen Manipulation". Die Ursache, die Ausgangssituation, wird hierdurch nicht verändert, es handelt sich ausschließlich um eine Manipulation der Symptome, die dadurch jeden Warncharakter verlieren (vgl. *Engel/ Hurrelmann* 1993).

Mädchen reagieren bei Belastungen und Anspannungen besonders stark mit psychosomatischen und psychischen Symptomen. Kopfschmerzen, Nervosität, Unruhe, aber auch Kreuz- und Rückenschmerzen, Magenschmerzen und Schlaflosigkeit sind bei ihnen insgesamt stärker verbreitet als bei Jungen. Mit zunehmendem Alter und zunehmender Nähe zur Pubertät, die bei Mädchen in den letzten Jahren im Lebensalter immer weiter nach vorne gewandert ist und heute schon bei etwa zwölf Jahren liegt, verschärft sich diese Tendenz.

Die Mädchen machen Belastungen und Anspannungen direkt mit ihrer Psyche und mit ihrem Körper aus und strapazieren sich auf diese Weise. Sie reagieren äußerst sensibel auf Anspannungen und Belastungen. Die Jungen hingegen sind eher geneigt, Belastungen und Anspannungen nicht allein mit sich selbst, sondern auch mit anderen abzuarbeiten. Sie werden viel schneller aggressiv und tragen die Konflikte aus sich heraus. Allerdings sind sie auch stärker vertreten beim Alkohol- und Drogenkonsum, einer potentiell selbstzerstörerischen Form der Problemverarbeitung. Sie gehen insgesamt weniger sensibel mit ihrem Körper um, nutzen ihn wie eine ‚Leistungsmaschine' und verdrängen Beschwerden. Im späteren Lebenslauf soll sich das rächen: Frauen leben bis zu sieben Jahren länger als Männer, was wohl auch auf das haushälterische und einfühlsame Umgehen mit den eigenen körperlichen und seelischen Kräften hindeutet (vgl. *Mansel/ Hurrelmann* 1991).

Gesellschaftliche Hintergründe für die veränderte Kindheitsrolle

Die frühe Ausprägung von Gesundheitsbeeinträchtigungen und gesundheitsgefährdenden Verhaltensweisen schon im Kindesalter ist ein Indiz dafür, wie ähnlich Kinder, Jugendliche und Erwachsene heute mit Problemsituationen in ihrem Alltag umgehen. Ein gemeinsamer Nenner der angesprochenen Verhaltensweisen lässt sich ausmachen:

Alle genannten Formen der Störungen der Gesundheit und der Krisensymptome der Persönlichkeitsentwicklung haben etwas mit Überbeanspruchung zu tun. Es handelt sich um stressartige Reaktionen. Zugrunde liegt meist ein bio-psycho-sozialer Spannungszustand, der sich aus einer dauerhaften Überforderung der Anpassungskapazitäten im körperlichen, psychischen und sozialen Bereich ergibt.

Erkrankungen, psychosomatische Beschwerden, psychische Störungen und Drogen- und Arzneimittelkonsum sind Signale dafür, dass die Kinder mit einer sie belastenden Situation in Familie, Schule, Freizeit und sonstigem Alltag nicht zurechtkommen. Gelingt ihnen die Auseinandersetzung nicht, dann werden ihre körperlichen und psychischen Kräfte überstrapaziert, es kann zu unproduktiven Verläufen des weiteren Gesundheitsprozesses und der Persönlichkeitsentwicklung kommen.

Diese Mechanismen sind uns aus dem Erwachsenenalter voll vertraut. Stress am Arbeitsplatz, Dauerkonflikte in der Partnerbeziehung, mangelnde Integration im Freundeskreis – alle diese Probleme zeigen sich heute in übertragener Form schon bei vielen Kindern, und die Reaktions- und Verarbeitungsmechanismen der Kinder unterscheiden sich kaum von denen der Erwachsenen. Insofern stimmt die Formel von den Kindern als ‚kleinen Erwachsenen'.

Woran liegt es, dass sowohl Kinder als auch Erwachsene, trotz ihrer ja höchst unterschiedlichen körperlichen und seelischen Entwicklungsstände, in so ähnlicher Weise von Konflikten und Belastungen betroffen sind? Im Bild gesprochen: Die ‚soziale Ozonschicht' für Kinder, die ihnen einen Schutz für eine ungestörte Persönlichkeitsentwicklung sichern könnte, hat erhebliche Löcher und Ausdünnungen erhalten. Die gefährlichen Strahlen der gesamtgesellschaftlichen Entwicklung treffen immer direkter auch schon Kinder, die sich im Aufbau ihrer Persönlichkeit befinden. Viele von ihnen sind durch diese Strahlen überfordert, sie reagieren mit Allergien, mit psychosomatischen Beschwerden, mit Aggression und mit der Flucht in die Droge.

Die Stress-Symptome, die diese Verhaltensweisen darstellen, sind die psychischen, somatischen und sozialen ‚Kosten' der modernen Lebensweise, die Kinder und Erwachsene gleichermaßen zu tragen haben. Die Rolle des Kindes wandelt sich, weil sich das soziale, kommunikative, ökonomische und ökologische Umfeld für die gesamte Spanne der Persönlichkeitsentwicklung verändert hat. Folgende Faktoren sind besonders zu nennen (vgl. *Zinnecker/ Silbereisen* 1996):

- Die Auflösung sozialer Bindungen im Familienleben, die Erwachsenen freie und lockere Formen von Partnerschaft ermöglicht, aber auch viele Bedürfnisse nach Gemeinschaft und Zugehörigkeit verletzt. Kinder sind heute Anhängsel der Partnerbeziehungen ihrer Eltern und sie werden von deren Unsicherheit und Unbeständigkeit getroffen, ohne auf sie gestaltend einwirken zu können. In Europa liegt die Scheidungsquote inzwischen bei über 35 Prozent der Ehebeziehungen.
- Die wachsende Bedeutung der Freizeit, die zugleich aber die Erwartung an Erlebnis und Erfahrung steigert, den Hunger nach körperlichen und geistigen Grenzüberschreitungen erhöht. Kinder und Jugendliche, die sich in einer besonders formativen Phase der Persönlichkeitsentwicklung befinden, sind hiervon stark betroffen.
- Das Vordringen der Medien mit ihren Informationsmöglichkeiten, aber auch ihrem Informationsüberschuss, ihrer Förderung von passiven Verhaltensweisen, erhöhter Sensationserwartungen und ihre Betonung des Außernormalen, die gerade Kindern eine realistische Einordnung und Erprobung eines Weltbildes erschwert.
- Die Intensivierung und Verdichtung der Leistungsanforderungen und Qualifikationsprozesse, die sich in einer Verlängerung der schulischen und beruflichen Ausbildung und in einem Aufschaukeln von Abschlusserwartungen ausdrückt. Schon sehr früh fühlen sich heute Kinder durch eine lange Kette von Qualifikationsanforderungen innerlich bedroht, in die sie mit dem Grundschulalter eintreten. Schon früh strahlt die Unsicherheit auf sie zurück, später vielleicht keinen Arbeitsplatz zu erhalten oder unzureichend qualifiziert zu sein – bei 15 % struktureller Arbeitslosigkeit eine sehr reale Furcht.
- Die Zunahme von kulturellen und sozialen Spannungsfeldern im Alltag unserer Gesellschaft, die sich durch das Öffnen der Schere zwischen Arm und Reich ebenso ausdrückt wie durch die Entfremdung zwischen Menschen unterschiedlicher Religionen und unterschiedlicher Kulturen. Die Maßstäbe für die ethische und religiöse Orientierung, aber auch die alltägliche soziale Orientierung im Umgang miteinander, gehen verloren. Weil Kinder

und Jugendliche Suchende nach Sinn und Perspektive sind, verarbeiten sie diese Entwicklung intensiv. Kindheit heute bedeutet, in einer ungesicherten sozialen Bindung aufzuwachsen, in einer Wettbewerbsgesellschaft zu leben, in der allein individuelle Leistung und sonst gar nichts zählt, in einer Freizeitwelt zu sein, die durch den Konsum und durch kommerzielle Wettbewerbsprozesse gekennzeichnet ist. Kindheit bedeutet auch, der zunehmenden Verstädterung ausgesetzt zu sein, die Verknappung von Spiel- und Freiflächen zu erleben und zu erfahren, dass das unmittelbare Wohnumfeld als Lebens-, Spiel- und Erfahrungsraum nicht zur Verfügung steht. Kindheit bedeutet heute auch, auf eine ökologische Umwelt angewiesen zu sein, die belastende und schädigende Wirkungen haben kann.

Kinder gehen mit den alltäglichen Anforderungen, die denen der Erwachsenen so ähnlich geworden sind, spontaner und unverstellter um als ältere Menschen. Sensibel und empfindlich wie sie sind, spiegeln sie in ihrem Gesicht, ihrer Haut und ihrem Verhalten die Anspannungen und Unzulänglichkeiten des alltäglichen Lebens, die wir Erwachsenen oft nicht mehr in der gleichen Intensität erfahren und erleben. Sie zeigen uns unverstellt, wie ihre Lebenswelt und ihre Umwelt auf sie wirkt und wo sie diese Umwelt herausfordert und überfordert (vgl. *Hurrelmann* 1990).

So gesehen sind Kinder soziale, kulturelle und auch gesundheitliche Seismografen, die Erwachsene in aller Deutlichkeit auf die Unzulänglichkeiten der Lebensorganisation hinweisen. Kinder sind in die Alltagsvollzüge der Erwachsenengesellschaft voll mit einbezogen, aber sie haben noch nicht die Verdrängungsmechanismen zur Verfügung, mit denen die Älteren sich ihre Welt erträglich machen. Deswegen sind die Lösungen der Kinder für die eigene Lebensgestaltung mitunter spontaner, unbefangener und einfallsreicher als die von Erwachsenen, deswegen sind aber – auch oft ihre Leiden viel stärker, weil sie sie unvorbereitet und unbeeinflussbar treffen.

Welche Kinder profitieren, welche verlieren?

Die gesellschaftlichen Veränderungen treffen nicht alle Kinder in gleicher Weise. Die Schere zwischen Arm und Reich öffnet sich immer weiter. Auch im reichen Westen gibt es inzwischen Tausende von Straßenkindern, die ohne ihre Eltern und ohne jede finanzielle und soziale Unterstützung zwischen

Hochhäusern und Brücken ihr Leben fristen. Hunderttausende von Kindern leben in Armut. Daneben gibt es immer mehr Kinder, denen von ihren Eltern ein Dreizimmer-Appartement mit eigenem Bad und mit Fernseh- und Videoanlage vom Feinsten angeboten wird. Keine Frage: Das Kind aus den armen Verhältnissen ist auf eine andere Weise ‚frühreif' als das aus den reichen Verhältnissen. Je nach der finanziellen Lage, der Qualität des Familienlebens und dem sozialen Netzwerk von Verwandtschaft und Nachbarschaft gelingt es dem einen Kind besser, dem anderen schlechter, mit den alltäglichen Lebensbedingungen zurechtzukommen. So werden einige zu Modernisierungsgewinnern und andere zu Modernisierungsverlierern (vgl. *Klocke/ Hurrelmann* 1995).

Entscheidend ist die persönliche Kompetenz, mit den stressartigen Belastungen der täglichen Lebenswelt umzugehen, und zugleich die soziale Unterstützung des Umfeldes, also von Familie, Nachbarschaft und Freundeskreis. Nach einem heute weithin akzeptierten Verständnis wird Stress durch ein Missverhältnis oder Ungleichgewicht zwischen dem Menschen und seiner Umwelt ausgelöst. Stress findet immer dann statt, wenn eine Diskrepanz oder ein Konflikt besteht zwischen Lebensbedingungen, Zwängen und Erwartungen auf der einen Seite und individuell gegebenen Bedürfnissen, Fähigkeiten und Ressourcen auf der anderen – und dieses Missverhältnis vom Einzelnen als ein Wohlbefinden bedrohend oder beeinträchtigend erfahren wird.

Pädagogische Antworten

Was ist pädagogisch zu tun? Interessant ist es, dass schon Kurt *Hahn* (1958) in seinen Schriften in den 20er-Jahren den Verfall der „körperlichen Tüchtigkeit", die fehlende Selbstinitiative bei zu viel Konsumhaltung und "Zuschauermentalität", den Verfall der Geschicklichkeit und Sorgfalt und die mangelnde Fähigkeit zur menschlichen Anteilnahme kritisiert. Er entwickelte eine Pädagogik des Erlebens ("Erlebnispädagogik"), die auf diese vier Problemzonen abstellt. Es handelt sich um die folgenden Konzepte, die meiner Einschätzung nach für die heutige Lebenssituation von Kindern hochaktuell sind:

1. Das erste Element ist das körperliche Training. Hierdurch soll Leistungsfähigkeit und Kondition entwickelt, zugleich das körperliche und das seelische Wohlbefinden, das Selbstvertrauen und das Gespür für den eigenen

Körper gestärkt werden. Nicht von ungefähr steht in dieser pädagogischen Konzeption also die Förderung der körperlichen Bewegung an erster Stelle. Der Reformpädagoge Hahn ist sich darüber im Klaren, wie bedeutsam Bewegung als Katalysator für die Selbststeuerung und die Koordination der verschiedenen Regelkreise ist, die ich oben erwähnt habe. Der Mensch ist während seines ganzen erdgeschichtlichen Daseins ein Jäger und Sammler gewesen, er ist darauf programmiert, täglich 10 bis 20 Kilometer zu gehen und zu laufen, um sich die begehrte Kost unter Einsatz des Lebens zu erjagen. Je organisierter und technisierter die Gesellschaft ist, umso mehr aber wird jeder von uns abgetrennt von der Unmittelbarkeit der Erfahrungen, wir bekommen alles überliefert oder mitgeteilt, unsere Lernfelder verlagern sich in den theoretischen Bereich. Diese Erfahrungen werden in der Schule oder über das Fernsehen konsumiert und bleiben abstrakt, oberflächlich und unüberprüfbar. In dieser Situation kommt es darauf an, durch pädagogische Arrangements gegenzusteuern. Statt die Entwicklung zu beklagen und tatenlos hinzunehmen, will Kurt Hahn gegensteuernde und Selbststeuerung stärkende Impulse in seine Pädagogik einbeziehen. Deswegen gibt er der körperlichen Bewegung eine Schlüsselrolle in seinem Konzept. Das körperliche "Training", wie er es nennt, erfordert Eigenanstrengung und steht gegen die passive, verharrende Haltung. Durch Bewegung werden die natürlichen Aggressionsimpulse und inneren Spannungen abgebaut, so dass sie sich nicht depressiv gegen den eigenen Körper und die eigene Seele oder aggressiv gegen andere wenden können.

2. Die zweite Komponente in der Pädagogik von Kurt *Hahn* (1958) ist die "Expedition in unbekanntes Terrain". Mut und Vertrauen zu sich selbst können nur aufgebaut werden, so diese These, wenn Herausforderungen gesucht und bewältigt werden und Grenzen überschritten und Risiken gesucht werden. Um den Mut zu haben, sich mit Konflikten und neuartigen Situationen auseinander zu setzen, soll nach dieser pädagogischen Konzeption das Erschließen von Neuem und Unbekanntem im Alltag trainiert werden. Deswegen die starke Betonung von Aktivitäten, bei denen die eigenen Grenzen erfahren und zugleich Hilfen erlebt werden, um schwierige Situationen zu überwinden. Im pädagogisch überschaubaren Raum werden Möglichkeiten geschaffen, um Grenzen und Grenzerfahrungen zu erleben und auszulösen. Hierdurch soll Vertrauen in die eigenen körperlichen Kräfte, die psychischen und sozialen Kompetenzen und die Bewältigung von schwierigen Situationen geschaffen werden.

3. Der dritte Baustein im Konzept von Kurt *Hahn* (1958) ist das gemeinsam handwerkliche künstlerische, technische und geistige Arbeiten. Neben der

intellektuellen Tätigkeit legt dieses Konzept großen Wert auf Fertigkeiten und Fähigkeiten, die alle Sinne ansprechen. Hahn ist sich darüber im Klaren, wie wenig Kinder mit Information und Aufklärung, mit ‚Reden' erreicht und angesprochen werden können. Sie benötigen die sinnhafte Erfahrung, um ihr Bewusstsein zu verändern. Worte bleiben oberflächlich und abstrakt, eigene Erlebnisse aber wirken tief und prägen das eigene Verhalten. Entsprechend wandte sich Hahn wie auch die anderen Vertreter der Reformpädagogik zu Anfang unseres Jahrhunderts gegen die Verkopfung der Bildung und die einseitige Vermittlung von Theorie, getrennt von Leben und Lebenspraxis. Es wurde ein "ganzheitliches Lernen" gefordert, das Körper, Seele und Geist berücksichtigt, also eine Bildung und Erziehung der gesamten Persönlichkeit mit "Hirn, Herz und Hand".

4. Der vierte Baustein im Konzept von Kurt *Hahn* (1958) ist der "Dienst am Nächsten", der durch medizinische und psychologische Hilfen in Krisensituationen und durch Rettungsmaßnahmen umgesetzt wird. Mit diesem Baustein in seinem Konzept will Hahn die soziale Verantwortlichkeit und das unmittelbare Erleben von Hilfe und Unterstützung erfahrbar machen. Durch Information und Aufklärung, so seine These, werden Kinder und Jugendliche nur oberflächlich erreicht, durch konkretes und tatkräftiges Handeln aber erleben und erarbeiten sie sich Zusammenhänge nachdrücklich. Sich selbst als wichtiger Knotenpunkt in einem sozialen Netz von Beziehungen zu erfahren, das ist nur durch konkretes Erleben möglich. Deswegen werden pädagogisch wertvolle und hilfreiche Situationen konstruiert, in denen Kinder und Jugendliche direkte Verantwortung übernehmen, zum Beispiel indem sie einen Rettungsdienst leiten oder eine Unfallstation verantwortlich mit betreiben. Der ‚Dienst am Nächsten' stellt eine Herausforderung der eigenen Kräfte dar, zugleich aber stärkt und stählt er das Selbstvertrauen, durch die Erfahrung der Notwendigkeit des eigenen Handelns. Gerade diese Erfahrung, auf andere Menschen in einem Gemeinschaftsgefüge angewiesen zu sein und sich auf sie verlassen zu können, wird hierbei gemacht.

Das sind vier Komponenten eines pädagogischen Konzepts, das heute so aktuell ist wie vor 80 Jahren. Nicht von ungefähr zieht sich wie ein roter Faden die Idee der Bewegung und der Eigentätigkeit durch diese "Pädagogik des Erlebens" (*Hahn* 1958). Es ist ein hochmodernes Konzept, das für die Umsetzung und Weiterentwicklung von interdisziplinären Programmen in diesem Bereich Pate stehen kann.

Schule als Vermittlerin sozialer Kompetenzen

Wie keine andere Institution bietet die Schule den Zugang zu fast allen Kindern und Jugendlichen, sie strukturiert und bestimmt einen relevanten Teil ihrer Lebenszusammenhänge und ist daher gut geeignet, Kindern soziale und gesundheitliche Kompetenzen zu vermitteln. In ihrem Bericht "Zur Gesundheitserziehung in Schulen einschließlich der Aus- und Fortbildung der Lehrer auf diesem Gebiet" hat 1993 die Kultusministerkonferenz Gesundheitserziehung als „wesentlichen Bestandteil des Bildungs- und Erziehungsauftrags der Schulen" definiert. An allen Schulen ist heute das herkömmliche Aufklärungs- und Risikofaktorenkonzept überholt, an seine Stelle ist ein ganzheitliches "Lebensweisenkonzept" getreten, in dem Gesundheitsverhalten in einen sozialen Zusammenhang eingebettet wird. Dazu sind folgende Schritte zu gehen:

1. Lehrplanung. Gemäß der von der Kultusministerkonferenz vorgegebenen ganzheitlichen Sichtweise von Gesundheit und Gesundheitsförderung ist diese innerhalb des Curriculums keinem bestimmten Fach zugewiesen. Vielmehr sollen gesundheitsrelevante Themen wiederkehrend in allen Fächern behandelt werden. Dies überfordert jedoch vielfach die Lehrerinnen und Lehrer, da in deren Ausbildung das Thema ‚Gesundheit' wenig Raum hatte. So reduziert sich das Thema im Schulalltag meist wieder auf die herkömmlichen Bereiche, in denen Gesundheitsförderung mit Gesundheitserziehung gleichgesetzt wird und ausschließlich im Sinne eines isolierten Sachgebietes einiger Schulfächer, vor allem in Biologie (Sexualkunde), Sport, Haushaltslehre/ Hauswirtschaft und Chemie abgehandelt wird. Bisweilen werden im Grundschulbereich auch gesundheitsbezogene Themen im Sachkundeunterricht behandelt, wobei jedoch der Ansatz häufig ein risikobezogener ist, da es an Materialien fehlt, die den Stand der Forschung repräsentieren. Insgesamt ist die Situation unbefriedigend – es ist an der Zeit, probeweise das Fach ‚Gesundheitsbildung' einzuführen und zu überprüfen, welche Effekte sich damit erzielen lassen. Das Fach ließe sich zuerst probeweise in Verfügungsstunden auf fester Zeitbasis denken, um Erfahrungen zu sammeln.

2. Gestaltung des Schullebens. Außerhalb des Lehrplans, in der Gestaltung von Projekten und Räumen, kann die Schule in ebenso vielfältiger Weise wirksam werden: Das gilt für das Ernährungsangebot, die Einführung regelmäßiger gemeinsamer Mahlzeiten in der Schule, die Durchführung von gesundheitsbezogenen Projekttagen und -wochen, die Problematisierung des Warenangebotes von Schulkiosken und das Essensangebot von Men-

sen. Auch ein gesundheitsorientiertes Bewegungsangebot für die Pausen ist als extracurriculare Maßnahme in allen Schulformen denkbar. Der Rhythmisierung des Unterrichts kommt eine große Bedeutung zu. In vielen Schulen wird inzwischen der Stundenplan mehrheitlich in Doppelstunden eingeteilt, da dies den Lernbedürfnissen der Kinder erheblich entgegenkommt. Schulökologisch gibt es eine Reihe von Aspekten, die Berücksichtigung finden sollten. Hierzu gehören bauliche Maßnahmen wie Anlage des gesamten Gebäudekomplexes, Schallschutzisolierung und Anzahl sowie Größe der Klassenräume ebenso wie die Gestaltung der Innen- und Außenräume (Schulhof, Schulgarten, Versammlungsräume usw.). Auch die Bedeutung von Beleuchtung und Mobiliar wird zunehmend mehr erkannt und in ihren Auswirkungen auf die Gesundheit berücksichtigt. Die Lage der Schule sowie die Gestaltung des Schulwegs (Ampeln, Schülerlotsen, Kennzeichnung von gefährlichen Stellen, Überquerungshilfen) ist ebenso zu nennen. Hinzu kommt das gesamte Schulklima. Dieses wird in entscheidender Weise von der Schule vorgegeben, kann von allen Beteiligten positiv oder negativ erlebt werden und steht in wechselseitiger Beziehung zu gesundheitsbezogenen Verhaltensweisen. Die Gesundheit der Lehrkräfte spielt dabei eine große Rolle (vgl. *Fölling-Albers* 1992).
3. Beteiligung von Schülern und Eltern. Insgesamt zeigen die Ergebnisse unserer bisherigen Arbeit an der Universität Bielefeld, dass Gesundheitsförderung in der Schule auf vielen verschiedenen Ebenen durchgeführt werden kann und dies nicht nur auf der Ebene der Wissensvermittlung zu Veränderungen führt, sondern auch das gesamte Sozialgefüge berührt. Die Kinder können und sollten mehr in die Planung von Gesundheitsprojekten mit einbezogen werden. Indem man ihnen verschiedene gesundheitsbezogene Themen vorlegt, können sie selbst auswählen, welches Thema sie am liebsten vertiefen wollen. Darüber hinaus bieten sich Rückmeldungen zwischen Lehrern und Kindern im Anschluss an gesundheitsfördernde Projekte an, in denen die Kinder mitteilen können, was ihnen gefallen hat und was nicht, so dass auch die Lehrer eine Rückmeldung über ihre Arbeit bekommen und dies in weitere Projekte einbauen können. Wie unser Projekt gezeigt hat, sind Eltern über Informationsabende und Eltern-Kind-Nachmittage zu motivieren, indem sie informiert und einbezogen werden. Diese Elternarbeit kann sicher noch intensiviert werden, da Gesundheit ein Thema ist, das die schulischen Leistungsanforderungen nicht berührt und so vermutlich von einem Großteil der Eltern als ein wichtiges, alle Kinder betreffendes Thema beurteilt wird. Im Übrigen liegt in der Elternschaft

meist ein Potential an gesundheitsrelevanten Berufen, das auch für den Unterricht genutzt werden könnte (vgl. *Hurrelmann* 1990).

Literatur

Aries, P.: Geschichte der Kindheit. München 1978.
Baacke, D.: Die 6- bis 12jährigen. Einführung in die Probleme des Kindesalters. Weinheim u.a. 1993.
Beck, U.: Risikogesellschaft. Auf dem Weg in eine andere Moderne. Frankfurt a.M. 1986.
Bründel, H.; *Hurrelmann*, K.: Einführung in die Kindheitsforschung. Weinheim 1996.
Büchner, P.; *Krüger*, H.-H.; *Chisholm*, L. (Hrsg.): Kindheit und Jugend im interkulturellen Vergleich. Opladen 1990.
De Mause, L.: Hört ihr die Kinder weinen. Eine psychogenetische Geschichte der Kindheit. Frankfurt a. M. 1977.
Engel, U.; *Hurrelmann*, K.: Was Jugendliche wagen. Eine Längsschnittstudie über Drogenkonsum, Stressreaktionen und Delinquenz im Jugendalter. Weinheim 1993.
Elias, N.: Die Gesellschaft der Individuen. Frankfurt a.M. 1987.
Elkind, D.: Das gehetzte Kind. Werden unsere Kleinen zu schnell groß? Bergisch Gladbach 1991.
Fend, H.: Sozialgeschichte des Aufwachsens. Frankfurt a.M. 1988.
Fölling-Albers, M.: Schulkinder heute. Auswirkungen veränderter Kindheit auf Unterricht und Schulleben. Weinheim, Basel 1992.
Hahn, K.: Erziehung zur Verantwortung. Stuttgart 1958.
Hengst, H. (Hrsg.): Kindheit in Europa. Zwischen Spielplatz und Computer. Frankfurt a. M. 1985.
Honig, M.-S.: Verhäuslichte Gewalt. Frankfurt a. M. 1986.
Hurrelmann, K.: Familienstress – Schulstress – Freizeitstress. Gesundheitsförderung für Kinder. Weinheim u.a. 1990.
Hurrelmann, K.: Einführung in die Sozialisationstheorie. Weinheim 1993.
Klocke, A.; *Hurrelmann*, K.: Armut und Gesundheit. Inwieweit sind Kinder und Jugendliche betroffen? In: Zeitschrift für Gesundheitswissenschaften, 2. Beiheft (1995), 105-115.
Kolip, P.; *Hurrelmann*, K.; *Schnabel*, P.E. (Hrsg.): Jugend und Gesundheit. Interventionsfelder und Präventionsbereiche. Weinheim 1995.
Krappmann, L.; *Oswald*, H.: Sozialisation in Familie und Gleichaltrigenwelt. Zur Sozialökologie der Entwicklung in der mittleren Kindheit. In: Zeitschrift für Sozialisationsforschung und Entwicklungssoziologie, 10(1990)2, 147-162.
Lohaus, A.: Gesundheitsförderung und Krankheitsprävention im Kindes- und Jugendalter. Göttingen 1993.
Mansel, J.; *Hurrelmann*, K.: Alltagsstress bei Jugendlichen. Weinheim 1991.
Postman, N.: Das Verschwinden der Kindheit. Frankfurt a. M. 1983.
Preuß-Lausitz, U.: Kriegskinder, Konsumkinder, Krisenkinder. Zur Sozialisationsgeschichte seit dem Zweiten Weltkrieg. Weinheim 1983.

Qvortrup, J.: Childhood as a Social Phenomenon – An Introduction to a Series of National Reports, Eurosocial Report, Vol. 36(1990)3.
Zeiher, H.; *Zeiher*, H.: Orte und Zeiten der Kinder. Soziales Leben im Alltag von Großstadtkindern. Weinheim u.a. 1994.
Zinnecker, J.; *Silbereisen*, R.K.: Kindheit in Deutschland. Aktuelles Survey über Kinder und ihre Eltern. Weinheim u.a. 1996.

Gérard Bless

Moderne Leistungsgesellschaft –
Krise im öffentlichen Schulwesen?

Vorbemerkungen

Im Titel wird die Frage gestellt, ob sich das öffentliche Schulwesen in einer Krise befindet. Mit dem Begriff ‚Krise' sind beobachtbare Entwicklungen gemeint, die nach Meinung des Autors als gefährlich oder zumindest für Betroffene als folgenreich bezeichnet werden können. Die Gefährlichkeit dieser Entwicklungen und somit die Krise im öffentlichen Schulwesen ist um so größer, wenn sie nicht erkannt und dadurch dauerhaft wird. Die gemachten Beobachtungen konzentrieren sich im Wesentlichen auf das schweizerische Bildungswesen. Die Entwicklungen in der Schweiz können, unter Erfüllung bestimmter Voraussetzungen, als mögliche Szenarien oder Gefahren der Zukunft für andere Bildungssysteme, etwa in Deutschland oder Österreich verstanden werden. Damit verständlich wird, auf welchem Hintergrund die folgenden Ausführungen zu interpretieren sind, wird zuerst kurz das Schweizerische Bildungssystem skizziert.

1 Das Schweizerische Bildungssystem in Kürze

Im Schweizer Bildungssystem liegt die Schulhoheit bei den Kantonen, was zu einer sehr dezentralisierten Schulorganisation führt. Deshalb kennt die Schweiz weder ein nationales Erziehungsministerium noch existieren ein differenziertes nationales Bildungsgesetz oder ein nationales Bildungssystem, sondern 26 zum Teil unterschiedliche Schulorganisationen.

In Abbildung 1 wird die Grundstruktur der verschiedenen Schulsysteme schematisch vereinfacht dargestellt. Bereits hier fällt auf, dass beispielsweise die Primar- und Sekundarstufe 1 nicht in allen Kantonen gleich viele Stufen

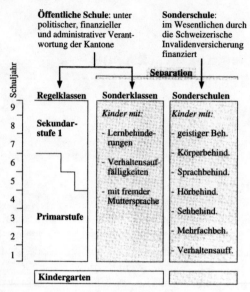

Abb. 1: Grundstruktur des Schweizerischen Bildungssystems

zählen. Dies hat zur Folge, dass in einzelnen Kantonen die Selektion im Hinblick auf die weiterführende Sekundarstufe 1 früher stattfindet als in anderen, jedoch in der Regel wesentlich später als in Deutschland. In den meisten Kantonen werden auf der Sekundarstufe 1 drei bis vier verschiedene Abteilungen geführt, welche Schüler mit ähnlichen Kompetenzniveaus gruppieren. Wesentliche Gemeinsamkeiten aller 26 Bildungssysteme bestehen in der Grundstruktur (Kindergarten, Primarschulstufe und Sekundarstufe 1) und im Schulobligatorium für alle Kinder zwischen 6/ 7 und 15/ 16 Jahren.

Wo werden Kinder mit sonderpädagogischem Förderbedarf beschult? Die große Mehrheit dieser Kinder wird trotz Fortschritten im Rahmen integrativer Schulungsformen nach wie vor in separierenden Klassen, d.h. in Sonderklassen und Sonderschulen unterrichtet.

Sonderklassen, auch Kleinklassen und in Deutschland manchmal Förderklassen oder ausgelagerte Sonderschulklassen genannt, nehmen Kinder mit eher leichteren Behinderungsformen auf. Sie sind in den Regelschulhäusern untergebracht und stehen unter derselben administrativen und finanziellen Verantwortung wie die Regelklassen. In einzelnen Ländern werden sie deshalb bereits als Integrationsklassen deklariert, was sie jedoch trotz der räumlichen Nähe nicht sind, da vorgegebene Selektionsmaßnahmen einer Aufnahme in diese Klassen vorausgehen. Kooperationen zwischen den Sonder- und den Regelklassen sind hier prinzipiell möglich, in der Praxis aber eher bescheiden.

Sonderschulen nehmen Kinder mit ‚schwerwiegenden' Behinderungen auf. Sie befinden sich im Gegensatz zu den Sonderklassen in eigenen Schulhäusern, denen meistens ein Wohnheim angegliedert ist. Sonderschulen haben häufig den Status einer Privatschule und werden zum größten Teil von der Invalidenversicherung finanziert.

Schließlich gibt es zahlreiche Kinder, vorwiegend aus dem Sonderklassenbereich, die in Regelklassen *integriert* werden und dort zusätzliche sonderpädagogische Unterstützung erfahren. Mit Ausnahme von Kindern mit Mehrfachbehinderungen und schwerwiegenden Verhaltensstörungen können (je nach Kanton) Kinder aller Behinderungsarten integriert beschult werden. Allerdings ist das Ausmaß bei Kindern aus dem Sonderschulbereich gering.

Die *äußeren Rahmenbedingungen* sowie die personale und materielle Ausstattung der öffentlichen Schulen können im Vergleich zum Ausland insgesamt als sehr gut bezeichnet werden. So beträgt beispielsweise die durchschnittliche Schülerzahl pro Klasse in der Primarschule 19, auf der Sekundarstufe 1 18 Schülerinnen und Schüler. Zahlreiche Kinder aus allen Schularten werden durch spezialisierte Schuldienste mittels Beratungen und Therapien unterstützt. Diese Schuldienste betreffen vor allem die Bereiche Schulpsychologie, Logopädie und Psychomotorik. Zur Ausstattung der öffentlichen Schule gehören in der Regel ebenfalls: Stützlehrpersonen für das Erlernen der Unterrichtssprache für Immigrantenkinder, Hausaufgabenhilfe, Schulärzte, Schulzahnärzte sowie Berufsberatungsdienste.

Im Folgenden werden vier Beobachtungen dargestellt, die als Symptome der im Titel angesprochenen Krise der öffentlichen Schule interpretiert werden können.

2 Vier Beobachtungen

2.1 Entwicklung der Aussonderungsquote

Im Schuljahr 1999/2000 zählte die öffentliche Schule während der obligatorischen Schulzeit 807.101 Kinder, die in Regelschulen und 48.647 Kinder, die in Sonderklassen oder Sonderschulen unterrichtet wurden, was einer Aussonderungsquote von 6,03% entspricht. Im Vergleich hierzu werden in der Bundesrepublik Deutschland 4,18%, also deutlich weniger Kinder aus der Regelschule ausgesondert. Zudem ist diese Quote in Deutschland im Unterschied zur Schweiz relativ stabil.

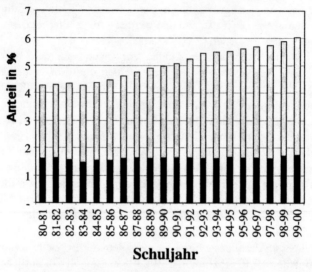

☐ Sonderklassen im Volksschulbereich
■ Sonderschulen im IV-Bereich

Abb. 2: Anteil der Kinder in Sonderklassen und Sonderschulen: zwischen 1980/81 und 1999/2000

Zwischen dem Schuljahr 1980/81 und dem Schuljahr 1999/2000 ist die Aussonderungsquote in der Schweiz von 4,23% auf 6,03% gestiegen. Der dramatische Anstieg betrug demnach im Verlaufe der letzten 20 Jahre nahezu 50%. Der Grafik ist ferner zu entnehmen, dass dieser massive Anstieg ausschließlich in den Sonderklassen im Volksschulbereich stattgefunden hat. Der Anteil der Schüler in Sonderschulen, welche Kinder mit ‚schwerwiegenden' Behinderungen aufnehmen, ist hingegen über den beobachteten Zeitraum stabil geblieben. Die Klassentypen, welche Kinder mit sogenannten ‚leichteren' Behinderungen aufnehmen, die nebenbei bemerkt nur ungenügend trennscharf zu diagnostizieren sind und zudem in den Schulhäusern der Regelschulen untergebracht sind, erleben einen unwahrscheinlichen Schülerzuwachs, obwohl in diesem Zeitraum über die gesamte Schweiz zahlreiche Integrationsklassen gerade für diese Schüler eingerichtet wurden. Eigentlich hätte erwartet werden dürfen, dass mit der Integration die Aussonderungsquote zurückgeht. Dieses Phänomen ist bekannt und in zahlreichen anderen Ländern ebenfalls zu beobachten. In der Schweiz ist die Entwicklung jedoch wesentlich ausgeprägter. Wie ist dieser Anstieg zu erklären oder anders gefragt, welche Schüler wurden vermehrt ausgesondert? Einen wichtigen Erklärungsbeitrag hierzu liefert folgende Grafik:

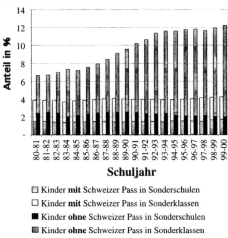

Abb. 3: Aussonderungsquote nach Nationalität

Wurden im Schuljahr 1980/81 noch 6,68% aller schulpflichtigen Kinder ohne Schweizer Pass (Kinder ausländischer Herkunft) ausgesondert, so sind es 20 Jahre später bereits 12,23%. Dies ist eine Steigerung um nahezu 100%. Im Vergleich dazu beträgt die Aussonderungsquote der Schweizer Kinder über den gesamten Zeitraum 4% und ist somit stabil. Mit anderen Worten wird zur Zeit jedes 25. Schweizer Kind, aber jedes 8. Ausländerkind ausgesondert, wobei betont werden muss, dass es sich hier nur selten um neu immigrierte Kinder aus Krisengebieten handelt. Die meisten Kinder leben seit vielen Jahren in der Schweiz, sind teilweise da geboren oder können gar als Zweit- oder Drittgenerationskinder bezeichnet werden.

Zur Entwicklung der Aussonderungsquote kann zusammenfassend gesagt werden, dass trotz großer integrativer Bemühungen nach wie vor immer mehr Kinder ausgesondert werden (vgl. *Bless/ Kronig* 1999). Die anhaltende Zunahme ist im Vergleich zum Ausland massiv und findet fast ausschließlich in Sonderklassen für Kinder mit sogenannten ‚leichteren' Behinderungen statt. Die Zunahme ist hauptsächlich auf die vermehrte Aussonderung von Kindern ohne Schweizer Pass zurückzuführen. Eine weitere Selektionsmaßnahme bildet die Klassenwiederholung.

2.2 Entwicklung der Repetentenquote

Die Repetentenquote schwankt zwischen den Schuljahren 1980/81 und 1997/98 zwischen 2,5% und 3%. Hier scheint die Lage stabil zu sein. Bedenkt man jedoch die steigende Aussonderungsquote sowie die Integrationsbemühungen, so wäre zu erwarten, dass die Entwicklung rückläufig sein müsste. Zudem sei noch darauf hingewiesen, dass in einer am Heilpädagogischen Institut der Universität Freiburg (CH) zur Zeit laufenden Nationalfondsuntersuchung über die Wirksamkeit der Klassenwiederholung wir in Übereinstimmung mit den Ausführungen über die Aussonderungsquote ebenfalls feststellen, dass Kinder ausländischer Herkunft wesentlich häufiger von der Klassenwiederholung betroffen sind als Schweizer Kinder. Um Mangels detaillierter Statistiken das Ausmaß der Repetentenquote dokumentieren zu können, beobachtete *Wegmann* (2000) die Schullaufbahnen aller schulpflichtigen Kinder des Kantons Freiburg, welche im Schuljahr 1991/92 eingeschult wurden, über die gesamte obligatorische Schulzeit, d.h. während der 9 folgenden Schuljahre.

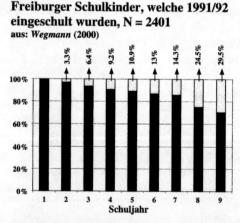

Abb. 4: Abweichungen von der regulären Schullaufbahn

Im Kanton Freiburg, der bezüglich Aussonderung unterhalb und bezüglich der Repetition leicht über dem schweizerischen Schnitt liegt, gelingt es nur 70,5% der Kinder, die obligatorische Schule regulär zu durchlaufen. Bei fast 30% gibt es Abweichungen von der regulären Schullaufbahn.

Analysiert man die Arten der Schullaufbahnabweichungen so sind nahezu 16% auf eine Klassenwiederholung, 2,8% auf eine Aussonderung und etwa 10% auf einen negativen Schultypwechsel innerhalb der Sekundarstufe 1 zurückzuführen. Diese auf den Kanton Freiburg bezogene Analyse zeigt eindrücklich auf, wie viele Kinder von schulischen Selektionsmaßnahmen betroffen sind. Dabei muss noch beachtet werden, dass einige Kinder in Integrationsklassen der Regelschule unterrichtet werden und dass in Freiburg jedes 7. Kind von Logopädinnen, Schulpsychologen oder Psychomotorik-Therapeutinnen zusätzlich zum Regelschulunterricht mehr oder weniger intensiv betreut wird. Zudem erhalten viele fremdsprachige Kinder eine besondere Unterstützung in der Unterrichtssprache. Somit stehen im Rahmen der Regelschule sehr viele Ressourcen mit zusätzlichem Fachpersonal zur Förderung von Kindern mit besonderen Bedürfnissen zur Verfügung. Trotzdem gelingt es zahlreichen Kindern offenbar nicht, den Erwartungen und Anforderungen zu genügen.

2.3 Entwicklung von zusätzlichen sonderpädagogischen Ressourcen in der Regelschule

Da gesamtschweizerisch keine zuverlässige Statistik über die zusätzlich zum Regelschulunterricht vorhandenen Ressourcen an Fachpersonal zur Betreuung von Kindern in Regelschulen zur Verfügung steht, wird auf Daten zurückgegriffen, die dem Autor als Leiter des Regionalen Schuldienstes des Heilpädagogischen Instituts zur Verfügung stehen. Der Regionale Schuldienst ist ein Förderzentrum mit 36 Mitarbeitern, das in den Regelschulen schulpsychologische, logopädische und psychomotorische Hilfe mittels Fachpersonal anbietet. Das Einzugsgebiet des Regionalen Schuldienstes entspricht dem gesamten deutschsprachigen Teil des Kantons Freiburg, der insgesamt 8.500 schulpflichtige Kinder in Sonder- und Regelklassen zählt. Sonderschulen haben eigenes Fachpersonal und werden nicht vom Regionalen Schuldienst betreut. Aus Platzgründen wird nur die Entwicklung im Bereich Logopädie diskutiert. Für nahezu dasselbe Einzugsgebiet betrug der Stellenplan in Logopädie 1988 7,5 Vollzeitstellen. Heute sind es 13, was im Vergleich zum Ausland eine traumhaft hohe Stellendotation darstellt. Damit kann sicherlich behauptet werden, dass die ambulante Betreuung sprachauffälliger Kinder in den Regelschulen sehr gut ausgebaut ist. Trotzdem stieg im selben Zeitraum die Anzahl der Kinder, die in die Sonderschule für Sprachbehinderte überwiesen wurden, kontinuierlich an. Demnach scheinen auch zusätzlich zur Verfügung gestellte Ressourcen in den Regelschulen keineswegs einen Einfluss auf die Aussonderungspraxis zu haben.

2.4 Entwicklung der Zuweisung ungerechtfertigter Diagnosen

Die vorliegende Beobachtung betrifft (stellvertretend für andere Regionen) wiederum ein kleines Einzugsgebiet, nämlich Deutschfreiburg. Hier existiert seit vielen Jahren eine Sonderschule für Geistigbehinderte, mit einer konstanten Schülerschaft von 85 Kindern, was der zu erwartenden Häufigkeit an geistigbehinderten Kindern entspricht. Seit dem Schuljahr 1999/2000 ist es nun möglich, Kinder mit einer geistigen Behinderung in Regelklassen zu integrieren, wobei hierzu Fachpersonal der Sonderschule zur Verfügung gestellt wird. Im ersten Jahr wurden 16 Kinder integriert. Im jetzigen zweiten Schuljahr ist die Zahl der integriert betreuten geistigbehinderten Kinder auf 40 hochgeschnellt. Trotzdem blieb die Zahl der Sonderschüler konstant bei 85. Was ist nun geschehen? Es scheint, laut Aussagen der Sonderschulleitung, dass es sich bei den integriert beschulten ‚Geistigbehinderten' nicht um tatsächlich Geistigbehinderte, sondern eher um lernbehinderte Kinder handelt. Dies wiederum hat zur Folge, dass andere Kinder als ‚lernbehindert' diagnostiziert werden, die eigentlich nicht lernbehindert sind, usw. Da jedoch durch das Etikett ‚Geistigbehindert' wesentlich umfassendere sonderpädagogische Ressourcen zur Verfügung gestellt werden, wird diese Diagnose offenbar schneller als früher vergeben. Die Befürchtung, dass damit eine ‚Pathologisierungswelle' in der Schule ausgelöst wird, liegt auf der Hand.

Zusammenfassend präsentieren sich die dargelegten Beobachtungen wie folgt: steigende Aussonderungsquote, anhaltend hohe Repetentenquote, keine Wirkung der Zunahme von Ressourcen in der Regelschule auf die Aussonderung und Repetition, Zunahme ungerechtfertigter Diagnosen. Bezüglich der beobachteten Entwicklungen bestehen große regionale Differenzen. Das bedeutet, dass je nach Wohnort dasselbe Kind in unterschiedlichem Ausmaß sowohl im positiven wie auch im negativen Sinne von solchen Entwicklungen betroffen sein kann.

Die Frage stellt sich, weshalb die beobachteten Entwicklungen als gefährlich betrachtet und sie sogar als Symptom einer Krise in der öffentlichen Schule interpretiert werden können. Über den Umstand, dass so viele Kinder mit steigender Tendenz sonderpädagogisch betreut oder im Rahmen der Schuldienste sowie integrativer Bemühungen unterstützt werden, müsste man doch als Pädagoge hoch erfreut sein. Dass dies nicht nur ein Grund zur Freude ist, soll im Folgenden mit Hilfe von Thesen dargelegt werden.

3 Drei Thesen

Sonderpädagogische Angebote jeglicher Art werden im Sinne der Qualifikationsfunktion der Schule zum Wohle der betroffenen Kinder verordnet. Gleichzeitig sind sie aber auch ein Instrument der Schülerselektion und damit häufig konsequentenreich für den künftigen Lebenslauf sowie die gesellschaftlichen und beruflichen Chancen der Betroffenen. Deshalb ist ein wohl überlegter und vorsichtiger Umgang mit dem Verordnen solcher Maßnahmen notwendig. Auf diesem Hintergrund komme ich zur ersten These.

These 1
Je größer die Aussonderungsquote in einem Bildungssystem ist, desto zufälliger werden Überweisungen in Sonderklassen für Kinder mit ‚leichteren Behinderungen'. Die damit ansteigende *Willkür* in der Zuweisungspraxis kann als Symptom einer Krise der öffentlichen Schule interpretiert werden.

Werden in einem Bildungssystem eines industrialisierten Staates, das ein differenziertes Sonderschulangebot kennt und weitgehend auf integrative Schulformen verzichtet, zwischen 1,5% und 2% der Schüler ausgesondert, so sind davon vor allem jene Kinder betroffen, die ‚schwerwiegende' Behinderungen aufweisen, wie: Sinnesbehinderungen, Körperbehinderungen und geistige Behinderung sowie Mehrfachbehinderungen. Diese Kinder sind jeweils relativ trennscharf zu diagnostizieren. Steigt die Aussonderungsquote auf 4% an, so dürften mit großer Wahrscheinlichkeit auch Kinder mit Sprachbehinderungen, mit sogenannten Lernbehinderungen und Verhaltensauffälligkeiten von dieser Maßnahme betroffen sein. Anzumerken ist hierbei, dass die Diagnose dieser ‚leichteren' Behinderungsformen, wie schon häufig in der Fachliteratur diskutiert wurde, nicht mehr die gleich zuverlässige Trennschärfe aufweist. Beträgt jedoch die Aussonderungsquote trotz zahlreicher Realisierungen von Integrationsklassen wie in der Schweiz über 6%, so muss von großen Unsicherheiten in der Zuweisungsdiagnostik ausgegangen werden. Hierzu sollen zur Untermauerung dieser These zwei Argumente erläutert werden:

Erstens zeigt die dargestellte bildungsstatistische Analyse unmissverständlich, dass der massive Anstieg der Aussonderungsquote vorwiegend auf die vermehrte Aussonderung von Kindern ausländischer Herkunft zurückzuführen ist. Zweifel über die Zuverlässigkeit der Zuweisungsdiagnostik sind angebracht, wenn jedes 8. Ausländerkind und im Gegenzug nur jedes 25. Schweizerkind davon betroffen sind. Eine Zuweisungspraxis, die in diesem Ausmaß ethnisch gefärbt ist, muss Skepsis schüren, auch wenn die Variable ‚Nationalität' mit der sozialen Schicht konfundiert sein dürfte (vgl. *Kronig* 2000, 94-98).

Zweitens konnten *Kronig, Haeberlin* und *Eckhart* (2000) in ihrer Untersuchung ‚Immigrantenkinder und schulische Selektion' zeigen, dass zwischen den Schulleistungen in Sonderklassen für Lernbehinderte und in Regelklassen extrem große Überlappungen vorhanden sind. So erzielten die besten Sonderklassenschüler ausländischer Herkunft im Fach Deutsch gleich gute Testleistungen wie ca. 80% aller gleichaltrigen Regelschüler. Die ausländischen Sonderklassenschüler mit den schwächsten Leistungen erbrachten nur äußerst selten schwächere Leistungen als die schwächsten Regelschüler. Dies bedeutet, dass die Leistungen der Sonderklassenschüler ausländischer Herkunft nahezu vollständig im Leistungsspektrum der Regelschule aufgehen. Ein ähnliches Bild zeigt sich bei Schweizer Kindern. Dass nun im Leistungsbereich eine Grenzziehung zwischen Sonderklassenschülern und Regelschülern nicht möglich ist, stützt die formulierte These, da gerade die Schulleistungen einen zentralen Aspekt der Zuweisungsdiagnostik darstellen.

Die Gefährlichkeit der Entwicklung der Aussonderungsquote im Zusammenhang mit der hier formulierten These liegt in der Zufälligkeit und den Folgen einer Aussonderung für die Zukunft der Betroffenen. Gleichzeitig besteht keine Gewissheit, dass tatsächlich jene Kinder mit den dringendsten Bedürfnissen notwendige Hilfen erhalten. Es muss allerdings auch erwähnt werden, dass dieses Problem auch mit integrativen Schulformen nicht gelöst werden kann (vgl. *Bless* 1995, 74-85). Auch hier bestehen erhebliche Unsicherheiten in der Zuweisungspraxis zu den Maßnahmen, doch sind bei der Integration die Folgen für die Betroffenen wesentlich geringer.

These 2
Sonderpädagogische Einrichtungen separierender und integrierender Art sowie zusätzliche Ressourcen im Regelschulbereich verkommen zu *Entlastungsstrukturen.*

Mit dieser zweiten These soll keineswegs nur die Aussonderung gemeint sein. Bestehende Angebote werden verständlicherweise extensiv genutzt. Dies um so mehr, wenn sich zahlreiche Lehrpersonen gegenüber den stetig steigenden beruflichen Anforderungen und den vermeintlich oder tatsächlich immer schwieriger werdenden pädagogischen Herausforderungen überfordert fühlen. Auffällig ist, dass vor allem jene Angebote, die schulnah oder schulintern zur Verfügung stehen, besonders beansprucht werden. Diese bilden eine willkommene Entlastungsmöglichkeit. Abgesehen davon ist wie im Gesundheitswesen ein Mechanismus zu beobachten, dass Angebote auch eine steigende Nachfrage generieren. Dabei darf nicht vergessen werden, dass die hohe Beanspruchung vorwiegend Kinder betrifft, die zwar Schwierigkeiten aufweisen, welche aber nicht in jedem Falle einem sonderpädagogischen Förderbedarf entsprechen. Ich möchte allerdings in diesem Punkt nicht missverstanden werden. Ich wehre mich nicht gegen eine umfassende Betreuung von Kindern mit Schwierigkeiten, im Gegenteil. Das Problem ist die damit einhergehende sinkende Toleranz unserer Gesellschaft und im besonderen unserer Schulgesellschaft gegenüber Abweichungen jeglicher Art. Auch scheint sich ein naiver Glaube an die pädagogische Machbarkeit zu verbreiten, menschliche Vielfalt oder individuelle Differenzen über pädagogische Maßnahmen ausschalten zu können.

In Anlehnung an *Heimlich* (1999, 22) lautet die dritte These wie folgt:

These 3
Vermehrte Inanspruchnahme der Entlastungsstrukturen durch die Regelschule führt zu einer erhöhten Abgabe der eigenen Kompetenzen bei der Lösung pädagogisch schwieriger Situationen.

Eine extensive Inanspruchnahme der Entlastungsstrukturen im geschilderten Ausmaß führt zu einer Delegation der pädagogischen Verantwortung für zahlreiche Kinder und schafft Ressourcen oder Kapazitäten zur Betreuung der ‚unproblematischeren' Kinder. Dies dürfte ein wichtiger Anreiz sein, Entlastungsstrukturen zu nutzen. Diese Delegation hat jedoch auch zur Folge, dass Kompetenzen an die Entlastungsstrukturen delegiert werden. Das heißt, die

Regelschullehrperson ist nicht mehr damit konfrontiert, für Problemkinder pädagogische Lösungen zu suchen, sie zu realisieren und deren Wirksamkeit zu überprüfen. Es kommt zu einem Verlust an Kompetenzen. Dies könnte zum sich ausbreitenden Überforderungsgefühl der Regelschule beitragen. Ein Teufelskreis entsteht. Je stärker dieses Überforderungsgefühl wird, desto häufiger und schneller dürften Entlastungsstrukturen genutzt werden. Dasselbe gilt natürlich auch für die schulnahen Entlastungsstrukturen selbst. Je häufiger sie Kinder mit ‚leichteren' Bedürfnissen betreuen, um so mehr werden sie jene Kinder mit ernsthaften Problemsituationen an die schulfernen Entlastungsstrukturen weiterdelegieren, was vermutlich eine weitere Teilerklärung für die stetig wachsende Aussonderungsquote darstellt. Die weiter oben erläuterte dritte Beobachtung ist ein Beleg dafür. Diese Delegationsmechanismen scheinen wiederum symptomatisch für eine Krise in der öffentlichen Schule zu sein.

4 Erklärungsversuche

Es wurde versucht, aus Beobachtungen zur sonderpädagogischen Praxis auf Symptome einer Krise in der öffentlichen Schule zu schließen. Dieser Blickwinkel ist sicherlich nur eine von mehreren möglichen Perspektiven. In diesem Sinne bleibt die Beschreibung der angesprochenen Krise unvollkommen. Die geschilderten Symptome der Krise lassen sich mit den Stichworten sinkende Toleranz gegenüber Abweichungen, erhöhte Selektion in der Regelschule und vermehrte Pathologisierung von Kindern zusammenfassen. Ein zusätzliches Problem stellt die Willkür bestimmter Entscheidungen dar. Was ist mit jenen Kindern, die tatsächlich Hilfen benötigen, aber durch die Zufälligkeit der Entscheidungen unberücksichtigt bleiben? Was sind nun mögliche Ursachen dieser Krise?

Hier bewegen wir uns im Bereich von Vermutungen und Hypothesen. Die Komplexität der Zusammenhänge sowie der aktuelle Erkenntnisstand erlauben es nicht, schlüssige Erklärungen zu identifizieren. Vorsicht ist angebracht. Trotzdem soll versucht werden, einige Vermutungen zu nennen.

Mit den auf der Abbildung 5 angebrachten Fragezeichen soll der hypothetische Charakter der möglichen Bereiche verdeutlicht werden, die in einem kausalen Zusammenhang mit der Krise stehen könnten. Die beschriebene Krise kann nicht ausschließlich auf die Folgen der sogenannten ‚modernen Leistungsgesellschaft' zurückgeführt werden. Zu bedenken wären etwa auch: die Frage der Wirksamkeit pädagogischer Maßnahmen, die Auswirkungen des Föderalismus, Schulsystem bedingte Ursachen und andere. In Entsprechung zum Tagungsthema wird zum Schluss des Referats ausschließlich der Ursachenbereich ‚gesellschaftliche Veränderungen' aufgegriffen. Kennzeichnend dafür sind beispielsweise Tempo und Effizienz sowie der Zerfall bisher gültiger Orientierungsmuster. Dies führt zu Veränderungen der pädagogischen Wirklichkeit und zu veränderten Wahrnehmungen derselben.

Abb. 5: Erklärungsversuche

Beklagt werden beispielsweise in der Praxis die steigende Heterogenität der Schülerschaft, die vermehrte Immigration, die großen interindividuellen Unterschiede beim Schuleintritt, die großen Schulklassen, die steigenden Verhaltensschwierigkeiten der Schüler, die Zunahme der Gewalt, die steigenden Anforderungen durch neue Lernformen und Lehrmittel, die Reformwut, die zunehmende Delegation von Erziehungsaufgaben seitens der Eltern an die Lehrpersonen, die Arbeitsüberlastung des Schulpersonals, der Verlust an Ansehen beim Lehrerberuf, die Feminisierung der Schulberufe, die Zunahme unvollständiger Familien, die steigende Beherrschung des Alltags durch Medien und Computer, usw.

Je wichtiger im Rahmen dieser gesellschaftlichen Veränderungsprozesse Merkmale wie Tempo und Effizienz werden, um so mehr wird das Schulpersonal unter Druck stehen, um so mehr werden Kinder als abweichend wahrgenommen und um so mehr dürfte die Toleranz gegenüber Abweichungen jeglicher Art sinken. Wenn in diesem Kontext gut ausgebaute Entlastungsstrukturen zur Verfügung stehen und mehr oder weniger unkontrolliert ausgebaut werden können, dann überraschen die geschilderten Beobachtungen nicht. In der Konsequenz *wird die Norm immer enger* und immer weniger Kinder können ihr entsprechen.

Literatur

Bless, G.: Zur Wirksamkeit der Integration. Forschungsüberblick, praktische Umsetzung einer integrativen Schulform, Untersuchungen zum Lernfortschritt. Bern u.a. 1995.
Bless, G.; *Kronig*, W.: Wie integrationsfähig ist die Schweizer Schule geworden? In: Vierteljahresschrift für Heilpädagogik und ihre Nachbargebiete 68(1999)4, 414-426.
Heimlich, U.: Subsidiarität sonderpädagogischer Förderung – Organisatorische Innovationsprobleme auf dem Weg zur Integration. In: Heimlich, U. (Hrsg.): Sonderpädagogische Fördersysteme. Auf dem Weg zur Integration. Stuttgart u.a. 1999, 13-32.
Kronig, W.: Die Integration von Immigrantenkindern mit Schulleistungsschwächen. Eine vergleichende Längsschnittuntersuchung über die Wirkung integrierender und separierender Schulformen. Zürich 2000.
Kronig, W.; *Haeberlin*, U.; *Eckhardt*, M.: Immigrantenkinder und schulische Selektion. Pädagogische Visionen, theoretische Erklärungen und empirische Untersuchungen zur Wirkung integrierender und separierender Schulformen in den Grundschuljahren. Bern u.a. 2000.
Wegmann, Y.: Schullaufbahnen in der Volksschule. Beschreibung der Schullaufbahnen von Freiburger Schulkinder, die im Schuljahr 1991/92 die erste Klasse besuchten und im Verlaufe ihrer Schulzeit von einer Repetition betroffen waren. Unveröffentlichte Lizentiatsarbeit der Philosophischen Fakultät der Universität Freiburg. Freiburg 2000.

Therese Neuer-Miebach

Aktuelle gesellschaftliche Herausforderungen durch die Biomedizin

Aus soziologischer Perspektive geht es um die gesellschaftlichen Implikationen individuellen Handelns, seien es
- Frauen oder Paare, die den drängenden Wunsch nach einem ‚gesunden' Kind haben,
- kranke Menschen, die Hoffnung in den Fortschritt der Medizin setzen oder
- forschende Ambitionen, ‚gesunde Kinder' zu ermöglichen, ‚therapeutische Optionen' zu eröffnen und/ oder den Lohn für wissenschaftliche Sisyphusarbeit einzufahren.

Vom Vorrang der individuellen Menschenrechte sprechen die einen, von der notwendigen Herstellung einer Balance zwischen individuellen Menschenrechten und gesellschaftlichen und wissenschaftlichen Interessen die anderen. Zumindest für die Bundesrepublik Deutschland ist festzuhalten, dass die Vorrangstellung der individuellen persönlichen Menschenrechte – Recht auf Leben, auf Achtung der Persönlichkeit und der körperlichen Integrität und Recht auf Gleichheit (Art. 2 Abs. 1 und Abs. 2; Art. 3 Abs.1 und Abs. 2 GG) – vor der Freiheit von Wissenschaft und Forschung und anderen Grundrechten, vor sozialen Rechten und Interessen mit guten Gründen so und nicht anders formuliert worden ist. Daraus sind das Instrumentalisierungsverbot sowie die Prinzipien der Gerechtigkeit, der Nichtdiskriminierung, der Autonomie und der Verschiedenartigkeit abgeleitet. Diese Vereinbarungen sind Ergebnis eines konkret erfahrungsgeleiteten Aushandlungsprozesses. Die rechtlich-ethischen Rahmenbedingungen scheinen zu stimmen. Da sind die UN-Menschenrechts-Deklaration (1948), die Europäische Menschenrechtskonvention (1950) und das Grundgesetz der BRD (1949). 1994 konnte die Einfügung von Art.3 Abs. 3 Satz 2 – Benachteiligungsverbot aufgrund von Behinderung – in das Grundgesetz erreicht werden. In den letzten vier Jahren entstanden immerhin drei neue internationale bzw. europäische Regelwerke, die sich ausdrücklich auf den Schutz der Menschenwürde und der Menschenrechte beziehen und alle ein explizites Diskriminierungsverbot aufgrund des genetischen Erbes, genetischer Eigenschaften bzw. Merkmale enthalten: Die

Bio-Medizin-Konvention des Europarates (Art. 11), die Deklaration über das menschliche Genom der UNESCO (Art. 6) (beide von 1997) und die im Dezember 2000 in Nizza gebilligte Charta der Grundrechte der Europäischen Union (Art. 21). Die UNESCO-Deklaration befasst sich darüber hinaus mit dem Schutz des menschlichen Genoms als ‚Erbe der Menschheit' im Rahmen der Genforschung. Wie kann es vor diesem Hintergrund überhaupt Bedenken gegenüber der Gentechnik geben, Befürchtungen einer ‚genetischen Diskriminierung'? Stecken dahinter nicht Kulturskepsis, reine Fortschrittsfeindlichkeit, moralisierende Besserwisserei oder gar ideologischer Fundamentalismus?

1 Hintergründe

In der aktuellen Diskussion geht es um
- die genetische Selbstbestimmung bzw. ein „bio-ethisches Selbstbestimmungsrecht" (*Frommel* 2001) des Menschen, um Wissen oder Nichtwissen und Umgang mit Wissen;
- die reproduktive Autonomie, der Wunsch nach einem Kind, nach einem eigenen Kind bzw. nach einem nicht behinderten, gesunden Kind;
- um die Zumutbarkeit medizinischer Maßnahmen: die physischen und psychischen Belastungen der Frauen und Paare, die sich gendiagnostischen oder Forschungs-Eingriffen unterziehen;
- um die Reichweite der Forschungsfreiheit, die Auswahl von Fragestellungen und Methoden sowie die Standortsicherung gegenüber dem konkurrierenden Ausland;
- um Menschenwürde und Menschenrechte: die Verfügbarkeit und zugleich die Schutzbedürftigkeit des vorgeburtlichen menschlichen Lebens zugunsten von therapeutischen Optionen (z.B. ethischer und rechtlicher Status des Embryos in vitro);
- um das Menschenbild in unserer Gesellschaft: Instrumentalisierungsverbot, Selbstzwecklichkeit und Gattungserhalt.

Dabei stehen „gesellschaftliche Wertentscheidungen und relevante Grundrechtspositionen" in Rede (*Bundestagsdrucksache* 2001). Denn „schließlich erweckt jede Embryonenforschung Besorgnisse darüber, wie sich die Gesellschaft, die solche Forschung zuließe, in ihren Werthaltungen verstehen und verändern wird" (*Deutsche Forschungsgemeinschaft* 2001).

These: Der Diskurs darüber, welche neuen Medizin-Techniken zugelassen und gesetzlich oder unterhalb der Gesetzesebene geregelt werden sollen, kann kein Diskurs der Voraussetzungslosigkeit oder Beliebigkeit sein, sondern muss geführt werden auf der Basis des Menschenbildes und der ethisch-rechtlichen Grundlagen der Gesellschaft, die zweifellos nicht eherne Gesetze sind, sondern Ausdruck eines kulturell-historischen Aushandlungsprozesses sind und bleiben.

2 Relativierung von Grundwerten durch Abwägung?

Drei zentrale Themen sind derzeit Gegenstand von Veränderungsprozessen:

2.1 Die Abwägung von Grundrechten

Zum einen sollen es „hochrangige Forschungsziele" von „großer wissenschaftlicher und medizinischer Bedeutung" (*Deutsche Forschungsgemeinschaft* 2001) sein, die sich mit den individuellen Menschenrechten des Lebensschutzes, der freien Entfaltung der Persönlichkeit und der körperlichen Integrität messen wollen. Der lange Zeit als unumstritten angenommene Vorrang des Lebensschutzes gerät zunehmend unter den Druck der Unbedingtheit der Forschungsfreiheit. Während in das allgemeine Persönlichkeitsrecht (Art. 2 GG) durch einzelgesetzliche Regelung eingegriffen werden darf (Art. 2 Abs. 2 GG), gilt die Freiheit für der Wissenschaft (Art. 5 Abs. 3 GG) als Grundrecht ohne Gesetzesvorbehalt, also uneinschränkbar, soweit sie mit der Verfassung im Einklang steht. Zum anderen bahnt sich eine Differenzierung bzw. Abstufung von Lebensrecht(en) an. Es wird diskutiert, ob dem frühen Embryo gleichrangiger Schutz auf Leben zukommt wie einem lebensfähigen Fötus oder einem geborenen Menschen (Status des Embryos)? Gilt gleiches Recht für den Embryo in vivo, in vitro und für den sogenannten ‚überzähligen' Embryo? Oder ist nach dem jeweiligen Verwendungszweck zu differenzieren: Menschenembryo oder Forschungsembryo? Rechtfertigt die Regelung des §218 a – Schwangerschaftsabbruch – die vernichtende Verfügung (von Eltern oder Medizinern) über den frühen Embryo in vitro? Darf das Lebensrecht Heil-Interessen geopfert werden? Kann die medizinisch formulierte Not-Wendigkeit bestimmter Forschungsmethoden die Schutzrechte des Ungeborenen einschränken? Hier werden Tendenzen eines veränderten Verfassungsverständnisses sichtbar, das entweder in Richtung eines neuen Selbstverständnisses des Menschen als Gattungswesen, in Richtung eines abgestuften Lebensschutzes zwischen vorpersonalem und personalem menschlichen Leben oder in Richtung einer pragmatischen Unterscheidung menschlichen Lebens – zur Geburt oder zur Forschung bestimmt - gehen könnte.

2.2 Therapeutische Option und Heilerwartung

Die Forschung an menschlichen Embryonen soll „menschlichem Leben durch Heilung bislang unbehandelbarer Krankheiten dienen". Allerdings: „Das Postulat eines generellen Forschungsinteresses" reiche nicht aus, es bedürfe vielmehr „eines detaillierten Nachweises", „dass die in Frage stehende Forschung zur Erreichung der ... hochrangigen Ziele geeignet sei" (*Deutsche Forschungsgemeinschaft* 2001).

Der Nachweis darüber fehlt bis heute: sowohl bei der Präimplantationsdiagnostik (PID) – naturgemäß – weil diese weder eine Heilmaßnahme ist, noch eine solche ermöglicht als auch bei der verbrauchenden Embryonenforschung. Hinweise auf das enorme Anwendungspotenzial, etwa „in einer vielleicht nicht allzu fernen Zukunft Spenderzellen für die Transplantation in verschiedenste Organsysteme durch Zellkulturverfahren herzustellen" (*Deutsche Forschungsgemeinschaft* 2001), oder auf die „Förderung des menschlichen Lebens" die Behandlung „gravierender menschlicher Leiden" (*Deutsche Forschungsgemeinschaft* 2001) sind kein solcher „detaillierter Nachweis". Selbst medizinische Experten warnen vor der Illusion schneller konkreter Heilerwartungen z.B. für neurologische Erkrankungen wie Alzheimersche oder Parkinsonsche Erkrankung: „Bis aus der Grundlagenforschung mögliche therapeutische Anwendungen erwachsen, wird noch sehr viel Zeit vergehen. Deshalb ist es unredlich, Patienten schon jetzt Hoffnung auf eine baldige Heilung zu machen" (*Bundesärztekammer* 2001a).

Wenn das zutrifft, wie lässt sich dann eine unmittelbare therapeutische Zieldienlichkeit der verbrauchenden Embryonenforschung nachweisen als Voraussetzung für die Abwägung gegenüber den individuellen Grundrechten? Es scheinen derzeit weniger die Heilungschancen für Patienten zu sein, die „in greifbarer Nähe" (*Deutsche Forschungsgemeinschaft* 2001) sind, als vielmehr die Verteilung von Patenten auf Stoffe und Verfahren für die Grundlagenforscher.

2.3 Verhältnismäßigkeit: Die Relation von (Forschungs-)Zielen und (Forschungs-)Methoden

Vermeidung von genetischen Schädigungen oder Verbrauch von Embryonen zugunsten einer fernen Heilaussicht für Dritte: Zumutung für die einen – Unzumutbarkeit für die anderen. Mit dem Gewicht der therapeutischen Option – ‚krankheitsbezogene Forschung' – gewinnen die Forschung an importierten Stammzelllinien aus sogenannten ‚überzähligen Embryonen', das therapeutische und das reproduktive Klonen an forschungspolitischer Argumentationskraft. Immerhin gibt es rechtliche Rahmenbedingungen, die Grenzen setzen. Etwa für die massenhafte Verfügung über menschliche Eizellen bedürfte es neuer Zulässigkeitsregelungen.

Rechtspolitisch ist auch die Frage der Eugenik zu beleuchten: es bedarf zweifellos keines staatlichen bevölkerungspolitischen Programms. Der eugenische Effekt der Selektion wird gleichermaßen erreicht durch die Ausdehnung des individuellen bioethischen Selbstbestimmungsrechts der Lebenden gegenüber den Ungeborenen: etwa die positive Auswahl des fittesten Embryos durch PID für die Implantation in den Körper der Frau.

3 Heiligt der Zweck die Mittel?

Rechtliche und ethische Rahmenbedingungen sind kein fixer Kodex, sondern kultur-historische Entwicklungen. Folglich sind die neuen Möglichkeiten der Biomedizin konkret zu prüfen, ob bzw. wie weit sie mit aktuellen rechtlichen und ethischen Normvorstellungen übereinstimmen. Zur Abwägung der Zulässigkeit z.B. von PID und verbrauchender Embryonenforschung können drei in der Medizinethik geläufige Kriterien herangezogen werden: Geeignetheit, Erforderlichkeit, Verhältnismäßigkeit. Sie werden im Folgenden auf die PID und auf die verbrauchende Embryonenforschung bezogen als erster Schritt einer begründeten Bewertung.

3.1 Präimplantationsdiagnostik - PID

Zur fachlichen Geeignetheit

PID ist eine Analyse des genetischen Status des Embryos im 8-Zeller-Stadium. Sie dient der Erkennung genetischer Defekte des frühen Embryos im Rahmen der In-Vitro-Fertilisation (IVF): ein genetischer Qualititäts-Check für die Implantation in den Körper der Eizellspenderin. Als diagnostische Maßnahme hat sie keinerlei therapeutische Perspektive für den getesteten Embryo. Sie bedeutet Selektion der Besten, der fitesten Embryonen, denen die größten Überlebenschancen zugemessen werden zulasten derjenigen, die ausgesondert, ‚verworfen' werden. Man kann das auch positive Eugenik nennen! Angesichts der nach wie vor geringen Erfolgsrate bei IVF – ca. 20 % – auch im europäischen Ausland, in dem die PID bereits praktiziert wird, geht es den ehrgeizigen Forschern um eine Erhöhung der ‚baby-take-home-Rate'. Eugenische Motive weisen sie selbstverständlich weit von sich. Eugenische Absicht oder im Voraus bekannte eugenische Wirkung – besteht da ein moralischer Unterschied?

Die PID befindet sich noch in der klinischen Erprobungsphase. In der Regel wird zur Zeit zur Ergebnissicherung anschließend Pränatale Diagnostik durchgeführt.

Auch die Tatsache, daß die IVF – für die PID als Indikation fungiert – für die Paare, insbesondere für die Frau, hohe körperliche Risiken und psychische Belastungen bedeutet, spricht nicht gerade für die Geeignetheit dieser Methode.

Ebenso der Embryonenverbrauch bei der IVF mit PID: Nach einem Bericht der European Society of Human Reproduktion and Embryologe (*ESHRE*) impliziert die PID einen hohen Verbrauch von Embryonen pro Geburt eines IVF-Kindes (im Durchschnitt wurden pro Geburt 74 Eizellen befruchtet und ca. 11 Embryonen transferiert. Bei insgesamt 886 Paaren kam es zu 123 Geburten mit 162 Kindern; das ist eine Erfolgsquote von knapp 14 % (*ESHRE* 2000). Dieser Befund kann kaum ethische Argumente für eine Zulassung in Deutschland untermauern.

Gerade weil die ‚Baby-take-Home-Rate' bei IVF so gering ist (allerdings liegt die ‚Erfolgsquote' bei sogenannter natürlicher Entwicklung im Mutterleib auch nicht höher als 20 %!), verspricht man sich von diesem Test eine Auslese von überlebensfähigen Embryonen – weit entfernt, so wird vorgebracht – von eugenischen Motiven.

Zur Erforderlichkeit

Zweifellos ist nachvollziehbar, dass Paare, die sich den Mühen einer IVF unterziehen, vor allem, wenn sie bereits ein oder mehrere geschädigte Kinder (verloren) haben, gerne genetische Testverfahren in Anspruch nehmen. Pränatale Diagnostik steht ihnen wie allen anderen zur Verfügung. Die Frage ist, mit welcher Begründung sie die staatliche Billigung einer früheren Diagnostik verlangen können, die lediglich dazu dient, die nicht gewünschten Embryonen zu verwerfen zugunsten derjenigen, die im Wege einer positiven Selektion als geeignet für die Implantation befunden werden.

Für die Reproduktionsmediziner ist die Erhöhung der Geburtenquote von Wichtigkeit für ihre fachliche Reputation. Auch im Interesse der Forschung an frühen Embryonen für therapeutische Optionen wäre eine solche frühe Diagnostik zweifellos von hohem präventivem Wert. Dies kann jedoch kein ausschlaggebendes Argument für die Anwendung einer für viele Embryonen tödlichen Diagnostik sein.

Zur Verhältnismäßigkeit

PID ist alternativlose Selektion ohne therapeutische Absicht und Chance für den betroffenen Embryo. Das Lebensrecht und der Anspruch auf Schutz des ungeborenen Lebens werden gegenüber der reproduktiven Autonomie der Mutter/ der Paare zurück gesetzt, obwohl hier nicht die ‚Einheit-in-Zweiheit' (wie beim Schwangerschaftskonflikt) vorliegt.

Es handelt sich bei PID im Unterschied zum Schwangerschaftsabbruch eben nicht um die besondere Verbindung von schwangerer Mutter mit ihrem Kind. Insofern kann weder eine Parallele gezogen, noch ein Wertungswiderspruch ausgemacht oder die PID als das kleinere Übel gegenüber dem Schwangerschaftsabbruch angesehen werden und letzteres nicht nur aus rechtspolitischen Erwägungen, sondern auch wegen der erheblichen gesundheitlichen Risiken für die Frau. Analog zum Recht auf Schwangerschaftsabbruch bei PID im Rahmen von IVF eine fiktive Unzumutbarkeit für die künftig schwangere Frau zu konstruieren, würde bedeuten, einen neuen Rechtstatbestand zu schaffen. Es wäre zu prüfen, ob dieser mit den primären Grundrechten übereinstimmt.

Auch gilt es zu berücksichtigen, dass der Embryo in der Petri-Schale noch schutzloser ist als im Körper der Mutter und damit in höchstem Maß der staatlichen Schutzverpflichtung – primäre Menschenrechte als Schutz- und Abwehrrechte – untersteht.

Die potenzielle Mutter hat ein Recht auf reproduktive Selbstbestimmung, das sie sicherlich davor schützt, sich gegen ihren Willen einen unerwünschten Embryo einpflanzen zu lassen, jedoch kaum die Tötung eines in der Petri-Schale befindlichen unerwünschten Embryos umfassen dürfte. Auch wird sie im Rahmen des Gleichstellungsgrundsatzes den Anspruch auf PID geltend machen können, wenn diese zulässig ist.

Der Mediziner hat eine Schutzverpflichtung gegenüber dem von ihm produzierten Embryo, aber kein Recht auf seine Selektion, auf die Forschung an ihm oder andere Zugriffsrechte.

Mehrfach wird eine begrenzte Zulässigkeit der PID vorgeschlagen. Im Entwurf der Bundesärztekammer (z.B. *Bundesärztekammer* 2000) ist die Indikation für PID formuliert: "ein hohes Risiko für eine bekannte und schwerwiegende, genetisch bedingte Erkrankung" für die Nachkommen eines Paares. Der Schweregrad, die Therapiemöglichkeiten und die Prognose für die in Frage stehende Krankheit seien von entscheidender Bedeutung. Ausschlaggebend sei, dass die Erkrankung zu einer „schwerwiegenden gesundheitlichen Beeinträchtigung der zukünftigen Schwangeren bzw. der Mutter führen könne – PID also als weitere Indikation für die ‚Krankheit' Unfruchtbarkeit, als Heilmaßnahme für das ‚Leiden' Kinderlosigkeit.

Die berufsethische Redlichkeit der Ärzteschaft verlangt darauf hinzuweisen, dass eine Beschränkung auf enge Indikationen kaum durchhaltbar sein würde, wie die Genese der inzwischen zum Regelangebot ausgeweiteten Pränatalen Diagnostik nachdrücklich belegt. Hinzu kommt, dass in der Praxis labortechnischer Untersuchungen weit mehr zu erkennen ist, als eine spezifische Untersuchungsfrage verlangt. Das heißt, es wird genetisches Wissen produziert, für dessen Zugriff und Verwendung es keine persönlichkeitsrechtlichen und datensichernden Vereinbarungen gibt.

Bezeichnenderweise hat sich zum Entwurf der Bundesärztekammer neben vielen anderen Verbänden und Institutionen ein Selbsthilfeverband, der Mucoviszidose e.V., kritisch geäußert. Er sieht eine genetische Diskriminierung der Mucoviszidose darin, dass diese immer wieder als „Paradebeispiel für die schwersten genetischen Erkrankungen" genannt wird, dass sie zu einer unzumutbaren „schwerwiegenden gesundheitlichen Beeinträchtigung der zukünftigen Schwangeren beziehungsweise Mutter führen könnte" (*Mucoviszidose* 2001). Selbst wenn man sich auf die Eingrenzungskriterien der Bundesärztekammer einlasse – Schweregrad, Therapiemöglichkeiten und Prognose der Krankheit seien „aus der Sicht der Betroffenen keine Indikation für PID".

Eine neue Indikation für PID stellt die sog. instrumentalisierte Geburt dar. Zu erinnern ist an Presseberichte im Herbst 2000 über das sogenannte

NASH-Baby. Der Embryo wurde im Rahmen der IVF gezielt unter 15 Embryonen ausgewählt und der Mutter eingesetzt zum Zweck der Spende von Nabelschnurblut direkt nach der Geburt. Aus diesem Blut wurden Stammzellen entwickelt, die der an Fanconi-Anämie erkrankten Schwester eingepflanzt wurden. Zur ethischen Beurteilung dieses Falles: Zum einen ist die Gewinnung von Stammzellen aus Nabelschnurblut diskussionsbedürftig. Zum anderen scheint die Tatsache der ‚Verwerfung' von als nicht implantationswürdig bewerteten Embryonen angesichts der zweifellos hilfreichen Heiloption für die Schwester, keine Rolle mehr zu spielen. Aber: kann der Heilzweck das Mittel – Selektion von 14 Embryonen – so umstandslos heiligen?

Eine ethisch diskussionsbedürftige Weiterung erfuhr das Thema PID mittelbar durch jüngste Pressemeldungen unter dem Titel „Taube Kinder auf Bestellung". Ein taubes lesbisches Paar in den USA hat sich entschieden, „ihr angeborenes Handicap mittels künstlicher Befruchtung durch den Samen eines ebenfalls tauben Spenders „fortzupflanzen". Mittlerweile wurden zwei taube Kinder geboren. Die Verfeinerung der PID-Technik könnte perspektivisch diesen und andere Selektionswünsche realistisch werden lassen.

Wenn allein das bioethische Selbstbestimmungsrecht des einzelnen maßgeblich ist, hat diese wie jede andere Option ihre Berechtigung. Oder sollte die Gesellschaft es doch schaffen, sich auf ethische Grenzziehungen gegenüber der technischern Machbarkeit zu verständigen?

Für Deutschland bestünde aktuell die Chance, ein weiteres genetisch diskriminierendes Verfahren erst gar nicht zuzulassen, um zu vermeiden, dass nachträglich – wie bei der Pränatalen Diagnostik nach Indikationen und Restriktionen gesucht werden muss, die ebenfalls diskriminierend und nicht durchhaltbar sind. Immerhin ist auch in anderen europäischen Ländern wie Österreich, Italien, Frankreich und Irland der Diskussionsprozess über die Zulassung der PID nicht abgeschlossen.

Naheliegende ethische Konsequenz wäre, lediglich so viele Embryonen zu produzieren, wie tatsächlich auch eingepflanzt werden. Probleme der Selektion und der Verfügbarkeit sogenannter ‚überzähliger' Embryonen für Forschungszwecke wären damit eingegrenzt.

Wenn die IVF so schlechte Erfolgsquoten zeitigt, wie von Humangenetikern beklagt, dann wäre es eher angezeigt, diese Methode grundsätzlich zu hinterfragen – vielleicht hat die Einbettung der Entwicklung oder auch Nichtentwicklung eines Kindes in das natürliche Umfeld des mütterlichen Körpers doch Vorteile, die die sterile Laborsituation nicht bieten kann. Jüngst berichtete Misserfolge bei der Klonierung von Affen bei der namhaften Firma Advances Cell Technology (Missbildungen, Entwicklungsstagnation, Absterben) scheinen diese Skepsis zu bestätigen (*Netzzeitung* 2001).

Es erscheint weder logisch noch ethisch vertretbar, die Selektion von Embryonen durch PID mit der Misserfolgsquote, einer Methode der Produktion und Implantation von Embryonen zu rechtfertigen.

3.2 Verbrauchende Embryonenforschung

Zur fachlichen Geeignetheit

Die Forschung an embryonalen Stammzellen ist Grundlagenforschung, wenngleich sie propagiert wird mit der perspektivischen Gewinnung von Zellmaterial und Organen für Transplantationszwecke etwa bei neurologischen Erkrankungen oder Krebs.

Sie befindet sich im frühen Experimentierstadium. Konkrete Heilerwartungen oder der Nachweis ihrer Therapie-Dienlichkeit können zur Zeit und auf absehbare Zeit nicht erbracht werden. Das von der DFG selbst gesetzte Kriterium für die ethische Vertretbarkeit der embryonalen Stammzellenforschung (ESL-Forschung) – „der detaillierte Nachweis" ihrer Zweckdienlichkeit für „hochrangige Ziele" ist bisher nicht erfüllt (*Deutsche Forschungsgemeinschaft* 2001). Auch erhebliche technische Mängel werden von Naturwissenschaftlern genannt: Die Forschung ist behaftet mit Problemen der Differenzierung und der Vermehrung (Proliferation), der unerwünschten Entwicklung von Wucherungen und Tumoren, Abstoßungsreaktionen des Immunsystems – und der Ungeklärtheit evtl. neuer genetischer Fehlentwicklungen und Schädigungen. Sie erfordert massenweise Eizellspende, die für die Spenderin mit erheblichen Belastungen verbunden ist und der Kommerzialisierung Vorschub leistet. Dies alles spricht dagegen, die ESL-Forschung als fachlich geeignet für Heilzwecke einzustufen.

Zur Erforderlichkeit

Die Bereitschaft zur Organspende in Deutschland hält sich in sehr engen Grenzen; der Bedarf an Spenderorganen ist weitaus größer. Eine Änderung dieser Situation ist nicht in Sicht.

Eine medizinische Lösung für die sogenannten neuen Epidemien Alzheimer und Parkinson erscheint angezeigt. Der Druck von Heilerwartungen etwa für die Alzheimersche und die Parkinsonsche Erkrankung, aber auch von kommerziellen Interessen, ist erheblich. Insofern kann von einer Erforderlichkeit der Abhilfe die Rede sein, nicht jedoch von der Angewiesenheit auf die Methode der verbrauchenden Embryonenforschung. Auch wenn es unter der Maßgabe der Forschungsfreiheit für Wissenschaftsorganisationen undenkbar zu sein scheint, so ist es doch aus ethischen Erwägungen angezeigt, dass die Forschungspolitik nach unproblematischeren Wegen sucht, wie z.B. der adulten Stammzellforschung. Die Forschung an adulten Stammzellen ist angeblich weiter fortgeschritten, laut jüngster Information der Bundesforschungsministerin werden weitaus mehr entsprechende Projekte gefördert als zur Forschung mit embryonalen Stammzellen. Die Probleme der Abstoßung durch das Immunsystem könnten eher durch die Verwendung körpereigenen Zellmaterials des Betroffenen bewältigt werden. Ob die Reprogrammierung in embryonale Stammzellen notwendig ist, ist keineswegs ausgemacht.

Auch die Verwendung anderer Methoden – Entwicklung von Stammzellen aus Nabelschnurblut, aus abgetriebenen Feten oder von Verstorbenen, wie jüngst berichtet, könnten Alternativen sein, deren ethische Unbedenklichkeit zweifellos nicht ausgemacht ist, und die in Diskussion stehen. Immerhin gehen diese Methoden nicht so weit, Leben zu töten zum Zweck der Heilung Dritter.

Zur Verhältnismäßigkeit

Dem Ziel – vage therapeutische Option – steht das Mittel des Verbrauchs von Embryonen – Instrumentalisierung menschlichen Lebens – gegenüber. Der Embryo wird zum Ersatzteillager für Heilerwartungen Dritter ohne dass ein ‚detaillierter Nachweis' über absehbare Heilaussichten vorläge.

Nach herrschendem deutschen Verfassungsverständnis begründet das keine wie auch immer gerechtfertigte Zurücksetzung des Lebensschutzes des Einzelnen zugunsten der Freiheit von Forschung im Dienste der Verbesserung der Lebensbedingungen der Menschheit.

Bis vor kurzem nicht öffentlich gehandelt wurde der Zusammenhang zwischen der embryonalen Stammzellforschung und der Klonierung: Namhafte Naturwissenschaftler betonen, dass die embryonale Stammzellforschung ohne die Methode des Klonen kaum zu anwendbaren Therapien führen werde.

Therapeutisches Klonen benötigt massenhaft Eizellen. Um diese bereit zu stellen, müssen Frauen sich erheblichen Belastungen und gesundheitlichen

Risiken unterziehen. Immerhin so problematisch scheint die Methode zu sein, dass sie namhafte Wissenschaftsvertreter ihr aus tierschutzrechtlichen Erwägungen keine Chance geben, im Experiment an Affen erprobt zu werden. Ob da das Humanexperiment als ‚kleineres Übel' gelten könnte, muss bezweifelt werden.

Die explizite Produktion von Embryonen für Forschungszwecke gilt in Deutschland offiziell noch als verpönt. Auch in den USA, wo erste Projekte dieser Art bekannt wurden, regt sich erschrockener Widerstand. Dieser erscheint allerdings eher strategischer Art zu sein: Mit diesem Vorpreschen könnte in der öffentlichen Meinung das Anliegen besonnener, behutsamer agierender Wissenschaftler diskreditiert werden. Dass genau hier die intuitive Plausibilität greift, Schritt für Schritt politische Zulässigkeiten durch die Setzung von wissenschaftlichen Fakten zu befördern, wird nicht erkannt oder gezielt ignoriert.

Solange nicht das Potenzial von anderen, nicht Embryo-verbrauchenden Methoden klar ausgeschöpft ist, stimmt die Relation von Nutzen und Risiko bei der Embryonalen Stammzellforschung nicht.

Aber auch wenn sich dies klären ließe, stünde immer noch die ‚Vernutzung' von menschlichem Leben der Heiloption für Dritte gegenüber – eine ethisch und rechtlich nicht vertretbare Abwertung vorrangiger Verfassungsgrundsätze.

Es gibt keine durchtragenden medizinischen, rechtlichen oder ethischen Argumente, die in einer grundrechtlichen Abwägung die vage ‚Ethik des Heilens und Helfens' als höherrangiges Rechtsgut gegenüber dem individuellen Lebensschutz behaupten könnten.

Auch macht der Eifer, mit dem embryonale Stammzellforschung betrieben wird, nachdenklich angesichts der katastrophalen Ergebnisse bei der Verwendung von fetalen Zellen und fetalem Gewebe für die Implantation auf Parkinson-Erkrankte, die im letzten Jahr aus den USA berichtet wurden.

Was spricht dafür, dass die Grundproblematik des Misserfolgs – Unverträglichkeit mit dem Immunsystem, Ausprägung von nicht erwünschten Verhaltensreaktionen, Entwicklung von Wucherungen und Tumoren – bei der Verwendung von embryonalem Stammzellmaterial anders sein würde? Das Risiko, dies am Menschen zu testen, dürfte geradezu abenteuerlich sein.

4 Positionen

Ohne Zweifel sind Forschung und Wissenschaft politisch und in dem Maße, wie sie existentielle Fragen bearbeiten, immer stärker gesellschaftlicher Verantwortung und Rechenschaftslegung verpflichtet.
PID ist ein qualitativer Sprung in der Anwendung eugenisch-selektiver Maßnahmen – „liberale Eugenik" (*Habermas* 2001). Die Forderung nach einer begrenzten Zulassung von PID auf bestimmte Einzelfälle mit schwerem genetischen Risiko ist nicht realistisch. Nicht nur widerspräche dies demokratischen Gepflogenheiten der allgemeinen Zugänglichkeit von medizinischen Maßnahmen. Darüber hinaus gibt es eine Reihe weiterer Anwendungsinteressen für die Technik der PID, so z.B. für die embryonale Stammzellforschung. Es ist aus ‚Qualitätsgründen' kaum vorstellbar, dass Embryonen, die beim Implantations-Check durchgefallen sind, für die Gewinnung von Stammzellen verwendet werden würden, für therapeutisches Klonen oder für die Keimbahnintervention. Diese Interessen sind so dynamisch, dass sie sich auf längere Sicht nach der step-by-step-Logik legitim durchsetzen werden. Das ist keine Frage des Missbrauchs, sondern der nachhaltigen Anwendungsinteressen neuer Techniken.
Begrenzung der embryonalen Stammzellforschung auf sogenannte ‚überzählige' Embryonen scheint das ethisch unverdächtige Zauberwort zu sein. Es dürfte sie unter Strafandrohung in Deutschland gar nicht geben. Aber es gibt sie offensichtlich doch. (Zu Beginn des Jahres 2001 gab es laut Bundesgesundheitsministerium nach Angaben aus 10 Bundesländern 15 kryokonservierte Embryonen in Deutschland). Die strafrechtliche Seite des Themas spielt nachträglich keine Rolle mehr. Es wird nur noch über den guten Verwendungszweck dieser ‚verwaisten' Embryonen diskutiert in der wohlmeinenden Absicht, sie vor dem Tode durch Verwerfung zu bewahren in einer quasi metaphysischen Überhöhung der Sinngebung für menschliches Leben. Dieses verschleiernde Argumentationsmuster gab es bereits bei der Debatte um die sogenannte Transplantationsentbindung, bei der Transplantation von Verstorbenen und bei der Verwendung von abgetriebenen Feten für die Produktion von embryonalen Stammzellen – zweckdienliches Recycling. Nun sind sie da, die sogenannten ‚überzähligen' Embryonen für Forschungszwecke, die nicht mehr zur Geburt kommen dürfen, weil es niemand mehr wagt, sie einer Frau zu implantieren, nachdem sie jahrelang auf Eis gelegen haben. Und die Behauptung des gesetzlichen ‚Gestaltungsrahmens' – zu gut deutsch: Was nicht ausdrücklich verboten ist, ist erlaubt. Auch hier wieder muss die hehre ethische Motivation des Heilens den Zweck

hehre ethische Motivation des Heilens den Zweck der forschenden Umwidmung kaschieren. Solange sie keinen ‚Abnehmer' hatten, hat sich niemand um den moralischen Status derjenigen in der Tiefkühltruhe gekümmert. Sollten diese Embryonen vielleicht doch weitsichtig in Erwartung künftiger Forschungstechniken aufbewahrt worden sein?

Wenn es unbedingt Stammzellforschung sein soll, dann sollte angesichts der existentiellen Dimension embryonaler Stammzellforschung, der nicht überzeugenden Heiloptionen und der vielfältigen verfahrenstechnischen Ungereimtheiten auf diese verzichtet werden zugunsten der Konzentration auf ethisch weniger problematische Methoden wie die Forschung an adulten Stammzellen, an primordialen Keimzellen abgetriebener Feten, an Nabelschnurblut und an Zellmaterial von Verstorbenen. Gegenüber dem Ausland könnte sich die scientific community sogar noch wissenschaftliche Reputation verschaffen.

These: Die ethische Grenze ist erreicht, wenn tödliche Selektion oder der Verbrauch von menschlichem Material mit Todesfolge betrieben werden.

Der Lebensschutz, auch des vorgeburtlichen menschlichen Lebens, sollte Minimalkonsens in einer gattungsbezogenen Lebensgemeinschaft bleiben.

Und sogleich kommt die Jahrhunderte alte Frage: Ab wann ist der Mensch Mensch? Weder die Naturwissenschaftler noch die Philosophen oder die Theologen habe überzeugende allgemeinverbindliche Antworten geben können. Es ist anzunehmen, dass auch künftige Generationen diese Frage nicht befriedigend beantworten können. Daher empfiehlt sich als pragmatisch-kulturell sinnvolle Übereinkunft des Lebensbeginns die Verschmelzung von Ei- und Samenzelle anzunehmen. Damit würde der interessengeleiteten Spekulation über spätere Zeitpunkte der Individuation oder der Beseelung der Boden entzogen.

„Die befruchtete, entwicklungsfähige Eizelle ist und bleibt schützenswertes menschliches Leben, das nicht zur Disposition gestellt werden darf" (*Bundesärztekammer* 2001a). Diese Position ernst nehmen, ist weder Präimplantationsdiagnostik noch verbrauchende Embryonenforschung zu rechtfertigen.

5 Besteht Handlungsbedarf?

Die Ethik des Heilens greift zu kurz. Als Begründung reicht nicht, dass neue Technologien – wie die Gentechnik – im Namen einer vagen therapeutischen Option eine gesetzliche Legitimation für die Erhöhung des individuellen Risikos zu Gunsten eines mutmaßlichen Allgemein- oder Gruppen-Nutzens verlangen. Vielmehr muss die Vertretbarkeit z.b. der Gentechnik gemessen werden an dem unmissverständlichen Vorrang der individuellen Menschenrechte und nicht umgekehrt. Und dies sollte bereits bei der Grundlagenforschung und nicht erst bei der Technikfolgenabschätzung in der Anwendung sichergestellt werden.

Aus ethischen Erwägungen des Interesses am Überleben der Gattung erscheint es sinnvoll, keine menschlichen Lebewesen zur Verfügung zu stellen, um Krankheiten und Leid von Patienten zu lindern, selbst wenn das dazu führen würde, den medizinischen Fortschritt langsamer als erhofft voran zu bringen (Instrumentalisierungsverbot).

Aus rechtlicher Sicht gibt es keinen Anlass, den Vorrang der individuellen Menschenrechte vor Forschungsfreiheit aufzugeben. Das Recht auf Leben lässt keine Differenzierung ach „Menschenembryo" und „Forschungsembryo" und keine Abwägungsakrobatik hinsichtlich ‚Anwartschaft' auf oder ‚Abstufung' von Menschenrechten je nach Entwicklungsstufe oder Eigenschaften des Embryos oder Fetus zu. Die Menschenrechtsgarantie – Recht auf Integrität der Persönlichkeit, auf freie Selbstbestimmung und auf körperliche Unversehrtheit – lässt keine ‚gesellschaftsnützliche Pflichtendimension' zu im Sinne eines Anspruchs auf Verfügbarkeit von Menschen, die sich selbst dazu nicht verhalten können. Ausgehandelt werden muss, wem die Definitionsmacht über den medizinischen Fortschritt zukommt. Medizinische Ethik-Kommissionen in der bisherigen Form, in der Regel einseitig fachpolitisch besetzt, deren Votum zudem ohne rechtliche Verbindlichkeit und Haftung bleibt, werden dies nicht leisten können.

Vielmehr müssen neue Verfahren der Abstimmung gefunden werden, wenn eine demokratische Verantwortungs-Ethik praktiziert, ein gesellschaftlicher Prozess in Gang gesetzt werden soll, in dem keine Spezial-Ethik des Heilens entwickelt, sondern eine Vergewisserung von ethischen Grenzen und Maßstäben stattfindet und das Verhältnis von Ethik und Wissenschaft neu ausgehandelt wird. In einem solchen Prozess wäre die Rolle von Wissenschaft und Forschung nicht die, nachdenkliche Zurückhaltung zu entkräften, sondern Fragestellungen, Zielsetzungen, Verfahren und Ergebnisse, aber auch Schwierigkeiten und Misserfolge, einer kritischen Reflexion und Weiterentwicklung unter Beteiligung aller gesellschaftlichen Gruppen zugänglich zu machen mit der Option, jederzeit zu stoppen, neue Aspekte aufzunehmen oder eine Richtungsänderung vorzunehmen.

6 Perspektiven

Forschung und Wissenschaft stehen in der Verpflichtung, alle ihre Interessen auf den Tisch der Entscheidungsfindung über PID und embryonale Stammzellforschung zu legen: Die Grundlagen der Forschung, auch Quellenmaterial und Verfahren, den konkreten Nachweis einer Heilaussicht der in Frage stehenden Verfahren, die Qualität und Unschädlichkeit von Eingriffen sowie die möglichen Ausweitungen oder weiteren Schritte der Anwendung der Techniken.

Es sind mehrere Akteure auf dem ‚Reproduktionsmarkt' aktiv: Die Forscher, die Ärzte, die die Technik anbieten, die Paare, die die Technik verlangen und diejenigen, die Ei- oder Samenzellen bereitstellen. Und sie alle haben offenbar Interessen – die einen, Kinder zu bekommen, die anderen, wissenschaftliche Erkenntnisse zu gewinnen und/ oder Geld zu verdienen – die pragmatisch zusammen finden. Auch das spielt eine Rolle bei der Aushandlung von Normen für den Umgang mit den neuen Technologien.

Die Selbstachtung der Politik, aber auch die Verantwortungszuweisung durch Forschung und Wissenschaft nicht zuletzt in der Absicht, sich schadlos bzw. straflos oder haftungsfrei zu halten bei der Anwendung gentechnischer Verfahren, bedingen, dass der Gesetzgeber klarstellende Regelungen schaffen muss – und dies in naher Zukunft – wenn er nicht darauf reduziert bleiben will, der normativen Kraft des faktischen Handelns der Genforschung nachträglich den legitimierenden ‚Segen' zu geben. Ob das vom Deutschen Bundestag kürzlich beschlossene Stammzellengesetz in diese Richtung weist, muss bezweifelt werden (vgl. *Dt. Bundestag* 2002). Wahltaktische Verzögerungsmanöver könnten nicht nur kontraproduktiv für den Schutz des menschliches Lebens wirken, sondern wären auch dem wissenschaftlichen Anliegen nach Klarstellung nicht zumutbar. Insofern könnte ein Moratorium für embryonale Stammzellforschung die Wirkung einer ‚einstweiligen Anordnung' haben; die Entscheidung in der Hauptsache bleibt dem Parlament nicht erspart.

Nachhaltig wirksame Regelungen können nur auf europäischer Ebene getroffen werden. Dazu gehört auch eine grundlegende Revision des Patentrechts auf europäischer Ebene, das den neuen Anforderungen an technische Verwertbarkeit und an ethische Verträglichkeit gerecht wird. Gegenüber Eingriffen in die menschliche Erbsubstanz reicht ein kommerziell ausgerichteter Erfindungsschutz nicht aus.

Literatur

Benda, E.: Würde des Menschen – Würde des Lebens. Vortrag auf dem Deutschen evangelischen Kirchentag in Frankfurt, 14.6.2001. unveröffentlichtes Manuskript 2001.

Bundesärztekammer: Zum Schutz nichteinwilligungsfähiger Personen in der medizinischen Forschung. Stellungnahme der Zentralen Ethik-Kommission bei der Bundesärztekammer 1997.

diess.: Richtlinien zur Durchführung der assistierten Reproduktion. Deutsches Ärzteblatt 49, 4.12.1998, A-3166-3171.

diess.: Stellungnahme der Zentralen Ethikkommission bei der Bundesärztekammer Zum Schutz nicht-einwilligungsfähiger Personen in der medizinischen Forschung. Deutsches Ärzteblatt 94, 1998, C-759-760.

diess.: Diskussionsentwurf zu einer Richtlinie zur Präimplantationsdiagnostik. Unveröffentlichtes Manuskript 2000.

diess.: Jörg Hoppe, Pressemitteilung vom 5.7.2001a.

diess.: Jörg Hoppe, Pressemitteilung vom 12.7.2001b.

Bundestag, Deutscher: Gesetz zur Sicherstellung des Embryonenschutzes im Zusammenhang mit Einfuhr und Verwendung menschlicher embryonaler Stammzellen (Stammzellengesetz – StZG). Beschluss vom 25.04.2002.

Bundestagsdrucksache: BTD 14/5350 vom 14.2.2001, Antwort der Bundesregierung auf die Kleine Anfrage der CDU/CSU Dr. 14/5169 Künftiger Kurs der Bundesregierung in der Gentechnik. 2001.

Deutsche Forschungsgemeinschaft: Empfehlungen der DFG zur Forschung mit menschlichen Stammzellen, 3.5.2001.

Deutsches Ärzteblatt 97, 3.3.2000, A-525-528.

Dörner, K.: Wenn Ärzte nur das beste wollen. In: Kolb, St.; Seithe, H. (Hrsg.): Medizin und Gewissen. Frankfurt 1998, 421-431.

ESHRE (European Society of Human Reproduction and Embryology): ESHRE Preimplantation Genetic Diagnosis Consortium: data collection II May 2000. Human Reproduction vol. 15 no 12 pp, Dezember 2000, 2673-2683.

Frommel, M.: Statement bei der Tagung ‚Der Wunsch nach einem gesunden Kind'. Tagung in der Ev. Akademie Tutzing, 16./17.7.2001.

Gordijn, B.; *Olthuis*, H.: Ethische Fragen zur Stammzellentransplantation aus Nabelschnurblut. In: Ethik in der Medizin 12(2000), 16-29.

Habermas, J.: Die Zukunft der menschlichen Natur. Auf dem Weg zu einer liberalen Eugenik? Frankfurt 2001.

Irrgang, B.: Grundriss der medizinischen Ethik. München 1995.
Jonas, H.: Technik, Medizin und Ethik. Frankfurt 1987.
Loewy, E.H.: Brauchen wir eine neue medizinische Ethik ? In: Kolb, St.; Seithe, H. (Hrsg.): Medizin und Ethik. Frankfurt 1998, 399-415.
May, A.T.: Autonomie und Fremdbestimmung bei medizinischen Entscheidungen für Nichteinwilligungsfähige. Münster 2000.
Mucoviszidose e.V.: Stellungnahme zur möglichen Einführung einer Präimplantationsdiagnostik. Pressemitteilung 3.11.2001.
Müller-Wieland, M.: Ethik heute: Wege sittlicher Bildung. Hildesheim 2001.
Naumann, M.: Taube Kinder auf Bestellung. In: Die Zeit 18(2002), vom 25.04.2002.
Neuer-Miebach, Th.: Welche Art von Prävention erkaufen wir uns mit der Zulässigkeit der Präimplantationsdiagnostik ? In: Ethik in der Medizin 11, Supplement 1, 1999, 125-131
Netzzeitung: www.netzzeitung.de, Ausgabe vom 13.12.2001.
Rifkin, J.: Die neue Eugenik kommt als unser Freund. Frankfurter Rundschau 12.9.2000.
Reich, W.T.: The Betrayal of Care: Medical Ethics in the long Shadow of Nuremberg.. Freiburg, unveröffentlichtes Manuskript 1997.
Science, amerikanisches Fachmagazin (2000), Bd. 290, 2137
Silver, L.M.: Das geklonte Paradies. München 1997.
UNESCO: Allgemeine Erklärung über das menschliche Genom und Menschenrecht. 1997.
Watson, J.: Die Ethik des Genoms. FAZ 26.9.2000.
Winnacker, E.L.; Rendtorff, T. u.a.: Gentechnik: Eingriffe am Menschen. Ein Eskalationsmodell zur ethischen Bewertung. München 1999.

Konrad Bundschuh

Krisen meistern – Chancen wahrnehmen

1 Krise, Kritik oder Umbruchsituation der Sonder- und Heilpädagogik

Wissenschaftlich und gesellschaftspolitisch gesehen befindet sich die Sonder- und Heilpädagogik in einer Zeit des Wandels, der Veränderung, des Um- und Aufbruchs, dynamischer Entwicklungen, schlichtweg der Neuorientierung. Wir stehen heute vor einer Vielfalt an Perspektiven und Orientierungen in Theorie, Forschung und Praxis. Fragen nach der Zukunft nicht nur der Kinder und Jugendlichen mit einer Behinderung, sondern auch der älteren Menschen werden immer dringlicher. In Zeiten wirtschafts-, finanz- und arbeitspolitischer Unsicherheiten, vielschichtiger sozialer und ethischer Umbrüche sowie komplexer globaler Entwicklungen scheint der Einzelne mit seinen Problemen und Fragen kaum mehr Beachtung zu finden. Die Sonder- und Heilpädagogik, als Teildisziplin der Pädagogik, ist in diese vielschichtige komplexe Diskussion einbezogen, die sie mit den ihr zur Verfügung stehenden Methoden und Mitteln führen und vorantreiben muss. Sie soll bedrängende Fragen im pädagogischen Feld aufgreifen und in ihrer Verantwortung für Kinder, Jugendliche und Erwachsene nach zukunftstragenden Lösungen suchen, auch wenn die Grenzen und Widerstände manchmal unüberwindbar scheinen.

Doch ist sie gerade vor dem Hintergrund ihres auch von Krisen erschütterten Selbstverständnisses als Wissenschaft hierzu in der Lage? Auch wenn sich in sonder- und heilpädagogischen Handlungsfeldern meist „pädagogische Auswege aus längst vergessenen Krisensituationen haben finden lassen" (*Möckel* 1988, 27), stellt sich für die Sonderpädagogik die Frage, ob der Weg, den sie dereinst mit dem Ausbau des Sonderschulwesens in den siebziger Jahren beschritt, nicht selbst zu einer Krisensituation führte. Nicht ohne Grund spricht *Speck* rückblickend von der „Krise der Sonderpädagogik" und stellte vor mehr als einem Jahrzehnt die Frage nach der „Selbstauflösung der Sonderpädagogik als gesellschaftspolitische Konsequenz" (1990, 38-48).

Auch wenn Vertreter der Materialistischen Behindertenpädagogik schon sehr früh Kritik an der Sonderpädagogik und dem Sonderschulwesen übten, war es letztlich die Frage der Integration, die in den Reihen der Sonder- und Heilpädagogen kontrovers diskutiert wurde, als Modell der Zukunft die Sonderpädagogik in eine Krise stürzte und ihr Selbstverständnis verletzte. „Die Heil-, Sonder- oder Behindertenpädagogik ist zur Frage geworden, grundlegend zur Disposition gestellt", formuliert *Speck* (1991, 11) und *Jantzen* leitet einen kritischen Beitrag mit dem lapidaren Satz ein: „Die Sonderpädagogik ist in einer Krise" (1995, 368).

Sicherlich intendierten die Empfehlungen „zur Ordnung des Sonderschulwesens" des Deutschen Bildungsrates von 1973 - wohl aus der damaligen Situation und Sicht - Positives: eine relativ klare Strukturierung der Sonderschullandschaft und gleichzeitig eine versuchsweise wissenschaftliche Fundierung des Sonderschulwesens auf der Basis der Sonderpädagogik als junge Wissenschaft. Die 60er Jahre können als Phase des Aufbaus, der Konsolidierung und der Differenzierung bezeichnet werden. Aber durch die enge Anlehnung an medizinische und traditionell psychologische Vorstellungen bzw. Denkmuster, allgemein an eine - wie auch immer geartete - „Normalität" waren Vorurteilsbildung, Separierung und Klassifizierung, die Gefahr vorzeitiger Festschreibung von Kindern, eine Festigung der Hierarchisierung des Schulwesens durch Entlastung des Regelschulsystems mit der Herausnahme von Kindern mit Lern- und/ oder Verhaltensschwierigkeiten die Folge. Die Problematik der Integration wurde damit eher verschärft und polarisiert, denn gelöst (vgl. *Bundschuh* 1995, 50f.). Schließlich hat *Bach* in seinem Vortrag im Rahmen der 32. Arbeitstagung der Dozentinnen und Dozenten der Sonderpädagogik im Jahre 1995 in Halle die Probleme aufgegriffen, indem er die zunehmend kritischen Stimmen - und zwar ebenso von Seiten der Betroffenen und deren Angehörigen wie auch aus dem Bereich der Fachwissenschaft und Fachpraxis - in fünf Hauptpunkten zusammenfasste (1996, 35-38):
• Personalisierung vorliegender Probleme,
• Klassifizierung der Klientel,
• Separierung der Betroffenen,
• Fixierung von Problemen und
• Manipulierung der Betroffenen.
Rückblickend gewinne ich den Eindruck, dass man sich im Laufe der Zeit in Anlehnung an medizinische und psychologische Vorgaben vielleicht doch zu sehr mit der Frage der Systematisierung beschäftigt hat, sich somit zu weit von der eigentlichen Problematik der Betroffenen entfernt und die Notsituation sowie Herausforderungen hinsichtlich der besonderen Lebenslagen nicht hinreichend wahrgenommen hat.

Krisen innerhalb einer Wissenschaft können vier Ursachen haben: Eine Krise setzt ein, wenn das Binnengespräch der Wissenschaftler sich in lauter autistischen Monologen auflöst, der wissenschaftliche Nachwuchs ausbleibt und die Leistungen der Vorgänger nicht mehr verstanden bzw. kritisch gewürdigt und neu interpretiert, sondern ignoriert oder verachtet werden. Es gibt keine Wissenschaft für eine einzige Generation, immer müssen mehrere Generationen einbezogen sein. Krisen entstehen schließlich durch Spaltungen von Schulen, wenn das Binnengespräch der Wissenschaftler zwar noch stattfindet, wenn sie sich jedoch nichts mehr zu sagen haben und abweichende Meinungen misstrauisch verschwiegen werden (vgl. *Möckel* 1996, 90f.).

Krisen in einer Wissenschaft können auch äußere Ursachen haben, zum Beispiel, wenn die gesellschaftliche Akzeptanz verloren geht, wissenschaftliche Institutionen aufgelöst und verboten werden, weil sie Politikern nicht genehm sind, wenn führende Wissenschaftler auswandern müssen und Veröffentlichungen unter Zensur stehen.

2 Würdigung der Krise - Interpretation aus heutiger Sicht

Aber es muss auch die Frage gestellt werden, ob das gängige Verständnis, eine Krise sei etwas Schlechtes, nicht nur die eine Seite der Medaille darstellt. Dass nämlich aus Krisen Impulse zu einer Wende zum Guten, zum Besseren oder gar Chancen zum potenziellen Wachstum entstehen können, wird manchmal übersehen.

Die Medizin hat ihre Einsichten aus der Untersuchung von Krankheits- und Sterbeprozessen gewonnen, Krankheit und Sterben haben gelehrt, was Leben ist. Die Volkswirtschaft hat Wirtschaftskrisen untersucht, die Psychologie Konflikte, Lebenskrisen und Neurosen. Immer waren es Unterbrechungen, Endpunkte, chaotische Durchgänge oder Katastrophen, deren Untersuchung zu Einsichten in den regulären Prozess führte. (*Möckel* 1988, 28)

Krisen können schmerzhaft sein, bilden jedoch häufig auch den entscheidenden Anstoß zu einem Neuanfang. Aber nicht alles, was zu einer Krise apostrophiert wird, stellt wirklich eine solche dar. Aus meiner Sicht ist es keine Krise einer Wissenschaft, wenn an Begriffen, wie zum Beispiel ‚Lernbehinderung' und ‚Behinderung' allgemein kontrovers gearbeitet wird. Im Gegenteil, Grundbegriffe müssen ‚realitätsbezogen' immer wieder neu durchdacht werden:

Bedingungen für den rechtzeitigen Wandel einer Wissenschaft sind Konsequenz und Beharrlichkeit bei der Arbeit an wichtigen Begriffen und an realitätsbezogenen Sachthemen, Vertrauen in den Nachwuchs und kritische Ermutigung junger Wissenschaftler, wirksame Vertretung des Faches in der Öffentlichkeit und Bescheidenheit angesichts der Größe der Aufgaben und Einsicht in die eigenen Grenzen. (*Möckel* 1996, 90f.)

Es gibt die Sonderpädagogik nach wie vor und wir sind heute - auf Grund von Erfahrungen und Lernprozessen - auf dem Weg, der Kritik zu begegnen und die Krise zu meistern, indem wir neu wahrnehmen und versuchen, das Selbstverständnis der Sonderpädagogik und damit ihre Grenzen mit Blick auf die Herausforderungen der Zukunft zu erweitern.

Die Entwicklung von Wissenschaft wie von Wissenschaftlern vollzieht sich weitgehend im Wechselspiel, d.h. im Rahmen von Positionsbildungen und deren Kritik - und darin unterscheiden wir uns überhaupt nicht von anderen Wissenschaften. Die Dynamik des wissenschaftlichen Fortschritts stellt sich Thomas *Kuhn* (1988,16) als einen Wechsel von „normaler Wissenschaft" und „wissenschaftlicher Revolution" vor. Phasen normaler Wissenschaft sind dadurch gekennzeichnet, dass in der Disziplin ein Paradigma akzeptiert wird. Die disziplinäre Differenzierung der Wissenschaften ergibt sich vor allem aus dem Wachstum wissenschaftlicher Produktion, aus veränderten gesellschaftlichen Bedarfslagen und dem Bemühen der wissenschaftlich Tätigen um berufliche Eigenständigkeit. Kritik ist ein wichtiger Anstoß zur Reflexion, zur disziplinären Differenzierung, zur Weiterentwicklung und Neuorientierung.

Wir sind in der Tat bezüglich der Frage der Integration ein großes Stück vorangekommen, die Anzahl der Publikationen zu diesem Bereich hat enorm zugenommen. Auch die Umsetzungsversuche in vorschulischen und schulischen Bereichen zeigen Fortschritte. Es gibt inzwischen vielfältige Formen der integrativen Erziehung und Unterrichtung von Kindern und Jugendlichen, die sich in besonderen Lebenslagen befinden. Die politische Einstellung hat sich in Richtung Integration gewandelt. Es entsteht insgesamt der Eindruck, dass wir uns auch wieder verstärkt Sachthemen, wie z B. Lebensqualität, Wohnen sowie speziellen Fragen und Problemen des Verhaltens und Lernens zuwenden. Wir halten darüber hinaus intensiv Ausschau nach Erkenntnissen und Forschungsergebnissen der Nachbarwissenschaften bezüglich der Bereiche Entwicklung, Lernen, Kommunikation, Wahrnehmung und Emotionalität, um nur einige zu nennen.

Junge Wissenschaftlerinnen und Wissenschaftler wachsen nach, greifen die Themen und Problemstellungen im Arbeitsfeld Sonder- und Heilpädagogik auf, und sie tun dies mit großer Ernsthaftigkeit. Wir haben es in unserem Wissenschaftsbereich nicht nur mit einer gesellschaftlichen, sondern auch mit einer personellen Umbruchsituation zu tun, wie sie sicherlich seit dem Zweiten Weltkrieg nicht stattgefunden hat, wobei eine wesentlich größere Zahl an Nachwuchswissenschaftlerinnen und Wissenschaftlern zu wünschen ist.

Insgesamt betrachtet handelt es sich bei der Sonderpädagogik nicht nur um eine junge, sondern auch um eine außerordentlich lebendige und dynamische Wissenschaft, der es freilich - vergleicht man sie mit der Psychologie, der Medizin und vor allem mit primär naturwissenschaftlich orientierten Wissenschaftsbereichen - an personellen und finanziellen Ressourcen mangelt, insbesondere an wissenschaftlichem Personal und Geldern für Forschung.

Bei allen Problemen, die nicht euphemisiert werden sollen, kann ich nach über 35 Jahren Tätigkeit im Arbeitsfeld Sonder- und Heilpädagogik resümieren, dass sich doch vieles bewegt und verändert hat - überwiegend zum Positiven hin. Die Entwicklungslinien sind gekennzeichnet durch Ausbau und Differenzierung des Sonder- und Förderschulwesens sowie durch Strukturierung, Kritik, Umbruchsituation und Neuorientierung der Sonder- und Heilpädagogik als Wissenschaft. Akzentuiert angeführt verlaufen die Entwicklungslinien

- von der - strengen Klassifizierung und damit auch Defizitorientierung - hin zu einer Orientierung an der betroffenen Person, am individuellen Förderbedarf, an Möglichkeiten, Fähigkeiten, allgemein an Kompetenzen;
- von der fokussierten Wahrnehmung bzw. Diagnose von Defiziten oder Mängeln hin zur kritischen Analyse der Lebensbedingungen und der behindernden Bedingungen im Umfeld von Behinderung betroffener Kinder und Jugendlicher;
- von einer separierenden hin zu einer integrativen Erziehung.

Die Geschichte der Sonder- und Heilpädagogik hat gezeigt, dass Krisen, Wandel und Dynamik dieses Teilgebiet der Pädagogik begleiten und zum Selbstverständnis dieses speziellen Bereiches der Pädagogik gehören. Zusammenbrechende und zusammengebrochene Erziehungsfelder, Behinderungen, Störungen im Verhalten und Lernen und vor allem behindernde Bedingungen im Zusammenhang mit Entwicklung, Lernen und Verhalten stellen Aufforderung, Postulat, Anruf und Herausforderung dar.

Historisch betrachtet zeigen zum Beispiel die Erfindung der Blindenschrift, die Förderung von Taubstummen und Schwerhörigen, Erkenntnisse über ‚basale Stimulation', die Verwendung von ‚non verbal communication systems', die Ermöglichung und Erweiterung von Kommunikation mittels

Zeichen und Symbolsprache und der Einbezug verschiedener Therapien, dass wir uns in einem immerwährenden Prozess der Verschiebung und Erweiterung von Grenzen im Bereich der Erziehung und Förderung unter erschwerten Bedingungen befinden.

Wir haben längst erkannt, dass der Weg zur Ansprache eines Kindes in einer speziellen Bedürfnissituation mit der Analyse und Entdeckung neuer Verständigungs- und Verständnismöglichkeiten also mit der Eröffnung erweiterter Kommunikationswege beginnt.

Kein Zweifel, wir benötigen - angesichts eines vorliegenden umfangreichen Aufgabengebietes der Allgemeinpädagogik, das offensichtlich nicht die gleichzeitige Berücksichtigung aller Teilbereiche ermöglicht, - im Zusammenhang mit Kindern und Jugendlichen in Problemsituationen eine spezielle Pädagogik, eine Pädagogik, die das pädagogisch Spezielle in das pädagogisch Allgemeine integriert und darin ihre Identität findet. Wir versuchen diese Reflexion in ernsthafter und fundierter Weise mit der Zielrichtung Erkenntnisgewinn zu vollziehen. Ein Verzicht von Wissenschaft und Praxis auf das pädagogisch Spezielle würde die Aufgabe des Gedankens an Erziehung, Förderung und Integration für im Rahmen der Allgemeinen Schule in (schulische) Not geratene Kinder und auch Eltern einen eklatanten Rückschritt bedeuten.

Krise und Kritik implizieren auch Herausforderung und Aufforderung zum Aufbruch und Neuanfang. Durch Öffnung des wissenschaftlichen und praktischen Erfahrungsraumes können wir die Rolle unserer Pädagogik als Wissenschaft im pädagogischen Arbeitsfeld neu verstehen, bessere Arbeitsformen entwickeln, Wege gehen und Perspektiven entdecken, die auch zu einer neuen Identität dieser Pädagogik führen. Eine kritisch-konstruktive Sonder- und Heilpädagogik wird dringend benötigt. Welche zukünftigen Herausforderungen ergeben sich aus dieser Krise für die Sonderpädagogik?

3 Chancen im Kontext Forschung wahrnehmen

Im Unterschied zu vielen Bereichen modernen Lebens haben wir in unserem Arbeitsfeld keine glänzenden Chancen, keine perfekten Lösungen oder gar Patentrezepte aufzuweisen, dafür aber eine Fülle an Herausforderungen, die sich zum einen aus der Komplexität und Multidimensionalität des Faches, zum anderen aus den gesellschaftlichen Veränderungen sowie aus den neuen

Möglichkeiten der Medizin (Biotechnologie, Gentechnik,...), aus der rasanten Umbruchsituation unserer Zeit und aus den wechselnden Werten und Bewertungen unserer Gesellschaft und natürlich aus der Problemsituation Betroffener ergibt. Es ist eine wissenschaftliche Erfahrung und Erkenntnis, dass die Ausdifferenzierung des wissenschaftlichen Bereiches nicht nur innerwissenschaftlichen Gesetzen folgt, sondern auch auf außerwissenschaftliche Veränderungen, insbesondere auf gesellschaftliche Bedingungen und Bedarfslagen reagiert. Im naturwissenschaftlichen und technischen Bereich entstehen neue Disziplinen, weil bestimmte Bereiche plötzlich als besonders wichtig bewertet werden, weil sich gänzlich neue Problemfelder auftun, die gesellschaftlichen Handlungsbedarf generieren, wie z.B. die Nukleardiagnostik im medizinischen Bereich oder die Nukleartechnik im Energiesektor, Biotechnologie, Informatik, Ausdifferenzierung der Soziologie und der Sozialpsychologie.

Wir brauchen an sich nicht noch mehr Theorien und noch weitere Programme; wir benötigen dringend solide Forschung. Eine wichtige Sinnbestimmung der Sonder- und Heilpädagogik besteht in der Intention, Leben und Lebensbedingungen von Menschen, insbesondere der Menschen mit einer Behinderung zu erleichtern und uneingeschränkte Teilhabe am gesellschaftlichen Leben zu ermöglichen. Das heißt auch, wir müssen verstärkt forschen und handeln mit den Zielrichtungen Integration, Verbesserung der Lebensqualität und Teilhabe an allen Prozessen und Vorgängen in unserer Gesellschaft, um nur einige wichtige Bereiche zu nennen. Forschung in diesen Gebieten unter Einbezug der Fragen nach Entwicklung, Lernen, Kommunikation, Wahrnehmung, der Erziehung im Kontext Behinderungen und erschwerten Bedingungen allgemein ist dringend notwendig. Da unser Wissenschaftsbereich besondere Herausforderungen wahrnimmt, müssen wir Problemstellungen entsprechend diesen Herausforderungen aufgreifen, selbst weiter entwickeln, Lösungswege finden und Ergebnisse aus eigener Forschung in enger Verbindung mit nachbarwissenschaftlichen Erkenntnissen interpretieren sowie in sinnvolles Handeln umsetzen. Dabei erweist es sich von großer Relevanz, dass unsere Analysen und Erkenntnisse auch nach außen getragen werden und zu neuen Einstellungen sowie Veränderungen der Mitglieder unserer Gesellschaft führen.

4 Chancen im Kontext gesellschaftlicher Bedingungen wahrnehmen

Doch welche Herausforderungen ergeben sich für eine kritisch-konstruktive Sonder- und Heilpädagogik? Welche bedrängenden Fragen stellen sich im pädagogischen Feld unter Berücksichtigung des gesellschaftlichen Aspektes? Lässt sich in der Gesellschaft eine postmoderne Krise heraufbeschwören, die sich in Schlagworte wie ‚Pluralisierung', ‚Globalisierung', ‚Individualisierung' und ‚Entsolidarisierung' artikuliert und die das Individuum zwingt, ohne inneren wie äußeren Halt Konstrukteur seiner „Patchworkidentität" zu sein (*Keupp* u.a. 1999; vgl. auch *Thimm* 1999). Hat eine solche gesellschaftliche Praxis Auswirkungen auf die Sonder- und Heilpädagogik in dem Sinne, dass wir angesichts der Pluralisierung der Lebens- und Weltanschauungen und damit der Entstandardisierung von Biografien ein neues Gleichgewicht suchen müssen zwischen

- individualisierten Lebensentwürfen und Gemeinschaftsverpflichtungen,
- Selbstverwirklichung und Verantwortung für andere,
- Rechten und Pflichten?

Entstandardisierung von Lebenslagen und Individualisierung der Lebensgestaltung – als Grundzug der späten Moderne – wirken sich auch auf die Sonder- und Heilpädagogik aus. Gerade deshalb hat sich hier die Wahrnehmung des Individuums und seiner Bedürfnisse durchgesetzt, weil nur in diesem dialogischen Prozess diese Bedürfnisse erkannt und verstanden werden können. Für Emil E. *Kobi* steht am Anfang der Heilpädagogik „... nicht einfach das Faktum ‚Behinderung', sondern das menschliche Subjekt" (1993, 34). So sprechen wir beispielsweise vom individuellen sonderpädagogischen Förderbedarf, wohl wissend, dass wir ihn nur approximativ erfüllen können. Gerade deshalb müssen wir in neue Lernprozesse eintreten, um sensibler zu werden für die Nöte und Bedürfnisse des Menschen mit einer Behinderung in seiner Lebenswelt, die eine Wirklichkeit darstellt, die der Mensch ohne offensichtliche Behinderung faktisch nie erfahren hat und somit nicht kennt. Was wissen wir wirklich über Menschen mit einer Behinderung im Sinne von gesicherten Erkenntnissen?

Geht man bspw. von der konstruktivistischen Vorstellung aus, Menschen als selbstreferentielle, autopoietische Systeme anzusehen, die ihrerseits in soziale Systeme eingebunden sind, können wir ein als gestört erlebtes bzw. bezeichnetes Verhalten nicht unmittelbar als objektiv ansehen, sondern als eine subjektive, eine viable Wirklichkeitskonstruktion. Die damit einhergehende, zunächst prinzipielle Achtung der Konstruktionen anderer relativiert so jede Beschreibung des Verhaltens als Ausdruck von Störung und unterstellt „die Rechtmäßigkeit der Wirklichkeitskonstrukte und des Seins eines Menschen, der Motive seines Handelns und des Standes seiner Entwicklung" (vgl. *Lindemann/ Vossler* 1999, 157).

Was wissen wir wirklich darüber, wie Menschen mit Behinderungen Vorurteile, Stigmatisierung, Diskriminierung und die zahlreichen Barrieren des alltäglichen Lebens wahrnehmen, erleben, verarbeiten und in ihre Identitätsbildung integrieren? Erziehung und Bildung dürfen daher nicht vom unversehrten, vollkommenen menschlichen In-der-Welt-Sein als Voraussetzung und Zielsetzung ausgehen. Jeder Mensch, ganz gleich welchen Alters, trägt – unabhängig von Form und Schwere einer Behinderung – die ganze Würde des Menschen oder des Mensch-Seins in sich und ist in seinem So-Sein zu achten und zu akzeptieren.

Sonder- und Heilpädagogik hat die Aufgabe, die moderne Leistungsgesellschaft mit ihren eigenen und vielleicht eigenartigen Wertschätzungen kritisch zu hinterfragen und ihren Beitrag dazu zu leisten, Handeln und Handlungsfähigkeit des Menschen in einer erschwerten Lebenslage zu erweitern und damit seine Selbstbestimmung sowie Autonomie zu fördern. Die Persönlichkeit des Menschen entwickelt, gestaltet und bildet sich in der erlebenden und handelnden Begegnung mit der konkreten, in bestimmter Weise ausgelegten, auch strukturierten und sich dynamisch verändernden Welt, die wir als Alltagswirklichkeit bezeichnen. In diesem prozesshaften konstruierenden Geschehen - aber vor allem in den behindernden Bedingungen dieser komplexen Welt - liegt die Herausforderung an unsere Wissenschaft. Die Sonderpädagogik als angewandte und praxisorientierte Disziplin verliert ihre Legitimation, wenn sie nicht dazu beiträgt, das Leben der Menschen in Problemsituationen zu thematisieren, zu reflektieren und einen Beitrag zur Erleichterung dieses Lebens zu leisten.

Eine Sinnbestimmung sonderpädagogischer Forschung und Praxis liegt darin, die Identität der Sonderpädagogik als Interventions- und Integrationswissenschaft verstärkt bezogen auf gesellschaftliche Bedingungen und Verhältnisse zu begründen und weiter zu entwickeln. Wir können unsere Chancen in Zukunft nur wahrnehmen, wenn wir auch die außerwissenschaftlichen, d.h. die gesellschaftlichen Bedingungen und Veränderungen in ihren Auswirkungen auf die Betroffenen hinterfragen, analysieren und mit der Zielrichtung Lebenserleichterung zu verändern versuchen. Insgesamt betrachtet müssen wir auf die rasanten gesellschaftlichen Veränderungen offensiv reagieren.

Aber welchen Sinn und Wert hat Sonder- und Heilpädagogik in der Zukunft gerade wenn die Gefahr besteht, dass sie durch den Druck übermächtiger Ökonomisierung von außen zusammen mit ihrem Klientel an den Rand gedrängt, dequalifiziert und vielleicht sogar disqualifiziert, der Lebenswert an Leistung und Effizienz gekoppelt wird und Ausgrenzung der Schwächeren die Folge sein könnte?

Wir dürfen uns nicht vom wachsenden Druck von außen überrollen und dominieren lassen, d.h. wir müssen zu diesen Herausforderungen Stellung beziehen und die Bedeutung unserer Pädagogik in der Gesellschaft mit Nachdruck – verstärkt auch unter Einbezug der Menschen, denen die professionelle Hilfe und Unterstützung gilt, wie z.B. Kinder, Eltern, völlig verunsicherte sowie von sozialen und emotionalen Störungen bedrohte Jugendliche, ein zunehmend hoher Prozentsatz älterer Menschen, bei denen Behinderungen erst mit dem Eintritt ins Alter auftreten – darstellen, ja demonstrieren.

Nicht vergessen werden sollte in diesem Zusammenhang die Bedeutsamkeit ethischer Fragestellungen. Wir gehen von einer axiomatischen Grundhaltung aus, welche ausnahmslos jeden Menschen für bildbar hält und bei jedem Menschen den Anspruch und das Recht auf Bildung anerkennt. Jedes Kind - ausdrücklich einbezogen das Kind mit schwerer Schädigung und einer daraus resultierenden schwersten Behinderung - erlebt Prozesse körperlicher, geistiger, emotionaler und sozialer Entwicklung und verändert sich auch durch den Einfluss der Erziehung weiter. Bildung erfolgt hier durch bewusste Wahrnehmung der basalen Bedürfnisse nach Entfaltung der Person und Leben durch den Erzieher.

Es ist von großer Wichtigkeit, dass eine öffentliche Diskussion über gefährdete soziale Werte, über die gefährdete Würde aller Menschen angeregt und verstärkt wird, d.h. wir müssen Gegengewichte bilden zu einseitigem Profitdenken, Leistungsdominanz, Vorteilssuche, allgemein Machtstreben einer vielleicht alles beherrschenden Marktwirtschaft, die einen Teil der Menschen - Ungeborene und Säuglinge mit Behinderungen, Kinder und Familien, ältere Menschen - und damit die soziale und humane Ordnung bedrohen.

Es ist eine Utopie unserer Gesellschaft, Ökonomie und Wirtschaftswachstum zum obersten Prinzip zu erheben und soziale Probleme auf der Basis von Realökonomie bzw. realökonomischen Denkens lösen zu wollen. Der Wert menschlichen Lebens kann eben nicht im Rahmen einer Güterabwägung gefasst werden. Fragen hinsichtlich der ethischen Tragweite von Forschung im Kontext Pränataldiagnostik, Präimplantationsdiagnostik, Klonen von Embryonen oder Genomforschung müssen zu Beginn dieses Jahrtausends von der Sonder- und Heilpädagogik verstärkt aufgegriffen und beantwortet werden, wie dies im Rahmen der Podiumsdiskussion dieser 38. Arbeitstagung geschehen ist. Insofern werden von der Sonder- und Heilpädagogik Flexibilität und Kreativität, vor allem die Möglichkeit zum Um- und Neudenken gefordert, weil eben doch die Wege gängiger Pädagogik und Erziehung, Didaktik, allgemein Unterrichtung im Zusammenhang mit derart erschwerten Situationen und Prozessen nicht einfach begehbar sind. Wir benötigen darüber hinaus auch den Mut, verstärkt behindernde gesellschaftliche Verhältnisse und Bedingungen aufzugreifen und aktiv an Veränderungen mitzuwirken.

Sonder- und Heilpädagogik hat diesen Wandel vollzogen von einer „Pädagogik der Behinderten" (*Bleidick* 1984) zu einer Pädagogik, die die Bedürfnisse der Menschen in erschwerten Lebenslagen bewusst wahrnimmt und reflektiert, um sie bei der Gestaltung ihrer Persönlichkeit und ihrer Wirklichkeit mit der Zielrichtung soziale Integration, d.h. vollkommene Teilhabe an allen Lebensbereichen der Gesellschaft von Geburt an zu unterstützen.

5 Ausblick

Aus der wissenschaftlichen und gesellschaftspolitischen Um- und Aufbruchsituation der Sonder- und Heilpädagogik sowie aus den sozialen Widersprüchen der Industrialisierung, der Moderne und der Postmoderne resultieren neue Impulse und Herausforderungen für pädagogische Reformen. Die sozialen Verwerfungen, die mit der gesellschaftlichen Modernisierung verbunden sind, stellen Erziehungssysteme im Hinblick auf Kinder mit Behinderungen und Jugendliche mit ihren speziellen Problemen vor völlig neue Aufgaben.

Die Gewinne individueller Emanzipations- und Freisetzungsprozesse, die die Moderne auszeichnen, können und müssen auf ihrer Schattenseite auch als gesteigerte Risiken für eine wachsende Zahl von Menschen gesehen werden, die in ihren alltäglichen gesellschaftlichen Partizipationschancen erheblich eingeschränkt sind, die im sozialrechtlichen Sinne nicht als behindert gelten, aber doch in dieser modernen Welt als chancenlos erscheinen.

Insbesondere Kinder und Jugendliche sind in der heutigen Zeit und in der Zukunft verstärkt moralischen wie medialen Gefährdungen, ja Bedrohungen ungekannten Ausmaßes ausgesetzt. Die Pädagogik war in den vergangenen Jahren im Hinblick auf Erziehung, auf Vermittlung von Normen und Werten verunsichert, sie hat bisher keine Antwort auf die Gefahr des Ersatzes von Erziehung durch den Fortschritt technischer und medialer „Erzieher" (Fernsehen, Videospiele, Gameboys usw.) gefunden.

Sonder- und Heilpädagogik ist in eine vielschichtige, komplexe Diskussion geworfen, ja sie muss sie mit den ihr zur Verfügung stehenden Methoden führen und vorantreiben. In Zukunft müssen heilpädagogische Theorie und Praxis ein neues Aufgabenverständnis und Selbstverständnis aus diesen Herausforderungen gesellschaftlicher Umbruchsituationen ableiten. Würde unsere Wissenschaft gesellschaftliche Rahmenbedingungen voller Komplexität, ja Widersprüche nicht wahrnehmen und mitdenken, würde sie ihren eigenen Reflexionshorizont verkürzen und zu einem bloßen Reparaturbetrieb degradieren.

Insbesondere ist es im Hinblick auf die Komplexität und Multidimensionalität der Problemstellungen wichtig, Erkenntnisse aus den Nachbarwissenschaften der Psychologie, der Medizin, der Philosophie und der Soziologie bezüglich ihres Ertrages für Kinder mit sozialen und emotionalen Störungen, Entwicklungsverzögerungen und Behinderungen zu hinterfragen und in einer interdisziplinären Zugangsweise auf das heilpädagogische Arbeitsfeld zu übertragen.

Sonder- und Heilpädagogik versteht durch die Offenheit des wissenschaftlichen und praktischen Erfahrungsraumes die Rolle ihrer Pädagogik als Wissenschaft in einem Arbeitsfeld voller Herausforderungen neu. Sie wird verbesserte Arbeits- und Kooperationsformen entwickeln, Wege gehen und Perspektiven entdecken, die auch zu einer neuen Identität dieses speziellen Bereiches der Pädagogik führen.

Wir begreifen ‚Gestört- und Behindert-Sein' als zum Wesen und zur Existenz des Menschen gehörend, als Ausdruck von Normalität unter unendlich vielen Normalitäten. Insofern können wir den Weg zum Menschen mit einer speziellen Schwierigkeit und damit einem erhöhten Erziehungs-, Förder- und Unterstützungsbedarf nur finden, wenn auch wir versuchen, unsere eigenen zahlreichen Behinderungen und Grenzen bewusst wahrzunehmen. Wenn das Leben seinen eigentlichen Wert in der Leistungsfähigkeit oder im Ausblick auf Leistungspotenz hätte, wären wir alle gefährdet und bedroht, denn Mensch-Sein heißt auch gebrechlich, verwundbar, von physischer und/ oder psychischer Krankheit, von Behinderung und schließlich vom Tod bedroht sein. Diejenigen, die die Frage nach der Tötung schwer behinderter Säuglinge stellen und diskutieren, haben die allgemeine Vulnerabilität menschlichen Daseins nicht erkannt bzw. verstanden. Mensch-Sein heißt Leben, Mitmensch-Sein, erziehungsbedürftig und auch hilfebedürftig sein, angewiesen sein auf andere und liebebedürftig sein. Erst dieses Bewusstsein und diese Erfahrungen, die hoffentlich auch zur Erkenntnis führen, dass menschliches Sein unendlich viele Variablen, Höhen und Tiefen hinsichtlich

Erleben und Verhalten umfasst und nicht die Frage nach der Leistung oder Leistungsfähigkeit machen das Leben lebenswert. Natürlich erstreben wir für die uns anvertrauten Menschen mit Behinderungen Teilhabe, Autonomie, Entfaltung der Persönlichkeit – aber nicht auf der Basis von Egoismus und Machtstreben, sondern auf der Grundlage von Begegnung und sozialen Prozessen. Sonder- und Heilpädagogik bleibt im Zusammenhang mit der Komplexität und Multidimensionalität ihres Arbeitsfeldes und ihrer Aufgabenbereiche eine Herausforderung, die wir entsprechend den individuellen sowie sozialen Gegebenheiten und Verhältnissen unserer Gesellschaft flexibel und aktiv aufgreifen müssen.

Literatur

Bleidick, U.: Pädagogik der Behinderten. Grundzüge einer Theorie der Erziehung behinderter Kinder und Jugendlicher. Berlin, 5. Aufl. 1984.
Bach, H.: Kritik und unverzichtbare Aufgaben der Sonderpädagogik. In: Opp, G.; Freytag, A., Budnik, I. (Hrsg.): Heilpädagogik in der Wendezeit. Brüche – Kontinuitäten – Perspektiven. Luzern 1996, 35-45.
Bundschuh, K.: Praxiskonzepte der Förderdiagnostik. Möglichkeiten der Anwendung in der sonder- oder heilpädagogischen Praxis. Bad Heilbrunn, 2. Aufl. 1994.
Bundschuh, K.: Integration als noch immer ungelöstes Problem bei Kindern mit speziellem Förderbedarf. In: Z. Heilpädagogik 8(1997), 310-315.
Bundschuh, K.: Heilpädagogische Psychologie. München/Basel, 2. Aufl. 1995, 3. Aufl. 2002.
Bundschuh, K.: Schwerpunkte zukünftigen Lernens unter erschwerten Bedingungen. In: Z. Sonderpädagogik 32(2002), 36-46.
Jantzen, W.: Bestandsaufnahme und Perspektiven der Sonderpädagogik als Wissenschaft. In: Z.Heilpädagogik 8(1995), 368-376.
Keupp, H.; *Ahbe*, Th.; *Gmür*, W. (Hrsg.): Identitätskonstruktionen. Das Patchwork der Identitäten in der Spätmoderne. Reinbeck bei Hamburg 1999.
Kobi, Emil E.: Grundfragen der Heilpädagogik. Eine Einführung in heilpädagogisches Denken. Bern, Stuttgart, 5. Aufl. 1993.
Kuhn, T.S.: Die Struktur wissenschaftlicher Revolutionen. Frankfurt a.M. 1988.
Lindemann, H.; *Vossler*, N.: Die Behinderung liegt im Auge des Betrachters. Konstruktivistisches Denken für die pädagogische Praxis. Neuwied 1999.
Möckel, A.: Geschichte der Heilpädagogik. Stuttgart 1988.
Möckel, A.: Krise der Sonderpädagogik. In: Z. Heilpädagogik 3(1996), 90-95.

Speck, O.: Selbstauflösung der Sonderpädagogik als gesellschaftspolitische Konsequenz. In: Ellger-Rüttgardt, S. (Hrsg.): Bildungs- und Sozialpolitik für Behinderte. München/Basel 1990, 38-48.
Speck, O.: System Heilpädagogik. Eine ökologisch reflexive Grundlegung. München/Basel, 2. Aufl. 1991.
Thimm, W.: Zur Lebenssituation behinderter Kinder morgen: gesellschaftspolitische und behindertenpädagogische Perspektiven. In: Z.Heilpädagogik 8(1999), 377-387.

Behinderung im Spiegel moderner Leistungsgesellschaft

Martina Schlüter

Forderungen für die Lebenswe(r)ltgestaltung von (körper-)behinderten Menschen als Antworten zur Leidvermeidung durch pränatale Diagnostik

1 Einleitung

In der heutigen Zeit, dies wird vor allem in den aktuellen Diskussionen um Gentechnologie deutlich, werden bleibende Schädigungen fast automatisch mit den Begriffen Leid und Mitleid verbunden, obwohl bedingt durch den technologischen Fortschritt vieles kompensiert werden kann. Die Leistungsfähigkeit von Menschen mit Behinderung für das gesellschaftliche System im Sinne von Kosten-Nutzen wird in Frage gestellt. In einer Zeit, die von erhöhter Arbeitslosigkeit und leeren Kassen bei dennoch hohem Lebensstandard geprägt ist, muss es einen nicht verwundern, wenn bei vorliegenden Schädigungen Leidvermeidungsstrategien wie die Präimplantationsdiagnostik (PID) und Pränatale Diagnostik (PND) immer mehr verfeinert und gefordert werden.

2 Leistung, Leid, Behinderung

Diese Beziehung kann nur in kurzen Ausschnitten beleuchtet werden:
Die *Leistung* spielt eine zentrale Rolle im Leben jedes Menschen und trägt zu dessen Zufriedenheit bei. Der *physikalische* Leistungsbegriff ‚Leistung = Arbeit geteilt durch Zeit' ist Grundlage für ein wirtschaftliches Effizienzdenken. *Dürr* verweist darauf, dass die wissenschaftlich-technische und die wirtschaftliche Eigendynamik immer weniger den eigentlichen Bedürfnissen des Menschen dient (vgl. *Dürr* 1995). Die *rechtswissenschaftliche* Perspektive prägt ein Leistungsverständnis, welches Leistung als ausgleichende Kategorie innerhalb einer inter-individuellen Erwartungshaltung kennzeichnet: Motiva-

tion zur Leistung entspringt demnach der Aussicht auf Freistellung von Ansprüchen oder Forderungen. Die *Pädagogik* hingegen sieht sich innerhalb ihrer gesamten Geschichte fortwährend in einem Spannungsfeld zwischen pädagogisch-humanistischen Idealen und gesellschaftlichen Ansprüchen und Forderungen. Sie vollzieht eine Entwicklung der Leistungsauffassung vom Auswendiglernen, über das Nachvollziehen, das Verstehen bis hin zu einem ganzheitlichen und dynamischen Leistungsverständnis. Die *Psychologie* rückt die Bedingungsvariablen für Leistung in den Vordergrund. Leistung wird als individuelles Moment menschlichen Verhaltens innerhalb eines vielschichtigen Geflechts zahlreicher Einflussfaktoren gesehen. Die *Theologie* betrachtet menschliche Leistung nur insofern von Bedeutung, als sie einen Beitrag zu einem verantwortlichen Zusammenleben in wechselseitiger Solidarität präsentiert. Würde und Wert des Menschen ergeben sich aus der Gleichheit und Einmaligkeit jedes Menschen vor Gott, der den Menschen seine Ebenbildlichkeit und Gemeinschaft schenkt.

Die theologische Bedeutung erinnert in Verbindung von Würde und Wert eines Menschen an Diskussionen, die z.B. im Zusammenhang mit dem Recht auf Bildung von Menschen mit einer Schwerstbehinderung oder mit der Frage nach ihrem Personsein geführt wurden und noch immer werden. Leistung im physikalischen Sinn mit produktiver Effizienz wäre dann ein klares Selektionskriterium für diese Menschen. Kosten-Nutzen-Analysen erhalten mit dieser Definition von Leistung ein stabiles Fundament.

Eine Schädigung, die zu einer Behinderung führen kann, bedeutet immer eine Einschränkung von körperlichen Funktionen. Eine Vielzahl von Funktionen kann zu einem Teil durch Hilfsmittel kompensiert werden, eine weitere Vielzahl nicht. Eine Behinderung ergibt sich dann, wenn entweder der betroffene Mensch und/ oder die Gesellschaft diese Funktionseinschränkung als offensichtliche Leistungsminderung im Sinne einer normorientierten, produktiven Effizienz erfahren oder glauben zu erfahren. Menschen, die z.B. von Diabetes, Asthma oder ähnlichen chronischen Schädigungen betroffen sind, wehren sich vehement als behindert eingestuft zu werden, da dies Zweifel an ihrer Leistungsfähigkeit bedeuten würde.

Leid: Viktor E. *Frankl* lehnt es entschieden ab, Leid als eigentlich sinnloses Übel aufzufassen, das dem Menschen nur schadet. Er spricht dem Leid eine hohe Rolle zu, denn für ihn ist es die Voraussetzung für die Erfahrung des Sinn des Lebens. Der Mensch wird in seiner Leistungsfähigkeit so eingeschränkt, dass er gezwungen ist, Werte zu finden, welche außerhalb der vom Leistungsstreben festgelegten Raster liegen. *Frankl* sieht im Leiden somit eine unbegrenzte Sinnerfüllbarkeit. Allerdings muss der Mensch einen Lernprozess durchlaufen, um zu einem sinngebenden Umgang mit Leid zu kommen (vgl. *Frankl* 1990).

Behinderung wird oft gesellschaftlich mit Leid gleichgesetzt, aber auch oft von betroffenen Menschen als solches erfahren. Die aktuelle Definition der WHO betont in ihrer Definition von Behinderung u.a. drei Dimensionen: Impairment, Activity und Participation. Dieses ganzheitlich orientierte Modell, jenseits vom defizitären Ansatz, hat als Ziel die Teilhabe am gesellschaftlichen Leben mit den trotz Schädigung verbliebenen Fähigkeiten. Teil-Haben würde bedeuten, dass der Mensch je nach seinem individuellen Können seine Leistung einbringt. Eine Sicht, die vom normorientierten Leistungsbegriff entfernt ist. Wenn sich diese Sicht nicht nur für Menschen mit Behinderung durchsetzen würde, sondern für alle Menschen gelten würde, gäbe es keinen Grund mehr Behinderung als Leid zu definieren, da die Akzeptanz der Person nicht mehr in Frage gestellt wäre. Die Erwartungshaltung, dass im Sinne einer ausgleichenden Gerechtigkeit jeder unabhängig von seinen Fähigkeiten ein Mindestquantum für die Solidargemeinschaft einzubringen hat im Sinne eines rechts-wissenschaftlichen Leistungsbegriffes, führt sowohl zu massivem eigenen innerlichen Druck mit unterschiedlichen Konsequenzen als auch zur Selektion von Menschen, die dieses Quantum nicht einbringen können, bzw. scheinbar andere daran hindern, dieses einbringen zu dürfen. Von daher wird Partizipation im Sinne einer Integration wohl eher ein Theoriemodell bleiben.

In Zeiten scheinbar knapper, vor allem finanzieller Ressourcen, kann sich dieses normorientierte Leistungsdenken, was die Effektivität und Produktivität nicht unbedingt steigert, für alle Menschen zu einem gefährlichen Eigenläufer entwickeln: Das gesellschaftliche Leistungssystem fordert Dinge vom Menschen, die er eigentlich gar nicht will und oft auch nur unter Abspaltung eigener Emotionen zulässt. Individualität wird zu einem immer größeren Kraftakt.

3 Pränatale Diagnostik

Die pränatale Diagnostik muss immer im Zusammenhang mit der aktuellen gentechnologischen Diskussion gesehen werden. Präimplantationsdiagnostik (PID) und die Erforschung von embryonalen Stammzellen seien ergänzend genannt.

Die pränatale Diagnostik (PND) ist ein Instrumentarium, welches nach Aussagen der Bundesärztekammer dazu diene, u.a. die Schwangere vor der Angst zu befreien, ein behindertes Kind zu gebären (vgl. *Bundesärztekammer* 1998, A-3013). Bevor auf diese Aussage näher eingegangen wird, muss mindestens noch erwähnt werden, dass PND im weiteren dazu dient, den Geburtsvorgang genauestens zu planen und zu bestimmen, wie es auch Schädigungen gibt, die bereits intrauterin therapierbar sind, auch wenn die Anzahl insgesamt sehr niedrig ist (z.b. Blutgruppenunverträglichkeiten, Herzrhythmusstörungen, Ringelrötelnerkrankungen)

Die Formulierung „die Schwangere vor der *Angst* zu befreien, ein behindertes Kind zu gebären" (ebd.; Hervorhebung, M.Sch.) verweist auf einige Punkte, die es herauszuheben gilt:

- Pränatale Diagnostik kann nur bedingt von der Angst befreien, da es de facto intrauterine Schädigungen gibt, die im Weiteren auch nicht immer diagnostizierbar sein müssen. PND kann also keine hundertprozentige Garantie geben.
- Wenn diese Angst so massiv ist, wird die Schwangerschaft zu einem Leistungskriterium, d.h. ist das Kind geschädigt, hat die schwangere Frau eine eingeschränkte Leistung erbracht, denn dieses Kind wird der Gesellschaft in seiner Leistung nur eingeschränkt zur Verfügung stehen und die Familie in der Ausführung ihrer gesellschaftlichen Leistung einschränken. Das Gesetz der Transitivität ist damit wirksam.
- Seit der Neuformulierung des § 218 können die invasiven Methoden der PND unter der medizinischen Indikation bis zum Einsetzen der Geburt, also ohne zeitliche Begrenzung, wirksam werden und eine Schwangerschaftsunterbrechung ermöglichen. Die möglichen Konsequenzen für alle Betroffenen (Arzt, Frau und Kind) sowohl unter juristischer als auch unter psychologischer Perspektive sind uns aus den Medien hinlänglich bekannt. Spätestens an dieser Stelle wird PND zu einem Selektionsinstrumentarium.
- Die Möglichkeiten der Vorbereitung auf ein Leben mit einem geschädigten Kind, die durch PND genutzt werden könnten, stehen nur selten zur Diskussion.
- Ein Vielzahl von Ärzten sieht in der PND ein Instrumentarium, seinem Auftrag zur Leidvermeidung nachzukommen, obwohl er selten über die Entwicklungschancen und das Leben von Menschen mit Schädigungen informiert ist.

Die aktuellen Diskussionen Ethik des ‚Helfens und Heilens' gegen eine Ethik des ‚Leidens' verdeutlichen, dass wirtschaftliche Faktoren, in denen es u.a. um Forschungsstrategien in der Biotechnologie und der medizinischen Genetik geht und den internationalen Zusammenschluss, diese bestimmen. Pädagogische Aspekte bzw. das Leben mit einer Schädigung/ Behinderung sind dem untergeordnet. Sie kommen nur insofern vor, als sie die These von der Ethik des ‚Leidens' bestätigen. Konstruktive Aspekte, die die gesellschaftliche Teilhabe von Menschen mit Behinderung weiterhin erleichtern würden, fehlen völlig. Behinderung, die aufgrund ihrer Heterogenität wirtschaftlich unrentabel ist, wird so pervertiert, dass sie dem wirtschaftlichen Denken wieder nützlich ist.

Grundsätzlich bleibt anzumerken, dass es nicht darum geht, sich gegen eine Erforschung von Therapien bei Krankheiten oder bestimmten Schädigungen auszusprechen bzw. zu wehren. Einzufordern ist jedoch eine differenzierte Diskussion, die jegliche Selektionsmechanismen außen vor lässt.

4 Lebensweltgestaltung von Menschen mit einer (Körper)-behinderung in unserer Leistungsgesellschaft

Eine Grundforderung für alle Menschen ist dahingehend zu formulieren, den Leistungsbegriff nicht ausschließlich nach wirtschaftlichen Kriterien zu formulieren. Die Erneuerung des Leistungsbegriffs lässt sich als Pflicht einer demokratischen Gesellschaft identifizieren, sofern das gesellschaftliche Leistungsdenken den demokratischen Grundwerten der Würde und der Freiheit des Menschen – d.h. auch seiner Selbstbestimmung und Gleichberechtigung – entgegensteht. Leistung muss ebenso individuellen Kriterien genügen, um eine Lebensweltoptimierung und nicht ausschließlich eine Lebensweltmaximierung für alle Menschen zu erreichen.

Die angesprochenen Grundwerte sind für immer mehr Menschen in Gefahr, vor allem aber für Menschen mit Behinderung, die dem ‚offiziellen' Leistungsbegriff nur eingeschränkt entsprechen können. Mit der Gleichsetzung von Behinderung und Leid entwickelt sich ein schleichender Prozess der Vermeidung, der keine konstruktiven Anteile mehr enthält, wie oben bereits nachgewiesen.

Ich möchte einen Punkt aus dem Leben von Menschen mit Behinderung exemplarisch herausnehmen. Er betrifft die Lebenswelt von pflegeabhängigen Personen. Insbesondere von älteren Menschen wissen wir, dass ihre Pflege kaum den individuellen Bedürfnissen entspricht, sondern klar nach ökonomischen Plänen ausgerichtet ist. Ist keine weitere familiäre oder anderweitige Unterstützung vorhanden, bleibt ihnen zu ihrer eigenen Sicherheit meistens nur der Heimaufenthalt. Diese Angst, d.h. aufgrund von Pflegeabhängigkeit aus Kostengründen in ein Heim zwangsweise zu müssen, herrscht bei vielen Menschen mit Behinderung vor, die mitten im Berufsleben stehen bzw. sich in unterschiedlichen Ausbildungsgängen befinden und selbstbestimmt in Würde und Freiheit leben wollen. Individuelle Schwerbehindertenhilfe (ISB) wie auch die meisten Assistenzmodelle bedeuten in Deutschland in der Abhängigkeit von der Sozialhilfe einen ständigen Kampf um finanzielle Ressourcen, was die eh schon reduzierten Kräfte um ein weiteres strapaziert und Freiheiten einschränkt. Es wird daran nochmals sehr deutlich, dass nicht die Schädigung der primäre Leidfaktor ist, sondern das Leid in der nicht vorhandenen gesellschaftlichen Fürsorgepflicht liegt.

Aufgaben für die Sonderpädagogik sollen abschließend kurz skizziert werden, da ihr als größte ‚Lobby' von Menschen mit Behinderung auch die effektivsten Möglichkeiten eingeräumt werden müssen: Sie verfügt über einen aktuellen Erkenntnisstand sowie eine entsprechende Basis an Idealen, die es gilt verbindlich zu machen. Wenn wir als Ziel die Selbstbestimmung von Menschen mit Behinderung in sozialer Integration haben, so müssen wir Verantwortung für diese Ideale übernehmen. Die interne Arbeit und Diskussion muss draußen im Dialog und in der Begegnung mit ‚scheinbaren Kontrahenten' geführt werden, um selbst als Teil der Gesellschaft ‚Leistung, Gerechtigkeit und Gleichheit' von innen heraus zu erneuern.

Als ein Baustein für die Lebensweltgestaltung von Menschen mit Behinderung sei also abschließend auf eine umfassende interdisziplinäre Kooperation aller Lebensbereiche verwiesen, die es letztlich vermag, den gesellschaftlichen Leistungsbegriff dauerhaft und nachhaltig zu wandeln. Damit könnte dann auch evtl. eine Verabsolutierung des Leistungsbegriffes auf Kosten der Menschenwürde vermieden werden und die Zuschreibung von Leid mit ihren Konsequenzen im Zusammenhang mit Behinderung hätte ihre automatische Notwendigkeit verloren.

Schluss

Es gibt viel zu tun. Packen wir es an!

Literaturangaben

Bundesärztekammer (Hrsg.): Erklärung zum Schwangerschaftsabbruch nach Pränataldiagnostik. In: Deutsches Ärzteblatt 95(1998)47, A-3012.

Dürr, H.-P.: Wie offen ist die Zeit? Die Verantwortung für unsere Zukunft. In: *Weis*, K. (Hrsg.): Was ist Zeit? Zeit und Verantwortung in Wissenschaft, Technik und Religion. München 1995, 181-206.

Frankl, V.: Der leidende Mensch. Anthropologische Grundlagen der Psychotherapie. München 1990.

Andrea Strachota

Biotechnologie, Biochemie, Biomedizin – Biogogik?

Begriffe dienen dem Begreifen. Doch die Selbstverständlichkeit, mit der oftmals Begriffe verwendet werden, lässt nicht darauf schließen, dass klar ist, was mit einem bestimmten sprachlichen Ausdruck gemeint ist – wie das begrifflich Bezeichnete zu begreifen ist. Dies ist auch bei den Begriffen ‚Biotechnologie', ‚Biochemie' und ‚Biomedizin' der Fall.[1]

„Kaum ein anderes Wort wird weltweit kontroverser diskutiert als der Begriff ‚Biotechnologie'" schreibt Robert *Bud* (1995, 1) in seinem Buch über „Ursprung und Entwicklung der Biotechnologie" (so der Untertitel), dessen bedeutungsschwerer Titel lautet: „Wie wir das Leben nutzbar machten". Selbst Expertinnen und Experten sind sich bei dieser Begriffsbestimmung uneinig: „Einige verbinden damit den zunehmenden Einsatz von Mikroorganismen bei der industriellen Produktion. Andere verstehen darunter das Ergebnis rekombinanter DNS-Techniken, die jüngst von wissenschaftlichen Genetikern perfektioniert wurden. Die Meinungen sind geteilt" (*Bud* 1995, 1). An dieser Stelle wird bereits deutlich, dass Biotechnologie (bzw. Biotechnik) zuweilen als Synonym, d.h. bedeutungsgleich für Gentechnologie (bzw. Gentechnik) verwendet wird. Auf diesen Sachverhalt wird weiter unten klärend eingegangen werden.

Eine ganze Reihe von gesellschaftlichen, wirtschaftlichen und wissenschaftlichen (etwa biotechnologischen) Entwicklungen nötigen Heilpädagoginnen und Heilpädagogen zum Innehalten, zum Nachdenken – nicht bloß darüber, was sie für eine Art von Wissenschaft betreiben und wie diese bezeichnet werden soll, sondern vielmehr über die Notwendigkeit einer Heilpädagogik im neuen Jahrhundert schlechthin. Die Konsequenzen philosophisch-utilitaristischer, ökonomisch-utilitaristischer sowie etwa biotechnologischer Entwicklungen für Menschen mit Behinderungen wurden von Heilpädagoginnen und Heilpädagogen sowie von sogenannten ‚Betroffenen' in den letzten Jahren zunehmend diskutiert und kritisiert. An der Schwelle des „bio-

---

[1] Um die seitens der Herausgeberschaft vorgeschriebene Länge nicht zu überschreiten, muss ich mich in den folgenden Ausführungen auf den Begriff ‚Biotechnologie' beschränken.

technischen Zeitalters" (*Rifkin* 1998) stehend, werde ich mich im Folgenden ausschließlich auf die Biotechnologie beschränken und der Frage nachgehen, was denn unter Biotechnologie überhaupt zu verstehen ist (1.) sowie wann und von wem der Begriff ‚Biotechnik' geprägt und in welchem Kontext verwendet wurde (2.). Der abschließende 3. Teil dieses Beitrages soll zumindest *andeuten*, dass die oben angesprochenen Entwicklungen das Aufgaben- und Selbstverständnis der Heilpädagogik zu Beginn des 21. Jahrhunderts in eminenter Weise berühren.[2]

Die Beschäftigung mit dem Ursprung des Begriffs ‚Biotechnik' führte mich zu folgender *These*: Die *eugenische* Dimension gen- oder biotechnologischer Verfahren (damit meine ich vor allem die gentechnisch unterstützte Pränataldiagnostik, Gentherapie bis hin zum gentechnisch erzeugten Designer-Baby) ist historisch nicht nur auf rassenhygienische Konzepte zurückführbar – wie dies in heilpädagogischen Kontexten vielfach diskutiert wird –, sondern ist im Biotechnologie-Konzept selbst zu verorten.

1 Biotechnologie

Fast jeder Artikel, der Grundsätzliches und/ oder Einführendes zum Thema Biotechnologie enthält, beginnt mit dem Hinweis, dass es Biotechnologie (im *weitesten* Sinn) eigentlich immer schon gegeben habe, ja sogar die Grundlage kultivierten Lebens sei (vgl. *Mohr* 1998, 381). Biotechnologie im weitesten Sinn hat zu tun mit der Nutzung bestimmter Eigenschaften und Leistungen von Lebewesen zu Produktionszwecken, d.h. mit der Züchtung von Kulturpflanzen und Haustieren, die Getreide, Fleisch und Wolle produzieren, aber auch – und das ist Biotechnologie im *engeren* Sinn – mit der Nutzung von Pilzen, Hefen und Bakterien (beispielsweise bei der Bereitung von gesäuertem Brot, Wein, Essig, Käse, Joghurt, Sauerkraut oder Bier). Alle Haustiere, Kulturpflanzen und Mikroorganismen wie Bakterien und Viren sind – so gesehen – Konstrukte, vom Menschen durch Zuchtwahl geschaffen, und d.h. nicht in der Natur vorgefunden (vgl. *Mohr* 1998, 381). Die Stoßrichtung solcher Herangehensweisen besteht zuweilen darin, den qualitativen Sprung zur

---

[2] Im Rahmen einer historischen und systematischen Studie zur Ideen- und Wirkungsgeschichte des medizinischen Krankheitsbegriffes und seiner Relevanz für die Eröffnung und Gestaltung heilpädagogischer Praxis habe ich dies in bezug auf gegenwärtige Entwicklungen der modernen *Medizin* problematisiert (vgl. *Strachota* 2002).

gegenwärtigen und vielversprechendsten Biotechnologie zu verwässern: der Gentechnologie.

Biotechnologie im engeren Sinn, also die Nutzung von Mikroorganismen (wie Hefe und Bakterien), wird somit als ein urzeitliches, zufällig entdecktes Verfahren beschrieben, lange bevor Mikroorganismen der (natur-)wissenschaftlichen Erkenntnis zugänglich wurden. Der Beginn der *modernen* Biotechnologie wird in die Mitte des 19. Jahrhunderts datiert und ist verknüpft mit den Forschungsergebnissen von Louis *Pasteur* und Robert *Koch*. In Deutschland wurde der sich entwickelnde neue Wissenschaftszweig *Bakteriologie* genannt, *Pasteur* bevorzugte die Bezeichnung *Mikrobiologie*.

Die moderne Biotechnologie kann nun weiter unterschieden werden in die klassische Biotechnologie und die mit Hilfe gentechnischer Methoden erweiterte Biotechnologie: In der modernen *klassischen* Biotechnologie geht es um die technische, industrielle Nutzung bestimmter Eigenschaften von Mikroorganismen; gemeint sind nicht irgendwelche Eigenschaften, sondern nützliche Eigenschaften von Organismen, die in der Natur vorkommen: Das wohl am häufigsten herangezogene Beispiel dafür stellt die biotechnologische Erzeugung des Antibiotikums Penicillin dar: ein medizinischer Wirkstoff, der mit Hilfe eines Mikroorganismus, des Schimmelpilzes ‚Penicillinum chrysogenum', erstmals in den 40er Jahren des 20. Jahrhunderts gewonnen wurde. Die Gentechnologie, so schreibt *Löw* (1985, 118f.), ist „demgegenüber gewissermaßen das nicht-klassische Verfahren der Biotechnologie, denn sie nimmt umgekehrt eine gewünschte, aber im Naturzustand nicht ausreichend nutzbare Leistung zum Ausgangspunkt und setzt sich zum Ziel, entsprechende Mikroorganismen (Zellen von Pflanze oder Tier) genetisch zu verändern, also nicht-natürlich vorhandenes Leben herzustellen." Der Unterschied zu biotechnologischen Verfahren besteht somit darin, dass mit Hilfe gentechnologischer Verfahren nicht-natürliches Leben hergestellt und erst in Folge einer (bio-)technologischen Nutzung und Verwertung unterworfen wird. Das wohl am häufigsten herangezogene Beispiel dafür stellt die gentechnologische Erzeugung des menschlichen Insulins dar.

Zumindest im deutschsprachigen Raum stellen die Begriffe Bio- bzw. Gentechnologie mithin keine Synonyme dar: Während der Begriff Gentechnologie (bzw. Gentechnik) für die Summe aller Methoden zur Isolierung, Charakterisierung, gezielten Veränderung und Übertragung von Erbgut, d.h. einzelner Gene steht, handelt es sich bei der Biotechnologie (bzw. Biotechnik) „um einen anwendungsorientierten Wissenschaftszweig, der mit mikrobiologischen, biochemischen und genetischen Methoden Enzyme, Zellen und Mikroorganismen zur Produktion von nützlichen Substanzen einsetzt" (*Küs-*

ter/ Pühler 1998, 390).³ Gentechnologie wird, so *Mohr* (1998, 381), „vorrangig im Rahmen biotechnologischer Verfahren praktisch wirksam. Aber Biotechnologie ist weit mehr als Gentechnik. Die Biotechnologie hat eine 6.000 Jahre alte Tradition; Gentechnik gibt es seit 25 Jahren."

Somit läßt sich festhalten: In der Biotechnologie geht es um die − gentechnisch unterstützte und erweiterte − *technische Produktion nützlicher Eigenschaften von Organismen*. Das macht angesichts der fortschreitenden *gen*technischen Möglichkeiten nicht am menschlichen Organismus halt. Dass der Begriff ‚Biotechnik' von Anfang an in direktem Zusammenhang zur Produktion der ‚Qualitätsware Mensch' stand, zeigt der folgende Blick in die Geschichte des Wortes Biotechnik.

2 Zum Begriff Biotechnik

Der Begriff ‚Biotechnik' soll erstmals vom Österreicher Rudolph *Goldscheid* verwendet worden sein (vgl. *Bud* 1995, 73). *Goldscheid* war Sozialist, Sozialkritiker und „gehörte zu den Vätern der Wiener Soziologischen Gesellschaft" (*Bud* 1995, 74). Seine von biologischen wie ökonomischen Denk- und Sprachkategorien durchzogene Grundlegung einer naturwissenschaftlich begründeten Soziologie aus dem Jahre 1911 findet im Titel ihren entsprechenden Ausdruck: „Höherentwicklung und Menschenökonomie. Grundlegung einer Sozialbiologie". In diesem Werk also soll der Begriff ‚Biotechnik' erstmals Verwendung gefunden haben.

Bereits in der Einleitung ist zu lesen, daß energisch darauf hinzuarbeiten sei, „durch planbewusste Biotechnik das Größte zu leisten" (*Goldscheid* 1911, XXII).⁴ Dieses Werk versuche, „die *ökonomische* Bedeutung der Volksgesundheit und Volkstüchtigkeit" (*Goldscheid* 1911, XXI; H.i.O.) klar

---

[3] Zu ergänzen ist, dass mit gentechnischen Methoden nicht bloß Mikroorganismen, sondern sozusagen auch Makroorganismen zur Produktion nützlicher Substanzen hergestellt werden: transgene Organismen, sogenannte „lebende Bioreaktoren" (*Küster/ Pühler* 1998, 393), die bestimmte Pharmazeutika produzieren. „So können bereits wenige hundert transgene Schafe den Weltbedarf an einigen rekombinanten pharmazeutischen Proteinen decken, die alternativ nur in großtechnischen Anlagen produziert werden können" (*Küster/ Pühler* 1998, 393).
[4] An dieser Stelle ist zum ersten Mal das Wort ‚Biotechnik' zu finden, das ansonsten relativ sparsam verwendet wird. An anderen Stellen ist sinngemäß von ‚organischer' oder ‚generativer' Technik die Rede.

zu machen. Und der „*Schlüssel zur ganzen Volkswirtschaft*" (*Goldscheid* 1911, 485; H.i.O.), so *Goldscheid*, liege im Reproduktionsproblem. Dieses zu lösen ist jedoch „keineswegs etwas so Einfaches ... Nur auf Grund eingehendster Erkenntnis der Kausalität der Missartung lassen sich über den generativen Wert der einzelnen Individuen zuverlässige Urteile fällen" (*Goldscheid* 1911, 216). Und an anderer Stelle ist zu lesen: „Nur wenn wir mit peinlichster Sorgfalt sämtliche Faktoren ermittelt haben, von denen die Reproduktionsleistung abhängig ist, werden wir auch zu unanfechtbaren Erkenntnissen darüber gelangen, auf welche Weise wir imstande sind, die Reproduktionsleistung planmäßig zu verändern" (*Goldscheid* 1911, 414f.).

Dies ist ein entscheidender Punkt: Gehe es um Aufforstung des Menschenmaterials (vgl. *Goldscheid* 1911, XXI), um „Verbesserung und Vervollkommnung von bestimmten Charaktermerkmalen" (*Goldscheid* 1911, 216) – mit anderen Worten um menschliche Qualitätsproduktion –, dann könne man sich nicht länger auf den *Automatismus* der Reproduktion verlassen, sondern müsse diese zu rationalisieren beginnen (vgl. *Goldscheid* 1911, 216). Man erwäge die Erkenntnisse aus den Bereichen der Biochemie, Bakteriologie, Blutforschung, Anthropologie und Anthropometrie, experimentellen Biologie und Entwicklungsmechanik, Embryologie, modernen Vererbungslehre etc., man denke an die Erkenntnisfortschritte der Medizin, Psychologie, Technik, Ökonomie und Soziologie – „... man erwäge all das ... um zu ermessen, wie große Errungenschaften wir auch hinsichtlich der Erkenntnis und Beherrschung des Reproduktionsprozesses zu gewärtigen haben, wenn wir uns erst von den gänzlich veralteten Vorurteilen über den generativen Automatismus zu befreien versuchen, wenn wir erst Mut fassen, planbewusst qualitativ auf generative Technik im höchsten Stile hinzuarbeiten und immer tiefer begreifen lernen, dass das Zeitalter menschlicher Schöpfungskunst erst in den primitivsten Anfängen steht" (*Goldscheid* 1911, 366). Und dieses Zeitalter menschlicher Schöpfungskunst wird ein biotechnisches sein: „Unsere gesamte Arbeit muss", so *Goldscheid* (1911, 433; H.i.O.), „darauf hinwirken, dass das 20. Jahrhundert zu einem *Jahrhundert der Biotechnik* wird."

Ist man um den „organischen Aufstieg der Gesellschaft" bemüht (*Goldscheid* 1911, 218), dann geht es mithin zum einen darum, den Reproduktionsmechanismus bis ins kleinste Detail hinein zu kennen. Zum anderen erfordert organischer Fortschritt Investitionen von Kapital – denn: „Ohne große Investitionen für die Menschenzucht, die bisher bloß als unbezahltes Nebenamt, als *schlechtest entlohnte Hausindustrie* betrieben wird, ist ein organischer Aufstieg der Gesellschaft ein Ding der Unmöglichkeit" (*Goldscheid* 1911, 218; H.i.O.). Daher habe neben die Güterökonomie eine Menschenökonomie zu treten. *Goldscheid* geht es nämlich nicht bloß um die bereits angeführte Verbreitung und Vervollkommnung von bestimmten Charaktermerkmalen: Es geht ihm auch und vielleicht vorwiegend darum, diese „auf dem ökonomischsten Wege mit dem höchsten Nutzeffekt zu erzielen" (*Goldscheid* 1911, 216). Es geht um „*Ökonomie mit dem Menschenmaterial*" (*Goldscheid* 1911, 419; H.i.O.).

An dieser Stelle kann leider nur *angedeutet* werden, daß *Goldscheid* die Ansatzpunkte konkreten Handelns zum einen im biologisch-organischen Bereich sieht, zum anderen aber – und man könnte vielleicht sagen: schwerpunktmäßig – im sozial-gesellschaftlichen Bereich.[5] Denn der Gedanke, für die Qualitätsproduktion des Menschen stelle ein „sehr vervollkommnetes Milieu" (*Goldscheid* 1911, 434) die unentbehrliche Voraussetzung dar, zieht sich durch Goldscheids Buch durch. *Goldscheid* (1911, 443) spricht vom sozialen Verbrechen am keimenden Leben, daher müsse dafür „gesorgt werden, dass die Menschen in ein möglichst gesundes, für die Entwicklung vorteilhaftes Milieu hineingeboren werden ... Dazu ist eine umfassende *Familienforschung und Familienpolitik* nötig, wofür heute noch äußerst wenig Verständnis vorhanden ist" (*Goldscheid* 1911, 447; H.i.O.). Angeführt werden u.a. intensiver Arbeiter-, Frauen- und Kinderschutz. Ausgaben der Sozialpolitik versteht *Goldscheid* (1911, 421) als die „*produktivsten Investitionen für die Menschenökonomie* ..." Das ist für *Goldscheid* Milieuumgestaltung im eugenischen Sinn (vgl. 1911, 440).[6]

Hohe Investitionen für die Menschenzucht, sprich „Menschenproduktion und Menschenfabrikation" (*Goldscheid* 1911, 497), sollen also die „Qualitätsproduktion hinsichtlich des Erzeugnisses Mensch" (*Goldscheid* 1911, 445) gegenüber der „Massenproduktion von minderwertiger Ware" (*Goldscheid* 1911, 427) sichern. Die Produktion „Schundware Mensch" soll von der Produktion „Qualitätsware Mensch" abgelöst werden (*Goldscheid* 1911, 427).

Unabhängig von *Goldscheid* prägte im Jahre 1918 auch der in Wien geborene Raoul *Francé* den Begriff ‚Biotechnik' (vgl. *Bud* 1995, 73). Sowohl

---

[5] Das hat wohl damit zu tun, dass *Goldscheid* von einem „psychophysischen Parallelismus" (*Goldscheid* 1911, 485) ausgeht, der „alle Zweige des menschlichen Seins ergreift, so dass wir einsehen: jedes Phänomen muss sowohl in seiner geistigen, wie in seiner physischen Bedingtheit erforscht werden" (*Goldscheid* 1911, 485).
[6] Wie sehr diese beiden soeben anskizzierten Ebenen in Goldscheids Denken ineinander übergreifen, zeigt das folgende Zitat deutlich: „In einem total unmodernen Schulbetrieb können keine hochwertigen Arbeitskräfte hergestellt werden, ganz besonders nicht, wenn dieser Betrieb seine Arbeit an minderwertiges Rohmaterial verschwenden muss. *Was man am Rohstoffmaterial zu leisten versäumt, kann man im Veredelungsprozess unmöglich vollkommen nachholen*" (*Goldscheid* 1911, 525; H.i.O.).

Francés als auch *Goldscheids* Biotechnik-Konzepte gelangten in den 20er Jahren nach Großbritannien zu den damals jungen Biologen J.B.S *Haldane* und Julian *Huxley* (vgl. Bud 1995, 86ff.). Es lässt sich vermuten, daß Julian *Huxley* direkt von *Goldscheid* beeinflusst wurde; *Huxleys* Gedanken, so *Bud* (1995, 92), „verliefen in erstaunlich ähnlichen Gedanken." Im Jahre 1934 veröffentlichte *Huxley* einen Artikel, in dem er eine sowohl quantitative wie auch qualitative Kontrolle der Bevölkerungsentwicklung forderte. Und jene Wissenschaft, die dazu „im Moment am meisten gebraucht wird, ist die der biologischen Technologie" (*Huxley* zit.n. *Bud* 1995, 94).

An dieser Stelle muss der historische Rückblick abbrechen – und ich kehre zur eingangs erwähnten These zurück: Der historisch rekonstruierbare Ort der Entstehung der eugenischen Dimension gen- bzw. biotechnologischen Denkens und Handelns ist nicht allein in dem Rassenhygienekonzept englischen oder deutschen Ursprungs festzumachen, sondern liegt im Biotechnologiekonzept (*Goldscheidscher* Prägung) selbst begründet.[7]

Ihre eugenische Dimension erhält die Biotechnologie dort, wo die ‚Produktion nützlicher Eigenschaften von Organismen' zur ‚Produktion menschlicher Organismen mit nützlichen Eigenschaften' wird.

Was soll Heilpädagogik da noch machen? Man kann es auch anders wenden: Was macht Heilpädagogik Anderes?

3 Heilpädagogik als Biogogik?

Auch heilpädagogisches Denken und Handeln geht von der Verbesserungsfähigkeit und -notwendigkeit des Menschen aus. Auch heilpädagogisch-therapeutisches Handeln verfolgt zuweilen das Ziel der Anpassung an die Umwelt – sprich an die normativen Erwartungen der Sozietät; falsch verstandene Normalisierung kann optimale Angleichung an normativ Vorgegebenes bedeuten. Auch aus heilpädagogischer Perspektive gilt mancherorts Behinde-

---

[7] *Goldscheid* entwickelte seine Sozialbiologie ja durchaus in einer sehr konturierten Gegenpositionierung zur Gesellschaftsbiologie bzw. Rassenhygiene, deren zentrale theoretischen Eckpfeiler (das darwinistische Selektionsprinzip sowie die Weismannsche Vererbungslehre) *Goldscheid* vehementest und konsequent kritisiert: „Die ganze selektionistische Eugenik krankt – so freudig der Gedanke der Eugenik, als Einsicht in die Bedeutung organischer und namentlich generativer Technik überhaupt, zu begrüßen ist – an derselben Enge, an derselben Primitivität, die auch Weismanns Vererbungslehre kennzeichnet. So einfach ist das Entwicklungsproblem nicht, dass man die Individuen nur gut zu sortieren braucht ..." (*Goldscheid* 1911, 320).

rung per se als ein Übel, das es zu vermeiden gilt. Unvermeidbare Behinderungen sind wegzumachen, letztlich zu eliminieren – bis hin zur exzessiven Therapeutik. Und therapieresistente Behinderte sind kompensatorisch zu fördern – in Hinblick auf deren ökonomische Verwertbarkeit bis hin zur maximalen Ausbeutung verbliebener Ressourcen (vgl. *Kobi* 1991, 57). Warum dann nicht: Biogogik? Drängt sich vor dem Hintergrund der fachinternen Diskussion um die ‚richtige' Bezeichnung unserer Disziplin, die im Bio-Zeitalter zu einem „Fossil einer vortechnologischen Gesellschaft" (*Fröhlich* 1993, 117) zu werden droht, nicht der dem zeitgemäßen Trend folgende Begriff ‚Biogogik' geradezu auf? So dachte ich damals, als es um die Findung eines Referat-Titels ging – mich selbst provozierend.

Begriffe dienen dem Begreifen. Um sich sprachlich verständigen zu können, bezeichnen Menschen etwas. Die Bezeichnung (der Wortkörper, das Wort) ist sinnliches Zeichen für ‚etwas' – dieses Etwas ist ein Gegenstand (Sachverhalt) im weitesten Sinn. Verständigung kann nur gelingen, wenn Verstehen möglich ist. Damit ist neben der Mitteilungs- und Verständigungsfunktion von Sprache ihre Orientierungsfunktion angesprochen. Nicht die bloße Aneinanderreihung verschiedener Buchstaben schafft Orientierung, sondern das, was mit einem sprachlichen Ausdruck gemeint ist (vgl. *Gipper* 1971, 757).

Begriffe dienen dem Begreifen. Begriffe sind mehr oder weniger stabilisierte und elementare geistige Konzepte der Orientierung (vgl. *Orth* 1979, 141). Die Orientierungsleistung besteht darin, daß Begriffe einer ‚betreffenden Menschengruppe' (beispielsweise der heilpädagogischen ‚scientific community') die ‚spezifische Sehweise' von Gegenständen und Sachverhalten vorgeben; d.h. Begriffe geben vor, wie das, was als Gegenstand gelten darf, zu begreifen, zu gliedern und zu beurteilen ist (vgl. *Gipper* 1971, 758). Darin besteht die gegenstandskonstitutive Kraft von Begriffen.

Begriffe dienen dem Begreifen. In (Grund-)Begriffen, schreibt *Bach* (1985, 4) im Handbuch für Sonderpädagogik, „drückt sich die charakteristische Sichtweise und der Kenntnisstand einer Disziplin aus." Inhaltliche Theoreme sonderpädagogischen Denkens, so ist bei *Bleidick* (1985, 253) zu lesen, haben sich in „Begriffslehren" entfaltet, die „um die leitenden Zentralbegriffe Heilpädagogik, Sonderpädagogik und Pädagogik der Behinderten kristallisiert sind." Dies bedeutet, dass sich voneinander unterscheidbare Theorien der ‚Erziehung und Bildung von Menschen mit Behinderung(en)' *nicht zufällig* um bestimmte Zentralbegriffe scharen. So gesehen macht es einen eminenten Unterschied, ob man das Fach Heilpädagogik, Sonderpädagogik, Behindertenpädagogik, Rehabilitationspädagogik oder Integrationspädagogik nennt!

Das Ringen um die ‚richtige' Fachbezeichnung kann also nicht, wie *Bleidick* rund 15 Jahre später schreibt, als semantische Kultübung und hektischer Namenswechsel (vgl. *Bleidick* 1999, 73) abgewertet werden, sondern vielmehr als Hinweis einer ‚Identitätsdiffusion' (*Datler/ Strachota* 1999) gelten – oder wie *Gröschke* meint, als „Symptom anhaltender latenter Selbstverunsicherung der Theoretiker, was für eine Art von Wissenschaft man denn nun eigentlich betreibe ..." (1989, 15).

In einer, wie *Gröschke* (1989, 24) schreibt, von technologischem (ich ergänze: bio-technologischem) Denken beherrschten Welt ist Unheilbares (ich ergänze: Unerwünschtes, Unnützes) der Gefahr ausgesetzt, zum *Sinnlosen* erklärt zu werden. Pädagogische Aufgabe könnte deshalb mehr denn je Ermutigung im Anderssein und Unterstützung in der Sinnfindung angesichts beeinträchtigter Lebensbedingungen sein (vgl. *Gröschke* 1989, 11). Pädagogische Aufgabe könnte allgemein formuliert werden als Unterstützung in der Suche nach dem jeweils individuellen „Höchstmaß an persönlicher und sozialer Lebensfülle" (*Gröschke* 1992, 20). Was wir brauchen ist nach *Kobi* (1990, 249f.) „eine Pädagogik, die keine ausschließliche und damit ausschließende Veränderungswissenschaft ist, sondern eine Kunstform gemeinsamer Daseinsgestaltung ...".

Heilpädagogik als Pädagogik gemeinsamer Daseinsgestaltung – Pädagogische Aufgabenstellung als Begleitung und Unterstützung einer sinnstiftenden Gestaltung des Lebens, als Lebensführung – also doch Biogogik?

Literatur

Bach, H.: Grundbegriffe der Behindertenpädagogik. In: Bleidick, U. (Hrsg.): Theorie der Behindertenpädagogik. Handbuch der Sonderpädagogik, Bd.1. Berlin 1985, 3-24.
Bleidick, U.: Historische Theorien: Heilpädagogik, Sonderpädagogik, Pädagogik der Behinderten. In: Bleidick, U. (Hrsg.): Theorie der Behindertenpädagogik. Handbuch der Sonderpädagogik, Bd.1. Berlin 1985, 253-272.
Bleidick, U.: Behinderung als pädagogische Aufgabe. Behinderungsbegriff und behindertenpädagogische Theorie. Stuttgart u.a. 1999.
Bud, R.: Wie wir das Leben nutzbar machten. Ursprung und Entwicklung der Biotechnologie. Braunschweig u.a. 1995.
Datler, W.; *Strachota* A.: Identitätsbildung und Identitätsdiffusion – Themen gegenwärtiger Heilpädagogik. In: Dohrenbusch, H.; Blickenstorfer, J. (Hrsg.): Allgemeine Heilpädagogik. Eine interdisziplinäre Einführung, Bd.2. Luzern 1999, 104-115.
Fröhlich, A.: Die Krise der Sonderpädagogik. In: Mürner, Ch.; Schriber, S. (Hrsg.): Selbstkritik der Sonderpädagogik? Stellvertretung und Selbstbestimmung. Luzern 1993, 113-122.

Gipper, H.: Bedeutung. Historisches Wörterbuch der Philosophie, Bd.1. Darmstadt 1971, 757-759.

Goldscheid, R.: Höherentwicklung und Menschenökonomie. Grundlegung einer Sozialbiologie. Leipzig 1911.

Gröschke, D.: Praxiskonzepte der Heilpädagogik. Versuch einer Systematisierung und Grundlegung. München u.a. 1989.

Gröschke, D.: Psychologische Grundlagen der Heilpädagogik: ein Lehrbuch zur Orientierung für Heil-, Sonder- und Sozialpädagogen. Bad Heilbrunn 1992.

Kobi, E.E.: Aussichten einer künftigen Heilpädagogik aufgrund gegenwärtiger Einsichten und Absichten. In: Raemy, D. u.a. (Hrsg.): Heilpädagogik im Wandel der Zeit. Luzern 1990, 233-291.

Kobi, E.E.: Vom Grenznutzen des Utilitarismus und den Nutzungsgrenzen des Inutilen. In: Mürner, Ch. (Hrsg.): Ethik, Genetik, Behinderung. Kritische Beiträge aus der Schweiz. Luzern 1991, 51-72.

Küster, H; *Pühler*, A.: Biotechnik. In: Lexikon der Bioethik, Bd.1. Gütersloh 1998, 390-395.

Löw, R.: Leben aus dem Labor. Gentechnologie und Verantwortung – Biologie und Moral. München 1985.

Mohr, H.: Biologie. In: Lexikon der Bioethik, Bd.1. Gütersloh 1998, 380-384.

Orth, E. W.: Theoretische Bedingungen und methodische Reichweite der Begriffsgeschichte. In: Koselleck, R. (Hrsg.): Historische Semantik und Begriffsgeschichte. Stuttgart 1979, 136-153.

Rifkin, J.: Das biotechnische Zeitalter. Die Geschäfte mit der Genetik. München 1998.

Strachota, A.: Heilpädagogik und Medizin. Eine Beziehungsgeschichte. Wien 2002.

Ulrike Schildmann

Leistung als Basis-Normalfeld der (post-) modernen Gesellschaft - kritisch reflektiert aus behindertenpädagogischer und feministischer Sicht

Einleitung

In diesem Beitrag wird das Gesamtthema der 38. Arbeitstagung der Dozentinnen und Dozenten der Sonderpädagogik aufgegriffen und vor dem Hintergrund derzeit laufender Forschungsarbeiten über gesellschaftliche Normalitäten und Normalismustheorie reflektiert. Leistung bzw. die ‚moderne Leistungsgesellschaft' und das diese charakterisierende Begriffspaar ‚Chancen und Risiken' (alternativ auch ‚Krise oder Chance' oder ‚Möglichkeiten und Grenzen', vgl. die Titel der Hauptvorträge dieser Tagung) sollen im Mittelpunkt der Auseinandersetzung stehen. Als Theoriekonzept ist die *Normalismustheorie* geeignet, die von dem Dortmunder Literaturwissenschaftler und Diskurstheoretiker Jürgen *Link* (1997) entwickelt wurde und von einer interdisziplinären Dortmunder Forschungsgruppe überprüft und weiter entwickelt wird (vgl. *Gerhard* u.a. 2001). Dieser Forschungsgruppe gehöre ich gemeinsam mit Dr. Ute Weinmann und Dipl.-Päd. Sabine Lingenauber als behindertenpädagogisches Teilprojekt an (vgl. *Schildmann* 2001).

In der (post-)modernen Leistungsgesellschaft fungiert *Normalität* als ein zentrales soziales Steuerungsinstrument. Auf dem Wege der *Normalisierung* passen sich die Menschen den wirtschaftlichen und sozialen Veränderungen immer wieder neu an, in der (versteckten) Hoffnung, so dem Risiko der sozialen Abweichung – und damit Ausgrenzung – entgehen zu können. Ausgehend von der Normalismustheorie Jürgen *Links* (1997) wird im ersten Abschnitt des Referates *Leistung* als ein zentrales Basis-Normalfeld definiert. Der zweite Abschnitt behandelt die Frage, wie sich die Behindertenpädagogik – als das wissenschaftliche Fachgebiet, welches sich auf Menschen mit eingeschränkter Leistungsfähigkeit konzentriert – mit den immer wieder neuen Leistungsanforderungen der Gesellschaft auseinandersetzt. Im dritten Abschnitt erfolgt eine kritische Reflexion behindertenpädagogischer Positionen aus der Sicht der Frauen- und Geschlechterforschung des Faches.

1 Normalismus und Basis-Normalfeld Leistung

Was ist Normalismus?

Das erste zentrale Unterscheidungsmerkmal des Normalismus besteht darin, dass Normativität und Normalität zwei grundlegend unterschiedliche Dinge sind. Neben prinzipiellen *Normativitäten* ethischen und juristischen Typs existieren in der (post-)modernen Gesellschaft *Normalitäten*, die hier – als Gesamtkomplex zusammengefasst und wissenschaftlich analysiert – als Normalismus bezeichnet werden:

> Dieser Begriff unterscheidet sich von dem Komplex des Gewöhnlichen, Üblichen und Alltäglichen, wie er menschliche Kulturen jederzeit und allerorts charakterisiert. Normalitäten im engen Sinne des Normalismus-Konzepts sind demgegenüber eine moderne und okzidentale Besonderheit, die sowohl hochdynamisch-industrielle wie auch flächendeckend verdatete Gesellschaften voraussetzt. Nur in einer statistisch transparenten Gesellschaft kann etwa die Vorstellung eines 'normalen Sexualverhaltens' entstehen und kulturelle Legitimität gewinnen. (*Link* 2001, 48)

Während sich Normativität dadurch auszeichnet, bestimmte Verhaltens- oder Vorgehensweisen entweder als grundlegend richtig oder falsch, als grundsätzlich akzeptabel oder nicht akzeptabel zu kennzeichnen, ist Normalität ist eine graduelle Kategorie.

> Den Idealtyp einer normalistischen Verteilungskurve stellt die Normalverteilung dar... Außer Kontinuum und Gradualismus kommen hier noch Zentralsymmetrie und regelmäßige Zu- und Abnahme des Normalitätsgrads hinzu: Um den Durchschnitt, der das Maximum an Normalität signalisiert, erstreckt sich symmetrisch der 'normale Bereich' (normal range), bis zur 'Normalitätsgrenze' von etwa 2 Standardabweichungen. Jenseits dieser Grenze liegen die beiden 'Anormalitäten', die positive (Supernormalität: Hochbegabung) und die negative (Subnormalität: Lernbehinderung). (*Link* 2001, 48; vgl. auch *Kunert* u.a. 2001)

Die Normalitätsgrenzen – nicht nur der Intelligenz – sind fließend und per definitionem flexibel. Das derzeit aktuellste normalistische Thema ist die Gentechnologie mit ihren verheißungsvollen und gleichzeitig unüberschaubar beängstigenden Entwicklungen. *Die normalistische Basisformel lautet: 'Chancen und Risiken'* (vgl. *Link* 2001). Während zum Vergleich der Normativismus 'Sicherheit durch Sanktionen' anstrebt, gilt als spezifisches normalistisches Instrument für Sicherheit „die Kategorie des Risikos und die Risikoanalyse, die sich wiederum auf Verdatung und statistische Verfahren stützt" (*Link* 2001, 48).

Damit komme ich zurück zum Thema unserer Tagung: Wir denken nach über Chancen und Risiken bzw. deren Variante ‚Krise oder Chance' der Sonder- und Heilpädagogik in der modernen Leistungsgesellschaft. Ein durch und durch normalistisches Thema also, das dazu auffordert, nicht zu einer Entweder(Krise)-Oder(Chance)-Antwort zu gelangen, sondern Krisenmomente gegen Chancen graduell abzuwägen und zu einer aktualisierten Positionierung auf dem Gradmesser zwischen den beiden Polen zu gelangen.

Wenden wir uns dem Konstrukt der modernen Leistungsgesellschaft zu (vgl. Tagungstitel) und damit dem Phänomen Leistung, welches die moderne Gesellschaft maßgeblich charakterisiert. Auch an dieser Stelle ist die Normalismustheorie hilfreich, die nämlich Leistung als ein zentrales gesellschaftliches Basis-Normalfeld ausweist.

Was ist ein Basis-Normalfeld?

Wesentlich für die soziale Funktion des Normalismus sind eine Reihe ausgesprochen genereller Normalfelder, die *'Basis-Normalfelder'* heißen sollen... Die wichtigsten tatsächlich institutionalisierten Basis-Normalfelder sind 'Leistung', 'Intelligenz', 'Motivation' (incl. Optimismus/Pessimismus), 'Sicherheit', 'Gesundheit' bzw. 'Stress' (incl. 'mental health'), 'soziale Kohäsion/Solidarität' (...), 'soziale Adaptation/Inadaptation' (incl. 'Dissozialität'), 'soziale Prestige', 'sexuelle Befriedigung' (Kinsey). Für all diese Felder wurden und werden Indikatoren entwickelt und ständig um-entwickelt. (*Link* 1997, 321; Hervorhebung, U.Sch.)

Ein Basis-Normalfeld stellt also eine gesellschaftlich relevante Kategorie, eine Strategie dar, die die soziale Funktion übernimmt, dass sich die einzelnen Menschen in ihm anderen gegenüber positionieren und miteinander in Vergleich treten. Damit einher geht das Gefühl der sozialen Versicherung, sich in der Mitte der Gesellschaft zu befinden und so zur Gemeinschaft zu gehören. Die Untersuchung des flexiblen Normalismus zeigt, dass heute das Verhalten der einzelnen Subjekte immer weniger imperativ – durch direkte äußere Disziplinierung – von gesellschaftlichen Instanzen geregelt wird, statt dessen vielmehr – auf der Basis von Verdatung, also statistischer Transparenz der Gesellschaft – durch Selbststeuerung, d.h. Selbstdisziplinierung und damit Selbst-Normalisierung der Subjekte.

Für die Behindertenpädagogik ist das Basis-Normalfeld Leistung zentral, auf das ich mich im Folgenden – ausgehend von der so bezeichneten ‚Leistungs'-Gesellschaft konzentrieren werde:

‚Leistungsgesellschaft' ist eine Bezeichnung für die moderne Industriegesellschaft, in der die wesentlichen materiellen und sozialen Chancen, gegenseitige soziale Anerkennung und Bewertung sowie soziale Positionen nach ‚Leistung' vergeben werden. Eine zentrale Voraussetzung des Leistungsprinzips besteht darin, dass individuelles und soziales Handeln durch Leistungsmotivation stimuliert werden und ein gewisser Konsens über Leistungsnormen und -bemessungsgrundlagen existiert. Leistung selbst ist – will man sie messbar machen – der Quotient aus einer verrichteten Arbeit und der dazu benötigten Zeit. Die *Kritik der Leistungsgesellschaft*, insbesondere der kapitalistischen Leistungsgesellschaft – dies soll hier nicht verdrängt werden – richtet sich insbesondere auf resultierende individualistisch-konkurrenzbetonte Lebenseinstellungen, soziale Entfremdung und psychische Stresssituationen.

2 Wie setzt sich die Behindertenpädagogik mit den Leistungsanforderungen der Gesellschaft auseinander?

Wenn wir nun ‚Behinderung im Spiegel moderner Leistungsgesellschaften' (vgl. Arbeitsgruppen-Titel) betrachten, dann stelle ich drei zentrale Thesen zur Diskussion:

1. Alle relevanten Definitionen von Behinderung sind an das Normalfeld Leistung geknüpft: Insbesondere die ‚normale Entwicklung' des Kindes und die ‚durchschnittliche Arbeitsleistung' des erwachsenen Menschen (gemessen an männlicher Erwerbstätigkeit) basieren auf statistischen Vereinheitlichungen und stellen die Grundlagen dafür dar, was als gesellschaftlich abweichend definiert und behandelt wird. Das Ausmaß der Behinderung wird graduell bestimmt: Der ‚Grad der Behinderung', gemessen in Prozenten (früher in Prozenten der Erwerbsminderung, heute in verallgemeinerten Prozenten) steht für eine graduelle, flexibel normalistische Vorstellung von Behinderung. Wenn auch in den Definitionen von Behinderung andere Normalfelder, vor allem Gesundheit und Intelligenz, ebenfalls eine wichtige Rolle spielen, so ist doch das Normalfeld Leistung nach meiner Auffassung zentral.

2. Daraus folgt, dass sich die Behindertenpädagogik gerade mit dem Normalfeld Leistung intensiv auseinander zu setzen hat. Tut sie dies, oder unterlässt sie es eher? Meine These lautet: Sie unterlässt es eher und dies in einem doppelten Sinne, d.h. sowohl Normalität als auch Leistung als zentrales Normalfeld betreffend. Auf beide Aspekte will ich hier kurz eingehen. Die Behindertenpädagogik verfügt seit ihrem Bestehen, nämlich seit dem ersten großen theoretischen Werk von *Georgens/ Deinhardt* (1861/63), über den Begriff Normalität (vgl. *Weinmann* 2001b). Berühmt geworden ist insbesondere der Aufsatz von Heinrich *Hanselmann* (1928): "Wer ist normal?" Dennoch müssen wir von einer langjährigen wissenschaftstheoretischen Tabuisierung der Kategorie Normalität sprechen (vgl. *Weinmann* 2001b), zu der Christian *Mürner* 1982 schrieb:

> Ich will nicht den Komplex Normalität in die Behindertenpädagogik wiedereinführen..., aber ich bin der Ansicht, dass es unzureichend ist, über Behinderung zu sprechen und zu schreiben, wenn nicht auch Ansätze gemacht werden bzw. auch in analytischen Aspekten darüber nachgedacht wird, wie Normales (oder wie Nichtbehinderung) zu verorten sei. Auch durch Weglassen wird Normalität keineswegs zur wissenschaftlich zurecht geforderten eindeutigen Kategorie. (*Mürner* 1982, 231, zit.n. *Weinmann* 2001b, 231)

Gleiches wie für Normalität gilt nach meinen Recherchen für Leistung. Die Behindertenpädagogik macht sich Gedanken über Folgeprobleme eingeschränkter Leistungsfähigkeit, aber die Konstruktionen von Leistung, Leistungsfähigkeit und Leistungsunfähigkeit als solche gehen kaum in ihre Analysen und Handlungsstrategien ein. Am Beispiel der beiden jüngst erschienenen Wörterbücher „Wörterbuch Heilpädagogik" (*Bundschuh* u.a. 1999) sowie „Handlexikon der Behindertenpädagogik" (*Antor/ Bleidick* 2001) wird dies deutlich. Keines von beiden Wörterbüchern bearbeitet das Stichwort Leistung selbst (als solches bzw. in einer Begriffskombination), und nur das erstgenannte Werk weist den Begriff Leistung bzw. eine seiner Begriffskombinationen in seinem Sachregister überhaupt aus: In dem ca. 340 Seiten umfassenden Werk ist nur an einer einzigen Stelle – unter dem Stichwort Test – von Leistung die Rede, und an einer anderen Stelle – unter Emotion – von Leistungsmotivation.

3. Wenn aber Behinderung, wie oben behauptet wurde, in enger Abhängigkeit von dem Basis-Normalfeld Leistung definiert wird, dann folgt aus dem bisher Gesagten: Die wissenschaftliche Analyse des Normalismus und insbesondere des Basis-Normalfeldes Leistung durch die Behindertenpädagogik könnte – sowohl theoretisch als auch handlungsperspektivisch – zu einer ganz neuen Konstruktion der Kategorie Behinderung führen. Diese Konstruktion würde – stärker als bisherige Definitionen – den extrem rela-

tionalen und flexiblen Charakter von Behinderung herausstellen. Für die Forschung würde dies bedeuten, sich nicht wie bisher auf Behinderung zu konzentrieren, sondern auf die *Relation* zwischen Normalitäten und ihren Risiko- bzw. Randbereichen.

3 Kritische Reflexion behindertenpädagogischer Positionen aus der Sicht der Frauen- und Geschlechterforschung

Vor dem Hintergrund meines speziellen Arbeitsbereiches, der Frauenforschung in der Behindertenpädagogik, erweitere ich meine Ausführungen um folgende zwei Gedanken:

Die Basis-Normalfelder – Leistung, Intelligenz, Gesundheit u.a. – finden entweder generalisierte Anwendung, d.h. für alle Menschen einer Bevölkerung gleichermaßen, oder aber separierte Anwendung, d.h. nach einzelnen Gruppen unterschieden. Gerade die Beschäftigung mit der Frauen- und Geschlechterforschung (vgl. zusammenfassend *Schildmann/ Bretländer* 2000) weist auf die Separierung der großen Basis-Normalfelder hin (vgl. *Schildmann* 2000), durch die z.B. unter männlicher Leistung etwas ganz anderes verstanden wird als unter weiblicher und auf denen Männer untereinander und getrennt davon Frauen untereinander verglichen und ins Verhältnis gesetzt werden. Während für Männer als zentrale Leistungsbereiche die (produktive) Erwerbsarbeit und ggf. das öffentliche/ politische Engagement gelten, auf denen gemessen, verglichen und bewertet wird, gelten für Frauen (faktisch auch heute noch) die familiale Reproduktionsarbeit – ggf. kombiniert mit (reproduktionsbezogener) Erwerbsarbeit – als die zentralen Bereiche weiblicher Leistung. Diese normalistische Differenzierung ist der Frauenforschung in der Behindertenpädagogik besonders bewusst, weil sie mit geschlechterspezifischen Auf- und Abwertungen einher geht, normalismustheoretisch gesprochen mit Bipolarisierungen, die die Leistungen von Frauen im Allgemeinen und von behinderten Frauen im Besonderen männlichen Vergleichsgruppen gegenüber dichotomisierend herabsetzen: Die Lebensbedingungen der männlichen Gesellschaftsmitglieder werden als normal dargestellt, und die Polarisierung, vor allem zwischen Familie und Erwerbssphäre, schafft Abgrenzungen, die Einsichten verhindern (vgl. *Becker-Schmidt* 1998, 100). Gerade diesen geschlechterbezogenen Hierarchisierungen tritt die Frauenforschung wissenschaftlich entgegen.

Die Frauenforschung in der Behindertenpädagogik ist – verglichen mit der allgemeinen Behindertenpädagogik und ihren behinderungsspezifischen Fachrichtungen – also in verschärftem Maße aufmerksam auf soziale Auf- und Abwertungen sowie Polarisierungen durch normalistische Strategien. Vielleicht ist es gerade deshalb dieses Fachgebiet der Behindertenpädagogik, welches die derzeit interdisziplinär geführte normalismustheoretische Debatte aufnimmt (vgl. *Weinmann* 2001a) und aus der Behindertenpädagogik heraus wissenschaftlich mitzugestalten versucht (vgl. *Schildmann* 2001).

Literatur

Antor, Georg; *Bleidick*, Ulrich (Hrsg.): Handlexikon der Behindertenpädagogik. Schlüsselbegriffe aus Theorie und Praxis. Stuttgart u.a. 2001.

Becker-Schmidt, Renate: Zum feministischen Umgang mit Dichotomien, In: Knapp, G.-A. (Hrsg.): Kurskorrekturen. Feminismus zwischen Kritischer Theorie und Postmoderne. Frankfurt 1998, 84-125.

Bundschuh, Konrad; *Heimlich*, Ulrich; *Krawitz*, Rudi (Hrsg.): Wörterbuch Heilpädagogik. Bad Heilbrunn 1998.

Gerhard, Ute; *Link*, Jürgen; Schulte-Holtey, Ernst (Hrsg.): Infographiken, Medien, Normalisierung. Zur Kartographie politisch-sozialer Landschaften. Heidelberg 2001.

Georgens, Jan Daniel; *Deinhardt*, Heinrich M.: Die Heilpädagogik. Mit besonderer Berücksichtigung der Idiotie und der Idiotenanstalten. 2 Bände. Leipzig 1861/63.

Hanselmann, Heinrich: Wer ist normal? In: Schweizerische pädagogische Zeitschrift 38(1928) H. 18 u. 20, 251-259 u. 283-287.

Kunert, Joachim; Montag, Astrid; Pöhlmann, Sigrid: Das Galtonbrett und die Glockenkurve. In: Gerhard, U; Link, J.; Schulte-Holtey, E. (Hrsg.): Infographiken, Medien, Normalisierung. Zur Kartographie politisch-sozialer Landschaften. Heidelberg 2001, 25-53.

Link, Jürgen: Versuch über den Normalismus. Wie Normalität hergestellt wird. Opladen 1997.

Link, Jürgen: Wieso ist die Norm nicht enorm in Form? Was Normen sagen, ist noch lange nicht die Norm: Zur gesellschaftlichen Funktion des guten Gewissens in der biopolitischen Debatte. In: Frankfurter Allgemeine Zeitung Nr. 176, 1. August 2001, 48.

Mürner, Christian: Normalität und Behinderung. Weinheim u.a. 1982.

Schildmann, Ulrike: Forschungsfeld Normalität. Reflexionen vor dem Hintergrund von Geschlecht und Behinderung. In: Zeitschrift für Heilpädagogik 51(2000)3, 90-94.

Schildmann, Ulrike (Hrsg.): Normalität, Behinderung und Geschlecht. Ansätze und Perspektiven der Forschung. Opladen 2001.

Schildmann, Ulrike; *Bretländer*, Bettina (Hrsg.): Frauenforschung in der Behindertenpädagogik. Systematik – Vergleich – Geschichte – Bibliographie. Münster 2000.

Weinmann, Ute: Zur Aktualität und Geschichte des Fachdiskurses der Behindertenpädagogik über Normalität und Behinderung. In: Behindertenpädagogik 40(2001)4b, 418-447.

Weinmann, Ute: Normalität im wissenschaftlichen Diskurs verschiedener Fachdisziplinen. In: Schildmann, Ulrike (Hrsg.): Normalität, Behinderung und Geschlecht. Ansätze und Perspektiven der Forschung. Opladen 2001a, 17-41.

Bettina Bretländer

Identitätsarbeit (körper-)behinderter Mädchen im Spannungsfeld extrem widersprüchlicher Lebensbedingungen

Einleitung

Prozesse der Auseinandersetzung mit der eigenen Identität und den damit verbundenen Fragen:
- Wer und wie bin ich – in Abgrenzung zu Anderen?
- Wie und warum bin ich so geworden?
- Und: Wie möchte ich sein oder werden?

sind für jeden Menschen – in bestimmten Phasen seines Lebens oder auch als generelles Lebensthema – von existentieller Bedeutung.

Die Frage nach Identität ist ja – weder aus persönlicher noch aus wissenschaftstheoretischer Sicht – ein originär neues Thema. Allerdings werden die klassischen Vorstellungen von Identität in der aktuellen Identitätsforschung kritisch reflektiert. Die stark veränderten Lebensbedingungen unserer – sogenannten postmodernen – Gesellschaft und die entsprechend komplexer gewordenen Anforderungen an die Subjekte, Identität zu entwickeln, stellen die Brauchbarkeit traditioneller Identitätsmodelle grundlegend in Frage.

Heiner *Keupp* konstatiert: „Auf dem Hintergrund von Pluralisierungs-, Individualisierungs- und Entstandardisierungsprozessen ist das Inventar übernehmbarer Identitätsmuster ausgezehrt" (Keupp 1998, 34). Identität wird heute in Form von Identitäts-Arbeit in jeder alltäglichen Handlung neu konstruiert, so lautet ein zentrales Ergebnis der postmodernen Identitätsforschung (vgl. *Keupp* u.a. 1999).

Nicht mehr die eine eindeutige und zentrierte Identität ist das angestrebte Ziel postmoderner Identitätsarbeit, sondern vielmehr die Entwicklung einer Identität der Vielfalt mit dem Ziel einer subjektiven passageren Passung.

"Identität ist ein Projekt, das zum Ziel hat, ein individuell gewünschtes oder notwendiges ‚Gefühl von Identität' (sense of identity) zu erzeugen. (...)

Alltägliche Identitätsarbeit hat die Aufgabe, die Passungen (das matching) und die Verknüpfungen unterschiedlicher Teilidentitäten vorzunehmen" (*Keupp* 1998, 34). In diesem Zusammenhang gewinnt auch die Metapher der ‚Patchwork-Identität' mehr und mehr an Popularität.

Fragen der Frauenforschung in der Behindertenpädagogik

Vor dem Hintergrund der aktuellen Identitätsforschung stellen sich mir nun – aus der Sicht der Frauenforschung in der Behindertenpädagogik – die folgenden Fragen:
- Wie entwickeln behinderte Mädchen und Frauen Identität in der heutigen sogenannten postmodernen Zeit?
- Welche Identitätsarbeit müssen behinderte Mädchen und Frauen unter gesellschaftlichen Bedingungen und Anforderungen der Vielfalt, Pluralität und Individualisierung leisten?

Meines Erachtens findet die Identitätsentwicklung (körper-)behinderter Mädchen sowohl in der wissenschaftstheoretischen Auseinandersetzung als auch in der pädagogischen Praxis bislang keine hinreichende Beachtung.

Es ist mir daher ein Anliegen, nun im Folgenden die Bedeutung behindertenpädagogischer Problemstellungen der Herstellung von Identität aus der Sicht der Frauenforschung vorzustellen und damit auch in die ‚allgemeine' Identitätsforschung zu integrieren.

Widersprüchliche Lebensbedingungen: drei exemplarische Spannungsfelder

Die Frauenforschung in der Behindertenpädagogik beschäftigt sich seit ca. 20 Jahren mit den Lebenslagen und Lebenssituationen behinderter Mädchen und Frauen. Die bisherigen Ergebnisse zeigen, dass ihre Lebenssituationen Spannungsfelder auf unterschiedlichsten Ebenen aufweisen, mit anderen Worten: die Lebenssituation behinderter Mädchen und Frauen ist von extrem widersprüchlichen Lebensbedingungen gekennzeichnet.

Im Rahmen dieses Aufsatzes möchte ich die widersprüchlichen Lebensbedingungen körperbehinderter Mädchen und Frauen anhand drei zentraler Spannungsfelder exemplarisch aufzeigen.

Identität wird immer auf dem Boden von Beziehungen entwickelt. Oder anders ausgedrückt: Identität entsteht in einer Vielfalt an Beziehungen: In familiären, aber auch – und das trifft für körperlich geschädigte Mädchen in verschärftem Maße zu – in institutionellen und professionellen Beziehungen. Im Folgenden werde ich meinen Blick allerdings ausschließlich auf die frühen familiären Beziehungen richten.

Die Ergebnisse der modernen Säuglings- und Kleinkindforschung konnten zeigen, dass bereits frühe Beziehungs- und Bindungserfahrungen, die dem Säugling Erfahrungen der Wirksamkeit, der Anerkennung und der positiven Wertschätzung im beziehungssprachlichen Dialog vermitteln, die wesentlichen Voraussetzungen für die Entwicklung von Selbst- und Weltvertrauen und von Ich-Stärke eines Menschen darstellen (vgl. *Metzmacher/ Zaepfel* 1996, 58). Wie verhalten sich nun Mütter und Väter (oder andere bedeutsame Bezugspersonen) in der frühen Beziehung zu ihrer behinderten Tochter?

Die bisherigen Untersuchungen zur Situation von Müttern und Vätern nach der Geburt eines behinderten Kindes gehen alle von der Annahme eines massiven Schock- und Krisenerlebens der Eltern aus (vgl. *Jonas* 1990, *Hinze* 1991). Monika *Jonas* hat in diesem Zusammenhang auf der Grundlage ihres feministisch-psychoanalytischen Ansatzes ein Modell der Trauer- und Krisenverarbeitung entwickelt. Sie fokussiert hierbei ausschließlich die Situation der Mütter und versucht die hochkomplexe Beziehung zwischen Müttern und behinderten Kindern zu beleuchten. Als durchgängiges Phänomen dieser Krisenbewältigung werden hochambivalente und extrem wechselhafte Gefühle der Mütter gekennzeichnet. In der Beziehung zu ihrem behinderten Kind wird eine Mutter mit emotionalen Wechselbädern der Liebe, Wut, Freude, Enttäuschung, Schuld, Verunsicherung und Überforderung konfrontiert und nicht selten fühlt (und befindet) sich die Mutter in der alleinigen Verantwortung für die optimale Entwicklung ihres behinderten Kindes.

Aus der Sicht des behinderten Mädchens betrachtet, ergibt sich hier meines Erachtens ein erstes Spannungsfeld: Bereits die ersten Beziehungserfahrungen eines behinderten Mädchens können in massiver Weise durch das Schockerleben der Mütter (und Väter) und dadurch ausgelöste hochambivalente und widersprüchliche Interaktionsprozesse gekennzeichnet sein. Welche Wirkungen diese ambivalenten Gefühlsantworten auf die Identitätsentwicklung behinderter Mädchen haben, ist bislang noch nicht erforscht worden.

Die Frauenforschung in der Behindertenpädagogik hat sich dieser Fragestellung mit besonderem Blick auf die Sozialisations- und Lebensbedingungen behinderter Mädchen und Frauen genähert und entsprechenden Forschungsbedarf aufgezeigt (vgl. *Schildmann* 2000). Ein weiteres Spannungsfeld kann meines Erachtens mit dem Slogan „Geschlecht: behindert – besonderes Merkmal: Frau" (*Ewinkel* u.a. 1985) gekennzeichnet werden. In zahlreichen Erfahrungsberichten schildern körperbehinderte Frauen extrem widersprüchliche Anforderungen, ihre Identität zu entwickeln. Mit dem oben genannten Buchtitel ‚Geschlecht: behindert – besonderes Merkmal: Frau' wird die gesellschaftlich vermittelte Fremdbildzuschreibung körperbehinderter Mädchen und Frauen besonders deutlich zum Ausdruck gebracht: Die Entwicklung einer bewussten Geschlechtsidentität als Mädchen und Frau wird verschleiert oder sogar negiert und die individuelle Schädigung wird zum zentralen Identitätskern erhoben. In den Erfahrungsberichten wird aber gleichzeitig auch deutlich, dass körperlich geschädigte Mädchen und Frauen dazu erzogen werden, ihre sichtbaren Schädigungen mit Hilfe von – z.T. sehr dramatischen und schmerzhaften – Kaschierungsversuchen zu verstecken und zu verleugnen. Strategien des Versteckens, Verleugnens und auch der Entwertung geschlechts- und schädigungsbezogener Identitätsaspekte kennzeichnen damit ein zentrales und existentielles Spannungsfeld, in dem sich behinderte Mädchen und Frauen bewegen.

Darüber hinaus erkenne ich eine weitere widerspruchreiche (gesellschaftspolitische) Lebenssituation: Vor dem Hintergrund der Entwicklungen in der Genforschung und -politik drängt sich mir zum Beispiel die Frage auf, wie eigentlich behinderte Mädchen und junge Frauen ihre Identität auf dem Boden einer Gesellschaft verorten, die einerseits versucht, die Partizipationsmöglichkeiten behinderter Menschen zu verbessern und zugleich von latenter Behindertenfeindlichkeit gekennzeichnet ist. Frauenforscherinnen in der Behindertenpädagogik haben sich in diesem Zusammenhang mit der Frage auseinandergesetzt, welche Auswirkungen die heute wie selbstverständlich praktizierte "Selektion im Mutterleib" (*Gloning/ Hauner* 1996) – bekannt als Pränataldiagnostik – und die damit verbundene Vorstellung, dass man ein behindertes Kind heute nicht mehr zu bekommen brauche, auf das Selbst- und Identitätserleben behinderter Mädchen und Frauen hat.

Tanja *Muster* (2001) drückt ihre persönliche Auseinandersetzung mit dieser Fragestellung in dem folgenden Gedicht in beeindruckender Weise aus:

LebensWert
Im Fernsehen
wieder
Diskussionen
ob ich es wert wäre
zu leben
Eugenik
vorgeburtliche Diagnostik
Euthanasie
und ich denke mir
mit 15 Jahren wäre ich
gestorben ohne den
medizinischen Fortschritt
vor 60 Jahren wäre ich
vergast aufgrund des
ideologischen Fort-Schritts
in ein paar Jahren würde ich
wegen beidem nicht geboren
werden
wie soll ich leben
mit dieser Vergangenheit
in Zukunft.

Forschungsprojekt: Identität – Geschlecht – Behinderung

Der Zusammenhang von Identität, Geschlecht und Behinderung wird in der Frauenforschung in der Behindertenpädagogik seit Anfang der 1990er Jahre thematisiert; eine grundlegende und theoriebildende Erforschung dieses Verhältnisses steht – wie bereits erwähnt – allerdings noch aus. Mit dem seit Mai 2001 laufenden Forschungsprojekt ‚Geschlecht und Behinderung: Prozesse der Herstellung von Identität unter widersprüchlichen Lebensbedingungen'[1] soll der Erforschung der noch ausstehenden Fragestellungen – zumindest in Teilaspekten – Rechnung getragen werden. Auf der Basis einer empirischen Untersuchung, die als eine Kombination aus einer quantitativen und einer

---

[1] gefördert durch das Ministerium für Schule, Wissenschaft und Forschung NRW; Laufzeit: voraussichtlich 2 Jahre. Projektleitung: Prof. Dr. Ulrike Schildmann. Projektmitarbeiterinnen: Dipl.-Päd. Bettina Bretländer und Dipl.-Soz.-Wiss. Ingrid Tüshaus.

qualitativen Befragung konzipiert ist, sollen die Identitäts-Herstellungsprozesse von behinderten Mädchen und jungen Frauen erfasst werden. Als forschungsleitende Untersuchungsgesichtspunkte sind zu nennen:
- Untersuchung der salutogenetischen Faktoren im Rahmen der Identitätsentwicklung körperbehinderter Mädchen und junger Frauen: Welche Ressourcen, Kompetenzen und Bewältigungsformen werden als hilfreich und wirkungsvoll erlebt und im Alltag erfolgreich eingesetzt?
- Analyse möglicher pathogener Faktoren, im Sinne von Identitäts- und Entwicklungsrisiken (Analyse von Risikokonstellationen).

In der Untersuchung werden ausschließlich körperlich geschädigte Mädchen und weibliche Jugendliche der Altersspanne von 15 bis 18 Jahren im Bundesland Nordrhein-Westfalen befragt. In der ersten Projektphase wird eine quantitative schriftliche Befragung der o.g. Untersuchungsgruppe – mittels eines speziell entwickelten Fragebogens – durchgeführt. Die geplante zweite Projektphase umfasst eine qualitative Untersuchung – in Form einer mündlichen Befragung von ca. 20 Mädchen oder Jugendlichen durch leitfadengestützte Interviews. Eine theoretische Grundlegung des Verhältnisses von Identität, Geschlecht und Behinderung wie auch konzeptionelle Ideen zur Gesundheitsförderung sollen in der dritten Phase die Projektarbeit abschließen. Die schriftliche Befragung wird im Laufe des Winters 2001 durchgeführt. Mit ersten Untersuchungsergebnissen ist voraussichtlich im Frühjahr/Sommer 2002 zu rechnen.

Zusammenfassung

Zusammenfassend möchte ich folgende Thesen festhalten:
- Die Lebenssituationen körperlich geschädigter Mädchen sind von extrem widersprüchlichen Lebensbedingungen gekennzeichnet.
- Die Anforderungen, ihre Identität zu entwickeln sind komplex und z.T. hochambivalent.
- Die Identitätsarbeit körperbehinderter Mädchen findet bislang unzureichend Beachtung und verdient besondere wissenschaftliche und pädagogische Aufmerksamkeit.
- Die Erforschung sowohl identitätsschwächender als auch identitätsstärkender Faktoren in der Entwicklung körperbehinderter Mädchen wie auch die Entwicklung einer Identitätstheorie, die Identität, Geschlecht und Behinde-

rung als zentrale Strukturkategorien zugrunde legt, stellen zentrale Untersuchungsziele im Forschungsprojekt: „Identität-Geschlecht-Behinderung" dar.

Literatur

Ewinkel, C. u.a.: Geschlecht: behindert – besonderes Merkmal: Frau. Ein Buch von behinderten Frauen. München 1985.
Gloning, K.-Ph.; *Hauner,* A.: Selektion im Mutterleib. Auswirkungen des neuen Paragraphen 218. In: Zusammen 5(1996), 32-33.
Hinze, D.: Väter und Mütter behinderter Kinder. Der Prozess der Auseinandersetzung im Vergleich, Heidelberg 1991.
Jonas, M.: Behinderte Kinder – behinderte Mütter? Die Unzumutbarkeit einer sozial arrangierten Abhängigkeit, Frankfurt a.M. 1990.
Keupp, H.: Diskursarena Identität: Lernprozesse in der Identitätsforschung. In: Keupp, H.; Höfer, R. (Hrsg.): Identitätsarbeit heute. Klassische und aktuelle Perspektiven der Identitätsforschung, Frankfurt a.M. ²1998, 11-39.
Keupp, H. u.a.: Identitätskonstruktionen. Das Patchwork der Identitäten in der Spätmoderne. Reinbek b. Hamburg 1999.
Metzmacher, B.; *Zaepfel,* H.: Kindheit und Identitätsentwicklung im Zeichen (post-)modernen sozialen Wandels. In: Metzmacher, B. u.a. (Hrsg.): Therapeutische Zugänge zu den Erfahrungswelten des Kindes heute. Paderborn 1996, 19-73.
Muster, T.: LebensWert. In: Lebenshilfe-Zeitung 2/2001, 11.
Schildmann, U.: Exemplarische Forschungsskizze: Sozialisation behinderter Mädchen. In: Schildmann, U.; Bretländer, B. (Hrsg.): Frauenforschung in der Behindertenpädagogik. Münster 2000, 27-40.

Stephan Ellinger

Milieu- und Lebensstilkonzepte als Grundlage pädagogischer Interventionen bei Lernbehinderung: Welchen Beitrag leisten Entwicklungstheorien?

1 Einleitung

In ihrem Plädoyer für empirische Feldforschung gehen *Ellinger/ Koch* (2001) der Frage nach, welche Einflussfaktoren auf die kindliche Sozialisation sich vor dem Hintergrund neuerer Gesellschaftsstrukturmodelle beschreiben und im Blick auf die Entstehung von Lernbehinderung fruchtbar machen lassen. Dabei gilt das erkenntnisleitende Interesse den Ansatzmöglichkeiten für pädagogische Interventionen. Eine Analyse der Modelle sozialer Ungleichheit in Deutschland und ihrer sonderpädagogischen Rezeption führt u.a. zu folgenden Ergebnissen:
- Die Erhebung schichtenspezifischer Lebensdaten von lernbehinderten Kindern trägt Wesentliches zur Kenntnis der äußerlichen Lebensbedingungen und zur Analyse ihrer schulischen und beruflichen Chancen und Schwierigkeiten bei. Sie sind jedoch grundsätzlich wenig geeignet, Ansatzpunkte für pädagogische Interventionen und Handlungsspielräume aufzuzeigen.
- Letztgenannte setzen die Möglichkeit eines Eintauchens in milieu- und lebensstilspezifische Wertestrukturen, Denkweisen und Lebensprinzipien voraus. Zeitgemäße Erforschung von Fördermöglichkeiten muss demnach einhergehen mit einer sorgfältigen Erfassung der alltäglichen Lebensweise von Kindern und Jugendlichen in der Sonderschule für Lernbehinderte.
Soweit das Plädoyer von *Ellinger/ Koch* (2001).
Der vorliegende Beitrag will auf einen weiteren wichtigen Faktor hinweisen. Anhand ausgewählter Beispiele soll skizzenhaft aufgezeigt werden, dass die Lebensweise der Schüler über milieu- und lebensstilspezifische Strukturen hinaus auch wesentlich mit intrapersonalen Faktoren zusammenhängt. Dabei soll nicht an die klassische Diskussion über Intelligenzfaktoren etc. angeknüpft, sondern die Vermutung untermauert werden, dass innere Vorgänge

der Identitätsbildung in einer wechselseitigen Abhängigkeitsbeziehung mit den Bedingungen des Milieus stehen. Individuelle Identitätsbildung ist Ergebnis, aber zugleich auch wichtiger Baustein der entsprechenden Milieustruktur, und muss damit ebenfalls zur Beschreibung pädagogischer Interventionsmöglichkeiten herangezogen werden. Es handelt sich beim vorliegenden Beitrag also gewissermaßen um eine Erweiterung des Plädoyers für empirische Erforschung der Lebenswelt Lernbehinderter – und zwar um den Aspekt der entwicklungspsychologischen Erkenntnisse.

Abbildung 1 weist deshalb neben dem notwendigen Ansatz empirischer Untersuchungen der Lebensweise und neben dem herkömmlichen schichtenspezifischen Blickwinkel auf die Lebensbedingungen lernbehinderter Kinder und Jugendlicher auf einen Aspekt hin, der bei allen soziologisch begründeten und angemahnten Forschungsbemühungen hinsichtlich pädagogischer Interventionsmöglichkeiten nicht gänzlich außer Acht gelassen werden sollte: die Frage, welchen Beitrag Erkenntnisse zur Identitätsentwicklung eines Menschen leisten können.

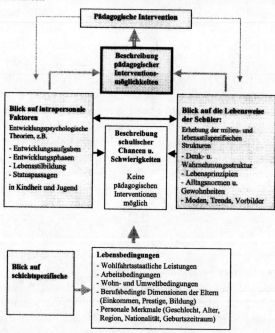

Abbildung 1: Einflussfaktoren auf pädagogische Interventionsmöglichkeiten bei Lernbehinderung (vgl. ELLINGER/KOCH 2001, 292)

Im Folgenden sollen stichpunktartig entwicklungspsychologische Theorien und ihre mögliche Kompatibilität mit empirischer Milieuforschung dargestellt werden.

2 Entwicklungspsychologische Theorien und milieuspezifische Wertestrukturen

2.1 Alterspezifische Entwicklungsaufgaben nach Havighurst

Havighurst (1972) beschreibt 1948 wohl als erster in seinem Konzept der altersspezifischen Entwicklungsaufgaben lebensperiodenabhängige Herausforderungen, die sich dem Individuum stellen und welche dieses zu lösen hat. Die Aufgaben ergeben sich aufgrund (*Havighurst* 1956, 215f.):
- fortschreitender körperlicher Reifung und hieraus entstandenen Interessen bzw. Interessenverschiebungen,
- gesellschaftlicher Erwartungen und kultureller Strukturen, also übergeordneter Normen,
- persönlicher Ziele, Werte und Lebensplanungen, die sich auf einzelne Lebensbereiche beziehen.

Für das Kinder- und Jugendalter benennt *Havighurst* (1972) als Entwicklungsaufgaben:
- die Körperakzeptanz,
- den Erwerb eines geschlechtsspezifischen Rollenverhaltens,
- die Gestaltung reifer Beziehungen zu Altersgenossen,
- emotionale Unabhängigkeit von den Eltern,
- Vorbereitung auf die berufliche Karriere,
- Vorbereitung auf Heirat und Familie durch die Fähigkeit, stabile Beziehungen zu pflegen,
- Gewinnung eines sozial verantwortungsvollen Verhaltens und
- den Aufbau eines eigenen stabilen Wertesystems.

Havighursts Ausführungen folgend handelt es sich bei den Entwicklungsaufgaben vorwiegend um solche, die das Zusammenleben mit anderen Menschen, in Partnerschaften und im beruflichen Kontext ermöglichen bzw. erleichtern. *Havighurst* (1972, 2f.) weist darauf hin, dass Entwicklungsaufgaben selbst nur zu einem geringen Anteil biologisch und psychologisch bedingt sind, sondern vielmehr überwiegend vom kulturellen Kontext abhängen. Demnach beschreibt er Entwicklungsaufgaben des Menschen, die zwar intrapersonal bewältigt, jedoch subkulturell bzw. milieuintern gestellt und in ihrer Lösung bewertet und gegebenenfalls modifiziert werden. Der einzelne Mensch entnimmt demnach die Semantik seiner Entwicklungsaufgaben dem Milieu bzw. der Lebensstilgruppe.

Mit den Beschreibungen des Lebenslaufs und den hieraus resultierenden Entwicklungsaufgaben ist auch der krisenzentrierte Ansatz *Eriksons* vergleichbar. Während bei *Havighurst* eher altersspezifische Lebensumstände und die konkreten Situationen die individuellen Entwicklungsaufgaben generieren, beschreibt *Erikson* (1976) erstmals 1950 die Lebenskrise als Auslöser des jeweiligen Übergangs zu einer neuen Entwicklungsphase bzw. Krisen grundsätzlich als Ursache von „Wachstum und Bewusstheit" (*Erikson* 1998, 94).

2.2 Psychosoziale Entwicklungsphasen der Identitätsbildung nach Erikson

Erikson folgend durchläuft die Persönlichkeitsbildung des Menschen von seiner Geburt an acht Stadien, wobei sich diese Persönlichkeit „entsprechend einer Stufenfolge entwickelt, die in der Bereitschaft des menschlichen Organismus prädeterminiert ist, auf einen sich erweiternden Radius bedeutsamer Individuen und Institutionen zugetrieben zu werden, sich seiner bewusst zu werden und mit ihm in Wechselwirkung zu treten" (*Erikson* 1998, 93). Hieraus ergibt sich in jedem Stadium der Persönlichkeitsentwicklung insofern eine potentielle ‚Krise', als sich eine Veränderung in der Perspektive ergibt. Krisen begleiten die Übergänge zwischen den aufeinanderfolgenden Entwicklungsphasen in der Zeit von der Geburt bis ins späte Erwachsenenalter.*Erikson* geht in seiner Entwicklungstheorie wie *Freud* (1989, 11ff.) von einer unbewussten Steuerung der Persönlichkeitsentwicklung aus, die sich in der Auseinandersetzung mit Konflikten entwickelt. *Erikson* versucht jedoch eine Neuformulierung der Beziehung des Ichs zur Gesellschaftsordnung (vgl. *Erikson* 1998, 42). Diese entscheidend neuen gesellschaftlichen Bezüge manifestieren sich an einer Darstellung der jeweiligen Milieus, welche maßgeblichen Einfluss auf die individuelle Entwicklung nehmen: „Der junge Mensch kontrapunktiert seine sexuellen, ethnischen, berufsmäßigen und typologischen Alternativen, statt sie zu synthetisieren und wird oft dazu getrieben, sich definitiv und total für die eine oder die andere Seite zu entscheiden" (*Erikson* 1998, 87). Geht man nun für den schulischen Kontext lernbehinderter Kinder vom Zusammentreffen zweier gänzlich unterschiedlicher Milieustrukturen in Lehrperson und Schüler aus, entstehen und bedingen sich profilierter als bei anderen Schülerpopulationen Krisen, Persönlichkeitsveränderungen und Entscheidungssituationen des Kindes.

Lebensalter	Bedürfnisse/ Entwicklungs -aufgabe/ Krise	Gesellschaftliche Einbindung	Psychosoziale Stichworte	Wechselwirkung Milieu/ Lebensstilgruppe und Persönlichkeitsentwicklung
bis ca. 1 Jahr	Vertrauen versus Misstrauen	Eltern, im wesentlichen die Mutter	Empfangen und Nichtempfangen	Wertigkeit eines Kindes / Umgang mit Kindern im Milieu bewirken Urvertrauen
2-3 Jahre	Autonomie versus Scham und Zweifel	Eltern, Familie (Milieu)	Festhalten oder Loslassen	Angst vor Trennung, subkulturelle Normen (z.B. beim Umgang mit Analität) dominant
4-5 Jahre	Initiative versus Schuldgefühle	Familie, Milieu	Tun oder Nicht-Tun	Ausbildung des Gewissens (milieuspezifisch) als Regent der Initiative. Sprachfähigkeit u. Phantasieausbildung wichtig
6 Jahre bis Pubertät	Tätigkeit versus Minderwertigkeitsgefühle	Schule und Wohngegend, Lebensstilgruppe	Wertvolles oder Nicht-Wertvolles tun und sein	Lernen in der Schule und Lernerfolg prägen wesentlich die Persönlichkeitsentwicklung und das Selbstwertgefühl
Adoleszenz	Identität versus Identitätsverwirrung ("normative Krise")	Eigene peer-group und Außenstehende	Das beschreibbare Selbst	Kindheitsmilieu weicht "der Gesellschaft" als Bezugsgröße. Reflexion und Auswertung vergangener Krisen
Frühes Erwachsenalter	Identität versus Isolierung	Partnerschaft, fester Freundeskreis	Nähe und Distanz, Intimität und Abgrenzung	Bindungs- und Identifikationsprozesse repräsentieren Fragen des persönlichen Stils, der Werthaltungen u. "Lebensform"
Mittleres Erwachsenalter	Schöpferische Tätigkeit versus Stagnation	Eigene Familie, Arbeitsplatz	Hervorbringen und Bewahren	Reproduktion des eigenen Lebensstils und Stagnation
Spätes	Integrität versus Verzweiflung	Der Kulturkreis, die Gesellschaft	Bleiben was man geworden ist	

Tabelle 1: Die Entwicklungsaufgaben nach ERIKSON und ihre Bedeutung für Milieustudien

2.3 Genese des individuellen Lebensstils nach Adler

Aus tiefenpsychologischer Sicht bilden sich in den ersten 4-5 Lebensjahren die Grundzüge der psychischen Struktur eines jeden Menschen aus. Der „Lebensstil" stellt nach *Adler* (in Abweichung vom soziologischen Begriff) die Art und Weise des einzelnen Menschen dar, sich mit den eigenen Minderwertigkeitsgefühlen und den Anforderungen des Lebens auseinander zu setzen (*Adler* 1997, 54f.). Das grundlegende Minderwertigkeitsgefühl besitzt zunächst keine negative Konnotation sondern verweist auf das Erleben des Menschen, selbst unfertig und hilflos in die Welt gestellt worden zu sein (vgl. *Adler* 1996, 78ff.). Ausgehend von der Erkenntnis, dass Kinder in ihren ersten Lebensjahren Vorstellungen von den verschiedenen Aspekten ihres Lebens entwickeln, rückt *Adler* die subjektive Einschätzung des Menschen hinsichtlich vier verschiedener Elemente seines Lebens in den Mittelpunkt der Genese des persönlichen Lebensstils. Durch diverse Lebenserfahrungen, die das Kleinkind von seiner Geburt an macht, generiert es fest gefügte (unbewusste) Vorstellungen, Einstellungen und Grundüberzeugungen. Es sind dies:

- Ich: das subjektive Empfinden davon, wie wertvoll, geliebt und tüchtig man selbst ist (= Selbstwertgefühl). Der Mensch sieht sich als geliebte, fähige und liebenswerte Person oder stuft sich unbewusst als nichtliebenswert und entsprechend ungeliebt und lebensunfähig ein.
- Die anderen Menschen: Im Laufe der frühen Kindheit bildet sich eine Vorstellung davon, ob die soziale Umgebung - und später die Menschen allgemein - prinzipiell wohl gesonnen, hilfreich und freundlich sind, oder ob von den Mitmenschen eine Gefahr, Belästigung oder etwas Furchterregendes ausgeht. Entsprechend dieser Grunderfahrung wird sich Quantität und Qualität der Begegnung mit anderen Menschen fortan gestalten.
- Die Welt: Über sich selbst und die Mitmenschen hinaus stuft das kleine Kind aufgrund seiner ersten Lebenserfahrungen auch die Welt als etwas ein, das bedrohlich, unfreundlich und düster ist oder einen schönen, einladenden und positiven Charakter hat. Dabei ist die Welt als Lebensraum ebenso gemeint, wie die Beobachtungen sozialer Beziehungen.
- Das Leben: Nicht als Quintessenz der übrigen ‚Erkenntnisse' verstanden, aber doch in übergeordnetem Sinne, ‚stellt' der Mensch früh ‚fest', ob das Leben bzw. sein Leben grundsätzlich angenehm, vergnüglich und insbesondere zu bewältigen ist, oder ob Mühe und Düsteres den Charakter des gefährlichen, und wenig hoffnungsvollen Seins auf der Erde prägen und

ausmachen. Frühkindliche ‚Lektionen' über das Leben werden die positive oder negative Einstellung des Individuums festlegen. Diese früh erworbenen Grundüberzeugungen bilden, gemeinsam mit der individuellen Lebenszielsetzung, eine feste Sinnstruktur und Interpretationsfolie für alltägliches Erleben. Über persönliche Wahrnehmungsmechanismen und entsprechende Handlungsweisen entsteht ein geschlossenes und plausibles System, das für die betreffende Person logische Alltagsbewertung und folgerichtiges Handeln ermöglicht und von *Adler* „private Intelligenz" genannt wird (*Adler* 1996, 33ff). Dabei werden die Strukturen und Prinzipelemente anhand aktueller Lebenserfahrungen ständig leicht modifiziert und den realen Erfahrungen angeglichen, ohne dabei allerdings die grundlegenden Meinungen allgemein zu ändern (vgl. *Adler* 1996, 31). Pathologische Entwicklung nimmt die Persönlichkeitsbildung nach *Adler* dann, wenn der Lebensstil hinsichtlich seiner Werte und Normen nicht mehr (völlig) kompatibel mit der Hauptkultur der umgebenden Gesellschaft ist. *Adler* spricht in diesem Zusammenhang von der "privaten Logik" des betreffenden Menschen - z.B. eines Verbrechers – (*Adler* 1997, 89). Es wird deutlich, dass beschreibbare milieuspezifische Kausalverknüpfungen, Reglements und Werteprioritäten aus individualpsychologischer Sicht strukturell und inhaltlich möglicherweise weitgehend adäquate Abbildungen von individuellen Grundüberzeugungen dieses Milieus sind.

2.4 Entwicklungsaufgaben und Statuspassagen nach Hurrelmann

Hurrelmann (1999, 33) nimmt Bezug auf die Entwicklungsaufgaben nach *Havighurst* (1972) und verarbeitet darüber hinaus in seinen Darstellungen über den Reifeprozess in der Kindheitsphase genuin *Eriksonsche* Vorstellungen sowie Begrifflichkeiten aus der Entwicklungspsychologie *Piagets* (1975). Kindheit, Jugend und Erwachsenenalter dienen dem Kompetenzerwerb für spätere Herausforderungen und Aufgaben. Die „Eintritts- und Austrittspassagen" (*Hurrelmann* 1999, 46) zwischen Kindesalter, Jugendalter und Erwachsenenalter stellen relevante Zielformulierungen im Blick auf die praktischen weiteren sozialen Rollen bzw. Verantwortungsbereiche dar. Dabei beschreibt der Begriff der ‚Statuspassage' den jeweiligen Übergang zur Partizipation des Menschen an zunehmend komplex werdenden Rollenkonstruktionen und Interaktionsprozessen, die ihrerseits wieder Gegenstand der nächsten folgenden Lebensphase sind. Entwicklungsaufgaben gelten dann gelöst, wenn sie die notwendigen Kompetenzen für eine altersgemäße Lebensform erbracht haben. Dabei beschränken sich die relevanten Dimensionen im Übergang von Kindheit zu Jugendalter auf die Übernahme selbständiger Leistungserbringung und Gestaltung von Sozialkontakten. Den Übergang von Jugend- zu Erwachsenenalter beschreiben nach *Hurrelmann* vier Dimensionen, die mit grundsätzlich veränderten Rollenerwartungen zusammen hängen. Von ‚Statusdiskrepanz' oder ‚Statusinkonsistenz' ist dann zu sprechen, wenn Jugendliche in einem Entwicklungsbereich die Statuspassage früh erfolgreich bewältigten (z.B. hinsichtlich der politischen Partizipation), in anderer Hinsicht aber Rollen zunehmend später eingenommen werden (z.B. ökonomische Selbständigkeit).

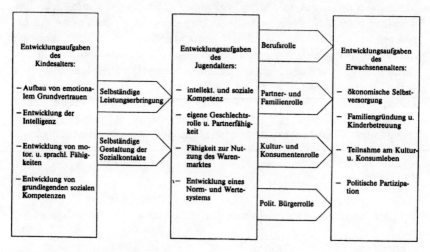

Abb. 2: Entwicklungsaufgaben in drei Lebensphasen und dazwischen liegende Statuspassagen (aus *Hurrelmann* 1999, 47).

Auch in der Darstellung von *Hurrelmanns* Statuspassagen werden insofern wichtige Verknüpfungspunkte zwischen psychologischen und milieuspezifischen Blickwinkeln auf Kindheit und Jugend deutlich, als dass sich soziale Kompetenzen, individuelles Wertesystem, die Teilnahme an Kultur- und Konsumleben etc. zunächst jeweils primär auf das Herkunftsmilieu beziehen und sich an den dortigen Regeln und Normen messen.

3 Fazit

Psychologische Betrachtung fokussiert intrapersonale Entwicklungsaufgaben und -prozesse und berücksichtigt mitunter gesellschaftliche Bedingungen als eine Art Projektionswand und Kontext solcher Vorgänge. Soziologische Perspektiven legen den Schwerpunkt auf familiäre und gesellschaftsstrukturelle Dimensionen, die selbst Strukturen und Verarbeitungsprozesse des Kindes, Jugendlichen und Erwachsenen prägen. Dabei scheint jedoch die Erkenntnis wichtig, dass sich intrapersonale Strukturen und Verknüpfungsmodi einer Persönlichkeit nicht von den soziokulturellen Inhalten ihres Entstehungskontextes abstrahieren lassen, sondern vielmehr wesenhaft davon geprägt werden und nicht zuletzt diese auch wesenhaft prägen.

Auf der Suche nach pädagogischen Interventionsmöglichkeiten bei Lernbehinderung kann die Erforschung der Milieus demnach nicht unabhängig von der Erforschung intrapersonaler Strukturen und Faktoren erfolgen und umgekehrt.

Literatur

Adler, A.: Der Sinn des Lebens (Original 1933). Frankfurt a.M. 1996.
Adler, A.: Lebenskenntnis (Original 1929). Frankfurt a.M. 1997.
Ellinger, S.; *Koch*, K.: Milieu- und Lebensstilkonzepte als Grundlage pädagogischer Interventionen bei Lernbehinderung: Plädoyer für empirische Feldforschung. In: Die neue Sonderschule 4(2001), 280-295.
Erikson, E.H.: Kindheit und Gesellschaft (engl. Original: 1950 New York). Stuttgart ²1976.
Erikson, E.H. : Jugend und Krise: Die Psychodynamik im sozialen Wandel (engl. Original: 1968 New York). Berlin ⁴1998.
Freud, S.: Abriss der Psychoanalyse. Das Unbehagen in der Kultur (Original: 1939). Frankfurt a.M. 1989.
Griese, H.M.: Sozialwissenschaftliche Jugendtheorien. Eine Einführung. Weinheim u.a. ³1987.
Havighurst, R.J.: Research on the developemental task concept. In: School Review. A Journal of Secondary Education 64(1956), 215-223.
Havighurst, R.J.: Developmental tasks and education (Original 1948). New York ³1972.
Hurrelmann, K.: Lebensphase Jugend: Eine Einführung in die sozialwissenschaftliche Jugendforschung. Weinheim u.a. ⁶1999.
Piaget, J.: Das Erwachen der Intelligenz beim Kinde. Stuttgart 1975.

Katja Koch, Stephan Ellinger

Milieu- und Lebensstilkonzepte als Grundlage pädagogischer Interventionen bei Lernbehinderung – Kann die Resilienzforschung einen Beitrag liefern?

1 Einleitung und Fragestellung

Trotz eines allgemeinen Konsens darüber, dass für Genese und Ätiologie von Lernbehinderungen vorrangig soziale Verursachungsfaktoren benannt werden müssen, gibt es derzeit kaum nennenswerte Sozialisationsforschung in der deutschen Lernbehindertenpädagogik. In unserem „Plädoyer für empirische Feldforschung" (*Ellinger/ Koch* 2001) machen wir auf dieses Forschungsdesiderat aufmerksam und stellen gleichzeitig grundsätzliche Überlegungen hinsichtlich des Ansatzpunktes pädagogischer Förderungen und Interventionen an. Neben der Forderung nach empirischer Erforschung der Lebens- und Sozialisationsbedingungen rückt ebenfalls die Frage nach einem theoretischen Zugang zu dieser Problematik in den Blick.

Unter der Fragestellung, welche Einflussfaktoren auf die kindliche Sozialisation sich – zunächst aus soziologischer Perspektive – beschreiben lassen, analysieren wir neue sozialstrukturelle Modelle bezüglich ihrer möglichen Aussagekraft zur Erhellung der Entstehung von Lernbehinderungen. Als Resultat dieser theoretischen Überlegungen beziehen wir, in Ergänzung der klassischen ‚schichtenspezifischen Sozialisationsforschung', die eine Determiniertheit subjektiver Lebensweise von objektiven Lebensbedingungen unterstellt, Milieu- und Lebensstilkonzepte in unsere Erwägungen ein. Diese gehen davon aus, dass eine soziale Gruppierung im Sinne der Zugehörigkeit zu einer gleichen oder ähnlichen Schicht durch ihre objektiven Voraussetzungen (Lebensbedingungen) keineswegs so determiniert ist, dass die Mitglieder ihre Handlungsspielräume nur auf ein und dieselbe Art und Weise nutzen könnten. So berücksichtigen sie ebenso die *subjektive* Seite, die Mitwirkung der Betroffenen an der Gestaltung ihrer objektiven Lebensbedingungen. Risiken und Chancen im Sozialisationsprozess sowie für die aus diesem resultierenden Lebensbedingungen ergeben sich in diesem theoretischen

Kontext sowohl aus objektiven als auch aus subjektiven Einflüssen.
Zur Beschreibung von Risiken und Chancen im Sozialisationsprozess sowie im schulischen Bereich tragen Daten der objektiven Lebensbedingungen Wesentliches bei, sie bieten aber grundsätzlich wenige pädagogische Ansatzmöglichkeiten. Pädagogische Interventionen können und müssen am Subjekt ansetzen. Deshalb muss die Erforschung von Sozialisations- und Lebensbedingungen neben den objektiven Bedingungen die subjektive Seite, die Lebensweise innerhalb der Familien sowie der Schüler selbst fokussieren.

Wir plädieren im Ergebnis für ein Forschungsdesign, welches den schichtenspezifischen Blickwinkel (also die objektiven Lebensbedingungen) durch empirische Untersuchungen zu milieu- und lebensstilspezifischen Strukturen *ergänzt*.

Die folgende Abbildung soll unsere soziologische Sichtweise auf die Sozialisationsprozesse und mögliche Ansatzpunkte pädagogischer Förderungen und Interventionen verdeutlichen:

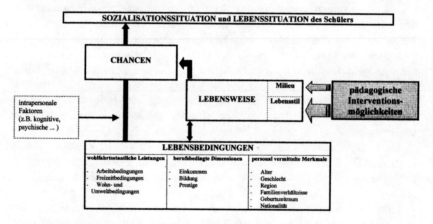

Abb. 1: Ansatzpunkte pädagogischer Interventionen

Chancen und Risiken im Sozialisationsprozess ergeben sich nun aber keinesfalls nur aus milieu- und lebensstilspezifischen Strukturen. Sie sind ebenso beeinflusst von den kognitiven und psychischen Voraussetzungen der Persönlichkeiten. Auch die Lebensweise der Familien bzw. der Schüler ist in engem Zusammenhang mit solcherart intrapersonalen Faktoren zu sehen.

Im Rahmen unserer Überlegungen hinsichtlich der sozialen Verursachung von Lernbehinderung erweitert *Ellinger* (2002) die soziologische Perspektive unseres ‚Plädoyers' um einen entwicklungspsychologischen Aspekt. Er differenziert das soziale Syndrom Lernbehinderung, indem er auf die wechselseitige Abhängigkeitsbeziehung von Identitätsbildung und Bedingungen des Milieus hinweist.

Auch der nun folgende Beitrag ist im Sinne einer Fortführung unserer Überlegungen zu verstehen. Er will skizzenhaft untersuchen, inwieweit die Resilienzforschung und ihre derzeitigen Ergebnisse einen Beitrag zu einer weiteren Ausdifferenzierung unserer Gedanken leisten könnte. Zu diesem Zweck werden die wesentlichen Grundzüge und Ergebnisse der Resilienzforschung dargestellt, um sie danach in den Kontext milieuspezifischer Forschung einzuordnen und sie auf ihre Fruchtbarmachung für diesen zu untersuchen.

2 Konzept und Ergebnisse der Resilienzforschung

Die Resilienzforschung ist aus der Untersuchung der schädigenden Wirkung von Risiken in der kindlichen Entwicklung heraus entstanden. Als Risiken gelten dabei Merkmale, die bei einer Gruppe von Individuen, auf die dieses Merkmal zutrifft, die Wahrscheinlichkeit des Auftretens einer Störung im Vergleich zu einer unbelasteten Kontrollgruppe erhöht. In zahlreichen Untersuchungen wurden solcherart Risikofaktoren ermittelt (z.B. *Meyer-Probst/ Teichmann* 1984, *Probst* u.a. 1996, *Laucht* u.a. 1992); heute unterscheidet man zwei Hauptgruppen:

Biologische oder psychologische Merkmale des Individuums – **Vulnerabilität**	Psychosoziale Merkmale der Umwelt – **Stressoren**
• Genetische Belastungen • Schwieriges Temperament • Störungen in der prä- oder/ und perinatalen Periode • Störungen in den ersten Lebensjahren	• Bildungsfaktoren der Eltern • Emotionale/ Psychische Stör- oder Mangelfaktoren der Eltern • Belastungen der Eltern im gesundheitlichen/ zeitlichen Bereich • Belastungen im sozioökonomischen Bereich

Tab. 1: Hauptgruppen Risikofaktoren

Es gibt zahlreiche Belege für die entwicklungshemmenden Einflüsse dieser Risiken innerhalb des gesamten kindlichen Entwicklungsverlaufs. Aus der Forschungslage zu Risikofaktoren wird allerdings ebenso deutlich, dass selbst die Risikofaktoren mit der besten ‚Vorhersagekraft' (diejenigen Faktoren, deren Auswirkungen sich als am besten prognostizierbar herausgestellt haben), *probabilistischen* Charakter haben, d.h. nicht *notwendigerweise* bzw.

zwingend negative Entwicklungsfolgen nach sich ziehen. Bei der Prognose von Entwicklungsverläufen steht man also, bei aller (möglicherweise sehr guten Kenntnis) über die Art der Risikofaktoren einigen Problemen gegenüber:
- Risikofaktoren *können* zwar langfristige entwicklungshemmende Wirkungen haben, die prognostische Vorhersagekraft hinsichtlich ihrer jeweiligen spezifischen Auswirkungen ist aber aufgrund ihres multidimensionalen Charakters relativ gering.
- Verschiedene Entwicklungsbedingungen können gleiche Probleme auslösen (*Equifinalität*); ebenso können aber gleiche Bedingungen zu unterschiedlichen Ergebnissen führen (*Multifinalität*).
- Das isolierte Einzelrisiko ist ebenso eine Fiktion wie die geradlinige Risikowirkung – Risikofaktoren wirken immer vernetzt, wirken differentiell, bilden Ketten, wirken zirkulär, können gepuffert werden... Ob Risikofaktoren auch Risikofolgen hervorrufen, hängt nicht von den Eigenschaften des Risikos, sondern von der Risikobewältigung, d.h. von den Ressourcen eines Individuums und seiner Vulnerabilität ab.

Mittels der Ergebnisse der Risikoforschung können Wahrscheinlichkeitsaussagen über die Gefährdung einer Gruppe von Personen getroffen werden; eine individuelle Prognose allerdings, welche Kinder also tatsächlich negativ betroffen sein werden und welche sich normal entwickeln, ist nicht möglich (vgl. *Laucht* 1999).

Die Tatsache, dass sich immer wieder Kinder trotz massiver psychischer Belastung und widriger Lebensumstände zu gesunden Erwachsenen entwickeln, lenkte die Aufmerksamkeit auf die sogenannten protektiven Faktoren und Prozesse. Der Frage, welche Faktoren die psychische Gesundheit bei Kindern, die Entwicklungsrisiken ausgesetzt sind, fördern und erhalten können, widmeten sich erstmals *Werner/ Smith* (1982). Sie verglichen Kinder, die trotz massiver Beeinträchtigungen keine Störungen entwickelt haben, mit denjenigen, deren Entwicklung unter gleichen Bedingungen weitaus ungünstiger verlief, und konnten so eine Reihe diskriminativer Merkmale ermitteln. So entstand eine Liste von Faktoren, die geeignet erscheinen, die potenziell schädlichen Auswirkungen von Belastungen zu verhindern oder auszugleichen.

Analog zum Risikokonzept werden zwei Arten protektiver Einflüsse unterschieden (vgl. *Werner* 1997):

personale Ressourcen (Widerstandsfähigkeit, Resilienz)	soziale Ressourcen (Schutzfaktoren in der Umwelt des Kindes)	
	innerhalb der Familie	*außerhalb der Familie*
• positives Temperament (flexibel, aktiv, offen) • hohe Effizienzerwartung u. aktives Bewältigungsverhalten • realistische Kontrollüberzeugungen • überdurchschnittliche Intelligenz • positives Sozialverhalten • weibliches Geschlecht	• stabile emotionale Beziehung zu mindestens einem Elternteil • stabile emotionale Beziehung zu mindestens einem anderen Familienangehörigen (z.B. Großeltern, Geschwisterteil ...) • emotional positives, unterstützendes und strukturgebendes Erziehungsklima	gute externale Unterstützungssysteme, z. B. in Form von: • stabilen, emotionalen Beziehungen zu einer Bezugsperson außerhalb der Familie (z.B. Lehrer) • langanhaltenden Freundschaften zu Gleichaltrigen

Tab. 2: Arten protektiver Einflüsse

Protektive Faktoren bestehen in einem spezifischen Zusammenwirken von Risiko- und Schutzfaktoren: Liegt ein Risiko vor, kann es durch einen protektiver Faktor gemindert oder beseitigt werden, fehlte der protektive Faktor, käme der Risikoeffekt voll zum Tragen. Ein protektiver Faktor beschreibt nicht lediglich das Fehlen eines Risikos – ohne Gefährdung käme dem protektiven Faktor danach keine Bedeutung zu (vgl. *Laucht* 1999, zit.n. *Rutter* 1990).

3 Bedeutung des Resilienzkonzeptes für die Überlegungen

Von der Idee der Resilienz geht aufgrund der Vorstellung, Kinder könnten sich entwicklungsgefährdenden Risiken gewachsen zeigen, verständlicherweise eine große Faszination aus. Mit dem Schutzkonzept verbinden sich Hoffnungen auf eine Verbesserung der Prognose von Risikokindern sowie auf wichtige Anregungen für eine wirkungsvolle Prävention von Entwicklungsstörungen.

In der Heilpädagogik wird der Nutzen des Resilienzkonzeptes kontrovers diskutiert. Während die einen in den Ergebnissen der Resilienzforschung „wichtige Hinweise für die (heil-)pädagogische Gestaltung schulischer Lebens- und Lernwelten" sehen (*Fingerle* u.a. 1999, 308), befürchten andere, dass das Resilienzkonzept „vermutlich [...] weder die theoretischen noch die praktischen Bemühungen um Jugendliche und Erwachsene in riskanten Lebenslagen sehr viel weiter [bringt; K.K.]" (*Hiller* 1999, 250).

Inwieweit nun kann die Resilienzforschung einen Beitrag zur weiteren Ausdifferenzierung unserer Gedanken leisten, können ihre Ergebnisse für unsere Überlegungen fruchtbar gemacht werden?

Das Hauptinteresse gilt – im Kontext der (soziologischen) Überlegungen bezüglich Milieu- und Lebensstilforschung – den Schutzfaktoren *sozialer* Art. Natürlich können Kinder gegen objektive Lebensumstände (z.B. Armut) bzw. die damit einhergehenden Entwicklungsrisiken widerstandsfähig sein, wenn sie in einer Familie aufwachsen, die diese Belastungen nicht an das Kind weitergeben und trotz allem ein begünstigendes Familien- und Erziehungsklima herstellt. Aber „in diesem Falle wären es [...] genau genommen wohl eher die Eltern, die als resilient zu bezeichnen wären" (*Fingerle* u.a. 1999, 307). Eine interessantere Perspektive ergibt sich, wenn Kinder, trotzdem ihre Eltern nicht zur Kompensation in der Lage sind, psychisch widerstandsfähig werden. Diese Kinder hatten, so zeigen die Untersuchungen (z.B. *Werner/ Smith* 1982), meist eine stabile Bezugsperson in der Familie, die nicht Elternteil war, z.B. ältere Geschwister, Großeltern. Oder aber sie besaßen aufgrund ihrer Kompetenz, soziale Unterstützung bei anderen zu mobilisieren, fürsorglichen und stabilen Beistand von Personen außerhalb ihrer Familie.

Ein zeitgemäßes Verständnis kindlicher Sozialisation sollte neben der Beschreibung von Risiken auch schützende Faktoren, individuelle Bewältigungspotenziale und Ressourcen im Lebensumfeld der Kinder umfassen (vgl. *Opp* 1999, 241). Ein wesentlicher Grundzug der Milieu- und Lebensstiltheorien besteht in der Hervorhebung der *subjektiven* Nutzung von objektiv gegebenen Handlungsspielräumen, der Charakterisierung des Menschen als aktives, handelndes Wesen. Auch das Konstrukt der Resilienz betont – wenn auch aus anderer Perspektive – die subjektiven Ressourcen und Bewältigungsstrategien. An seinen Lebenschancen kann ein Mensch also selbst *aktiv* mitgestalten, wenn auch nur im Rahmen seiner ihm gegebenen Ressourcen.

Für unsere These vom wesentlichen Beitrag der Lebens*weise* auf die Konstellation von Chancen und Risiken als Ergebnis des Sozialisationsprozesses sehe ich in gewissem Maße eine Bestätigung: Die Ergebnisse der Resilienzforschung bekräftigen, und das ist meines Erachtens ihr wesentlicher Beitrag, die Notwendigkeit der Aktivierung des Individuums und implizieren die pädagogische Unterstützung bei der Lösung seiner Probleme.

Im Rahmen unserer Überlegungen zur Erforschung des sozialen Syndroms Lernbehinderung akzentuieren wir nachdrücklich, dass nicht nur die objektiven Gegebenheiten die subjektiven beeinflussen, sondern ebenso auch Rückwirkungen möglich sind. So könnte z.B. die Bewusstmachung der eigenen verfügbaren Ressourcen – als eine Art von pädagogischer Förderung – beim Schüler Handlungsoptionen eröffnen und das Einwirken auf Ausmaß und Stärke der subjektiven Aktivität seine Lebensweise prägen. Eine so gestaltete Beeinflussung der Lebensweise hätte dann auch Einfluss auf die Lebensbedingungen und damit auf die Lebenschancen der Schüler. Vielleicht ergäbe sich auf diese Weise auch eine protektive Wirkung ...

Handlungstheoretisch wäre weiterhin die Frage von Bedeutung, wie sich ungleich verteilte Ressourcen in subjektiven Bewältigungsstrategien niederschlagen (vgl. *Georg* 1998) und wie diese wiederum als ungleichheitsrelevante Lebensstilpraxen in Erscheinung treten (bspw. in Form einer durch Lebensstile verursachten Selektivität der sozialen Netzwerke, die ihrerseits den Zugang zu handlungsrelevanten Ressourcen regeln und restringieren und u. U. einen protektiven Faktor bilden können).

Die Resilienzforschung konstatiert, dass Belastungen unterschiedlich wirksam werden, je nachdem, in welchem Umfeld sie auftreten. Was resilienzfördernd ist, hängt in gewissem Maße von den individuellen Bedingungskonstellationen ab. Es ist nicht immer klar zu sagen, ob eine in einem bestimmten Kontext angemessene Bewältigungsstrategie auch in späteren Abschnitten resilienzfördernd sein wird. *Lösel/ Bender* (1999, 45f.) demonstrieren dies am Beispiel des Schutzfaktors Selbstkonzept: Selbstvertrauen und positives Selbstwertgefühl gelten als protektive Faktoren, indem sie die Voraussetzung für konstruktiven Umgang mit Problemen darstellen. Diverse Studien aber zeigen, dass auch gewalttätige Kinder über ein positives Selbstkonzept verfügen. Ein solches kann bei ihnen dazu führen, andere Personen abzuwerten, von ihnen höhere Wertschätzung erwarten, als sie unter Umständen geben – im Falle dieser Kinder kann also ein positives Selbstkonzept sogar aggressionsstabilisierend wirken. Es ist daher kaum möglich, ein langfristiges Interventionsprogramm zu konzipieren, sondern die Bedingungskonstellationen (im Sinne von Risiko und Ressource) jedes einzelnen Individuums sind immer wieder aktuell zu überprüfen – dazu könnten Daten der subjektiven Lebensweise einen Beitrag leisten.

Einen wesentlichen Hinweis für unsere Forschung sehe ich in der Tatsache, dass Resilienz kein stabiles Persönlichkeitsmerkmal sein muss. Als ein protektiver Faktor gilt schon bei *Werner* (1982), weiblichen Geschlechts zu sein. Jungen und Mädchen weisen ihrzufolge unterschiedliche Sensibilität gegenüber Gefährdungen auf.

Dies weist für unsere theoretische Grundkonzeption auf das außerordentlich komplizierte und differenzierte Ineinandergreifen objektiver Lebensdaten und subjektiver Lebensweisen hin. Eine explizite Beachtung des Faktors Geschlecht wird mit großer Wahrscheinlichkeit eine Differenzierung der pädagogischen Förderungen und Interventionen notwendig machen.

Darüber hinaus scheint der Einfluss protektiver Faktoren in verschiedenen Entwicklungsstufen zu variieren. Konstitutionelle Eigenschaften haben ihren größten Einfluss in der Säuglingszeit und in der frühen Kindheit, internale Kontrollüberzeugungen und ein positives Selbstkonzept gewinnen in der Adoleszenz an Gewicht (vgl. *Werner1997*, 201).

Um die Entstehung einer Lernbehinderung im Sozialisationsprozess zu rekonstruieren, könnte die ‚Schichtung der Biographie', könnten die *Zeitpunkte* des ‚Eintreffens' riskanter Lebensereignisse im Sinne von Gefährdungen von erheblicher Bedeutung sein.

4 Schlussbemerkung

Die Ergebnisse der Resilienzforschung bestätigen die Notwendigkeit, im Rahmen der Forschungsbemühungen bezüglich der Genese der Lernbehinderung als soziales Syndrom das Forschungsinteresse auch auf die subjektive Seite, die Lebensweise der Familien und ihrer Kinder zu richten.

Hinsichtlich eines theoretischen Zugangs zu dieser Problematik regen sie an,
- die geschlechtsspezifisch unterschiedliche Sensibilität gegenüber Gefährdungen stärker zu berücksichtigen und
- den Zeitpunkten des ‚Eintreffens' von Gefährdungen besondere Beachtung zukommen zu lassen (biographische Komponente).

Letzteres erscheint insbesondere für die zeitliche Dimension pädagogischer Förderungen/ Interventionen von Bedeutung.

Bezüglich der pädagogischen Förderungen/ Interventionen allerdings ist eher zu bezweifeln, dass der Aufbau von Widerstandskräften tatsächlich pädagogisch programmatisch gefördert werden kann. Zu variantenreich und zeitlich variabel sind die Kombinationen aus Beeinträchtigungs- und Ressourcenkonstellationen, um sie direkt und langfristig pädagogisch zu beeinflussen.

Dass aber pädagogische Begleitung durch Erwachsene, die den Kindern Verständnis, Orientierung und Anerkennung geben, ihnen Beistand sind, im besten Falle (auch und gerade durch „biophiliale Allianz" im Sinne *Hillers* 1999, 252), quasi als Nebeneffekt (vgl. *Göppel* 1999) von pädagogischen

Maßnahmen zur Selbststabilisierung des Einzelnen führen kann, zeigt, dass es sich lohnt, sich weitere Gedanken zu machen.

5 Literatur

Ellinger, S.; Koch, K.: Milieu- und Lebensstilkonzepte als Grundlage pädagogischer Interventionen bei Lernbehinderung: Plädoyer für empirische Feldforschung. In: Die neue Sonderschule 4 (2001), 280-295.
Ellinger, S.: Milieu- und Lebensstilkonzepte als Grundlage pädagogischer Interventionen bei Lernbehinderung: Welchen Beitrag leisten Entwicklungstheorien? In diesem Band.
Fingerle, M.: Resilienz – Vorhersage und Förderung. In: Opp, G.; Fingerle, M.; Freytag, A.: Was Kinder stärkt. Erziehung zwischen Risiko und Resilienz. München u.a. 1999, 94-98.
Fingerle, M., Freytag, A., Julius, H.: Ergebnisse der Resilienzforschung und ihre Implikationen für die (heil)pädagogische Gestaltung von schulischen Lern- und Lebenswelten. In: Zeitschrift für Heilpädagogik 6 (1999), 302-309
Georg, W.: Soziallage und Lebensstil. Eine Typologie. Opladen, 1998.
Göppel, R.: Resilienz – ein Konzept zwischen Euphorie und Skepsis. In: Opp, G.; Fingerle, M.; Freytag, A.: Was Kinder stärkt. Erziehung zwischen Risiko und Resilienz. München u.a. 1999, 272-276.
Hiller, G.G.: Verletzliche Lernprozesse – Pädagogische Hilfen für junge Erwachsene: Protektion als pädagogische Aufgabe? In: Opp, G., Fingerle, M.; Freytag, A.: Was Kinder stärkt. Erziehung zwischen Risiko und Resilienz. München u.a. 1999, 250-258.
Laucht, M. et al.: "Risikokinder": Zur Bedeutung biologischer und psychosozialer Risiken für die kindliche Entwicklung in den beiden ersten Jahren. In: Praxis Kinderpsychologie-Kinderpsychiatrie 41(1992), 274-285.
Laucht, M.: Risiko- vs. Schutzfaktor? Kritische Anmerkungen zu einer problematischen Dichotomie. In: Opp, G.; Fingerle, M.; Freytag, A.: Was Kinder stärkt. Erziehung zwischen Risiko und Resilienz. München u.a. 1999, 303-314.
Laucht, M., Esser, G., Schmidt, M.H.: Risiko- und Schutzfaktoren in der Entwicklung von Kindern und Jugendlichen. In: Frühförderung interdisziplinär 3 (2000), 97-108.
Lösel, F.; Bender, D.: Von generellen Schutzfaktoren zu differentiellen protektiven Prozessen: Ergebnisse und Probleme der Resilienzforschung. In: Opp, G.; Fingerle, M.; Freytag, A.: Was Kinder stärkt. Erziehung zwischen Risiko und Resilienz. München u.a. 1999, 37-58.
Meyer-Probst, B., Teichmann, H.: Risiken für die Persönlichkeitsentwicklung im Kindesalter. Rostocker Längsschnittstudie. Leipzig 1984.
Meyer-Probst, B.; Teichmann, H.; Reis, O.: Von der Geburt bis 25: Was wird aus Risikokindern? unveröffentlichtes Manuskript 1996.
Opp, G., Fingerle, M.; Freytag, A.: Was Kinder stärkt. Erziehung zwischen Risiko und Resilienz. München u.a. 1999.
Opp, G.: Schule – Chance und Risiko. In: Opp, G.; Fingerle, M.; Freytag, A.: Was Kinder stärkt. Erziehung zwischen Risiko und Resilienz. München u.a. 1999, 229-243.

Rutter, M.: Commentary: Some focus and process considerations regarding effects of parental depression on children. In: Developmental Psychology 26 (1990), 60-67.

Werner, E.E., *Smith*, R.S.: Vulnerable but invincible: A study of resilient children. New York 1982.

Werner, E.: Gefährdete Kindheit in der Moderne: Protektive Faktoren. In: Vierteljahresschrift für Heilpädagogik und ihre Nachbargebiete. 2 (1997), 192-203.

Sonder- und Heilpädagogik in der Postmoderne

Jürg Blickenstorfer

Vom schwierigen Umgang mit Vielfalt in der Pädagogik

1 Pädagogik der Vielfalt

1.1 Ausgangslage: Scheitern von Interkultureller Pädagogik und Integrationspädagogik in der Deutschschweiz?

In den vergangenen rund zehn Jahren sind auch in der Deutschschweiz die Bemühungen in den Bereichen Interkulturelle Pädagogik und Integrationspädagogik verstärkt worden. Die Bilanz heute aber ist ernüchternd.

Statistiken zeigen, dass Interkulturelle Pädagogik bisher keinen Einfluss auf das Schulversagen von zweisprachigen Migrantenkindern hat. Anstelle einer ‚Koevolution' von Menschen mit und ohne Behinderung werden Kinder mit Behinderung mittleren bis schwereren Grades nach wie vor separiert geschult; Schülerinnen und Schüler mit sogenannten Verhaltensstörungen und Lernbehinderungen werden dort, wo Sonderklassen weitgehend abgeschafft sind, zunehmend in Sonderschulen mit privater Trägerschaft eingewiesen. Neuerdings zeichnet sich zudem ein Gegentrend ab: Mit einer Akzentverschiebung in der Definition des Gegenstandsbereichs heilpädagogischer Theorie und Praxis von ‚beeinträchtigten' auf ‚besondere' Erziehungs- und Bildungsverhältnisse tritt eine neue Zielgruppe ins Blickfeld auch der Heilpädagogik: Kinder und Jugendliche mit besonderen Begabungen. Hier kann man die Phantasie entwickeln, dass ‚Normallehrkräfte' künftig – gut geschult in den neuen Pädagogischen Hochschulen – für die leistungsmäßig Mittleren bis Schwachen zuständig sind, während sich die Schulische Heilpädagogin – in neu zu schaffenden Sonderklassen – um die Förderung der Elite kümmert. – Eine solche Entwicklung war nicht intendiert.

Man soll die Diagnose nicht missverstehen: Es geht um die nüchterne Feststellung, dass die Intentionen und Ziele der späten achtziger Jahre nicht erreicht werden; ob die tatsächliche Entwicklung ‚gut' oder ‚schlecht' sei, steht hier nicht in Frage. Im Vordergrund stehen die folgenden Fragen: Welches sind mögliche theoretische Hintergründe der eingangs angedeuteten Bemühungen? Welche Gründe für eine sich abzeichnende Enttäuschung der ursprünglichen Intentionen können in der theoretischen Basis gefunden werden? Welche Konsequenzen lassen sich für eine ‚zeitgerechte' Praxis, Ausbildung und Theorieproduktion im Bereich der Schule ableiten? Da sich im hier gewählten Abstraktionsrahmen Pädagogik und Heilpädagogik nicht grundsätzlich unterscheiden, wird ab hier der Oberbegriff verwendet.

1.2 Hintergründe: Pädagogik der Vielfalt in skeptomoderner Verfassung

Im Verlauf der achtziger Jahre wuchs die Zahl der Menschen, die eine zunehmende Globalisierung in Wirtschaft und Politik, begleitet durch eine sich steigernde Mobilität und die rasante Entwicklung neuer Kommunikationstechniken, als problematisch wahrnahmen. Wer Sinnfindung und Anti-Totalitarismus inmitten der Immanenz, also ohne Rekurs auf einen transzendenten Bereich, erwartete, konnte Antworten und Erklärungen finden in einer neueren Strömung: ‚Postmoderne'. In einer Studie zur Zukunft unseres Wissens hatte *Lyotard* den Postmoderne-Begriff in einen kulturellen Gesamtkontext eingebettet: Die großen Sinnerzählungen der Aufklärung (die Erzählung einer fortschreitenden Befreiung des Menschen und die Erzählung eines sich entwickelnden absoluten Geistes) machen heute, auch in ihren neuen Verkleidungen, keinen Sinn mehr. Der Mensch muss lernen, inmitten von Vielfalt und Widerspruch, ohne Rückgang auf Transzendenz, sich produktiv zu betätigen (vgl. *Lyotard* 1986). Gegen Ende der achtziger Jahre legte dann *Welsch* (1997) einen guten und ebenfalls viel beachteten Überblick vor. Die Postmoderne, so sein Fazit, ist eine Strömung, die eine produktive Gratwanderung zwischen Totalitarismus und Beliebigkeit zu unternehmen versucht. Der Mensch soll lernen nicht traurig oder bloß pflichtbewusst, sondern produktiv-freudig sich inmitten der Vielfalt und des Widerspruchs zu bewegen. Das für die Gratwanderung benötigte Vermögen des Menschen nannte er Transversale Vernunft.[1]

Im Bereich der Pädagogik war man um 1980 eben erst von den heftigen Auseinandersetzungen der sechziger und siebziger Jahre in den Zustand eines

---

[1] Ausgeführt wird das Konzept der Transversalen Vernunft dann in *Welsch* (1996).

mehr oder weniger schiedlichen Nebeneinanders gelangt. Da traten Teile einer Generation auf, denen – in *Lyotards* Rede – beide Erzählungen keinen Sinn machten. Dies löste eine Suchbewegung in unterschiedlichste Richtungen aus.[2] Um 1990 fasste dann Prengel die in veränderter Ausrichtung sich etablierenden Theorien und Praktiken einer Integrationspädagogik, einer Interkulturellen Pädagogik und einer Feministischen Pädagogik zu einem Einheitsprogramm zusammen, welches sie „Pädagogik der Vielfalt" nannte (*Prengel* 1995).

Für das Verständnis der Entwicklung in den neunziger Jahren und im hier fokussierten deutschen Sprachraum sind die Zusammenfassungen und Programme von *Welsch* (allgemeine kulturphilosophische Ebene) und *Prengel* (spezifisch pädagogische Ebene) hilfreich. Im Folgenden soll deshalb zunächst der Versuch gemacht werden, die ihrerseits sehr ‚vielfaltsreichen' Vorschläge interpretativ auf eine ‚Pädagogik der Vielfalt in skeptomoderner Verfassung' zu verdichten. Dabei ist mit dem Kunstwort ‚skeptomodern' angezeigt, dass es sich hier keinesfalls um eine Verabschiedung, mehr um ein kritisches Betrachten der Moderne der Aufklärung handelt.

Studiert man die Programme von *Welsch* (1991, 1996, 1997) und *Prengel* (1995), so erkennt man Gemeinsamkeiten, die zusammenfassend die Kernpunkte einer ‚Pädagogik der Vielfalt in skeptomoderner Verfassung' charakterisieren:

1. Als Axiom gilt Gerechtigkeit im Sinne der Gleichberechtigung für alle. Es ist legitimiert durch Rückbindung an ein modernes Demokratieverständnis.
2. Das Axiom ist verknüpft mit einer Grundeinstellung, welche gegen Totalitarismus (Hierarchie) und gegen Beliebigkeit (Anarchie) zugleich gerichtet ist. Das rechte Denken, Erleben und Handeln wird als Gratwanderung zwischen den zwei Abgründen aufgefasst.
3. Die Gratwanderung ist persönlicher Einsatz gegen Unterdrückung und Indifferenz.
4. Die Gratwanderung ist zugleich persönlicher Einsatz für Unterdrückte und Übersehene.
5. Voraussetzung für die Gratwanderung ist Offenheit für den Einzelfall.

Vergleicht man diese Kernpunkte mit den eingangs angedeuteten Resultaten, und bezieht man die nicht mehr sachlichen Debatten mit ein, wie sie in der gegenwärtig sich wandelnden Bildungslandschaft hierzulande auch geführt

---

[2] Vgl. hierzu allgemein: *Blickenstorfer* 1998, 295ff.; zur Postmoderne-Rezeption speziell: *Baacke* et al. 1985, *Benner/ Göstemeyer* 1987, *Beck* 1993.

werden, so lässt sich – pointiert – formulieren: Vorherrschend ist ein Gerechtigkeitsdenken eher in der Tradition Platons: jedem Menschen das, was ihm gebührt. Die Gratwanderung zwischen Totalitarismus und Beliebigkeit glückt nicht. Der Einsatz gegen Unterdrückung und Indifferenz, für Unterdrückte und Übersehene verlagert sich auf einen Kampf um ‚Marktanteile' in der sich wandelnden Bildungslandschaft. Der Einzelfall geht unter im Kampf um ‚Positionen'. Im folgenden Kapitel soll nun die charakteristische Schwäche einer ‚Pädagogik der Vielfalt in skeptomoderner Verfassung' herausgearbeitet werden.

2 Selbstaufhebung oder Selbstwiderspruch

2.1 Lust am Umgang mit Vielfalt

Das für eine skeptomoderne Verfassung typische Interpretationsmuster geht aus von einer Welt, die zunehmend durch Vielfalt und Widersprüche geprägt ist; diese Entwicklung, so die These, setzt sich im Individuum fort, als zunehmend drohende Fragmentierung der Persönlichkeit und entsprechend gesteigerte Problematik, noch Kohärenz bzw. Identität herstellen zu können. So argumentieren z.B. *Welsch* (1991, 170f.) oder *Gergen* (1996). *Platta* (1998) zieht in dieser Blickrichtung die bekannte Konsequenz, man solle zunächst und eigentlich die gesellschaftlichen Bedingungen ändern, anstatt dem Individuum zu helfen, sich trotz dieser Bedingungen sinnvoll zurechtzufinden.

Im vorliegenden Kapitel wird, probeweise, die Blickrichtung umgedreht. Die skeptomoderne Verfassung hat nun ihren Ursprung nicht eigentlich außen, sondern im Individuum; die zunehmend plurale und widersprüchliche Welt ist dann eine Wirklichkeitskonstruktion des Individuums. In der gewählten Blickrichtung stellt sich zunächst die Frage, wie das Individuum Vielfalt ‚innen', in seiner eigenen Persönlichkeit erlebt. Traditionelle psychologische Theorien gehen davon aus, dass subjektiv als sinnvoll erlebter innerer Zusammenhang Grundlage ist für körperliche und psychische Gesundheit des Individuums. In der Regel wird zudem betont, dass man diesen Zusammenhang sich zunächst erst aufbauen und dann zeitlebens stets neu erhalten muss; Identität ist Lebensaufgabe. Grundlegend ist schließlich die Vorstellung einer hierarchisch strukturierten Innenwelt: ‚Geist', ‚Ich', ‚Selbst', ‚existentieller Wesenskern' usw. sind in einer höheren Stufe angesiedelt.

Für eine skeptomoderne Verfassung nun ist grundlegend, dass man ohne Hierarchie auch im Individuum selbst auskommen will (vgl. z.B. *Welsch* 1996, 842ff.). Wie aber soll ein sinnvoller Zusammenhang ohne übergeordnete, Sinn gebende Instanz möglich sein? Die Lösungsvorschläge sind vielfältig (vgl. *Storch* 1999). Allgemein wird in skeptomodernen Identitätstheorien in der Regel versucht, mit Identität nicht mehr ein ‚Ding' zu bezeichnen, sondern den Prozess eines gelingenden Umgangs mit Vielfalt. Diesen Prozess soll das Individuum, zumindest auch, als bereichernd, produktiv, lustvoll erleben. Dies gehört charakteristisch zur postmodernen bzw. skeptomodernen Verfassung. Man nimmt freudig Abschied: von der Literatur und Architektur der Moderne des 20. Jahrhunderts, von den Sinnerzählungen der Aufklärung, von statisch-hierarchischen Persönlichkeitsmodellen. Vielfalt ist anregend.

Man mag sich hier, über *Welsch* und *Lyotard* zurück, an *Camus*' ‚Mythos von Sisyphos' erinnern. Auf der Suche nach Sinn hatte er keinen Denkansatz gefunden, der angesichts der offensichtlichen Absurdität des Daseins nicht durch einen Sprung in einen transzendentalen Bereich sich davongestohlen hätte. *Camus*' Lehre: Man muss lernen freudig in der Sinnlosigkeit der Immanenz zu leben, heldenhaft morgens aufzustehen und die Absurdität des Daseins zu begrüßen. Deshalb interessiert ihn der Held Sisyphos, vor allem im Moment des Abstiegs: da ist Sisyphos sich seines Schicksals bewusst und diesem insofern überlegen; da sieht er ihn lächeln. „Il faut imaginer Sisyphe heureux" (*Camus* 1942, 166). – Was aber nun ist mit denjenigen Menschen, die sich Sisyphos nicht als glücklichen Menschen vorstellen können?

2.2 Vielfalt im Umgang mit Vielfalt

Lyotards Kritik an den Sinnerzählungen der Aufklärung zielte auch auf deren Nachfolgerinnen um 1970, auf die drei erkenntnistheoretischen Hauptströmungen, welche man mit *Gadamer*, *Habermas* und *Popper* markieren kann. Vergleicht man die Konzepte aus jener Periode (*Gadamer* 1990; *Habermas* 1991; *Popper* 1993), und versucht man, einen gemeinsamen Nenner aus den sehr unterschiedlichen Positionen herauszufiltern, so erkennt man, dass der Erkenntnisprozess hier:

1. nicht als linearer, sondern als zirkulärer Prozess verstanden wird[3],
2. als Prozess verstanden wird, der einem (nie ganz erreichbaren, aber als solches Richtung gebenden) Ziel auf hierarchisch höherer Ebene zustrebt[4],
3. durch Vielfalt und Widersprüche wesentlich angetrieben wird, darin aber nicht das Ziel hat. Widerspruch ist elementar, als Zeichen schlechthin dafür, dass man noch nicht fertig ist. Widerspruch ist der Motor, nicht aber das Ziel des Erkenntnisprozesses.

In einer skeptomodernen Verfassung nun wird durch die Negation von 2 ein richtunggebendes Moment des Erkenntnisprozesses eliminiert. Entsprechend stellen dann Vielfalt und Widerspruch (2) Weg und Ziel zugleich dar. – Wer hat recht? Ist die Welt derart komplex geworden, dass das Individuum ihr heute nurmehr mit ‚Pluralitätskompetenz' produktiv und sinnvoll beikommen kann? Oder ist das Festhalten an allgemeinen Sinnfiguren, insbesondere an ‚Fortschritt' und ‚Hierarchie', der auch heute einzig sinnvolle Filter zur Selektion und Interpretation von Informationen aus einer seit je, d.h. ‚an sich' komplexen Welt? – Es gibt keinen ‚Beweis', der die eine vor der anderen Position auszeichnen könnte.

Die zu Beginn dieses Kapitels vorgenommene Änderung der Blickrichtung führt somit zu dem folgenden Schluss: Die skeptomoderne Verfassung ist ihrerseits eine von verschiedenen Möglichkeiten, die Welt und sich selbst in der Welt wahrzunehmen. Dass es neben einer skeptomodernen noch weitere Möglichkeiten der Weltauffassung gibt, zeigen z.B. das nach wie vor mehrheitlich hierarchische Denken und Handeln innerhalb der, mit *Habermas* zu reden, Funktionssysteme von Wirtschaft, Politik und Verwaltung, oder das nach wie vor mehrheitlich an Fortschritt und objektiven Synthesen orientierte Denken in den Wissenschaften, insbesondere Naturwissenschaften[5].

So kann man, vereinfacht, von drei Typen des Umgangs mit Vielfalt und Widerspruch ausgehen:
1. Für die einen bezeichnen Vielfalt und Widerspruch die Stufe einer ‚sokratischen Verwirrung', welche grundlegend für Höherentwicklung zu neuen Synthesen, aber nicht die Synthese selber ist.

---

[3] Bei *Gadamer* gebildet aus Urteilen des Verstehenden und Ansprüchen des zu Verstehenden; bei *Habermas* gebildet aus Selbstreflexion, Bewusstmachung und Aufhebung von vermeintlichen Zwängen; bei *Popper* gebildet aus Problemsituation, Hypothese und Fehlerelimination
[4] Bei *Gadamer* hin auf Erkenntnis einer allgemeinen Seinsverfassung; bei *Habermas* auf Emanzipation des Menschen; bei *Popper* auf Übereinstimmung der Theorie mit der Wirklichkeit
[5] Dieses Denken bildet die Basis z.B. der Kritik von Sokal/ Bricmont (1999) an poststrukturalistischen und postmodernen Seitenblicken auf die Naturwissenschaften (vgl. insbesondere Kap. 4).

2. Für andere sind Vielfalt und Widerspruch Kennzeichen einer neuen, nach- oder spätaufklärerischen Einsicht in das Wesen der Wirklichkeit heute, welche, eben, als unaufhebbar durch Pluralität geprägt erscheint; gesucht werden, etwa bei *Welsch* oder *Prengel*, flexible Vermittlungsmuster.
3. Schliesslich ist ein dritter Typus nicht zu vergessen von Menschen, die gegenüber Vielfalt und Widerspruch indifferent sind, entweder, weil sie solche nicht (mehr) wahrnehmen, oder weil ihre Lebenslage keine Alternative offen lässt, Vielfalt und Widerspruch für sie somit faktisch inexistent sind.

Zu welchem Typus man sich zählt, ist, da es keine ‚Beweise' gibt, letztlich eine Frage des individuellen Grundgefühls und der individuellen Lebenssituation. Die so gegebene Legitimationsnot birgt die Gefahr, dass Differenzen weniger sachlich, mehr emotional diskutiert werden; Legitimationsnot scheint Moralisieren und Polemik zu fördern.

In der pädagogischen Praxis nun hat die von *Welsch* oder *Prengel* erhobene Forderung nach ‚Pluralitätskompetenz' nur dann Aussicht auf Durchsetzung, wenn alle Beteiligten sich mehrheitlich in den zweiten Typus einfügen[6]; in der schulischen Praxis sind dies zunächst: Lehrpersonen, Schülerinnen und Schüler, Eltern, Behördemitglieder. – Die Aussichten sind schlecht: Die Spielregeln in den Systemen der Behörden sind nicht auf Vielfalt, sondern auf Effizienz und Vereinheitlichung ausgerichtet (vgl. *Bächtold* 1999, 142ff.). Die Eltern werden wohl mehrheitlich allenfalls so lange ‚Pluralitätskompetenz' zeigen, als nicht der Privatbereich tangiert wird, d.h. als sie keine Benachteiligung für ihre eigenen Kinder sehen; Solidarität und Kooperation aber, also auch Verzicht, sind im System einer Pädagogik der Vielfalt eingebaut. Lehrpersonen, Schülerinnen und Schüler schliesslich werden unter dem Einfluss der genannten Systeme kaum mehrheitlich Pluralitätskompetenz entwickeln.

So steht am Schluss dieses Kapitels die pessimistische Einsicht, dass eine Pädagogik der Vielfalt in skeptomoderner Verfassung, die sich vermittelnd zwischen den unterschiedlichen Sinnbezirken wähnt, ihrerseits eine Sinnerzählung darstellt für einen Kleinbezirk innerhalb des Gesellschaftssystems Pädagogik. Nach den Theorien von *Lyotard* (v.a. 1987) und *Welsch* bleiben die anderen Bezirke und Systeme dann von ihr nur schwer beeinflussbar – zumal, wenn sie erklärtermaßen auf Machtausübung verzichtet. Die Menschen in anderen Systemen werden weiterhin Pädagogik für ihre Zwecke zu

---

[6] Vgl. zur Notwendigkeit einer Beteiligung aller Systeme, am Beispiel der schulischen Integration: *Kobi* (1988).

funktionalisieren suchen[7]; dies allerdings deshalb, weil sie innerhalb ihres Systems nicht darauf verzichten *können*, nicht deshalb, weil sie (etwa aus ‚schlechter Moral' heraus) nicht *wollten*.

Eine Pädagogik der Vielfalt in skeptomoderner Verfassung steht damit vor der folgenden Alternative: Entweder hält sie sich streng an ihre eigenen Spielregeln, mit der Konsequenz, dass sie sich selber ins Abseits führt. Oder sie versucht diesen Prozess aufzuhalten durch Aktivismus und Moralisieren, mit der Konsequenz, dass sie totalitär Vielfalt predigt, sich also selber widerspricht – was gegenüber ihren Konkurrentinnen ‚innerhalb' der Moderne, bei welchen eine Vielfalt von ‚Totalitätstheorien' herrscht, nicht unbedingt attraktiver sein mag.

Abschließend soll nun – pointiert, im Sinne eines Diskussionsbeitrags – gezeigt werden, in welche Richtung sich eine Pädagogik der Vielfalt verändern könnte, wenn sie die beschriebene Verwicklung vermeiden will. Der Fokus liegt dabei, dem Erfahrungs- und Erlebnishorizont des Autors entsprechend, im Bereich Schule, heute, im deutschsprachigen Raum, für Menschen in skeptomoderner Verfassung.

3 Pädagogik in der Vielfalt

3.1 Einzelfall statt Menschheit

Eine schulische Praxis, die sich sinnvoll und produktiv in einer vielfältig-widersprüchlichen Außen- und Innenwelt bewegen will, orientiert sich am Einzelfall dieses zu erziehenden Menschen (im Folgenden ‚Kind' genannt). Lehrerinnen und Lehrer sollen die Fähigkeit entwickeln, die
- für dieses Kind,
- in diesem Lernbereich,
- bei diesen persönlichen Möglichkeiten und Grenzen,
- in diesem institutionellen, sozialen, ökonomischen und politischen Umfeld

jeweils optimale Kombination von Sichtweisen mit entsprechenden Methoden anzuwenden. Dies ist der Fluchtpunkt praktisch-pädagogischen Denkens und Handelns. Grundlage sind ein breites Überblickswissen, ein ausgebautes Netz von Kontaktpersonen und die Fähigkeit, seine eigenen Grenzen zu er-

---

[7] Dies hat, als Bsp., *Czock* am Fall der Funktionalisierung der Ausländerpädagogik durch die Bildungsbehörden demonstriert (1993).

kennen – nicht jede Problemkonstellation kann man selber, allein oder in der Rolle als Lehrperson lösen. Insbesondere schul- und sozialpolitische Probleme soll die Lehrperson auf Verbandes- und Gewerkschaftsebene, durch Öffentlichkeitsarbeit und politisches Engagement angehen; im schulischen Alltag geht es nicht um eine Verbesserung der Menschheit, sondern um das Kreieren von optimalen Konstellationen für dieses Kind.

Die Voraussetzung einer Professionalität im bezeichneten Sinn ist absolute Offenheit gegenüber der Vielfalt von Theorien. Man sollte, als Lehrperson, wegkommen von ideologischen Klischees (z.B.: Hierarchien sind ‚an sich' schlecht bzw. gut). Beim Bedenken der möglichen Sichtweisen ist alles zugelassen; Beliebigkeit aber wird eingeschränkt in der Auswahl und Umsetzung, orientiert an der konkreten Problemsituation. Die skizzierten Kompetenzen zu vermitteln ist Aufgabe der Aus- und Weiterbildung von Lehrpersonen.[8]

Pädagogik als Wissenschaft ist in diesem Kontext eingeladen, die hierfür notwendigen Werkzeuge zu entwickeln, stetig zu verfeinern und, in Form und Umfang ‚miliztauglich', bereitzustellen. Im vorliegenden Zusammenhang interessiert weniger, ob etwa ein behavioristischer Blick auf den Menschen ‚menschenwürdig' sei, ob ein neuropsychologischer Blick genügend ‚Tiefe' zeige. Benötigt wird eine periodisch überarbeitete Zusammenstellung des aktuellen Wissensstandes:
- zum geschichtlichen und anthropologischen Horizont von relevanten Perspektiven und entsprechenden Methoden,
- zu deren typischen Einsatzbereichen sowie
- zu deren Möglichkeiten und Grenzen bei unterschiedlichen Rahmenbedingungen.

Voraussetzung auch für wissenschaftliche Forschung und Produktion im dargestellten Feld also ist Enthaltsamkeit von Menschheitsvisionen; die Entscheidung für eine bestimmte Kombination von Perspektiven liegt in der Kompetenz und Verantwortung der am konkreten Einzelfall Beteiligten.

In der beschriebenen Ausrichtung könnte Pädagogik, als Praxis und Theorie, einem Selbstwiderspruch entgehen, auf Vielfalt und Widerspruch wirklich eintreten – Totalitarismus vermeiden, ohne in Beliebigkeit abzugleiten.

---

[8] Vgl. hierzu etwa den Versuch einer neuartigen Konzeption eines Lehrbuchs zur Allgemeinen Heilpädagogik: *Dohrenbusch/ Blickenstorfer* (1999).

3.2 Mitspielen statt Moralisieren

Eine im skizzierten Sinn ausgebildete und tätige Lehrperson pflegt vor Ort, im Klassenzimmer, eine Professionalität, die weniger durch ‚pädagogisches Ethos und Pathos', mehr durch nüchternes Optimieren bzw. Entwickeln von Wahrnehmungs- und Handlungsmöglichkeiten geprägt ist. Diese Haltung schließt ‚Liebe und Takt' in der Beziehung zum Kind (oder wie man einen ‚Pädagogischen Bezug' auch immer umschreiben will) ein, als wesentlichen Faktor – wie sonst soll es ihr gelingen, sich in ihren Entscheidungen und Handlungen auf den Einzelfall dieses Kindes wirklich einzulassen. Aber: Sie empfindet ihre Arbeit nicht als sinnlos und nur noch belastend dann, wenn gute Optionen umstandsbedingt ausfallen.

Sofern die Lehrperson über das umschriebene Wissen und Können verfügt, braucht sie in den Verhandlungen mit Eltern oder Mitgliedern der Behörden nicht stets ‚die Menschheit' aufzubieten; sie kämpft – im schulischen Alltag – nicht für ‚die Gerechtigkeit', sondern sie setzt sich ein für das Recht auf ein sinnvolles Leben dieses Kindes. Sie kämpft auch nicht gegen ‚böse' Eltern, Behörden, Verbände, Parteien, sondern ist in der Lage nüchtern, d.h. gestützt durch vernünftige Überlegung und mit Rekurs auf den aktuellen Forschungsstand, vorzurechnen, bei welchem Preis man was erwarten kann. So mag etwa das ewige Wiederholen des Satzes „Integration kostet!" auf die Dauer weniger anregend und produktiv sein, als stets neu die Konsequenzen einer ‚Integration zum halben Preis' für diesen Einzelfall aufzulisten und die Geldgeberinnen bzw. Entscheidungsträger auf diese Konsequenzen schriftlich zu verpflichten.

So ist die Lehrperson fähig, sich auf die Spielregeln und Sinnerzählungen unterschiedlichster Menschen und Systeme einzulassen. Dies bedeutet Mitspielen, was man tatsächlich als anregender erleben kann, als stets nur immer damit beschäftigt zu sein, moralisierend bei Menschen und Systemen, die einen im Grunde nicht verstehen, ein paar Zugeständnisse herauszuholen.

Was ist gegenüber einer ‚Pädagogik der Vielfalt' neu? – *Wenig*. Der Blick auf den Einzelfall oder die Maximen einer modernen Demokratie sind enthalten. Auch kann man, in den Grundzügen, *Welschs* Konzept der Transversalen Vernunft und die von *Prengel* geforderten Kompetenzen als gute Grundlage für die stets neu zu leistende situationsbedingte Kombination von Perspektiven und Maßnahmen ansehen. – *Viel*. Die Grundlage ist konsequent umgesetzt. Es handelt sich mithin um den Vorschlag mit Vielfalt zu rechnen, anstatt sie zu zelebrieren. Dies bedeutet eine Transformation: vom Konzept einer ‚der Wirklichkeit' angemessenen spezifischen Pädagogik zur Frage, wie ‚die Pädagogik' sinnvoll agieren kann in einer spezifisch aufgefassten Wirklichkeit.

Literatur

Baacke, D. u.a. (Hrsg.): Am Ende – postmodern? Next Wave in der Pädagogik. Weinheim 1985.
Bächtold, A.: Heilpädagogisch-soziologisches Denken. In: Dohrenbusch, H.; Blickenstorfer, J. (Hrsg.): Allgemeine Heilpädagogik. Eine interdisziplinäre Einführung. Bd. 1. Luzern 1999, 139-150.
Beck, Ch.: Ästhetisierung des Denkens. Zur Postmoderne-Rezeption der Pädagogik. Amerikanische, deutsche, französische Aspekte. Bad Heilbrunn 1993.
Benner, D.; Göstemeyer, K.-F.: Postmoderne Pädagogik: Analyse oder Affirmation eines gesellschaftlichen Wandels? Zeitschrift für Pädagogik 33(1987), 61-82.
Blickenstorfer, J.: Pädagogik in der Krise. Hermeneutische Studie mit Schwerpunkt Nohl, Spranger, Litt zur Zeit der Weimarer Republik. Bad Heilbrunn 1998.
Camus, A.: Le mythe de Sisyphe. Paris 1942.
Czock, H.: Der Fall Ausländerpädagogik: erziehungswissenschaftliche und bildungspolitische Codierung der Arbeitsmigration. Frankfurt a.M. 1993.
Dohrenbusch, H.; *Blickenstorfer*, J. (Hrsg.): Allgemeine Heilpädagogik. Eine interdisziplinäre Einführung. 2 Bde. Luzern 1999.
Gadamer, H.-G.: Wahrheit und Methode. Grundzüge einer philosophischen Hermeneutik. Tübingen ^{6}1990 (erstmals erschienen 1960).
Gergen, K.: Das übersättigte Selbst: Identitätsprobleme im heutigen Leben. Heidelberg 1996.
Habermas, J.: Erkenntnis und Interesse. Frankfurt a.M. ^{10}1991 (erstmals erschienen 1973).
Kobi, E.E.: Integration im sozialpolitischen Netzwerk von Familie, Kommune und Staat: Ein „Rollenspiel" von Ökonomie und Ökologie. In: Kobi, E.E.: Heilpädagogische Daseinsgestaltung. Luzern 1988, 187-202.
Lyotard, J.-F.: Das postmoderne Wissen. Ein Bericht (Original erschienen 1979). Wien 1986.
Lyotard, J.-F.: Der Widerstreit (Original erschienen 1983). München 1987.
Platta, H.: Identitäts-Ideen. Zur gesellschaftlichen Vernichtung unseres Selbstbewusstseins. Giessen 1998.
Popper, K.R.: Objektive Erkenntnis: ein evolutionärer Entwurf (Original erschienen 1972). Hamburg 1993.
Prengel, A.: Pädagogik der Vielfalt. Opladen ^{2}1995.
Sokal, A.; Bricmont, J.: Eleganter Unsinn. Wie die Denker der Postmoderne die Wissenschaften missbrauchen (Original erschienen 1998). München 1999.
Storch, M.: Identität in der Postmoderne – mögliche Fragen und mögliche Antworten. In: Dohrenbusch, H.; Blickenstorfer, J. (Hrsg.): Allgemeine Heilpädagogik. Eine interdisziplinäre Einführung. Bd.2. 1999, 70-83.
Welsch, W.: Ästhetisches Denken. Stuttgart ^{2}1991.
Welsch, W.: Vernunft. Die zeitgenössische Vernunftkritik und das Konzept der transversalen Vernunft. Frankfurt a.M. ^{2}1996.
Welsch, W.: Unsere postmoderne Moderne. Berlin ^{5}1997.

Markus Dederich

Behinderung, Ressourcen und biographische Risiken

Zur Ausgangslage nachfolgender Überlegungen: Sozialwissenschaftler sprechen von verschiedenen gravierenden Veränderungen in der Gegenwartsgesellschaft. Zu den prominentesten Schlagworten, unter denen diese Veränderungsprozesse abgehandelt werden, gehören die ‚Postmoderne' (Zygmunt *Bauman*), die ‚zweite Moderne' (Ulrich *Beck*) und der ‚flexible Kapitalismus' (Richard *Sennett*). Diese Stichworte verweisen u.a. auf gesellschaftliche und kulturelle Dimensionen des Prozesses der Individualontogenese, die für die Behindertenpädagogik, die Sozialpädagogik und die Soziale Arbeit besonders relevant sind, da sie es mit erschwerten oder gefährdeten Lebenswegen, Lern- und Entwicklungsprozessen zu tun haben, die überhaupt erst durch gesellschaftliche Rahmenbedingungen hervorgebracht werden.

Wegen ihrer gesellschaftlichen Dimension spiegeln die in der Arbeit mit Menschen mit Behinderungen erfahrbaren Konflikte und Kränkungen „nicht nur eine mehr oder weniger leidvolle Lebensgeschichte und deren Bewältigungsversuche" wider; sie „stellen zugleich eine konkret sinnliche Berichterstattung über die politischen, ökologischen und sozialen Verwerfungen, Konflikte und Bedrohungen dar", unter denen Alltag gegenwärtig stattfindet (*Metzmacher/ Zaepfel* 1996, 19). Seelische und psychosoziale Probleme von Heranwachsenden, Lernschwierigkeiten, sich in Verhaltensstörungen ausdrückende Entwicklungskrisen, Desorientierung und Verweigerung sind „auch als Ausdruck gesellschaftlicher Krisen, Umbrüche und Destabilisierungsprozesse zu verstehen" (*Metzmacher/ Zaepfel* 1996, 22).

Die soziologische Hypothese bezüglich der Einflüsse und Auswirkungen der gegenwärtigen Umwälzungen auf den individuellen Lebensweg lässt sich mit den Begriffen ‚Zersplitterung' (*Bauman*), ‚Flexibilisierung' (*Sennett*) oder ‚Risikobiographie' (*Beck*) umschreiben: Sie behauptet die Existenz neuartiger biographie- und identitätsrelevanter Herausforderungen und Risiken, die Menschen in der Gegenwartsgesellschaft zu meistern haben. Geht der Identitätsbegriff von einer (wie auch immer gearteten) Kohärenz des Ich aus, verweisen die genannten Schlagworte auf Gefährdungen dieser Kohärenz, auf eine Brüchigkeit und das verstärkte Wirksamwerden zentrifugaler Kräfte, die das Individuum zu überfordern oder in seiner Integrität zu zerreißen drohen. Die Hypothese impliziert darüber hinaus, dass eine Bewältigung dieser Situation Kompetenzen erfordert, über die Menschen nicht selbstverständlich und naturwüchsig verfügen, sondern die erworben werden müssen. Wo aber die Aneignung dieser Kompetenzen nicht gelingt, droht Exklusion. Aus diesem Grund impliziert die Behauptung auch, dass die sich im einzelnen Leben zeigenden Probleme, der eigenen Biographie eine Gestalt zu geben, nicht individueller, sondern gesellschaftlicher Natur sind.

Individualisierung und Risikobiographie

Die Gegenwart lässt sich als eine Zeit z.T. radikaler technologischer, gesellschaftlicher und ökonomischer Umbrüche beschreiben. Stichwörter, die diese Entwicklungstendenz schlaglichtartig beleuchten, sind ‚Kontingenz', ‚Ambivalenz', ‚Unübersichtlichkeit' und ‚Verlust von Eindeutigkeit', ‚Deregulierung' und ‚Pluralisierung'. Allgemeinverbindliche kulturelle Ordnungsstrukturen, Weltbilder und geistige Überbauten wurden im Laufe des 20. Jahrhunderts zunehmend in Frage gestellt und durch den Prozess radikaler Pluralisierung relativiert.

Wie insbesondere Ulrich *Beck* (1986) beschrieben hat, zeigt sich die in dieser Situation notwendig gewordene Identitätsarbeit als riskanter, von unvorhersehbaren Einbrüchen und Richtungsänderungen gekennzeichneter Prozess, durch den in der Gegenwart die Biographie zur Risikobiographie wird.

Individualisierung meint, „dass die Biographie der Menschen aus vorgegebenen Fixierungen herausgelöst, offen, entscheidungsabhängig und als Aufgabe in das Handeln jedes einzelnen gelegt wird. Die Anteile der prinzipiellen entscheidungsverschlossenen Lebensmöglichkeiten nehmen ab, und die Anteile der entscheidungsoffenen, selbst herzustellenden Biographie nehmen zu" (*Beck* 1986, 216).

Wo festgefügte, vorgegebene Sinnwelten aufgelockert oder gesprengt werden, muss der Sinn selbst erzeugt werden. Wo der Verlust eines „das Dasein überwölbenden kollektiv und individuell verbindlichen Sinndaches" (*Hitzler/ Hohner* 1994, 307) konstatiert werden muss, müssen neue individualisierte Strukturen entwickelt werden, die diesen Verlust in irgendeiner Form zu ersetzen in der Lage sind. Wo die Einheit der Welt in einer Ansammlung von nur locker verbundenen, diversifizierten Teilsinnwelten zerfällt, erleben die Individuen eine Art Gleichzeitigkeit des Verschiedenen: Das Nebeneinander disparater Beziehungen, Milieus, Teilkulturen, gesellschaftlicher Subsysteme mit unterschiedlichen Werten, Normen und Zielen und Rollenerwartungen bzw. Rollenzumutungen, die an sie herangetragen werden. Da viele Menschen an unterschiedlichen Subsinnwelten teilhaben, kann man sagen: „Die alltägliche Lebenswelt ist zersplittert in eine Vielzahl von Entscheidungssituationen, für die es (nicht trotz, sondern wegen der breiten Angebotspalette) keine verlässlichen ‚Rezepte' mehr gibt" (*Hitzler/ Hohner* 1994, 308). Die Deutungsmuster und jeweiligen Handlungsschemata streben auseinander – die Orientierung, die Anpassung beim Übergang von einer Teilsinnwelt in die andere ist eine erforderliche, eine unverzichtbare Leistung des Individuums. Hierbei aber muss es sich beispielsweise mit verschiedenen Codes der Wirklichkeitsdeutung auskennen. Dem einzelnen wird also im hohen Maße eine Sinndeutungskompetenz abverlangt. Der einzelne muss sich in die verschiedenen Teilwelten, die ihm ihrerseits mehr oder weniger vorgefertigte Sinn-, Handlungs-, Kommunikations- und Beziehungsmuster anbieten, flexibel einpassen, die „vorformulierten, thematisch begrenzten Weltdeutungsschemata" (*Hitzler/ Hohner* 1994, 309) übernehmen – sie dabei aber zugleich auch aktiv gestalten und füllen.

Individualisierung ist ein Zwang, ein paradoxer Zwang allerdings zur Herstellung, Selbstgestaltung, Selbstinszenierung nicht nur der eigenen Biographie, sondern auch ihrer Einbindungen und Netzwerke und dies im Wechsel der Präferenzen und Lebensphasen und unter dauernder Abstimmung mit anderen und den Vorgaben von Arbeitsmarkt, Bildungssystem, Wohlfahrtsstaat usw. (*Beck/ Beck-Gernsheim* 1994, 14)

Die gegenwärtige Gesellschaft stellt sich dem Individuum als Möglichkeitsraum für die Gestaltung des eigenen Lebens dar (vgl. *Gross* 1994). Durch die Erosion früher bestehender Bindungen verfügen die Menschen heute über multiple Optionen. Hierzu ist jedoch folgendes zu bemerken: *Erstens* ist der Wahlzwang eine selten bemerkte Kehrseite der Wahlfreiheit. Die Situation scheinbar maximierter Selbstbestimmung wird dem Individuum (unabhängig davon, ob sie sich ihm in erster Linie als Chance oder als Risiko darstellt) aufgezwungen. *Zweitens* ist der Zugang zu dem prinzipiell Möglichen sehr stark ressourcenabhängig. Deshalb heben die skizzierten Freisetzungsprozesse auch soziale Ungleichheit nicht auf, sondern verändern nur ihr Gesicht. *Drittens* ist die erzwungene Selbstorganisation des Lebenslaufes ein risikobeladenes Unternehmen. Aus diesem Grund sagt *Bauman*, auf individueller Ebene sei die „Unsicherheit" (2000, 12), die sich aus Ungewissheit, Unsicherheit und Schutzlosigkeit zusammensetze, das Kernproblem unserer Zeit. *Beck* zufolge erlebt das Individuum „Konflikt-, Risiko- und Problemlagen, die sich ihrem Ursprung und Zuschnitt nach gegen jede individuelle Bearbeitung sperren" (1986, 211). Wie *Beck* an anderer Stelle betont, ist Individualisierung ein gesellschaftliches Phänomen, sie ist „Ausdruck einer späten, geradezu paradoxen Form der Vergesellschaftung" (1997, 11).

Die gesellschaftlich auferlegte Aktivitäts- und Selbsthervorbringungsverpflichtung hat eine Kehrseite, denn Scheitern wird im Kontext einer individualisierenden Wahrnehmung des Menschen automatisch zu persönlichem Scheitern, für das das Individuum die Verantwortung zu tragen hat. Deshalb sagt *Beck*: „Eigenes Leben – *eigenes Scheitern*" (*Beck* 1997, 12; H.i.O.).

Es entsteht – paradox genug – eine neue Unmittelbarkeit von Individuum und Gesellschaft, die Unmittelbarkeit von Krise und Krankheit in dem Sinne, daß gesellschaftliche Krisen als individuelle erscheinen und nicht mehr oder nur noch sehr vermittelt in ihrer Gesellschaftlichkeit wahrgenommen werden. (*Beck* 1997, 12; H.i.O.)

Bei genauem Hinsehen verweisen Pluralisierung und Individualisierung „auf Mechanismen der Normalisierung und der impliziten Kontrolle" (*Gamm* 2000, 46). Die Funktion eines Systems erfordert von Individuen ein Handeln, das *Luhmann* „erwartungskomplementär" (1997, 621) nennt. Personen müssen „im Sinne gesellschaftlicher Erwartungsstrukturen funktionieren, was sich nicht in bloßer Konformität erschöpft, sondern oftmals auch anspruchsvolle kognitive und motivationale Leistungen der situativen Feinregulierung sozialer Ordnung einschließt" (*Schimank* 2000, 132).

Verlangt sind u.a. folgende Anpassungs- und Konfliktlösungskompetenzen: Aktivität, Kreativität, Initiative, Ideenreichtum, Frustrationstoleranz, Bereitschaft zu Mobilität, die Fähigkeit zu Selbstdarstellung und Selbstpräsentation, Ich-Stärke, Durchsetzungsfähigkeit, kommunikative Kompetenz und die Fähigkeit, sich immer wieder an veränderte Situationen anzupassen und neu zu orientieren, d.h. Flexibilität. Wo erwartungskonformes Handeln gelingt, winkt Anerkennung als Lohn. Bei nicht erwartungskomplementärem Verhalten ist Exklusion eine der möglichen Folgen.

Entsprechend stellt *Luhmann* fest:

An den Rändern der Systeme bilden sich „Exklusionseffekte, die auf dieser Ebene zu einer negativen Integration in die Gesellschaft führen. Denn die faktische Ausschließung aus einem Funktionssystem – keine Arbeit, kein Geldeinkommen, kein Ausweis, keine stabilen Intimbeziehungen, keinen Zugang zu Verträgen und gerichtlichem Rechtsschutz, keine Möglichkeit, politische Wahlkampagnen von Karnevalsveranstaltungen zu unterscheiden, Analphabetentum und medizinische wie auch ernährungsmäßige Unterversorgung – beschränkt das, was in anderen Systemen erreichbar ist und definiert mehr oder weniger große Teile der Bevölkerung, die häufig dann auch wohnmäßig separiert und damit unsichtbar gemacht werden. (*Luhmann* 1997, 630 f.)

In der funktional differenzierten Gegenwartsgesellschaft bestehen Mehrfachabhängigkeiten von Funktionssystemen, und solche Mehrfachabhängigkeiten verstärken die Exklusionseffekte (vgl. *Luhmann* 1997, 631). Inklusion in der modernen Gesellschaft ist ein kumulativer Prozess von Teilintegrationen in Teilsysteme. Entsprechend gibt es eine wechselseitige Verstärkung von Exklusionen aus einzelnen Funktionssystemen, ohne dass es eine gesellschaftlich zentrale Exklusions- und Inklusionsinstanz gäbe. Man kann daher mit Fug und Recht von der Macht der Institutionen bzw. Systeme sprechen.

Risiken und Ressourcen

Die Theorie der Individualisierung bleibt abstrakt, solange sie nur allgemein eine Zunahme von Flexibilisierung, Risiken usw. konstatiert. Erforderlich ist vielmehr eine Differenzierung, die es ermöglicht zu zeigen, dass Risiken gesellschaftlich ungleich verteilt sind, dass also Individualisierung und Risiken eine neue Ungleichheit produzieren.

Risiken treffen ebenso wenig alle Menschen im gleichen Maße, wie die Chancen zu ihrer Bewältigung gleich verteilt sind. Hier spielen die unterschiedlich verteilten Ressourcen eine wichtige Rolle, d.h. im Sinne *Bourdieus* (1997) das ‚Kapital', das den Individuen zur Verfügung steht. Soziale Unterschiede führen dazu, dass sich bei Teilen der Bevölkerung die Risiken häufen und bei anderen die Chancen. Die Ungleichverteilung geht auf eine ungleiche Verteilung von ‚sozialem Kapital' (vgl. *Bourdieu* 1997) zurück, der wiederum sozialstrukturelle Bedingungen zugrunde liegen. *Bourdieu* nennt folgende Arten von Kapital: materielle Ressourcen, das kulturelle Kapital (etwa das individuelle Bildungsniveau, verbriefte Bildungsabschlüsse, Fähigkeiten und Fertigkeiten), dessen Erwerb u.a. wiederum von ökonomischen Bedingungen abhängig ist, das soziale Kapital (d.h. die Eingebundenheit in soziale Netzwerke, die Verfügbarkeit tragfähiger Beziehungen und die Erfahrung wechselseitiger Anerkennung) sowie das symbolische Kapital, (etwa das individuelle Ansehen und Prestige) sowie der soziale Kredit, der dem Einzelnen aufgrund dessen gewährt wird.

In Anlehnung an *Keupp* (1997, 19ff.) sind folgende soziale und psychische Ressourcen für einen gelingenden Umgang mit riskanten Chancen erforderlich: 1. Materielle Ressourcen (Geld); 2. Soziale Ressourcen (Beziehungen, soziale Netzwerke und Kommunikationsfähigkeit als Voraussetzung); 3. Diskurs-, Kooperations- und Konfliktfähigkeit sowie Ambiguitätstoleranz; 4. Entwicklung eines Möglichkeitssinns, der sich auf Ziele, Ideen, Visionen und Zukunftsentwürfe bezieht. 5. Lebenszutrauen und Vertrauen.

Wichtig ist, dass die einzelnen Kapitalsorten (bzw. ihr Fehlen) synergetisch zusammenspielen. Das lässt sich gut mit Blick auf eine Schlüsselwährung des sozialen Kapitals zeigen, die Bildung. Diese ist personengebunden und muss deshalb aktiv angeeignet werden. Hinzu aber kommt der Erwerb institutionalisierter Bildungstitel, der für das Erwerbsleben von entscheidender Bedeutung ist. „Die Zulassung zu Berufen und somit die Möglichkeit, das erworbene kulturelle Kapital in finanzielles Einkommen, d.h. ökonomisches Kapital umzuwandeln, ist zuallererst von der Verfügung über entsprechende Legitimitätsnachweise in Form von Schul-, Berufs- und Bildungsabschlüssen abhängig" (*Keupp* 1997, 85f.). Mit geringem Kapital sinken die zur Verfügung stehenden Optionen; dafür nehmen die Zwänge ebenso zu wie die Gefahr der Exklusion.

Die Chancen der Selbstplatzierung und Bewährung auf dem Arbeitsmarkt sind bildungsabhängig. „Wem das eine oder das andere vorenthalten wird, der steht gesellschaftlich vor dem materiellen Nichts. Ohne entsprechende Ausbildungszertifikate ist die Lage ebenso verheerend wie mit ihnen, aber ohne darauf bezogene Erwerbsarbeitsplätze" (*Beck* 1986, 214). „Die *durchgesetzte* Bildungsgesellschaft produziert in diesem Sinne auch ein neuartiges, paradoxes ‚Quasi-Analphabetentum' der untersten Bildungsabschlüsse (Haupt- und Sonderschule)" (*Beck* 1986, 246; H.i.O.).

Beispielsweise für Abgänger der Schule für Lernbehinderte stellt sich das oft wie folgt dar: Sie „verfügen über kaum gesicherte Zugänge zum Beschäftigungssystem, und dies weder im formellen noch im informellen Beschäftigungssektor; ihre wirtschaftliche Situation ist unsicher, die finanziellen Verhältnisse häufig chaotisch; die Formen, in denen sie am Markt der Dienstleitungen, Güter und Unterhaltung teilzunehmen versuchen, führen sie nicht selten in den Ruin; ihre sozialen Beziehungen sind wenig tragfähig und häufig genug problematisch und gefährlich; den bürokratisch-rechtlichen Anforderungen von seiten der Institutionen, der öffentlichen Kontrolle und Beratung, aber auch der sozialen Fürsorge sind sie in der Regel ausgeliefert" (*Schroeder/Storz* 1994, 10).

Der ‚freie Markt' zeigt sich unter den Bedingungen der Deregulierung, Flexibilisierung, Ökonomisierung und Globalisierung wieder verstärkt als Instrument gesellschaftlicher Selektion, das den Strom der Heranwachsenden für das knapp gewordene Gut Arbeit vorsortiert, selektiert und Minderbegabte und Leistungsschwache aussondert. So hat die Nachfrage nach unqualifizierter Arbeit auf dem Arbeitsmarkt rapide nachgelassen. Durch die einseitige Orientierung an Leistung und Spitzenqualität erfolgt mit anderen Worten eine gesellschaftliche Produktion von Unnützlichkeit. Menschen, die den gesetzten Normen nicht entsprechen können, fallen aus dem System, für das diese

Normen konstitutiv sind, heraus, werden marginalisiert und zu Grenzgängern oder Randfiguren des Systems.

Empirische Belege hierfür liefert der Armutsbericht aus dem Jahr 2000. So stellen die Autoren fest, dass unter den gegebenen gesellschaftlichen Bedingungen eine Behinderung zu einem Armutsrisiko werden kann. Bei den 25 bis 55-jährigen Personen mit Behinderung liegt die Niedrigeinkommensquote deutlich höher als bei Nichtbehinderten. Dies und die „erheblich höhere Arbeitslosenquote behinderter Personen belegen eine unzureichende Absicherung der Einkommensrisiken von behinderten Menschen dieser Altersgruppe" (*Hanesch* u.a. 2000, 385). Besonders bei jungen Menschen, die den Eintritt in den ersten Arbeitsmarkt nicht schaffen oder arbeitslos werden, sind die Einkommensrisiken hoch. Das Fazit der Autoren: Nicht in den ersten Arbeitsmarkt integrierte Menschen mit Behinderungen im erwerbsfähigen Alter, Familien mit behinderten Kindern und Menschen mit Behinderungen in Einrichtungen haben „erhebliche ungesicherte Risiken" zu tragen (*Hanesch* u.a. 2000, 386).

Zu den möglichen individuellen Auswirkungen dieser Entwicklung notiert *Speck*:

Es besteht gegenwärtig Anlass zur Sorge, dass bei einer weiteren Verschärfung der ökonomischen Zwänge die eigene Identität, Bedeutung und Selbstachtung im zunehmenden Maße Schaden nehmen und den einzelnen erleben lassen, dass er überflüssig ist und dass das verloren geht, was für den Menschen in seiner einmaligen und unüberholbaren seelisch-geistigen und damit auch moralischen Identität und Qualität zentral wichtig ist und was über die nackten und normierbaren, realen Lebensumstände (Wohnung, Nahrung, Wärme, Kommunikation etc.) hinausreicht. (*Speck* 1999, 54)

Diese sehr gerafft dargestellten Sachverhalte verweisen auf den engen Zusammenhang von Exklusion und Beschädigung individueller Identität und Integrität. Wenn qualifizierte Abschlüsse eine notwendige, jedoch keinesfalls eine hinreichende Voraussetzung für den Zugang zum Arbeitsmarkt (und damit zu einer wirtschaftlich eigenständigen Existenz) bilden, dann bewegen sich die Haupt- und Sonderschulen auf einem sehr schmalen Grat: Auf der einen Seite kann die Situation eine gefährliche Resignation bei den Schülern hervorrufen, sobald sie ihre Zukunft als aussichtslos wahrnehmen, auf der anderen Seite droht die Schule wieder in verstärktem Maß zu einer Disziplinierungsanstalt zu werden. Die große Wichtigkeit von Bildungsabschlüssen kann eine Motivationsquelle sein, sie enthält aber auch ein „Disziplinierungspotential, da Vorenthalten Ausgrenzen bedeutet" (*Beck* 1986, 247).

Aus dieser Problemkonstellation ergeben sich für Heranwachsende in der Gegenwart eine ganze Reihe von Entwicklungsaufgaben, die sich wie folgt beschreiben lassen:

- Sie müssen ‚vielheitsfähig' werden, d.h. lernen, mit „einer unübersichtlichen Vielfalt an Lebensstilmöglichkeiten" (*Hiller* 1997, 45) zu leben, ohne sich darin zu verlieren und ohne Angst, in nicht integrierte Teilidentitäten zu zersplittern;
- Sie müssen lernen, „Freude aus Mehrdeutigkeit (Ambivalenz), Ungewissheit, Zweifel zu ziehen und sie somit als persönliche Entfaltungspotentiale erfahren lernen" (*Hiller* 1997, 45), und das in einer Welt, in der sie kaum verlässliche Stützsysteme und Übergangsräume vorfinden;
- Sie müssen lernen mit der Paradoxie umzugehen, daß sie „immer kompetenter, ja immer souveräner mit immer größeren Freiheitsgewinnen umgehen" (*Hiller* 1997, 45) umgehen können müssen, während zugleich ihre „realen Gestaltungsräume immer enger werden" (*Hiller* 1997, 45).

Für die therapeutische und pädagogische Arbeit macht dies eine Klärung erforderlich, welche innerseelischen und psychosozialen Fertigkeiten Heranwachsende benötigen, um mit der Mehrdeutigkeit und der Offenheit der gegenwärtigen Gesellschaft positiv umgehen zu können. Und es erfordert eine Klärung, welche Formen sozialer Anerkennung in ihrer alltäglich erfahrenen Lebenswelt, aber auch welcher politisch institutioneller Fürsorge und Unterstützung Heranwachsende heute benötigen, damit ihre Identitätsentwicklung auf positive Weise gelingt. Wie auch immer: Die skizzierte hochkomplexe Problemlage verweist auf das – m.E. bisher noch zu wenig wahrgenommene – politische Mandat der Behindertenpädagogik.

Literatur

Bauman, Z.: Postmoderne Ethik. Hamburg 1995.
Bauman, Z.: Die Krise der Politik. Fluch und Chance einer neuen Öffentlichkeit. Hamburg 2000.
Beck, U.: Risikogesellschaft. Frankfurt 1986.
Beck, U u.a.: Eigenes Leben. München 1997.
Beck, U.; Beck-Gernsheim, E.: Individualisierung in modernen Gesellschaften – Perspektiven und Kontroversen einer subjektorientierten Soziologie. In: Beck, U.; Beck-Gernsheim, E.: (Hrsg.): Riskante Freiheiten. Frankfurt 1994, 10-39.
Bourdieu, P.: Die verborgenen Mechanismen der Macht. Hamburg 1997.
Gamm, G.: Nicht nichts. Studien zu einer Semantik der Unbestimmtheit. Frankfurt 2000.
Gross, P.: Die Multioptionsgesellschaft. Frankfurt 1994.
Hanesch, W. u.a.: Armut und Ungleichheit in Deutschland. Der neue Armutsbericht der Hans-Böckler-Stiftung, des DGB und des Paritätischen Wohlfahrtsverbandes. Hamburg 2000.
Hiller, G.: Ausbruch aus dem Bildungskeller. Langenau-Ulm [4]1997.

Hitzler, R.; *Hohner*, A.: Bastelexistenz. Über subjektive Konsequenzen der Individualisierung. In: Beck, U.; Beck-Gernsheim, E.: (Hrsg.): Riskante Freiheiten. Frankfurt 1994, 307-315.

Keupp, H.: Diskursarena Identität. Lernprozesse in der Identitätsforschung. In: Keupp, H.; Höfer, R. (Hrsg.): Identitätsarbeit heute. Klassische und aktuelle Perspektiven der Identitätsforschung. Frankfurt 1997, 11-39.

Luhmann, N.: Die Gesellschaft der Gesellschaft.2 Bände. Frankfurt 1997.

Metzmacher, B.; *Zaepfel*, H.: Methodische Zugänge zu den Erfahrungswelten des Kindes. Zur Verbindung von tiefenpsychologischem und sozialem Sinnverstehen in der Integrativen Kindertherapie. In: Metzmacher, B. u.a. (Hrsg.): Therapeutische Zugänge zu den Erfahrungswelten des Kindes von heute. Integrative Kindertherapie in Theorie und Praxis. Bd. 1. Paderborn 1996, 9-73.

Schimank, U.: Soziologische Gegenwartsanalysen – Zur Einführung. In: Schimank, U; Volkmann, U. (Hrsg.): Soziologische Gegenwartsanalysen I. München 2000, 9-22.

Schroeder, J.; *Storz*, M.: Alltagsbegleitung und nachgehende Betreuung. Umriss eines Konzeptes zur präventiven Kooperation mit jungen Menschen in erschwerten Lebenslagen. In: Schroeder, J.; Storz, M.(Hrsg.): Einmischungen. Alltagsbegleitung junger Menschen in riskanten Lebenslagen. Langenau-Ulm 1994, 10-19.

Sennett, R.: Der flexible Mensch. München 2000.

Speck, O.: Die Ökonomisierung sozialer Qualität. Zur Qualitätsdiskussion in Behindertenhilfe und Sozialer Arbeit. München u.a. 1999.

Inge Holler-Zittlau

Reflexion als Aufgabe der Sonderschule und sonderpädagogischen Förderung in der Leistungsgesellschaft

Mit dem Wandel von der Industrie- zur modernen Medien- und Leistungsgesellschaft haben sich auch die sozio-ökonomischen Lebens- und Entwicklungsbedingungen verändert (vgl. *Rolff* 1992, *Hurrelmann* 1995). Die meisten Kinder und Jugendlichen profitieren von den Errungenschaften der modernen Leistungsgesellschaft, doch nicht allen gelingt dieses in gleichem Maße.

Einengung materieller Existenzen durch Arbeitslosigkeit, Zunahme von Kinderarmut, Auflösung räumlicher und sozialer Sicherheiten durch Wohnortwechsel und Trennung von Bezugspersonen, Labilisierung von Familienbeziehungen, Unsicherheiten in der sozialen Orientierung, Auflösung kultureller Normen und Werte und ein verändertes Freizeitverhalten mit erhöhtem Konsumdruck (vgl. *Heitmeyer* 1994, *Tillmann* 1999, *Schröter* 2001 u.a.) wirken sich in bestimmten Konstellationen ungünstig auf die Entwicklung von Kindern und Jugendlichen aus und können schon früh zu Verzögerungen und Störungen in der Kommunikations- und Sprachentwicklung, im Sozial- und Lernverhalten, zu Benachteiligungen mit sozialer Ab- und Ausgrenzung und zu reduzierter gesellschaftlicher Partizipation und Teilhabe führen.

Zunahme von Sprachentwicklungsstörungen bei Kindern

Immer mehr Kinder zeigen bereits im Kindergartenalter deutliche Verzögerungen und Störungen in der Sprachentwicklung.
- *Heinemann/ Höpfner* stellten 1992 bei 25% der untersuchten 3.5 – 4-jährigen Kindergartenkindern in Mainz Sprachentwicklungsverzögerungen fest. Über die Hälfte von ihnen zeigten Sprachauffälligkeiten mit einem „deutlichen bzw. schweren Ausmaß" (*Heinemann* 1996, 55).

- *Heinrichs/ Groffik* konstatieren eine Zunahme von sprachauffälligen Kindern in Düsseldorfer Kindergärten von 15% auf 27,1% zwischen 1986 und 1995 (vgl. *Groffik* 1996).
- *Heinemann* berichtet, dass 1996 bei 12,1% der Erstklässler in Mainz deutliche Sprachauffälligkeiten festgestellt wurden (vgl. *Heinemann* 1996).
- In Bayern hat die Anzahl sprachauffälliger Schüler zwischen 1986 und 1993 um 54 % zugenommen (vgl. *Heinemann* 1996).
- Schulärztliche Untersuchungen im Kreis Marburg-Biedenkopf belegen eine Zunahme von Sprachentwicklungsverzögerungen und -störungen von 9,3% auf 11,4% zwischen 1997 und 1998. Auch bei einer Veränderung der Bewertungskriterien zeigten im Jahre 1999 immer noch 9,1% der Schulanfänger deutliche sprachliche Auffälligkeiten.

Eingeschränkte oder unzureichende sprachlich-kommunikative Kompetenzen bei Schuleintritt bedingen auch vermehrte Probleme beim Erwerb der Schriftsprache und beim kognitiven Lernen.

Schüler mit Lernbeeinträchtigungen

Schon 1976 konnte *Probst* zeigen, dass die schulische Entwicklung und Sonderschulzuweisung von Kindern und Jugendlichen in hohem Maße von den sozio-ökonomischen und familialen Bedingungen und der sozialen Schichtzugehörigkeit abhängig sind (vgl. *Probst* 1976). Dieses hat sich in den vergangenen dreißig Jahren nicht verändert. Auch heute kommt der größte Anteil der Schüler der Schule für Lernbehinderte aus unterprivilegierten Verhältnissen, in denen das soziale Ansehen der Familien besonders gering ist (vgl. *Wocken* 2000). In der gerade veröffentlichten PISA-Studie wird deutlich, dass im internationalen Vergleich in Deutschland die Bildungsbiographien in besonderem Maße vom Sozialstatus der Familie abhängen.

In den Schulen nimmt die Anzahl der Schüler mit sonderpädagogischem Förderbedarf deutlich zu, wie statistische Daten der *KMK* 2001 belegen.
- Im Jahre 1999 wurden 469.162 Schüler mit sonderpädagogischem Förderbedarf in unterschiedlichen Schulformen unterrichtet, 414.812 von ihnen in Sonderschulen, das sind 5000 oder 1,2% mehr als im Jahre 1998.
- Im gleichen Zeitraum stieg auch die Zahl der Schüler mit sonderpädagogischem Förderbedarf in den allgemeinen Schulen auf 54.350.
- Der prozentuale Anteil der Sonderschüler in den einzelnen Bundesländern liegt zwischen 3,2% im Saarland und 6,7% in Sachsen-Anhalt. Während in Berlin 37,6% der Schüler an allgemeinen Schulen verbleiben können, sind

es in Sachsen-Anhalt lediglich 1,8%, im Bundesdurchschnitt sind es 13,1%. Dieses hat nicht nur schuladministrative Gründe.
- Bei mehr als 75% der 469.162 Schüler wurde der Förderschwerpunkt Lernen, Sprache oder emotionale und soziale Entwicklung festgestellt.
- 1999 besuchten 60.700 ausländische Schüler Sonderschulen, das entspricht einem Anteil von 14,6%. 1991 waren es noch 13,5%.
- Von 45.200 Abgängern der Sonderschulen im Jahre 1999 erreichten 9.016 Schüler den Hauptschulabschluss, 804 einen mittleren Abschluss, 3 die Fachhochschulreife und 66 die Hochschulreife.
- 35.280 Schüler verließen die Schule mit einem Abschluss- oder Abgangszeugnis "unterhalb" des Hauptschulabschlusses (vgl. *KMK* 2001).

Internationale Vergleiche ergeben, dass „fast ein Drittel aller Schüler im Laufe der Schulzeit gelegentliche Unterstützung benötigen, um die jeweiligen Bildungsziele zu erreichen. Zwei bis drei Prozent aller Kinder haben in den Regelschulen derartige Schwierigkeiten, dass sie einer besonderen schulischen und unterrichtlichen Förderung bedürfen" (*Schmetz* 1999, 134). Soziale und kognitive Über- oder Unterforderung und inadäquate didaktisch Entscheidungen verstärken zudem Lern- und Verhaltensprobleme.

In vielen Schulen gelingt es mit der zur Zeit existierenden Lehr- und Lernkultur nicht immer, die Diskrepanz zwischen den individuellen Lernmöglichkeiten des Kindes und der normativen Erwartungshaltung von Schule zu überwinden (vgl. *Schmetz* 1999).

Nachschulische Entwicklung und berufliche Perspektiven

Schüler mit Förderbedarf im Bereich Lernen, die ihre Pflichtschulzeit ohne einen formalen Ausbildungsabschluss beenden, haben besondere Probleme in der beruflichen Eingliederung und Arbeitsvermittlung.
- Konnten Ende der 60er Jahre 79,6% der Sonderschüler mit unteren Bildungsabschlüssen eine betriebliche Ausbildung beginnen (vgl. *Zielke* 1979) waren es 1977 lediglich noch 19% (vgl. *Saterdag/ Stegmann* 1980).
- Im Jahre 1976 wurde das berufsvorbereitende Schuljahr BVJ eingeführt. Im Schuljahr 1977/ 78 besuchten 26.834 Schüler das BVJ. Im Schuljahr 1978/ 79 waren es bereits 45.436 Schüler. Im Jahre 1991 stieg die Anzahl auf 68.574 und 1995 auf 83.436 (vgl. *Statistisches Bundesamt* 1999).
- 1996 nahmen von 56.019 jugendlichen lernbehinderten Schulabgängern 17% an einer Ausbildung in einem privaten Betrieb teil, 1999 waren es nur noch 16,7% mit fallender Tendenz.

- 1999 war jeder 7. junge Erwachsene zwischen 20 und 25 Jahren ohne Berufsabschluss (vgl. *BfA* 1999).
- Im Jahre 1999 waren 4,46 Millionen Menschen arbeitslos davon 480.233 Jugendliche und Erwachsene unter 25 Jahren. In den Jahren 1993 bis 1998 stieg die Anzahl der arbeitslosen Jugendlichen bis 25 Jahren von 450.000 auf 471.709 (vgl. *BMA* 1999).
- 93% der Schulabgänger der Schule für Lernhilfe bezogen 5 Jahre nach Schulabschluss Sozialhilfe (vgl. *BMA* 1998).

Trotz dieser ungünstigen Entwicklung ist gleichzeitig festzustellen, dass auch und gerade Schüler mit Lernbeeinträchtigungen den ‚Sinn des Lebens' in der Erwerbsarbeit sehen. Die Mehrheit von ihnen wünscht sich eine Zukunft im Sinne herkömmlicher „Norm- und Wertvorstellungen: einen Job, der den Neigungen entspricht, Geld und soziale Anerkennung einbringt" (*Angerhoefer* 1998, 100).

Schüler mit einem überbetrieblichen Berufsabschluss finden kaum einen Arbeitsplatz auf dem ersten Arbeitsmarkt. An- und Umlerntätigkeiten werden so gering entlohnt, dass eine wirtschaftlich selbständige Lebensführung kaum möglich ist (vgl. *Hiller* 1997, *Friedemann* 2000, 22f.). *Klein* fasst die Situation benachteiligter Jugendlicher nach Beendigung der Schulzeit so zusammen: „Am Ende der Schulzeit bei der Berufswahl, Berufsausbildung und Arbeitsplatzsuche wird die Aktualität sozialer Benachteiligung in ihrer ganzen Härte deutlich und trifft Haupt- und Sonderschüler gleichermaßen" (*Klein* 1996, 140).

Die strukturellen gesellschaftlichen Veränderungen sowie erhöhte Qualifikationsanforderungen in vielen Bereichen der Wirtschaft erschweren die Teilhabe an der Gesellschaft. „Das Missverhältnis zwischen den neuen Anforderungen auf dem Arbeitsmarkt und den individuellen Potentialen lernbeeinträchtigter Jugendlicher, die oft auch sozial benachteiligt sind und diese Benachteiligung nur im Einzelfall kompensieren können, wird immer größer und verwehrt ihnen letztlich die Berufstätigkeit" (*Angerhoefer* 1998, 102). Obwohl das System der beruflichen Rehabilitation in der Bundesrepublik in seiner Differenziertheit weltweit führend ist, ist die Effizienz dieser Einrichtungen und Maßnahmen angesichts des rationalisierungsbedingten Wegfalls einfacher Tätigkeiten in der industriellen Produktion und der Einschränkung und Reduzierung entsprechender Beschäftigungsmöglichkeiten auf dem öffentlichen Arbeitsmarkt gering. So müssen sich immer mehr junge Menschen auf ein Leben ohne Erwerbstätigkeit einstellen, ein Leben mit geringen ökonomischen Grundlagen, ohne zeitliche oder inhaltliche Orientierung und Strukturierung, wie es ein Erwerbsalltag bedingt, mit viel unbestimmter, freier Zeit zur Lebensgestaltung und der Notwendigkeit zur Selbstorganisation.

Auf diese Perspektive nachschulischen Lebens werden die Schüler während ihrer Schulzeit nur unzureichend vorbereitet.

Anforderungen und Aufgaben der Sonderschule und der sonderpädagogischen Förderung

Die schulische Förderung von Kindern und Jugendlichen im sonderpädagogischen Feld steht im Spannungsverhältnis gesellschaftlicher Anforderungen und individueller Lebens- und Entwicklungsbedingungen.

Einerseits soll die Schule die Schüler für spätere berufliche Tätigkeiten befähigen und dafür spezifische Kenntnisse und Kompetenzen vermitteln, andererseits soll Schule aber auch auf ein Leben ohne oder mit geringfügiger und zeitweiliger Erwerbstätigkeit vorbereiten.

In den hessischen Richtlinien der Schule für Lernhilfe von 1996 ist formuliert: „Die Schule für Lernhilfe hat den Auftrag die Schülerinnen und Schüler auf die gegenwärtige und zukünftige Berufs- und Lebenswelt sowie die Teilhabe an der Gesellschaft vorzubereiten. Darüber hinaus soll sie in allen wesentlichen Kulturbereichen zur allseitigen Persönlichkeitsentwicklung der Schülerinnen und Schüler beitragen" (*HKM* 1996, 4). Im Rahmenplan Arbeitslehre heißt es weiter:

Die Orientierung an Lebenssituationen, die Verbindung zur Arbeitswelt und die Methodenvielfalt bedingen die fächerübergreifende Erschließung eines Inhaltes und eine auf kooperative Arbeitsformen zwischen den Beteiligten Lehrerinnen und Lehrern ausgerichtete Unterrichtsorganisation. ... kooperative Arbeitsformen sind zwischen Lehrkräften, mit den Eltern sowie Vertretern von Berufsberatung, Berufsschulen, Ämtern und Betrieben anzustreben und zu praktizieren. (*HKM* 1997, 7)

Lernen und Entwicklung

Menschliche Entwicklung vollzieht sich in der Interaktion und aktiven kommunikativen Auseinandersetzung mit der personalen und sachlichen Umwelt. Lernen und Entwicklung im ganzheitlich ökologischen Sinne findet immer dann statt, wenn ein Individuum neue Perspektiven und Lebensräume kennenlernt, sich darin orientiert und damit sein Wissen und Können spezifisch und zielgerichtet erweitert.

Was das Individuum in einer Situation wahrnimmt und lernt, ist dabei nur bedingt von außen steuerbar, denn das Gehirn nimmt nicht nur jene Informationen und Reize von außen auf, die wie im Unterricht gezielt und spezifisch angeboten werden, sondern es filtert und koordiniert neben den kognitiven Reizen auch Emotionen, vegetative Impulse und Regulierungen wie das Atmen (vgl. *Gardner* 1993). Nach *Gardner* werden im Gehirn neuronale Verbindungen gebildet je nach dem, welche Sinnesorgane ‚aufnahmebereit' sind. Die Bedeutung eines Sinnesreizes entsteht nicht durch diesen selbst, sondern erst im Zusammenspiel von Sinnesorgan und Gehirnaktivität. Lernen ist in diesem Sinne neuronales Umorganisieren. Entsprechend wird die Bedeutung einer Einzelinformation auch erst durch den Vergleich und die Verknüpfung mit anderen Informationen sowie sozialen und emotionalen Erfahrungen hergestellt. Lernen findet nicht nur durch die Aufnahme und Verarbeitung äußerer Reize statt, sondern es erfolgt wesentlich auch durch Nachspüren und Nachdenken, durch Bewusstwerden, Erinnern und Antizipieren, dem kognitiven Herstellen und Konstruieren neuer Sach- und Sinnbezüge, die sich wiederum in einer Umstrukturierung neuronaler Verbindungen niederschlagen..

Beim Erinnern wird das ‚alte' Erinnerte und Behaltene erneut in das Bewusstsein gehoben und reaktiviert. Es wird damit zugleich in neue aktuelle Sinnzusammenhänge und Kontexte gestellt. Durch jedes weitere Erinnern werden neuronal neue Verbindungen zu weiteren Punkten gelegt, wodurch das Erinnerte zukünftig schneller abrufbar wird.

Die Sprache spielt in diesem Prozess des Lernens und der Reflexion eine entscheidende Rolle. Durch sie werden gewonnene Erfahrungen und erworbenes Wissen repräsentiert und strukturiert. Durch die sprachliche Auseinandersetzung und Reflexion wird die Komplexität der natürlichen Umwelt um ein Vielfaches über das unmittelbar Wahrnehmbare hinaus erweitert.

Die Kommunikation und sprachliche Interaktion mit anderen ermöglicht und erweitert gesellschaftlichen Austausch von Informationen und Ideen über Wahrgenommenes und über erkannte Zusammenhänge. Ein Austausch über emotionale und soziale Befindlichkeiten ermöglicht zudem soziale Austausch- und Normbildungsprozesse sowie die Vermittlung sozialer Verhaltensweisen und gesellschaftlicher Wertvorstellungen. Jede Entwicklung und jedes Lernen ist von Emotionen begleitet. Gefühle werden weitgehend nicht durch das Bewusstsein kontrolliert und gesteuert. Sie haben ontogenetisch betrachtet die Funktion, Sinneseindrücke schnell zu bewerten und das nachfolgende Verhalten zu steuern. Gefühle stehen in einer äußerst feinen Abstimmung mit den verarbeiteten Sinnesreizen und der Selbstregulierung des Bewusstseins. So entscheiden z.B. Emotionen darüber, ob ein schulisches Lernangebot wahrgenommen und angenommen wird, ob ein Lerngegenstand zu den bisherigen Erfahrungen und Erkenntnissen in Bezug gesetzt wird, ob Reflexion über Erfahrenes und Gelerntes überhaupt möglich wird. Gefühle steuern wesentlich das Selbstbewusstsein, die Ich-Identität und das Selbstwertgefühl eines Menschen.

Lernverhalten und Lernerfahrungen

Die meisten Schüler reagieren spontan und emotional auf schulische Lernangebote. Sie reflektieren selten eigenständig die Bedeutung oder den Gebrauchswert, den ein Lernangebot oder -gegenstand langfristig haben könnte. Viele Schüler haben Mühe, rational Bezüge zu ihren bisherigen Lebens- und Lernerfahrungen, zu ihren persönlichen Bedürfnissen und Wünschen, Vorstellungen und Zielsetzungen herzustellen oder mögliche zukünftige Sinnbezüge kognitiv zu konstruieren und zu verbalisieren.

Innerhalb der Schule und des Unterrichts wird ihnen nur unzureichend und zufällig, d.h. abhängig vom Selbstverständnis der Lehrperson, Gelegenheit gegeben, ihre individuellen Sichtweisen und Perspektiven zu einem Lerngegenstand darzustellen und zu reflektieren. Die Schüler erleben sich eher als reagierende und weniger als selbstbestimmte, intentional agierende Individuen. Eine individualisierte verbale Auseinandersetzung und Reflexion findet in der Regel nur dann statt, wenn ein Schüler oder eine Schülerin den Lern- oder Verhaltenserwartungen der Lehrkraft nicht entspricht. Dieses führt nicht selten zu Ablehnung und Lernunlust.

Im Fachunterricht findet nach wie vor eine Trennung einzelner Lernbereiche statt. Den Schülern wird die inhaltliche Verknüpfung zumeist allein überlassen oder sie bekommen von der Lehrkraft lediglich allgemeine Hinweise hinsichtlich einer möglichen Bedeutsamkeit der anzueignenden Lerninhalte. Auch beim Lernen in Projekten, bei der Arbeit an außerschulischen Lernorten oder in Programmen und Projekten der Berufsvorbereitung wird den Schülern die individuelle Bedeutsamkeit nur wenig einsichtig, denn in der entwicklungsdynamischen Zeit der Adoleszenz werden verknüpfende Hinweise von den Schülern auf dem Hintergrund ihrer schulischen Lernerfahrungen kaum aufgegriffen (vgl. *Friedemann* 2000). Mit zunehmendem Alter und vermehrten Schulerfahrungen nimmt das Interesse und die Motivation der Schüler für schulisches Lernen deutlich ab.

Reflexion als Aufgabe der Sonderschule und der sonderpädagogischen Förderung

Obwohl in den vergangenen Jahren didaktische Konzepte der Regelschule, Tages- und Wochenplanarbeit, handlungs- und projektorientiertes Lernen, und sachstrukturierte, entwicklungsorientierte sonderpädagogische Förderkonzepte sowie störungsspezifische Materialien und Methoden in die unterrichtliche Förderung Eingang gefunden haben, hat sich die Effektivität schulischen Lehrens und Lernens nicht erhöht.

Dieses wird primär auf zunehmende Lern-, Verhaltens- und Entwicklungsprobleme der Schüler, auf unzureichende personelle und materielle Ausstattung der Schulen, auf mangelnde Elternmitarbeit und auf eine Verschiebung erzieherischer Verantwortung vom Elternhaus in die Schule zurückgeführt (vgl. *Holler-Zittlau/ Gück* 2001). Unterrichtsimmanente Faktoren wie das Menschenbild, die berufliche Einstellung, subjektive Zielsetzungen und 'heimliche Lehrpläne' der Lehrer oder auch der Unterrichtsstil, das realisierte Interaktionsverhalten und die Art und Weise der unterrichtlichen Vermittlung werden kaum in Betracht gezogen.

Lehrer haben nicht nur die Aufgabe, spezifische Lernangebote zu entwickeln und diese technisch zu organisieren, sondern sie haben die Aufgabe im eigentlichen didaktischen Sinne einer doppelseitigen Erschließung und einer kritisch-konstruktiven Betrachtung von Lerngegenständen mit einer exemplarischen Bearbeitung von Schlüsselproblemen (*Klafki*), zwischen den Schülern mit ihren subjektiven Sichtweisen, Interessen und Wünschen sowie individuellen Lernvoraussetzungen und Lernmöglichkeiten und den curricularen schulischen und gesellschaftlichen Anforderungen zu vermitteln, damit das schulische Lernen auch in außerschulischen und nachschulischen Lebenskontexten der Schüler wirksam werden kann.

Diese Vermittlung ergibt sich nicht automatisch oder reflexiv durch die formale Organisation und Bereitstellung geeigneter, didaktischer Materialien, und Methoden, die den individuellen Lern- und Entwicklungsständen der Schüler entsprechen und in der Zone ihrer nächsten Entwicklung liegen, sondern sie kann und muss gerade bei der hier angesprochenen Schülerschaft durch eine gemeinsame subjektbezogene, dialogische Reflexion im Unterricht mit Hilfe und Unterstützung der Lehrkraft erfolgen.

Sollen Schüler stärker als bisher von den schulischen Lernangeboten profitieren, muss bereits mit Eintritt in die Schule mit ihnen gemeinsam der Frage nachgegangen werden, welche subjektive Bedeutung und welchen individuellen Gebrauchswerts schulisches Lernen hat, bzw. haben kann und welcher emotionale, soziale, inhaltliche und/ oder methodische Zugang dem einzelnen Schüler zu den Lernangeboten möglich ist.

Damit schulisches Lernen nicht abgespalten vom außerschulischen Leben erlebt und begriffen wird, müssen diese Zugänge und Bezüge im Unterricht von der Lehrkraft immer wieder aufgezeigt, hergestellt und erfahrbar gemacht werden und in der dialogischen Auseinandersetzung und Reflexion von jedem Schüler entsprechend seiner individuellen Lern- und Entwicklungssituation auf unterschiedlichen Handlungsebenen und kognitiven Niveaustufen reflektiert, kokonstruiert und weiterentwickelt werden.

Um dieses Ziel zu erreichen, hat die Sonderschule und die sonderpädagogische Förderung stärker als bisher die Aufgabe, den Schülern Möglichkeiten zu bieten, ihre Wahrnehmungen und Erfahrungen, Kenntnisse und Gefühle zur Sprache und damit ins Bewusstsein zu bringen, ihnen zu ermöglichen, über ihr Wissen und ihre Gefühle nachzudenken, diese in Bezug zu ihren bisherigen Lernerfahrungen und zukünftigen Lebenssituationen zu reflektieren.

Für die schulische und unterrichtliche Arbeit und Reflexion heißt dieses:

- Bereits bekannte individuelle Zugänge und Lernwege zu einem neuen Lerngegenstand müssen den Schülern immer wieder angeboten, von ihnen aktiviert und mit ihnen gemeinsam reflektiert werden.
- Zu neuen Unterrichtsgegenständen und Lernwegen müssen mit den Schülern im gemeinsam Dialog verschiedenartige Bezüge hergestellt werden.
- Bereits entwickelte Fähigkeiten und angeeignete Kenntnisse müssen möglichst häufig in neuen Kontexten aktiviert werden. Die Wahrnehmung und das Erkennen struktureller Gleichheit muss dabei immer wieder verbalisiert und gemeinsam reflektiert werden.
- Da Emotionen jegliches Lernen beeinflussen und bestimmen, müssen die Schüler mehr Möglichkeiten erhalten, ihre emotionalen und sozialen Befindlichkeiten verbal darzustellen und zu reflektieren.
- Mögliche außerschulische und nachschulische Verwertbarkeit und Bedeutsamkeit schulischer Lerninhalte müssen systematisch mit in die Reflexion einbezogen werden.
- Die sprachlichen Darstellungen und Reflexionen von äußeren Sachverhalten und individuellen Verstehensprozessen ermöglichen eine Erweiterung des Verständnisses komplexer Sachverhalte und Bezüge. Die Reflexionen der Lehrpersonen sind beispielhaft und haben Vorbildfunktion.
- Die sprachlichen Darstellungen und Reflexionen von individuellen Wahrnehmungen und Erkenntnissen ermöglichen den Schülern ein Bewusstwerden ihrer Fähigkeiten und Kenntnisse und eröffnen neue Perspektiven und Lernwege. Sie haben Vorrang vor einer formalsprachlichen Bearbeitung.
- Intraindividuelles Nachdenken und Reflektieren der Schüler z.B. in Form von Selbstgesprächen sollten toleriert werden. Gemeinsames Nachdenken und Reflektieren sollte im Unterricht regelmäßig eingeübt und kultiviert werden. Selbstgespräche von Schülern sind deshalb keine Unart, sondern Unterstützung und Kontrolle gerade erst gelernter Verhaltens- und Verstehensprozesse.
- Gelingt es den Schülern im Unterricht, eigene als auch allgemeine emotionale soziale, kognitive, sachliche und/ oder gesellschaftliche Bezüge wahr-

zunehmen, zu erkennen und gegebenenfalls sprachlich zu formulieren, ihre Fähigkeiten und Kenntnisse möglichst häufig zu aktivieren, zu rekonstruieren und in neuen Kontexten zu verknüpfen, entstehen vielfache neuronale Verbindungen, die stabiles vernetztes Wissen repräsentieren.

Regelmäßige gemeinsame und subjektzentrierte dialogische Reflexionen im Unterricht ermöglichen eine rationale Darstellung emotionaler, sozialer, kognitiver Bezüge zum Lerngegenstand, zur aktuellen und zukünftigen familialen und sozialen und beruflichen Lebenswelt der Schüler. Sie ermöglichen den Schülern eine realistische Selbsteinschätzung und stärken das Zutrauen in die eigenen Kompetenzen und Handlungsfähigkeiten. Sie bewirken eine Erweiterung der Interessen- und Erfahrungshorizonte und fördern die Lern- und Leistungsbereitschaft. Sie stärken das Selbstbewusstsein und führen zu mehr Eigenverantwortung. Sie ermöglichen soziale Orientierungen und erweitern das soziale Handlungsrepertoire durch die Entwicklung, Formulierung und Aneignung sozialer Regeln und Normen.

Bildung und Erziehung sind die vornehmlichsten Ziele schulischer Förderung. Bildung ist ein komplexer Entwicklungsprozess und nicht nur ein Kanon von Inhalten und Lerngegenständen. Sie ist die Fähigkeit, Erfahrungen und Erkenntnisse zu erweitern und Perspektiven zu wechseln. Bildung braucht die Kombination differenzierter Zugangsweisen. Sie geschieht im sozialen Kontext und ist gebunden an Selbstreflexion. Sie wird durch Einseitigkeit oder Festlegung verhindert.

Die Erweiterung und Vernetzung gegenstandsbezogener und sozialer Handlungskompetenzen verbreitern die soziale Akzeptanz und Integration und bedeuten zugleich eine umfassendere gesellschaftliche Teilhabe und Partizipation vom ersten Schultag an bis in die nachschulische Zeit hinein.

Literatur

Angerhoefer, U.; *Dittmann*, W.: (Hrsg.): Lernbehindertenpädagogik. Eine institutionalisierte Pädagogik im Wandel. Neuwied u.a. 1998.
BfA (Bundesanstalt für Arbeit): Arbeitsmarktstatistiken bis 3/ 1999 des Referats IIIa4 der BfA. Internetadresse: http://www.bma.bund400.de. Bonn 1999.
BfA (Bundesanstalt für Arbeit): Berufliche Eingliederung für Menschen mit Behinderung. Informationen für die Beratungs- und Vermittlungsdienste Nr. 38. Bonn 2000
BMA (Bundesministerium für Arbeit und Sozialordnung): Statistisches Taschenbuch des Referats für Öffentlichkeitsarbeit (Referat IIIa3). Bonn 1998.
BMA (Bundesministerium für Arbeit und Sozialordnung): Vierter Bericht über die Lage von Behinderten und die Entwicklung der Rehabilitation. Bonn 1998.
Friedemann, H.-J.; *Schroeder*, J.: Von der Schule ... ins Abseits? Untersuchungen zur beruflichen Eingliederung benachteiligter Jugendlicher. Langenau-Ulm 2000.

Gardner, D.: The neurobiology of neural networks. Cambridge (MIT press) 1993.
Groffik, Chr.: Bedeutung der Gesundheitsamts-Statistik auf für die kommunale Sprachheilhilfe. In: Deutsche Gesellschaft für Sprachheilpädagogik e.V. (Hrsg.): Kongressbericht. Münster 1996, 813-818.
Heinemann, M.: Zunahme von Sprachentwicklungsstörungen - ein aktuelles Problem (Ursachen und Konsequenzen). In: Deutsche Gesellschaft für Sprachheilpädagogik e.V. (Hrsg.): Kongressbericht. Münster 1996, 53-61.
Heitmeyer, W.: Freigesetzte Gewalt. Gewalt als Bearbeitungsform einer neuen Unübersichtlichkeit. In: Pädagogik 46(1994), 35-40.
Hiller, G.G.: Schulische Vorbereitung auf ein Leben im Ungefähren einschließlich temporärer Arbeitslosigkeit. In: Hessisches Landesinstitut für Pädagogik (Hrsg.): Arbeits- und Orientierungshilfen – Bildungsangebote für Jugendliche an Schulen für Lernhilfe, Hauptschulen und Berufsvorbereitungsklassen. Wiesbaden 2000, 42-43.
HKM Hessisches Kultusministerium: Richtlinien für Unterricht und Erziehung in der Schule für Lernhilfe. Wiesbaden 1996.
HKM Hessisches Kultusministerium: Rahmenplan Arbeitslehre für die Schule für Lernhilfe. Wiesbaden 1997.
Holler-Zittlau, I., *Gück*, M. (2001). Zum Verhältnis von Unterricht, sprachheilpädagogischer Förderung und Erziehung in der Sprachheilschule. Die Sprachheilarbeit, 46/2001, 14-23.
Hurrelmann, K.: Lebensphase Jugend. Weinheim u.a. [4]1995.
Klafki, W.: Schlüsselprobleme der modernen Welt und die Aufgaben der Schule - Grundlinien einer neuen Allgemeinbildungskonzeption in internationaler/interkultureller Perspektive. In Gogolin, J.; Krüger-Potratz, M.; Meyer, M. A. (Hrsg.), Pluralität und Bildung. Opladen. 1998.
Klein, G.: Soziale Benachteiligung: zur Aktualität eines verdrängten Begriffs. In: Opp, G.; Peterander, F. (Hrsg.): Focus Heilpädagogik. Projekt Zukunft. München 1996, 140-149.
KMK (Kultusministerkonferenz): Dokumentationen. Kultusministerkonferenz Bereich Statistik: http://www.kmk.org. 2001.
Probst, H.H.: Lernbehinderte und Normalschüler. Persönlichkeitseigenschaften und sozio-ökonomischer Hintergrund. Bern 1976.
Rolff, H.-G.; *Zimmermann*, P.: Kindheit im Wandel – Eine Einführung in die Sozialisation im Kindesalter. Weinheim u.a. 1992.
Saterdag, H.; *Stegmann*, H.: Berufswahlsituation und berufliche Einmündung lernbehinderter Jugendlicher. In: Zeitschrift für Heilpädagogik 31(1980), 371-375.
Schmetz, D.: Förderschwerpunkt Lernen. In: Zeitschrift für Heilpädagogik 50(1999), 134-143.
Schröter, M.: Freizeitverhalten und Sozialisationsbedingungen sprachbehinderter und nichtsprachbehinderter Grundschulkinder im Vergleich. In: Die Sprachheilarbeit 46(2001), 170-178.
Statistisches Bundesamt Wiesbaden: Haushalts- und Familienstatistik 1999. Wiesbaden 1999.
Tillmann, K.-J. u.a.: Schülergewalt als Schulproblem – verursachende Bedingungen, Erscheinungsformen und pädagogische Handlungsperspektiven. Weinheim u.a. 1999.
Wocken, H.: Leistung Intelligenz und Soziallage von Schülern mit Lernbehinderungen. In: Zeitschrift für Heilpädagogik 51(2000), 492-503.
Zielke, D.: Zur Effizienz des Förderlehrgangs. In: Bunk, G.; Hösel, A.; Reiser, R.; Sielmann, G.; Zielke, D.; Berufseingliederung und Berufsbildung Jugendlicher ohne Hauptschulabschluß. Berlin 1979, 100-121

Vera Moser

Die ethische Dimension der Sonderpädagogik

Sonderpädagogik hat traditionell eine starke ethische Akzentuierung ihres Faches vorgenommen und wird durch einige ihrer Vertreter auch gegenwärtig vornehmlich über die ethische Dimensionierung gegenüber anderen pädagogischen Teildisziplinen konturiert. Dabei erhebt sich die Frage, inwiefern ethische Fundierungen für erziehungswissenschaftliche Theoriebildungen im Allgemeinen bedeutsam sind, inwiefern dies für die geisteswissenschaftliche Tradition in besonderer Weise gilt und von welcher Relevanz diese Akzentuierung für die Sonderpädagogik ist.

1 Pädagogik und Ethik

Zunächst: Pädagogisches Handeln kommt ohne Ethik nicht aus. Sowohl in historischer Perspektive wie auch aktuell lassen sich ethische Fragestellungen innerhalb der Erziehungswissenschaft beobachten – allerdings mit abnehmender Tendenz. So zeigt etwa eine Erhebung allgemein-erziehungswissenschaftlicher Fachzeitschriften von Lothar *Wigger*, dass im Zeitraum von 1978-1996 lediglich 12% der Beiträge einer ethischen Problemerörterung zuzuordnen sind (vgl. *Wigger* 1998, 193). Ohne hingegen eine repräsentative Erhebung sonderpädagogischer Fachzeitschriften demgegenüber stellen zu können, lässt sich jedoch die These formulieren, dass hier wesentlich mehr Bezüge zur Ethik auszumachen sind, wie ich auch an einigen Grundlagenwerken der Sonderpädagogik im Folgenden zeigen möchte.

Galt für die Pädagogik der Aufklärung noch ein zwingender Zusammenhang von Ethik und Pädagogik – konnte Pädagogik gar als angewandte Ethik verstanden werden – so ist sie heute lediglich nur noch ein Teilgebiet der Erziehungswissenschaften, die sich normativen Fragen pädagogischen Handelns zuwendet oder im professionstheoretischen Kontext beispielsweise das Problem der Stellvertreterschaft erörtert. (Letzteres Problem wäre auch einem berufsethischen Zusammenhang zuzuordnen, der sich bei den verschiedensten Professionen stellt, wenn ein Mandat zu stellvertretendem Handeln auf der Basis eines kontrollierten Vertrauensverhältnisses erteilt wird.)

Jedoch sind grundsätzliche Ableitungen von pädagogischem Handeln entlang ethischer Leitlinien nicht mehr denkbar – zu vielfältig ist der Kontext gesellschaftlicher Funktionalität des Erziehungssystems, die selbst benannten Intentionen und unerwünschten Effekten, wie *Luhmann* (1988) am Beispiel der Selektion als Leistungsseite des Erziehungssystems nachgezeichnet hat. Eine alleinige ethische Leitlinie vermag diesen Komplex nicht zu erfassen, wenn beispielsweise die Zielstellung ‚besondere Förderung zur Teilhabe am gesellschaftlichen Leben' mit gleichzeitiger Verbesonderung einhergeht.

2 Sonderpädagogische Theoriebildung im Rahmen von Verantwortungsethik

Dennoch positioniert sich eine sonderpädagogische Theoriebildung gegenwärtig mit den Titeln „Heilpädagogik als wertgeleitete Wissenschaft" (*Haeberlin* 1996b) oder auch „Behindertenpädagogik als angewandte Ethik" (*Antor/ Bleidick* 2000) dezidiert mittels eines ethischen Zugangs. Diese Verortung ist allerdings keineswegs neu. Die Verknüpfung von normativer Zielstellung ‚Verstehen und Verbessern der Lebenssituation behinderter Menschen' bei gleichzeitig postulierter gesamtgesellschaftlicher Verantwortungsnahme verfügt über eine lange, der geisteswissenschaftlichen Pädagogik geschuldeten Tradition, in welcher das Konzept ‚Humanisierung der Gesellschaft durch Erziehung' programmatisch verankert war.

Neu ist lediglich die Verpflichtung auf eine solche Position angesichts postmoderner Zeitdiagnosen einerseits und dem allgemeinen medizintechnologischen Fortschritt andererseits. So formulieren z.B. *Bleidick/ Antor*:

Nicht nur die medizinisch-technischen Möglichkeiten haben zugenommen, auch das Insistieren vieler Menschen, sie könnten die moralischen Entscheidungen in ihrem Alltag in eigener Regie treffen, unbeeinflußt von irgendwelchen, sei es politischen, sei es kirchlichen Vorgaben. Mit dieser Individualisierung moralischer Entscheidungen ist ein zweiter zeitgenössischer Entwicklungstrend angesprochen, der postmoderne Zeitgeist, in dem der Anspruch auf ein selbstbestimmtes Leben allgemein geworden ist. (*Bleidick/ Antor* 2000, 9)

Etwa parallel dazu erläutert *Haeberlin* die Aufgaben der Heilpädagogen: Sie „müssen Anwälte der Schwachen, Behinderten und Benachteiligten und notwendigerweise nicht nur erzieherisch, unterrichtend und pflegerisch, sondern auch politisch tätig sein. Sie kämpfen mit geeigneten politischen Mitteln gegen Tendenzen der Unwürde und des Unrechts gegenüber gesellschaftlich ausgesonderten Menschen" (*Haeberlin* 1996b, 34). An anderer Stelle skizziert *Haeberlin* auch die heilpädagogische Aufgabe als ein Entgegenwirken gegenüber gesellschaftlichen Entsolidarisierungsprozessen (vgl. *Haeberlin* 1996a, 180).

In ähnlicher Weise argumentiert jüngst auch Markus *Dederich*:

Neben der Bearbeitung von speziellen Fragen der Erziehung und Rehabilitation von Menschen mit Behinderungen ist es (...) Aufgabe [der Behindertenpädagogik, V.M.] in die Gesellschaft hineinzuwirken und dazu beizutragen, dass die notwendigen sozialen, bildungspolitischen, ökonomischen und geistigen Bedingungen bereitgestellt werden, die Menschen mit Behinderungen zu einem möglichst selbstbestimmten und sozial integrierten Leben verhelfen. (*Dederich* 2000, 26)

Auch die bereits etwas ältere Dissertation von Markus *Müller* „Denkansätze in der Heilpädagogik" aus dem Jahr 1991 thematisiert die Möglichkeit, mit Hilfe eines meta-ethischen Rahmens die unterschiedlichen heil-, sonder- und behindertenpädagogischen Strömungen einen zu können. Gedacht ist hierbei an eine – wie *Müller* formuliert – „Reflexion der *Konsequenzmoralität*" (*Müller* 1991, 178; H.i.O.) und zwar erstens hinsichtlich der Sicherung der Würde, zweitens hinsichtlich der uneingeschränkten gesellschaftlichen Teilhabe, sowie drittens – damit verbunden – hinsichtlich der Sicherung des Bildungsrechts behinderter Personen (vgl. *Müller* 1991, 200ff.).

Als weiteres Beispiel sei die Dissertation von Hajo *Jakobs* erwähnt, die in sehr differenzierter Weise Heilpädagogik ethisch neu zu fundieren sucht, und zwar vor dem Hintergrund, dass einerseits traditionelle anthropologische Begründungsmuster von Sonderpädagogik entlang des Behinderungsbegriffes nicht mehr ausreichen, andererseits aber der „gesellschaftliche Konsens über die Respektierung des Lebensrechts und der Menschenwürde von Menschen mit (schweren) Behinderungen" (*Jakobs* 1997, 11) erneut in Frage stehe. Sein Vorschlag zielt darauf ab, Heilpädagogik aus dem Kontext des ‚Kampfes um Anerkennung' sozialphilosophisch neu zu legitimieren. (Vergleichbare Vorschläge finden sich auch in pädagogischen Konzeptionen der Integrationspädagogik bei *Prengel* (1993) und *Hinz* (1993) sowie jüngst auch bei *Katzenbach* (2000).

Betrachtet man nun die vorgelegten ethischen Fundierungen genauer, wären zwei ethische Positionierungen zu unterscheiden: a) eine Grundlegung über den Zugang einer Verantwortungsethik und b) eine sozialphilosophische Bestimmung pädagogischen Handelns.

Insbesondere dem Gegenstand der Verantwortungsethik sind die meisten sonderpädagogischen Theoriefundierungen zuzuordnen. Stellvertretung für Menschen mit Behinderung – im pädagogischen wie im gesellschaftlichen Kontext – dominieren in den Argumentationen von *Bleidick/ Antor*, *Dederich* und *Haeberlin*. Dabei überschreiten allerdings auch Entwürfe in Richtung einer ‚Tugendlehre' für Heilpädagogen einen professionstheoretisch kontrollierbaren Rahmen und münden, wie etwa bei *Haeberlin*, auch in außerwissenschaftlichen Orientierungsversuchen: Heilpädagogik sei in ihrer Bestimmung des Anderen als „gleichwertige und würdige Person auf einen Glauben im außerrationalen, in einer weiten Deutung als ‚religiös' benennbaren Sinn angewiesen" (*Haeberlin* 1996b, 46). Auch die Position *Bleidicks* (vgl. *Bleidick/ Antor* 2000), die auf der Durchsetzung eines allgemeinen Bildungsrechts im Sinne der Stellvertretung besteht, oder diejenige *Kobis* (1993), die einen ‚Schutz vor Objektivierung' behinderter Menschen reklamiert, ist nicht weiter als pädagogisches Handlungskonzept operationalisiert.

Insgesamt haftet dem Stellvertretermodell das Problem an, dass es weder ethisch, noch professionstheoretisch präzise genug entwickelt wird, um die erteilte Mandatschaft hinsichtlich zeitlicher und inhaltlicher Bestimmung zu begrenzen und um sie dadurch über einen definierten Rahmen kontrollierbar zu machen. Hier betont Hiltrud *Loeken* zu recht:

Das Prinzip der Anwaltschaft (...) erscheint mir als Leitkonzept einer Profession allerdings nur bedingt geeignet, da seine einseitige Betonung dazu führen kann, Realitäten zu verkennen und konstitutive Widersprüche unsichtbar zu machen. So bringt die Betonung der Anwaltschaft die Paradoxie zum Verschwinden, dass durch berufliche Standespolitik und Etablierung eigenständiger sonderpädagogischer Institutionen manche Klientel erst geschaffen wird und ihre besondere Förderung, deren Methoden alleine im Besitz des eigenen Berufsstandes geglaubt werden, nur um den Preis der Aussonderung bzw. Besonderung zu haben ist. (*Loeken* 2000, 202)

Von daher schlägt *Loeken* vor, das Stellvertretungsmodell in das Spannungsfeld ‚Förderung – Aussonderung' zu implementieren, um die je unerwünschten Effekte im Reflexionsprozess sonderpädagogischen Handelns aufnehmen zu können (vgl. *Loeken* 2000, 203), aber auch, um stellvertretendes Handeln überhaupt plausibel zu machen – schließlich ist nicht jede pädagogische Situation durch stellvertretendes Handeln gekennzeichnet. Vielmehr geht es im pädagogischen Kontext in der Regel um sogenannte face-to-face-Interaktionen, in denen gerade direkte Interaktionen und anschließende Reflexionen zur Wirkung kommen. Diesen Prozess nimmt lediglich *Kobis* Stellvertretungsmodell, welches auf Verhinderung von Objektivierung abzielt, in den Blick.

Weiterhin besteht allerdings für das Stellvertretungsmodell innerhalb institutionalisierter pädagogischer Praxis insgesamt das Problem, dass hier gesellschaftliche und individuelle Interessen miteinander zu vermitteln sind – strukturell aufgehoben ist dieser Sachverhalt im Konzept der Doppelmandatschaft pädagogischen Handelns. Insofern ist eine einseitige Parteinahme für den Klienten ohnehin verunmöglicht. Hans Jürgen *Gößling* schreibt hierzu:

Alle Ansätze zur Begründung pädagogischer Verantwortung stehen vor dem systematischen Problem, die Wegscheide zwischen Individualisierung und Institutionalisierung zu überqueren, an der sich die Unterscheidung zwischen pädagogischem Ethos und Professionsmoral festmachen läßt. Dieses Dilemma ist dadurch bedingt, dass gerade eine prinzipielle Begründung pädagogischer Verantwortung auf Idealitätsannahmen zurückkommen muss, die sich – gemessen an jenem Fundierungsanspruch – nicht mit den Imperativen einer Institutionalisierung pädagogischer Praxis synchronisieren lassen. (*Gößling* 2000, 57)

Darüber hinaus ist es fraglich, ob das Modell der Stellvertreterschaft insgesamt dazu geeignet sein kann, eine pädagogische Teildisziplin zu bestimmen, da ja weitgehend, wie in den angeführten Beispielen gezeigt, auf ein gesellschaftliches Handeln außerhalb des Erziehungssystems abgezielt wird, mit der Option, soziale Integration einzufordern.

Von daher ließe sich also folgern, dass Parteinahme und Fürsprache zwar als wünschenswerte Haltung von Berufsverbänden und je einzelnen Pädagogen zu formulieren ist, allerdings als Umriss eines pädagogischen Handlungsmodells nicht ausreicht.

3 Die sozialphilosophische Grundlegung von Integrationspädagogik

Wie nun ließe sich der Zusammenhang von Ethik und pädagogischem Handeln neu bestimmen? Wie bereits erwähnt, gibt es innerhalb der Integrationspädagogik, aber auch im Vorschlag von Hajo *Jakobs*, die Verortung pädagogischen Handelns im Kontext des Anerkennungsparadigmas. Die Anerkennung des Anderen wird dabei zum Ziel wie zur Dimension pädagogischen Handelns erklärt, eingebunden in ein Theoriemodell der Selbstachtung und der Gerechtigkeit, wie es Jörg *Zirfas* (1999) in seinem Werk „Die Lehre der Ethik" ausführt. Damit wird die klassische sonderpädagogische Fundierungskategorie der ‚Behinderung' (die letztlich eine weitgehend anthropologische ist) in ein ethisches Konzept überführt:

Lässt sich Behinderung nicht als anthropologisches A priori, sondern als Interpretation verstehen (...), so bedeutet dies, die Relativität und Relationalität des Behinderungsbegriffes in Rechnung zu stellen und das anthropologische Paradigma der Behinderung durch ein ethisches der Integration zu ersetzen, das auf einer Ethik der Anerkennung in Bezug auf Selbstachtung und Gerechtigkeit abhebt. (*Zirfas* 1999, 209)

Mit dieser Konkretion ist Ethik nicht von vorneherein eine normative, handlungssteuernde übergreifende Leitidee, sondern bezieht sich je neu auf ein Interaktionsverhältnis, in welchem die Orientierung an Selbstachtung und Gerechtigkeit den Reflexionsrahmen abgibt. Zugleich geht es bei dem Problem der Anerkennung allerdings auch um die Überschreitung des je Gegebenen, denn, so betont *Gößling*: Die Perspektive des Anerkennungsverhältnisses sei pädagogisch nur dann gehaltvoll, „wenn sie sich nicht auf die Anerkennung des befremdlichen Andersseins des Anderen beschränkt, sondern ihn zugleich im Lichte anderer, besserer Möglichkeiten seiner selbst wahrzunehmen versucht, freilich solcher, die er, durch Bildungsangebote und Lernanstöße angeregt, sich selbst zu eigen machen muss" (*Gößling* 2000, 197).

Anhand dieser Ausführungen mag deutlich geworden sein, dass Ethik im Sinne einer Verantwortungsethik nicht ausreicht, um pädagogisches Handeln strukturell zu erfassen. Hingegen scheinen sozialphilosophische Fundierungen eher geeignet, die Dimension des Pädagogischen, welches als Lern- und Sozialverhältnis zu beschreiben wäre, zu erfassen, und von hier aus professionstheoretisch weiterzuentwickeln. Dies wäre für die Integrationspädagogik eine nächste, unverzichtbare Aufgabe.

Literatur

Antor, G.; *Bleidick*, U.: Behindertenpädagogik als angewandte Ethik. Stuttgart u.a. 2000.
Dederich, M.: Behinderung – Medizin – Ethik. Behindertenpädagogische Reflexionen zu Grenzsituationen am Anfang und am Ende des Lebens. Bad Heilbrunn 2000.
Gößling, H.J.: Ethos und Kompetenz. Zur Begründung pädagogischer Urteilskraft im Horizont traditioneller und aktueller Vernunftkritik. Weinheim 2000.
Haeberlin, U.: Gesellschaftliche Entsolidarisierungsprozesse: Braucht die Heilpädagogik ethische Grundlagen? In: Opp, G.; Peterander, F. (Hrsg.): Focus Heilpädagogik. Projekt Zukunft. München u.a. 1996a, 172-184.
Haeberlin, U.: Heilpädagogik als wertgeleitete Wissenschaft, Bern u.a. 1996b.
Hinz, A.: Heterogenität in der Schule. Hamburg 1993.
Jakobs, H.: Heilpädagogik zwischen Anthropologie und Ethik, Bern u.a. 1997.
Katzenbach, D.: Kampf um Anerkennung – ein Leitbegriff für die Integrationspädagogik? Frankfurt (unveröff. Vortragsmanuskript) 2000.
Kobi, E.E.: Grundfragen der Heilpädagogik, Bern u.a. 1993.
Loeken, H.: Spannungsfelder sonderpädagogischer Professionalität – Anregungen für ein Professionskonzept. In: Albrecht, F. u.a. (Hrsg.): Perspektiven der Sonderpädagogik. Disziplin- und professionsbezogene Standortbestimmungen. Neuwied u.a. 2000, 199-210.
Luhmann, N.: Reflexionsprobleme im Erziehungssystem. Frankfurt 1988.
Müller, M.: Denkansätze in der Heilpädagogik. Heidelberg 1991.
Prengel, A.: Pädagogik der Vielfalt. Opladen 1993.
Wigger, L.: Pädagogik und Ethik. Themen und Referenzen im allgemeinpädagogischen Zeitschriftendiskurs. In: Stroß, A.M.; Thiel, F. (Hrsg.): Erziehungswissenschaft. Nachbardisziplinen und Öffentlichkeit Weinheim 1998, 193-211.
Zirfas, J.: Die Lehre der Ethik. Zur moralischen Begründung pädagogischen Denkens und Handelns. Weinheim 1999.

Blanka Hartmann[1]

Potenziale des Qualitätsmanagements für sonderpädagogisches Arbeiten in der modernen Leistungsgesellschaft

Einführung

Qualität sowie Qualitätsmanagement sind zentrale Bestandteile jeglicher Arbeitsbereiche in der modernen (Dienst-)Leistungsgesellschaft, um den Anforderungen der Kunden (des Klientels) gerecht werden zu können. Insbesondere sonderpädagogisches Arbeiten erhält zunehmend einen Dienstleistungscharakter und muss sich verstärkt an den Anforderungen ihres Klientels orientieren. Dementsprechend kann die Sonderpädagogik von den Methoden des Qualitätsmanagements profitieren.

Im Folgenden werden zunächst die Begriffe Qualität und Qualitätsmanagement ausgehend von den ursprünglichen Definitionen aus dem Bereich der Ingenieurswissenschaften betrachtet, um dann einen Transfer auf sonderpädagogische Arbeitsfelder vorzunehmen. Zum Abschluss des Vortrages wird auf Chancen und Risiken des Qualitätsmanagements eingegangen.

1 Definition von Qualität

Dem Begriff Qualität begegnet man inzwischen in allen Arbeitsgebieten, insbesondere aber auch in der Pädagogik. Beispiele hierfür sind Zertifizierungen pädagogischer Einrichtungen nach DIN ISO Normen und Schlagwörter wie ‚Qualität des Unterrichts', ‚Qualität der Diagnostik' oder auch ‚Qualität der Lehre'. Aufgrund dieses vielfältigen Einsatzes liegen für Qualität nicht nur zahlreiche stark differierende Definitionen vor, sondern es gibt auch unter-

---

[1] Bisherige Veröffentlichungen und Vortrag gehalten unter dem Geburtsnamen „Zimmermann".

schiedliche Vorstellungen über Qualität aus den unterschiedlichen Professionen.
Dies ist vergleichbar mit dem klassischen Beispiel der Beantwortung der Frage (vgl. *Rehn* 2000): Wo geht es hier zum Bahnhof?
- Systemisch orientierter Familientherapeut:
  Was ist dein sekundärer Gewinn, wenn du mich nach dem Weg fragst? Willst du meine Bekanntschaft machen?
- Benchmarker:
  Welche Lösungen haben sie schon angedacht? Schreiben sie alles auf diese Kärtchen.
- Zeitplanungsexperte:
  Haben sie überhaupt genügend Pufferzeit für meine Antwort eingeplant?

Diesem häufig zitierten Beispiel liegt zugrunde, dass jede Profession ihre eigene Antwort auf unterschiedliche Fragestellungen finden muss. Ähnlich wird der Qualitätsbegriff betrachtet. Der Einsatz des Qualitätsbegriff für humane Dienstleistungen hinsichtlich der Förderung körperlich behinderter Kinder könnte zu folgenden Resultaten führen:
- Ergotherapeuten:
  Qualität einer Behandlung resultiert daraus, dass sich die körperliche Funktionsfähigkeit verbessert.
- Verhaltenstherapeut:
  Qualität einer Behandlung wird dadurch bestimmt, dass sich die Compliance und das Coping des Kindes verbessert.
- Betriebswirt:
  Qualität der Behandlungsmaßnahmen orientiert sich an der Effizienz und dem Gewinn für unsere Institution.
- Kind selber:
  Qualität bedeutet für mich, dass ich mich bei der Behandlung wohl fühle und als ganzer Mensch akzeptiert werde.

So richtig und wichtig jedes Verständnis von Qualität der einzelnen Professionen auch ist: Nicht jeder sollte seine eigene Antwort finden, sondern es ist ratsam eine allgemeingültige für jeden nachvollziehbare Definition für Qualität zu entwickeln, da eine Vielzahl individueller Definitionen von Qualität den Qualitätsbegriff ad absurdum führt. Um zu einem einheitlichen Qualitätsbegriff zu gelangen, sollten alle Maßnahmen nach allgemeingültigen Qualitätskriterien beurteilt werden, sei es nach Erfüllung von Kundenanforderungen oder Transparenz der Maßnahme. Damit wird gleichzeitig betont, dass insbesondere verstärkt Wert gelegt wird auf interdisziplinäres Arbeiten.

Eine prinzipielle Vorstellung von Qualität vermittelt die Definition der Experten der europäischen Norm- und Qualitätssicherungsinstitute: „Qualität ist, was den Anforderungen entspricht" (zit.n. *Kempfert/ Rolff* 2000, 14). Der Transfer dieser allgemeinen Definition auf sonderpädagogische Arbeitsbereiche ist ersichtlich, da sich pädagogische Organisationen, Institutionen und Handlungsweisen nach mehr oder weniger eindeutig bestimmten Anforderungen richten, die erfüllt werden müssen. Beispiele dafür sind u.a. (vgl. *Zimmermann* 2001):

- Pädagogische Einrichtungen müssen effizient arbeiten und den Erfordernissen des Marktes gerecht werden, um weiterhin bestehen zu können.
- Die Ausbildung von Pädagogen, seien es Erzieher, Lehrer, Berater oder Therapeuten im allgemeinen wie sonderpädagogischen Bereich orientiert sich zunehmend an (bisher noch nicht eindeutig definierten) Qualitätsmaßstäben, um das Qualifikationsprofil transparenter werden zu lassen.
- Pädagogische Präventions- wie Interventionsmaßnahmen müssen Anforderungen bezüglich ihrer Umsetzbarkeit im pädagogischen Alltag und ihrer Wirkungsweise entsprechen.

Eine detaillierte Qualitätsdefinition differenziert in Anlehnung an *Garvin* den (vgl. *Hartmann* 1998, *Zimmermann* 2001):

- Transzendenten Ansatz – Qualität als absolutes Merkmal
  Sonderpädagogisches Beispiel: Die pädagogische Betreuung einer Erziehungsberatungsstelle wird als gut empfunden.
- Produktbezogenen Ansatz – Qualität auf der Basis spezifischer Eigenschaften
  Sonderpädagogisches Beispiel: Die Arbeit der Erziehungsberatungsstelle ist von guter Qualität, weil sie die sozialen Interaktionsmuster der Familie positiv beeinflusst.
- Anwenderbezogenen Ansatz – Erfüllung der Kundenanforderung
  Sonderpädagogisches Beispiel: Die Kunden der Erziehungsberatungsstelle erheben unterschiedliche Anforderungen. Die Kunden ‚Eltern' wünschen Unterstützung bei der Erziehung, der Kunde ‚Kind' wünscht sich ernst genommen zu werden und der Kunde ‚Mitarbeiter' wünscht angenehme Arbeitsbedingungen. Dementsprechend ist diesen unterschiedlichen Anforderungen gerecht zu werden.
- Fertigungsbezogenen Ansatz – Erfüllung von Spezifikationen
  Sonderpädagogisches Beispiel: Die Qualität einer Beratung resultiert aus dem Prozess bis zur Zielerreichung. Werden bei einer Beratung die vorgegebenen Beratungsschritte eingehalten, würde diese Beratungsform als qualitativ hochwertig gelten.

- Wertbezogenen Ansatz – Preis-Leistungsverhältnis
  Sonderpädagogisches Beispiel: Hierbei wäre die Beratungsform, die mit einem geringeren Zeit- und Kostenaufwand zur Verbesserung der Interaktion führt, die qualitativ hochwertigere Beratung.

Diese Ansätze können in Abhängigkeit von individuellen Anforderungen an die Qualität unterschiedlich miteinander in Verbindung gesetzt werden. So ermöglicht eine derart weite Definition von Qualität dem Anwender einen hohen Handlungsspielraum. Dies kann sich insbesondere das variable und komplexe sonderpädagogische Tätigkeitsfeld zu nutze machen.

2 Qualitätsmanagementmethoden

Ein wichtiges Kriterium für die Beurteilung der Qualität eines Produktes, einer Behandlungsmethode u.ä. ist die Erfüllung der Kundenanforderungen. Um diese adäquat zu erfassen und umzusetzen, können Methoden des Qualitätsmanagements eingesetzt werden. Ein wichtiges Prinzip des Qualitätsmanagements besteht in „der Vorbeugung bzw. Vermeidung von Fehlern" (*Spörkel* u.a. 1997, VII). Hierfür werden mittels vielfältigster Methoden die Anforderungen potenzieller Kunden ermittelt und die Arbeitsabläufe strukturiert. Die grundlegende Philosophie dieser Methoden ist das Total Quality Management, das a) Kundenanforderungen, b) Prozesse und c) Mitarbeiteranforderungen in ein Interdependenzverhältnis stellt (vgl. *Janßen* 1997, Zimmermann 2002):

a) Zentraler Bestandteil eines Qualitätsentwicklungsprozesses sind die Kundenanforderungen. Dementsprechend müssen zunächst die Kunden und deren Anforderungen ermittelt werden.
Sonderpädagogisches Beispiel: In einer Erziehungsberatungsstelle treffen unterschiedliche Kunden aufeinander. Diese sind beispielsweise Eltern, Kinder, kooperierende Einrichtungen, aber auch die eigenen Mitarbeiter. Alle Kunden haben unterschiedliche Anforderungen. Beispielsweise wünschen die Eltern angemessenes Verhalten vom Kind, das Kind mehr Verständnis von den Eltern und die Mitarbeiter Anerkennung für ihre Tätigkeit von Seiten des Klientels aber auch von der Leitung.

b) Mittels der Prozessorientierung werden Arbeitsabläufe durch geeignete Methoden optimiert und effizient gestaltet.
Sonderpädagogisches Beispiel: Gerade in akuten Situationen, wie z.B. die Einweisung eines Kindes in ein Heim aufgrund von Misshandlungen und

Missbrauch durch die Familie, müssen Arbeitsabläufe so gestalten sein, dass die Handlungsschritte u.a. standardisiert, für jeden Betroffenen verständlich und möglichst einfühlsam vollzogen werden.

c) Der Mitarbeiter ist im Entwicklungsprozess von hoher Bedeutung. Die Qualität des Produktes/ Konzeptes hängt u. a. nicht nur von seinen eigenen fachlichen Qualifikation ab, sondern auch davon, ob er sich als ‚ganzer', zufriedener Mitarbeiter akzeptiert fühlt, der in den Arbeitsablauf integriert ist, Verantwortung trägt und Entscheidungskompetenzen übernimmt.

Sonderpädagogisches Beispiel: Gerade im sonderpädagogischen Arbeitsbereich ist der Mitarbeiter der entscheidende Faktor, beispielsweise für die erfolgreiche Durchführung von integrativen Freizeitangeboten: Nur durch seine fachliche Qualifikation, seine persönlichen Kompetenzen und sein Engagement ist eine gelungene Umsetzung möglich. Zudem ist es notwendig, dass die Leitung der Einrichtung seine Arbeit anerkennt und ihm die Verantwortung für die Ausgestaltung der Freizeit überträgt.

Im Rahmen der Ingenieurswissenschaften werden vielfältige Methoden des Qualitätsmanagements eingesetzt, mit denen Kundenanforderung detailliert erfasst, potenzielle Fehlerquellen lokalisiert, Entwicklungsprozesse optimiert und Qualität gesichert werden (vgl. *Hartmann/ Zimmermann* 2001). Da der Einsatz dieser Methoden durch interdisziplinäres, teamorientiertes Arbeiten charakterisiert ist, ist ihr Einsatz natürlich auch in sonderpädagogischen Arbeitsfeldern denkbar.

Der Transfer von Qualitätsmanagementmethoden auf die Sonderpädagogik ist notwendig, da sonderpädagogisches Arbeiten zunehmend einen Dienstleistungscharakter erhält sowie eine Orientierung am Kunden zur Existenzsicherung (vgl. *Bobzien* 2000) erforderlich ist. Darüber hinaus wird es per Gesetz (SGB, KJHG) eingefordert (vgl. *Nüßle* 2000).

So ist der Einsatz von Qualitätsmanagementmethoden im sonderpädagogischen Arbeitsfeld vielfältig möglich (vgl. *Zimmermann* 2001):

- Förderung von kooperativem und interdisziplinärem Arbeiten.
- Transparent machen der sonderpädagogischen Arbeit und damit
- Erhöhung der (gesellschaftlichen) Akzeptanz sonderpädagogischer Arbeit.
- Entwicklung und Optimierung von Unterrichtskonzeptionen, Beratungs- und Interventionsmethoden.
- Verbesserung der Qualität sonderpädagogischer Ausbildung und Lehre.
- Entwicklung neuer Ideen.

3 Chancen und Risiken des Qualitätsmanagements

Mit dem Transfer des Qualitätsmanagements in sonderpädagogische Arbeitsfelder gehen zahlreiche potenzielle Chancen und Risiken einher (vgl. *Senft* 2000):

Risiken:
- Angst vor Kontrolle.
- Eigentliche Arbeit kommt zu kurz.
- Standardisierung behindert die Flexibilität und damit könnte die
- Eigenständigkeit der Mitarbeiter beschnitten werden.

Chancen:
- Transparenz der Arbeitsabläufe herstellen.
- Klarheit über Anforderungen und Bedürfnisse der unterschiedlichen Kundengruppen schaffen.
- Image verbessern.
- Systematische Erzeugung von Qualität.

Die Einführung von Qualitätsmanagementsystemen in sonderpädagogische Tätigkeitsfelder erhöht zunächst kurzfristig den Arbeitsaufwand. Darüber hinaus könnte die Gefahr bestehen, dass Mitarbeiter stärker kontrolliert werden sowie der Klient weniger als individuelle Persönlichkeit sondern vielmehr als Produkt betrachtet wird. Aber gerade dieser Gefahr kann begegnet werden, indem die Vorteile des Qualitätsmanagements dazu eingesetzt werden, humane Dienstleistungen zu verbessern und damit den Kunden der sonderpädagogischen Arbeitsbereiche zunehmend gerecht zu werden.

4 Ausblick

Die Chancen der Qualitätsmanagementmethoden machen deutlich, dass ihr Transfer auf die Sonderpädagogik diese humane Dienstleistung weiterentwickeln kann. Denn Qualitätsmanagementmethoden führen nicht nur zu einer ökonomischen Effizienzsteigerung, sondern steigern auch den Nutzen für das sonderpädagogische Klientel (vgl. *Leyendecker* 2000).

Um dies erreichen zu können, ist es notwendig, dass Sonderpädagogik und ‚freie Wirtschaft' verstärkt interdisziplinär arbeiten. Ebenso müssen die Methoden des Qualitätsmanagements derart auf sonderpädagogische Arbeitsverhältnisse angepasst werden, dass diese Methoden den Erfordernissen der sonderpädagogischen Arbeit gerecht werden.

Literatur

Bobzien, M.: Nichts ist mehr, wie es einmal war - Qualitätsmanagement als einrichtungsinterne Veränderungsstrategie. In: Schröer, H. u.a. (Hrsg.): Qualitätsmanagement in der Praxis. Freiburg i.B. 2000, 227-235.

Janßen, H.: TQM im Gesundheitswesen. In: Spörkel, H. u.a. (Hrsg.): Total Quality Management im Gesundheitswesen. Methoden und Konzepte des Qualitätsmanagements für Gesundheitseinrichtungen. Weinheim 1997, 1-13.

Hartmann, A.: Konzept zur Verknüpfung der Qualitätsmanagement-Metho-den Quality Function Deployment (QFD) und Fehler-Möglichkeits- und Einfluss-Ananlyse (FMEA). Dortmund (unveröffentlichte Diplomarbeit) 1998.

Hartmann, A.; *Zimmermann*, B.: Verknüpfung der Qualitätsmanagement-methoden QFD und FMEA. In: QFD-Forum 18(2001), 15-20.

Kempfert, G.; *Rolff*, H.-G.: Pädagogische Qualitätsentwicklung. Ein Arbeitsbuch für Schule und Unterricht. Weinheim 2000.

Leyendecker, C.: ,Verbraucherschutz für kleine Leute' – Einführung und Überblick. In Leyendecker, C.; Horstmann, T. (Hrsg.): Große Pläne für kleine Leute. Grundlagen, Konzepte und Praxis der Frühförderung. München 2000, 310-311.

Nüßle, W.: Mehr Leistungstransparenz ist gefragt: Qualitätsmanagement als Element von Steuerung. In: Schröer, H. u.a. (Hrsg.): Qualitätsmanagement in der Praxis. Freiburg i.B. 2000, 179-197.

Rehn, B.: QFD in beziehungsorientierten Dienstleistungen. Optimierung beziehungsorientierter Dienstleistungen und Hilfebedarfsermittlung. Vortrag beim QFD Symposium 2000 vom 28.-29. September in Stuttgart. 2000.

Senft, S.: Projekttagebuch. Auf dem Weg zum Qualitätsmanagement. Dortmund 2000.

Spörkel, H. u.a. (Hrsg.): Total Quality Management im Gesundheitswesen. Methoden und Konzepte des Qualitätsmanagements für Gesundheitseinrichtungen. Weinheim 1997.

Zimmermann, B.: Der Einsatz von Qualitätsmanagementmethoden in sonderpädagogischen Arbeitsfeldern. In: Sonderpädagogik 31(2001), 224-232.

Sozialarbeit in Sonder- und Heilpädagogischen Arbeitsfeldern

Hans Eberwein

Zum Verständnis von Sonderpädagogik als Sozialpädagogik und Sozialarbeit

Die Sonderpädagogik steckt seit vielen Jahren in einer Legitimationskrise. *Bonfranchi* veröffentlichte 1997 ein Buch mit dem Titel: „Löst sich die Sonderpädagogik auf?" Anhand von vier Argumentationssträngen, d.h. anhand der Philosophie bzw. angelsächsischen Ethik, der Biologie und Medizin (Stichwort: pränatale Diagnostik), der Ökonomie (Stichwort: Kosten-Nutzen-Analysen) sowie anhand der Integrationspädagogik kommt er zu dem Ergebnis, dass man in naher Zukunft keine Sonderpädagogik mehr braucht bzw. dass die Sonderpädagogik ihrer eigenen Auflösung entgegengeht.

Sieht man von der Analyse sowie den Begründungsversuchen *Bonfranchis* einmal ab, so gibt es, zumindest für die so genannte Lernbehindertenpädagogik, die sich seit der Gründung eigenständiger Hilfsschulen vor ca. 120 Jahren in einer Dauerkrise befindet, noch andere Argumente; sie liegen einmal im Aufgabenverständnis dieser Teildisziplin, zum anderen und hauptsächlich in gesellschaftlichen Veränderungen begründet.

80-90 % der so genannten Lernbehinderten kommen aus unteren sozialen Schichten bzw. wachsen in schwierigen sozioökonomischen Lebenssituationen auf. Armut und soziale Benachteiligung sind bis heute die eigentlichen Probleme der Familien, in denen diese Kinder leben (vgl. *Wocken* 2000). Schon seit vielen Jahren ist hinreichend bekannt, dass Kinder aus subkulturellen, randständigen Lebensbereichen völlig anderen, uns relativ fremden Umweltbedingungen ausgesetzt sind, die maßgeblich Entstehung und Entwicklung ihrer kognitiven, affektiven und sozialen Methoden des Lernens und ihrer Aneignungsformen beeinflussen. Die traditionelle Sonderpädagogik ist aus verschiedenen Gründen bis heute nicht in der Lage, eine angemessene Antwort zu geben auf die Frage, was bedeutet die Lebenssituation dieser Kinder für deren Lern- und Sozialverhalten?

Wenn es zum Auftrag der Sonderpädagogik gehört, subkulturelle Gruppen/ sozial diskriminierte Minderheiten gesellschaftlich zu integrieren, so muss man feststellen, dass die herkömmliche Sonderpädagogik die ‚Fremdheit' in bisher nicht ausreichendem Maße als zentrale Qualität ihres Gegenstandes betrachtet und Fremdverstehen nicht als zentrale Aufgabe ihres Handelns und Forschens betrachtet/ begriffen hat. Im Gegenteil: Ich bin der Meinung, die Sonderpädagogik ist nicht ganz unbeteiligt an der Ausgrenzung, Diskriminierung und Stigmatisierung von sozialen Randgruppen. Sie sieht sich kaum in der Lage, die schwierige Lebenssituation sozial benachteiligter Schüler zu verbessern, sondern eher durch Etikettierung, Separierung und Isolierung zusätzlich zu erschweren. Pädagogik täte gut daran, ihre ethnozentristische Haltung zu überwinden, das Verhalten von Angehörigen aus Subkulturen als negativ zu bewerten, ihnen eine defizitäre Sprache zu bescheinigen, sie als dumm, frech, faul zu typisieren sowie als ‚lernbehindert' und ‚verhaltensgestört' zu bezeichnen. Wo nehmen wir das Recht her, sie an unseren eigenen als allgemeingültig deklarierten Normen und Wertmaßstäben zu messen, von denen sie abweichen? Warum werden diese Schüler als ‚lernbehindert' etikettiert, obwohl sie vielfach bewiesen haben, dass sie ihr Leben selbstständig führen können, dass sie viele Fähigkeiten und Stärken besitzen, die aber Schule und Lehrer oftmals nicht kennen und nicht für wichtig halten? Solche Kinder sind nicht in einem personorientierten Sinne ‚lernbehindert', sondern ihr Lernen im schulischen Sinne wird von außen eingeschränkt, *behindert*. Wie sollen diese Kinder Interesse und Motivation für schulische Inhalte und genormte Lernformen entwickeln? Sie haben ihre *eigenen* Lern- und Lebensstrategien entwickelt. Nur, danach fragt sie zumeist keiner. Verkommt hier die Formel: ‚Der Lehrer sollte die Kinder dort abholen wo sie stehen' nicht zu einer Worthülse, zu einer Leerformel? Schlägt sie hier nicht in Zynismus um? Greift hier noch das Besondere der *Sonder*-Pädagogik? Was besagt dies eigentlich im Hinblick auf diese Kinder? – Läge nicht das Besondere (oder besser: das ‚Normale') darin, den subjektivistischen Verstehensbegriff zu überwinden, der davon ausgeht, dass man nur das verstehen kann, was einem aufgrund der eigenen Biographie und Sozialisation schon vertraut ist? Demgegenüber wäre es wichtig, Subkulturen, andere Lebenswelten aus ihrem *eigenen* Lebenszusammenhang, aus dem Gesamtkontext ihrer lebenspraktisch bestimmten Sinnwelt heraus zu erfassen. Auf der Grundlage dieses Fremdverstehens müsste dann ‚besondere' Pädagogik organisiert werden. Das Verstehen anderer Lebenswelten als wissenschaftlicher Auftrag müsste Zielsetzung sonderpädagogischer Forschung sein. Nur wenn wir uns auf die Alltagswelt anderer/ ‚Behinderter' einlassen und ihr Leben mit ihren Augen sehen lernen, haben wir die Chance, sie auch zu verstehen. Im Paradigma des Fremdverstehens, d.h. in der kommunikativen und situativen Erschließung der Selbst- und Weltsicht des anderen, läge eigentlich das ‚Besondere' der Sonderpädagogik begründet, denn keine andere pädagogische Disziplin ist aufgrund der Schwierigkeiten bei der Bewältigung ihrer Aufgabenstellung so sehr auf Alltagsinformationen über ihre Klientel angewiesen. Mit Hilfe ethnographischer Feldforschung müsste deshalb die empirisch-phänomenologische Rekonstruktion der Alltagswelt bestimmter Behindertengruppen bewerkstelligt werden. Dabei geht es neben der sensiblen Erforschung der Alltagserfahrungen auch um den empathischen Nachvollzug für Alltagstheorien der Betroffenen und ihre Konfrontation mit wissenschaftlichen Theorien zum Phänomen Behinderung. Denn über das Nicht-Akzeptieren abweichender alltagsweltlicher Realität werden Etikettierungen und Stigmatisierungen produziert. Es ist deshalb ein wichtiges Ziel, Alltagsdefinitionen und Wissensbestände zu erkunden, die als Korrektiv und Ergänzung wissenschaftlicher Theorien dienen sollen (vgl. *Eberwein* 1985, 1987).

Die ethnographische Feldforschung gewährleistet den „Wiedereintritt der Subjektivität" (*Radtke* 1979, 40) in den Forschungsprozess. Die Ethnographie erweist sich damit als ein für das sonderpädagogische Anliegen besonders geeigneter sozial- und erziehungswissenschaftlicher Forschungs- und Handlungsansatz, da er „auf eine möglichst unverfälschte, umfassende und tiefgehende Beschreibung der Alltagspraktiken und Wissenssysteme (des Subjekts)...gerichtet ist" (*Terhart* 1979, 291).

Die entscheidende Bedeutung dieses Paradigmas liegt in der qualitativen Rekonstruktion von Alltagswelten und der in diesen je verschiedenen Welten enthaltenen subjektiven Erfahrungen. Dies heißt für den Pädagogen, sich ein Stück weit auf das Alltagsgeschehen anderer einzulassen, mit ihnen in möglichst vielen Situationen zusammen zu sein, an sozialen und rituellen Veranstaltungen teilzunehmen, ihre Sprache und Lebensweise durch intensive Interaktion mit ihnen in ihrem alltäglichen Leben kennenzulernen (vgl. *Hildenbrandt* 1983, 169; *Zinnecker* 2001, 155); denn „Reisen in die Kindheit ...auch in das Jugendalter, in die Freizeitwelt von Gymnasiasten, die Lebenswelt von Strafgefangenen, den Alltag einer Arbeiterfamilie sind für uns alle ...wie Reisen in fremde Länder" (*Mollenhauer* 1977, 47).

Die Tatsache, dass die meisten Lehrer die Voraussetzungen und Strategien zum Wissenserwerb benachteiligter Kinder, wie auch das sie prägende Beziehungs- und Kommunikationsgeflecht nur unzureichend kennen, führt oft zu einem inadäquaten (didaktischen) Verhalten und unter Umständen zu verständnisloser und unpersönlicher Distanz.

Schon seit vielen Jahren ist hinreichend bekannt, dass Kinder aus subkulturellen, randständigen Lebensbereichen – das sind wie bereits gesagt im Durchschnitt 90% der Schüler an Schulen für Lernbehinderte – völlig anderen, uns relativ fremden Umweltbedingungen ausgesetzt sind, die maßgeblich Entstehung und Entwicklung ihrer kognitiven, affektiven und sozialen Methoden des Lernens und ihrer Aneignungsformen beeinflussen. Die Sonderpädagogik ist jedoch nur bedingt in der Lage, eine angemessene Antwort zu geben auf Fragen und Probleme wie folgende:

- Was bedeutet es für das Lern- und Sozialverhalten eines Schülers aus der sozialen Unterschicht, wenn dieser mit sieben weiteren Familienangehörigen in einer Drei-Zimmer-Wohnung leben muss? Oder:
- Was bedeutet es für das Identitätskonzept eines Schülers mit körperlicher Beeinträchtigung, wenn dieser seine soziale Welt und Lernumgebung nur im Rollstuhl sitzend erlebt? Und:
- Was bedeutet es für das Lern- und Sozialverhalten eines ausländischen Schülers, wenn dieser während der Vorschulzeit in einer anderen Kultur aufgewachsen ist, danach mit einem Teil seiner Angehörigen umsiedelt und in der Bundesrepublik die Sonderschule besuchen muss?
- Welchem Lehrer fallen Schüler ein, von denen er weiß, dass ihre Familie ihr Leben mit dem Regelsatz der Sozialhilfe bestreitet?
- Oder im Hinblick auf verdeckte Armut wäre zu fragen, welcher Lehrer weiß, ob jedes Kind morgens vor der Schule etwas gegessen und getrunken hat? Und:
- Wissen Lehrer, in welchen Familien nur *ein* Buch im Wohnzimmer liegt, nämlich der Versandhauskatalog? (vgl. *Hopf* 1997, 118).

Wenn Forscher und Lehrer sich als ‚Anwälte des Kindes' verstehen, müssen sie sich auf Kinder einlassen, sie ernst nehmen, sich in sie hineinversetzen, sie anhören, sie mit ihren Augen sehen, sich mit ihnen auseinandersetzen.

Nach Jürgen *Zinnecker* (2001, 156) ergreift pädagogische Ethnographie Partei, denn Schüler haben das Recht, öffentlich gehört und gelesen zu werden, wenn ihr Schulleben und ihre Schülerbiographie zur Debatte stehen. Dafür benutzt Zinnecker die verschiedensten methodischen Wege. So beobachtet er das Kinderleben auf der Straße und in der Schule, er sammelt schriftliche und bildliche Selbstzeugnisse der Kinder (Aufsätze, Gedichte, Zeichnungen, Tagebücher), führt ausgiebige Gespräche mit Einzelnen und mit Gruppen von Kindern, startet regionale und nationale Umfragen, wertet Medienberichte in der Tages- und Wochenpresse aus usw. (vgl. *Zinnecker* 2001, 5). An dieser Stelle wird deutlich, dass eine so verstandene Pädagogik keine Sonderpädagogik im herkömmlichen Sinne mehr wäre, sondern ethnographisch bestimmte Sozialpädagogik, Sozialarbeit, letztlich auch politische Pädagogik.

Für die Forderung nach Berücksichtigung oder Einbeziehung von pädagogischer Ethnographie, Sozialpädagogik, und Sozialpolitik gibt es noch eine Reihe von anderen Gründen:

Mit den gesellschaftlichen Veränderungen der letzten Jahre sind nicht nur die objektiven Lernbedingungen heterogener geworden, sondern auch die subjektiven Lernbedürfnisse, Wertorientierungen, Einstellungen, Erfahrungen und Lebensstile. Die große Vielfalt und Unterschiedlichkeit der Lebensumstände, veränderte Familienstrukturen, eine veränderte Wohnumwelt, soziale Vereinzelung und der Mangel an elementaren Sozialerfahrungen machen es – insbesondere auch im Hinblick auf Kinder aus problembeladenen Familienkonstellationen und aus benachteiligten sozialen Verhältnissen - notwendig, die sozialpädagogische Funktion von Schule neu zu bestimmen. Dies kann auf die Sonderpädagogik nicht ohne Auswirkung bleiben.

Die traditionelle Schule versuchte stets, Verschiedenheit zu übergehen, zu minimieren oder – wo dies nicht möglich war – durch Selektion und Separierung zu lösen. So entstand das gegliederte Schulwesen einschließlich der Sonderschulen (vgl. *DGfE* 1997).

Es gibt eine Reihe anderer gesellschaftlicher und personaler Probleme, denen sich Schule, insbesondere Sonderpädagogik, die Diagnostik sowie Lehrer stellen müssen.

Ich erinnere nur daran, dass in Deutschland mehr als 1,5 Millionen Kinder auf Sozialhilfe angewiesen sind. Knapp 40 % der Sozialhilfeempfänger sind jünger als 18 Jahre. Die Sozialhilfequote bei Kindern unter sieben Jahren ist mehr als doppelt so hoch wie der Durchschnitt. Es gibt Klassen, nicht nur in Berlin, in denen die Hälfte der Schüler aus Familien kommt, deren Einkünfte dicht an der Armutsgrenze liegt. Armut ist oft nicht sichtbar: Eltern und Kinder schämen sich, versuchen ihre Notlage zu verbergen. Kinder reagieren mit Lernschwäche, Rückzug oder Aggression. Oftmals ist dies der Beginn permanenten Schulversagens.

In schlechten Wohnverhältnissen und Obdachlosenwohnheimen leben Familien mit ca. ½ Mill. Kindern. Nach der DIN-Norm 18011 sind acht Quadratmeter für ein Kinderzimmer vorgesehen. Zieht man davon die Stellflächen für Bett, Schrank und Tisch ab, bleibt zum Spielen eine Fläche von 1,20 m mal 1,80 m. Susanne *Gaschke* (2001) berichtet, dass sich das Wohlbefinden von Kindern schichtspezifisch darstellt. Es gibt übrigens in der BRD pro Jahr 250.000 Sitzenbleiber und 76.000 Jugendliche ohne Schulabschluss. Und Schulverweigerer, deren Zahl ständig zunimmt, sind entweder Kinder überforderter Eltern oder sie kommen aus leistungsorientierten Mittelschichtmilieus, sind Lernschwache oder Hochbegabte, sind Gymnasiasten, die in der Schulzeit jobben, oder Hauptschüler, die angesichts der Arbeitsmarktlage keinen Sinn im Leben erkennen.

Auch die Probleme von Schulanfängern werden immer gravierender. Von den rund 27.500 Erstklässlern z. B. in Berlin war im letzten Schuljahr fast jeder Zehnte nicht einschulbar wegen gesundheitlicher Beeinträchtigungen oder sozialer Verhaltensdefizite.

Und eine Untersuchung von 1997 hat gezeigt, dass ein Drittel aller Sechs- bis Vierzehnjährigen den Tag beginnt, ohne zuhause gefrühstückt zu haben.

Die Gesellschaft für Ernährung bezeichnete diese Zahlen als erschreckend, denn Kinder brauchen am Morgen ausreichend Energie, um in der Schule leistungsfähig sein zu können.

Aus all diesen Fakten ergeben sich für Kinder folgende Probleme: Entwicklungsbeeinträchtigungen, Lern- und Verhaltensauffälligkeiten, Delinquenz, Weglaufen, Beziehungsschwierigkeiten, Konzentrationsprobleme, Aggressivität, Hilflosigkeit, Minderwertigkeitsgefühle und Depressionen. Grundsätzlich leiden Kinder und Jugendliche unter denselben Symptomen, die auch depressive Erwachsene zeigen. Einfühlsame Beobachter spüren und erkennen eine traurige, depressive Grundstimmung, Niedergeschlagenheit, Weinerlichkeit, oft aber auch eine alles überlagernde Unzufriedenheit und Gereiztheit, die das betroffene Kind streitsüchtig und aggressiv machen.

Traumatisierte Kinder, depressive, sexuell missbrauchte und körperlich misshandelte Kinder, kriminell gewordene Kinder, mangelernährte Kinder, kranke Kinder, Allergiker, Kinder aus unvollständigen Familien, Kinder von arbeitslosen Eltern und Sozialhilfeempfängern haben in der Regel keine äußerlich sichtbare Beeinträchtigung, aber ihre schwere psychische Hypothek, ihre schwere Traumatisierung, mit der sie leben müssen, macht sie oftmals zu traurigen Kindern, zu ängstlichen Kindern, zu Kindern mit Konzentrationsschwierigkeiten, zu Kindern mit Lern- und Verhaltensproblemen. Wie identifiziert Schule und pädagogische Diagnostik solche schlimmen Erlebnisse von Kindern und wie reagiert sie darauf? Nicht selten werden diese Kinder ein zweites Mal psychisch belastet, indem sie ausgesondert und zu ‚Lernbehinderten' und ‚Verhaltensgestörten' gemacht werden.

Diese Maßnahmen sind pädagogisch nicht verantwortbar. Vielmehr stellt sich die Frage, ob es nicht Aufgabe von Schule und Lehrern wäre, traumatisierten und sozialbenachteiligten Kindern durch eine verstehende Haltung und Diagnostik, durch ein neues Verständnis von Pädagogik, zu helfen (vgl. *Eberwein/ Knauer* 1998).

Ich hoffe es ist deutlich geworden, dass es den Normal-Schüler, den Durchschnittsschüler heute nicht mehr gibt. Die Auflösung herkömmlicher Normalbiographien von Kindern und ihren Familien einerseits und die Vermehrung von Optionen auf Lebensmöglichkeiten d.h. die Pluralisierung der Lebenslagen und die Individualisierung der Lebensführung bei gleichzeitiger Aufhebung gültiger kollektiver Wertmaßstäbe andererseits werfen die Frage auf, was Erziehung und Unterricht noch bewirken können und sollen (vgl. *Hopf* 1997, 17). Wenn es keine Normalbiographien mehr gibt, sondern nur noch Sonder-Biographien, also besondere, sprich individuelle Biographien, macht es dann noch Sinn, von einer Sonderpädagogik zu sprechen? Ist Sonderpädagogik nicht längst Regelpädagogik? Wenn aber besondere Pädagogik der Normalfall ist, dann haben sich der Begriff und das traditionelle Selbstverständnis der Sonderpädagogik überlebt.

Die Sonderpädagogik muss ihre Fixierung allein auf Kinder und Jugendliche mit den herkömmlichen Beeinträchtigungen aufgeben. Diese greift zu kurz und blendet einen großen Teil von Kindern aus, die ebenso Zuwendung, Verstehen und besondere Hilfen zur alltäglichen Lebensbewältigung brauchen. Ich denke vor allem an traumatisierte Kinder, an depressive, sexuell missbrauchte und körperlich misshandelte Kinder.

Von Schule wird heute verlangt, nicht allein Institution für Unterricht zu sein, sondern zugleich auch Lebens- und Erfahrungsort zu werden (*Hopf* 1997, 19). Das Zusammenspiel der drei gesellschaftlichen Orte, an denen sich Kindheit ereignet, nämlich die Familie, die Schule und die Straße, muss neu definiert werden. Die Kindheitsorte Familie und Straße sind in unserer Zeit anders und stärker mit Schule verknüpft als früher, denn Schule muss sowohl Funktionen der Familie als auch durch die Vertreibung der Kinder aus der Straßenöffentlichkeit Funktionen des Straßenlebens übernehmen (vgl. *Zinnecker* 2001, 16). Dies verdeutlicht, dass Schule und Sonderpädagogik hinsichtlich ihres Aufgabenverständnisses neu gedacht werden müssen. H. v. *Hentig* schrieb einmal: „Die Lebensprobleme der Kinder überwältigen fortwährend ihre Lernprobleme"; d. h. Schüler mit Schulproblemen werden von ihren Lebensproblemen ständig eingeholt (zit.n. *Hopf* 1997, 133).

Ich habe große Zweifel, ob die traditionelle Sonderpädagogik für diese Kinder der richtige Ansprechpartner ist. Ich glaube auch, dass es falsch wäre, Kinder in aktuellen biographischen oder sozialen Problemlagen an Sozialpädagogen und Jugendhilfeeinrichtungen zu überweisen, denn solche Überweisungen bedeuten oftmals den Beginn einer negativen Auslese, einer Stigmatisierung und Verfestigung der „Auffälligkeit" (*Brusten/ Hurrelmann* 1973).

Ich sehe als Lösungsansatz nur die Möglichkeit, dass sich allgemeine Pädagogik als *besondere* Pädagogik in ihrem Selbstverständnis nach und nach zu einer ethnographisch orientierten, Fremdheit verstehenden und akzeptierenden Sozialpädagogik, Sozialarbeit und Gesellschaftspolitik entwickelt.

Literatur

Bonfranchi, R.: Löst sich die Sonderpädagogik auf? Luzern 1997.
Brusten, M.; *Hurrelmann*, K.: Abweichendes Verhalten in der Schule. München 1973.
DGFE (Deutsche Gesellschaft für Erziehungswissenschaft): Empfehlungen zur Weiterentwicklung der Ausbildung von Lehrerinnen und Lehrern. o.O. 1997.

Eberwein, H.: Fremdverstehen sozialer Randgruppen/ Behinderter und die Rekonstruktion ihrer Alltagswelt mit Methoden qualitativer und ethnographischer Feldforschung. In: Sonderpädagogik 15(1985), 97-106.
Eberwein, H.(Hrsg.): Fremdverstehen sozialer Randgruppen. Berlin 1987.
Eberwein, H.; *Knauer*, S.(Hrsg.): Handbuch Lernprozesse verstehen. Wege einer neuen (sonder-) pädagogischen Diagnostik. Weinheim 1998.
Gaschke, S.: Die Erziehungskatastrophe. Stuttgart 2001.
Hentig, H. v.: Was ist eine humane Schule? München 1987.
Hildenbrandt, B.: Alltag und Krankheit. Stuttgart 1983.
Hopf, A.: Sozialpädagogik für Lehrerinnen und Lehrer. München 1997.
Mollenhauer, K.: Interaktion und Organisation in pädagogischen Feldern. In: Zeitschrift für Pädagogik, 13. Beiheft. Weinheim 1977, 39-56.
Radtke, F.-O.: Unterrichtsbeobachtung und Subjektivität. In: Schön, B.; Hurrelmann, K. (Hrsg.): Schulalltag und Empirie. Weinheim 1979, 30-51.
Terhart, E.: Ethnographische Schulforschung in den USA. In: Zeitschrift für Pädagogik 25(1979), 291-306.
Wocken, H.: Leistung, Intelligenz und Soziallage von Schülern mit Lernbehinderungen. In: Zeitschrift für Heilpädagogik 51(2000), 492-503.
Zinnecker, J.: Stadtkids. Kinderleben zwischen Straße und Schule. Weinheim 2001.

Peter Walther-Müller

Qualitätsmanagement (QM) in der Sonderpädagogik – Bedrohung oder Stütze?

In der Einleitung zu seinem Buch „Die Ökonomisierung sozialer Qualität" stellt *Speck* (1999) eine Verunsicherung in der Szene der Behindertenhilfe fest, die sich unter anderem aus neuen Wertpriorisierungen herleitet: „In den Vordergrund treten neue Werte. Es sind vornehmlich ökonomische Werte, wie Produktivität, Wettbewerb oder Effizienz" (1999, 13). Die gesellschaftliche Entwicklung, welche diese Wertpriorisierung hervorbringt, wird auch von *Haeberlin* beschrieben: „In den 90er Jahren entfernt sich das gesellschaftliche Klima zunehmend von der Solidaritätsbereitschaft für Schwache" (1998, 315). *Goldstein* formuliert aus der Perspektive der Sozialhilfe: „Was billig ist, ist recht. Allen Tatsachen zum Trotz soll hohe Qualität unter Spardruck erzielt werden. Dies kommt der Quadratur des Kreises gleich" (2001, 15).

Ist Qualität das trojanische Pferd, mit dem die Wirtschaft die Sonderpädagogik erobern möchte? Es gibt viele Stimmen, die vor solchen neuen Tendenzen warnen und die Qualität oder genauer Qualitätsmanagement in den Kontext der Ökonomisierung und häufig auch weiterer, aus ihrer Sicht negativer, Entwicklungen stellen. Eines ist klar: Qualitätsmanagement löst gemischte Gefühle aus – Angst, dass die Sonderpädagogik ‚ökonomisiert' werde, dass nur noch die Effizienz zähle, und dass schliesslich das Wesentliche der (sonder-)pädagogischen Arbeit verloren gehen könnte.

Es gibt kaum Stimmen, die dem Qualitätsmanagement in der Sonderpädagogik uneingeschränkt positiv gegenüberstehen. So mag es erstaunen, dass die Diskussion nach wie vor anhält. Der Grund ist einfach genug: Die Praktiker sind in ihrem Alltag häufig gezwungen, sich mit Qualitätsmanagement auseinander zu setzen. Daher sind auch die Wissenschaftler und Theoretiker gefordert.

Qualitätsmanagement gewinnt also nicht auf Initiative der Sonderpädagogik zunehmend an Bedeutung, dahinter stehen andere Kräfte. Möglicherweise ist es tatsächlich vor allem der Spardruck. Vielleicht gibt es aber auch noch andere Faktoren. Vor allem aber muss uns die Frage interessieren, was denn die Sonderpädagogik aus der Herausforderung ‚Qualitätsmanagement' für sich Positives herausholen kann.

Ein erster Schritt kann sein, sich zu fragen, warum Qualitätsmanagement im wirtschaftlichen Umfeld eine so große Verbreitung gefunden hat. Welches sind die treibenden Kräfte, die zur Einführung von Qualitätsmanagement in vielen, in neuerer Zeit auch in Dienstleistungsunternehmen, geführt haben?

In der Wirtschaft ist QM heute schon fast ein Muss

Qualitätsmanagement, wie es heute in der Wirtschaft verstanden wird und auch zum Beispiel im Normenwerk ISO definiert wird, bezieht sich nicht mehr primär auf das Einhalten bestimmter Normen bei den Endprodukten (vgl. *Pfeifer* 2001). Gerade im Dienstleistungsbereich gibt es gar keine Produkte im klassischen Sinn. Vielmehr steht Qualitätsmanagement, am deutlichsten beim Total Quality Management, für eine umfassende Führungsphilosophie, und beschränkt sich bei Weitem nicht nur auf die Kontrolle des Endprodukts. Qualitätsmanagement ist eine Antwort auf die Unzulänglichkeiten (und zunehmend auch auf die Misserfolge) klassischer Managementmethoden. Betrachtet man die zentralen Elemente dieser neuen Führungslehre, wird offensichtlich, dass die Organisation als Ganzes betroffen ist:

- *Ausrichtung auf Kundenbedürfnisse:* Die Tätigkeit der Organisation soll konsequent auf die Erfüllung von Kundenbedürfnissen ausgerichtet werden. Zufriedene Kundinnen werden das Produkt wieder kaufen respektive die Dienstleistung wieder in Anspruch nehmen. Wenn sie nicht zufrieden sind, werden sie zur Konkurrenz wechseln. So legitimieren die Kunden die Aktivitäten der Organisation. Anzumerken ist dabei, dass die Identifikation der Kundenbedürfnisse auch im wirtschaftlichen Umfeld schwierig ist und häufig nur indirekt erfolgen kann (vgl. *Homburg/ Werner* 1999).
- *Gesamtsicht der Leistungserbringung:* Eine konsequente Ausrichtung auf die Kundenbedürfnisse erfordert, dass die Gesamtsicht auf die Leistungserbringung nie verloren gehen darf. Das ist bei großen Unternehmen ein Problem, da die einzelnen Abteilungen die Tendenz haben, eine eigene Dynamik und eigene Gesetzmäßigkeiten zu entwickeln, die in der Regel für die Befriedigung der Kundenbedürfnisse im besten Fall irrelevant und im schlechtesten Fall schädlich sind. Für die Sonderpädagogik wäre dementsprechend zu fragen, inwiefern die verschiedenen an der Bildung und Erziehung eines behinderten Kindes beteiligten Personen ihre Aktivitäten aufeinander abstimmen.

- *Nachhaltigkeit/ Langfristigkeit:* Kurzfristig lassen sich mit qualitativ fragwürdigen Angeboten durchaus respektable Gewinne erzielen. Qualitätsmanagement setzt aber auf Nachhaltigkeit, auf langfristige Überlebensfähigkeit (vgl. *Pfeifer* 2001).
- *Mitarbeiterorientierung:* Vor allem im Bereich von Dienstleistungsunternehmen ist der zentrale Erfolgsfaktor der Mensch, die Mitarbeiterin und der Mitarbeiter. Zufriedene Mitarbeiter sind eine unabdingbare Voraussetzung für qualitativ hochstehende Dienstleistungen, nur motivierte Mitarbeiter erbringen auch gute Leistungen. Dabei wird insbesondere die intrinsische Motivation betont, die Arbeit muss für Mitarbeitende auch Sinn machen (vgl. *Handy* 1998).
- *Prozessorientierung:* Dahinter steht die Erkenntnis, dass neben der Aufbauorganisation, dem Organigramm, vor allem die Prozesse untersucht werden müssen. Welche Schritte durchläuft ein Produkt während seines Herstellungsprozesses? Wer ist in welcher Funktion an der Erbringung einer Dienstleistung beteiligt? Prozessdenken versucht die gegenseitigen Abhängigkeiten und die Zusammenarbeit aus der Sicht der Befriedigung von Kundenbedürfnissen optimal aufeinander abzustimmen.
- *Ergänzung des klassischen Kennzahlensystems durch nicht finanzielle, qualitative Elemente:* Qualitätsmanagement zeigt die Begrenztheit klassischer finanzieller Kennzahlen für die Steuerung eines Unternehmens auf. Langfristig sind andere, meist nur schwer quantifizierbare Einflussgrößen häufig bessere Prädiktoren als die relativ kurzfristig angelegten Finanzkennzahlen. Dabei spielen insbesondere Kundenzufriedenheit und Mitarbeiterzufriedenheit eine herausragende Rolle (vgl. *Kaplan/ Norton* 1996).

Qualitätsmanagement wird in der betriebswirtschaftlichen Literatur als eine der Antworten aufgefasst, welche die westliche Wirtschaft auf die Herausforderung japanischer Unternehmen hatte, als diese auf dem Weltmarkt plötzlich stark wurden und sich vor allem gegen US-amerikanische Firmen durchzusetzen begannen. Eigentlich hätten die Betriebswirtschaftsprofessoren gar nicht so weit suchen müssen, denn viele der Elemente des Qualitätsmanagements waren in der Sozialen Arbeit und den Erziehungswissenschaften des Westens schon lange fester Bestandteil professionellen Handelns (vgl. *Simmen* 1998):

1. Qualitätsmanagement basiert auf einem Menschenbild, wie es auch weitgehend der Pädagogik und der Sonderpädagogik zu Grunde liegt. Es handelt sich um ein Menschenbild nach *McGregors* Theorie Y: Der Mensch ist selbstverantwortlich und hat ein Entwicklungspotential. Er wird mit seinen Bedürfnissen ins Zentrum gestellt und die entsprechende Führungslehre

basiert stark auf dem Vertrauen in die einzelnen Mitarbeitenden und die Selbstorganisationsfähigkeiten von Gruppen (vgl. *Holling/ Müller* 1995).

2. Viele der Methoden, mit denen Qualitätsmanagement umgesetzt wird, sind Methoden, wie sie in Bildung und Sozialer Arbeit schon lange angewendet werden. Was im Qualitätsmanagement ‚Qualitätszirkel' heißt, ist eng verwandt mit Supervision oder Intervision, Zielvereinbarungen mit behinderten Menschen können auch als individualisiertes Controlling bezeichnet werden und Standortbesprechungen sind eigentlich nichts anderes als Auditing (vgl. *Simmen* 2001). Leitbilder sind in der Sonderpädagogik ebenfalls lange vor dem Qualitätsmanagement aufgetaucht. Ein zentrales Element des Qualitätsmanagement besteht in der Reflektion der eigenen Tätigkeit, was schon immer Kernstück professionellen pädagogischen Handelns war.

Das heißt nichts anderes, als dass in der Sonderpädagogik eigentlich schon lange Qualitätsmanagement betrieben wird, umso mehr als die Werthaltungen in Sonderpädagogik und Qualitätsmanagement miteinander verwandt sind.

Trotzdem sieht man sich bei der Übertragung, man könnte auch sagen bei der Rückübertragung, dieser in einem wirtschaftlichen Kontext entstandenen beziehungsweise weiterentwickelten Ansätze des Qualitätsmanagements auf die Sonderpädagogik mit einer Reihe von Schwierigkeiten konfrontiert. Bevor diese etwas näher betrachtet werden, soll ein weiterer wichtiger Aspekt des Qualitätsmanagements hervorgehoben werden.

QM birgt die Gefahr der Ökonomisierung, bietet aber auch ein Kommunikationsmittel

Der öffentliche Haushalt kommt unter Druck: Es soll, oder je nach Sichtweise, es muss gespart werden: Gelder für Mehrausgaben sind nur noch schwer zu bekommen und erfordern eine entsprechend gute Begründung (oder eine starke Lobby). Vielleicht wird es im Bereich der Bildung behinderter Menschen so gehen, wie im Gesundheitswesen der Schweiz. Vor zehn Jahren hat sich kaum jemand um die Krankenversicherungsprämien und deren Entwicklung gekümmert. Nun nach einer langen Phase ständiger und massiver Kostensteigerungen ist das Gesundheitswesen gerade unter ökonomischem Gesichtspunkt zum Dauerthema in der Presse geworden. Es verlangt niemand offen nach einer Zweiklassenmedizin, aber andererseits gibt es bereits Ansätze dazu und es besteht wenig Aussicht, dass diese Entwicklung ernsthaft gebremst werden kann.

Die Invalidenversicherung in der Schweiz schreibt tiefrote Zahlen: Bei Ausgaben von rund 8 Milliarden Franken entstand 1999 ein Negativsaldo von rund 800 Millionen Franken (vgl. *Bundesamt für Statistik* 2001). Erstaunlicherweise ist es um die Finanzierung von sonderpädagogischen Leistungen aber noch relativ ruhig, jedenfalls im Vergleich zum Gesundheitswesen. Trotzdem steigt der Druck: zunehmend muss sich die Sonderpädagogik auch ökonomisch rechtfertigen. Die Finanzgewaltigen im Staat beobachten eine Ausgabenentwicklung, die im Gesamtbild der Finanzen unerwünscht ist. Als Ökonomen werden sie dieses Problem wahrscheinlich primär mit ökonomischen Mitteln angehen, und werden möglicherweise versuchen, auch in der Sonderpädagogik wirtschaftliche Kriterien durchzusetzen. An sich spricht gar nichts dagegen, dass in der Sonderpädagogik ökonomische Aspekte *auch* berücksichtigt werden, solange sie kein übermässiges Gewicht beanspruchen. Denn man muss nicht nur in Frage stellen, dass recht sein soll, was billig ist, sondern auch, dass recht sein soll, was teuer ist.

Es darf also nicht nur vorgeschrieben werden, was wo und wann ausgegeben werden darf und was nicht – es muss auch diskutiert werden, welche Ergebnisse und Wirkungen abgestrebt werden sollen. Wie Hans *Ruh* formulierte: „Ethisch definierte Anforderungen an diese Institutionen und die Rahmenbedingungen müssten politisch und gesellschaftlich ausgehandelt werden" (zit.n. *Schnetzler* 1998, 16). Diese ethisch definierten Anforderungen sind viel schwieriger zu erfassen, als die Anzahl ausgegebener Franken oder die Minuten für eine bestimmte Tätigkeit aufgebrachte Zeit. Aber es geht hier nicht nur um ein Problem der Erfassung, es geht auch um ein Problem der Kommunikation. Die Finanzverantwortlichen werden kein Geld locker machen für etwas, dessen Nutzen sie nicht nachvollziehen können.

Qualitätsmanagement – wenn es breit und in dem Sinne verstanden wird, wie es in der Wirtschaft eingesetzt wird – bietet Ansätze, wie die Leistung der Sonderpädagogik gegenüber ihren Bezugsgruppen ausgewiesen werden kann. In den Worten von Hans *Ruh*: „Ein sozialethisch positiv zu wertendes Element des Qualitätsmanagements ist die Forderung nach Transparenz von Strukturen und Abläufen" (zit.n. *Schnetzler* 1998, 16). Diese Chance ist zu nutzen, denn ohne Transparenz in Bezug auf das, was die Fachkräfte in der Sonderpädagogik leisten, ist auch deren Finanzierung akut gefährdet. Mit anderen Worten: Qualitätsmanagement ist auch und vor allem als Kommunikationsinstrument zu verstehen und zu nutzen.

Meisser-Schmid zeigt das konkret an der ISO-Zertifizierung einer Legasthenie-/ Dyskalkulie-Therapiestelle in Davos: „Gut zu sein oder Gutes tun allein genügt aber nicht, wir müssen auch darüber sprechen, unsere Qualität auch kommunizieren" (1999). Die Zertifizierung der Stelle löste in ihrem Fall ein positives Medienecho aus, was später half, die Pläne der Regierung, welche die Einzeltherapie durch eine kostengünstigere Gruppenbehandlung ersetzen wollte, abzuwenden. *Bätscher/ Erne* (2000) heben einen weiteren Aspekt der Schaffung von Transparenz durch Qualitätsmanagement hervor: auch Eltern und Geschwistern kann mehr Verständnis für den Umgang der Fachkräfte mit dem Familienmitglied mit besonderen Bedürfnissen vermittelt werden.

Wer sind die Kunden und Kundinnen der Sonderpädagogik?

Qualitätsmanagement beginnt und endet beim Kunden; es fängt mit der Erfassung eines Kundenwunsches an und endet mit dessen Erfüllung (vgl. *Pfeifer* 2001).

Die Verhältnisse sind in der Sonderpädagogik allerdings komplizierter als zum Beispiel in einem Restaurant, wo die Person, welche eine Leistung erhält, diese auch finanziert. Eine erste Unterscheidung von *Fischer* mag etwas zur Klärung beizutragen: „Kunde ist, wer eine soziale Leistung bezahlt. Klient ist, wer eine soziale Leistung bezieht und nichts dafür bezahlen muss" (2000, 12). Man mag sich über die verwendeten Begriffe streiten, die Unterscheidung aber ist wichtig. Auf jeden Fall sind die Verhältnisse für Bildung, wie sie in Abb. 1 dargestellt sind, selbst in diesem stark vereinfachenden Modell wesentlich komplexer als beim Restaurant (vgl. *Schwarz* et al. 1999).

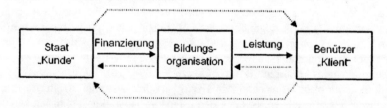

Abb. 1: Kunden und Klienten (aus *Fischer* 2000)

Hinzu kommt dass die Klienten (im Sinne *Fischers*) der Sonderpädagogik häufig nicht mündig sind und mitunter nicht oder nur in eingeschränktem Maß direkt Rückmeldung geben können, ob respektive inwieweit ihre Bedürfnisse erfüllt werden. So müssen dann zum Beispiel die Eltern stellvertretend für ihre Kinder über die Klientenzufriedenheit Auskunft geben (vgl. *Petitpierre* 2001). Allerdings gibt es solche komplizierten Verhältnisse durchaus auch in der Privatwirtschaft und entsprechende Modelle wurden dort bereits entwickelt (vgl. *Pfeifer* 2001, *Hennig* 2001).

In der Frage, wer die Kundenzufriedenheit in letzter Instanz und kompetent beurteilen kann, steckt ein zentraler Punkt: Es geht darum, wer die Qualität heilpädagogischer Tätigkeit beurteilt. Im marktwirtschaftlichen Modell ist der Mechanismus bekannt: Der Kunde oder die Kundin entscheidet, denn sie wird die Konkurrenz vorziehen, sobald ein Produkt nicht mehr ihren Bedürfnissen entspricht. Der Wettbewerb ermöglicht es den Kunden, in einem unkomplizierten direkten Prozess, man könnte auch sagen demokratisch, Einfluss zu nehmen. So sieht es im Modell aus, auch wenn es in der Realität nicht immer so einfach und klar ist. Trotzdem bleibt der entscheidende Punkt, dass zumindest theoretisch die Kunden ‚Könige' sind. Sie sind der Souverän. Mit entsprechenden Methoden, wie zum Beispiel der Behindertengutschrift in Rheinland-Pfalz, können auch in der Sonderpädagogik marktwirtschaftliche Modelle eingeführt und dem Menschen mit besonderen Bedürfnissen eine Wahl angeboten werden (vgl. *Fröhlich* 2001).

Die Frage ist nun, wer ist der ‚Souverän' in der Sonderpädagogik? Respektive wer sollte es modellhaft sein? Die Klienten, die über ihre Zufriedenheit mit dem Bildungsangebot entscheiden? Die Kunden, die über die Finanzmacht und ihre demokratische Legitimation (Staat) darüber entscheiden, was gut für die Gesellschaft ist? Die Fachkräfte, die durch ihre Fachkompetenz als einzige wirklich entscheiden können, was Sinn macht und was zum Ziel führen kann? Oder andere Gruppen und Personen?

Dies muss glücklicherweise hier nicht entschieden werden! Eines aber zeigt sich klar: Qualitätsmanagement verweist zwingend auf diese Frage und kann nur dann sinnvoll umgesetzt werden, wenn eine allgemein akzeptierte Antwort darauf gefunden ist.

Die Anwendung des QM in der Sonderpädagogik sieht sich mit weiteren Problemen konfrontiert

Die Übertragung des Qualitätsmanagements aus einem profitorientierten Wirtschaftsumfeld in die Sonderpädagogik stößt auf folgende weiteren Probleme.

- Qualitätsmanagement wird im sozialen Bereich häufig als Kontrollinstrument eingesetzt. So wird es zusammen mit Leistungsaufträgen eingeführt, die zwar mehr Autonomie bringen aber dadurch auch nach neuen Kontrollinstrumenten verlangen. Diese Funktion der Kontrolle soll vom Qualitätsmanagement übernommen werden: Die Instanz, die finanziert, will wissen, was mit ihrem Geld geschieht (zum Beispiel: *BSV* 1997). Dies ist eine ganz andere Motivation für Qualitätsmanagement als in der Wirtschaft, wo Qualitätsmanagement nicht zur externen Kontrolle eingesetzt wird. Im ökonomischen Kontext wird es als internes Instrument verwendet, das einem helfen soll, besser zu werden und sich auch langfristiger ausrichten zu können. Dieser Umstand hat zumindest für die oberste Führung von Organisationen eine entscheidende Bedeutung, und wird in der Sonderpädagogik wahrscheinlich zu einer grundsätzlich anderen Haltung gegenüber Qualitätsmanagement führen als in einem wirtschaftlichen Umfeld.
- Viele der Leistungen und vor allem auch der angestrebten Wirkungen in der Sonderpädagogik sind nur schwer messbar, ja die grundsätzliche Ausrichtung auf das einzelne Individuum scheint sinnvolle Messungen a priori zu verunmöglichen. Zudem treten viele Wirkungen nur mit großer Verzögerung ein, so dass selbst wenn sie messbar wären, ihr Einsatz zur Beurteilung der Leistung von Stellen oder Organisationen nur bedingt möglich wäre.
- Die Einführung von Qualitätsmanagement hat praktisch immer zu zusätzlichen Aufgaben für das Fachpersonal geführt. Zum Teil hat eine regelrechte ‚Erbsenzählerei' Einzug gehalten. Neben der wertvollen Arbeitszeit, die dadurch verloren geht (die Sonderlehrkraft sitzt nun vermehrt im Büro, statt mit den Kindern zu arbeiten), kann dies auch zu einer ‚Krämermentalität' führen, die sicher kein Kennzeichen guter Sonderpädagogik ist. Die Berichte aus der Sonderpädagogik und verwandten Gebieten verweisen beredt auf diese Gefahr (vgl. *Bürli* 1999; *Spichiger-Carlsson/ Martinovits* 2001), umgekehrt zeigen andere Erfahrungen, nicht nur aus der Wirtschaft, dass es durchaus auch anders geht (vgl. *Bernath/ Lienhard* 1998). Zu bedenken ist auch, dass Qualität grundsätzlich etwas kosten darf, denn wenn Qualitätsmanagement tatsächlich zur Verbesserung von Qualität und zur

Vermeidung von Fehlern führt, dann lassen sich damit auch Einsparungen respektive bessere Ergebnisse erzielen. In wirtschaftlichem Umfeld werden daher Qualitätskosten von 4-8% des Umsatzes für angemessen betrachtet (vgl. *Hennig* 2001).

- Qualitätsmanagement kann zu einer übermässigen Effizienzorientierung unter Vernachlässigung der Effektivität führen (vgl. *Speck* 1999). Dies liegt wohl vor allem darin begründet, dass Effizienzkriterien einfacher zu erheben sind und kurzfristiger zur Verfügung stehen. Deshalb ist diese Gefahr durchaus real, obwohl das Resultat so offensichtlich widersinnig ist. Dieses Phänomen erinnert an psychologische Tests, wo ebenfalls die Gefahr besteht, dass die Reliabilität auf Kosten der Validität optimiert wird.

Die Aktuelle Situation in der Schweiz

Das Behindertenwesen ist in der Schweiz bis vor kurzem von großem ökonomischem Druck verschont geblieben. Im Gegensatz zum Bildungswesen stiegen die Ausgaben kontinuierlich und das schien niemanden wirklich zu beunruhigen. In stiller Arbeit ist es einer starken Lobby gelungen, für benachteiligte Menschen gute Voraussetzungen zu schaffen. Dies fällt vor allem im Kontrast zum Sozialbereich auf, der ähnlich wie das Gesundheitswesen, schon länger Thema einer mitunter hitzig geführten politischen Auseinandersetzung ist.

Nun erhöht sich aber der finanzielle Druck auf die Invalidenversicherung. Diese Sozialversicherung schreibt schon lange rote Zahlen und es ist kaum Besserung in Sicht. Das Problem ist erkannt und finanziell hinreichend gewichtig, dass sich das politische Interesse zunehmend darauf richtet. Zugleich sind Bestrebungen im Gang, die Finanzlast zwischen Bund und Kantonen neu aufzuteilen. Das entsprechende Projekt läuft unter dem Namen ‚Neuer Finanzausgleich'. Dabei sollen auch die Aufgaben im Bereiche des Behindertenwesens neu organisiert werden. Insbesondere soll die Finanzierung der Schulbildung neu ganz in die Kompetenz der Kantone fallen. Aufgrund der hier herrschenden Unklarheit, wurde in Sonderschulen respektive Sonderklassen bezüglich Qualität von staatlicher Seite bis jetzt noch kaum Initiativen ergriffen. Anders sieht die Situation bei den Wohnheimen und Werkstätten aus, die von der Invalidenversicherung voraussichtlich auch in Zukunft unterstützt werden sollen. Wohnheime und geschützte Werkstätten müssen spätestens 2001 ein Qualitätsmanagementsystem eingeführt haben, wenn sie weiter von einer finanziellen Unterstützung des Bundes profitieren wollen (vgl. *BSV* 1997). Dieser staatliche Druck hat in vielen Institutionen zum Aufbau von Qualitätsmanagement-Systemen geführt (vgl. *Bätscher/ Erne* 2000, *Brugger* 2000).

Geht die Finanzierung der Schulbildung von Kindern mit besonderen Bildungsbedürfnissen ganz auf die Kantone über (die Verantwortung liegt bereits bei den Kantonen) ergeben sich zwei Ebenen für ein Qualitätsmanagement. Zum einen würde es die jeweiligen kantonalen Systeme betreffen, die im Sinne der Vertretung der Interessen der behinderten Kinder verpflichtet sind, eine gute Bildungsqualität zu bieten. Zum anderen geht es um die einzelnen Schulen (oder verwandte Organisationen), die wahrscheinlich im Rahmen von wirkungsorientierter Verwaltung oder New Public Management zunehmend Autonomie erhalten werden (vgl. *Bernath* 2001). Erste Anstrengungen zur Schaffung von verbindlichen Qualitätsstandards werden zur Zeit unternommen (vgl. *Aebischer/ Detreköy* 2001; *Walther-Müller* 2001a).

Schlussfolgerungen

Es ist immer nachteilig, wenn man in die Defensive gerät. In der Qualitätsdiskussion besteht für die Sonderpädagogik dazu aber eigentlich gar kein Grund. Sie kann viele Trümpfe für das Qualitätsmanagement bereits vorweisen (vgl. *Simmen* 2001). Es geht darum, die Diskussion um die Definition von Qualität selbstbewusst stärker mit zu bestimmen. Gewiss hätte auch die Ökonomie einiges von der Pädagogik zu lernen (vgl. *Schröder* 2001; *Derrer et al.* 2001).

Die Sonderpädagogik muss sich zudem vermehrt darum kümmern, ihre Arbeit nach außen zu kommunizieren. In der Schweiz zumindest sind die Betroffenenorganisationen gut sicht- und hörbar erwacht, zum Beispiel ‚insieme' und ‚pro Infirmis'. Die Fachleute hingegen sind in der Öffentlichkeit kaum vernehmbar. Sie müssen nach Wegen suchen, allgemeinverständlich aufzuzeigen, worin der Wert ihrer Arbeit für die Gesellschaft und für die Betroffenen liegt und sie müssen versuchen, eine öffentliche Diskussion anzuregen und zu führen (vgl. *Speck* 2001, 225). Denn im Gegensatz zu den Betroffenenorganisationen können die Fachleute keinen Selbstzweck geltend machen.

Kommunikation setzt bei den Partnern einen Satz gemeinsamer Zeichen respektive gemeinsamer Begriffe voraus. Von vielen Sonderpädagoginnen und Sonderpädagogen wird Qualitätsmanagement abgelehnt, weil ihrer Meinung nach dessen Begriffe das Wesentliche der Bildung nicht zu erfassen vermögen. Offensichtlich ist hier noch eine Übersetzungsarbeit und eine Begriffsklärung erforderlich, damit ein gegenseitiges Verständnis erreicht werden kann (vgl. *Walther-Müller* 2001b).

Die Sonderpädagogik, vor allem natürlich alle darin engagierten Menschen, müssen sich weiter dafür einsetzen, dass Menschen mit besonderen Bedürfnissen uneingeschränkt an der Gesellschaft teilnehmen können. Dazu gehört auch, dass hinreichend Stabilität geschaffen wird. Denn Bildungsanstrengungen, vermehrt noch gegenüber Kindern und ganz besonders bei Kindern mit besonderen Bedürfnissen, verlangen nach einem hinreichend stabilen Umfeld.

Um auf das Bild mit dem trojanischen Pferd zurückzukommen: wenn wir erkannt haben, wie dieses Pferd mit dem Namen ‚*Qualitätsmanagement*' funktioniert, so brauchen wir uns davor auch nicht mehr zu fürchten, können es möglicherweise sogar für unsere Zwecke einsetzen.

Literatur

Aebischer, M.; *Detreköy*, C.: Sonderschuleinrichtungen brauchen vergleichbare Rahmenbedingungen. In: Schweizerische Zeitschrift für Heilpädagogik 7(2001), 5-9.
Bätscher, R.; *Erne*, H.: Integriertes Qualitätsmanagement IQM, Ein Erfahrungsbericht. In: Schweizerische Zeitschrift für Heilpädagogik 6 (2000), 14-21.
Bernath, K.; *Lienhard*, P.: Qualitätsmanagement in der Sonderpädagogik. In: Schweizerische Zeitschrift für Heilpädagogik 4 (1998), 25 – 29.
Bernath, K.: An guter Lehr' trägt keiner schwer. In: Vierteljahrsschrift für Heilpädagogik und ihre Nachbargebiete 70(2001), 249-255.
Brugger, T.: Les Systèmes Qualité dans les Institutions en Suisse In: Bernath, K. (Hrsg.): Nouvelles tendances de communication avec des personnes mentalement handicapées. Luzern 2000, 23-32.
BSV (Bundesamt für Sozialversicherung): Kreisschreiben über die Gewährung von Betriebsbeiträgen an Werkstätten für die Dauerbeschäftigung Behinderter. Bern 1997, 1998, 1999.
Bundesamt für Statistik: Statistisches Jahrbuch der Schweiz 2001. Zürich 2001.
Bürli, A.: Vermessene Zeiten. In: Schweizerische Zeitschrift für Heilpädagogik 5(1999), 1.
Derrer, R. u.a.: Learning Leadership. Zürich (unveröffentlichte Diplomarbeit) Zürich 2001.
Fischer, W.: Sozialmarketing für Non-Profit-Organisationen. Zürich 2000.
Fröhlich, A.: Bettelmänner oder königliche Kunden Referat gehalten am Schweizer Heilpädagogik-Kongress 2001. Bern 2001.
Goldstein, B.: Qualität für wen? In: SozialAktuell 7 (2001), 13-15.
Haeberlin, U.: Wehret der wirtschaftspolitischen Perversion schulischer Integration. In: Vierteljahrsschrift für Heilpädagogik und ihre Nachbargebiete 67(1998), 313-318.
Handy, C.: The Hungry Spirit. New York 1998.
Hennig, B.: Prozessorientiertes Qualitätsmanagement von Dienstleistungen. Wiesbaden 2001.

Holling, H.; *Müller*, G.F.: Theorien der Organisationspsychologie. In: Schuler, H. (Hrsg.): Organisationspsychologie. Bern 1995, 49-70.

Homburg, W.; *Werner*, H.: Kundenzufriedenheit und Kundenbindung. In: Herrmann, A.; Homburg, C. (Hrsg.): Marktforschung. Wiesbaden 1999, 911-932.

Kaplan, R.S.; *Norton*, D.P.: The Balanced Scorecard: Translating Strategy into Action. Harvard 1996.

Meisser-Schmid, S.: Erstes ISO-Zertifikat für eine Legasthenie-/ Dyskalkulie-Therapiestelle. In: Schweizerische Zeitschrift für Heilpädagogik 5 (1999), 11-14.

Petitpierre, G.: Décliner la satisfaction au pluriel. In: Pédagogie spécialisée (2001), 6-9.

Pfeifer, T.: Qualitätsmanagement: Strategien, Methoden, Techniken. München 2001.

Schnetzler, R.: Qualitätsmanagement in Institutionen für erwachsene Behinderte. In: Schweizerische Zeitschrift für Heilpädagogik 4(1998), 16-17.

Schröder, J.: Pädagogisierung der Ökonomie oder Ökonomisierung der Pädagogik. In: Forum Sozial 7 (2001), 15-17.

Schwarz, P. u.a.: Das Freiburger Management-Modell für Nonprofit-Organisationen. Bern 1999.

Simmen, R.: Das Geschäft mit der Qualität. In: Aktuelle Verbands-Information SVE 4 (1998), 6-7.

Simmen, R.: Konzepte zum Qualitätsmanagement in sozialen Institutionen – Wege und Irrwege. In: Vierteljahresschrift für Heilpädagogik und ihre Nachbargebiete 70(2001), 228-237.

Speck, O.: Die Ökonomisierung sozialer Qualität: zur Qualitätsdiskussion in Behindertenhilfe und sozialer Arbeit. München 1999.

Speck, O.: Heil- und sozialpädagogische Qualität unter dem Druck zunehmender Marktorientierung. In: Vierteljahresschrift für Heilpädagogik und ihre Nachbargebiete 70(2001), 215 – 227.

Spichiger-Carlsson, P.; *Martinovits*, A: Positive Auswirkungen von QMS. www.gfs.ch. 2001.

Walther-Müller, P.: Grundlagen der Qualität sonderpädagogischer Angebote. In: Schweizerische Zeitschrift für Heilpädagogik, 7 (2001a), 10-12.

Walther-Müller, P.: Qualitätsmanagement als Kommunikationsinstrument. In: Schweizerische Zeitschrift für Heilpädagogik 8 (2002), 17-21.

Nadja Skale, Wolfram Kulig, Günther Opp

Kooperation in der schulischen Erziehungshilfe

Lehrerschelte ist zu einem Volkssport geworden. Die Kritik kommt dabei aus unterschiedlichen Richtungen. An den Schulen wird entweder kritisiert, dass sie zu leistungsorientiert arbeiten oder dass sie im internationalen Vergleich keine konkurrenzfähigen Leistungsergebnisse erbringen (TIMSS und aktuell PISA). Für die einen leistet die Schule zu wenig im Feld der moralischen Erziehung, andere fordern den Schwerpunkt auf die Entwicklung von Medienkompetenzen zu legen. Die Liste der Forderungen, mit denen Schulen konfrontiert sind, ließe sich fortsetzen. Auf der anderen Seite fühlen sich immer mehr Lehrer von diesen ausufernden Erwartungen, die von außen an die Schule gestellt werden, überfordert (vgl. *Schmid/ Przybilla* 1993). Die Lehrer immunisieren sich gegen diese Außenansprüche und beteiligen sich nur in einer Minderzahl an aktuellen Bildungsdiskursen. Das kann daran liegen, dass viele Professionelle angesichts der Problemkomplexität resignieren. Dies ist nicht verwunderlich, wenn man bedenkt, was von der Schule erwartet wird. Im Kern besteht der Auftrag der Schule in der Vermittlung sachlicher, fachlicher und sozialer Kompetenzen. Im wesentlichen erfüllen Schulen diese Verpflichtung im Rahmen von Unterricht und im weiteren Umfeld von Unterricht.

Unterricht, auch an Schulen zur Erziehungshilfe und Schulen für Lernbehinderte, ist auf Lernen und die unterrichtliche Aneignung von Lerninhalten ausgerichtet. Im Unterricht und seinem Umfeld finden Lehrer ihr ‚Feld' pädagogischen Handelns, vielfältige Möglichkeiten aber auch Grenzen. Gleichwohl verlangen die krisenhaften Problemlagen der Schulen unabdingbar eine sozialpädagogische Anreicherung ihrer Praxis und Schulkultur, wenn sie funktionsfähig bleiben sollen. Damit Unterricht überhaupt stattfinden kann, müssen an diesen Schulen das unterrichtliche Umfeld und die alltäglichen Lebenswelten der Schüler weitaus intensiver mitbedacht werden. Dazu bedarf es vor allem auch einer stärkeren Fallorientierung pädagogischen Handelns. Mit dieser Feststellung sind die Probleme allerdings nur markiert, nicht gelöst. Die Lehrer alleine können aus unserer Sicht eine Orientierung am Einzelfall nicht leisten und die Schule kann nicht einfach in eine sozialpädagogische Einrichtung transformiert werden. Im Kern geht es um die Neubestimmungen der Kooperationsbeziehungen zwischen den Systemen schulischer Lern- und Erziehungshilfen und der Sozialpädagogik, respektive um kooperative Praxis von Schule und Jugendhilfe, die sich dabei ihrer Problematik und systematischen Widersprüche bewußt ist.

Ein vertieftes Verständnis dieser Situation und die Entwicklung praxistauglicher Kooperationsformen zwischen der schulischen Erziehungshilfe und dem System der Jugendhilfe basiert notwendigerweise auf dem Wissensstand über die aktuelle Kooperationspraxis. Anhand erster Ergebnisse einer umfassenden empirischen Untersuchung der Kooperationspraxis im Bundesland Sachsen-Anhalt sollen diese Fragestellungen nachfolgend referiert werden.

Theoretische Reflexionen zum Kooperationsbegriff

Beschäftigt man sich mit Kooperation in der schulischen Erziehungshilfe, fällt auf, dass in der pädagogischen Literatur der Begriff der Kooperation zwar vielfach verwandt wird, dass es jedoch kaum theoretisch fundierte Begriffsbestimmungen gibt. Kooperation wird umgangssprachlich meist als Zusammenarbeit, im Sinne gegenseitiger Unterstützung verstanden. So versteht *Penné* in einem Aufsatz zu Kooperation und Professionalisierung unter Kooperation „das koordinierte Verhalten von Individuen zur Erledigung einer Aufgabe oder eines Anliegens" (*Penné* 1995, 276). Ein ähnliches, wenn auch eingeschränktes Verständnis findet sich bei *Hasemann*, der mit Bezug auf *Sucharowski* (1990) schreibt, dass Kooperation zu verstehen sei als „Gesamtvorgang einer institutionell organisierten Zusammenarbeit zwischen Personen, ... die an einer Aufgabe arbeiten und das Ziel gemeinsam verfolgen." (*Hasemann* 1996, 28). *Hasemann* fasst zusammen, dass Kooperation als Zusammenarbeit mit folgenden Merkmalen aufzufassen ist:
- sie ist institutionell organisiert,
- arbeitet an einer gemeinsamen Aufgabe und
- bündelt Kompetenzen.

Für die folgenden Ausführungen soll Kooperation im Sinne von *Penné* (d.h. so allgemein wie möglich) verstanden werden, da sie auch kooperatives Handeln (etwa die Gespräche eines Lehrers mit einem Sozialarbeiter), das nicht institutionell organisiert ist (etwa durch eine Vereinbarung zwischen Schulamt und Jugendamt) zu erfassen erlaubt. Es wird also ein Kooperationsbegriff verwandt, der die Zusammenarbeit zwischen Personen bzw. Institutionen beschreibt und Kooperation nicht als reine Strategie begreift, die der Optimierung von Spielzügen in entscheidungstheoretischen Situationen dient (vgl. zusammenfassend *Hofstadter* 1998, 60ff.).

Kooperation als Modell

Die empirische Untersuchung im beschriebenen Projekt orientiert sich an einem aus der Theorie und vorangegangenen Forschungen entwickeltem Flussmodell der Kooperation. Der hier zugrunde gelegte Begriff von Kooperation ist handlungstheoretisch bestimmt, d.h. grundlegend für unsere Überlegungen sind handelnde Personen und nicht Systeme, kollektive Akteure oder ähnliche Konstrukte. Damit ist auch eine erste theoretische Fundierung des Modells benannt. Zum zweiten wird davon ausgegangen, dass Kooperation im wesentlichen ein kommunikativer Prozess zwischen den kooperierenden Personen ist (der aber nicht losgelöst von diesen betrachtet werden soll). Schließlich drittens ist dieser Prozess von einer Anzahl von Faktoren und auch iterativ betrachtet von seinen selbstproduzierten Ergebnissen her zirkulär beeinflusst. Viertens wird davon ausgegangen, dass sich diese Bedingungen mittels empirischer Methoden (quantitativer und qualitativer Art) erfassen lassen und dass von den dabei gewonnenen Daten auf den Prozess der Kooperation rückgeschlossen werden kann.

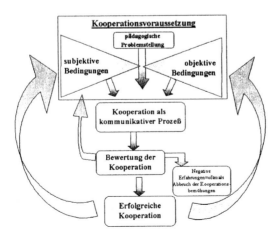

Abb.1: Theoretisches Handlungsmodell von Kooperation

Das Modell zeigt einen Kooperationsprozess im oben genannten Sinne. Die folgende kurze Erläuterung soll helfen, die theoretischen Vorstellungen, die in diesem Modell gebündelt werden, nachzuvollziehen. Kooperation zwischen Schule und Jugendhilfe kommt dann zustande, wenn es einen Anlass, eine pädagogische Problemstellung, gibt, die eine Zusammenarbeit verschiedener Professionen hilfreich erscheinen lässt. Wenn eine solche Problemstellung in Zusammenarbeit mit anderen Personen/ Institutionen gelöst werden soll, dann ist der einsetzende Prozess von:

- objektiv-strukturellen Bedingungen (Kooperationsmöglichkeiten anhand des gesetzlichen Rahmen, Zeit, personelle und räumliche Ressourcen) und
- subjektiven Bedingungen (Wissen der Partner über Kooperationsmöglichkeiten, Motivation, Erfahrungen) beeinflusst.

Kommt die Kooperation als kommunikativer Prozess zustande, wird dieser Prozess von den Partnern bewertet. Diese Bewertung kann zur Verstärkung der Zusammenarbeit oder im negativsten Falle bis hin zu deren Abbruch führen, hat aber in jedem Falle Auswirkungen auf die Ausgangsbedingungen. Dieses Modell beschreibt also Kooperation abstrakt, ‚reduziert' sie gewissermaßen auf einen Kommunikationsfluss der von verschiedenen Bedingungen beeinflusst wird und sich in gewisser Weise selbst steuert. Die in dem Modell angebenden Bedingungen kann man in konkreten Fragen operationalisieren. Mit diesem theoretischen Handlungsmodell können Kooperationsbeziehungen zwischen Schulen und dem Jugendhilfeverbund empirisch überprüft werden. Hemmende und fördernde Faktoren in solchen Kooperationsprozessen können damit allgemein identifiziert werden, ohne auf eine konkrete Form der Zusammenarbeit festgelegt zu sein.

Ein Beispiel: Ein Schüler hat schulische Probleme, deren Ursache in der häuslichen familiären Situation gesehen wird. Die Schule kann im Rahmen schulischer Operationen auf diese Problemstellungen reagieren (z.B. unterrichtliche Differenzierungsmaßnahmen, Gesprächsangebote etc.). An den familiären Problemen selbst kann die Schule nicht arbeiten. Der Lehrer kann allerdings die Kinder- und Jugendhilfe über die familiäre Situation informieren. Der Lehrer und ein Sozialarbeiter versuchen das Problem in Schule und Familie in Abstimmung miteinander zu lösen und erleben eine gegenseitige Verstärkung ihrer Tätigkeit (positive Variante). Es könnte aber auch passieren, dass der Lehrer nur zur Gutachtenerstellung herangezogen, aber nicht weiter an der Entscheidung und dem sozialpädagogischen Prozess (Hilfeplan) beteiligt wird. Kooperation wird dann als Enttäuschung und zusätzliche Arbeitsbelastung erlebt (negative Variante).

Im folgenden Abschnitt werden wir erste Ergebnisse der quantitativen Untersuchung diskutieren. Im Land Sachsen-Anhalt wurde an allen Schulen zur Erziehungshilfe, im Folgenden SzE (in Sachsen-Anhalt: Schule mit Ausgleichsklassen) genannt, insgesamt 12 Schulen, eine Fragenbogenuntersuchung durchgeführt. Die gleiche Untersuchung wurde an 12 Schulen für Lernbehinderte, im Folgenden SfLb genannt, durchgeführt. Die vorgestellten Zahlen und Überlegungen beziehen sich auf diese Population.[1]

Kooperationspraxis an Förderschulen in Sachsen-Anhalt

In einer früheren Untersuchung (vgl. *Opp* u.a. 1998, 26) fragten wir Lehrer an SzE in Sachsen-Anhalt, mit welchen pädagogischen Problemstellungen sie im Schulalltag vorrangig konfrontiert sind (vgl. Abb. 2). Gleichzeitig markierte ein erheblicher Teil der Lehrer eine Reihe von pädagogischen Problemstellungen durch die sie sich überfordert oder doch in ihrer unterrichtlichen Arbeit eingeschränkt fühlt (vgl. Abb.3).

Auffälligkeiten der Schüler nach Lehrerangaben	Prozentangaben der Schüler	Anzahl der Schüler
Schulleistungsprobleme	75,3	281
soziale Auffälligkeiten	82,6	308
Psychosomatische Auffälligkeiten	36,5	136
emotionale Auffälligkeiten	60,1	224
Aufmerksamkeitsstörungen	88,5	330
Hyperaktivität	33,8	126
psychische Störungen	33,5	125
LRS	20,9	78
sonstige Auffälligkeiten	39,1	146

Abb.2: Auffälligkeiten der Schüler (Lehrereinschätzungen)

Inhaltlich zeigt sich, dass ein Teil der Probleme, die die Lehrer bei ihren Schülern sehen, nicht allein mit schulischen bzw. unterrichtsbezogenen Mitteln gelöst werden können (soziale, psychosomatische, emotionale Auffälligkeiten). In unserer Befragung zeigt die Einschätzung der Lehrer an SzE und SfLb wie sehr sie sich durch diese pädagogische Problemstellung und Unterrichtsbelastungen überfordert fühlen.

---

[1] Zur detaillierten Beschreibung des Forschungsdesigns vgl. *Opp* u.a. 2002.

	SfLb (in %)	SzE (in %)	Gesamt-population (in %)
Hilflosigkeit angesichts steigender sozialer Probleme der Schüler	85,1	65,6	76,0
Hilflosigkeit angesichts steigender schulischer Probleme der Schüler	67,5	59,3	64,1
Anteil der Schüler, für die unsere sonderpäd. Hilfen nicht ausreichen	79,8	88,5	83,4

Abb.3: Hilflosigkeit angesichts pädagogischer Probleme (Selbsteinschätzung der Lehrer)

Angesichts der Tatsache, dass es sich bei diesen Lehrern um pädagogische Professionelle handelt, die in der Mehrzahl speziell für diesen Bereich ausgebildet sind, ist dieser Befund durchaus erschütternd. In diesem Ergebnis bestätigen sich aktuelle Pressemeldungen über Burn-out-Phänomene bei Lehrern (vgl. *Etzold* 2000, 41; *Bott* 2001; *Reinke-Nobbe* u.a. 2001, 62ff.) und das zunehmende Interesse an Fachliteratur zu diesem Thema (vgl. u.a. *Schmid/ Przybilla* 1993). Diese Entwicklungen deuten auf zunehmende Belastungen für professionelles Lehrerhandeln, die weder durch schulinterne Strukturmaßnahmen noch durch zusätzliche Ressourcen allein gelöst werden können. Die Lehrer selbst können und müssen „... unmittelbar zu ihrer beruflichen Entlastung beitragen, und zwar vor allem durch vernünftige Kooperation" (*Wolf* 1997, 413).

Abgesehen von der formulierten großen Hilflosigkeit der Lehrer ist auffällig, dass die Schülerprobleme vorrangig im sozialen Bereich liegen. Da die Lehrer, auch an Förderschulen im Rahmen von Unterricht nur begrenzt sozialpädagogische Aufgaben übernehmen können, ist der Auf- und Ausbau von Kooperationsbeziehungen mit der Kinder- und Jugendhilfe (KJH) eine unverzichtbare Ressource.

Eine Skizzierung des Aufgabenkataloges der KJH (vgl. *Jordan/ Sengling* 2000; *Münder* u.a. 1993, 149ff.) zeigt, ohne Anspruch auf Vollständigkeit zu erheben, die vielfältigen Anschlussmöglichkeiten der Kooperationsmöglichkeiten zwischen Schule und KJH (vgl. Abb.4).

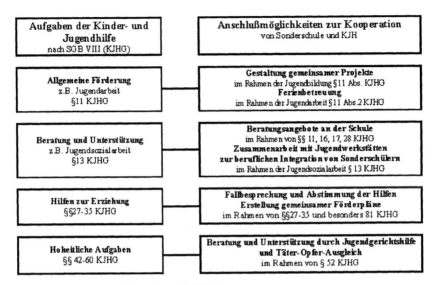

Abb. 4: Kooperationsmöglichkeiten nach KJHG

Die Graphik verdeutlicht die Möglichkeiten zur Kooperation zur besseren Verständlichkeit auf zwei Ebenen. Die oberen Segmente der Abbildung zeigen den Aufgabenkanon der KJH anhand der rechtlichen Regelungen des KJHG auf, während im unteren Bereich Anschlussmöglichkeiten zur Zusammenarbeit innerhalb der jeweiligen Rechtsgrundlagen aus schulischer Sicht dargelegt sind.

Angesichts dieser Vielzahl der Zusammenhänge ist es erstaunlich, in welchem geringen Maße die Kooperation zwischen Förderschulen und KJH ausgeschöpft werden. Unabhängig von der Intensität der Kooperation (Informationsaustausch oder gegenseitige Unterstützung durch praktizierte Zusammenarbeit) zeigen unsere Untersuchungsergebnisse, dass nur ein geringer Teil der Lehrer mit der KJH gemeinsam arbeitet.

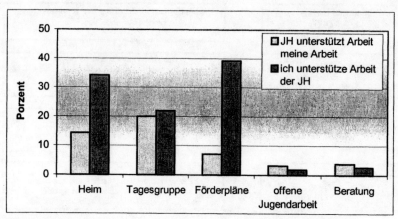

Abb.5: gegenseitige Unterstützung von Förderschule und KJH (nach Lehrerangaben)

Insgesamt gibt es nur sporadische Kooperationsbeziehungen zwischen den Förderschulen und der KJH. Im Durchschnitt arbeiten weniger als ein Fünftel der Lehrerschaft mit dem Jugendhilfeverbund zusammen. Soweit Kooperationsbeziehungen vorhanden sind, beschränken sie sich im wesentlichen auf Hilfe zur Erziehung (vgl. §§ 27-35 KJHG). Jugendhilfemaßnahmen, wie allgemeine Förderung (z.B. Jugendarbeit, Freizeitbetreuung, Jugendbildung) oder Beratung und Unterstützung (z.B. Jugendsozialarbeit, verschiedene Beratungsangebote) werden nur ausnahmsweise als unterstützende Angebote in der Schulpraxis eingesetzt.

Auch pädagogische Problemstellungen, wie Klassenkonflikte, Drogenkonsum, Suchtprävention u.ä., die im Rahmen des Maßnahmenkatalogs der Jugendhilfe sinnvoll bearbeitet werden könnten, finden keinen Eingang in die Praxis der Förderschulen.

Konklusionen

Im Rahmen des theoretischen Handlungsmodells von Kooperation (vgl. Abb.1) können diese Befunde interpretiert werden. Ein bestehendes pädagogisches Problem ist kein Garant dafür, dass Kooperation im oben beschriebenen Sinne zustande kommt. Vielmehr sind eine Reihe von subjektiven und objektiven Faktoren für den Beginn und den Verlauf des Prozesses entscheidend. Im folgenden stellen wir dabei die subjektiven Bedingungen in den Vordergrund.

Diese subjektiven Bedingungen sind erstens das Wissen um die Möglichkeiten, die andere Institutionen für die Lösung nichtschulischer Probleme der (Sonder-)Schüler bereithalten und zum zweiten, diese Angebote als Ergänzung der eigenen Arbeit anzuerkennen und zu nutzen. Die wesentlichen subjektiven Bedingungen sind das Wissen über den Kooperationspartner und die Bereitschaft zur Kooperation (Motivation). Bezüglich der Motivation zeigt unsere Untersuchung, dass 95% der Lehrer eine verstärkte Kooperation mit der Jugendhilfe für notwendig halten. Implizit spiegelt bereits die oben abgebildete Tabelle das Problem, wenn 83,4% aller Befragten den alleinigen Einsatz sonderschulpädagogischer Mittel für die Betreuung der Schülerpopulation für nicht ausreichend erachten. Hinsichtlich der Bereitschaft zur Kooperation herrscht also innerhalb der befragten Lehrerschaft eine fast einstimmige positive Meinung, die im Prinzip eine gute Kooperationsgrundlage darstellen würde.

Zu fragen ist deshalb nach dem zweiten Bedingungsfaktor: dem Wissen über die Möglichkeiten eines potenziellen Kooperationspartners. Bereits in der Selbsteinschätzung ihres Wissens bezüglich der rechtlichen Grundlagen und den Angeboten der KJH zeigt sich unter den befragten Lehrern ein geringer Kenntnisstand. Nur 10% der Befragten schätzen ihr Wissen über die KJH als gut ein. Auch bei der offen gestellten Frage nach einzelnen Maßnahmen der KJH stellt sich ein ähnliches Bild dar. Ein Großteil der Lehrerschaft (56,8%) konnte keine Jugendhilfemaßnahme nennen. Knapp ein Drittel der Lehrer konnte Angaben zu einer bzw. zwei Angebote aus dem vielseitigen Aufgabenkanon der Jugendhilfe machen. Nur 12,9% der befragten Lehrerschaft konnten drei der mehr Maßnahmen der Jugendhilfe nennen.

In der Analyse fällt weiterhin auf, dass die Lehrer die Maßnahmen der KJH vor allem dann kennen, wenn ihre Schüler an diesen Maßnahmen teilnehmen.

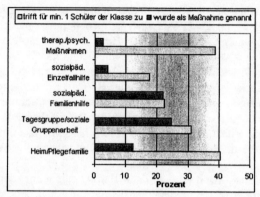

Abb.6: Wissen der Lehrer über Maßnahmen der KJH in Relation zur Beteiligung ihrer Schüler an solchen Angeboten

Abbildung 6 zeigt, dass die Lehrer jenseits der Jugendhilfemaßnahmen an denen Schüler ihrer Klassen teilnehmen, andere Angebote der KJH nicht benennen können. Nach unserem handlungstheoretischen Modell der Kooperation erklärt dieses einseitige Wissen auch die mangelnde Kooperationspraxis der Lehrer. Sowohl hinsichtlich ihres Wissen über die KJH als auch bezüglich ihres Engagements für Kooperation bleiben die Maßnahmen der KJH auf familienergänzenden oder -ersetzende Aufgaben, den Hilfen zur Erziehung beschränkt.

Diese Tatsache lässt den Schluss zu, dass Kooperation nur gelingen kann, wenn beide Kooperationspartner über das Aufgabenfeld des jeweils anderen informiert sind. Das fehlende Wissen der Lehrer an welchen Stellen, die Jugendhilfe in die eigene schulische Arbeit einbezogen werden kann, oder die Schule stützende Aufgaben für die KJH und damit die Kinder und Jugendlichen übernehmen kann, legt im Rahmen unserer Untersuchungsergebnisse das größte Hemmnis für eine produktive Zusammenarbeit zwischen den Förderschulen Sachsen- Anhalts und dem Jugendhilfeverbund dar.

Die Schlussfolgerung soll jedoch nicht als Lehrerschelte verstanden werden. Vielmehr ist zu fragen, wie die Möglichkeiten gelingender Kooperation ausgebaut werden können.

In einem ersten Fazit der Untersuchung können wir feststellen, dass die subjektiven Einflussfaktoren (Wissen und Motivation) die objektiven Einflussfaktoren (rechtliche Kooperationsvorgaben und Ressourcen) klar dominieren. Dieses Ergebnis darf nicht zu argumentativ kurzschlüssigen Verbes-

serungsvorschlägen verleiten. Vielmehr geht es darum, anschließenden Fragen (Forschungsdesiderate) weiter nachzugehen. Anschlussfragen, die wir aus den bisherigen Projektergebnissen generieren, lauten:
- Wie sieht die Jugendhilfe die Problematik von Kooperation mit der Schule?
- Was können weitere Ursachen für die mangelnde Kooperation der Lehrer trotz ihrer alltäglichen hohen Belastung sein?
- Lässt sich die mangelnde Kooperationspraxis professionstheoretisch aufklären?

Diesen und anderen Fragen soll im weiteren Forschungsverlauf nachgegangen werden, um ein möglichst komplexes Bild der Situation und realistische Ansatzpunkte zur Verbesserung der Kooperationspraxis zu gewinnen und eben keine Lehrerschelte zu formulieren.

Literatur

Bott, E.: Immer auf den Klassenfeind. In: Die Zeit 48/ 2001.
Etzold, S.: Die Leiden der Lehrer. In: Die Zeit 48/ 2000.
Hasemann, K.: Modelle von Maßnahmen und Kooperationen bei der Förderung von Kindern und Jugendlichen mit Verhaltensproblemen In: Hasemann, K.; Meschenmoser, H. (Hrsg.): Pädagogik in Kooperation. Hohengehren 1996.
Hofstadter, D.R.: Tit for tat. Wie kann sich in einer Welt voller Egoisten kooperatives Verhalten entwickeln? In: Spektrum der Wissenschaft 1/ 1998, 60-66.
Jordan, E.; *Sengling*, D.: Kinder- und Jugendhilfe: Einführung in Geschichte, Handlungsfelder, Organisationsformen und gesellschaftliche Problemlagen. Weinheim, 2000.
Münder, J. u.a.: Frankfurter Lehr- und Praxiskommentar zum KJHG/ SGB VIII. Münster 1998.
Opp, G. u.a.: Erfassung struktureller, materieller und personeller Rahmenbedingungen der Schulen mit Ausgleichsklassen in Sachsen-Anhalt, Zwischenbericht des Forschungsprojektes. Halle 1998.
Opp, G. u.a.: Kooperation in der schulischen Erziehungshilfe, Zwischenbericht des Forschungsprojektes. Halle 2002.
Penné, K.-J.: Kooperation im Kontext der Professionalisierung In: Zeitschrift für Heilpädagogik 46(1995), 275-281.
Reinke-Nobbe, H. u.a.: Verlierer im Klassenkampf. In: Focus 15/ 2001, 62-76.
Schmid, G.; *Przybilla*, S.: Das Burn-out Syndrom. Idstein 1993.
Wolf, A.: Entlastung im Lehrerberuf durch Kooperation in: Pädagogische Welt 51(1997)9, 413–417.

Andrea Dlugosch

Sonderpädagogik als professionelles Handeln zweiter Ordnung?

1 Pädagogisches Handeln aus professionalitätstheoretischer Sicht

Liegt einer Betrachtung das Ziel zu Grunde, die sonderpädagogische Tätigkeit im gesellschaftlichen Gesamtsystem zu beschreiben, so wie es mit dem diesjährigen Tagungsthema anvisiert wird, dann kann es – bevor es spezifisch um das *sonder*pädagogische Handeln geht – zunächst sinnvoll sein, die Funktionen pädagogischen Handelns auf einer allgemeineren Systemebene zu beobachten. Die Zielrichtung sonderpädagogischen Handelns lässt sich im Kontext der allgemeinen Funktionen institutionalisierter Pädagogik markieren und auch gegebenenfalls revidieren, auf jeden Fall aber präziser fassen.

Wenngleich eingeschränkt auf den schulischen Bereich, ziehe ich exemplarisch für das sonderpädagogische Handeln hier das Feld der schulischen Erziehungshilfe heran. Die schulische Erziehungshilfe bietet sich insofern als Bezugsgröße für die folgenden Überlegungen an, als die Verhaltensebene als ausschlaggebend für die Konstitution und auch einen möglichen Zerfall eines pädagogischen sozialen Systems herangezogen werden kann. In Bezug auf Bedingungen der Problemwahrnehmung von Leistungsversagen in der Grundschule (vgl. *Reiser* u.a. 1998, 145f) stellt sich demgemäß die Verhaltensebene als ein wesentlicher Faktor für die Grenzziehung pädagogischer Zuständigkeit heraus: „Das Leistungsversagen ist ein notwendiger, aber kein hinlänglicher Grund für die Ausweisung des Problems aus der Grundschule. Hinzu treten in erster Linie Einschätzungen der Verhaltensprobleme und Einschätzungen der Familiensituation des Kindes" (*Reiser* u.a. 1998, 156). Institutionalisierte Pädagogik baut ungefragt auf einem Standard von Affekt- und Verhaltenskontrollen auf, die ein Mindestmaß an sozialem Zusammenhang ermöglichen (vgl. *Reiser* 1999, 144f.). Verhaltensweisen, die dieses Maß nicht erfüllen, lassen eine Tendenz wachsen, dieses Verhalten auszugrenzen, damit der soziale Zusammenhang erhalten bleibt und darin weiterhin die

Funktion der Vermittlung von Wissen eingelöst werden kann. Im Sinne des Normenerhalts wird so oftmals die Orientierung am Einzelfall aufgegeben.

Die erziehungswissenschaftliche Professionalitätsdebatte stellt zur Konturierung des pädagogischen Aufgabenspektrums einen geeigneten Referenzrahmen bereit, wird innerhalb ihres Diskurses doch das Trias der pädagogischen Aufgaben, ihrer Einlösung und den dafür notwendigen Voraussetzungen erörtert. Terhart beschreibt die zentrale Ausrichtung der Professionalitäts-Debatte wie folgt: Diese „setzt ... mit modernen begrifflichen Mitteln die traditionsreiche Diskussion um die (dreifache) Frage nach dem eigentlichen *Auftrag* des Lehrers, nach seinem spezifischen *Können* zur Erfüllung dieses Auftrags sowie schließlich nach den Möglichkeiten der *Ausbildung* zur Vermittlung dieses Könnens fort" (*Terhart* 1995, 234; H.i.O.).

Im Folgenden beziehe ich mich auf die professionalisierungstheoretische Skizze von Ulrich *Oevermann* (1996), da sein Entwurf meines Erachtens viele Anlässe bietet, das eben benannte Trias von Auftrag, Können und Ausbildung mit seinen jeweiligen Bedingtheiten zu problematisieren.

Bevor ich auf den Oevermannschen Gedankengang näher eingehe, ist an dieser Stelle noch eine Vorbemerkung vonnöten: Funktionen, die institutionalisierter Pädagogik unterstellt werden, sind entweder deskriptiv oder präskriptiv, d.h. sie werden im Sinne einer Ist- oder Soll-Zustandsbeschreibung benannt, so wie aus professionalitätstheoretischer Perspektive sowohl für den Berufsstand als auch für eine individuelle „professionelle Entwicklung" (*Hoyle* 1991, 137) die Diskussion zwischen Anspruch und Wirklichkeit oder zwischen Pragmatik und Vision changiert. Die Oevermannschen Ausführungen gehen in Modifikation des Parsonsschen Gedankengangs zu professionellem Handeln davon aus, dass diesem, sofern es sich als *professionelles* Handeln auszeichnen will, eine bestimmte Struktur unterliege und dieses bestimmte Funktionen erfülle. Insofern schwingt in einer professionalitätstheoretischen Betrachtung pädagogischen Handelns ein vergleichendes Vorgehen mit, das pädagogisches Handeln in Bezug setzt zu normativen Vorstellungen und ggf. zu anderen Professionen, meist den klassischen wie Medizin und/ oder Rechtsprechung. Für die weiteren Ausführungen hier ist es nun weniger von Interesse, ob institutionalisierte Pädagogik den Kriterien anderer Professionen nachkommt oder nicht. Vielmehr eröffnet eine strukturtheoretische Perspektive den Blick für die gesellschaftliche Auftragslage und für das Anforderungspotential, das von den Professionsangehörigen bewältigt werden muss. Die von *Oevermann* für professionelles Handeln veranschlagten Funktionen bieten so eine heuristische Grundlage, institutionalisierte Pädagogik und ihre sonderpädagogischen Ausprägungen im gesellschaftlichen Rahmen zu verorten und zu überprüfen.

Oevermann (1996) benennt in seinen professionalisierungstheoretischen Ausführungen drei Säulen, auf die sich das gesellschaftliche Zusammenspiel individueller und kollektiver Interessenlagen stützt. Diese Säulen sind als eine gesellschaftlich ausgeformte Antwort auf Krisenerscheinungen zu verstehen, die das Zusammenleben in seiner Substanz gefährden. Professionen übernehmen in spezifischer Form[1] den Zuständigkeitsbereich, diese Krisenphänomene aufzufangen. Oevermann erörtert „drei funktionale Foci" (*Oevermann* 1996, 88), auf die professionelles Handeln abzielt. Zum einen geht es um die „Aufrechterhaltung und Gewährleistung einer kollektiven Praxis von Recht und Gerechtigkeit" (ebd., 88). Als zweiten Bereich führt *Oevermann* die „Aufrechterhaltung und Gewährleistung von leiblicher und psychosozialer Integrität des einzelnen" (ebd., 88) aus[2]. Der dritte Focus, welcher dem Bereich der (Erfahrungs-)Wissenschaften zugesprochen wird, betrifft die Überprüfung von und das Ringen um Geltungsfragen.

Zum einen kann die Begründung der gesellschaftlichen Ordnung und der sie material tragende Entwurf von Gerechtigkeit als solcher in Frage gestellt sein. Eine Gesellschaft benötigt für ihr Zusammenleben einen minimalen Konsens über das, was als gerecht und als normativ gerechtfertigt gilt. (ebd., 88; i.O. teilweise hervorg.)

Zum anderen kann die leibliche und psychosoziale Integrität einer gesellschaftlichen Teileinheit, also einer Lebenspraxis innerhalb eines gegebenen Kollektivs in Frage gestellt oder beschädigt sein. ... Für diesen Fall muss die umgebende, einbettende Gesellschaft eine Krisenlösung bereithalten... . Unter diesem Gesichtspunkt konstituiert sich als Focus professionalisierten Handelns die Beschaffung von therapeutischem Potential. In jeder Gesellschaft ergibt sich die Notwendigkeit, therapeutische Maßnahmen zur Wiederherstellung beschädigter Integrität bereitzuhalten. (ebd., 91; i.O. teilweise hervorg.)

Diese beiden Problembereiche, die Frage der Gerechtigkeit und die Frage der persönlichen psychosozialen Integrität, können als Gerinnungsprodukte des dialektischen Verhältnisses von Sozialem und Individuellem verstanden werden.

Die beiden eben behandelten Problemfoci sind als solche universell, das heißt, sie gelten für jede denkbare Gesellschaft, und entsprechend wird man in jeder Gesellschaft Weisen der Wiederherstellung des geltenden Normensystems und der Wiederherstellung einer beschädigten existentiellen Integrität beobachten können. (ebd., 92)

---

[1] vgl. zur Strukturlogik professionellen Handelns als widersprüchliche Einheit von Fallverstehen und wissenschaftlicher Begründung *Gildemeister/ Robert* 1997, 26ff; *Jakob* 1999, 113ff; *Oevermann* 2000, 152f.
[2] und verweist auf das Spannungsverhältnis zwischen Vergemeinschaftung und Individualität (vgl. *Oevermann* 1996, 88).

Klassischerweise sind diese beiden Bereiche von Medizin und Rechtsprechung besetzt, wenngleich sowohl die Rechtsprechung als auch die Medizin beide Aspekte, den der persönlichen Integrität und den der Vergemeinschaftung, vertreten, wenn auch in verschiedenen Ausprägungen (vgl. auch *Wagner* 1998, 57). Im Zuge des gesellschaftlichen Ausdifferenzierungsprozesses und mit der damit verbundenen Etablierung eines eigenen Bereiches stellt sich die Frage, was als wahr – oder zumindest als begründet nicht zutreffend – gelten kann, als Modus des Wissenschaftssystems heraus.

Mit der Institutionalisierung der Erfahrungswissenschaften verselbständigt sich als dritter Focus der der eigenlogischen Überprüfung von Geltungsansprüchen, der als Focus der Geltung von Weltbildern, Werten, Normalitätsentwürfen und Theorien bezeichnet werden kann und in dieser Allgemeinheit über die Wahrheitsidee der Erfahrungswissenschaften natürlich hinausgeht (*Oevermann* 1996, 93; i.O. teilweise hervorgeh.)

Für professionelles Handeln ist es nach *Oevermann* konstitutiv, dass es allen drei Problemfoci verpflichtet bleibt. Dies erklärt sich daraus, dass eine Krisenbewältigung die Bedingtheit zwischen Individuellem und Sozialem gerade nicht ausblenden kann, verfolgt sie doch ein rehabilitierendes Ziel, das der beschriebenen Dialektik verpflichtet bleibt. Zudem erhält professionelles Handeln erst über die den Wissenschaften zugeschriebene kritische Überprüfung und Begründung des Handelns das Mandat[3] der Zuständigeit für Problemlagen. Jedwedem professionellen Handeln unterliegt diese trianguläre Struktur von Wissen, Normen und Therapie.

Alle drei Foci stehen in einem polaren Gegensatzverhältnis und damit in einem Wechselverhältnis zueinander. Man kann nicht professionalisiert bezogen auf eine Problemstellung eines Focus handeln, ohne im Hintergrund die polar gegensätzlichen Belange der beiden anderen Foci zu berücksichtigen. Das heißt: In der Praxis ist das professionalisierte Handeln immer eine Zusammensetzung von Problemlösungen bezüglich aller drei Foci, aber dennoch ist in jeder konkreten professionalisierten Praxis einer dieser drei Foci dominant (*Oevermann* 1996, 95)

Institutionalisierte Pädagogik ist als sekundäre Sozialisationsinstanz darauf verwiesen, Individuen eine gesellschaftliche Teilhabe zu ermöglichen. Pädagogisches Handeln vermittelt somit zwischen familiären Welten und gesellschaftlichen Subsystemen und sieht sich so mit einer multiplen Auftragslage konfrontiert, welche fallspezifisch ausbalanciert werden muss. Die von *Oevermann* beschriebene dreifache Rückbezüglichkeit auf die Problemfoci von Normen, Therapie und Wissen sind innerhalb pädagogischen Handelns prinzipiell einlösbar, faktisch, so *Oevermann*, aber nicht eingelöst, da eine Aus-

---

[3] vgl. die Ausführungen zu Mandat und Lizenz in der Tradition der Chicagoer Schule bei *Nittel* 2000, 27ff.

blendung der therapeutischen Dimension vorliege (vgl. *Oevermann* 1996, 151ff).

2 Zur therapeutischen Dimension sonderpädagogischen Handelns

Die therapeutische Dimension ist zunächst im Sinne einer (re-)sozialisatorischen Absicht zu verstehen (vgl. *Wagner* 1998, 62), welche die persönliche Integrität des Einzelnen wahrt bzw. wiederherstellt. *Oevermann* sieht die therapeutische Dimension als konstitutiv für pädagogisches Handeln an und zwar dadurch, „daß die durch Wissens- und Normenvermittlung nötig werdende Interaktionspraxis zwischen Schülern und Lehrern das zu erziehende Kind in seiner Totalität als *ganze Person* erfasst[4] und von daher folgenreich für die Konstitution der psychosozialen 'Gesundheit' der Schüler wird" (*Oevermann* 1996, 149; Hervorh., A.D.). Für *Oevermann* erfüllt pädagogisches Handeln strukturell die therapeutische Dimension prospektiv, d.h. in einem antizipatorischen Abwägen möglicher Entwicklungsrichtungen (vgl. ebd., 149). Um Missverständnissen vorzubeugen ist der Begriff der therapeutischen Dimension an dieser Stelle insoweit zu problematisieren, als dass pädagogisches – vor allem aber auch sonderpädagogisches Handeln – sich oftmals in der Differenz zur Therapie zu konturieren versucht (vgl. *Schaeffer* 1992)[5]. Die therapeutische Dimension lässt sich in einem entwicklungsorientierten Sinn hier als die Erweiterung des Repertoires beschreiben, Autonomie auszubauen, indem Interdependenzen eingegangen werden und Beziehungen einzugehen, indem autonome Bestrebungen gewahrt bleiben. Die therapeutische Dimension fokussiert somit das Subjekt in Auseinandersetzung mit seinen umgebenden Mit- und Umwelten und sucht nach Bedingungen der Möglichkeit für die Zunahme von Autonomie und Interdependenz[6].

Ausgangspunkt für diese Überlegungen ist der je spezifische Fall[7], im Verständnis einer konkreten Lebenspraxis, in seiner Einmaligkeit und Besonder-

---

[4] nach Oevermann durch die noch nicht ausgebildete Fähigkeit, rollenhafte Beziehungen einzugehen (vgl. 1996, 149).
[5] vgl. zum Verhältnis von Pädagogik und Therapie im Kontexte von Verhaltensstörungen *Göppel* 2000.
[6] im Sinne der anthroplogischen Grundannahme der Themenzentrierten Interaktion nach Ruth C. *Cohn* (vgl. beispielhaft *Matzdorf/ Cohn* 1992, 55).
[7] vgl. *Gildemeister/ Robert* 1997, 29.

heit. Die Allgemeine Pädagogik, oder nach *Oevermann* die „Normalpädagogik" (1996, 151) hat nun diese therapeutische Dimension, obwohl sie als konstitutiv für pädagogisches Handeln veranschlagt wird, ihrerseits vernachlässigt bzw. „ausgeblendet" (ebd., 151) und in die Zuständigkeit sonderpädagogischen Handelns übergeben. Damit löst sich die dilemmatische Auftragslage pädagogischen Handelns, der normorientierte, der wissensvermittelnde und der therapeutische Anspruch, zunächst auf, da sich die Zuständigkeit in ein allgemein pädagogisches und ein sonderpädagogisches Subsystem institutionalisiert aufsplittet. Somit delegiert die Allgemeine Pädagogik die therapeutische Funktion in die sonderpädagogische Obhut und entlastet sich damit real und symbolisch (vgl. *Reiser* 1998, 48; *Reiser* u.a. 1998, 157) um die Orientierung am Einzelfall. Der beschriebene Prozess lässt sich mit *Oevermann* am „Sammelbegriff 'Verhaltensstörungen'" (*Oevermann* 1981, 33) illustrieren. Dieser übernimmt jene Gewähr für die beschriebene Entlastungsfunktion:

Ich würde Begriffe wie Legasthenie und Verhaltensstörungen als Delegationsmünzen deuten. In Interviews kann man das sehr schön zeigen, daß das eine eingeführte Delegationswährung ist. Die Begriffe sind wissenschaftlich unbrauchbar, wie jeder weiß. Legasthenie ist eine Versammlung von so heterogenen Einzelsymptomen, daß man wissenschaftlich nie ein brauchbares Konzept auswerten kann. Dasselbe gilt für Verhaltensstörungen auch. Das ist ein Konglomerat von unvergleichbaren, vollkommen heterogenen Erscheinungen. Obwohl das jeder weiß, halten sich diese Begriffe in der Erziehungswissenschaft. Warum? Weil ihre Hauptfunktion schon immer gewesen ist, Delegationsmünze zu sein, Überweisungswährung für die nicht mehr behandelbaren Fälle aus der normalpädagogischen Situation in die sonderpädagogische Situation. Das heißt die normale pädagogische Situation soll vom Therapieproblem freigehalten werden. Konzentration auf Wissensvermittlung und auf Normenvermittlung, aber ... keine therapeutische Dimension. (*Oevermann* 1981, 33)

Durch das Abdrängen der therapeutischen Dimension verdeutlicht sich die prinzipielle Ausrichtung des Allgemeinen Schulsystems am Homogenitätsgedanken. Sonderpädagogisches Handeln hingegen richtet sich demgegenüber an dem Gedanken der Heterogenität aus. Es fungiert, wie ich an anderer Stelle bereits ausgeführt habe, als Perspektive (vgl. *Reiser* 1998, 51), welche von dem Ausgangspunkt der Verschiedenheit Erfahrungen von Gemeinsamkeit anmahnt (vgl. *Dlugosch* 1999, 411). Dies macht nachvollziehbar, weshalb *Oevermann* die eingeforderte „Professionalisierung pädagogischer Praxis[8] am ehesten im Bereich der Sonder- und Heilpädagogik" (1996, 151) beobachtet (vgl. *Loeken* 2000, 206). Sonderpädagogisches Handeln lässt sich nicht ohne eine stellvertretende Deutung und damit mit der Explikation eines Sinnzusammenhangs subjekthaften Verhaltens ausüben. Das von *Oevermann* geforderte Fallverstehen, das in Kontrastierung mit wissenschaftlichem Wissen als

---

[8] zumindest tendenziell (vgl. *Oevermann* 1996, 151).

professionalitätslogischer Kern zu fassen ist, ist über die beschriebene Perspektive in sonderpädagogisches Handeln integriert. Bleibt aber die therapeutische Funktion das einzige Richtmaß des sonderpädagogischen Handelns, so stellt sich nun von einer anderen Seite her ein deprofessioneller Trend ein, denn auch dann werden die widersprüchlichen Anforderungen an pädagogisches Handeln vereindeutigend aufgelöst. Oevermann beobachtet die deprofessionelle Tendenz, im Sinne der Auflösung des Widerspruchs, in den jeweiligen Extremausprägungen (hier innerhalb des Allgemeinen Schulsystems) im Sinne einer „distanzlosen 'Verkindlichung' des Schülers" bzw. eines „technologischen, wissensmäßigen und verwaltungsrechtlichen Expertentum(s)" (*Oevermann* 1996, 155). Professionalisiertes pädagogisches Handeln würde demgegenüber den Widerspruch aushalten müssen und über den wissenschaftlichen und selbstreflexiven Blick das eigene pädagogische Handeln einer Kultur des Zweifels unterziehen.

3 Zuständigkeit als Angelpunkt (sonder-)pädagogischer Professionalität – Sonderpädagogik als professionelles Handeln zweiter Ordnung?

Es stellt sich nun anschließend die Frage, welche Rolle das sonderpädagogische Handeln aus professionalitätstheoretischer Sicht einnehmen könnte, ohne einer deprofessionellen Verführung zu verfallen. Als eine mögliche Konsequenz aus den bisherigen Ausführungen ergibt sich Folgendes: Die Sonderpädagogik dient nicht dazu, kompensatorisch zu wirken, indem sie die Widersprüchlichkeit der pädagogischen Auftragslage abfedert, insofern sie die Zuständigkeit für das Irritierende, das Störende, das Heterogene übernimmt und institutionalisiert. Denn durch die Separierung einer der Funktionen findet ein deprofessioneller Prozess innerhalb beider Subsysteme statt, da die widersprüchlichen Anforderungen aufgeteilt werden. Vielmehr ginge es darum, dass sonderpädagogisches Handeln dazu beiträgt, dass die Zuständigkeit in ihrer widersprüchlichen Konstellation innerhalb der Allgemeinen Pädagogik ausgehalten wird und dass die Sonderpädagogik im Sinne einer Sekundärinstanz Hilfen zur Selbsthilfe pädagogischen Handelns anregt. Sonderpädagogik übernähme in diesem Fall die Rolle eines professionellen Handelns neuen Typs, dadurch dass sie als Sekundärinstanz für eine bereits *institutionalisierte* Lebenspraxis, nämlich die institutionalisierten Lernens, eine rehabilitatorische Aufgabe übernimmt. Sonderpädagogisches Handeln könnte somit der Allgemeinen Pädagogik dazu verhelfen, ihr Problem aus eigenen Ressourcen zu lösen bzw. die widersprüchlichen Anforderungen auszubalancieren. Auf den Begriff gebracht stellte sonderpädagogisches Handeln in dieser Version ein professionelles Handeln zweiter Ordnung[9] dar.

Interessant an der Umwidmung sonderpädagogischer Angebote[10] ist die Frage, wofür sich das sonderpädagogische Handeln zuständig sieht. Ist der klassische sonderpädagogische Blick auf eine direkte unterrichtliche Interaktion innerhalb einer sonderpädagogischen Institution gerichtet oder durch diagnostische Fragestellungen geprägt, so verändert sich in einem hier durch professionalisierungstheoretische Impulse erweiterten Verständnis der Fokus und damit auch der Fall. Der Fall für sonderpädagogisches Handeln wäre hier das Interaktionsgeflecht innerhalb eines institutionalisierten pädagogischen Settings, das zumindest von einem Interaktionspartner im Kontext von Lernprozessen als Problem definiert wird und von dem die Einschätzung besteht, dass mit den zur Verfügung stehenden Mitteln das Problem nicht selbständig gelöst werden könne. Reiser benennt die sonderpädagogische Herausforderung als „Mehrparteilichkeit" (*Reiser* 1996, 183) und beschreibt das sonderpädagogische Mandat mit einer Vermittlung der Perspektiven der Beteiligten, welches allen vertretenen Sichtweisen Respekt zollt, da diese jeweils eine in sich stimmige und für sich sinnvolle Wirklichkeitskonstruktion repräsentieren.

Eine von der Allgemeinen Pädagogik erwartete Entlastung wird somit nicht unmittelbar, sondern nur mittelbar von der Sonderpädagogik erfüllt: Die Zuständigkeit der widersprüchlich aufgefächerten Aufträge professionalisierter Pädagogik verbleibt bei der Allgemeinen Pädagogik. Sonderpädagogisches Handeln zielt in letzter Konsequenz darauf ab, sich selbst überflüssig zu machen.

Die Kontur sonderpädagogischen Handelns aus einer professionalitätstheoretischen Perspektive wird hiernach deutlich: Konturiert sich die Sonderpädagogik als eine alternative Pädagogik und koppelt sich von der Bezugsgröße der Allgemeinen Pädagogik ab, leistet sie einen Beitrag zur Deprofessionalisierung der Allgemeinen Pädagogik. Sie stößt so in ihren eigenen Institutionsformen an das gleiche Dilemma, nämlich die differenten Funktionen ihrerseits einlösen zu müssen. Bleibt sie ihrerseits z.B. nur an der therapeutischen Dimension orientiert oder wird sogar aufgrund mangelnder konzeptioneller

---

[9] vgl. hierzu die Ausführungen von *Gensicke*, welcher professionelles Handeln als „eine *spezialisierte* Form der Beobachtung zweiter Ordnung" fasst (1998, 118; H.i.O.).

[10] auch für die Frage der professionellen Entwicklung der beteiligten Pädagoginnen und Pädagogen.

Veränderungen ebenfalls in ihrem Kontext die therapeutische Dimension vernachlässigt, liegt auch für den sonderpädagogischen Bereich ein deprofessioneller Trend vor. Versteht sich demgegenüber die Sonderpädagogik als subsidiäre[11] (vgl. *Reiser* 1999, 144) Pädagogik und definiert ihre Aufgabe nicht in einer alternativen Beschulungsform, sondern in einem komplementären[12] Auftrag, nämlich dem, der Allgemeinen Pädagogik *innerhalb* ihrer dazu zu verhelfen, die differenten Funktionen (weitestgehend) einzulösen, unterstützt sie die Einlösung eines professionellen Anspruchs der Allgemeinen Pädagogik.

In diesem Verständnis könnte sich die Sonderpädagogik aus dem Zugzwang befreien, zum einen als Auffang- und Parkposition für Kinder und Jugendliche zu fungieren, die unter einem anderen Fokus der Zuständigkeit allgemeiner Pädagogik überantwortet blieben. Damit verbunden könnte zum zweiten die Sonderpädagogik der Tendenz entgehen, einen deprofessionellen Trend innerhalb institutionalisierter Pädagogik zu fördern. Inwieweit es sich bei diesem Ertrag um gewonnene, ggf. auch riskante Freiheiten[13] handelt, denen andere, vielleicht diffizilere Entscheidungen und Nebenwirkungen aufgenötigt sind, bleibt zu diskutieren.

Literatur

Beck, U.; *Beck-Gernsheim*, E. (Hrsg.): Riskante Freiheiten: Individualisierung in modernen Gesellschaften. Frankfurt a.M. 1994.

Dlugosch, A. 1999: Der biographische Blick. Eine Perspektive zur Entwicklung pädagogischer Professionalität im Rahmen der Erziehungshilfe. In: Schmetz, D. Wachtel, P. (Hrsg.): Sonderpädagogischer Kongress 1998: Entwicklungen - Standorte - Perspektiven. Materialien. Würzburg 1999, 406-414.

Gensicke, D.: Individualität und Bildungsprozesse. Zum Konzept pädagogischer Professionalität aus der Perspektive universitärer Lehre. (Univ. Diss). Hannover 1998.

Gildemeister, R.; *Robert*, G.: „Ich geh da von einem bestimmten Fall aus..." – Professionalisierung und Fallbezug in der Sozialen Arbeit. In: Jakob, G.; Wensierski, H.-J. v. (Hrsg.): Rekon-

---

[11] *Wocken* in einem vervielfältigten Manuskript zu „Kompetenzen und Ausbildung von Sonderpädagogen" (1997, 2).

[12] vgl. hierzu die Ausführungen von *Opp* zur institutionalisierten Komplementärrolle der sozialen Arbeit: „Die Komplementarität von Hilfebedarf und sozialen Hilfeleistungen ist nicht so sehr das Ergebnis institutionalisierter Festlegungen als vielmehr Ergebnis reflexiver Aushandlungs- und Ausgleichsprozesse zwischen individuellem Hilfebedürfnis, subjektiven Erwartungen, Autonomieansprüchen und Angebotsmöglichkeiten aller Beteiligten" (*Opp* 1998, 150).

[13] begriffliche Anleihe hier von *Beck/ Beck-Gernsheim* 1994.

struktive Sozialpädagogik. Konzepte und Methoden sozialpädagogischen Verstehens in Forschung und Praxis. Weinheim 1997, 23-38.

Göppel, R.: Der Lehrer als Therapeut? Zum Verhältnis von Erziehung und Therapie im Bereich der Verhaltensgestörtenpädagogik. In: Zeitschrift für Pädagogik 46(2000), 215-233.

Hoyle, E.: Professionalisierung von Lehrern: ein Paradox. In: Terhart, E.(Hrsg.): Unterrichten als Beruf. Neuere amerikanische und englische Arbeiten zur Berufskultur und Berufsbiographien von Lehrern und Lehrerinnen. Köln 1991, 135-144.

Jakob, G.: Fallverstehen und Deutungsprozesse in der sozialpädagogischen Praxis. In: Peters, F. (Hrsg.): Diagnosen - Gutachten – hermeneutisches Fallverstehen. Rekonstruktive Verfahren zur Qualifizierung individueller Hilfeplanung. Frankfurt a.M. 1999, 99-25.

Loeken, H.: Spannungsfelder sonderpädagogischer Professionalität – Anregungen für ein Professionskonzept. In: Albrecht, F. u.a. (Hrsg.): Perspektiven der Sonderpädagogik: disziplin- und professionsbezogene Standortbestimmungen. Neuwied 2000, 199-210.

Matzdorf, P.; Cohn, R.C.: Das Konzept der Themenzentrierten Interaktion. In: Löhmer, C.; Standhardt, R. (Hrsg.): TZI: pädagogisch-therapeutische Gruppenarbeit nach Ruth C. Cohn. Stuttgart 1992, 39-92.

Nittel, D.: Von der Mission zur Profession? Stand und Perspektiven der Verberuflichung der Erwachsenenbildung. Bielefeld 2000.

Oevermann, U.: Professionalisierung der Pädagogik – Professionalisierbarkeit pädagogischen Handelns. (Vortragsskript) Berlin 1981.

Oevermann, U.: Theoretische Skizze einer revidierten Theorie professionalisierten Handelns. In: Combe, A. Helsper, W. (Hrsg.): Pädagogische Professionalität. Untersuchungen zum Typus pädagogischen Handelns. Frankfurt a.M. 1996, 70-182.

Oevermann, U.: Die Methode der Fallrekonstruktion in der Grundlagenforschung sowie der klinischen und pädagogischen Praxis. In: Kraimer, K. (Hrsg.): Die Fallrekonstruktion. Sinnverstehen in der sozialwissenschaftlichen Forschung. Frankfurt a.M. 2000, 58-156.

Opp, G.: Reflexive Professionalität. Neue Professionalisierungstendenzen im Arbeitsfeld der Kinder- und Jugendhilfe. In: Zeitschrift für Heilpädagogik 49(1998), 148-158.

Reiser, H.: Arbeitsplatzbeschreibungen – Veränderungen der sonderpädagogischen Berufsrolle. In: Zeitschrift für Heilpädagogik 47(1996), 178-186.

Reiser, Helmut: Sonderpädagogik als Service-Leistung? Perspektiven der sonderpädagogischen Berufsrolle. Zur Professionalisierung der Hilfsschul- bzw. Sonderschullehrerinnen. In: Zeitschrift für Heilpädagogik 49 (1998) 2, 46 - 54.

Reiser, H.: Förderschwerpunkt Verhalten. In: Zeitschrift für Heilpädagogik 50(1999), 144-148.

Reiser, H. u.a.: Aktuelle Grenzen der Integrationsfähigkeit von Grundschulen. Ergebnisse einer empirischen Studie. In: Hildeschmidt, A.; Schnell, I. (Hrsg.): Integrationspädagogik. Auf dem Weg zu einer Schule für alle. Weinheim 1998, 145-159.

Schaeffer, D.: Tightrope Walking. Handeln zwischen Pädagogik und Therapie. In: Dewe, B u.a. (Hrsg.): Erziehen als Profession. Zur Logik professionellen Handelns in pädagogischen Feldern. Opladen 1992, 200-229.

Terhart, E. (Hrsg.): Unterrichten als Beruf. Neuere amerikanische und englische Arbeiten zur Berufskultur und Berufsbiographien von Lehrern und Lehrerinnen. Köln 1991.

Terhart, E.: Lehrerprofessionalität. In: Rolff, H.-G. (Hrsg.): Zukunftsfelder von Schulforschung. Weinheim 1995, 225-266.

Wagner, H.-J.: Eine Theorie pädagogischer Professionalität. Weinheim 1998.

Wocken, H.: Kompetenzen und Ausbildung von Sonderpädagogen. (Manuskript) Hamburg 1997.

Ulrich von Knebel

Sonderpädagogischer Förderbedarf als bildungspolitische und pädagogische Herausforderung – eine neue Chance für eine ‚Pädagogisierung' der Sonder- und Heilpädagogik

Abstract

In den 90er Jahren hat ein tiefgreifender und weitreichender bildungspolitischer Wandel Platz gegriffen, der erziehungswissenschaftlich begründbare Ansprüche an eine pädagogische Arbeit mit behinderten und von Behinderung bedrohten Kindern und Jugendlichen in der Schule stützt und mit neuer Intensität herausfordert. Darin kann eine ‚Chance' für eine pädagogische Konsolidierung behindertenpädagogischer Theorie und Praxis gesehen werden. Nicht wenige Anzeichen sprechen aber dafür, dass dieser grundlegende Wandel noch kaum einen Niederschlag in der pädagogischen Praxis gefunden hat, wie beispielsweise am Verfahren zur Feststellung sonderpädagogischen Förderbedarfs abgelesen werden kann. Dies mag eher als ‚Krise' gedeutet werden. Den Charakter einer ‚Krise' trägt aber vor allem der Umstand, dass die Behindertenpädagogik noch wenig gerüstet zu sein scheint, diese Diskrepanz zwischen neuzeitlichem Anspruch und altbewährter Praxis zu reduzieren. Ob sie die ‚Chance' pädagogisch fruchtbarer Wegweisungen der Bildungspolitik für eine pädagogische Konzeptualisierung nutzen kann, wird nicht zuletzt von ihrer Bereitschaft abhängen, den pädagogischen Gehalt der entwickelten Konzepte erneut kritisch zu hinterfragen.

1 Einleitung

Der Titel dieses Beitrags enthält einige Thesen, die ich hier vertreten möchte, die man aber keineswegs teilen muss und die deshalb hoffentlich in der anschließenden Diskussion zu einem lebhaften Austausch führen werden. Sie enthalten, so scheint mir, einigen ‚Zündstoff'. Die ersten vier Thesen werden im Eingangsreferat erläutert, die beiden letzten Thesen könnten Gegenstand der anschließenden Diskussion werden.

Vorab seien diese Thesen nur genannt, um eine grobe Orientierung zu geben:
1. ‚Sonderpädagogischer Förderbedarf' ist ein bildungspolitisch mit neuartigen Absichten verknüpfter Begriff, der für die Sonderpädagogik eine nur teilweise neuartige Herausforderung darstellt.
2. Diese Herausforderung ist – sicherlich nicht allein, aber für die Sonderpädagogik zuvörderst – eine pädagogische.
3. Die sonderpädagogische Praxis wird dieser pädagogischen Herausforderung noch nicht hinreichend gerecht.
4. Das könnte auch daran liegen, dass die sonderpädagogische Theoriebildung noch zu wenig pädagogisch ausgerichtet ist. Sie bietet den in der Praxis Tätigen möglicherweise keine ausreichende erziehungswissenschaftliche Grundlage für eine pädagogische Praxisgestaltung.
5. Daraus folgt, dass die Sonderpädagogik einer weitergehenden pädagogischen Fundierung, oder wie es *Orthmann* schon vor dreißig Jahren für die Sprachheilpädagogik formulierte, einer „Pädagogisierung" bedarf (vgl. Orthmann 1971, 35).
6. Darin liegt schließlich eine Chance, und zwar
   - sowohl für die Fachdisziplin Sonderpädagogik und ihre Teildisziplinen, denn dadurch könnte sie sich besser von anderen Disziplinen, die sich ebenfalls um das Wohl von Menschen mit Behinderungen bemühen, abgrenzen (vgl. Bestrebungen zur Reform der Lehrerbildung mit Überlegungen zur Auflösung behindertenpädagogischer Studienfächer),
   - als auch für das Bildungssystem, weil sich so die Sonderpädagogik in Zeiten tiefgreifender Reformen der Lehrerbildung als Garant politisch gewollter und pädagogisch gebotener Bildungsprozesse erweisen könnte.
   - Und nicht zuletzt ist es auch eine Chance für die Kinder und Jugendlichen, ihre Entwicklung unter erschwerten Bedingungen mit pädagogisch-professioneller Unterstützung zu realisieren.

2 Zur bildungspolitischen Herausforderung (These 1)

Die schwierige Lage von benachteiligten Menschen in einer Leistungsgesellschaft ist immer wieder beschrieben worden. Immerhin aber ‚leistet' sich die moderne Leistungsgesellschaft den Begriff des sonderpädagogischen Förderbedarfs und damit die Zusage, dass Kinder und Jugendliche mit Behinderung in der Regel in der allgemeinen Schule unterrichtet und dort gemäß ihrer besonderen Situation angemessen gefördert werden. In den Empfehlungen der Ständigen Konferenz der Kultusminister der Länder in der Bundesrepublik Deutschland (im Folgenden: KMK-Empfehlungen) zur sonderpädagogischen Förderung von 1994 sowie in den darauf aufbauenden Schulgesetzen wird die Integration als Regelfall der Beschulung behinderter Kinder proklamiert. Leitend ist die Idee, dass es nicht Kinder gibt, die besonderer Schulen bedürftig sind, sondern Kinder, die – zunächst lernortunabhängig – einer besonderen Förderung bedürfen. Dieser, in der Fachliteratur gelegentlich als ‚Wandel von der Institutionsorientierung zur personalen Orientierung' beschriebene Blickwechsel (*Beck/ Schuck* 1997) verpflichtet auf einen bemerkenswert hohen Anspruch. In den KMK-Empfehlungen von 1994 heißt es wörtlich:

> Dabei ist es vordringliche Aufgabe, das Bedingungsgefüge einer Behinderung – ihre Ausgangspunkte und Entwicklungsdynamik – zu erkennen, die Bedeutung der jeweiligen Behinderung für den Bildungs- und Lebensweg des Kindes bzw. Jugendlichen einzuschätzen, um dann die pädagogischen Notwendigkeiten hinsichtlich Erziehung, Unterricht und Förderung so zu verwirklichen, dass die Betroffenen fähig werden, ein Leben mit einer Behinderung in sozialer Begegnung sinnerfüllt zu gestalten und – wann immer möglich – eine Minderung oder Kompensation der Behinderung und ihrer Auswirkungen zu erreichen. (*KMK* 1994, 4)

Diese Aufgabenbeschreibung enthält durchaus Vertrautes. So war es schon immer ein sonderpädagogisches Anliegen, Behinderung – auch als komplexes Bedingungsgefüge – zu diagnostizieren, auf dieser Grundlage Konzepte für die Förderung zu entwickeln und damit nicht nur eine Reduktion von Symptomen zu erreichen, sondern auch Folgewirkungen in den Griff zu bekommen. Zwar ist in diesen Empfehlungen auch noch Gedankengut der KMK-Empfehlung zur „Ordnung des Sonderschulwesens" von 1972 enthalten, wie zum Beispiel die Bestimmung von Sonderpädagogischem Förderbedarf durch die Beschreibung von Schülerinnen und Schülern, „die in ihren Bildungs-, Entwicklungs- und Lernmöglichkeiten so beeinträchtigt sind, dass sie im Unterricht der allgemeinen Schule ohne sonderpädagogische Unterstützung nicht hinreichend gefördert werden können" (*KMK* 1994, 5).

Ganz und gar neu ist wohl vor allem die eher organisatorisch ausgerichtete Priorisierung von integrativer Beschulung als Regelfall – wenn auch unter Finanzierungsvorbehalten. Und inhaltlich stechen m.E. zwei Akzentuierungen hervor, die in schulverwaltungstechnischen Vorgaben bislang noch nie so deutlich formuliert wurden: Erstens die sehr viel stärkere Betonung von lebensweltlichen Gegebenheiten. Sie findet z.B. in der Aufgabenbeschreibung darin Ausdruck, dass es nicht so sehr eine Behinderung, sondern vor allem ihr ‚Bedingungsgefüge' zu erkennen gelte, was in den Ausführungen zur Feststellung sonderpädagogischen Förderbedarfs ausdrücklich an der ‚sozialen Einbindung', an den ‚individuellen Erziehungs- und Lebensumständen' und am ‚schulischen Umfeld' und dessen Veränderungsmöglichkeiten festgemacht wird. Laut Aufgabenbeschreibung gilt es folgerichtig auch, die Bedeutung einer Behinderung nicht nur für die schulische Laufbahn, sondern für den ‚Bildungs- und Lebensweg' insgesamt einzuschätzen.

Zweitens wird deutlicher als zuvor eine pädagogische Perspektive eingenommen, indem Bildungs- und Erziehungsprozesse im Kontext ihrer *lebensweltlichen* Bezüge – und nicht etwa begrenzt auf den organisatorischen Rahmen von Schule – thematisiert werden. So wird allem Anschein nach auch nicht zufällig in der Aufgabenbeschreibung von der Verwirklichung ‚pädagogischer Notwendigkeiten' gesprochen.

Es ist gewiss keine alltägliche Selbstverständlichkeit, dass im Praxisfeld Schule das geleistet wird, was hier eingefordert ist: eine Erziehung, Unterrichtung und Förderung, die aufgrund einer differenzierten Diagnostik von Bedingungen, ihren Zusammenhängen und subjektiven Bedeutungen den als behindert geltenden Betroffenen dazu verhilft, ein sinnerfülltes Leben zu führen. Diese Aufgabenstellung darf wohl zu Recht als eine große Herausforderung bezeichnet werden. Wenn die Sonderpädagogik eine solche Herausforderung als die ihre begreift, dann kann darin mit Blick auf das Tagungsthema auch eine „Chance für die Sonderpädagogik in der modernen Leistungsgesellschaft" gesehen werden, denn wer sonst als die Sonderpädagogik sollte und könnte sich dieser Aufgabe stellen?

3 Zur pädagogischen Qualität der Herausforderung (These 2)

Warum kann diese Herausforderung als eine *pädagogische* aufgefasst werden? Zunächst einmal deshalb, weil in den KMK-Empfehlungen ausdrücklich von ‚pädagogischen Notwendigkeiten', sowie von ‚Bildung' und ‚Erziehung', also von pädagogisch zentralen Begriffen die Rede ist. Zweitens könnte als Argument angeführt werden, dass sonderpädagogische Fachkräfte als Pädagoginnen und Pädagogen die Arbeit in der Schule von Berufs wegen als eine pädagogische Aufgabe begreifen, ganz unabhängig davon, was in den Texten der Schulverwaltung im Einzelnen stehen mag.

Vor allem aber spricht für eine pädagogische Betrachtung dieser Herausforderung, dass die bildungspolitisch abgesteckten Ziele weit über den schulischen Rahmen hinausweisen und auf das Leben der Betroffenen zielen, wie es zum Beispiel die Formulierung des *sinnerfüllten Lebens in sozialer Begegnung* verdeutlicht. Es geht hier also nicht in erster Linie um die Erreichung schulischer Lernziele (wie z.b. die Beherrschung des Lesens, Schreibens, Rechnens), die gelegentlich ja auch bedeutungsverengend als ‚Bildungsziele' bezeichnet werden. Sondern primär geht es um Fragenkomplexe wie die folgenden:

1. Was ist ein sinnerfülltes Leben, und wie finden Menschen dazu? Welche Voraussetzungen dafür bringen sie mit, und welche müssen sie noch erwerben? Welche Bedeutung hat dabei eine Behinderung?
2. Welchen Beitrag können Lehrerinnen und Lehrer leisten? Was ist durch Erziehung zu erreichen, und wie muss erzogen werden, damit die Erziehung zur Verwirklichung solcher hoch gesteckten Ziele beitragen kann?
3. Was sind geeignete institutionelle Rahmenbedingungen? Das heißt: Welche Organisationsform ist am besten geeignet, die Erziehung umzusetzen, die für optimal gehalten wird? Wie muss diese Organisationsform ausgestaltet werden?

Diese Fragenkomplexe sind der zentrale Gegenstand allgemein erziehungswissenschaftlicher Theoriebildung. Darum vor allem erscheint es lohnend, die Herausforderung als eine pädagogische zu begreifen und in der Konsequenz die Allgemeine Erziehungswissenschaft zu befragen, welchen Beitrag sie leisten kann für eine pädagogische Qualifizierung behindertenpädagogischer Problemlösungen. – Und da hat die allgemeine Erziehungswissenschaft durchaus etwas anzubieten.

Der Erziehungswissenschaftler Dietrich *Benner* (1991) zum Beispiel unterscheidet drei hauptsächliche Ebenen erziehungswissenschaftlicher Theorien, die mit den eben genannten Fragekomplexen im Einklang stehen:

1. Theorien der Bildung befassen sich mit der Klärung von Aufgaben erzieherischer Einflussnahme, also mit der Bestimmung des Zwecks und Ziels von Erziehung. Dabei werden Bildungsziele in der Allgemeinen Erziehungswissenschaft sehr allgemein gefasst, sie bestehen z.B. in der Handlungsfähigkeit, Geschäftsfähigkeit, Emanzipation, Freiheit und Selbstbestimmung des Subjekts. In der Arbeit mit sprachbehinderten Kindern beispielsweise wäre auf dieser Theorieebene zu klären, worin denn eigentlich das Ziel sprachlicher Förderung besteht. Ist es das ‚richtig sprechende Kind', der ‚Erhalt der Sprachkultur', die ‚berufliche Eingliederungschance', die ‚sprachliche Handlungsfähigkeit' des Kindes?
2. Theorien der Erziehung fragen laut *Benner* nach „der richtigen Art und Weise des Umgangs mit Heranwachsenden" (1991, 14). Sie befassen sich also weniger mit Inhalten und Zielen, als vielmehr mit den Wegen, die zu beschreiten sind, damit sich die zu Erziehenden in Richtung pädagogischer

Zielsetzung verändern können und auch verändern wollen. Theorien der Erziehung zielen auf eine „Anleitung zur Gestaltung erzieherischer Situationen" (*Benner* 1991, 14). Bezogen auf die Arbeit mit behinderten Kindern wären dieser Ebene demnach alle Überlegungen zuzurechnen, die sich auf die Situationsgestaltung beziehen. Dazu gehört etwa die Gestaltung der Beziehung zwischen Kind und pädagogischer Fachkraft, der konkrete Einsatz ausgewählter Methoden wie auch der Einsatz bestimmter Materialien – einschließlich ihrer jeweiligen Begründung versteht sich, da der Bezugspunkt ja hier wissenschaftliche Theorien der Erziehung sind.

3. Theorien pädagogischer Institutionen schließlich befassen sich mit Kriterien, die Institutionen erfüllen müssen, damit sie „geeignete Orte für pädagogisches Handeln" (*Benner* 1991, 9f.) sein können. Gerade angesichts des bildungspolitischen Wandels von der Institutionsorientierung zur personalen Orientierung, der ja mit einer logischen Nachordnung institutioneller Entscheidungsfragen einher geht, könnten diese Theorien Anhaltspunkte liefern, wie Praxisfelder organisatorisch gestaltet werden müssten, damit sie das pädagogische Anliegen bestmöglich unterstützen.

Ich vertrete hier also die Auffassung, dass eine Chance der Sonderpädagogik der Gegenwart darin besteht, die aktuellen Herausforderungen als pädagogische zu begreifen und sich konsequenterweise auch pädagogischer Theorien zu bedienen, um sich diesen Herausforderungen zu stellen. Dazu genügt es nicht, ein einzelnes Konzept, eine bestimmte Methode oder irgendein Material einfach ‚pädagogisch' zu nennen. Gemeint ist vielmehr der Anspruch einer erziehungswissenschaftlichen Fundierung.

4 Auswirkungen des Wandels auf das Praxisfeld Schule (These 3)

Die Chancen für die Sonderpädagogik, die Herausforderungen der Gegenwart erfolgreich zu bewältigen, stehen nicht schlecht. In der schulischen Praxis hat sich seit 1994 einiges verändert. Es steht außer Frage, dass die Lehrerinnen und Lehrer vor Ort vielfach eine qualifizierte und wirkungsvolle Arbeit leisten. Ich möchte auch keinesfalls bestreiten, dass ihre Arbeit eine pädagogische Qualität besitzt.

Es gibt aber auch Anzeichen dafür, dass die bildungspolitischen Bestrebungen in der Praxis nicht umfassend greifen. So zeigt sich z. B. im Rahmen des Verfahrens zur Feststellung sonderpädagogischen Förderbedarfs eine sehr heterogene Praxis: Zwischen den Polen weitreichender Reformen einerseits (etwa in Form von Verfahrensweisen, die zuerst auf die Feststellung von Fördernotwendigkeiten und -möglichkeiten zielen und erst vor diesem Hintergrund nach geeigneten Lernorten fragen) und Fortführung traditioneller Praxis andererseits (nach dem Motto: Ich lasse alles beim Alten, ersetze aber das Wort ‚Sonderschulbedürftigkeit' durch das modernere Wort ‚sonderpädagogischer Förderbedarf') liegt ein facettenreiches Feld.

In einer Untersuchung der Gutachtenpraxis in Nordrhein-Westfalen hat *Langfeldt* 1998 eindrücklich nachgewiesen, dass viele Gutachten den neuen Anforderungen noch nicht genügen. So stellt er beispielsweise fest, dass standardisierte Testverfahren eher unspezifisch eingesetzt würden, Schulleistungen kaum Gegenstand der Überprüfungen seien und Fördervorschläge in aller Regel sehr unspezifisch ausfielen. Überhaupt enthielten nur *40%* aller Gutachten zur Feststellung sonderpädagogischen Förderbedarfs im Förderschwerpunkt Lernen Fördervorschläge (einschließlich solcher, die nur Bereichsangaben enthalten, wie z.B. die Empfehlung einer ‚Wahrnehmungsförderung durch Frostig'). An der Universität Hamburg untersucht eine Forschungsgruppe derzeit die Gutachten des Jahrgangs 2001 aus den Bundesländern Hamburg, Bremen, Niedersachsen und Schleswig-Holstein (*Degenhardt* u.a. in Vorber.). Erste Sichtungen dieser Gutachten bestätigen den Eindruck, dass Fördervorschläge oft fehlen, unspezifisch ausfallen, wenig auf die diagnostischen Ergebnisse zurückgeführt werden und dass sie oftmals institutionsbezogenen Entscheidungsempfehlungen nachgeordnet werden.

Ich ziehe daraus den Schluss, dass die Sonderpädagogik die bildungspolitischen und pädagogischen Herausforderungen der Gegenwart noch nicht zufriedenstellend bewältigt hat. Insofern kann ich mit Blick auf das Tagungsthema feststellen, dass die Sonderpädagogik in der modernen Leistungsgesellschaft nicht nur Chancen zu nutzen, sondern auch Krisen zu bewältigen hat.

5 Die Sonderpädagogik als pädagogische Wissenschaftsdisziplin (These 4)

In dieser internen Fachöffentlichkeit der Lehrenden der Sonderpädagogik möchte ich die kritische Frage aufwerfen, ob dafür die Sonderpädagogik als Wissenschaftsdisziplin oder ihre einzelnen Teildisziplinen nicht auch eine Mitverantwortung tragen. Präziser formuliert lautet die Frage, inwieweit die sonderpädagogischen Theorien, ihre Diagnostik- und Förderkonzepte eine pädagogische Qualität beanspruchen können, indem sie beispielsweise ihre

Zielsetzungen bildungstheoretisch reflektieren oder die jeweils empfohlenen Methoden erziehungstheoretisch begründen. Diese Frage an eine Fachdisziplin zu richten, die sich expressis verbis eine pädagogische nennt, ist zugegebenermaßen etwas unschicklich. Es ist aber ganz sicher keine rhetorische Frage, denn ich bin mir darüber im Klaren, dass die sonderpädagogische Theorienlandschaft viel zu weit und zu vielfältig ist, um von einem Einzelnen überschaut zu werden. Vielleicht kann die anschließende Diskussion ein wenig erhellend sein, um mögliche und vorläufige Antworten auf diese Frage zu entwerfen. Fest steht wohl nur, dass es innerhalb der Sonderpädagogik sowohl Ansätze gibt, die ausdrücklich erziehungswissenschaftlich verankert sind, als auch solche, deren pädagogische Güte zumindest nicht unvermittelt und direkt zu erkennen ist.

Für einen kleinen Ausschnitt innerhalb der Teildisziplin Sprachbehindertenpädagogik, nämlich für die Konzepte zur Arbeit mit Kindern mit Aussprachestörungen, bin ich dieser Frage allerdings eingehend nachgegangen. Im Rahmen meiner Dissertation (*von Knebel* 2000) habe ich die hauptsächlichen Veröffentlichungen des 20. Jahrhunderts zu diesem Themengebiet analysiert, und zwar vor allem unter der Zielsetzung, erstens ihre wissenschaftliche Qualität und zweitens ihren pädagogischen Gehalt zu ergründen (zusammenfassend *von Knebel* 2002; vgl. auch *Dannenbauer* 2001).

In der gebotenen Kürze möchte ich nur auf ein einziges, wie ich finde aber alarmierendes Ergebnis eingehen. Es besteht darin, dass zum Themenbereich kindliche Aussprachestörungen seitens der Sprachbehindertenpädagogik einschließlich ihrer historischen Vorläufer nicht ein einziges erziehungswissenschaftlich fundiertes Konzept für die Diagnostik und Förderung von Kindern mit Aussprachestörungen entwickelt worden ist.

Dazu ist anzumerken, dass die Analyse auf zwei Ebenen durchgeführt wurde: Auf der einen Ebene wurde ein bestimmtes – genauer: ein handlungstheoretisches und emanzipatorisches – Verständnis von einem pädagogischen Konzept entwickelt, und zwar auf der Grundlage pädagogisch-anthropologischer und allgemein-erziehungswissenschaftlicher Grundannahmen. Dass auf dieser Ebene in der Fachliteratur kein Konzept aufgefunden werden konnte, welches in diesem Sinne als ein pädagogisches zu beurteilen wäre, das ist nicht verwunderlich und insofern auch gar nicht problematisch, weil es ja die Möglichkeit offen lässt, dass andersartige pädagogische Konzepte existieren. – Gleichwohl fanden sich auf dieser Analyseebene in vielen Ansätzen Grundannahmen über das Wesen von Aussprachestörungen und ihre Beeinflussungsmöglichkeiten, die mit den hier zugrunde gelegten pädagogischen Grundannahmen durchaus kompatibel sind. Es gibt demzufolge also kein entfaltetes derartiges pädagogisches Konzept, aber eine Reihe pädagogisch fruchtbarer Ansatzpunkte, die im Rahmen einer pädagogischen Konzeptbildung aufzugreifen wären.

Auf der anderen und allgemeineren Ebene wurde relativ inhaltsoffen geprüft, ob und ggf. inwieweit die einzelnen Ansätze Fragen der Erziehung und Bildung im erziehungswissenschaftlichen Sinne thematisieren. Hier fanden sich lediglich allgemein-erziehungswissenschaftlich anschlussfähige Anknüpfungspunkte, wie z.B. Erörterungen von Fragen beruflicher Eingliederungschancen oder von Fragen der Wesensgemäßheit kindlichen Handelns, die aber weder erziehungswissenschaftlich eingeordnet noch zur Begründung eines pädagogischen Konzeptes genutzt wurden. Umfassende Erörterungen erziehungs- und bildungstheoretischer Fragestellungen sowie ausdrückliche Bezugnahmen auf die Allgemeine Erziehungswissenschaft und ihre Konzepte konnten in dem untersuchten Literaturbestand nicht identifiziert werden.

Dieses Ergebnis hat sicherlich auch etwas mit der fachlichen Spezität des Gegenstandes Aussprachestörung zu tun, der vielleicht besonders dazu einlädt, anatomische, physiologische oder sprachwissenschaftliche Aspekte zu fokussieren. Gleichwohl begründet die eingangs umschriebene bildungspolitische Herausforderung die Notwendigkeit einer umfassenderen pädagogischen Betrachtung, soweit es um die Bildung und Erziehung von Kindern mit Aussprachestörungen geht.

Es ist fraglich, ob andere sprachbehindertenpädagogische Kernthemen auf eine grundsätzlich andere Art und Weise fachdisziplinär bearbeitet worden sind. Zumindest aber lässt sich begründet vermuten, dass die skizzierte Problemlage auch auf andere Gegenstandsbereiche der Sprachbehindertenpädagogik, zum Beispiel auf Konzepte bezüglich anderer Sprachentwicklungsstörungen, zutrifft. Weitreichender ist die Frage, ob es auch in anderen behindertenpädagogischen Fachdisziplinen vergleichbare Problemlagen gibt. Ganz gleich, wie die Antwort auf diese verallgemeinerte Frage ausfällt, wird sie m.E. für zukünftige Konzeptbildungen innerhalb der Sonderpädagogik bedeutsam sein, denn: Wenn es keine vergleichbaren Problemlagen gibt, wenn also die Theorien und Konzepte anderer behindertenpädagogischer Fachdisziplinen zu Recht ein höheres Maß an pädagogischer Qualität beanspruchen können, dann kann die Sprachbehindertenpädagogik von jenen Disziplinen erheblich profitieren. Wenn es sich aber auch hier und dort als schwierig erweisen sollte, die fachdisziplinären Konzepte als pädagogische zu qualifizieren, dann stehen verschiedene Teildisziplinen bei aller Unterschiedlichkeit vor einer gemeinsamen – und, wie ich meine, zukunftsrelevanten – Aufgabe, deren Bearbeitung die Gemeinsamkeit der Teildisziplinen maßgeblich stärken könnte.

6 Schlussbemerkung – eine Einladung zur Diskussion

Die vier in diesem Beitrag vertretenen und nur knapp erläuterten Thesen mögen, wie einleitend angemerkt, Bestätigung finden oder Widerspruch herausfordern. In jedem Fall scheinen sie mir geeignet, eine weiterführende Diskussion zu initiieren. Angesichts bisheriger Diskussionen scheinen sie unter anderem die folgenden vier Antworten herauf zu beschwören:

1. Es wird verneint, dass der Begriff des ‚sonderpädagogischen Förderbedarfs' wie auch allgemein die bildungspolitischen Bestrebungen der 90er Jahre einen grundlegenden Wandel erfordern. Dies erscheint schon insofern plausibel, als der Begriff des sonderpädagogischen Förderbedarfs zunächst nicht mehr als ein schulverwaltungstechnischer Terminus ist, der theoriegeleitet unterschiedlich interpretiert werden kann. Diese Antwort wirft aber die Frage auf, vor welchem theoretischen Hintergrund dieser Begriff mit welchem Interesse in welcher Weise anders interpretiert werden sollte.
2. Es wird zwar ein Anlass für einen grundlegenden Wandel gesehen, dieser wird jedoch nicht als eine pädagogische Herausforderung aufgefasst. Sofern das zutrifft, stellt sich die Frage, welche Qualitäten dieser Herausforderung zugeschrieben werden.
3. Geteilt wird zwar die Auffassung, dass die sonderpädagogische Theorie und Praxis eine genuin pädagogische zu sein hat, es wird aber unterstellt, dass der pädagogische Anspruch sowohl in der Theorie als auch in der Praxis bereits erfüllt wird. Soweit dieser Standpunkt eingenommen wird, steht zur Diskussion, auf welche Gegenstandsbereiche diese Einschätzung bezogen wird und woran die pädagogische Qualität in Theorie und Praxis fest zu machen ist.
4. Die Thesen dieses Beitrags werden geteilt, woraus die Schlussfolgerung resultiert, dass eine pädagogische Fundierung behindertenpädagogischer Konzepte – möglicherweise auch in anderen behindertenpädagogischen Fachdisziplinen – geboten und deshalb Aufgabe zukünftiger behindertenpädagogischer Forschungsarbeit sei. Daraus aber ergibt sich schließlich die Frage, wie eine solche Fundierung zu leisten wäre.

Literatur

Beck, I.; *Schuck*, K.D.: Lehrerbildung in der Zukunft. In: Marsand, O. (Hrsg.): Zukunftsperspektiven der Lehrerbildung. Würzburg 1997, 18-40.

Benner, D.: Allgemeine Pädagogik. Eine systematisch-problemgeschichtliche Einführung in die Grundstruktur pädagogischen Denkens und Handelns. Weinheim, München ²1991.

Dannenbauer, F.M.: Rezension zu von Knebel 2000. In: Vierteljahresschrift für Heilpädagogik und ihre Nachbargebiete 70(2001) 3, 294-298.

Degenhardt, S.; *Knebel*, U.v.; *Schuck*, K.D.; *Welling*, A.: Qualitätsmerkmale sonderpädagogischer Gutachten. Ergebnisse einer empirischen Untersuchung in ausgewählten norddeutschen Bundesländern, in Vorbereitung.

KMK; Ständige Konferenz der Kultusminister der Länder in der Bundesrepublik Deutschland: Empfehlung zur Ordnung des Sonderschulwesens. Abdruck in: Zeitschrift für Heilpädagogik, Beiheft 9, 1972.

KMK; Sekretariat der Ständigen Konferenz der Kultusminister der Länder in der Bundesrepublik Deutschland: Empfehlungen zur sonderpädagogischen Förderung in den Schulen in der Bundesrepublik Deutschland. Bonn 1994.

Knebel, U. v..: Kindliche Aussprachestörung als Konstruktion. Eine historische Analyse mit pädagogischer Perspektive. Münster 2000.

Knebel, U. v.: Problemfelder der Theoriebildung innerhalb der Sprachbehindertenpädagogik aus pädagogischer und wissenschaftstheoretischer Sicht. Zusammenfassung zentraler Ergebnisse einer Literaturanalyse zum Gegenstandsbereich Aussprachestörungen. In: Vierteljahresschrift für Heilpädagogik und ihre Nachbargebiete 70(2002), im Druck.

Langfeldt, H.-P.: Behinderte Kinder im Urteil ihrer Lehrkräfte. Eine Analyse der Begutachtungspraxis im Sonderschul-Aufnahme-Verfahren. Heidelberg 1998.

Orthmann, W.: Sprachheilpädagogik - Sprachbehindertenpädagogik – Sprachsonderpädagogik. In: Die Rehabilitation. 10(1971)1, 33-39.

Clemens Hillenbrand

Selbstbestimmung und Teilhabe nach dem neuen Sozialgesetzbuch IX – Konsequenzen für die Heilpädagogik

Das Sozialgesetzbuch IX (SGB IX) Rehabilitation und Teilhabe behinderter Menschen ist seit dem 1. Juli 2001 in Kraft. Damit erhält das gesamte System der vor-, außer- und nachschulischen Hilfen für Menschen mit Behinderungen eine neue rechtliche Basis, die – so die These – zu ganz erheblichen Konsequenzen für das heilpädagogische Handeln führen wird. Nach einigen grundlegenden Informationen soll dies anhand eines pädagogischen Handlungsfelds, der interdisziplinären Frühförderung, aufgezeigt werden. Über die juristischen Voraussetzungen kann hier nur kursorisch informiert werden. Eine zentrale These wird dabei sein, dass Heilpädagoginnen und Heilpädagogen in die Kommunikation und Kooperation mit den Akteuren des Rehabilitationsprozesses (Rehabilitations-Träger und Menschen mit Behinderungen) eintreten müssen, also die Begrenzung ihres Horizonts auf die heilpädagogische Provinz, die notorisch unter miserablen finanziellen, personellen, publizistischen Bedingungen leidet, durchstoßen müssen.

Warum machte der Gesetzgeber überhaupt die Kraftanstrengung eines neuen Sozialgesetzbuches für das Problemfeld Behinderung?

Entstehung des SGB IX

Bemühungen um ein eigenes Gesetzbuch Rehabilitation gibt es schon seit zwei Jahrzehnten. Vier Anläufe seit den 80er Jahren sind gescheitert, insbesondere an dem Anspruch, ein Leistungsgesetz zu formulieren. Die aus einem Leistungsgesetz sich ergebenden Konsequenzen, insbesondere die Zuständigkeit eines einzigen Rehabilitationsträgers und die damit verbundenen finanziellen Veränderungen, wurden als Verschlechterungen für die Betroffenen eingeschätzt und führten jeweils zum Abbruch des Gesetzgebungsverfahrens. Das jetzt verabschiedete Gesetz verzichtet darauf, ein Leistungsgesetz zu sein. Dies hätte einen tiefen Schnitt ins System der sozialen Sicherung dargestellt, den man scheut (vgl. *Pöld-Krämer* 2001a, 7). Die Verbesserungen sollen sich denn auch nicht in höheren Kosten niederschlagen. In der Bundestagsdebatte äußert sich der Ausschuss für Arbeit und Soziales: „Für die öffentlichen Haushalte werden keine Kostensteigerungen erwartet" (*Kraus* 2001, 117). Die entstehenden geringen Mehrkosten glichen sich demnach durch Ersparnisse in anderen Bereichen aus. Dabei wäre es schon eine spannende Frage, wo die Einsparungen erfolgen sollen.

Das SGB IX stellt für Karl-Hermann Haack, Behindertenbeauftragter der Bundesregierung, die Einlösung des Verfassungsversprechens aus dem Jahr 1994 dar: Menschen mit Behinderungen dürfen nicht benachteiligt werden (Art. 3 Abs. 3 Satz 2 GG) (vgl. *Kraus* 2001, 119). Das Gesetzbuch wurde in enger Abstimmung mit vielen Verbänden entwickelt und verabschiedet. Insbesondere die Selbsthilfegruppen partizipierten aktiv am Gesetzgebungsverfahren.

Zielsetzungen des SGB IX

Ausgangspunkt ist das gegliederte soziale Sicherungssystem in Deutschland. Während für andere Lebensrisiken, wie Krankheit, Arbeitslosigkeit, Pflege oder Altersarmut, jeweils zuständige Leistungsträger geschaffen wurden, gibt es kein Äquivalent für das Risiko einer Behinderung (vgl. *Pöld-Krämer* 2001a). Die damit zuständige Sozialhilfe verweist aufgrund ihrer Nachrangigkeit zunächst auf vorrangige Sicherungssysteme und den Einsatz des eigenen Einkommens und Vermögens. Damit erfolgt für die Betroffenen bzw. ihre Angehörigen eine Bedürftigkeitsprüfung, z.T. mussten eigene finanzielle Beiträge geleistet werden. Vor allem aber müssen die Betroffenen selbst die notwendigen Leistungen aus verschiedenen Systemen kombinieren und koordinieren. Diese Aufgabe stellt eine ganz erhebliche Belastung dar und viele der zustehenden Leistungen wurden durch die Betroffenen aufgrund Unkenntnis oder missglückten ‚Case-Managements' nicht abgerufen. Das SGB IX will unter anderem an dieser Stelle eine Abhilfe schaffen.

Die Zielsetzung des Gesetzbuchs wird im § 1 zum Ausdruck gebracht: Selbstbestimmung und Teilhabe am Leben in der Gesellschaft.

Behinderte oder von Behinderung bedrohte Menschen erhalten Leistungen nach diesem Buch und den für die Rehabilitationsträger geltenden Leistungsgesetzen, um ihre Selbstbestimmung und gleichberechtigte Teilhabe am Leben in der Gesellschaft zu fördern, Benachteiligungen zu vermeiden oder ihnen entgegenzuwirken. Dabei wird den besonderen Bedürfnissen behinderter und von Behinderung bedrohter Frauen und Kinder Rechnung getragen. (§ 1 *SGB IX*)

Hervorzuheben ist hier die Zielsetzung der Selbstbestimmung gleichrangig mit dem der gesellschaftlichen Teilhabe, die sich von früheren Vorstellungen einer Rehabilitation im Sinne von Beseitigung der Behinderung, dem Ausgleich von Einschränkungen, Abbau von behinderungsbedingten Problemen bis hin zum ‚Fitmachen für die Normalität' unterscheidet. Zweitens fällt die Betonung zweier Personengruppen, der Frauen und Kinder, auf.

Diese programmatische Zielvorstellung des Gesetzbuchs soll durch folgende grundsätzliche Veränderungen erreicht werden:
- Ausweitung der Zahl der Rehabilitations-Träger: Die Sozial- und Jugendhilfe ist jetzt auch Reha-Träger,
- Vereinheitlichung und bessere Übersichtlichkeit im Rehabilitationsrecht,
- bessere Zusammenarbeit von Leistungsträgern, Leistungserbringern und Betroffenen,
- Barrierefreiheit (z.B. Recht auf Gebärdensprache, Rollstuhltauglichkeit) und
- Beschleunigung der Verfahren.

Was im SGB IX nicht angegangen wurde – etwa im Gegensatz zum SGB III Kinder- und Jugendhilfegesetz (KJHG) – ist die Vernetzung der sozialrechtlichen Leistungen mit dem Bildungssystem und insbesondere mit dem sonderpädagogischen System schulischer Hilfen. Dass es dennoch zu Berührungen und Schnittstellen kommen wird, liegt aufgrund der in der Praxis gegebenen institutionellen, personellen und förderungsspezifischen Verknüpfungen auf der Hand. Von daher ist zu fragen, ob die angestoßene Entwicklung nicht auch eine rechtliche Vernetzung mit dem Bildungssystem erfordert. Entscheidend für ein angemessenes Verständnis der Neuerungen ist die Struktur, die dem SGB IX inhärent ist.

Struktur des SGB IX

Das SGB IX gliedert sich in zwei Teile: Der erste Teil enthält die Bestimmungen des allgemeinen Rehabilitations-Rechts, der zweite Teil entspricht dem bisherigen Schwerbehindertengesetz, wie es seit dem 1.10.2000 in Kraft ist. Auf diesen zweiten Teil gehe ich nicht weiter ein.

Das SGB IX ist wie gesagt kein Leistungsgesetz. Eine direkte Suche nach der rechtlichen Legitimation und Finanzierungsmöglichkeit für heilpädagogische Maßnahmen ist also nicht so ohne weiteres möglich. Das SGB IX besitzt einen anderen Status. Es fasst zunächst einmal die Rechtsvorschriften zur Rehabilitation und Eingliederung behinderter Menschen zusammen, soweit sie einheitlich für mehrere Sozialleistungsbereiche gelten. „Es zieht sozusagen die Regelungen, die für Menschen mit Behinderung und ihre Rehabilitation von Belang sind, so weit es geht ‚vor die Klammer'" (*Pöld-Krämer* 2001a, 8). Ähnlich angelegt sind bisher schon SGB I (allgemeiner Teil für alle Sozialgesetzbücher), SGB X (sozialrechtliches Verwaltungsverfahren) und SGB IV (spezifische Regelungen für die 5 gesetzlichen Sozialversicherungszweige). Die einzelnen Leistungsgesetze wie z.B. das SGB V (Krankenversicherungsrecht), das SGB VI (Rentenversicherung) oder das Bundessozialhilfegesetz (BSHG) muss man von nun an im Zusammenhang mit dem SGB IX lesen, wenn es um Rehabilitation und Teilhabe für Menschen mit Behinderung geht.

Zu den Rehabilitationsleistungen kann es nur auf Grund der einzelnen Leistungsgesetze und ihrer Bestimmungen kommen. Das stellt § 7 Satz 2 SGB IX klar: Die Zuständigkeit und die Voraussetzungen der einzelnen Leistungen ergeben sich weiterhin ausschließlich aus den einzelnen Leistungsgesetzen. Insoweit nimmt das SGB IX keine inhaltliche Neugestaltung des Rechts vor. Raum für unmittelbar geltendes Recht nach dem SGB IX entsteht also erst und nur insoweit, wie die einzelnen Leistungsgesetze mit ihren Leistungsvoraussetzungen und Zuständigkeitsregelungen dafür Platz lassen. Das ‚Ob' der Leistung hängt damit nur von den einzelnen Leistungsgesetzen ab. Das ‚Wie' der Leistung - also Art, Inhalt, Umfang, Qualität, Ausführung – wird dagegen von den Leistungsgesetzen und daneben auch noch von den Regelungen des SGB IX bestimmt.

So fundiert das SGB IX nicht so sehr eine Ausweitung bisheriger Hilfen, entscheidend bleiben die bisherigen Rahmenbedingungen. Das Gesetz zielt vielmehr auf eine Veränderung der Praxis der Leistungserbringung. Die Position der Akteure im Leistungsdreieck wird grundsätzlich verändert.

Veränderungen im sozialrechtlichen Leistungsdreieck durch das SGB IX

Für die Zuerkennung von Ansprüchen bleiben also weiterhin die Leistungsgesetze entscheidend. Das SGB IX verändert jedoch insbesondere die Position der Betroffenen: Vom Hilfeempfänger zum Entscheidungsträger der eigenen Rehabilitation. Für die vom SGB IX angestrebte Veränderung von Leistungsinhalten und -prozessen in Richtung auf mehr Selbstbestimmung ist das Zusammenspiel aller Akteure notwendig und möglich.

Betroffene

Die Betroffenen müssen einerseits die neuen Möglichkeiten, die ihnen das SGB IX eröffnet, tatsächlich nutzen und beanspruchen, sonst bleibt das Gesetz ein ‚Papiertiger'. Dazu ist die kompetente Beratung der Betroffenen unverzichtbar. Insofern ist sich der Gesetzgeber mit der Verpflichtung zur Einrichtung gemeinsamer Service-Stellen, die die Beratung und Koordination übernehmen sollen, treu geblieben. Andererseits erhalten die Betroffenen eine neue Position im gesamten Entscheidungsverfahren: Sie werden Beteiligte, sogar Letztentscheidende in einem nunmehr überschaubaren Verfahren. Die Berücksichtigung der persönlichen Wünsche nach Kriterien wie Geschlecht, Familienverhältnissen, weltanschaulichen und religiösen Überzeugungen, das Wahlrecht bei ambulanten Leistungen für die Betroffenen (Sachleistung – Geldleistung) bis hin zu persönlichen Budgets, die Transparenz des Entscheidungsverfahrens (Akteneinsichtsrecht) und die Notwendigkeit eines begründenden Bescheides an den Betroffenen, die häufig notwendig werdende Erstellung eines schriftlichen Reha-Planes und das Klagerecht für Verbände stärken die Position der Betroffenen entscheidend.

Leistungsträger

Die Leistungsträger müssen nun untereinander und möglichst auch im Verhältnis zu den anderen Akteursgruppen Einvernehmen über die Veränderungen der Leistungsinhalte und Leistungsprozesse erreichen. Insbesondere muss durch Abstimmung der Leistungsträger untereinander Einigkeit über die veränderten Leistungsinhalte und neuen Zuständigkeiten erzielt werden. Dabei sind die Betroffenen als Experten einzubeziehen. Wie dringend die Aufgabe der Abstimmung ist, hat sich bei der Komplexleistung Frühförderung schon schnell sehr deutlich gezeigt.

Leistungserbringer

Die Einrichtungen und Dienste als Leistungserbringer müssen ihre Angebote den Betroffenenwünschen entsprechend verändern und die veränderten Leistungsanforderungen erfüllen: Die Berücksichtigung der Betroffenenwünsche wird zur conditio sine qua non. Es muss in Abstimmung mit den Reha-Trägern eine bedarfsdeckende Angebotslandschaft in der Region vorgehalten werden. Dabei formuliert der Gesetzgeber keinen grundsätzlichen Vorrang von ‚ambulant vor stationär', die Einrichtungen müssen in ihren Leistungen den Betroffenen jedoch möglichst viel Raum zur eigenverantwortlichen Gestaltung ihrer Lebensumstände gewähren, was wiederum die Abstimmung mit den Reha-Trägern erforderlich macht. Die Qualitätssicherung wird unverzichtbar und die Bildung von Arbeitsgemeinschaften angeregt.

Insgesamt werden die Akteure auf sehr viel stärkere Kooperation und Koordination verpflichtet. In diese Kooperation und Koordination werden sich heilpädagogische Fachkräfte einmischen müssen, wollen sie an dem Prozess der Rehabilitation und Teilhabe behinderter Menschen beteiligt werden.

Insgesamt gesehen verändert sich damit die Position der Akteure im Leistungsdreieck deutlich. Für Menschen mit Behinderungen sind ihre neuen Rechte entscheidend und eine wichtige Aufgabe wird sein, sie auf ihre Recht hinzuweisen und in der Inanspruchnahme zu unterstützen. Heilpädagogische Fachkräfte selbst müssen daher über solche Möglichkeiten informiert sein und diese Informationen in adäquater Weise an die Betroffenen weitergeben. Bisher fehlt es noch an Wissen und an Informationsmöglichkeiten.

Zentrale Bestimmungen des SGB IX

Einige zentrale materiell-rechtliche Bestimmungen aus dem ersten Teil des SGB IX sind für heilpädagogische Aufgabenfelder von großem Belang.

Behinderungsbegriff (§2)

Das SGB IX definiert für alle Leistungsträger einen einheitlichen Behinderungsbegriff, der die Begriffsbestimmung der WHO aufgreift (vgl. *Schlembach* 2001, 133).

Menschen sind behindert, wenn ihre körperliche Funktion, geistige Fähigkeit oder seelische Gesundheit mit hoher Wahrscheinlichkeit länger als sechs Monate von dem für das Lebensalter typischen Zustand abweichen und daher ihre Teilhabe am Leben in der Gesellschaft beeinträchtigt ist. Sie sind von Behinderung bedroht, wenn die Beeinträchtigung zu erwarten ist. (§ 2 *SGB IX*)

Schwere Behinderung beginnt, wie bisher schon im BSHG festgelegt, bei einem Grad der Behinderung (GdB) von 50, bei einem GdB von 30 ist eine Gleichstellung möglich.

Wunsch- und Wahlrecht (§ 9), Persönliches Budget (§ 17)

Bei der Entscheidung über und der Durchführung von Reha-Leistungen ist den berechtigten Wünschen der Betroffenen zu entsprechen, insbesondere ist auf „die persönliche Lebenssituation, das Alter, das Geschlecht, die Familie sowie die religiösen und weltanschaulichen Bedürfnisse der Leistungsberechtigten Rücksicht" (*SGB IX* § 9, Abs. 1) zu nehmen. Unverzichtbar ist die Zustimmung der Betroffenen zu den Leistungen. Die Leistungen müssen den Menschen mit Behinderung möglichst viel Freiheit zur Eigengestaltung lassen. Bei ambulanten Leistungen können Berechtigte auch Geldleistungen statt Sachleistungen beantragen, wenn gleiche Wirksamkeit und Wirtschaftlichkeit des alternativen Angebots festgestellt werden kann. Die Leistungen können auch im Ausland erbracht werden. § 17 sieht die Erprobung des Persönlichen Budgets, z.B. in Modellversuchen, vor.

Beschleunigung der Verfahren (§14)

Die bisher z.T. über ein Jahr andauernden Rehabilitationsverfahren müssen jetzt nach höchstens fünf Wochen entschieden sein. Grundsätzlich soll derjenige Reha-Träger, bei dem zuerst der Antrag gestellt wird, die Leistung erbringen. Innerhalb von zwei Wochen muss er seine Zuständigkeit prüfen und drei Wochen nach Antragstellung entscheiden. Sieht er sich als nicht zuständig an, kann er den Antrag an den seiner Meinung nach zuständigen Reha-Träger weiterleiten, der damit zum zuständigen Träger wird (die Fristen beginnen erneut). Eine nochmalige Weiterleitung ist nicht vorgesehen. Zwischen verschiedenen Reha-Trägern bestehen Erstattungspflichten. Sollte der Reha-Träger diese Fristen nicht einhalten, kann sich der Berechtigte nach

Fristsetzung an den Reha-Träger die Leistungen selbst beschaffen und hat dann das Recht auf Erstattung seiner Kosten (§ 15).

Gemeinsame Servicestellen (§ 22, 23)

In jeder Kommune (Stadt, Kreis) muss eine gemeinsame Servicestelle der Reha-Träger aufgebaut werden. Ziel ist die ortsnahe und barrierefrei zugängliche Beratung und Unterstützung von behinderten Menschen. Die Servicestellen informieren über Leistungsvoraussetzungen, ermitteln den zuständigen Reha-Träger, helfen bei der Antragstellung und bleiben auch nach der Leistungsentscheidung Ansprechpartner der Betroffenen.

Erweiterung der Leistungen zur medizinischen Rehabilitation (§§ 26-32)

In den Katalog medizinischer Reha-Leistungen werden nun auch die Leistungen der Frühförderung aufgenommen (vgl. *SGB IX* §26, Abs.2). Ausdrücklich zählen „nichtärztliche sozialpädiatrische, psychologische, heilpädagogische, psychosoziale Leistungen" (*SGB IX* §30, Abs.1) zu den medizinischen Leistungen der Früherkennung und Frühförderung hinzu. Die Einordnung von nichtärztlichen Leistungen in die medizinischen Reha-Leistungen ergibt eine der aktuellen Problemlagen in der Umsetzung des Gesetzes (siehe unten). Für detailliertere Regelungen verweist das Gesetz auf gemeinsam zu erarbeitende Empfehlungen.

Leistungen zur Teilhabe am Leben in der Gemeinschaft (§§55-59)

Der bisher als Leistungen der Eingliederungshilfe (BSHG §40) geführte Katalog stellt im SGB IX weiterhin eine offene, nicht abgeschlossene Sammlung dar. Der Katalog ist partiell erweitert worden, denn im § 55 SGB IX stehen nun z.B. auch Hilfen zum selbstbestimmten Leben in betreuten Wohnmöglichkeiten. Eine Reihe neuerer heilpädagogischer Angebote erhält hier ihre gesetzliche Legitimation und finanzielle Basis.

Überprüfung der Gesetzeswirkungen

Die Wirkungen des Gesetzes sind zu dokumentieren, etwa die Verfahrensdauer bei Reha-Anträgen. Ende des Jahres 2004 wird der Gesetzgeber einen Erfahrungsbericht vorlegen. Die Frage eines Leistungsgesetzes könnte dann erneut auf der Tagesordnung stehen.

Konsequenzen aus dem SGB IX für die Heilpädagogik

Aus den beschriebenen Gesetzesimpulsen erscheint eine Veränderung der heilpädagogischen Maßnahmen und Institutionen unvermeidlich. Die Zusammenarbeit im Leistungsdreieck wird generell intensiviert werden müssen.

- Die Leistungsträger sind nun Kooperations- und Koordinationspartner, nicht bezahlende bzw. zahlungsverweigernde Behörde.
- Die heilpädagogischen Angebote werden sehr viel stärker auf die Wünsche und das Wahlrecht der Betroffenen hin abgestimmt werden müssen. Gezielte Angebote für die genannten Zielgruppen Frauen und Kinder müssen flächendeckend erst noch entwickelt werden.
- Eine Chance für heilpädagogische Angebote besteht dabei insbesondere in der Etablierung von Instituten, Vereinen und Einrichtungen, die möglicherweise keine Kassenzulassung besitzen, aber Reha-Leistungen für Betroffene anbieten, die ihr Wahlrecht auf Geldleistungen oder durch das Persönliche Budget in Anspruch nehmen. Voraussetzung ist der Nachweis gleicher Wirksamkeit bei wirtschaftlicher Gleichwertigkeit.
- Die Erstellung von Reha-Plänen und deren Überprüfung ist für viele Einrichtungen eine Neuerung.
- Die Qualitätssicherung wird zu einem unverzichtbaren Bestandteil heilpädagogischer Einrichtungen.

Die durch das Gesetz intendierten Veränderungen treffen bei den Betroffenen auf weitgehende Akzeptanz. Die neue Vorschrift wirft jedoch auch unerwünschte Probleme auf, die sich z.Zt. insbesondere an der veränderten Position der Interdisziplinären Frühförderung zeigt.

Frühförderung nach dem SGB IX

Frühförderung intendiert die möglichst frühzeitige und umfassende Unterstützung der Entwicklung von behinderten oder entwicklungsgefährdeten Kinder vom Säuglingsalter bis zum Eintritt der Schul*pflicht* (vgl. *Speck* 1996, 465). Die Aufgabe umfasst auch die Beratung der Angehörigen.

Wie war die Ausgangssituation vor Inkrafttreten des SGB IX? Rechtliche Grundlagen für die Sozialpädiatrischen Zentren bestanden vor allem im SGB V (Krankenversicherung) und teilweise im BSHG. Die Interdisziplinäre Frühförderung hingegen wurde vor allem durch die Sozialhilfe gedeckt als Eingliederungshilfe (§§ 39ff. BSHG), zuständig war dafür der örtliche Sozialhilfeträger (Kommunen). Nur für seelisch behinderte Kinder war bisher schon der Jugendhilfeträger zuständig. Da keine bundeseinheitlichen Regelungen über die Durchführung und Finanzierung der Frühförderung vorliegen, haben sich sehr divergente Modelle der Finanzierung und Begründung von Frühfördermaßnahmen entwickelt, die von Kreis zu Kreis und Stadt zu Stadt erheblich abweichen können. In der Praxis bedeutet der daraus resultierende Unterschied in zwei benachbarten Landkreisen eine Wartezeit von ca. 6 Wochen versus 6 Monaten bis zur Genehmigung der Frühfördermaßnahme! Bisher ist eine Abrechnung der Frühförderung bei nur einem Kostenträger kaum möglich (vgl. *Pöld-Krämer* 2001b). Die Abrechnung medizinisch-therapeutischer Leistungen erfolgt über die Krankenkasse, von heilpädagogischen Leistungen über die Sozialhilfe. Die finanzielle Situation der interdisziplinären Frühförderung (IFF) ist denn auch prekär: nach einer jüngst veröffentlichten Erhebung in Nordrhein-Westfalen (NRW) arbeitet die Hälfte der Frühförderstellen nicht kostendeckend (vgl. *Heckmann/ Palubitzki* 2001).

Mit Inkrafttreten des SGB IX richtet sich die Frühförderung nun an behinderte oder entwicklungsgefährdete Kinder bis zum Schul*besuch*. Damit kann bei einer Zurückstellung vom Schulbesuch die Frühfördermaßnahme weiter durchgeführt werden. Frühförderung wird im SGB IX als Komplexleistung bezeichnet und den medizinischen Leistungen zur Rehabilitation zugeordnet. Die hinter dieser Zuordnung stehende Intention zielt auf eine ganzheitliche Form der Maßnahmendurchführung. Die Hoffnung, auf dieser Basis eine Finanzierung aus einer Hand zu erlangen, erwies sich als gefährlicher Bummerang.

Das Bayerische Sozialministerium interpretierte die Einordnung in medizinische Leistungen als Zuordnung der Finanzierung zu den Krankenkassen. In der Konsequenz informierte der bayerische Landkreistag im Frühjahr die Kommunen, dass ab 1.7.2001 die Sozialhilfe nicht mehr zuständig sei, sondern die Krankenkassen die Leistungen tragen müssen (in Niedersachsen erfolgte eine parallele Entwicklung). Die Krankenkassen sahen sich jedoch nicht verpflichtet und aufgrund ihres Leistungsgesetzes nicht in der Lage, die volle Finanzierung zu übernehmen. Die Eltern erhielten im Mai und Juni 2001 Schreiben von den Kommunen, dass die Finanzierung der Frühförderung zum 1.7.2001 durch die Sozialhilfe endet und die Anträge bei den Krankenkassen zu stellen sind – das Ende der Interdisziplinären Frühförderung! Auch der von Kultusministerien getragene Teil der IFF in Bayern und Baden-Württemberg als ‚mobiler sonderpädagogischer Dienst', der von Sonderschullehrerinnen durchgeführt wird, wäre damit beendet.

Aufgrund dieser Eskalation wurden viele Aktionen und Schreiben initiiert, u.a. eine Plattform Frühförderung von wichtigen Verbänden aktiviert. Verhandlungen zwischen dem Sozialministerium in München, kommunalen Spitzenverbänden und Interessenverbänden führten zu einem Moratorium: Die Finanzierung der IFF soll bis zur endgültigen Klärung, längstens jedoch bis zum 30.6.2002, in der bisherigen Form weitergeführt werden, allerdings unter dem Vorbehalt der Rückforderung der aufgelaufenen Kosten an die Krankenkassen (wiederum parallel in Niedersachsen).

Ein Schreiben vom 21.8.2001 aus dem Bundesarbeitsministerium (BMA) versucht eine Klärung zu erreichen (Schreiben des BMA vom 21.8.2001. GZ Va3-58068/11): „Hauptkostenträger der heilpädagogischen Leistungen sind auch nach Inkrafttreten des SGB IX die Träger der Sozialhilfe". Die Intention der Zuordnung zur medizinischen Rehabilitation wird in dem genannten Schreiben heraus gestellt: „Die Zuordnung zu den Leistungen der medizinischen Rehabilitation ist erfolgt, soweit solche Leistungen in sozialpädiatrischen Zentren und interdisziplinären Frühförderstellen neben den medizinischen Leistungen erbracht werden, um die Ganzheitlichkeit der Leistungserbringung zu gewährleisten." Die Bezeichnung Komplexleistung soll anzeigen, dass medizinische und heilpädagogische Leistungen „in einem engen Funktionszusammenhang" stehen. Regelungen zur anteiligen Finanzierung sollen in gemeinsam erarbeiteten Empfehlungen durch die Akteure selbst getroffen werden. Vertreter der Frühförderstellen werden in diesen Prozess intensiv um die adäquate Berücksichtigung der Interdisziplinären Frühförderung ringen müssen.

Aus diesem Vorgang lassen sich einige Anforderungen an die zukünftige heilpädagogische Arbeit in der Frühförderung formulieren:
1. Stärkere Zusammenarbeit mit der Medizin,
2. Vernetzung der heilpädagogischen mit medizinischen Leistungen,
3. bei gleichzeitiger Wahrung der pädagogischen Ausrichtung gegenüber einer unreflektierten Übernahme medizinischer Kategorien, und

4. intensive fachpolitische Teilnahme mit dem Ziel einer angemessenen Berücksichtigung der bisherigen, positiven Erfahrungen in der interdisziplinären Struktur der Frühförderung.

Es zeichnet sich deutlich die Gefahr ab, dass die Zuordnung zu medizinischen Leistungen die Medizinalisierung bisher heilpädagogischer Handlungsformen nach sich zieht.

Ergebnis

Das Ziel Selbstbestimmung und gesellschaftliche Teilhabe sowie die darauf auszurichtende Rehabilitation von Menschen mit Behinderungen hat durch das Gesetz eine gewisse Verbindlichkeit erreicht. Die Norm ist formuliert, die theoretische Phase abgeschlossen. Es folgt jetzt die entscheidende Phase der Umsetzung in die Praxis.

Wir befinden uns nach dem von *Thimm* referierten Implementationsmodell (vgl. *Thimm* 2001) am Übergang von der Theoretischen in die Praktische Phase. Eine wissenschaftliche Begleitung der dadurch eintretenden Veränderungen, die nicht unbedingt zu einer verbesserten Situation von Menschen mit Behinderungen führen muss, könnte problematische Entwicklungen dokumentieren. Nicht nur die heilpädagogischen Praktiker, auch die Wissenschaftler erhalten einen politischen Auftrag in einer modernen Leistungsgesellschaft.

Literatur

Bundesminsterium für Arbeit und Sozialordnung: Betreff Sozialgesetzbuch – Neuntes Buch. Vom 21. August 2001, GZ Va 3-58068/11.

Heckmann, C.; *Palubitzki*, J.v.: Zur Situation heilpädagogischer Frühförderstellen in Nordrhein-Westfalen. Ergebnisse einer Einrichtungsbefragung zur Struktur- und Prozessqualität. In: Frühförderung interdisziplinär 20 (2001), 1-12.

Kraus, R.: SGB IX Teil B: Stellungnahmen und Beratungsergebnisse im Gesetzgebungsverfahren. In: Behindertenrecht, H.4 2001, 109-132.

Pöld-Krämer, S.: Rehabilitation und Teilhabe behinderter Menschen nach dem SGB IX. In: Rehabilitation und Teilhabe von Menschen mit Behinderung – Das SGB IX mit Leben füllen: Eine Aufgabe für alle! Workshop zum Sozialgesetzbuch Neun vom 19. September 2001, Bielefeld 2001a, 6-17.

Pöld-Krämer, S.: Die Position der Frühförderstellen nach dem Recht des (künftigen) SGB IX. Stellungnahme zum Fachgespräch Frühförderung des Bundesverbandes für Körper- und Mehrfachbehinderte e.V. am 23. März 2001. (Im Druck) 2001b.

Schlembach, R.: Das Neunte Buch Sozialgesetzbuch (SGB IX): Schneller – gleichberechtigter – besser? In: Behindertenrecht, H.5 2001, 133-152.

Speck, O.: System Heilpädagogik. München ³1996.

Sozialgesetzbuch IX: Rehabilitation und Teilhabe behinderter Menschen. BT-Drs. 14/5074, 94.

Thimm, W.: Leben in Nachbarschaften – Struktur und Konzeption eines gemeindenahen Systems besonderer pädagogischer Förderung. In: Zeitschrift für Heilpädagogik 52(2001), 354-359.

Rainer Wetzler

Qualitätsmanagement in Wohneinrichtungen der Behindertenhilfe

Einleitung

Die Auseinandersetzung mit Qualität, Qualitätssicherung und Qualitätsmanagement ist eine wesentliche und aktuelle Forderung der Leistungsorganisation und -erbringung in verschiedenen Feldern sozialer Arbeit. Gleichzeitig gibt es die Tendenz zur ‚Wertanalyse' im sozialen Bereich wie auch die von Fachleuten und staatlichen Instanzen eingeforderte Objektivierung der ‚Wohlfahrtsproduktion', die sich u.a. differenziert in Forderungen nach:
- Ökonomisierung/ Ausschöpfung vorhandener Rationalisierungspotenziale;
- Neuorganisation innerer Strukturen sozialer Dienste mit dem Ziel der Effektivitäts- und Effizienzsteigerung (Effektivität verstanden als ‚Doing the right things' und Effizienz als ‚Doing the things right');
- Weiterentwicklung der fachlichen Standards;
- Darlegung der geleisteten Qualität.

Was trägt ein Dienst oder eine Einrichtung zum „Ergehen" von Menschen bei (*Wendt* 1998), wie kommt der Beitrag im einzelnen zustande und wie könnte der Dienst anders oder besser gestaltet werden? Die Ressourcenknappheit der öffentlichen Hand wie auch die unterstellte Stagnation fachlicher Standards (vgl. *Seibel* 1992; *Öhlschläger* 1993) erfordern einen Strukturwandel bei sozialen Dienstleistungen, den Umbau des Sozialstaates und die Ablösung der bisherigen staatlichen Finanzierungspraxis durch Marktstrukturen und -gesetze. Diese Veränderung ergibt sich zudem durch Konvergenzbestrebungen hinsichtlich einer europäischen Sozialordnung mit dem Trend zur neoliberalen Wirtschaftspraxis. Dahinter verbirgt sich u.a. die Erwartung, dass marktwirtschaftliche Kriterien einerseits zu Einspareffekten führen, andererseits die Nachfrage- und Kundenorientierung die Angebotsvielfalt erhöhen, was sich positiv auf die Qualität der vorgehaltenen Dienste auswirken kann.

Bezogen auf das Bundessozialhilfegesetz (BSHG) sind Inhalt, Umfang und Qualität der Leistungen Zielperspektiven, die sich prospektiv in Vergütungs-, Leistungs- und Prüfvereinbarungen niederschlagen sollen.

Was unter ‚Qualität' verstanden wird, bleibt von Seiten des Gesetzgebers offen und wird nach wie vor kontrovers aus fachlichen und ökonomischen Blickwinkeln diskutiert (vgl. *Speck* 1999). Entsprechend werden in der Praxis unterschiedliche Verfahren zur ‚Realisierung' von Qualität angewandt, welche in den nachfolgenden Ausführungen zu diskutieren sind. Anschließend werden erste empirische Ergebnisse zu Qualitätsmanagement-Ansätzen und -verfahren in Wohneinrichtungen der Behindertenhilfe präsentiert und bewertet.

Qualitätsmanagement und Qualitätssicherung im Bereich der Eingliederungshilfe

Die Novellierung des Bundessozialhilfegesetzes (BSHG) verweist insbesondere in § 93 Abs. 2 auf eine wesentliche systemische Veränderung für Einrichtungen der Eingliederungshilfe.

Der Träger der Sozialhilfe ist zur Übernahme von Aufwendungen für die Hilfe in einer Einrichtung nur verpflichtet, wenn mit dem Träger oder der Einrichtung oder seinem Verband eine Vereinbarung über Inhalt, Umfang und Qualität der Leistungen sowie über dafür zu entrichtenden Entgelte besteht. (*BSHG* § 93 Abs. 2)

Der Gesetzgeber hat sich mit dieser Neuregelung vom sogenannten ‚Selbstkostendeckungsprinzip' als Finanzierungsgrundsatz verabschiedet (‚Selbstkostendeckungsprinzip' bedeutet, dass der Träger der Sozialhilfe die entstandenen Kosten für Personal- und Sachmittel rückwirkend übernommen hat, mit der Konsequenz dynamisch steigender Pflegesätze). Ersetzt wurde dieses Prinzip durch sogenannte ‚Prospektive Pflegesätze', die periodisch wiederkehrende Vergütungsvereinbarungen beinhalten und damit einen kalkulierten finanziellen Rahmen abstecken.

Das BSHG verweist auf drei Vereinbarungen:
- Leistungsvereinbarung (über Inhalt, Umfang und Qualität der Leistungen);
- Vergütungsvereinbarung (über eine Grundpauschale für Unterkunft und Verpflegung, einen Investitionsbetrag für Anlagen und Ausstattungen und ein Maßnahmenentgelt für Hilfen zur Lebensgestaltung – getrennt nach Entgeltgruppen);
- Prüfvereinbarung.

Im Vorfeld lief über mehrere Jahre hinweg eine Diskussion, die im Grundsatz die Neubewertung des ‚dualen Verhältnisses' zwischen Staat und freier Wohlfahrtspflege fordert, welches sich als wenig effektiv und kaum innovativ darstellt und dem Kunden keine Möglichkeit eröffnet, auf die Angebotsgestaltung Einfluss zu nehmen (vgl. u.a. *Oliva* u.a. 1991; *Prognos AG* 1991; *Seibel* 1992, 1997; *Öhlschläger* 1993; *Rauschenbach* u.a. 1996; *Schmid* 1996).

Bedingt durch ein verändertes Selbstverständnis von Menschen mit Behinderung (Stichwort ‚Selbstbestimmt Leben') werden beispielsweise in Einrichtungen der Eingliederungshilfe verstärkt Anstrengungen zu Qualitätssicherung und Qualitätsentwicklung unternommen, die es nachfolgend zu beschreiben gilt.

Qualitätsmanagement – Ansätze und Verfahren

Qualität ist in einer allgemeinen Definition die Gesamtheit von Merkmalen und Merkmalswerten einer Einheit bezüglich ihrer Eignung, festgelegte und vorausgesetzte Erfordernisse zu erfüllen (vgl. *Deutsche Gesellschaft für Qualität* 1995).

Um der Offenheit des Qualitätsbegriffs durch Strukturierung zu begegnen, wird oftmals auf die Trilogie von *Donabedian* (1982) verwiesen, der die Unterscheidung trifft in:
- Strukturqualität (u.a. objektive Rahmenbedingungen, Ausstattung, materielle und personelle Ressourcen);
- Prozessqualität (Aktivitäten zwischen Leistungserbringern und Leistungsempfängern, orientiert an der spezifischen Zielsetzung der Dienstleistung werden Maßnahmenpläne, Handlungsabläufe usw. festgelegt);
- Ergebnisqualität (u.a. beobachtbare Veränderungen bei den Leistungsempfängern, Zufriedenheit mit der Dienstleistung).

In der Behindertenhilfe werden diese Qualitätsebenen mittlerweile ergänzt durch die sogenannte Konzeptqualität, die ethische, weltanschauliche und konzeptionelle Facetten berücksichtigt.

Ansätze sind Qualitätssicherung, Qualitätsentwicklung und Qualitätsmanagement: Der Autor favorisiert ‚Management' bzw. Qualitätsmanagement. Dies bedeutet die aktive Auseinandersetzung mit einer Thematik und hier speziell mit Qualität. Qualitätssicherung hat hingegen eine eher reaktive Bedeutung und impliziert vorrangig ein passives Verhalten hinsichtlich der Sicherstellung erreichter Standards, wodurch eine Weiterentwicklung auch verhindert werden kann. Qualitätsentwicklung als Begriff *negiert* die vorhandenen Standards und wirkt für die Mitarbeiterinnen und Mitarbeiter abschreckend, weil bisherige Bemühungen herabgesetzt werden. In diesem Verständnis verliert der Begriff seine eigentlich innovative Konnotation und würdigt bestehende Leistungen nur unzureichend. Mit anderen Worten vermittelt ‚Qualitätsentwicklung' nicht ausreichend positive Signale, um gemeinsame Qualitätsanstrengungen zu unternehmen, ‚Qualitätssicherung' steht im Verdacht, zu viele passive und zu wenig innovative Komponenten zu besitzen. Der Begriff Qualitätsmanagement löst diese Problematik im Bereich sozialer Dienstleistungen aktiv, konstruktiv und innovativ auf mit der Zielsetzung/ den Zielsetzungen:

- Individualisierte und bedarfsorientierte Dienstleistung;
- Zielorientiertes, fachlich fundiertes Handeln;
- Transparente Abläufe und Aktivitäten;
- Beteiligung und Einbeziehung von Dienstleistungskonsumenten (uno acto-Prinzip);
- Agieren statt reagieren;
- Kontinuierliche Auseinandersetzung mit Prozessen/ Abläufen/ Alltagshandlungen;
- Ergebnisorientierung auf der Basis von Evaluation/ Selbstevaluation.

Ansätze und Verfahren aus dem industriellen Kontext werden mittlerweile in den sozialen Dienstleistungssektor übertragen (stellvertretend dürfen genannt werden: Total Quality Management oder kontinuierlicher Verbesserungsprozess, Korrektur und Vorbeugemaßnahmen, Anwendung der EN DIN ISO 9000ff., EFQM – European Foundation of Quality Management-, Benchmarking, Balanced Score Card usw.; vgl. u.a. zur Darstellung dieser Ansätze *Faix* u.a. 1994; *Wetzler* 1999; *Institut für Technologie und Arbeit* 1998; *Samariter Stiftung* o.J.; *Kolbe* 2000).

Meinhold (1998) identifiziert vier Systeme des Qualitätsmanagements.
a) Interne Verfahren unter Berücksichtigung spezifischer fachlicher Anforderungen.
Hier sind als zentrale Punkte zu nennen:
- Welche Dienstleistung wird in welcher Form gebraucht?
- Welche Ressourcen werden benötigt und welche Effekte sind zu erwarten?

Zentrale Elemente dieser Herangehensweise sind die Formulierung von Qualitätszielen und Qualitätsstandards, die Methoden und Regeln zum Erreichen dieser Standards und die entsprechenden Prüfverfahren zur Evaluation der Bemühungen.

b) Standardisierte Qualitätssicherungssysteme mit der (potentiellen) Möglichkeit zur Zertifizierung.
Hierzu zählt die DIN EN ISO 9000ff, innerhalb derer ein Rahmen mit 20 Elementen vorgegeben wird. Es handelt sich dabei um:
- Führungselemente (Verantwortung der Leitung/ Qualitätsmanagement-System/ systematische Methoden/ Korrektur- und Vorbeugemaßnahmen/ neue Einrichtungsleistungen/ Audit / Personal-Schulung),
- Elemente mit direktem Kundenbezug (Aufnahmeverfahren/ Umgang mit Fremdeigentum/ Prozesslenkung/ Kennzeichnung und Rückverfolgbarkeit/ Prüfungen/ Prüfstatus/ Fehlerbehandlung/ Nachsorge bzw. Nachversorgung),
- Unterstützende Elemente (Lenkung von Dokumenten und Daten/ Lenkung von Qualitätsaufzeichnungen/ Beschaffung/ Überwachung/ Handhabung von z.B. Medikamenten und Geräten).

c) Aufgaben- und organisationsorientierte Qualitätssicherungs-Systeme.
In Anlehnung an die ausgeführten Varianten ist hier der vereinbarte Standard entscheidend, der nach innen und außen transparent ist. Formulierte Standards sind jederzeit einforderbar und haben ein hohes Maß an Verbindlichkeit. Es ist allerdings darauf zu achten, dass die dynamischen Prozesse sozialer Interaktion nicht von statischen Vorgaben überlagert werden.

d) Qualitätsmanagement im Kontext von Leistungsverträgen
Gerade in der aufkommenden Diskussion über Hilfepläne/ Gesamtpläne und beschriebene Standards wird die vertragliche Komponente an Bedeutung gewinnen. Anbieter sozialer Dienstleistungen sehen sich gezwungen, Aussagen über Organisation, Ziele, Leitbild, Leistungsbeschreibung, Infrastruktur, Wirtschaftlichkeit, Controlling, Dokumentation und Statistik, Kundenorientierung, Mitarbeiterentwicklung usw. zu machen.

Klie (1999) differenziert in diesem Kontext die praktische Herangehensweise an die Organisation von Qualität nach Damkowski in die Dimensionen ‚besttauglich', ‚mustergültig', ‚preiswert', ‚förderlich' und ‚außerordentlich'.

Nachfolgend werden empirische Ergebnisse über den Stand der Bemühungen zu Qualitätsmanagement speziell in Wohneinrichtungen der Behindertenhilfe beschrieben.

Bundesweite Umfrage zum Stand der Qualitätsanstrengungen in Wohneinrichtungen der Behindertenhilfe

Im Jahr 2001 (Stichtag: 31.08.2001) wurde bundesweit eine schriftliche Befragung in Wohneinrichtungen der Behindertenhilfe durchgeführt, mit dem Ziel, die Anstrengungen zu Qualitätsfragen zusammenzufassen, zu systematisieren und entsprechend an die Praxis zurückzumelden. Die bundesweite schriftliche Umfrage wurde durchgeführt vom Bereich ,Qualitätsmanagement' der Fakultät Rehabilitationswissenschaften an der Universität Dortmund. Die Gesamtergebnisse werden im ersten Quartal 2002 veröffentlicht unter *Wetzler/ Wenke* (2002).

Es wurden rund 1.400 Wohneinrichtungen der Behindertenhilfe schriftlich angefragt, als Rücklauf konnten Ergebnisse von 216 Wohneinrichtungen verwertet werden. Die relativ geringe Rücklaufquote von rund 16 % lässt sich einerseits dadurch erklären, dass Teile der freien Wohlfahrtspflege die Erhebung derartiger Daten in der jetzigen Situation (vielfach standen Kostenverhandlungen an) als politisch zu brisant eingestuft haben, andererseits dadurch, dass viele Einrichtungen bislang wenig nach außen kommunizierbare Aktivitäten beim Qualitätsmanagement vorweisen konnten.

In der Erhebung wurden folgende Bereiche untersucht:
- Strukturdaten (z.B. Spitzenverbandszugehörigkeit, Größe der Einrichtung, fachliche Ausrichtung);
- Organigramm, Leitbild, Qualitätsmanagement-Verfahren;
- Qualitätsmanagementbeauftragte/r;
- Bewertung des Qualitätsmanagements.

Aus der Vielzahl der Ergebnisse, deren umfassende Publikation in Vorbereitung ist, sollen nachfolgend einige Fakten herausgestellt und bewertet werden.

	Häufigkeit	Prozent
Arbeiterwohlfahrt	7	3,2
Caritasverband	47	21,8
Der Paritätische Wohlfahrtsverband	62	28,7
Deutsches Rotes Kreuz	3	1,4
Diakonisches Werk	86	39,8
Sonstige	3	1,4
Keine	8	3,7
Zusammen	N= 216	100,0

Tab 1.: Spitzenverbandszugehörigkeit

An der Befragung haben insbesondere Einrichtungen teilgenommen, die dem Caritasverband (21,8 %), dem Paritätischen Wohlfahrtsverband (28,7 %; hierzu gehören auch Einrichtungen der Lebenshilfe sowie anthroposophische Einrichtungen) und dem Diakonischen Werk (39,8 %) angeschlossen sind. Diese Verteilung entspricht in etwa der bundesweiten Verteilung von Wohneinrichtungen der Behindertenhilfe nach Spitzenverbänden, wobei der Paritätische Wohlfahrtsverband leicht unterrepräsentiert und der Caritasverband leicht überrepräsentiert ist (vgl. zur bundesweiten Verteilung *Wacker* u.a. 1998, 47). Die Finanzierungsgrundlage dieser Einrichtungen ist vorrangig die Eingliederungshilfe.

Hinsichtlich der Größe der Einrichtung bzw. mehrerer Einrichtungen in gemeinsamer Trägerschaft zeigt sich, dass viele größere Einrichtungen bzw. große Träger an der Umfrage beteiligt sind. Die 216 beteiligten Einrichtungen verteilen sich nach angegebener Platzzahl folgendermaßen:

Plätze	Angaben in Prozent
Bis 49 Plätze	28,8
50-99 Plätze	25,9
100 bis 199 Plätze	21,7
200 bis 299 Plätze	9,7
300 bis 499 Plätze	6,5
500 und mehr Plätze	7,4
Zusammen	N =216

Tab. 2: Wohnplätze der einbezogenen Einrichtungen (insgesamt)

Hinsichtlich der Plätze weichen die einbezogenen Einrichtungen deutlich vom Bundesdurchschnitt ab. Bundesweit dominieren Einrichtungen mit unter 50 Plätzen (72,6 %; vgl. *Wacker* u.a. 1998, 65), während Großeinrichtungen mit über 500 Plätzen im Bundesdurchschnitt lediglich einen Anteil von 0,9 % ausmachen (ebd.). Hier lässt sich ablesen, dass insbesondere in größeren Einheiten die Bemühungen um Qualitätsmanagement zum Standardprogramm gehören, während kleinere Einrichtungen eher zurückhaltend sind (dieses Ergebnis korrespondiert mit den oben gemachten Bemerkungen zum Rücklauf).

Erste Aufschlüsse über die Strukturen und die organisatorische Differenziertheit der einbezogenen Einrichtungen liefern Fragen zu Organigramm, Leitbild und Qualitätsmanagement-Verfahren. 177 Einrichtungen haben ein Organigramm (81,9 %), in weiteren neun Einrichtungen ist die Erstellung eines Organigramms geplant, hingegen verzichten 30 Einrichtungen (13,9 %) auf die Darstellung ihrer Organisationsstrukturen und eine hierarchische Beschreibung der Organisation. Hierbei handelt es sich insbesondere um kleinere Einrichtungen (23 von 30 Einrichtungen mit weniger als 50 Plätzen) allerdings fehlen z.B. in drei Einrichtungen mit bis zu 200 Plätzen und in einer Einrichtung mit mehr als 500 Plätzen organisatorische Festlegungen in Form eines Organigramms.

Knapp 60 Prozent der Einrichtungen haben schriftlich fixierte Qualitätsgrundsätze, knapp 40 Prozent verweisen auf klare Führungsgrundsätze in der Organisation.

Nimmt man hier die Einrichtungsgröße als Hintergrundsvariable hinzu, zeigt sich mit steigender Größe der Einrichtung die Tendenz zur stärkeren Fixierung der Arbeit durch schriftliche Qualitäts- und Führungsgrundsätze, z.B. haben nur 50 % der Einrichtungen mit weniger als 50 Plätzen Qualitätsgrundsätze, bei den Großeinrichtungen mit über 500 Plätzen haben drei Viertel ihre Qualitätsstandards in Grundsätzen dokumentiert.

Ein Leitbild haben rund 65 % der Einrichtungen, 14.8 % sind derzeit in Vorbereitung und Planung eines Leitbildes, hingegen verzichten knapp 20 % der befragten Einrichtungen auf eine Darstellung ihres Selbstverständnisses in einem entsprechenden Leitbild. Ein Zusammenhang mit der Einrichtungsgröße lässt sich z.B. dergestalt ableiten, dass von den einbezogen 60 Einrichtungen mit weniger als 50 Plätzen rund die Hälfte ein Leitbild haben, hingegen 25 % darauf verzichten (in weiteren 25 % dieser Einrichtungen ist die Einführung geplant).

Sofern ein Leitbild existiert, ist dies in 95 % der Einrichtungen der Mitarbeiterinnen und Mitarbeitern auch bekannt, hingegen scheint in 5 Prozent der Einrichtungen das Leitbild lediglich Außenwirkung zu haben, da die Mitarbeiterinnen und Mitarbeiter keine Kenntnis davon besitzen.

Individuelle Betreuungs- und Begleitplanung

Auf die Frage, ob verbandsabhängige Verfahren zur Betreuungs- und Begleitplanung eingesetzt werden, antworten knapp 30 % positiv. Die eingesetzten Verfahren entsprechen den vorgeschlagenen Instrumenten der Spitzenverbände, von den Diakonischen Einrichtungen wird das sog. GBM-Verfahren (Gestaltung betreuerischer Maßnahmen) vorrangig angewandt, die einbezogenen Caritaseinrichtungen benutzen das verbandseigene Verfahren SYLQUE (System der Leistungs- und Qualitätsbeschreibung sowie Entgeltberechnung unter besonderer Berücksichtigung des EHB – Erhebungsbogen zum individuellen Hilfebedarf bei Personen mit Behinderungen); Einrichtungen der Lebenshilfe verweisen hingegen auf das Instrument LEWO (Leben und Wohnen). Andererseits verzichten 70 % auf die Anwendung der Verfahren ihrer Spitzenverbände.

Ein weitaus größerer Anteil der befragten Einrichtungen (58 %) haben ergänzend oder alternativ einrichtungsspezifische Verfahren zur individuellen Betreuungs- und Begleitplanung, die in der Regel in Eigenleistung entwickelt wurden (abweichend von den verbandsübergreifenden Vorgaben).
Darüber hinaus finden sich in rund 46 % der Einrichtungen Verfahren bzw. spezielle Instrumente zur Erhebung der Ergebnisse im pädagogischen Bereich, wobei hinsichtlich der Ergebnisqualität besonders herausgestellt wird:
- Subjektive Bewertung der Lebensverhältnisse durch die Nutzer/ -innen (rund 62 % der antwortenden Einrichtungen bewerten dies als ‚sehr wichtig')
- Objektiv bestimmbare Lebensverhältnisse der Nutzer/ -innen, wie z.b. die Wohnqualität (rund 45 % der antwortenden Einrichtungen bewerten dies als ‚sehr wichtig')
- Veränderung von Nutzer/ -innenverhalten (rund 40 % der antwortenden Einrichtungen bewerten dies als ‚sehr wichtig').

Zur Einführung von Qualitätsmanagement haben 36,6 % der befragten Einrichtungen (177 valide Nennungen) Unterstützung durch einen externen Berater erhalten, den Weg zur Zertifizierung, z.B. nach DIN ISO 9000ff, haben lediglich 12,3 % beschritten (weitere 9 % haben eine Zertifizierung geplant).

Die Dokumentation des Qualitätssystems findet oftmals in einem Handbuch statt, in dem die Unternehmenspolitik, -strategie, die Prozesse und Abläufe usw. zusammengefasst sind. Von 202 Einrichtungen, die auf die Frage nach einem Qualitätshandbuch antworteten, verweisen 30,1 % auf die Existenz des Handbuches, in weiteren 30,6 % sind entsprechende Planungen getroffen.

	Qualitätszirkel	Beschwerdemanagement	Vorschlags- und Verbesserungswesen
Ja	65,5	45,2	46,9
Geplant	10,2	16,6	10,8
Nein	24,3	38,2	42,3
Valide Nennungen	N = 206	N = 199	N = 194

Tab. 3: Qualitätsmanagement-Methoden und eingesetzte Instrumente (Angaben in Prozent)

Wichtige Qualitätsmanagement-Methoden sind Qualitätszirkel (zu rund 65 % bereits im Einsatz und bei weiteren 10 % der Einrichtungen geplant). Qualitätszirkel sind i.d.R. auf Dauer angelegte, hierarchiefreie Gesprächsrunden, in denen sich fünf bis neun Mitarbeiter eines Arbeitsbereiches in regelmäßigen

Abständen auf freiwilliger Basis treffen, um Probleme des eigenen Arbeitsbereiches zu diskutieren und unter Anleitung von Moderatoren mit Hilfe spezieller Problemlösungstechniken Verbesserungsvorschläge zu erarbeiten und ihre Umsetzung zu initiieren und zu kontrollieren. Wichtig ist, dass die Erkenntnisse/Ergebnisse aus der Arbeit der Qualitätszirkel dokumentiert werden und sich daraus ergebende Konsequenzen -soweit möglich- realisiert werden (Erfolgskontrolle). Die Mitglieder in einem Qualitätszirkel nehmen auch die Funktion von Multiplikatoren wahr, sowohl für den eigenen Arbeitsbereich als auch übergreifend.

Beschwerdenmanagement und das Vorschlags- und Verbesserungswesen sind als Qualitätsmanagement-Instrumente ebenfalls von Bedeutung (wenn auch weniger verbreitet).

Eine/ einen Qualitätsmanagementbeauftragte/ n (QMB) gibt es in über der Hälfte der befragten Einrichtungen. Berücksichtigt man die geäußerten Planungen, in diesem Bereich die Planstellen umzuwidmen bzw. neu zu besetzen, wird sich dieser Anteil in den Folgejahren deutlich erhöhen. Insbesondere größere Einrichtungen und Dienste gehen den Weg, die Absicherung der Qualitätspolitik und Qualitätsstrategie durch klare Verantwortungs- und Zuständigkeitsbereiche zu regeln (insbesondere durch QMB), die strukturell in einer exponierten Stellung innerhalb der Organisation angesiedelt sind.

Zusammenfassung und Ausblick

Eine Gesamtbewertung und die umfangreiche Darstellung der empirischen Ergebnisse zu Qualitätsmanagement in Wohneinrichtungen der Behindertenhilfe ist in Vorbereitung. Aus den bisherigen Materialien ist herauszulesen, dass die untersuchten Wohneinrichtungen erhebliche Anstrengungen unternehmen, um einerseits gegenüber den Leistungsträgern bei den gesetzlich geforderten Vereinbarungen über Inhalt, Umfang und Qualität der Leistungen eine fachlich fundierte Position einnehmen zu können – und um andererseits die fachliche Arbeit weiter zu entwickeln. Leider stehen bundesweit Qualitätsvereinbarungen zwischen Leistungsträgern und Einrichtungen aus, und diese nicht eingelöste Forderung im BSHG ist nicht einseitig auf das fehlende Engagement der Einrichtungen zurückzuführen.

Die beobachteten wie auch zukünftigen Ansätze zu Qualitätsmanagement in Einrichtungen der Behindertenhilfe werden daran zu messen und zu beurteilen sein, inwieweit es gelingt, neben systemimmanenten Verfahren (zur Verbesserung der Organisation) tatsächlich die ‚Kunden'- und Nutzerperspektive als Messlatte einzubeziehen, innovative Produktentwicklung und die Forderung nach Ergebnisqualität konsequent umzusetzen.

Literatur

BSHG (Bundessozialhilfegesetz): Kleine Schriften des Deutschen Vereins für öffentliche und private Fürsorge. Frankfurt a.M., 32. Aufl. 2001
Deming, W.W.: Out of the Crisis. Cambridge 1986.
Deutsche Gesellschaft für Qualität: Begriffe zum Qualitätsmanagement, Nr. 11-04. Frankfurt a.M. ^{6}1995.
Donabedian, A.: An Exploration of Structure, Process, and Outcome as Approaches to Quality Assessment. In: Selbmann, H.-K.; Überla, K.K (Hrsg.): Quality Assessment in Medical Care. Gerlingen 1982, 69-92.
Faix, W.G, *Buchwald*, C., *Wetzlar*, R.: Der Weg zum schlanken Unternehmen. Profitable Arbeitswelten – Made in Germany. Landsberg a.L. 1994.
Institut für Technologie und Arbeit, Verband katholischer Einrichtungen und Dienste für Lern- und geistigbehinderte Menschen e.V. (Hrsg.): Einführung eines Qualitätsmanagement Systems orientiert an SYLQUE, Freiburg i.B. 1998.
Johnson, H.: Qualitätsmanagement in der Betreuung behinderter Menschen. o.O. 1999.
Klie, T.: „Homes are for living in" – ein englischer Qualitätssicherungsansatz und seine Positionierung in der deutschen Qualitätssicherungslandschaft. In: Jantzen, W. u.a.: Qualitätssicherung und Deinstitutionalisierung. Berlin 1999, 15-20.
Kolbe, H.: Pädagogische Qualität. Dortmund 2000.
Meinhold, M.: Qualitätssicherung und Qualitätsmanagement in der Sozialen Arbeit. Freiburg i.Br. ^{3}1998.
Öhlschläger, R.: Unternehmen Barmherzigkeit. Baden-Baden 1993.
Oliva, H.; *Oppl*, H.; *Schmid*, R.: Rolle und Stellenwert freier Wohlfahrtspflege. München. 1991.
Peterander, F.; *Speck*, O. (Hrsg.): Qualitätsmanagement in sozialen Einrichtungen. München 1999.
Prognos AG: Entwicklungsdaten freier Wohlfahrtspflege im zukünftigen Europa. Herausforderungen und Chancen im europäischen Binnenmarkt. Köln u.a. 1991.
Rauschenbach, T. u.a. (Hrsg.): Von der Wertgemeinschaft zum Dienstleistungsunternehmen. Frankfurt 1996.
Samariter Stiftung (Hrsg.): Mehr Qualität im Dienste des Nächsten. Das ‚EFQM-Modell' in der Altenhilfe erfolgreich umgesetzt. o.O. o.J.
Schmid, J.: Wohlfahrtsverbände in modernen Wohlfahrtsstaaten. Soziale Dienste in historisch-vergleichender Perspektive. Opladen 1996.
Seibel, W: Funktionaler Dilettantismus: Erfolgreich scheiternde Organisationen im ‚Dritten Sektor' zwischen Markt und Staat. Baden-Baden 1992.
Speck, O.: Die Ökonomisierung sozialer Qualität. München u.a. 1999.
Wacker, E.: Qualitätssicherung in der sozialwissenschaftlichen Diskussion. In: Geistige Behinderung 33(1994), 267-281.
Wacker, E.; *Wetzlar*, R.; *Metzler*, H.; *Hornung*, C.: Leben im Heim. Baden-Baden 1998.

Wendt, W.R.: Wirtschaften müssen wir alle. In: Blätter der Wohlfahrtspflege 145(1998), 221-225.

Wenke, A.: Lebensqualität als Indikator für die Bewertung von Ergebnisqualität im Bereich der Behindertenhilfe. Dortmund 1999 (unveröffentlichtes Manuskript – Diplomarbeit) 1999.

Wetzler, R.: Qualitätsstandards in Einrichtungen der Altenhilfe in Großbritannien. In: Impulse Nr. 9; Landesvereinigung für Gesundheit Niedersachsen e.V. Hannover 1995, 4-5.

Wetzler, R.: Internationale Evaluationsansätze zur Qualitätssicherung sozialer (residentieller) Dienstleistungen. In: Heiner, M.: Qualitätsentwicklung durch Evaluation, Freiburg 1996, 108-120.

Wetzler, R.: Hinführung zum Thema Qualitätsmanagement. In: Reibold, R.: Qualitätssicherung durch Nutzung und Erhaltung der fachlichen Identität und Individualität von Einrichtungen der Behindertenhilfe unter Berücksichtigung des Selbstbestimmungsrechtes der Nutzer/-innen. Mosbach 1998, 1-16.

Wetzler, R.: Qualitätssicherung, Projektarbeit und Organisationsentwicklung; Berufsbegleitende Qualifizierung in Unterstützter Beschäftigung. Herausgegeben von der Bundesarbeitsgemeinschaft Unterstützte Beschäftigung, Hamburg 1999.

Wetzler, R.; *Wenke*, A.: Qualitätsmanagement in Wohneinrichtungen der Behindertenhilfe (in Vorbereitung) 2002.

Gottfried Biewer

Ist die ICIDH-2 für die Heilpädagogik brauchbar?

Die, seit dem Jahre 1980 gültige ‚International Classification of Impairments, Disabilities and Handicaps' (ICIDH) der Weltgesundheitsorganisation (WHO) hat für die Verständigung zwischen den verschiedenen Fachgebieten eine wichtige Rolle gespielt. Nach langjährigen Vorberatungen wurde im Mai 2001 unter dem Titel ‚International Classification of Functioning, Disability and Health' (Kürzel: ICIDH-2 bzw. ICF) eine Neufassung von der Generalversammlung der WHO beschlossen, die zu einer anderen Begrifflichkeit gelangt. Als Anwendungsbereiche werden genannt: Statistik, Forschung, klinischer Bereich, Gesetzgebung, Umweltgestaltung, Sozialpolitik, Entwicklung der Gesetzgebung, Wirtschaft, Versicherungswesen und Erziehung (vgl. *WHO 2001*, 3f.), sofern sich Beziehungen zum Bereich der Gesundheit herstellen lassen. Aufgrund der überragenden Bedeutung des Dokuments für die interdisziplinäre und die internationale Verständigung sollte es auch hinsichtlich seiner Möglichkeiten für die Heilpädagogik diskutiert werden. Der nachfolgende Beitrag setzt sich kritisch mit dem Dokument auseinander und versucht eine Bewertung vorzunehmen.

Der Revisionsprozess der Klassifizierungen

Die ICIDH von 1980 verstand sich als Ergänzung zur ICD, der ‚International Classification of Deseases'. Während die Internationale Klassifizierung der Krankheiten sich an ätiologischen Gesichtspunkten orientiert, sollte die ICIDH zur Beschreibung von Behinderungen als Folge von Schädigungen führen. Weiterhin sollte sie eine einheitliche Sprache in gesundheitlichen Kontexten liefern, wobei sie auch den Anspruch erhob, ein Instrument für die Kommunikation mit nichtmedizinischen Fachgebieten zu liefern. Die in der Klassifikation vorgenommene Unterscheidung in ‚Impairment', ‚Disability' und ‚Handicap' war auch nachfolgend einflussreich für die heilpädagogische Begriffs- und Theoriebildung.

Im Jahre 1993 ergänzte die WHO den Text um ein Vorwort und kündigte an, dass Veränderungen erforderlich seien. So sollte eine Anpassung an die 1992 publizierte ICD-10 erfolgen, da ICD und ICIDH in einigen Bereichen nicht mehr kompatibel seien. Weiterhin wurde auf Kritiken Bezug genommen, dass die ICIDH nicht deutlich genug die Rolle der sozialen und natürlichen Umwelt bei der Entwicklung von Beeinträchtigungen berücksichtige und eine „Medikalisierung der Behinderung" fördern könne (*WHO/ Mathesius* 1995, 213).

Eine Neufassung sollte auf eine breitere Anwendbarkeit, eine Erleichterung der Verwendung in Praxisfeldern und eine Sensibilisierung gegenüber kulturellen Unterschieden hin zielen (vgl. *WHO* 2000, 199f.). Die bewährte Unterscheidung Impairment/ Disability/ Handicap (I/ D/ H) sollte erhalten bleiben. Von mehreren Arbeitsgruppen wurde an einer Neufassung gearbeitet. Die erarbeiteten und revidierten Entwürfe wurden nachfolgend Feldversuchen unterzogen, die zu zahlreichen Veränderungen führten. Die Endfassung (Final Draft) wurde im Mai 2001 der Generalversammlung der WHO vorgelegt und angenommen. In deutscher Übersetzung existiert bisher nur die Beta-2-Version vom Juli 1999. Da eine offizielle deutsche Übersetzung der abschließenden Fassung noch nicht existiert, werde ich vorwiegend auf die englischsprachige Version zurückgreifen. Zu meiner Fragestellung ‚Ist die ICIDH-2 für die Heilpädagogik brauchbar?' werde ich drei Thesen darlegen und begründen.

These 1: Die neue Begriffssystematik löst die zuvor gesetzten Ansprüche nur teilweise ein

Eine Sichtweise von Behinderung als in der betroffenen Person liegendes Problem in Folge von Krankheit, Trauma oder gesundheitlichem Zustand wird in der ICIDH-2 als medizinisches Modell bezeichnet. Sie unterscheidet davon das soziale Modell, das Behinderung als Folge der gesellschaftlichen Bedingungen betrachte. Der in der ICIDH-2 praktizierte Ansatz wird als „biopsychosoziales" Modell bezeichnet, d.h. das Verständnis von Behinderung soll körperliche, individuelle bzw. personale und gesellschaftliche Aspekte umfassen (*WHO* 2001, 18). Die im Mai 2001 beschlossene Fassung hat folgende begriffliche Struktur (vgl. Abb. 1).

Unter Körper*funktionen* sind die physiologischen und psychischen Funktionen der Körpersysteme zu verstehen. Als Beispiele hierfür gelten Sinnesfunktionen wie Hören oder Tasten. Zu den Körper*strukturen* gehören Organe wie z.B. Nervensystem und Ohr. Unter ‚activity' ist die Durchführung einer Aufgabe oder Tätigkeit durch ein Individuum anzusehen (vgl. *WHO* 2001, 180). Aktivitäten sind z.b. Fortbewegung, Kommunikation oder Selbstversorgung. Mit ‚capacity' ist der höchstmögliche Grad an Funktionsfähigkeit gemeint, den ein Individuum zu einem gegebenen Zeitpunkt erreichen kann, ‚performance' beschreibt die tatsächliche Umsetzung in der gegenwärtigen Umgebung. Unter Partizipation ist die Einbezogenheit in Lebenssituationen zu verstehen (vgl. *WHO* 2001, 180). Lebensbereiche der Partizipation sind z.b. Mobilität und soziale Beziehungen. Zu den Umweltfaktoren gehören z.b. Technologien und Dienstleistungen als Erleichterungen. Gleichzeitig sollen aber auch Barrieren genannt werden. Die einzelnen Komponenten der Körperfunktionen und -strukturen, Aktivitäten und Partizipationen werden unabhängig voneinander klassifiziert. Die einzelnen Klassifikationen bestehen aus einem Buchstaben am Anfang und 3 oder 4 nachfolgenden Ziffern. Die Buchstaben stehen für Bereiche, und zwar ‚b' für ‚body functions', ‚s' für ‚body structures', ‚d' für ‚Aktivitäten und Partizipationen' und ‚e' für ‚Umweltfaktoren'. Die danach folgende Ziffer bezeichnet einen Oberbegriff innerhalb dieser Rubrik. Sie ist gleichzeitig die Kapitelüberschrift. Die daran anschließenden Ziffern bezeichnen konkrete Items oder eine Gruppe von Items.

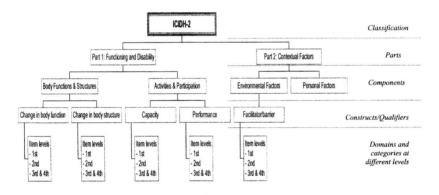

Abb. 1: Struktur der ICIDH-2 (aus *WHO* 2001, 161)

Ich möchte diese Systematik an einem Beispiel erläutern. Unter dem Bereich ‚d' für Aktivitäten und Partizipationen lautet das Kapitel 1 ‚Lernen und Anwendung von Wissen'. Der darunter eingeordnete Code d145 bedeutet ‚Lesen lernen', d150 bedeutet ‚Schreiben lernen'. Zum jeweiligen Code gehört eine Kennung, die angibt, ob es beim jeweiligen Item ein Problem gibt. Die Kennung ist durch einen Punkt abgetrennt und umfasst die Skala von 0 für ‚kein Problem' bis 4 für ‚vollständiges Problem'. Die Kennungen 8 und 9 sind für ‚nicht spezifiziert' und für ‚nicht anwendbar' vorgesehen. Für mäßige Probleme z.B. beim Erlernen des Lesens wird der Code d145.3 verwendet.

Im Bereich der Körperstrukturen sind die Kennungen wesentlich differenzierter. So werden hier nach dem Punkt bis zu dreistellige Kennungen verwendet. Die erste Ziffer gibt den Umfang der Schädigung an. Sie reicht von 0 für ‚keine Schädigung' bis 4 für ‚totale Schädigung'. Die zweite Ziffer gibt die Art der Schädigung an, z.b. mit der Ziffer 2 für ‚teilweises Fehlen'. Die dritte Ziffer lokalisiert die Schädigung, z.b. mit der Ziffer 3 für ‚beidseitig' (vgl. *WHO* 2001, 174).

Obwohl zu Beginn des Revisionsprozesses beabsichtigt wurde, die ursprüngliche Unterscheidung in I/ D/ H beizubehalten, haben wir es in der ICIDH-2 mit anderen Begriffen zu tun, die innerhalb der Systematik einen anderen Stellenwert haben. Ich möchte dies anhand der drei Leitbegriffe der ICIDH von 1980 aufzeigen.

Die Einteilung der ICIDH von 1980 hatte mit den drei Begriffen ‚impairment' für die körperliche, ‚disability' für die individuelle und ‚handicap' für die gesellschaftliche Perspektive eine gut nachvollziehbare Struktur. Die drei Begriffe haben mit der Revision eine sehr unterschiedliche Karriere durchlaufen. ‚Impairment' wurde im Zusammenhang mit ‚body functions and structures' weiterverwendet, ‚Disability' wurde zum Oberbegriff für alle drei Perspektiven und ‚Handicap' wurde aus dem Klassifizierungsgerüst herausgenommen. Die Herausnahme des Begriffs ‚handicap' wurde mit seinem stigmatisierenden Charakter begründet (vgl. *WHO* 2001, 188). Schwer nachvollziehbar ist angesichts dieser Argumentation, warum dies nicht für den Begriff ‚disability' gelten soll, der stattdessen zum Leitbegriff des Dokuments avancierte.

Als problematisch aus heilpädagogischer Perspektive kann auch der veränderte Titel seit der Prefinal-Version von 2000 angesehen werden. Während zuvor lediglich ‚functioning' (= Funktionsfähigkeit) und ‚disability' (= Behinderung) als Gegensatzpaare genannt waren, kommt ‚health' (= Gesundheit) noch hinzu, wobei die Beziehung zu den beiden anderen Begriffen im übrigen Text unausgesprochen bleibt. Die Einführung des Gesundheitsbegriffes ist meiner Ansicht nach überflüssig und bringt ungute Assoziationen zu einer Gleichsetzung von Krankheit und Behinderung im medizinischen Ansatz, deren Überwindung ansonsten im Dokument deutlich formuliert wird. Nicht nachvollziehbar ist auch, warum nur die Leitbegriffe des ersten Teils ‚functioning' und ‚disability' im Titel erscheinen, nicht jedoch die ‚contextual factors' des zweiten Teiles.

Auf Gliederungsebene wurde die bisherige Unterscheidung I/ D/ H auf Gliederungsstufe 1 durch die Begriffe ‚body functions and structure' (I), ‚activities' (D) und ‚participation' (H) ersetzt. Es wurden bewusst Begriffe verwendet die zur Beschreibung auf alle Menschen anwendbar sind (vgl. *WHO* 2000, 6). Der Begriff ‚functioning', so heißt es, spreche unproblematische oder neutrale Aspekte von Gesundheit an, während ‚disability' sich auf Probleme wie Schädigungen, Aktivitätsbegrenzungen und Partizipationseinschränkungen beziehe (vgl. *WHO* 2001, 6). ‚Disability' wird als Oberbegriff („umbrella term") für ‚impairments', ‚activity limitations' und ‚participation restrictions' angesehen (*WHO* 2001, 1). Diese drei Begriffe ersetzen I/ D/ H auf semantischer Ebene. ‚Disability' wird als Oberbegriff für die körperliche, personale und gesellschaftliche Perspektive betrachtet („body, individual and societal"), die zuvor mit den Begriffen I/ D/ H angesprochen wurden (vgl. *WHO* 2001, 157). Der Begriff ‚handicap' wurde in der ICIDH-2 aufgegeben (vgl. *WHO* 2001, 157).

Die Gliederungsstruktur mit den neu eingeführten Begriffen weist einige Probleme auf. Bedeutung und Stellenwert der neuen Zentralbegriffe ‚Aktivität' und ‚Partizipation' sind teilweise nicht ganz einsichtig und nachvollziehbar. So wurde dieser Bereich im Laufe des Revisionsprozesses mehrfach verändert. Während in der Beta-2-Version beide Dimensionen noch getrennt klassifiziert wurden, hat man sie in der beschlossenen Fassung zu einem Bereich zusammengefasst. Als problematisch müssen auch die angegebenen Punkte im Bereich der kontextuellen Faktoren angesehen werden. Er ist deutlich weniger umfangreich als die anderen Bereiche und besteht aus Aufzählungen, bei denen die Zusammenhänge zwischen den Begriffen oft nicht evident sind. Da der Bereich der Umgebungsfaktoren noch wenig und der personalen Faktoren noch gar nicht ausgearbeitet ist, ist einstweilen schwer absehbar, ob hier überhaupt ein brauchbares Grundgerüst geliefert wurde.

These 2: Bei der Übersetzung ins Deutsche wiederholen sich die begrifflichen Probleme der ICIDH von 1980

Bei der Übersetzung der Begriffe ‚Impairment', ‚Disability' und ‚Handicap' ins Deutsche gab es mehrere Versionen (vgl. *Sander* 1988). Als offizielle darf wohl die mit dem Logo der WHO als Buch erschienene von Rolf-Gerd *Mathesius* angesehen werden, die ‚Impairment' mit ‚Schädigung', ‚Disability' mit ‚Fähigkeitsstörung' und ‚Handicap' mit ‚Beeinträchtigung' übersetzt. Dass zwischen dieser Übersetzung und der in der Heilpädagogik gebräuchlichen Terminologie deutliche Unterschiede bestehen, lässt sich in allen einschlägigen Lehrbüchern aufzeigen. Als Beispiel sei *Bleidick/ Hagemeister* (1995) genannt, die ‚Impairment' auch als ‚Schädigung', ‚disability' aber als ‚Beeinträchtigung' und ‚handicap' als ‚Benachteiligung' übersetzen.

Im Deutschen Übersetzungsteam der ICIDH-2, das vom wissenschaftlichen Dienst des Verbandes Deutscher Rentenversicherungsträger koordiniert wird, arbeiten keine Heil- und Sonderpädagogen mit. Unterscheidungen, die aufgrund aktueller heilpädagogischer Diskurse angesagt wären, gelangen somit auch nicht in die medizinische Diskussion. Die zustande gekommenen Übersetzungen entsprechen nicht dem Entwicklungsstand in unserem Fachgebiet.

Der Begriff ‚impairment', der im Text zwar noch häufig zu finden ist, wenn auch nicht mehr als Leitbegriff, wurde und wird weiterhin mit ‚Schädigung' übersetzt (vgl. *WHO/ Schuntermann* 2000). Der Begriff ‚disability' war in der ICIDH von 1980 einer der drei Leitbegriffe und wurde mit ‚Fähigkeitsstörung' übersetzt. Inzwischen fungiert er im Titel des Dokumentes und wird mit ‚Behinderung' übersetzt.

Im Text der ICIDH-2 erscheint häufig der Begriff ‚physical and mental structures'. Die Übersetzung von ‚physical' lautet ‚körperlich', ‚mental' wird als ‚geistig und seelisch' übersetzt. Der in der nichtmedizinischen Fachdiskussion weitgehend obsolet gewordene Begriff ‚seelisch' wird hier in ein Dokument eingeführt, das in wesentlichen Bereichen den Rahmen für Entwicklungen der nächsten Jahrzehnte abstecken soll. Statt ‚seelisch' wäre auch ‚emotional' denkbar gewesen. Auch die Übersetzung des englischen ‚mental' mit dem deutschen Lehnwort ‚mental' wäre immer noch besser gewesen, als die vom deutschen Übersetzungsteam gewählten Vokalen ‚geistig und seelisch'.

These 3: Es bestehen Berührungspunkte zwischen der Klassifizierungsdebatte der Medizin und der Kategorisierungsdebatte der Heilpädagogik.

Es gibt zahlreiche Überschneidungen in den Aufgabenbereichen medizinischer und pädagogischer Diagnostik. Die Medizin hat in Form der ICIDH-2 ein Instrumentarium gefunden, das sich gegenüber den Möglichkeiten der Heilpädagogik in einigen Punkten hervorhebt:
1. Es stellt einen begrifflichen Konsens weiter Teile des Fachgebietes dar.
2. Es ist außerordentlich detailliert und kann Phänomene präzise bezeichnen.
3. Es stellt einen einheitlichen Rahmen für weitere Forschungsarbeiten und für die Entwicklung von Messinstrumenten für Teilbereiche dar.

Über ein vergleichbares Dokument verfügt die Heilpädagogik nicht. Auffallend sind aber auch einige Problemkomplexe, die sich für Heilpädagogik und Medizin gleichermaßen stellen. So haben die Diskussionen von Betroffenen und ihrer Eltern, die sich gegen Stigmatisierungen und Diskriminierungen mittels der Begriffswahlen wandten, für beide Fachgebiete zu begrifflichen Veränderungen geführt. Die WHO betont, Positionen von Menschen mit Behinderungen und von Verbänden wie z.b. ‚Inclusion International' seien in den Revisionsprozess der ICIDH von Anfang an mit einbezogen worden (vgl. *WHO* 2001, 188). Ihre Eingaben hätten zu grundlegenden Veränderungen in der Terminologie, den Inhalten und der Struktur der ICIDH-2 geführt (vgl. *WHO* 2001, 190). So wird im Anhang 5 darauf hingewiesen, dass statt ‚mentally handicapped person' der Begriff ‚person with a problem in learning' verwendet würde. Die ICIDH-2 betont, dass nicht eine Klassifizierung von Menschen erfolge, sondern eine Klassifikation der Gesundheitsmerkmale in der Berührung einer individuellen Lebenssituation mit den Umweltbedingungen. Behinderung wird als Produkt der Wechselwirkung von Gesundheitsmerkmalen und kontextuellen Faktoren betrachtet (vgl. *WHO* 2001, 188). In den ethischen Richtlinien für den Gebrauch der ICIDH-2 heißt es, sie dürfe niemals dazu gebraucht werden um Menschen zu etikettieren oder Behinderungskategorien zuzuordnen.

Ich möchte die Veränderung anhand der Klassifikation ‚geistige Retardierung' aus der ICIDH von 1980 veranschaulichen. Unter der Rubrik ‚Schädigungen' wurde unter den Ziffern 10–13 geistige Retardierung hohen, schweren, mäßigen und leichten Grades unter Zuordnung bestimmter IQ-Werte unterschieden. Unter der Ziffer 12 etwa war hier zu lesen: „Mäßige geistige Behinderung; IQ 35-49; Personen, die einfache Kommunikation, elementare Gewohnheiten zum Schutze ihrer Gesundheit und Sicherheit sowie einfache manuelle Fertigkeiten erlernen können, aber keine Fortschritte im funktionalen Lesen und Rechnen erreichen" (*WHO/ Mathesius* 1995, 269). In der ICIDH-2 sucht man den Begriff der geistigen Retardierung vergeblich. Statt der hier noch ersichtlichen problematischen Kombination unterschiedlicher Merkmale muss der Anwender der Klassifikation eine differenzierte Beschreibung anhand der Items der verschiedenen Bereiche leisten. Die Schwächen der alten Version und die Vorteile der Neufassung liegen hier auf der Hand.

Der Vorschlag auf die Zuschreibung negativ besetzter Attribute an Menschen zu verzichten und ein relativ neutrales Instrument zu schaffen, das auf alle Menschen anwendbar ist, hat ihr heilpädagogisches Äquivalent in der Dekategorisierungsdebatte. Hintergrund der Entwicklungen in beiden Fachgebieten ist der gesellschaftliche Emanzipationsprozess von Menschen, die zuvor Kategorisierungen und Klassifizierungen mit stigmatisierenden Wirkungen erfahren haben.

Fazit

Die Heilpädagogik hat schon seit Jahren das Problem, keinen Konsens ihrer Fachvertreter bezüglich ihrer zentralen Begriffe zu finden. Dies sollte berücksichtigt werden, wenn die ICIDH-2 einer Kritik unterzogen wird. Da die Heilpädagogik über nichts annähernd Vergleichbares verfügt, könnte sich für unser Fachgebiet ein Zugriff auf die ICIDH-2 anbieten.

Auch wenn in der ICIDH-2 eine Verbindung von körperlichen, personalen und sozialen Faktoren propagiert wird, so setzt doch die Ausarbeitung deutlich fachspezifische Schwerpunkte. Die körperlichen Funktionen und Strukturen stellen nicht nur quantitativ den Schwerpunkt des Dokuments dar. Umgebungsfaktoren nehmen deutlich weniger Raum ein, während der Bereich der personalen Faktoren gar nicht ausgearbeitet wurde. Hier könnten medizinische und heilpädagogische Perspektiven durchaus komplementär sein.

Es muss festgestellt werden, dass die ICIDH-2 ein außerordentlich umfangreiches Werkzeug ist, das für die Medizin die Möglichkeit einer differenzierten Beschreibung bietet. Es ist weltweit einsetzbar und Ausdruck eines Konsenses zahlreicher Vertreter des Fachgebietes über eine gemeinsame Sprache. Gleichzeitig ist es für eine transdisziplinäre Anwendung konzipiert. Speziell pädagogische Anknüpfungspunkte bieten sich im Bereich der ‚Personal Factors', der in der ICIDH-2 nicht ausgearbeitet wurde. Von daher wäre eine Weiterführung mit heilpädagogischen Inhalten auf der Grundlage dieses Gerüstes zumindest denkbar.

Die Revision hat zu deutlichen Fortschritten geführt. Gleichzeitig wurden aber neue Schwachpunkte geschaffen, die den Wert des Instrumentariums schmälern. Die Neufassung der ICIDH hat die zu Beginn des Überarbeitungsprozesses gemachten Vorgaben nur teilweise erfüllt. Die entstandene Systematik ist nicht einfacher, die entstandene Struktur erscheint eher komplizierter. Der Vergleich der verschiedenen Versionen zeigt Schwächen im Begriffsgerüst. Nach wie vor schwierig sind Abgrenzungen unter den Bereichen ‚Aktivitäten' und ‚Partizipation'. Symptomatisch hierfür sind veränderte Gliederungen im Verlaufe des Revisionsprozesses. Während die Beta-2-Version beide Bereiche noch getrennt klassifizierte, werden sie in der beschlossenen Fassung zusammengefasst. Gelegentlich fällt es schwer, die Vorteile der Veränderungen nachzuvollziehen. Der durchaus sinnvolle Versuch, zu einer nicht wertenden Beschreibung von Krankheitsfolgephänomenen zu führen, hat zu einem inkonsistenten Begriffssystem geführt, das entgegen den Ansprüchen nicht einfacher und praktikabler ist und darüber hinaus die fächerübergreifende Diskussion nicht erleichtert. Die vorliegende Übersetzung ins Deutsche scheint diese Probleme noch durch terminologische Unschärfen zu ergänzen.

Die Frage ‚Ist die ICIDH-2 für die Heilpädagogik brauchbar?' kann weder mit einem klaren ‚Ja' noch mit einem ‚Nein' beantwortet werden. Die ICIDH-2 kann keine Lösungen für die Heilpädagogik bieten, die zu übernehmen sind, sondern bestenfalls Anregungen für eine weitere Diskussion.

Literatur

Bleidick, U.; Hagemeister, U.: Einführung in die Behindertenpädagogik 1. Allgemeine Theorie der Behindertenpädagogik. Stuttgart u.a. 1995.

Sander, A.: Behinderungsbegriffe und ihre Konsequenzen für die Integration. In: Eberwein, H. (Hrsg.): Behinderte und Nichtbehinderte lernen gemeinsam. Handbuch der Integrationspädagogik. Weinheim u.a. 1988, 75-82.

WHO: ICIDH-2. International Classification of Functioning, Disability and Health. Prefinal Draft. Full Version. Geneva 2000.

WHO: ICIDH-2. International Classification of Functioning, Disability and Health. Final Draft. Full Version. Geneva 2001.

WHO; Mathesius, R.-G. u.a. (Hrsg.): ICIDH International Classification of Impairments, Disabilities and Handicaps. Teil 1. Die ICIDH – Bedeutung und Perspektiven. Teil 2. Internationale Klassifikation der Schädigungen, Fähigkeitsstörungen und Beeinträchtigungen. Berlin u.a. 1995.

WHO; Schuntermann, M.F. u.a. (Übers.): Internationale Klassifikation der Funktionsfähigkeit und Behinderung. Beta-2 Entwurf. Vollversion. Frankfurt a.M. 2000.

SCHULE IM ZEICHEN VON INTEGRATION

Sabine Lingenauber

Moderne Normalitätsspektren und Behinderung am Beispiel der Integrationspädagogik

Welche Vorstellungen haben Subjekte zu Beginn des 21. Jahrhunderts von einem *normalen* Leben? Zur exemplarischen Beantwortung dieser Frage möchte ich einleitend ein Beispiel vorstellen: Ariane *Jaeger* studiert Sonderpädagogik und Sport an der Universität und Sporthochschule zu Köln. In ihrer ersten Publikation aus dem Jahr 2000 berichtet sie u.a. von ihrem ältesten Freund aus der Kindergartenzeit, namens Uli „mit Down-Syndrom" (*Jaeger* 2000, 34). Ariane *Jaeger* und Uli *Roebke* gingen gemeinsam in den integrativen Montessori-Kindergarten in Bonn, sie besuchten ab 1981 weiterhin gemeinsam die ‚Bodelschwingh-Grundschule' in Bonn-Friesdorf und anschließend die ‚Integrierte Gesamtschule' in Bonn-Beuel. Sie nahmen damit am ersten Schulversuch zur gemeinsamen Erziehung und Bildung behinderter und nichtbehinderter Kinder und Jugendlicher in Nordrhein-Westfalen teil (vgl. *Jaeger/Jaeger* [1] 2000, 283ff.). In diesem Zusammenhang schreibt Ariane *Jaeger* über ihre Schulzeit mit Uli *Roebke*:

Gemeinsam haben wir die erste Integrationsklasse in Bonn besucht und so unter anderem lernen können, dass auch eine schwere Beeinträchtigung nicht per se dazu führt, dass man als ein betreuungsbedürftiger, wenig selbstständiger Behinderter mit erheblich eingeschränkter Mündigkeit in einer (...) Nische der Gesellschaft seine Zeit verbringen muss. (*Jaeger* 2000, 34)

Statt in einer „Nische der Gesellschaft" ihre Zeit zu verbringen, sehen es Ariane *Jaeger* und Uli *Roebke* z.B. als normal an, gemeinsam mit anderen Freunden europaweite Reisen zu unternehmen (*Jaeger* 2000, 34). In der Zeitschrift ‚Gemeinsam leben', die aus einem ‚Projekt zur Integration von Kindern mit besonderen Bedürfnissen' hervorgegangen ist, schreibt Ariane *Jaeger*: „Auch bei extremer körperlicher Beeinträchtigung lässt sich (fast) jedes Problem lösen. Wenn beispielsweise die Wendeltreppe zu eng ist für einen Rollstuhl, dann geht es eben Huckepack auf den Aussichtsturm, sofern die Betreffenden das möchten" (*Jaeger* 2000, 34). Warum konfrontiert Ariane

---

[1] Dorit und Kristian *Jaeger* haben aus ihrer Sicht als Eltern in einer eigenen Publikation die Integrationserfahrungen ihrer Tochter Ariane dokumentiert.

Jaeger Leser und Leserinnen mit ihren Lebenserfahrungen und mit ihren Normalitätsvorstellungen? Meine Annahme ist, dass sie den Leser und die Leserin damit indirekt zu einer Positionierung auffordern möchte. Diese könnte in einer zustimmenden Variante beispielsweise lauten: Es ist *normal*, dass Menschen mit extremen Behinderungen zu meinem Freundeskreis gehören! Ariane *Jaeger* äußert in ihrer Veröffentlichung aber nicht allein Vorstellungen von einem normalen Leben, die auf den Freizeitbereich begrenzt sind, sondern sie begründet mit ihren Normalitätsvorstellungen auch ihre Berufswahl. Sie gehört nämlich zu der ersten Generation von Schülern und Schülerinnen des Schulversuchs zur Gemeinsamen Erziehung in Nordrhein-Westfalen, die 1994 das Abitur machte. Sie ist darüber hinaus meines Wissens die erste nordrhein-westfälische Sonderpädagogik-Studentin, die nach eigener integrationspädagogischer Erziehung und Bildung in Kindergarten und Schule in einer Publikation den Wunsch äußert, nach Abschluss ihres Sonderpädagogik-Studiums als Lehrerin im Gemeinsamen Unterricht mit behinderten und nichtbehinderten Kindern arbeiten zu wollen (vgl. *Jaeger* 2000, 33). Bereits in der Rede, die sie im Jahr 1994 anlässlich ihrer Abiturfeier in der ‚Integrierten Gesamtschule' Bonn-Beuel hielt, fasste sie ihre Erfahrungen wie folgt zusammen: „Im Gegensatz zu vielen Gehörlosen fühle ich mich in der Welt der Hörenden zu Hause" (*Jaeger* zit.n. *FernUniversität* 1995, 5). Die Beschreibung dieser Erfahrung steht im Zentrum ihrer ersten Publikation aus dem Jahr 2000 mit dem Titel: „Zu Hause in der ‚Welt der Hörenden'. Eine junge gehörlose Frau berichtet von ihrem Leben nach der Schulzeit, die sie im Gemeinsamen Unterricht verbracht hat" (*Jaeger* 2000, 33).

Meines Erachtens geht es Ariane *Jaeger* in ihrer Publikation um eine Erweiterung der Normalitätsspektren (vgl. *Disselnkötter* 1999, 406) – oder anders ausgedrückt – zielt ihre Diskursstrategie auf eine Flexibilisierung der Normalitätsgrenzen. Nach der Normalismustheorie von Jürgen *Link* lassen sich zwei gegensätzliche Subjektstrategien im Umgang mit Normalität unterscheiden: Die flexibel-normalistische Strategie zielt auf eine „maximale Expandierung und Dynamisierung der Normalitäts-Zone" und die protonormalistische Strategie auf eine „Fixierung und Stabilisierung" der Normalitäts-Zone (*Link* 1999, 78). Ariane *Jaegers* flexibel-normalistische Diskursposition ist eng vernetzt mit ihrer Biografie. Trotz der im Kindesalter gestellten medizinischen Diagnose: „An Taubheit grenzende Schwerhörigkeit" (*Jaeger/ Jaeger* 2000, 282), die Ariane *Jaeger* nach protonormalistischen Normalitätsvorstellungen als einen behinderten Menschen klassifizierte, hat sie ihre Kindergarten- und Schulsozialisation nicht im separierten Bildungsnormalfeld Sonderpädagogik und damit nicht in der ‚Welt der Gehörlosen' erlebt, sondern im Bildungsnormalfeld Integration[2]. Diese Erfahrung ermöglicht es ihr heute, sich in der „Welt der Hörenden" „zu Hause zu fühlen" (*Jaeger* 2000). Es ist für Ariane *Jaegers* flexibel-normalistisches Normalitätsspektrum charakteristisch, dass es sich erstens in der Praxis des Bildungsnormalfeldes Integration entwickelt hat und dass sie dieses Normalitätsspektrum zweitens in Form einer Veröffentlichung in den Diskurs einbringt.

Im Kontext dieser Veröffentlichung wird ein Diskurs im Sinne von Jürgen *Link* als die sprachliche Seite einer diskursiven Praxis definiert[3]. Jürgen *Link* und Ulla *Link-Heer* schreiben von Foucaults Analysen ausgehend: „Unter ‚diskursiver Praxis' wird dabei das gesamte Ensemble einer speziellen Wissensproduktion verstanden: bestehend aus Institutionen, Verfahren der Wissenssammlung und -verarbeitung, autoritativen Sprechern bzw. Autoren, Regelungen der Versprachlichung, Verschriftlichung, Medialisierung" (*Link/ Link-Heer* 1990, 90).

Am Beispiel von Ariane *Jaeger* konnte somit gezeigt werden, dass ein flexibles Normalitätsspektrum, wie es sich in ihrer ersten Publikation auf der sprachlichen Diskursebene objektivierte, eng mit der Praxisebene vernetzt ist.

Im Folgenden wird der Fokus am Beispiel von Hans *Eberwein* auf die Frage nach der Herstellung von Normalität gerichtet. Im Rahmen des von Ulrike *Schildmann* (vgl. 2000, 2001) geleiteten Forschungsprojektes mit dem Titel: „Leben an der Normalitätsgrenze. Behinderung und Prozesse flexibler Normalisierung" gehe ich der Frage nach, wie Normalität produziert wird. Ich untersuche diese Frage innerhalb des Spezialdiskurses der Integrationspädagogik und werde im Folgenden Ergebnisse der normalismustheoretischen Inhaltsanalyse des Gesamtwerkes von Hans *Eberwein* vorstellen.

Auf den ersten Blick haben Ariane *Jaeger* und Hans *Eberwein* wenig gemeinsam, und doch ist es der Fall. Die Gemeinsamkeiten bestehen darin, dass beide erstens auf der Ebene des sprachlichen Diskurses eine Gegenposition zum sonderpädagogischen Diskurs einnehmen. Zweitens beziehen sie ihre diskursive Positionierung aus einer biografischen Vernetzung mit dem Praxisfeld Integration. Drittens beeinflussen sie konkret auch selbst die Praxisebene, indem sie auf der einen Seite durch ihre Veröffentlichungen mit gegendiskursivem Potential auf die weitere Entwicklung im Praxisfeld einwirken und auf der anderen Seite beruflich im Praxisfeld Integration tätig geworden sind bzw. tätig werden wollen. Am Beispiel von Hans *Eberwein* werden nun die Vernetzungen von Diskurs und Praxis erläutert.

---

[2] Vgl. zum Begriff Normalfeld Integration *Lingenauber* (2001, 127).
[3] Vgl. zum Begriff Diskurs/ Diskurstheorien auch *Gerhard* u.a. (2001, 115ff.).

Im Jahr 1988 führt *Eberwein* den Terminus „Integrationspädagogik" mit der Herausgabe des „Handbuches der Integrationspädagogik" erstmals in den Wissenschaftsdiskurs ein (*Eberwein* 1988). In verschiedenen Veröffentlichungen von *Eberwein*, die unter anderem im oben genannten Handbuch enthalten sind, ist ein im Vergleich zu seiner Position aus den 1970er Jahren (vgl. *Lingenauber* 2001) erweitertes Normalitätsspektrum zu erkennen. Nachfolgend werde ich dieses erweiterte Normalitätsspektrum skizzieren. *Eberwein* betont, dass der von ihm eingeführte Terminus ‚Integrationspädagogik' die Aufhebung der Sonderpädagogik enthalte (vgl. *Eberwein* 1988b, 45). Integrationspädagogik ziele sowohl auf die „Überwindung aussondernder Einrichtungen" als auch auf strukturelle Veränderungen im Schul- und Bildungswesen (*Eberwein* 1988b, 45). Diese Strukturveränderungen benennt er konkret in einer Publikation mit dem Titel: „Zur dialektischen Aufhebung der Sonderpädagogik" (*Eberwein* 1988c). Eine für sein erweitertes Normalitätsspektrum wesentliche Vorstellung lautet: „Daraus folgt als längerfristige Perspektive zum einen die Auflösung sonderpädagogischer Ausbildungsinstitute (...). Als vordringliches Ziel muss die Abschaffung von Studiengängen zum ‚Lehramt an Sonderschulen' zugunsten einer allgemeinen, integrierten Lehrerbildung verwirklicht werden (...)" (*Eberwein* 1988c, 344). *Eberwein* war zum Zeitpunkt dieser Publikation als Professor für Lernbehindertenpädagogik an der Freien Universität Berlin tätig und mit der Aufgabe betraut, Studierende für das Lehramt an Sonderschulen auszubilden. Er fordert demnach auf der sprachlichen Diskursebene die Verschiebung einer Normalitätsgrenze, die bei einer zukünftigen Realisierung seine eigene berufliche Praxis betreffen würde. Sonderpädagogische Studieninhalte sollen nach *Eberwein* nicht mehr wie bislang dem Bereich des separierten Bildungsnormalfeldes Sonderpädagogik zugeordnet sein. Er schreibt in der oben genannten Publikation über den Erwerb ‚sonder'-pädagogischer[4] Studieninhalte: „Diesbezügliche Qualifikationen sollten in allen Lehramtsstudiengängen erworben werden können. Die bisherigen Fachrichtungen ‚Lernbehinderten'-Pädagogik und ‚Verhaltensgestörten'-Pädagogik müssten mit ihren Themen- und Fragestellungen integrierter Bestandteil des allgemeinen Studiums werden" (*Eberwein* 1988c, 344). Die bisherigen Wissenschaftsgebiete: Verhaltensgestörten- und Lernbehindertenpädagogik werden von ihm diskursiv aus dem separierten Normalfeld Sonderpädagogik gelöst und in das Normalfeld Allgemeine Pädagogik versetzt. An dieser Stelle kann ein rückbezüglicher Vergleich mit

---

[4] *Eberwein* benutzt eine neue Schreibweise, um den herkömmlichen Begriff sonderpädagogisch von seiner neuen integrationspädagogischen Sichtweise abzugrenzen: ‚sonder'-pädagogisch (vgl. *Eberwein* 1988).

dem Frühwerk das Verständnis seines Normalitätsbegriffes vertiefen helfen. Im Jahr 1975 war *Eberwein* als Sonderschullehrer an einer Schule für Lernbehinderte tätig und forderte in einer Veröffentlichung die „Abschaffung" der Schule für Lernbehinderte (*Eberwein* zit.n. *Lingenauber* 2001, 124f.). Die von ihm im Jahr 1975 geforderte Verschiebung einer Normalitätsgrenze betraf demnach auch damals sein eigenes Praxisfeld. Im Jahr 1988 verändert er – wie bereits erwähnt – auf der sprachlichen Diskursebene die Normalitätsgrenze wiederum für sein eigenes Praxisfeld. Er fordert – und zwar jetzt als Professor für Lernbehindertenpädagogik und damit als Vertreter einer universitären Ausbildungspraxis – die Integration der Lernbehindertenpädagogik in die Allgemeine Pädagogik. Sowohl im Jahr 1975 als auch im Jahr 1988 verschiebt er eine Normalitätsgrenze, indem er die bislang separierte Praxis der Lernbehindertenpädagogik in den Bereich der Allgemeinen Pädagogik diskursiv integriert: Im Jahr 1975 fordert er die Praxis der Schule für Lernbehinderte in die Praxis der Allgemeinen Pädagogik zu integrieren und über ein Jahrzehnt später das Gleiche für die Praxis des universitären Lehrgebietes Lernbehindertenpädagogik. Wie ist die im Jahr 1988 publizierte Erweiterung seiner Normalitätsvorstellungen zu erklären? Die Inhaltsanalyse des Gesamtwerkes von Hans *Eberwein* weist auf eine Vernetzung seiner Diskursposition mit der integrationspädagogischen Praxis hin: Im Bereich der Praxis hat die in der Zeit von Anfang der 70er Jahre bis 1988 ständig fortschreitende Ausweitung der gemeinsamen Erziehung und Bildung behinderter und nichtbehinderter Kinder *Eberweins* Diskursposition beeinflusst. Als Belegstelle für den Einfluss der Praxis auf seine diskursive Position kann ein Zitat aus dem Jahr 1988 dienen, eben aus dem Jahr, in dem er den Terminus „Integrationspädagogik" einführte. Er beschreibt zunächst zurückblickend eine seiner Erfahrungen als Sonderschullehrer aus dem Jahr 1973:

Ich entsinne mich an meine Tätigkeit in Frankfurt vor ca. fünfzehn Jahren, als ich in Wiesbaden Praktikanten betreut habe und dort von einem Sonderschulrektor gefragt wurde, wie ich es vereinbaren könne, Sonderschullehrer auszubilden und gleichzeitig für Integration einzutreten. Ich sah damals, zu Beginn der Integrationsdiskussion, keine Probleme, das eine zu tun, ohne das andere zu lassen. (*Eberwein* 1988d, 53)

Direkt im anschließenden Satz setzt er diese Anfang der 70er Jahre gemachte Erfahrung in Beziehung zu seiner Diskursposition der späten 80er Jahre. Er schreibt:

> Ich habe jedoch seit einigen Jahren zunehmend Schwierigkeiten, mit dem Widerspruch zu leben, mich in Wort und Tat für Integration einzusetzen und mich gleichzeitig in einem Institut für Sonderpädagogik zu separieren (...). Ich bin der Meinung, daß es bei dem erreichten Stand der Integrationsentwicklung nicht mehr ausreicht, nur auf der verbalen Ebene für Integration zu sein. Es muss sich auf der Handlungsebene etwas verändern, und zwar schon bald. (*Eberwein* 1988d, 53;)

Dieses Zitat belegt die Vernetzung seines flexibel-normalistischen Normalitätsspektrums – wie es sich durch die Inhaltsanalyse aus seinem Gesamtwerk herauskristallisieren lässt – mit seiner Universitätspraxis, durch die er im separierten Bildungsnormalfeld Sonderpädagogik verortet ist. Meine Annahme in diesem Zusammenhang ist nun, dass diese Vernetzung seiner flexibel-normalistischen Diskursposition mit seiner separierten Praxis im Jahr 1988 bei Hans *Eberwein* eine Veränderung auf der Handlungsebene mitbedingt hat. Am Beispiel der Umstrukturierung seines Lehrgebietes wird diese Annahme nun verdeutlicht. *Eberwein* war in der Zeit von 1982 bis 1983 als Wissenschaftler am Integrationsversuch an der Uckermark-Grundschule in Berlin beteiligt (vgl. *Heyer* u.a. 1990, 14). In der bereits erwähnten Veröffentlichung: „Zur dialektischen Aufhebung der Sonderpädagogik" thematisiert er im Jahr 1988 die Bedeutung der Beteiligung wissenschaftlicher Vertreter der Sonderpädagogik und damit die seiner eigenen Person bei sogenannten Integrationsversuchen. Er schreibt:

> Für diese Pädagogen wird ihre berufliche Tätigkeit immer mehr zu einem Problem der Glaubwürdigkeit, denn wer die Verwirklichung von Integration als eine unabdingbare gesellschaftspolitische und humane Aufgabe begreift, kann nicht gleichzeitig in einem separierten Institut für Sonderpädagogik (...) Sonderschullehrer im traditionellen Sinne ausbilden. Diesen Kollegen/ innen stellt sich in besonderem Maße die Aufgabe, (...) ihre bisherige Rolle in Frage zu stellen und neu zu definieren. (*Eberwein* 1988c, 343)

Die Neudefinition seiner Rolle als Professor für Lernbehindertenpädagogik beginnt *Eberwein* im Jahr 1988 auf der sprachlichen Diskursebene und er begründet sie u.a. mit seinen Erfahrungen während des oben genannten Schulversuches im Bildungsnormalfeld Integration. Ein Jahr später zog die ‚Wiedervereinigung' in der Stadt Berlin eine hochschulpolitische Diskussion zur Umstrukturierung der Berliner Hochschulen nach sich, in die *Eberwein* sich mit seiner Forderung nach einer Neudefinition seiner Rolle als Professor für Lernbehindertenpädagogik einbrachte. Im Zuge dieser hochschulpolitischen Diskussion wurde 1994 an der Freien Universität Berlin das Institut für Sonderpädagogik aufgelöst (vgl. *Eberwein* 1996, 8) und das Studium der Sonderpädagogik an die Berliner Humboldt-Universität verlagert (vgl. *Eberwein*, 1998, 356). *Eberwein* schreibt: „Auf diese Weise war eine wichtige Voraussetzung gegeben, ‚sonder'-pädagogische Fragestellungen wieder in den Zuständigkeitsbereich der Allgemeinen Pädagogik zu bringen (...)" (*Eberwein*

1996, 8). *Eberwein* konnte nun in Folge dieser Umstrukturierung seine Diskursposition, die – wie bereits erwähnt – seit dem Jahr 1988 die Forderung nach einer Auflösung sonderpädagogischer Ausbildungsinstitute enthielt, in die Praxis umsetzen. Er schreibt:

> Diese hochschulpolitische Entscheidung eröffnete die Möglichkeit, die zwei an der Freien Universität verbleibenden, ehemals sonderpädagogischen Professuren (für ‚Lernbehinderten-' und ‚Verhaltensgestörtenpädagogik') in Lehrstühle für Integrationspädagogik umzuwidmen und an ein zum SS 1995 neu geschaffenes, gemeinsames Institut für ‚Grundschul- und Integrationspädagogik' anzubinden. (*Eberwein* 1998, 356)

Seine zunächst auf der Ebene des sprachlichen Diskurses geforderte Auflösung des universitären Lehrgebietes Lernbehindertenpädagogik setzt er in Form einer beruflichen Neustrukturierung um. Er schreibt über diesen Prozess: „So habe ich mich nach 20jähriger Lehrtätigkeit im Bereich der Sonderpädagogik in ein allgemeinpädagogisches Institut re-integriert (*Eberwein* 1994, 2). Aus normalismustheoretischer Sicht ist abschließend Folgendes festzuhalten: Es wurden Belege dafür gefunden, dass sich *Eberweins* radikal vom flexiblen Normalismus bestimmte Diskursposition zum einen aus einer Gegenposition zum sonderpädagogischen Diskurs und zum anderen aus einer Verbindung mit der Praxis heraus entwickelt hat. Sein Einsatz für die Schaffung eines gemeinsamen Institutes für ‚Grundschul- und Integrationspädagogik' konnte beispielhaft die Vernetzung von sprachlichem Diskurs und diskursiver Praxis belegen.

Auch schon das eingangs beschriebene Beispiel von Ariane *Jaeger* ließ vergleichbare Vernetzungen sichtbar werden: Als Lehrerin wird sie mit ihrem Normalitätsspektrum zukünftig die Praxis des Bildungsnormalfeldes Integration verändern und obwohl sie bislang nur marginal im Diskurs vertreten ist, wird sie diesen voraussichtlich durch zu erwartende künftige Publikationen beeinflussen. Ariane *Jaeger* wird – meiner Ansicht nach – in Diskurs und Praxis zeigen, wie sie sich ein normales Leben in einer Welt mit flexiblen Normalitätsgrenzen vorstellt und damit eine neue Normalität produzieren.

Literatur

Disselnkötter, A.: Normalismus. In: Prechtl, P.; Burkard, F.-P. (Hrsg.): Metzler-Philosophie-Lexikon. Begriffe und Definitionen. Stuttgart, Weimar ²1999, 405-406.
Eberwein, H. (Hrsg.): Behinderte und Nichtbehinderte lernen gemeinsam. Handbuch der Integrationspädagogik. Weinheim/ Basel 1988a.

Eberwein, H.: Integrationspädagogik als Weiterentwicklung (sonder-)pädagogischen Denkens und Handelns. In: Eberwein, H. (Hrsg.): Behinderte und Nichtbehinderte lernen gemeinsam. Handbuch der Integrationspädagogik. Weinheim, Basel 1988b, 45-53.

Eberwein, H.: Zur dialektischen Aufhebung der Sonderpädagogik. In: Eberwein, H. (Hrsg.): Behinderte und Nichtbehinderte lernen gemeinsam. Handbuch der Integrationspädagogik. Weinheim/ Basel 1988c, 343-345.

Eberwein, H.: Konsequenzen der Integrationsentwicklung für die Sonderpädagogik. Das Ambulanzsystem als sonderpädagogische Überlebensform? In: Meißner, K.; Heß, E. (Hrsg.): Integration in der pädagogischen Praxis. Auf dem Weg zur Nichtaussonderung von Kindern und Jugendlichen mit Behinderungen. Berlin 1988d, 53-64.

Eberwein, H.: Anmerkungen zur Integrationsentwicklung. In: Betrifft: Integration. Rundbrief von Integration Österreich (1994), 1-2.

Eberwein, H.: Vorbemerkungen. In: Eberwein, H. (Hrsg.): Einführung in die Integrationspädagogik. Interdisziplinäre Zugangsweisen sowie Aspekte universitärer Ausbildung von Lehrern und Diplompädagogen. Weinheim 1996, 7-8.

Eberwein, H.: Integrationspädagogik als Element einer *allgemeinen* Pädagogik und Lehrerausbildung. In: Hildeschmidt, A.; Schnell, I. (Hrsg.): Integrationspädagogik. Auf dem Wege zu einer Schule für alle. Weinheim/ München1998, 345-362.

FernUniversität (Hrsg.): Gemeinsam leben lernen. Vom Schulanfang bis zum Abitur in einer Integrationsklasse (Begleittext zur Videokassette 95/13). Hagen 1995, 5.

Gerhard, U. u.a.: Diskurs und Diskurstheorien. In: Nünning, A. (Hrsg.): Metzler Lexikon Literatur- und Kulturtheorie. Ansätze – Personen – Grundbegriffe. Stuttgart/ Weimar ^{2}2001, 115-117.

Heyer, P. u.a. (Hrsg.): Wohnortnahe Integration. Gemeinsame Erziehung behinderter und nichtbehinderter Kinder in der Uckermark-Grundschule in Berlin. Weinheim/ München 1990.

Jaeger, A.: Zu Hause in der ‚Welt der Hörenden'. Eine junge gehörlose Frau berichtet von ihrem Leben nach der Schulzeit, die sie im Gemeinsamen Unterricht verbracht hat. In: Gemeinsam leben 8(2000), 33-35.

Jaeger, D.; *Jaeger*, K.: Ariane – zu Hause in der Welt der Hörenden. In: Roebke, Ch. u.a. (Hrsg.): Leben ohne Aussonderung. Eltern kämpfen für Kinder mit Beeinträchtigungen. Berlin 2000, 281-290.

Link, J.: Versuch über den Normalismus. Wie Normalität produziert wird. Opladen/ Wiesbaden ^{2}1999.

Link, J.; *Link-Heer*, U.: Diskurs/ Interdiskurs und Literaturanalyse. In: Kreuzer, H. (Hrsg.): Philologische Grundbegriffe. Göttingen 1990, 88-99.

Lingenauber, S.: Flexibel-normalistische Strategien im Diskurs der Integrationspädagogik. In: Schildmann, U. (Hrsg.): Normalität, Behinderung und Geschlecht. Ansätze und Perspektiven der Forschung. Opladen 2001, 121-128.

Schildmann, U.: Forschungsfeld Normalität. Reflexionen vor dem Hintergrund von Geschlecht und Behinderung. In: Zeitschrift für Heilpädagogik 51(2000), 90-94.

Schildmann, U.: Normalität – eine Frage der Zeit? In: Hofmann, Ch. u.a. (Hrsg.): Zeit und Eigenzeit als Dimensionen der Sonderpädagogik. Luzern 2001, 277-283.

Petra Gehrmann, Ditmar Schmetz[1]

Veränderte Ausbildung von Lehrern im Kontext des Gemeinsamen Unterrichts

Zentrale Fragestellung der Dozententagung war die Frage, ob Sonderpädagogik(en) in modernen Leistungsgesellschaften noch eine Chance haben werden. Die Antwort auf diese Frage ist aus der Perspektive der Lehrerausbildung derzeit klar zu beantworten. Als sicher anzunehmen ist, dass es in modernen Leistungsgesellschaften Kinder und Jugendliche geben wird, die aus verschiedensten Gründen ein individualisiertes und differenziertes pädagogisches Angebot benötigen werden. Als sicher anzunehmen ist weiterhin allerdings auch, dass bei der derzeitigen steigenden Anzahl von Kindern und Jugendlichen mit Lern- und Entwicklungsproblemen, Konzepte der Integration immer größerer Zustimmung erfreuen werden, dies sowohl aus Gründen der Effektivität als auch aus Gründen der Kostenoptimierung. Um die Breite des sonderpädagogischen Angebotes in der Bundesrepublik in den nächsten Jahren erhalten zu können, wird es notwendig sein, nicht losgelöst von der Allgemeinen Pädagogik zu agieren.

Im Zusammenhang dieser Überlegungen hat an der Universität Dortmund, einer Lehrerausbildungsstätte sowohl für Regel- als auch Sonderpädagogen, ein Forschungsprojekt stattgefunden, welches im Auftrag der Landesregierung Nordrhein-Westfalens der Fragestellung nachgegangen ist, wie eine Neugestaltung der sonderpädagogischen Kompetenzen für Lehramtsstudiengänge aussehen könnte. Im Rahmen dieses Beitrages sollen einige wenige Ergebnisse dieses Projektes vorgestellt werden[2].

---

[1] Die Bearbeitung der im Rahmen des Projektes gewonnenen Daten erfolgte unter maßgeblicher Mitarbeit von Birgit Wintermann.
[2] Neben weiteren Veröffentlichungen zum Forschungsprojekt kann der Abschlussbericht des Forschungsberichtes ‚Neugestaltung der sonderpädagogischen Kompetenzen für Lehramtsstudierende' unter nachfolgender Internetadresse eingesehen werden: www.Uni-Dortmund.de/ FB13/ Lernbehinderung/ ProjektGU/ SeiteProjekt.htm.

1 Integratives Lehrangebot

Zur besseren Bestimmung der tatsächlichen Ausgangslage wurde zunächst das integrationspädagogische Lehrangebot an der Universität Dortmund erhoben. Bei der Analyse dieses Lehrangebotes, welches sich auf die Fachbereiche Erziehungswissenschaft und Sonderpädagogik und die Lehreinheit Psychologie konzentriert, wurde das bestehende Angebot nach Veranstaltungen sondiert, die sich mit der Thematik des Gemeinsamen Unterrichts auseinandersetzen. Bei dieser rein quantitativen Erfassung des Veranstaltungsangebots wurden die Veranstaltungen berücksichtigt, deren Titel einen eindeutigen Bezug zur Thematik erkennen ließen. Dieser erste Schritt der Erfassung des Lehrangebotes, der den Zeitraum Sommersemester 1995 bis Wintersemester 1999 umfasste, wurde bei nicht eindeutiger inhaltlicher Zuordnung der Veranstaltungen durch einen an alle Lehrenden der Fachbereiche Erziehungswissenschaft und Sonderpädagogik sowie der Lehreinheit Psychologie gerichteten Fragebogen ergänzt.

Als Ergebnis der Recherche der Vorlesungsverzeichnisse kann festgehalten werden, dass der Fachbereich Sonderpädagogik derzeit über das größte Angebot hinsichtlich der Seminarveranstaltungen zum Gemeinsamen Unterricht verfügt. Seit dem Sommersemester 1995 konnte das Angebot an spezifischen Veranstaltungen ausgeweitet werden. Im Fachbereich Erziehungswissenschaft ist das Veranstaltungsangebot in den letzten Jahren relativ konstant geblieben. Allerdings beschränkt es sich auf insgesamt eine oder zwei Veranstaltungen pro Semester. Die Lehreinheit Psychologie hat in dem untersuchten Zeitraum keine Lehrveranstaltungen angeboten, die einen eindeutigen Bezug zur Thematik erkennen lassen.

Setzt man das Lehrangebot der Fachbereiche ins Verhältnis zum Gesamtangebot der jeweiligen Fachbereiche, ist erkennbar, dass selbst im Fachbereich Sonderpädagogik das Angebot insgesamt als gering anzusehen ist (3,1% des Gesamtangebots). Im Fachbereich Erziehungswissenschaft und der Lehreinheit Psychologie liegt der prozentuale Anteil bei 0,6% bzw. 0%.

Vor dem Hintergrund ergibt sich die Frage, wie groß die Bereitschaft von Lehrenden ist, sich mit dem Thema Gemeinsamer Unterricht in Form von Lehrveranstaltungen auseinander zu setzen. Eine schriftliche Befragung der Lehrenden aller drei Fachbereiche im Juli 1998 mit einer durchschnittlichen Rücklaufquote von 30%[3] verdeutlicht, dass die Bereitschaft zur vermehrten

---

[3] Differenziert nach den verschiedenen Fachbereichen unterscheidet sich die Rücklaufquote folgendermaßen: Im Fachbereich Erziehungswissenschaft liegt die Rücklaufquote bei 22%, im Fachbereich Sonderpädagogik beträgt sie 40% und im Lehrgebiet Psychologie 25%.

Einbeziehung des Themas in eigene Lehrveranstaltungen für die verschiedenen Fachbereiche sehr unterschiedlich ist. Während im Fachbereich Erziehungswissenschaft ein nahezu ausgewogenes Verhältnis zwischen denjenigen besteht, die eine eindeutige Bereitschaft besitzen und denjenigen, die dem Thema eher reserviert gegenüberstehen oder gar keine Angaben machen, liegt der Anteil der Lehrenden im Fachbereich Sonderpädagogik, die eine eindeutige Bereitschaft erkennen lassen, wesentlich höher. Offenbar befindet sich ein Teil der Lehrenden des Fachbereiches Sonderpädagogik noch in einem Klärungsprozess bezogen auf die veränderten Anforderungen der Lehrerausbildung im Kontext des Gemeinsamen Unterrichts.

Die Ergebnisse zeigen insbesondere im Fachbereich Sonderpädagogik aber auch im Fachbereich Erziehungswissenschaft vorhandene Ressourcen auf. Dagegen ist die Situation im Lehrgebiet Psychologie deutlich schwieriger einzuschätzen. Hier gibt es insgesamt nur zwei Lehrende, die bereit sind, den Gemeinsamen Unterricht in ihren Lehrveranstaltungen zukünftig stärker zu berücksichtigen.

2 Befragung der Studierenden

In einer sich anschließenden Arbeitsphase (Sommer 1998) wurden die Studierenden des Lehramtes für Primarstufe und des Lehramtes für Sonderpädagogik zur Einschätzung ihrer derzeitigen Ausbildungssituation sowie zu den speziellen Bedürfnissen im Hinblick auf eine veränderte universitäre Lehrerausbildung, die auf die Tätigkeiten im Gemeinsamen Unterricht stärker vorbereitet, befragt. Im Mittelpunkt der Befragung der Studierenden stand neben der Erfassung der Nutzung des bereits bestehenden Lehrangebotes zum Gemeinsamen Unterricht die Erfassung der Desiderata zur inhaltlichen und strukturellen Weiterentwicklung des Lehrangebotes zum Gemeinsamen Unterricht. Darüber hinaus ging es darum, Aufschluss darüber zu bekommen, ob sich die Studierenden mit dem Thema ‚Gemeinsamer Unterricht' bereits auseinandergesetzt haben, über welche Informationen zum Gemeinsamen Unterricht sie verfügen und inwieweit die Studierenden bereits praktische Erfahrungen im Gemeinsamen Unterricht bzw. in der Integration von Kindern mit und ohne Behinderungen machen konnten. Die Erhebung der Daten erfolgte mittels Leitfadeninterviews. Die Interviews wurden per Tonbandaufnahmen dokumentiert. Die Aussagen der Studierenden wurden soweit erforderlich transkribiert und in einer Kategorienanalyse ausgewertet. Insgesamt konnten

395 Studierende in Leitfadeninterviews befragt werden, die Antworten von 348 Studierenden wurden in der Auswertung berücksichtigt[4].

2.1 Aussagen zur Bedeutung und zum Besuch der Veranstaltungen

Zur Bedeutung der Thematik in den Lehrveranstaltungen ist festzustellen, dass nur für 23,5% der Studierenden der Sonderpädagogik das Thema Gemeinsamer Unterricht bislang keine Relevanz besaß – demgegenüber stehen dreimal so viele Studierende des Lehramtes für die Allgemeine Schule. Die Aufmerksamkeit auf die Thematik wurde vorwiegend innerhalb des Studiums durch Prüfungen und Seminare initiiert. Außerhalb des Studiums sind es vor allem Gespräche mit den Lehrerinnen und Lehrern, die die Studierenden dazu veranlassen, sich mit der Thematik zu beschäftigen.

Insgesamt verfügen nur 9,3% der befragten Studierenden über praktische Erfahrungen im Gemeinsamen Unterricht. Diese konnten entweder durch Informationspraktika bzw. Tagespraktika im Gemeinsamen Unterricht oder durch die Betreuung eines Kindes mit Behinderungen im Zivildienst gemacht werden. Weitere 10,6% der Studierenden sammelten in eigener Initiative Erfahrungen in der außerschulischen Arbeit mit Kindern in integrativen Gruppen, z.B. durch die Gestaltung und Betreuung von Freizeiten mit Kindern mit und ohne Behinderungen.

Der Kenntnisstand der Studierenden über das integrationspädagogische Lehrangebot zwischen den beiden Studiengängen variiert erheblich. Bei den Studierenden der Sonderpädagogik liegt der Anteil derer, die von dem spezifischen Angebot Kenntnis haben, bei 84%. Dieser Anteil liegt bei den Studierenden der Primarstufe lediglich bei 57%. Die Unterschiede zwischen den Studiengängen verschärfen sich, wenn es um den Besuch der Veranstaltungen geht. Während 36% aller Befragten wenigstens eine Veranstaltung besucht haben, liegt dieser Anteil bei den Studierenden der Primarstufe nur bei 3,7%. Bei den Studierenden der Sonderpädagogik ist der Anteil erheblich höher, nämlich 56,5%. Befragt nach den Gründen für den Nichtbesuch der Veranstaltungen konnten 66% der Studierenden bislang aus organisatorischen

---

[4] Bei der Auswahl der Fälle wurde die proportionale Verteilung der Studierenden auf die verschiedenen Fachbereiche berücksichtigt. Das durchschnittliche Alter der Befragten liegt bei 24 (Median). Der überwiegende Anteil der befragten Studierenden ist weiblichen Geschlechts (78,2%). Von den Befragten studieren 38,5% das Lehramt für Primarstufe, 61,4% sind Studierende des sonderpädagogischen Lehramtes, wobei 36,2% den Primarbereich und 24,1% den Sekundarbereich innerhalb des sonderpädagogischen Lehramtes gewählt haben.

Gründen die integrationspädagogischen Veranstaltungen nicht besuchen. Insbesondere die Studierenden der Primarstufe geben organisatorische Gründe für den Nichtbesuch der Veranstaltung an. Auch bei den Studierenden der Sonderpädagogik überwiegen die organisatorischen Gründe (58,3%), doch formuliert auch ein bedeutender Anteil von 41,7% der Sonderpädagogen ein mangelndes thematisches Interesse als Grund dafür, dass eine entsprechende Veranstaltung bislang nicht besucht wurde.

Diese Aussagen legen nahe, dass bei den Studierenden der Primarstufe zwar ein Interesse zur Teilnahme besteht, aber die fehlende Möglichkeit des Erwerbs eines Leistungsnachweises in diesen Veranstaltungen in Zusammenhang mit dem engen Stundenplan der Primarstufenstudierenden einen Besuch der Veranstaltungen erschweren. Hier besteht in Zukunft dringender Handlungsbedarf.

2.2 Inhaltliche Schwerpunkte der Seminare und Informationen zum Gemeinsamen Unterricht

Die inhaltlichen Schwerpunkte der Seminare, die von den Studierenden bislang besucht wurden, liegen im Bereich der organisatorischen Rahmenbedingungen der integrativen Erziehung. Darunter fallen neben den gesetzlichen Veränderungen und Regelungen organisatorische Aspekte des Gemeinsamen Unterrichts von Kindern mit und ohne Behinderungen (35,9%). Ein weiterer Schwerpunkt der Antworten bezieht sich auf grundlegende Fragestellungen des Gemeinsamen Unterrichts, wie z.B. ethische und bildungspolitische Reflexionen (23,8%). Weniger bedeutend sind in den bis zu diesem Zeitpunkt besuchten Seminaren die Fragen der Didaktik und Methodik des Gemeinsamen Unterrichts. Sie spielen neben Problemen der Diagnostik und der Zusammenarbeit innerhalb und außerhalb von Schule eine nur untergeordnete Rolle. Ein weiterer Schwerpunkt der Befragung richtete sich auf die Erfassung der vorliegenden Informationen der Studierenden zum Gemeinsamen Unterricht. Eigenen Angaben zufolge verfügen 79% der Befragten über Informationen zum Gemeinsamen Unterricht. Nur 21% der Befragten geben an, keine Informationen zur Thematik zu haben. Eine nach Studiengängen differenzierte Betrachtung zeigt jedoch, dass der Kenntnisstand zwischen den Studierenden der Sonderpädagogik und der Primarstufenpädagogik sehr unterschiedlich ist (vgl. Abb. 1 und 2).

Dieses so stark voneinander abweichende Ergebnis der beiden Studiengänge korrespondiert für die Studierenden des Fachbereiches Erziehungswis-

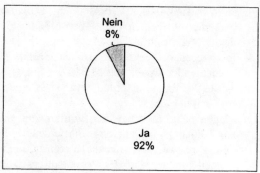

Abb. 1: Informationsstand der Sonderpädagogen

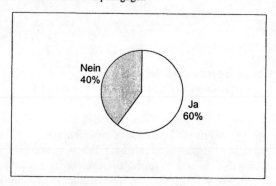

Abb. 2: Informationsstand der Studierenden der Primarstufe

senschaft mit dem geringen Bekanntheitsgrad der angebotenen Lehrveranstaltungen zum Gemeinsamen Unterricht und mit dem geringen Angebot des eigenen Fachbereiches. Neben der inhaltlichen Schwerpunktsetzung erschien es darüber hinaus interessant zu fragen, ob die Studierenden ihre Aussagen positiv oder negativ werteten. Am Beispiel der Rahmenbedingungen zeigt sich, dass in 81% der Antworten die Informationen ohne wertenden Kommentar als reine Sachinformation genannt werden. Nur 4% der Studierenden verbinden ihre Darstellung mit zustimmenden oder positiven Wertungen, 15% dagegen äußern sich hinsichtlich der gegenwärtigen Rahmenbedingungen in distanzierter oder ablehnender Art und Weise. Differenziert nach den Fachbereichen Erziehungswissenschaft und Sonderpädagogik weichen die Aussagen der Studierenden in allen drei genannten Kategorien nicht signifikant voneinander ab.

2.3 Veränderungen in der Lehrerausbildung im Hinblick auf Qualifizierung für den Gemeinsamen Unterricht

Die Erfassung struktureller und inhaltlicher Veränderungswünsche der Studierenden hinsichtlich der Lehrerausbildung als Reaktion auf eine veränderte Schulrealität durch den Gemeinsamen Unterricht stellt einen weiteren Schwerpunkt der Studierendenbefragung dar.

Strukturelle Veränderungswünsche werden von den Studierenden sehr konkret benannt, lediglich 8% der Antworten waren nur wenig konkret. Das Hauptanliegen der Studierenden richtet sich auf vermehrte Praxisanteile im Studium. Realisiert werden kann dies aus der Sicht der Befragten durch die Einführung eines *Praxissemesters* bzw. durch längere sowie häufigere *Praxisphasen*. Veränderungen der sonderpädagogischen Ausbildung und der Primarstufenausbildung durch eine stärkere Kooperation der Fachbereiche stellen ebenfalls zentrale Forderungen der Studierenden dar (31%). Kritisiert wird in diesem Zusammenhang ein mangelnder Austausch bzw. eine mangelnde Zusammenarbeit zwischen den Studierenden wie auch zwischen den Lehrenden der an der Lehramtsausbildung beteiligten Fachbereiche.

Gleichermaßen von Sonderpädagogen und Primarstufenstudierenden wird das nur sechssemestrige Studium der Primarstufe bemängelt, welches nach ihrer Auffassung einer intensiveren Kooperation der Studiengänge entgegensteht (14% der Antworten). Zur derzeitigen Situation der Ausbildung der Sonderschullehrer wird ein weiterführender Austausch im Lehrangebot der Fachrichtungen des Fachbereichs Sonderpädagogik vorgeschlagen. Eine umfassende Vorbereitung auf den Gemeinsamen Unterricht beinhaltet aus Sicht der Studierenden den Erwerb von Kenntnissen in allen sonderpädagogischen Fachrichtungen sowie von behinderungsspezifischen Konsequenzen für die Didaktik des Unterrichts.

Die inhaltlichen Reformvorschläge, die von den Studierenden als Vorbereitung auf die Tätigkeit im Gemeinsamen Unterricht als notwendig erachtet werden, beziehen sich auf folgende Themenfelder:
- Diagnostik
- Rechtliche Rahmenbedingungen
- Beratungskompetenzen
- soziales Lernen
- Kenntnisse über Behinderung
- Kooperation/ Berufsidentität
- Methodik/ Didaktik

Bei einer nach den verschiedenen Studiengängen differenzierten Betrachtung weisen die inhaltlichen Reformvorschläge eine unterschiedliche Gewichtung der Themenfelder auf (vgl. Abb. 3)

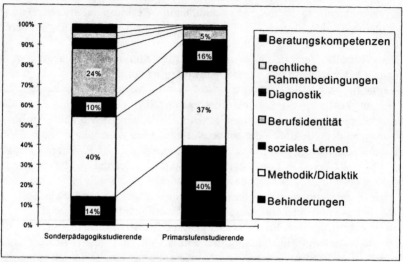

Abb. 3: Inhaltliche Veränderungen getrennt nach Studiengängen (Vorschläge von Studierenden)

Während von den Sonderpädagogen vier zentrale inhaltliche Bereiche genannt werden, sind es für die Primarstufenstudierenden drei Inhalte, die in einer Ausbildung, welche auf den Gemeinsamen Unterricht vorbereitet, stärker thematisiert werden sollten.

Für die Studierenden beider Studiengänge haben die methodisch-didaktischen Ausbildungsinhalte einen besonders hohen Stellenwert (40% bzw. 37% der Antworten). Die Forderung nach einer stärkeren Berücksichtigung von didaktisch-methodisch auf den Gemeinsamen Unterricht zugeschnittenen Lehrinhalten umschließt die stärkere Einbeziehung in die zentralen Fachdidaktiken innerhalb der Lehramtsausbildung für den Primarbereich. Insbesondere hier fehlt nach Meinung der Studierenden der Bezug zum Gemeinsamen Unterricht von Kindern mit und ohne Behinderungen.

Der Erwerb von Kenntnissen hinsichtlich der Behinderungen von Kindern und Jugendlichen ist bei einem Einsatz im Gemeinsamen Unterricht vor allem für die Primarstufenstudierenden von besonderem Interesse. Das Wissen über medizinische und lernpsychologische Aspekte kann dazu beitragen, mögliche Berührungsängste zu mindern. Somit ist die Vermittlung dieser Kenntnisse eine wichtige Grundlage dafür, die Bereitschaft der Studierenden für eine Tätigkeit im Gemeinsamen Unterricht zu wecken.

Eine Auseinandersetzung mit dem neuen Berufs- und Handlungsfeld sowie mit den daraus resultierenden Veränderungen der beruflichen Identität wird von den Studierenden der Sonderpädagogik eindeutig formuliert. Dabei wird vor allem die notwendige Kooperation zwischen Grund- und Sonderschullehrern erwähnt sowie die Vermittlung von Handlungskompetenzen der Lehrperson im Zweilehrersystem. Sonderpädagogische Diagnostik und integrationsrelevante Beratungskompetenzen als zentrale Bausteine des veränderten beruflichen Selbstverständnisses sind derzeit im Bewusstsein der Studierenden nicht verankert.

Zentrale Ergebnisse der Interviews
- In den Aussagen der Studierenden zu den praktischen Erfahrungen im Gemeinsamen Unterricht spiegelt sich das unzureichende Angebot an Praktika der Universität Dortmund wider. Die Erfahrungen der Personen, die über entsprechende Praxiserfahrungen verfügen, resultieren überwiegend aus ihrem eigenen persönlichem Engagement. Gleichzeitig stellen die vermehrten praktischen Erfahrungen im Gemeinsamen Unterricht eine zentrale Forderung der Studierenden für die Verbesserung der Ausbildungssituation dar.
- Der Nichtbesuch der integrationspädagogischen Veranstaltungen von Studierenden der Primarstufe ist zum einen eine Konsequenz aus der fehlenden Möglichkeit des Erwerbs eines Leistungsnachweises. Ein weiterer Grund ist der relativ streng vorgegebene Stundenplan für die Studierenden, der keine Möglichkeit für den Einbau entsprechender Veranstaltungen lässt.
- Die Veränderungen der beruflichen Tätigkeit sind im Bewusstsein der Sonderpädagogen bislang kaum verankert. Fragen zur veränderten beruflichen Identität sind für die Studierenden ungeklärt.
- Von allen Studierenden wird eine stärkere Kooperation der Fachbereiche sowie eine engere Zusammenarbeit der Fachrichtungen innerhalb der Sonderpädagogik als eine notwendige Voraussetzung für eine Verbesserung der derzeitigen Ausbildungssituation angesehen.

3 Konsequenzen für das Curriculum

Auf der Grundlage der dargestellten Ergebnisse und weiterer Fachtagungen und Expertenbefragungen im Kontext dieses Forschungsprojektes lassen sich folgende Empfehlungen für die Ausbildung von Lehrerinnen und Lehrern

formulieren:
1. Ein *Basis- und Orientierungsstudium* 'Gemeinsamer Unterricht' für Studierende des Lehramtes *Primarstufe* im Umfang von 8 Semesterwochenstunden (SWS);
2. Ein Studium mit *Schwerpunktsetzung* ‚Gemeinsamer Unterricht' für Studierende des Lehramtes *Sonderpädagogik* im Umfang von 8 Semesterwochenstunden (SWS):

BASIS- UND ORIENTIERUNGSSTUDIUM ‚GEMEINSAMER UNTERRICHT' (PRIMARSTUFE) 8 SWS	SCHWERPUNKTSETZUNG ‚GEMEINSAMER UNTERRICHT' (SONDERPÄDAGOGIK)
2 SWS Vorlesung ✧ 4 SWS Seminar ✧ 2 SWS Praktikum	
Inhalte der Vorlesungen (2 SWS): (unterschiedliche Schwerpunktsetzungen in der Veranstaltungsfolge sind möglich)	
Grundlagen des Gemeinsamen Unterrichts:	**Grundlagen verschiedener sonderpädagogischer Fachrichtungen:**
• Historische Entwicklung im Zusammenhang von Schulentwicklung • rechtliche und gesetzliche Grundlagen des Gemeinsamen Unterrichts • ethische und politische Dispositionen bei Lehrerinnen und Lehrern • Einführung in didaktische und methodische Grundannahmen des Gemeinsamen Unterrichts • Beratung und Kooperation • Intervention und Krisenmanagement • Wahrnehmungs- und Bewegungserziehung (Bewegungslernen mit allen Sinnen) • Hilfsquellen	• Gemeinsame Grundlagen der verschiedenen sonderpädagogischen Fachrichtungen • Ansätze einer Didaktik der Förderschwerpunkte • Ansätze und Probleme einer kindbezogenen Lernförderungsdiagnostik und Beratung • Pädagogische und didaktische Konzepte des Lernens am Gemeinsamen Gegenstand • Themenfeld unterrichtliche vs. therapeutische Förderung

Inhalte der Seminare 1 und/ oder 2 (4 SWS):	
Diagnosegeleitete Förderkonzepte im Deutschunterricht (im Sommersemester) und im Mathematikunterricht (im Wintersemester):	**Zentrale organisatorische Voraussetzungen des Gemeinsamen Unterrichts (im Sommersemester) und Lernförderungsdiagnostik bei Kindern mit Förderbedarf (im Wintersemester)**
• Erstlese-, Erstschreibunterricht • Rechtschreibförderung • Mündliche Kommunikation • Lernförderungsdiagnostik und Beratung • Organisation der Förderung • Pränumerischer Bereich	• Begleitung von Lernprozessen (Beobachtung, individuelle Förderung, Individuelle Entwicklungspläne) • Formen innerer Differenzierung im Zusammenhang mit der Planung von Unterricht

• Struktur- und niveauorientierter Mathematikunterricht
• Fehleranalysen
• Lernförderungsdiagnostik und Beratung
• Organisation der Förderung
	• Behinderungsspezifische Informationen zu einzelnen Förderbereichen:
	  - Motorik
	  - Wahrnehmung
	  - Sprache und Kommunikation
	  - Kognition und Lernen
	• Förderungsplanung und Fördermaterialien im Grundschulunterricht

Schwerpunkte der Praktika (2 SWS):	
Kooperatives Praktikum von Studierenden der Primarstufe und der Sonderpädagogik im Gemeinsamen Unterricht	**Kooperatives Praktikum von Studierenden der Primarstufe und der Sonderpädagogik im Gemeinsamen Unterricht**
• Entwicklung gemeinsamer Fragestellungen • Gemeinsame systematische Beobachtung von Unterricht • Kooperations- und Beratungsübungen (mit Aufgabenstellung)	• Entwicklung gemeinsamer Fragestellungen • Gemeinsame systematische Beobachtung von Unterricht • Kooperations- und Beratungsübungen (mit Aufgabenstellung)
Abschlussarbeit zum Schwerpunkt Gemeinsamer Unterricht	**Abschlussarbeit zum Schwerpunkt Gemeinsamer Unterricht**
Zertifikat	

Johannes Mand

Low Budget Integration
für schulschwache und auffällige Schüler –
Ergebnisse aus drei Jahren Evaluation

Dass gemeinsamer Unterricht für schulschwache und auffällige Kinder und Jugendliche unter den besonderen Bedingungen von Schulversuchen möglich und sinnvoll ist, ist seit längerem bekannt und entwickelt sich inzwischen auch zum Konsens unter eher traditionell orientierten Vertretern der Sonderpädagogik (vgl. *Bleidick* 1996, 69). Kollegiale Kooperation im Zwei-Lehrer-System, Lebenswelt- und Fähigkeitsorientierung, eine Ausrichtung an der Förderung des positiven Selbstwertgefühls und Individualisierung sollen dazu beitragen, dass alle Kinder gemäß ihren Lern- und Verhaltensvoraussetzungen arbeiten können (vgl. *Wernig* 1996, 464ff.). Nun scheint die Zeit der Schulversuche vorbei zu sein. Einige Bundesländer haben die rechtlichen Grundlagen für eine substantielle Ausweitung des Gemeinsamen Unterrichts geschaffen. Aber zusätzliche Mittel werden nur selten im ausreichenden Maße bereitgestellt. Die Integrationsforschung ist damit vor neue Aufgaben gestellt. Ging es früher darum festzustellen, ob gemeinsamer Unterricht unter den besonderen Standards der Integrationspädagogik einem Vergleich mit der Sonderschule standhält, ist nun zu überprüfen, ob und wie eine integrative Arbeit auch unter (deutlich schlechteren) Sonderschulbedingungen möglich ist.

Vor diesem Hintergrund ist ein Schulentwicklungsprojekt, das eben dies versucht – Gemeinsamen Unterricht unter Sonderschulbedingungen zu entwickeln – für die wissenschaftliche Diskussion von besonderem Interesse. Es handelt sich bei dem hier vorgestellten Projekt um eine Fallanalyse, die Untersuchung einer konkreten Schule. Drei Jahre Schulentwicklung wurden systematisch begleitet. Und so liegen Befunde vor, die die hier aufgeworfene Frage nach kostenneutraler Integration exemplarisch untersuchen lassen.

Das Konzept der Low budget Integration

Die Rahmenbedingungen für das hier beschriebene Schulentwicklungsprojekt sind nicht besser und nicht schlechter als die von anderen Schulen in Nordrhein-Westfalen: kein Schulversuch, keine Sonderbedingungen, keine Mittel, die nicht auch anderen Schulen zur Verfügung stehen. Für den Gemeinsamen Unterricht heißt dies: die zusätzlichen Mittel beschränken sich auf zusätzliche Lehrerstunden für Integrationsschüler. Vorgesehen sind im Berichtszeitraum knapp zwei Sonderschullehrerstunden pro Schüler. Dies entspricht in etwa der personellen Ausstattung einer Schule für Lernbehinderte.

Mit diesen zwei Stunden kann man nicht das organisieren, was früher in Modellversuchen realisiert wurde, und zwar ganz gleichgültig, welches Integrationsmodell bevorzugt wird. Ein Phasenmodell, wie dies z.B. in der Laborschule Bielefeld unter den gleichen personellen Bedingungen realisiert wird (für die einen Klassen Beratung, für die anderen Doppelbesetzung; vgl. *Demmer-Diekmann* 2001, 35), dürfte hier kaum funktionieren. Zwar gibt es auch hier Klassen, in denen Hilfe dringlicher ist als anderswo. Aber dies ist nicht wie in der Laborschule eine Frage der Klassenstufe, sondern eine Frage des jeweiligen Lehrers.

Das Problem, gemeinsamen Unterricht mit geringen Mitteln durchzuführen, haben die Kollegen des hier beschriebenen Schulprojekts deshalb auf anderem Wege gelöst: mit dem Aufbau eines Kurssystems. Fasst man mehrere Integrationsschüler zu einer kleinen Gruppe zusammen, so lässt sich der zeitliche Umfang der Förderung pro Schüler erheblich ausweiten. Es gibt Kurse für Schüler mit Problemen im Lernbereich Sprache (in einigen Schulen mehrere Kurse, also z.B. für Schreibanfänger und Fortgeschrittene), es gibt Kurse für Schüler mit Problemen im Lernbereich Mathematik, und es gibt Einzelförderangebote für Schüler mit Verhaltensproblemen. Für jeden Schüler mit sonderpädagogischem Förderbedarf, für jeden Kollegen, der Probleme mit Schülern seiner Klasse hat, lässt sich so ein individuelles Programm zusammenstellen. Und weil sich die Kollegen bemühen, in den Kursen besonders attraktive Angebote zu den Inhalten zu machen, die auch in der Klasse bearbeitet werden, weil die Sonderpädagogen in Konfliktfällen vermitteln, sind die Kurse, ist die Einzelförderung bei den Gutachtenschülern vergleichsweise beliebt.

Ergänzt wird dieses Kurssystem durch eine regelmäßige (d.h. wöchentliche) gemeinsame Förderplanung zwischen zumindest Klassenleitung der Grund- bzw. Hauptschule und dem jeweiligen Sonderschulkollegen. Die Förderplanung ist wichtig, denn das ‚Gemeinsame' an dieser Form des Gemeinsamen Unterrichts findet eigentlich nur dann statt, wenn die Sonderschullehrer nicht aktiv sind. Die Sonderpädagogen unterstützen deshalb ihre Grund- bzw. Hauptschulkollegen bei der Entwicklung und Planung ihres Unterrichts. Wichtig ist dabei, einen Weg zu finden, der individualisierte Lernangebote für die Integrationsschüler bereitstellt.

Dies alles ist nicht besonders viel. Legt man die Kriterien von *Feuser* (1999, 35f.) zugrunde, so ist es noch nicht einmal klar, ob es sich überhaupt um Integration handelt. Denn in diesen Schulen lernen nicht alle Kinder gemeinsam, sondern nur die Kinder mit Behinderungen sind dabei, deren Eltern sich für gemeinsamen Unterricht entschieden haben. Und ohne äußere Differenzierung im beachtlichen Umfang kommt das Schulprojekt nicht aus. Es handelt sich also um Gemeinsamen Unterricht in dem Sinne, als dass Schüler mit anerkannten ‚Lernbehinderungen' und ‚Verhaltensstörungen', die sonst zur Sonderschule hätten wechseln müssen, in Grundschulen und Hauptschulen verbleiben, dass sie überwiegend in ihrem Klassenverband unterrichtet werden und dass im Kursunterricht an den gleichen Gegenständen gearbeitet wird.

Sonderpädagogen, die im Gemeinsamen Unterricht arbeiten, verfolgen dabei eine besondere Strategie, um Gemeinsamen Unterricht an Grund- und Hauptschulen zu installieren. ‚Regelschulen sollen vom Gemeinsamen Unterricht profitieren'; lautet die Maxime. Zwei Stunden pro Woche Doppelbesetzung sind zu wenig, um Lehrer und Klassen spürbar zu entlasten. Deshalb die Einrichtung eines Kurssystems, das erlaubt, auch bei begrenzten Ressourcen Schüler mit Lern- und Verhaltensproblemen bis zu 10 Wochenstunden in kleinen Gruppen zu unterrichten. Hinzu kommen niederschwellige Beratungs- und Förderangebote für schwierige Kinder, ohne dass ein Verfahren zur Feststellung des sonderpädagogischen Förderbedarfs durchgeführt werden muss. Lehrer an Grundschulen bekommen also etwas, wenn sie Schüler, die sie sonst in die Sonderschule überwiesen hätten, in ihren Klassen behalten. Sie werden entlastet, weil die Problemschüler in spürbaren Umfang nicht mehr in ihren Klassen, sondern in Kleingruppen unterrichtet werden. Sie werden bei der Planung des Gemeinsamen Unterrichts unterstützt. Und sie bekommen rasch Hilfe, wenn sich bei anderen Schülern gravierende Probleme zeigen.

Interessant wird das Forschungsprojekt auch durch ein weiteres Konzeptmerkmal – der Einführung eines vergleichsweise weit gehenden Elternwahlrechts. Über einen Zeitraum von fast drei Schuljahren entscheidet das Schulamt nur in seltenen Ausnahmefällen gegen den Willen der Eltern auf eine Einweisung in das Förderzentrum. Die betroffenen Eltern können also zwar nicht unbedingt zwischen Integration und Sonderschule wählen. Aber gegen ihren Willen wird in aller Regel nicht entschieden. Und was vermutlich noch wichtiger ist: eine Ausweitung des Gemeinsamen Unterrichts ist wesentlicher

Bestandteil des pädagogischen Konzepts und wird von Kollegium, Schulleitung und Schulaufsicht für einen Zeitraum von zumindest drei Jahren unterstützt (vgl. *Mand* 2002).

Methode

Welche Daten stehen zur Verfügung, um den Verlauf des Schulentwicklungsprojekts zu beurteilen?

Wichtigstes Erhebungsinstrument ist zunächst ein Fragebogen, der sich auf die über einen Zeitraum von drei Jahren nach besonderen Standards vereinheitlichten Gutachten aus allen Verfahren zur Feststellung des sonderpädagogischen Förderbedarfs bezieht. Die quantitativen Daten dieser Gutachten liegen so dem Beitrag zugrunde. Im einzeln sind dies vor allem sozialstatistische Daten zu den jeweiligen Schülern (Alter, Geschlecht, Muttersprache usw.), Testwerte (IQ für alle Schüler, bei Schülern mit Lernbehinderungen zusätzlich die Ergebnisse aus der Hamburger Schreibprobe, bei Schülern mit Verhaltensproblemen zusätzlich die Ergebnisse der Child Behavior Checklist). Es ist darüber hinaus bekannt, welche Schüler aus dem Gemeinsamen Unterricht im Verlauf dieser drei Jahre in die Sonderschule wechselten und bei welchen Schülern der sonderpädagogische Förderbedarf aufgehoben wurde. Hinzu kommen Daten, wie sie im Rahmen der Schulstatistik erhoben werden. Ergänzt werden die erhobenen Daten durch eine Dokumentenanalyse (Lehrerkonferenzprotokolle der letzten drei Jahre).

Ergebnisse

Zur Beurteilung der Entwicklung von Gemeinsamen Unterricht und Sonderschule stehen nur wenige zuverlässige Informationen zur Verfügung. Es wäre sinnvoll gewesen, die Entwicklung vergleichbarer Schüler im Gemeinsamen Unterricht und in der Sonderschule über einen längeren Zeitraum systematisch zu untersuchen und nicht nur bei Begutachtung. Aber hierfür fehlte die Zeit, und derlei wissenschaftliche Neugierde hätte wohl auch nicht die Zustimmung von Schulaufsicht, Schulleitung und Kollegium gefunden. So ist die Untersuchung in dieser nicht ganz unwichtigen Frage auf Hilfskonstruktionen angewiesen.

Erste Hilfskonstruktion: Die Schülerzahlen. Schülerzahlen sind ein leicht zu ermittelndes Datum. Aus zunehmenden (relativen) Schülerzahlen lässt sich – bei einigen methodischen Unsicherheiten – Zustimmung ableiten. Stagnation und abnehmende Schülerzahlen können auf Probleme verweisen.

Schüler/innen in Sonderschule und Gemeinsamen Unterricht				
September- statistik Schüler der Klasse 1-10 insgesamt		Jahrgangsanteil Sonderschüler (Förderschwerpunkte: Lern- behinderung / Erziehungs- schwierigkeit)	Jahrgangsanteil GU-Schüler (Förderschwerpunkte: Lernbehinderung, Erziehungsschwierigkeit, Sprachbehinderung)	Verhältnis Sonderschule – GU
98	4854	1,9 %	0,4 %	82 % SoSchule 18 % GU
99	4527	2 %	0,6 %	75 % Soschule 25% GU
00	4666	2 %	0,8 %	72 % Soschule 28 % GU

Tab. 1: Entwicklung der Schülerzahlen

In der hier untersuchten Schule ist die Entwicklung vergleichsweise eindeutig. Der Anteil der Schüler mit sonderpädagogischem Förderbedarf nimmt in den hier betrachteten drei Jahren zu, wobei der im Jahr 2000 erreichte Anteil von insgesamt 2,8% eines Jahrgangs, im Vergleich zu anderen Regionen Deutschlands nicht unbedingt als besonders hoch einzuschätzen ist. Diese Veränderung kommt aber im wesentlichen durch einen Zuwachs im Gemeinsamen Unterricht zustande. Die Zahlen in der Sonderschule stagnieren, die Zahlen im Gemeinsamen Unterricht steigen an. Die Anmeldungen für den Gemeinsamen Unterricht überschreiten dabei im dritten Jahr die 50% Marke der eingehenden Gutachten.

Der immer wieder geäußerte Verdacht, es handele sich bei Integrationsschülern nicht um wirklich lernbehinderte Schüler (vgl. *Schröder* 1999, 184), bzw. dass arme und schwache Kinder, die typische Population von Schulen für Lernbehinderte, in Integrationsprojekten nicht angesprochen werden (vgl. *Böhm* 2001, 192), kann für die ersten drei Jahre nicht bestätigt werden. Es sind zum einen die in den betreffenden Verfahren erhobenen Testwerte, die eine solche Deutung unwahrscheinlich machen. Intelligenz, Rechtschreibstrategien nach der Hamburger Schreibprobe, Eltern- und Lehrerurteil in der Child-Behavior-Checklist, all dies wird erhoben und ausgewertet. Das wichtigste Resultat dieser Auswertung: Ein systematischer Vergleich beider Gruppen (Fisher-Test) erbringt keine Hinweise auf signifikante Unterschiede zwischen Schülern, die in die Sonderschule wechseln und Schülern, die im Gemeinsamen Unterricht verbleiben. Zum anderen ist es der wachsende Anteil der im Rahmen des Gemeinsamen Unterrichts geförderten Schüler, der eine solche Deutung eher unwahrscheinlich macht. Es sind bezogen auf die Gutachten pro Jahr inzwischen mehr als die Hälfte der Eltern, die sich für Gemeinsamen Unterricht entscheiden. Weil sich die Schülerzahlen nicht verdoppelt haben, kommen also beträchtliche Anteile der Schüler, die früher in die Sonderschule hätten wechseln müssen, nun in den Gemeinsamen Unterricht.

Zweite Hilfskonstruktion: eine Analyse der Anträge auf Aufhebung des sonderpädagogischen Förderbedarfs. Sonderpädagogischer Förderbedarf wird aufgehoben, wenn die Schüler keine Hilfe von Sonderschullehrern mehr benötigen. Anträge auf Aufhebung der sonderpädagogischen Förderung verweisen also in der Regel auf eine erfolgreiche pädagogische Arbeit, und zwar sowohl bei Sonderschülern wie auch bei Schülern des Gemeinsamen Unterrichts. Kommt es in einem der beiden untersuchten Systeme zu einer bedeutsam höheren Aufhebungsquote, so kann dies als Hinweis auf eine erfolgreichere Arbeit gewertet werden. Auch in diesem Bereich zeichnet sich ein Vorteil des Gemeinsamen Unterrichts ab. Die Fallzahlen sind allerdings klein. Die untersuchte Schule zeichnet für die sonderpädagogische Förderung von knapp einhundert Sonderschülern und etwas über dreißig Integrationsschülern verantwortlich. Und es sind in den drei Jahren etwa drei bis vier Schüler pro Jahr, bei denen die sonderpädagogische Förderung beendet wird, und zwar bisher zu gleichen Teilen Sonderschüler und Integrationsschüler. Die relativen Zahlen mögen sich also beachtlich unterscheiden, denn immerhin gibt es fast dreimal soviel Sonderschüler wie Integrationsschüler. Aber soll man hieraus wirklich ableiten, dass der Gemeinsame Unterricht erfolgreicher arbeitet als die Stammschule?

Dritte Hilfskonstruktion: Hinweise aus der Dokumentenanalyse. Weil keine Befragungsdaten zur Verfügung stehen, werden die Protokolle der einschlägigen Gremien auf Hinweise zur Entwicklung in den beiden Systemen untersucht. Lehrerkonferenzprotokolle sind zwar in der Regel nicht sonderlich ergiebig. Aber ein wichtiger Hinweis auf eine je unterschiedliche Entwicklung von Stammschule und Gemeinsamer Unterricht ist dennoch enthalten: In der Sonderschule gibt es offensichtlich massive Verhaltensprobleme. Aufgrund erheblicher Konflikte unter den Schülern in den Hofpausen werden die Aufsichten Schritt für Schritt verstärkt (zunächst von zwei Aufsichten zu Projektbeginn auf drei Aufsichten in der Zehn-Uhr-Pause, und schließlich im Schuljahr 2000/ 2001 eine freiwillige vierte Aufsicht). Die Lehrer des Förderzentrums beschließen aufgrund der anhaltenden Gewaltprobleme eine schulinterne Fortbildungsveranstaltung einschlägigen Schwerpunkts zu buchen. Als sich die dort erworbenen Kompetenzen als nicht ausreichend erweisen, wird die Polizei gebeten, weisen, wird die Polizei gebeten, regelmäßig während der Schulpausen Präsenz zu zeigen. Die Probleme haben also ein beachtliches Ausmaß erreicht. Hinweise auf vergleichbare Gewaltprobleme in den GU-Schulen der Region liegen dagegen nicht vor. Schüler mit schwerwiegenden Verhaltensproblemen gibt es auch im Gemeinsamen Unterricht. Und diese Schüler sind zum Begutachtungszeitpunkt auch vergleichbar aggressiv, wie die systematische Auswertung der Gutachten belegt. Jedoch fallen diese Verhaltensprobleme offensichtlich nicht so sehr ins Gewicht, und möglicherweise verläuft auch die Entwicklung dieser Schüler besser als im Förderzentrum.

Diskussion

Was lässt sich aus den Erfahrungen des vorgestellten Schulentwicklungsprojekts ableiten? Es handelt sich zunächst um die Erfahrungen eines Förderzentrums, die nicht unbedingt typisch sein müssen für die Entwicklung von anderen Schulen dieser Art. Verglichen wird eine Sonderschule, in der Schüler mit schwerwiegenden Lern- und Verhaltensproblemen unterrichtet werden, mit Grund- und Hauptschulen, in denen einige wenige Schüler mit Lern- und Verhaltensproblemen in ihren Klassen verbleiben.

Nach allen zur Verfügung stehenden Informationen schneidet das in dieser Schule praktizierte Modell des Gemeinsamen Unterrichts besser ab als der Stammschulunterricht. Das System Gemeinsamer Unterricht expandiert, das System Sonderschule stagniert. Dabei votiert innerhalb eines eher überschaubaren Zeitraums von drei Jahren bereits mehr als die Hälfte der Gutachten für eine Förderung im Gemeinsamen Unterricht. Dies ist eine auch im bundesweiten Vergleich beachtliche Zahl. Hinzu kommt: Im Gemeinsamen Unterricht wird der sonderpädagogische Förderbedarf häufiger aufgehoben als im Förderzentrum. Und im Gemeinsamen Unterricht entwickeln sich weniger Gewaltprobleme als in der Sonderschule. Und dies alles, obwohl in den Gutachten über drei Jahre keine signifikanten Unterschiede in den einschlägigen Testwerten erkennbar werden und obwohl der Gemeinsame Unterricht in etwa mit der gleichen Personalausstattung auskommen muss wie die Sonderschule.

Damit lässt sich festhalten, dass es möglich ist, auch mit wenigen Mitteln sonderpädagogische Angebote in Grund- und Hauptschulen zu etablieren, die im beachtlichen Umfang Überweisungen zu Sonderschulen verhindern helfen. Dieses Angebot ist zumindest deutlich beliebter als eine besondere Beschulung von Schülern mit Lern und Verhaltensproblemen in einem regionalen Förderzentrum. Und es gibt keine Hinweise darauf, dass der Gemeinsame Unterricht schlechter funktioniert als das System Sonderschule.

Lassen sich Befunde wie diese auch in weiteren Untersuchung bestätigen, so gibt es einigen Anlass, das bisherige System der sonderpädagogischen Förderung noch einmal zu überdenken. Wenn es die fehlenden Mittel sind, die einen substantiellen Ausbau des Gemeinsamen Unterrichts verhindern, so gibt es nach den hier vorgestellten Befunden eine Alternative zur gegenwärtigen Situation. Anstatt den überwiegenden Anteil von Schülern mit sonderpädagogischem Förderbedarf in Sonderschulen zu überweisen und nur für einige wenige Kinder personell gut ausgestattete integrative Angebote bereitzustellen, scheint es möglich zu sein, bei Abstrichen in der personellen Ausstattung integrative Angebote wenn zwar nicht für alle, so doch immerhin für einen breiten Anteil oder gar die Mehrheit von schulschwachen und auffälligen Kindern bereitzustellen.

Die positiven Befunde für den Gemeinsamen Unterricht sind aber gleichzeitig auch negative Befunde für Förderzentren. Aus Befunden wie diesen lässt sich zweierlei ableiten: Erstens können die Probleme im beschriebenen Förderzentrum darauf hinweisen, dass es einfach nicht sinnvoll ist, Schüler mit Lernproblemen und Verhaltensproblemen in einer Sonderschulform zu unterrichten. Auch wenn im hier vorliegenden Fall einiges getan wurde, um den Kontakt zwischen auffälligen und lernschwachen Schülern einzuschränken (Einrichtung getrennter Klassen) – im Förderzentrum ist offensichtlich eine ungute Mischung entstanden. Und die bereitet zunehmend Probleme.

Zweitens ist allerdings auch möglich, dass Sonderschulen allgemein nur noch auf eine geringe Zustimmung bei den Eltern behinderter Kinder zählen können. Vielleicht ist es die Konzentration von Problemschülern, die Eltern abschreckt, vielleicht ist es auch nur der schlechte Ruf von Sonderschulen. Möglicherweise wählen Eltern einfach auch die pädagogische Umgebung, die besser ist für die Entwicklung ihres Kindes. Denn, auch für schulschwache und auffällige Schüler ist es etwas anderes, in einer Klasse zu lernen, die wenig belastet ist, als in einer Klasse, die eigentlich nur aus schulschwachen und auffälligen Schülern besteht. Und weil Kinder zu einem erheblichen Anteil auch von Kindern lernen, sind die Erfolgsaussichten sonderpädagogischer Förderung in dem Umfeld einer Sonderschule möglicherweise einfach geringer als in integrativen Zusammenhängen.

Was sind also die Lehren aus dem hier vorgestellten Schulentwicklungsprojekt? Es scheint wohl möglich zu sein, mit den finanziellen Mitteln der Sonderschule Alternativen zur Sonderschule zu entwickeln. Für solche Alternativen gibt es eine breite Unterstützung der Eltern und wohl auch der Grund-, Haupt- und Sonderschullehrer. Und es gibt Anzeichen dafür, dass ei-

ne gemeinsame Unterrichtung von Schülern mit Lern- und Verhaltensproblemen in einer Sonderschule zu erheblichen Problemen führen kann.
Was ist also zu tun? Es fehlt noch an Erfahrungen, um die hier aufgeworfenen Fragen endgültig zu beurteilen. Die sonderpädagogische Diskussion kann sich eigentlich nur wünschen, dass es zu mehr Schulentwicklungsprojekten im Sonderschulbereich kommt, die das versuchen: mit Sonderschulmitteln auch Gemeinsamen Unterricht anzubieten. Diese Schulentwicklungsprojekte müssen systematisch begleitet werden, und zwar so, dass nachvollziehbar wird, wie sich Schüler mit sonderpädagogischem Förderbedarf in beiden Systemen entwickeln, und welche Faktoren diese Entwicklung beeinflussen.

Literatur

Bleidick, U.: Selbstreferenz, Krisengerede und selektives Zitieren. In: Zeitschrift für Heilpädagogik 47(1996), 68-70.

Böhm, O.: Wollen und vor allem können wir noch eine Lernbehindertenpädagogik? In: Zeitschrift für Heilpädagogik 52(2001), 187-193.

Demmer-Diekmann, I.: Das Konzept Integration. Pädagogik an der Laborschule. In: Demmer-Diekmann, I.; Struck, B. (Hrsg.): Gemeinsamkeit und Vielfalt. Pädagogik und Didaktik einer Schule ohne Aussonderung. Weinheim 2000, 24-44.

Feuser, G.: Modelle der Integration: Fortschritt oder Inflationierung des Integrationsanliegens. In: Behinderung. Integration in der Schule. Positionen, Praxis, Zukunft. Schulheft 94. Wien 1999, 29-49.

Mand, J.: Gemeinsamer Unterricht oder Sonderschule? Zum Einfluss von Gutachtervariablen auf Förderortentscheidungen. In: Zeitschrift für Heilpädagogik 53(2002) (in Vorbereitung).

Schröder, U.: Integrative Pädagogik bei Kindern und Jugendlichen mit Lernbehinderungen. In: Myschker, N., Orthmann, M. (Hrsg.): Integrative Schulpädagogik. Stuttgart 1999, 182-215.

Wernig, R.: Anmerkungen zu einer Didaktik des Gemeinsamen Unterrichts. In: Zeitschrift für Heilpädagogik 47(1996), 463-469.

Ursula Mahnke

Qualifikationserwerb für eine integrative Pädagogik

Welche Auswirkungen hat die Einbeziehung von Kindern und Jugendlichen mit sonderpädagogischem Förderbedarf in die Regelschule auf qualifikatorische Anforderungen für Lehrkräfte? Dieser Frage wird anhand von Ergebnissen handlungsforschender Begleitung von Qualifikationsprozessen im Land Brandenburg (vgl. *Mahnke* 2000), sowie deren Übertragung auf das Land Sachsen (vgl. *Mahnke* 2001), nachgegangen. Es fließen somit Erfahrungen aus zwei neuen Bundesländern ein, die sich auf ‚Qualifikation im Prozess' (d.h. auf Fortbildung) beziehen. Dazu werden zunächst Qualifikationsmerkmale umrissen und in einem zweiten Schritt Aspekte des Qualifikationserwerbs aufgezeigt. Als Ausblick wird am Ende eine Übertragung auf die Lehrerausbildung vorgenommen.

1 Integratives Qualifikationsprofil

Ausgangspunkt eines Profils sind zwei Überlegungen: Zum einen handelt es sich bei integrativer Pädagogik nicht um ein völlig ‚neues' Unterrichtskonzept, sondern es geht vielmehr um die Bewältigung von Heterogenität – und diese Heterogenität ist auch ohne die Einbeziehung von Kindern und Jugendlichen mit Behinderungen gegeben. Zum zweiten ist Integration als Entwicklungsaufgabe anzusehen (vgl. *Meister/ Krämer* 1997, *Sander* 1999) – als Entwicklungsaufgabe sowohl auf individueller Ebene als auch auf institutioneller Ebene, der Institution Schule. Das erfordert neben individuellen Kompetenzen einzelner Pädagogen auch institutionelle Kompetenzen – etwa um die Reflexionsfähigkeit für Systemzusammenhänge oder institutionelle Innovation zu erleichtern.

Die Komplexität der für vielfältige ‚integrative' Anforderungen erforderlichen Qualifikation macht die Abbildung 1 deutlich. Der Aufbau der Qualifikations-

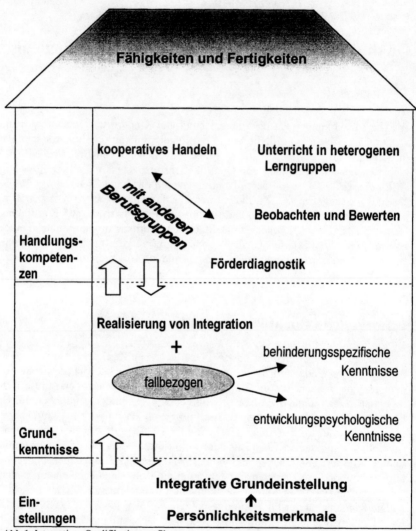

Abb.1: Integratives Qualifikationsprofil

struktur soll kennzeichnen, dass explizit integrative Basiskompetenzen bestimmbar sind und sich darauf aufbauend Kompetenzen und Fähigkeiten ausmachen lassen, die allerdings nur zu einem kleinen Teil als explizit integrationsspezifisch anzusehen sind.

Die Basis eines integrativen Qualifikationsprofils bilden integrationsorientierte Einstellungen. Dazu gehören etwa die grundsätzliche Akzeptanz von Menschen mit Behinderungen, eine Akzeptanz zieldifferenter Förderung sowie ein individualisierter Leistungsbegriff.

In diesem Bereich liegt gleichzeitig auch der schwierigste Teil der Qualifikation: Einstellungen werden zwar gelernt, sind aber nur schwer zu vermitteln, vor allem mit Verweis auf erforderliche Persönlichkeitsmerkmale – etwa die eigene Lernbereitschaft, eine bewusste Eigen- und Fremdwahrnehmung u.a. Einstellungsbildung ist vielmehr ein langwieriger Prozess, in dem kognitive und affektive Komponenten in enger Verknüpfung wirksam werden. Einstellungen sind allerdings auch über Erfahrungen auf der Handlungsebene veränderbar (vgl. *Mahnke* 2000, 297).

Einstellungen stellen sozusagen die ‚Folie' dar für den zweiten Bereich – für Kenntnisse. Es geht hier um fallbezogene Kenntnisse (vgl. *Sander/ Christ* 1993) zur Realisierung von Integration sowie behinderungsspezifische und entwicklungspsychologische Grundkenntnisse.

Für die Handlungskompetenzen als dritten Qualifikationsbereich gilt, dass sich im Gegensatz zu Einstellungen und Kenntnissen keine explizit integrationspädagogischen Kompetenzen begründen lassen. Vielmehr besteht hier ein unmittelbares Relationsverhältnis zwischen vorhandenen Kompetenzen (verkürzt: als Kompetenzen für ‚allgemeine Pädagogik') und zu erwerbenden integrationspädagogischen Kompetenzen. Je umfassender das Kompetenzprofil der jeweiligen Lehrkraft in ‚allgemeiner Pädagogik' ist, desto geringer werden die Anteile sein, die diese Lehrkraft für integrativen Unterricht zusätzlich zu erwerben hat.

Darüber hinaus besteht ein weiteres Relationsverhältnis zu sonderpädagogischen Kompetenzen: Eine Pädagogik der Vielfalt ist zunächst Aufgabe der allgemeinen Pädagogik, die sekundär von Sonderpädagogen zu unterstützen ist. Je mehr sich allgemeine Pädagogik als integrative Pädagogik versteht, desto weniger bleiben spezielle sonderpädagogische Tätigkeiten und Kompetenzen übrig – und: je weniger die allgemeine Pädagogik ein integratives Selbstverständnis entwickelt, desto mehr werden eigentlich allgemeine Bedürfnisse von Kindern zu speziellen – und damit von Sonderpädagogen wahrzunehmende (vgl. *Hinz* 2000, 137).

Aus diesen Prämissen wird deutlich, dass ein integratives Qualifikationsprofil in erster Linie orientierende Bedeutung hat und weniger curriculare. D.h. aus dem Profil lassen sich keine allgemeingültigen Qualifikationsaussagen ableiten, sondern letztlich machen die jeweiligen ökosystemischen Bedingungen ein entsprechend differenziertes Profil der Lehrerkompetenz erforderlich. Dieses Profil ist allerdings an den genannten Einstellungen, Grundkenntnissen und Handlungskompetenzen zu orientieren.

2 Qualifikationserwerb

Zunächst zum Erwerb von integrationsorientierten Einstellungen: Diese sind einerseits als die Basis von Qualifizierungsprozessen anzusehen, andererseits kann angenommen werden, dass Einstellungen teilweise erst über Erfahrungen auf der Handlungsebene erworben werden. Die Ausbildung von bestimmten Bewusstseinsdispositionen wird besonders deutlich in der fallanalytischen Auswertung von berufsbiographischen ‚Schlüsselereignissen' (vgl. *Mahnke* 2000, 319ff). Diese Ereignisse liegen teilweise vor dem Beginn der integrativen Tätigkeit, teilweise liegen sie auch parallel dazu. Das bestätigt die Kontakthypothese von *Cloerkes* (1997). Es kann allerdings nicht davon ausgegangen werden, dass alle Lehrkräfte bestimmte Grundhaltungen entwickeln, wenn sie sich erst einmal integrativen Aufgaben zugewandt haben. Es ist also zu fragen, welche weiteren Bedingungen für die Ausbildung dieser Einstellungen förderlich sind.

Hier ist auf die Bedeutung eines integrationsorientierten Ökosystems zu verweisen, insbesondere auf Entwicklungsaufgaben im Sinne von Organisationsentwicklung. Integrationsorientierte Einstellungen werden sich um so eher entwickeln, als Integration als systembezogene Aufgabe begriffen wird – insbesondere durch eine umfassende Beschäftigung mit Widerständen, mit personalen Ressourcen und mit Zielklärungen (vgl. *Mahnke* 1999).

Als besonders bedeutsam scheint hier die Auseinandersetzung mit Werte-Barrieren und mit psychologischen Barrieren. Wer Gelegenheit hat, sich in konstruktiven und sanktionsfreien Diskursprozessen mit Erwartungen, Befürchtungen, Konkurrenzgefühlen und Abgrenzungen auseinander zu setzen, hat gleichzeitig auch Gelegenheit, seine eigenen Einstellungen zu überprüfen und evtl. zu verändern. Eine Garantie, dass sich damit tatsächlich auch integrationsorientierte Einstellungen herausbilden, ist damit allerdings nicht gegeben.

Neben der einstellungsverändernden Wirkung institutioneller Prozesse sei auch auf ein förderliches ökosystemisches Klima verwiesen: Gibt es einen starken Außendruck oder ein insgesamt wohlwollendes Klima der Unterstützung? Die Herantragung von ‚kollektiven' Erwartungen an Lehrkräfte – direkt oder indirekt – wirkt auch auf die Herausbildung von Einstellungen und Normen.

Der Qualifikationserwerb im engeren Sinne nimmt seinen Ausgang bei fallbezogenen Grundkenntnissen. Über diese Kenntnisse werden zunächst erste Vorstellungsbildungen darüber in Gang gesetzt, wie Integration organisatorisch und pädagogisch realisiert werden *könnte* – ohne allerdings durch diese Kenntnisse allein schon Handlungsentwürfe realisieren zu können.

Inwieweit von Lehrkräften integrativ bedeutsame Handlungskompetenzen tatsächlich zu erwerben sind, hängt in starkem Maße von bereits vorhandenem Handlungswissen ab (s.o.). Hinzu kommt die enge Verknüpfung zu Grundhaltungen: Wie gut oder wie unzureichend eine Lehrkraft für integrativen Unterricht qualifiziert wird, hängt nicht so sehr von der Form des Kompetenzerwerbs ab – und auch nicht von den Inhalten – sondern in erster Linie davon, auf welche Grundhaltungen Informationen und das Angebot von Handlungsmodellen treffen.

Als ein besonders bedeutsames Ergebnis der Untersuchungen im Land Brandenburg ist festzuhalten, dass eine Qualifizierung von Lehrkräften nur zu einem kleinen Teil in institutionalisierten Lehr-Lern-Situationen stattfindet. In ihnen können allenfalls Anregungen gegeben und Wissen angeboten werden. Der tatsächliche Erwerb von Kompetenzen findet auf der Praxisebene statt – durch Erprobung und Bestätigung von Handlungsformen (vgl. *Mahnke* 2000, 334ff.). Dieser Prozess ist allerdings zu unterstützen durch:

1. *‚Niederschwellige' Beratungsangebote*
Darunter sind Unterstützungsformen zu verstehen, die leicht zugänglich und regional bzw. lokal angesiedelt sind – z.B. Integrationsberater wie in Brandenburg (vgl. *Heyer* u.a. 1997) oder seit kurzem auch in Sachsen. Diese Unterstützung darf vor allem keine (negativen) formalen Folgen für die jeweiligen Schüler und Lehrkräfte haben.

2. *Gelegenheit zu informellem Erfahrungsaustausch*
Darunter sind institutionalisierte Formen wie Arbeitskreise bzw. schulinterne

Arbeitsgruppen zu verstehen, die gegenseitige Unterstützung, Selbstvergewisserung, sanktionsfreies Äußern von Schwächen und Unsicherheiten sowie die Herausbildung von Entwicklungsstrategien ermöglichen.

3. *Besondere Angebote für Lehrkräfte, die mit der Integration beginnen*
Darunter soll nicht nur die Teilnahme an längerfristigen Theorie-Praxis-Seminaren gefasst werden, sondern auch die Bereitstellung von ‚Einstiegs-Paketen' (Lektüre, Video-Filme, Anschriftenverzeichnisse für Hospitationsmöglichkeiten und Ansprechpartnern u.a.) sowie die Vermittlung von ‚Tandem-Partnern'.

4. *Fortbildungsangebote zu reformpädagogisch orientierter Unterrichtsgestaltung*

5. *Unterstützung von Schulentwicklung*
Zur Initiierung von schulischen Entwicklungsprozessen ist eine längerfristige Begleitung von Lehrerkollegien durch Organisationsentwicklungs-Berater sinnvoll, wie sie inzwischen in einer Reihe von Bundesländern bestehen.

3 Schlussfolgerungen für eine integrationsorientierte Lehrerausbildung

Zunächst soll hier auf die bereits vielfach diskutierte Forderung verwiesen werden, die starre Trennung der Ausbildung der verschiedenen Lehrämter aufzubrechen und damit das Verhältnis von ‚sonderpädagogischen' zu ‚allgemeinpädagogischen' Kompetenzen in der Ausbildung neu zu definieren. Ob das unter der Prämisse von „komplementären Pädagogiken" wie bei *Wocken* (1997) oder als „Synthese" wie von *Eberwein* (1996, 1998) propagiert geschieht, sei dahingestellt.

In der Vermittlung müssen die Prämissen der Authentizität und Heterogenität gelten: Authentizität im Hinblick auf ein integratives Praxisfeld und Heterogenität nicht nur in Bezug auf die Akzeptanz der Vielfalt in der künftig zu unterrichtenden schulischen Lerngruppe, sondern bereits in Bezug auf die universitäre Lerngruppe.

Authentizität kann nur in enger Kooperation mit der Praxis hergestellt werden und muss sich in methodischer und hochschuldidaktischer Hinsicht projektbezogen orientieren: Vermittlung von Kenntnissen und Kompetenzen nicht mehr ausschließlich durch die systematisierte Darbietung von Wissen (Vorträge, Lehrgespräch, Lektüre von Texten), sondern durch komplexe Aufgabenstellungen, die nur in der engen Verknüpfung von theoriebezogenen Kenntnissen und praxisbezogenen Handlungskompetenzen zu bewältigen sind. Dazu gehören handlungsforschende Erkundungen ebenso wie etwa die Durchführung von Unterrichtsprojekten oder die längerfristige Förderung von einzelnen Schülern. Diese Überlegungen sind nicht neu, sondern bisher auch schon punktuell in der Lehrerausbildung zu finden. Eine entscheidende Weiterentwicklung der Lehrerausbildung wäre jedoch, dass diese Formen durchgängig unter integrationspädagogischer Prämisse in die Studienpläne Eingang finden würden und damit institutionalisiert.

Der zweite Aspekt, die Heterogenität innerhalb der universitären Lehrerausbildung, ist schon seltener zu finden. Damit ist eine heterogene Zusammensetzung der jeweiligen Lerngruppe gemeint, die sich bislang zumeist noch auf Studierende des jeweiligen Studiengangs beziehen (Lehrämter getrennt, grundständig Studierende getrennt von Weiterbildungsstudiengängen u.a.). Nicht nur eine weitgehende Trennung der Studiengänge wäre zu überwinden, sondern auch die starre Abgrenzung zwischen Ausbildung, Zweiter Ausbildungsphase, Weiterbildung und Fortbildung in der Lehrerbildung.

Die so postulierten universitären heterogenen Gruppen dürfen nicht mit der Zielsetzung des ‚kleinsten gemeinsamen Nenners' zusammengefasst werden. Ich denke da etwa an das Zusammenfassen von grundständig Studierenden und Studenten der Weiterbildung in Vorlesungen zur Darbietung bestimmter Grundkenntnisse. Sondern: die vorhandene Heterogenität selbst muss als wichtigstes hochschul-didaktisches Prinzip einbezogen werden. Die unterschiedlichen Gruppen von Studierenden müssen durch methodische Arrangements und Fragestellungen angeregt werden, ihre gegenseitigen Lernbedürfnisse und Kompetenzen einzubringen. Das kann vorzugsweise durch den genannten Projekt- und Praxisbezug geschehen, etwa indem heterogene Gruppen handlungsforschenden Aufgabenstellungen nachgehen. Wir sollten uns dabei an Studiengängen in der Ingenieur- und Naturwissenschaft orientieren, wo interdisziplinäre Projekte schon längst zum universitären Alltag geworden sind.

Literatur

Cloerkes, G.: Soziologie der Behinderten. Eine Einführung. Heidelberg 1997.
Eberwein, H.: Die integrationspädagogische Ausbildung als Auftrag der Erziehungswissenschaften. In: Eberwein, H. (Hrsg.): Einführung in die Integrationspädagogik. Weinheim 1996, 269-278.
Eberwein, H.: Integrationspädagogik als Element einer allgemeinen Pädagogik und Lehrerausbildung. In: Hildeschmidt, A.; Schnell, I. (Hrsg.): Integrationspädagogik. Auf dem Weg zu einer Schule für alle. Weinheim, München 1998, 345-363.
Heyer, P. u.a.: Integrationspädagogische Fortbildung – Konzepte, Erfahrungen, Perspektiven. In: Heyer, P. u.a.: „Behinderte sind doch Kinder wie wir!" Gemeinsame Erziehung in einem neuen Bundesland. Berlin 1997, 99-122.
Hinz, A.: Sonderpädagogik im Rahmen von Pädagogik der Vielfalt und Inclusive Education. In: Albrecht, F. u.a. (Hrsg.): Perspektiven der Sonderpädagogik. Disziplin- und professionsbezogene Standortbestimmungen. Neuwied u.a. 2000, 124-140.
Mahnke, U.: Erwerb integrativer Kompetenzen in institutionellen Prozessen – Konsequenzen für die Fortbildung. In: Heimlich, U. (Hrsg.): Sonderpädagogische Fördersysteme – auf dem Weg zur Integration. Stuttgart u.a. 1999, 147-162.
Mahnke, U.: Qualifizierung für Integration. Berlin (Univ. Dissertation) 2000.
Mahnke, U.: Qualifikationsanforderungen für schulische Integration. In: Schulverwaltung MO Nr. 9/ 2001, 307-310.
Meister, H.; *Krämer*, H.: Innovation als Aufgabe, Voraussetzung und Wirkung integrativer Pädagogik. In: Eberwein, H. (Hrsg.): Handbuch Integrationspädagogik. Kinder mit und ohne Behinderung lernen gemeinsam. Weinheim, Basel 1997, 404-410.
Sander, A.; *Christ*, K.: Integrativer Unterricht – Anforderungen an die Lehreraus- und -weiterbildung. In: Meister, H.; Sander, A. (Hrsg.): Qualifizierung für Integration. Pädagogische Kompetenzen für gemeinsame Erziehung und integrativen Unterricht behinderter und nichtbehinderter Kinder. St. Ingbert 1993, 203-212.
Sander, A.: Ökosystemische Ebenen integrativer Schulentwicklung – ein organisatorisches Innovationsmodell. In: Heimlich, U. (Hrsg.): Sonderpädagogische Fördersysteme – auf dem Weg zur Integration, Stuttgart; Berlin; Köln: Kohlhammer 1999, S. 33 – 44.
Wocken, H.: Die Bildung von Sonderpädagogen neu denken! In: Wittrock, M. (Hrsg.): Sonderpädagogischer Förderbedarf und sonderpädagogische Förderung. Beiträge zur zukünftigen Entwicklung des sonderpädagogischen Förderbedarfs, der sonderpädagogischen Arbeit und universitären Ausbildung. Neuwied 1997, 69-84.

Ada Sasse

Sonderpädagogisches aus der Provinz: Zur Situation von Sonderschülern im ländlichen Raum

Seit Jahrzehnten ist die Situation von Schülern mit Behinderungen, die in ländlichen, d.h. wenig urbanisierten Regionen leben, für die Sonderpädagogik kaum mehr von explizitem Interesse. Dies kann u.a. als das Resultat einer Debatte um die Neustrukturierung sonderpädagogischer Förderung angesehen werden, in der normative bzw. konzeptionelle Vorstellungen dominieren, während empirische Sachverhalte weniger von Bedeutung sind.

Normativ wirkmächtig ist zunächst die Idee, dass für alle Schülerinnen und Schüler in der Bundesrepublik die gleichen Bildungschancen gegeben sind. Mit dieser Idee korrespondiert die *konzeptionelle* Vorstellung von flächendeckenden sonderpädagogischen Angeboten. Denn die reibungslose Versetzung von Schülern aus dem Regel- in das Sonderschulsystem setzt voraus, dass Sonderschulen von überall her erreichbar sind. Die Konzeption flächendeckend vorhandener sonderpädagogischer Angebote wird seit fast einem Jahrzehnt zudem durch die KMK-Empfehlung zur Sonderpädagogischen Förderung vom Mai 1994 gestärkt, nach der eine „Höherbewertung der wohnortnahen Schule für das Kind" u.a. dadurch erfolgen soll, „dass Kinder und Jugendliche mit Sonderpädagogischem Förderbedarf unabhängig von Ort und Form der Förderung möglichst gleiche Bildungschancen erhalten" (*Drave* u.a. 2000, 27).

Vor dem Kontext dieser normativen und konzeptionellen Ideen wird Sonderpädagogik ‚ökologisch' bzw. ‚ökosystemisch' aufgefasst: Der Schüler mit Behinderungen, der sich in je besonderen Umwelten befindet, steht im Mittelpunkt aller Bemühungen, die auf die Verbesserung des Verhältnisses zwischen Person und Umwelten abzielen. Dieses Selbstverständnis von Sonderpädagogik ist mittlerweile Konsens in der Fachliteratur und programmatisch anerkannter Standard für die Praxis. Eine ökosystemische Reflexionsfolie ist der Sonderpädagogik mithin nicht mehr abzusprechen – zumindest nicht in ihrer ‚Papierform'.

Die Empirie sagt jedoch noch immer etwas anderes: Sonderschulen konzentrieren sich in ihrer Mehrzahl seit der zweiten Hälfte des zwanzigsten Jahrhunderts in mittleren und großen Städten (sieht man einmal von einem

Teil der Institutionen für Menschen mit geistigen und psychischen Beeinträchtigungen ab, deren Ansiedlung fernab gesellschaftlicher Zentren eine lange Tradition hat). Sonderschulen aller Art finden sich zumeist in Städten, die den Status von Mittel- oder Oberzentren haben, in denen sich also öffentliche Infrastrukturen und Dienstleistungen bündeln. In der Sprache von Raumordnung und Landesplanung handelt es sich bei sonderpädagogischer Förderung daher um ein ‚zentrales Gut' (*Christaller* 1968, 61), um ein hochspezialisiertes Angebot, das aus pragmatischen und wirtschaftlichen Gründen heraus in zentralen Orten zusammengefasst wurde und hier von den Nutzern aufzusuchen ist.

Die Vorteile von Zentralisierung verbleiben daher auf Seiten des zentralisierten Angebotes selbst. Für die Sonderschulen bedeutet dies u.a. kurze Wege für die Lehrer, die Chance der Vernetzung von Sachverstand sowie die optimale Nutzung von Unterrichtsmaterialen und Hilfsmitteln durch ihre Konzentration vor Ort. Die Nachteile haben die Nutzer der zentralen Angebote – in unserem Fall: die Sonderschüler aus ländlichen Regionen – zu tragen. Sie müssen lange Wege ebenso in Kauf nehmen wie die negativen Folgen des alltäglichen Pendelns zwischen Schul- und Wohnort. Zwar ist Schule heute fast immer ein zentrales Gut, denn die Zeiten, in denen jeder Weiler über eine einklassige Dorfschule verfügte, sind längst vorbei. Jedoch stellt sich die Frage nach der Zentralisierung für Sonderschulen in anderer Schärfe als etwa für Grundschulen oder Gymnasien. Da nämlich die Sonderschülerdichte in jeder Region weitaus geringer ist als etwa die Grund- oder Sekundarschülerdichte, sind die durchschnittlichen Einzugsgebiete von Sonderschulen weitaus größer als für alle anderen Schularten. Dies lässt sich am Beispiel des Bundeslandes Mecklenburg-Vorpommern schnell verdeutlichen (vgl. Tab. 1). Sonderschulen sind – das kann aus der Tabelle zweifelsfrei entnommen werden – die am stärksten zentralisierten Schulen; diejenigen Schulen mit den größten Einzugsbereichen überhaupt. Dieser schwerwiegende Sachverhalt wird von einer sich ökosystemisch verstehenden Sonderpädagogik bislang nur marginal berücksichtigt, in den kommenden Jahren jedoch an Brisanz gewinnen. So ist beispielsweise in den neuen Bundesländern ein Teufelskreis in Gang: Sinkende Schülerzahlen haben hier die Schließung von Schulen und damit die weitere Ausdehnung von Einzugsbereichen zur Folge. Insbesondere in Flächenstaaten, in denen schon jetzt mehr als die Hälfte aller Sonderschüler ‚Fahr'- oder auch ‚Internatsschüler' sind, kann über diese Schwierigkeiten nicht länger hinweggesehen werden.

Schulart	Anzahl der Schulen	Durchschnittlicher Einzugsbereich in Quadratkilometern
Grundschule	485	47
Haupt- und Realschulen	353	66
Gymnasium	89	260
Allgemeine Förderschule	50	463
Schule für geistig Behinderte	34	682
Schule für Körperbehinderte	3	7.724
Schule für Erziehungsschwierige	3	7.724
Sprachheilschule	3	7.724
Schule für Schwerhörige	1	23.171
Schule für Gehörlose	1	23.171
Schule f. Blinde/ Sehbehinderte	1	23.171
Schule f. mehrf.beh. Gehörlose	1	23.171

Tab. 1: Durchschnittliche Einzugsbereiche einzelner Schularten in Mecklenburg-Vorpommern im Schuljahr 1998/ 99 (nach Statistisches Landesamt 1999, 25; Handbuch des Statistischen Landesamtes 1999, 40)[1]

Ausgedehnte Einzugsbereiche von Sonderschulen sind jedoch nicht nur ein quantitatives Problem. Sie haben auch gravierende Auswirkungen auf die Lebensqualität der von ihnen betroffenen Schüler. Sich ständig ausdehnende Einzugsgebiete produzieren beispielsweise eine regionale Heterogenität, die im Rahmen ‚normaler Sonderschule' nicht mehr zu bewältigen ist. Dies kann am Beispiel der regionalen Herkunft der Sonderschüler schnell verdeutlicht werden. So wurde im Schuljahr 1998/ 99 im Land Mecklenburg-Vorpommern jede Grundschule durchschnittlich von Schülern aus acht unterschiedlichen Ortsteilen und jede Sekundarschule durchschnittlich von Schülern aus elf Ortsteilen besucht. Sonderschüler befanden sich in einer weitaus weniger komfortablen Situation. So wurde beispielsweise die Primarstufe der Lernbehindertenschule in Bad Doberan im gleichen Schuljahr von Kindern aus bis zu 77 Ortschaften besucht, während die Schüler der Sekundarstufe I an der Lernbehindertenschule in Graal-Müritz aus bis zu 121 Ortsteilen in die Schule kamen!

Wie kann unter diesen Umständen eine ökosystemisch intendierte sonderpädagogische Förderung stattfinden, die eine Verbesserung der Austausch-

---

[1] Anzahl der Schulen nach: Statistischer Bericht B I 1- j/ 98 des Statistischen Landesamtes 1999; Katasterfläche des Landes Mecklenburg-Vorpommern aus: Gemeindedaten, Handbuch des Statistischen Landesamtes 1999.

prozesse zwischen dem Kind und seiner Umwelt im Blick hat? – Der Lehrer, zumal wenn er im Fachlehrersystem arbeitet, wird nicht im einzelnen wissen können, aus welchen Orten und Siedlungen die Schüler, die er zu unterrichten hat, kommen. Vielleicht kennt er viele dieser Ortschaften auch nur dem Namen nach. Oder nicht einmal dies. Ein vertrauensvoller Kontakt zwischen Lehrern und Eltern dürfte hier nicht nur durch die rein geographische, sondern auch durch die soziale Distanz zwischen Schul- und Wohnort erschwert sein. Auf welcher Basis wird der einzelne Lehrer nun seine ökosystemisch intendierten Fördermaßnahmen beginnen? Auf der Basis eines Klischees von Land und Dorf? Auf der Basis einer Vermutung, die besagt, dass Schüler aus den Dörfern generell langsamer lernen und weniger wissen als Schüler, die in der Stadt leben? Oder agiert er auf der Basis des Ignorierens der regionalen Herkunft seiner Schüler? – Im direkten familiären Umfeld des Sonderschülers hingegen, der auf dem Dorf oder in der Kleinstadt lebt, sind der Sonderschullehrer und auch die Sonderschule nicht präsent. Sie sind hier außerländliche Wirklichkeit. Und die Erfahrungen, die der Schüler in seinem wenig urbanen Heimatort alltäglich sammelt, mögen in der städtischen Sonderschule nur begrenzt von Interesse sein.

Diese unterschiedlichen Wissensbestände von Kindern und Lehrern bedürfen dringend einer gegenseitigen Vermittlung, damit sie kommunizierbar und in der Sonderschule ‚ökosystemisch bedeutsam' werden können. Hierzu fehlt es jedoch häufig an Gelegenheit – insbesondere dann, wenn die Sonderschule eine klassische Unterrichtsschule ist, in der für alles, was nicht ‚Stoff' aus dem Rahmenplan ist, keine Zeit bleibt. Hieraus resultiert die Vermutung, dass das ökosystemische Interesse praktischer Sonderpädagogik nicht selten an der Haltestelle des Schulbusses vor der Sonderschule endet, denn erst von hier ab und nur bis hier her haben die Professionellen in den zentralisierten Sonderschulen ihre Schüler aus peripheren ländlichen Regionen im Blick.

Solche Konstellationen können für die betroffenen Sonderschüler Lebensprobleme hervorrufen, die direkt in Zusammenhang mit der Zentralisierung von Sonderschulen zu diskutieren sind. Ein solches Lebensproblem stellt beispielsweise die Vereinzelung von Sonderschülern dar. Zwar lassen sich Daten über die Vereinzelung und damit über die potentielle bzw. reale Vereinsamung von Sonderschülern in ihren Herkunftsorten nicht ohne weiteres gewinnen. Denn Schulstatistiken erfassen häufig nur die Herkunftsgemeinde der Schüler. Diese Angabe ist jedoch zu ungenau. Sieht man einmal von größeren Städten ab, so bestehen Gemeinden in der Regel aus mehreren Ortschaften. Beispielsweise waren in dem hier interessierenden Schuljahr 1998/99 der Gemeinde Bergen auf Rügen insgesamt zwanzig Ortsteile zugeordnet. Dabei handelt es sich in der Mehrzahl nicht um reale Stadtteile, sondern um Dörfer, die sich in der näheren und weiteren Umgebung der Stadt Bergen selbst befinden. Für alle Schüler aus diesem Umkreis vermerkt die Schulstatistik als Herkunftsgemeinde Bergen; zur Erkundung der realen Lebenssituation dieser Schüler taugt diese Angabe daher kaum. Hier ist es jedoch möglich, neben den Herkunftsgemeinden die jeweils maximal mögliche Anzahl von Herkunftsorten (im Sinne von Ortsteilen) zu ermitteln. Auf diese Weise ist wenigstens eine Annäherung an die regionale Heterogenität der Schülerschaft von Sonderschulen möglich.

Die folgende Übersicht (vgl. Tab. 2), die sich wiederum auf das Land Mecklenburg-Vorpommern im Schuljahr 1998/ 99 bezieht, kann zweierlei verdeutlichen: Zum einen zeigt sie, wie wichtig die Unterscheidung nach Herkunftsgemeinden und realen Herkunftsorten ist, um der regionalen Heterogenität der unterschiedlichen Sonderschularten auf die Spur zu kommen. Zum anderen weist sie darauf hin, dass Sonderschüler in ihren Herkunftsorten tatsächlich nur sehr begrenzt Gelegenheit haben, Mitschüler zu treffen und Schulfreundschaften zu Hause fortzuführen.

Eine Verbindung zwischen Schul- und Wohnort durch das Vorhandensein von Mitschülern im Wohnort ist im ländlichen Raum für Schüler der Lernbehindertenschule am wahrscheinlichsten. Dieser Befund leuchtet ein, denn hier handelt es sich um die größte Gruppe von Schülern mit Beeinträchtigungen. Die in der Tabelle gleichfalls positiv überraschenden Daten für die Sonderschulen für Körperbehinderte und Sprachbehinderte müssen relativiert werden. Eine Besonderheit dieser Schulen war es zum Zeitpunkt der Erhebung, dass die Mehrzahl ihrer Schüler in derjenigen Gemeinde lebte, die zugleich Standort der entsprechenden Sonderschule war. Dies sind selbstverständlich die ehemaligen Bezirksstädte Rostock, Schwerin und Neubrandenburg, wo die Sonderschülerdichte höher als auf dem flachen, dünnbesiedelten Land ist. Der zunächst positiv überraschende Befund ist aus der Perspektive von Sonderschülern in ländlichen Regionen daher durchaus anders zu interpretieren: Das Angebot der Schulen für Sprachbehinderte und Körperbehinderte reicht offenbar nicht bis an die Peripherie der Einzugsbereiche, sondern Attraktivität und Wirksamkeit nehmen mit wachsender Entfernung vom Schulstandort ab.

Als Benachteiligung der Sonderschüler in ländlichen Regionen sind neben ihrer Vereinzelung in den Herkunftsorten auch die Besonderheiten ihres Schulweges zu werten: Sonderschüler aus Dörfern und Kleinstädten haben weitaus längere Schulwege zu bewältigen als die nichtbehinderten Altersgleichen, obwohl bei ihnen häufig gerade eine geringe Belastbarkeit, Konzentrations-, Aufmerksamkeits-, Wahrnehmungsprobleme u.ä. die Überweisung in die Sonderschule motiviert haben.

Manche Sonderschüler aus peripheren ländlichen Räumen müssen alltäglich Entfernungen bewältigen, die erwachsene Berufspendler u.U. nicht mehr

	Sonderschule für									
	Lernbehinderte	Geistig Behinderte[a]	Geistig Behinderte[b]	Körperbehinderte	Verhaltensauffällige[c]	Sprachbehinderte[d]	Schwerhörige	Gehörlose	Blinde/ Sehbehinderte	Mehrfach Behinderte
Primarstufe										
Durchschn. Zahl von Sonderschülern pro Herkunftsgemeinde	4,5	2	2,4	2,3	7,2	6,5	1,38	1,2	1,6	
Durchschn. Anzahl von Sonderschü-lern pro max.mögl. Herkunftsort[e]	1,8	1,1	1,1	1,1	1,8	2,6	1	1	1	
Sekundarstufe I										
Durchschn. Zahl von Sonder-schülern pro Herkunftsgemeinde	6,8	2,1	2,2	2,6	3,4		1,5	1,5	1,4	1,5
Durchschn. Anzahl von Sonderschü-lern pro max.mögl. Herkunftsorte	2,5	1,1	1,1	1,2	1		1	1	1	1

Anmerkungen:
a) Geistig Behinderte Primarstufe = Unterstufe; Geistig Behinderte Sekundarstufe = Oberstufe
b) Geistig Behinderte Primarstufe= Oberstufe; Geistig Behinderte Sekundarstufe = Abschlussstufe
c) ohne Sonderklassen an Sonderpädagogischen Förderzentren
d) ohne Klassen an Sonderpädagogischen Förderzentren
e) Der maximal möglichen Anzahl von Herkunftsorten (Ortsteilen) liegt die Annahme zu Grunde, dass mehrere Schüler einer Gemeinde in jeweils anderen Ortsteilen wohnen.

Tab. 2: Durchschnittliche Anzahl von Sonderschülern in den Herkunftsgemeinden bzw. -orten in Mecklenburg-Vorpommern im Schuljahr 1998/99 (eigene Berechnungen auf Basis der Schulstatistik sowie des Gemeindeverzeichnisses mit Stand vom 1.1.99)

für zumutbar halten würden. Mit den längeren Schulwegen, die zugleich meist auch andere Schulwege sind als die der Kinder aus der Nachbarschaft, verbrauchen Sonderschüler aus ländlichen Regionen auch wesentlich mehr Zeit für den Schulweg. Diese Zeit fehlt ihnen nach Schulschluss zu Hause – etwa, um Freunde zu gewinnen und mit ihnen gemeinsamen Interessen nachzugehen. Was *Koch* für Grund- und Sekundarschüler gefordert hat, dürfte daher in besonderem Maße auf Sonderschüler zutreffen: „Die Pflicht zum Schulbesuch muss zugleich das Recht auf einen Schulweg einschließen, der ein kindgerechter Lebensraum ist" (1998, 22).

Dass die Bewältigung langer Schulwege der Sonderschüler zu ihrer Desintegration in den ländlichen Herkunftsorten führen kann, lässt sich nicht ohne weiteres durch die verbreitete alltagstheoretische Annahme relativieren, dass Behinderte und Schwache von je her wegen der sozialen und geographischen Überschaubarkeit auf dem Land besser aufgehoben waren: Räumliche Nähe würde hier Fürsorge und Solidarität von vornherein einschließen. Agrarsoziologische Befunde lassen durchaus differenziertere Aussagen zu (vgl. *Ilien/ Jeggle* 1978; *Brüggemann/ Riehle* 1986; *Gebhardt/ Kamphausen* 1994). Dies demonstriert etwa das soziale Ranking eines schwäbischen Dorfes: Den untersten Platz nehmen hier leicht „depperte Altledige" ein, den sie unter anderem mit den „Schlechtbeleumundeten" und den als „asozial Empfundenen" teilen (*Ilien/ Jeggle* 1978, 47).

Die soziale Anerkennung in wenig urbanen Orten ist noch immer sehr stark davon abhängig, inwiefern sich der Einzelne den vor Ort üblichen Gepflogenheiten und Normen anpasst. Konformität wird hier durch nach wie vor fließende Grenzen zwischen öffentlichem und privatem Leben sowie durch das Phänomen der ‚sozialen Kontrolle' erzeugt. Obwohl soziale Kontrolle in kleinen Ortschaften sehr einflussreich ist, erscheint sie nur „in wenigen Fällen lästig", denn „wer den sozialen Regeln genügt, wird akzeptiert" (*Brüggemann/ Riehle* 1986, 182). Vom dorf- oder kleinstadtöffentlichen Konsens abweichende, individuelle Bedürfnisse und Befindlichkeiten verbleiben daher „semantisch im toten Winkel" (*Ilien/ Jeggle* 1978, 160), oder sie führen, sofern sie öffentlich werden, zu Sanktionierungen: zur Nichtachtung, zur Meidung und zur Ausgrenzung der als ‚anders' empfundenen Personen. Auch Sonderschüler können – wegen ihres Lernverhaltens, ihres Aussehens, ihrer Sprache usw. schnell als ‚andersartig' gelten – besonders dann, wenn für die nichtbehinderten Altersgleichen kaum Gelegenheit besteht, mit ihnen in Kontakt zu kommen. Dass Schüler mit sonderpädagogischem Förderbedarf in Sonderschulen und nicht in den Regelschulen der nächsten Umgebung lernen, bedeutet somit auch eine Einschränkung der nichtbehinderten Altersgleichen. Ihnen bleibt die Auseinandersetzung mit anderen als den eigenen oder als durchschnittlich empfundenen Leistungsvorstellungen und Lebensläufen vorenthalten – und somit auch eine Gelegenheit, Toleranz entwickeln zu können.

Diese Folgen zentraler Sonderbeschulung lassen sich – aus den bereits dargestellten Gründen – von Seiten der ‚klassischen' Sonderschule selbst kaum kompensieren. Aber nicht nur sie, auch verschiedene Modelle sonderpädagogischer Förderzentren sind ‚zentralisiert' gedacht, d.h. die konzeptionellen Überlegungen gehen wiederum von einer Sonderschule aus, die vielfältige Formen entwickelt, um in die umliegende Region zu wirken. Daher kann bislang weniger von einem flächendeckenden Angebot an sonderpädagogischer Förderung, sondern eher von einem flächendeckenden Schülertransportsystem die Rede sein.

Im Sinne einer ökosystemisch orientierten Sonderpädagogik ist m.E. nun ein dringender Perspektivewechsel *weg* von der Ausgangsstruktur der sich verändernden Sonderschule und *hin* zur Lebenssituation von Schülern mit Behinderungen in ländlichen Regionen angezeigt. Dieser Wechsel von *angebots*orientierten hin *nutzer*orientierten Infrastrukturen sonderpädagogischer Förderung könnte beispielsweise bedeuten, dass Sonder- und Integrationspädagogen sich anhand der Schülerstatistiken einen Überblick über die regionale Herkunft ihrer Schülerschaft erarbeiten. Die Auswertung dieser Statistiken kann den dringendsten Handlungsbedarf aufzeigen, indem sie z.B. Aufschluss darüber gibt, aus welchen Ortschaften überdurchschnittlich viele Sonderschüler kommen (hier wäre der Beratungsbedarf für Regelschullehrer hinsichtlich binnendifferenzierten Unterrichts besonders hoch), an welchen Sonderschulen besonders lange Anfahrtswege zu verzeichnen sind (hier wären Integrations- und Beratungsmaßnahmen zuerst an der Peripherie des Einzugsbereiches anzuregen) usw. Eine solche an der Lebenssituation der betroffenen Kinder und Jugendlichen orientierte Planung vermag es, bei den schärfsten regionalen Disparitäten zuerst anzusetzen.

Infrastrukturen sonderpädagogischer Förderung, die als nutzerorientierte Infrastrukturen auch ökologische Qualitäten aufweisen, lassen sich somit nicht allein auf konzeptioneller Ebene entwickeln. Wohl bedarf es grundlegender konzeptioneller Entscheidungen. Diese sind jedoch empirisch zu untersetzen. Sachzwänge wie der dramatische Rückgang der Schülerzahlen in den neuen Bundesländern führen, sofern keine empirisch begründeten Modelle vorliegen, in der Regel auch weiterhin dazu, dass nach dem Prinzip ‚mehr vom gleichen' verfahren wird: Auf sinkende Schülerzahlen wird mit der Schließung von Sonderschulen reagiert, was zur Folge hat, dass sich deren Einzugsbereiche weiter vergrößern und damit eine weitere Verschlechterung der Lebensqualität für Schüler mit Behinderungen in ländlichen Regionen eintritt. Dass neue Konzepte sonderpädagogischer Förderung – gerade für Sonderschüler in ländlichen Regionen – erforderlich sind, liegt auf der Hand. Gerade an dieser Schülergruppe wird jedoch auch der Bedarf an rational abgesicherten Planungsinstrumenten deutlich. Eine dringend erforderliche Neuorientierung der Sonderpädagogik besteht daher in ihrer verstärkten Hinwendung zu Verfahren empirischer Bildungsforschung und Bildungsplanung, wie sie in der Regelschulpädagogik seit Jahrzehnten gebräuchlich sind (vgl. *Tippelt* 2000).

Literatur

Brüggemann, B.; *Riehle*, R.: Das Dorf. Über die Modernisierung einer Idylle. Frankfurt 1986.
Christaller, W.: Die zentralen Orte in Süddeutschland. Eine ökonomisch-geographische Untersuchung über die Gesetzmäßigkeiten der Verbreitung und Entwicklung der Siedlungen mit städtischen Funktionen. Darmstadt ²1968.
Drave, W. u.a. (Hrsg.): Empfehlungen zur sonderpädagogischen Förderung. Allgemeine Grundlagen und Förderschwerpunkte (KMK). Würzburg 2000.
Gebhardt, W.; *Kamphausen*, G.: Zwei Dörfer in Deutschland. Mentalitätsunterschiede nach der Wiedervereinigung. Opladen 1994.
Ilien, A.; *Jeggle*, U.: Leben auf dem Dorf. Zur Sozialgeschichte des Dorfes und zur Sozialpsychologie. Opladen 1978.
Koch, H.: Der Schulweg als sozialräumlicher Erfahrungsraum. In: Schulmanagement 29(1998), 21-31.
Tippelt, R. (Hrsg.): Handbuch der Bildungsforschung. Opladen 2000.

Eva Gaal

Antwortalternativen auf Erwartungen an die Schulen für Lernbehinderte in der Leistungsgesellschaft

Die Verlierer des gesellschaftlichen Systemwandels

In dem vorangegangenen Jahrzehnt haben sich in Ungarn bedeutende Veränderungen vollzogen. Diese Veränderungen haben sowohl neue Bedingungen und als auch neue Konflikte für die Bevölkerung, für die Mehrheit, die Minderheiten und die Regierung, hervorgerufen.

Die Existenz demokratischer Einrichtungen und die Verbreitung der Marktwirtschaft haben im Lande zu einer stärkeren Betonung der Zivilsphäre und des Wirtschaftslebens geführt. Auch in Ungarn wird derjenige zum Ideal erhoben, der eine Karriere aufbauen kann, der zur hohen Leistungen fähig ist, der viel verdient, erfolgreich und gesund ist. Menschen mit hoher Qualifikation und Unternehmungslust, die wussten die Möglichkeiten der Marktwirtschaft schnell und geschickt auszunutzen wurden ganz plötzlich steinreich. Parallel dazu erhöhte sich besonders unter den Unterqualifizierten, den Angelernten und Hilfsarbeitern sehr rasch der Prozentsatz der Arbeitslosen. In einigen Gegenden, in denen früher die sozialistische Großindustrie existierte, stieg die Zahl die Arbeitslosen aufgrund der Auflösung von Großbetrieben besonders hoch. Ein großer Teil der Landwirtschaftsarbeiter verlor seine Einkunftsquelle wegen des radikalen Abbaus der landwirtschaftlichen Produktionsgenossenschaften. Ihr Abbau wurde ebenso zwangsweise durchgeführt wie früher deren Gründung erfolgte.

Die größten Verlierer unter den Zehnmillionen Einwohnern Ungarns sind die Zigeuner, die fünf Prozent der Bevölkerung ausmachen. In ihrer gegenwärtigen Lage bedeuten Diskriminierung und Ethnifizierung ihrer sozialen und rechtlichen Ansprüche gefährliche Tendenzen. Es ist unmöglich, in einem Land für die Minderheit, die Zigeuner, eine andere Sozialpolitik zu betreiben als für die Bevölkerungsmehrheit und ihnen nicht die gleichen Staatsbürgerrechte einzuräumen. Solche Lösungsversuche, die eine Segregation der Zigeuner verstärken, haben eine sehr niedrige Effektivität und Überschaubarkeit zur Folge und führen zu neuen Konflikten – dies hat der Bericht zur Lage der Zigeuner in Ungarn des Jahres 2000 festgestellt.

Veränderungen im Schul- und Unterrichtswesen

Die gesellschaftlichen Veränderungen haben sich natürlich auch sehr stark auf das Schul- und Unterrichtswesen ausgewirkt. Die Welt der Schulen wurde bunter und abwechslungsreicher, es wurden Schulen von Kirchen, Stiftungen und Privatpersonen gegründet und in Betrieb gehalten; viele dieser – und auch der staatlichen – Schulen arbeiten nach alternativen Schulprogrammen. Das Schulgesetz aus dem Jahre 1993 (geändert in den Jahren 1996 und 1999) sicherte den Schulen eine viel größere Selbständigkeit in der Ausgestaltung ihrer pädagogischen Programme und Lehrpläne zu. Über diese Unabhängigkeit der Schulen hinaus schaffte der Nationale Rahmenlehrplan, der im Jahre 1995 Gültigkeit erhielt, gute Bedingungen. Obwohl die derzeitige Regierung die Freiheit der Schulen einschränkt und Schritte in Richtung auf eine Rezentralisierung des Unterrichtswesens unternimmt, strebt eine immer größere Anzahl von Schulen nach Ausgestaltung und Verwirklichung ihrer eigenen Vorstellungen und Angeboten.

In Übereinstimmung mit den auch von Ungarn unterschriebenen internationalen Vereinbarungen (z.B. Die Rechte der Kinder, Das Grundabkommen für die Absicherung der Chancengleichheit für Behinderte) erhalten in den ungarischen Gesetzen die Rechte der Kinder und Eltern auf einen gemeinsamen Schulbesuch und auf die Inanspruchnahme von pädagogischen Dienstleistungen einen immer höheren Stellenwert.

Die innere Welt der meisten Schulen folgt aber noch nicht diesen rechtlichen Veränderungen, vielmehr erleben die Schulen den Leistungszwang in der Gesellschaft als einen immer höher werdenden Druck. Ein besonderer Widerspruch bedeutet für sie, dass sie aufgrund der Verringerung der Zahl von schulpflichtigen Kindern das Interesse hätten, Kinder mit Lern- und Verhaltensproblemen sowie mit Teilleistungsschwächen in ihren eigenen Schulen zu behalten; doch der Leistungszwang aber verstärkt das Segregationsbestreben. Darüber hinaus zeigt auch die gesellschaftliche Umwelt der Schulen keine Solidarität mit den Schwächeren, den Benachteiligten, Behinderten und Zurückgebliebenen. Dadurch kommen Schulen, die sich der Integration von Behinderten oder auch nur der Erziehung von benachteiligten Kindern, die aus einer Minderheitskultur kommen, widmen möchten, in eine schwere Lage.

Die Untersuchung des Ombudsmannes für Minderheiten

Nach den Initiativen des Ombudsmannes für Minderheiten wurde im Jahre 1997 eine Untersuchung zum Thema der Schul- und Unterrichtssituation von Zigeunerkindern durchgeführt, deren Ergebnisse im Jahre 1999 in einem Bericht zusammengefasst und veröffentlicht wurden. Anlass für diese Untersuchung war die Feststellung, dass die Einweisung von Zigeunerkindern in segregierende Schulen und Klassen für Lernbehinderte (in Ungarn gesetzlich noch immer als ‚Schule für Mentalgeschädigte leichten Grades' bezeichnet) in mehreren Ländern in Mittel- und Osteuropas eine bekannte Lösungsmethode für Probleme mit den Zigeunerschülern ist. Nach Schätzungen beträgt die Zahl der Zigeunerkinder in den Schulen für Lernbehinderte mehr als die Hälfte der gesamten Schülerzahl; ihr prozentuales Verhältnis ist in diesen Sonderschulen sechs bis sieben Mal höher als in den Grundschulen. Zigeunerkinder sind also in den Sonderschulen extrem überrepräsentiert. Obwohl die Regelung der Zuweisung in Sonderschulen in den letzteren Jahren mehrmals verschärft wurde, veränderte sich die Lage nicht; die Schulen für Lernbehinderte haben eine Segregationsfunktion für Zigeunerkinder. Die extrem hohe Zahl von Zigeunerkindern in diesen Schulen, die für das Weiterlernen nur beschränkte Möglichkeiten bieten, beweist nicht eine mangelnde intellektuelle Begabung von Zigeunerkindern, sondern sie ist vielmehr Zeichen für Diskriminierung und den pädagogischen Misserfolg der traditionellen Schulen. Die Maßnahmen zum Abbau dieser Dysfunktion müssen sich sowohl auf die Auflösung der diskriminierenden Praxis als auch auf die Weiterentwicklung der Schulen richten.

Die Untersuchung des Ombudsmannes wollte folgende Fragen beantworten:
- hat das Schulsystem ein Recht, die Zigeunerkinder aufgrund irgendeiner Ursache zu segregieren, obwohl allgemein von den Zigeunern die gesellschaftliche Integration erwartet wird?
- werden diese Kinder nicht durch das gegenwärtigen System und die Praxis der Schulen in eine aussichtslose Lage gebracht, indem sie von der Aneignung wichtiger Kenntnisse für ihr späteres erfolgreiches Leben ausgeschlossen sind?

- Müssen sich die Kinder den Erwartungen und Gewohnheiten der Schulen anpassen, oder müssen nicht vielmehr Kindergärten oder Schule die Interessen und Bedingungen ihrer Klienten berücksichtigen?

Die Anzahl von Schülern in sonderpädagogischen Einrichtungen beträgt drei Prozent der gesamten Schülerzahl; dies entspricht nach dem Bericht den internationalen Daten. Die Minderheit von den über 40.000 Schülern, die eine sonderpädagogische Einrichtungen besuchen, lernt in selbständigen Sonderschuleinrichtungen; die Mehrheit besucht Sonderklassen der Grundschulen. Dies betrifft vor allem die lernbehinderten Schüler, für die Schüler mit anderen Behinderungsarten sind meist sonderpädagogische Schulsysteme auf einem hohen Niveau eingerichtet.

Die Zahl der Sonderschüler hat sich in den letzten zehn Jahren erhöht; die Zahl der Heilpädagogen ist aber noch deutlicher gestiegen. Vor zehn Jahren wurden von einem Heilpädagogen 8,3 Schüler unterrichtet, heute sind es 6,6. Der Prozentsatz von heilpädagogischen Fachleuten wurde aber in den Sonderklassen für Lernbehinderte, die in den Grundschulen bestehen ungünstiger, er sank von 71% in den 80-er Jahren auf 61,2% im Jahre 1997. Nehmen wir an, das die in die Sonderschulen eingewiesenen Kinder spezielle sonderpädagogische Hilfe beanspruchen, dann kann man nicht verstehen, dass nur kaum mehr als die Hälfte von ihnen durch Heilpädagogen unterrichtet wird.

Der Bericht des Ombudsmannes beschäftigt sich ausdrücklich mit der Zahl von Zigeunerkindern in den Schulen für Lernbehinderte. Die letzte amtliche Statistik wurde im Schuljahr 1992/ 93 veröffentlicht, seitdem kann man die Zahl der Zigeunerkinder nur schätzen. Im Schuljahr 1974/ 75 waren 26,1% der lernbehinderten Sonderschüler Zigeunerkinder, im Schuljahr 1981/ 82 waren es 36,6% und im Schuljahr 1992/ 93 waren es 42,6%. Das Verhältnis ist in den Komitaten sehr unterschiedlich; nach einer im Jahre 1998 durchgeführten Untersuchung betrug in einem nördlichen Komitat der Prozentsatz von Zigeunerkindern an einer Schule für Lernbehinderte 94%.

Trotz der internationalen Vereinbarungen, nach denen die ethnische Diskriminierung gesetzlich verboten ist, veränderte sich die Lage in Ungarn nicht. Der Bericht des Ombudsmannes hat festgestellt, dass die Ungesetzlichkeiten nicht sanktioniert werden.

Der Praxis der Sonderschuleinweisung wird vom Ombudsmann aus mehreren Aspekten kritisiert:
- Die Zigeunerkinder werden von den Pädagogen automatisch als "gefährdet" etikettiert;
- Die Anträge zu den Einweisungsuntersuchungen werden von den Pädagogen sehr oberflächlich ausgefüllt; selbst die Formulare sind weder zur differenzierten Charakterisierung des Kindes, noch zur Konkretisierung der

Probleme, noch zur Beschreibung von eventuellen Maßnamen im Interesse eines gemeinsamen Schulunterrichtes geeignet;
- Für die Kinder, die nach der Meinung der Schule einer Sonderschule zugewiesen werden sollten, empfiehlt die Gutachterkommission - besonders wenn es sich um ein Zigeunerkind handelt - kaum integrative Erziehung;
- Die Intelligenztests, die bei der Einweisung eines Kindes in eine Sonderschule eine bestimmende Rolle spielen, sind zu einer objektiven Beurteilung der Intelligenz von Kindern, die aus einer Minderheitskultur kommen, ungeeignet. So wird mit der Hilfe der Intelligenztesten vielmehr eine latente Diskriminierung realisiert. Obwohl die gleichen Tests von allen untersuchten Kindern bearbeitet werden, zeigt sich, dass fast nur die Zigeunerkinder segregiert werden;
- Eine einzige Untersuchung zur Feststellung der Förderungsfähigkeit eines Kindes und zur Entscheidung über sein Schicksal ist völlig ungenügend.

Schulische Antwortalternativen

Nach dem oben Gesagten können wir die erste schulische Antwortalternative formulieren:
Die Entfernung von Zigeunerkindern aus den allgemeinen Schulen, weil sie als leistungsschwach, behindert oder problematisch gelten und sich im traditionellen Schulalltag nur schwer anpassen bedeutet für die Zigeunerkinder eine Segregation, in deren Folge sie als Behinderte etikettiert werden und ihr gesellschaftliches Durchkommen beschränkt wird. Die Mehrheit der ungarischen Schulen hält diesen Lösungsversuch für eine Reaktion der besorgten Pädagogen, die an dem Leistungszwang leiden; aus der Gesichtspunkt der betroffenen Kinder ist dies aber natürlich keine Lösung.

Neben dieser schul- und leistungszentrierten Alternative wurden aber in den letzteren Jahren auch kindzentrierte Antwortalternativen entwickelt. Im folgenden möchte ich einen kurzen Überblick über die am häufigsten verbreiteten schulischen Antwortvariationen geben.

Zu den ersten Umgestaltungsversuchen der Schule gehörte die Adaptation des sogenannten Wert- und Fähigkeitsfördernden Pädagogischen Programms an den Schulen für Lernbehinderte.

Der Leiter der Adaptation hat die Grundwerte des Programms in den folgenden Punkten zusammengefasst:

- Die Pädagogik ist praxisnah; sie wird statt der spekulativen Pädagogik und des kognitiven Lehrplans durch eine handlungsorientierte Fähigkeitsförderung verwirklicht;
- In dem pädagogischen Programm spielt die Förderung der Wahrnehmung, Grob- und Feinmotorik, und die sprachlichen-kommunikativen Fähigkeiten eine besondere Rolle. (Die Förderung der sprachlichen-kommunikativen Fähigkeiten ist für die Zigeunerkinder besonders wichtig, da sie meistens einen beschränkten verbalen Code benützen);
- Das Programm verzichtet nicht auf die kognitive Förderung der Kinder, vielmehr findet sie, im Gegensatz zur traditionellen heilpädagogischen Praxis, auf eine indirekte Weise statt, indem sie in einem Zusammenhang von Handlungen, Gewohnheiten und Kenntnissen erfolgt;
- Im Programm werden die Fähigkeitsstrukturen der Schüler durch eine gemeinsame Anwendung von status- und prozessdiagnostischen Methoden aufgedeckt, wodurch Förderprogramme für die einzelnen Schüler und Kleingruppen korrekt geplant werden können;
- Obligatorisch ist im Programm eine differenzierte Organisation des Lernens, die Umsetzung von individuellen Förderungsprogrammen in den alltäglichen Handlungsvollzug der Kinder;
- Die fördernden Tätigkeiten, die Lernfächer und die Lernstoffe werden im Dienste des Lebensinteresses der Kinder nach teleologischen und pragmatischen Überlegungen ausgewählt;
- Der Schulbeginn, die Stundenzahl, der Zeitraum der verschiedenen Tätigkeiten sowie die Zahl der Kinder und Pädagogen in den verschiedenen Handlungsformen ist jeweils im Interesse einer optimalen Effektivität der Förderung flexibel variierbar;
- Das Programm ist sowohl aufgrund seiner Differenzierung, als auch seiner Akzeptanz der unterschiedlichen kulturellen Werte als auch der intensiven sprachlichen – kommunikativen Förderung, seiner fähigkeitszentrierten Entwicklungsförderung sowie seines Angebotes von vielen Bewegungsmöglichkeiten in der Lage, Kinder, die aus verschiedenartigen Bevölkerungsschichten, -gruppen und Kulturen kommen und unterschiedliche Kenntnisse, Gewohnheiten, Fähigkeiten und Sozialisierungsniveaus aufweisen, gleichermaßen zu fördern.

Eine andere, auch auf der Grundlage eines Grundschulexperimentes begründete selbständige pädagogische Konzeption wurde in der Stadt Bekescsaba, in der ungarischen Tiefebene Süd-Ost-Ungarns, erarbeitet. Vergleichbar zu früheren Ansätzen wurde hier die Förderung von Fähigkeiten statt der Vermittlung von Lernstoffen in den Mittelpunkt des Schulkonzeptes gestellt.

Das Lehrerkollegium beabsichtigte, die Schule in den Dienst der Vorbereitung auf die selbständige Lebensführung zu stellen. Dies setzt das Erkennen der individuellen, gemeinschaftlichen und gesellschaftlichen Bedürfnisse voraus, und macht die Wahrnehmung und Vertretung der eigenen Interessen notwendig, um hierdurch die gesellschaftliche Handlungsfähigkeit der Schüler zu erreichen. Gesellschaftliche Handlungsfähigkeit wird als erfolgreiches Zusammenspiel von Eignung, verschiedene Tätigkeiten auszuüben, notwendigen Kenntnissen und Faktoren des Willens verstanden.

Da es sich in dem Programm um lernbehinderte Schüler handelt, werden vom Lehrerkollegium folgende Förderaspekte betont:
- Entwicklung von Fähigkeiten im Hinblick auf die zukünftige selbständige Arbeit;
- Aufbau der Fähigkeiten zur Kontaktaufnahme und -aufrechterhaltung;
- Erzielung eines entsprechenden Sozialisierungsniveaus;
- Vermittlung von Kenntnissen über die gesellschaftlichen Dienstleistungen und Schulung der Fähigkeiten, diese in Anspruch zu nehmen.

Die Aufgabe der Schule ist die modellhafte Abbildung des reproduzierten gesellschaftlichen Praxis. Die Tätigkeiten der Kinder lassen sich in vier Hauptbereiche gliedern:
- Lehren und Lernen – dieser Bereich zielt in erster Linie auf die Förderung der Lernfähigkeiten und auf die Anwendung des Gelernten;
- Produzieren und Wirtschaften – in diesem Bereich soll Schule als Modell der Gesellschaft für die wirtschaftliche Praxis Fähigkeiten entwickeln und für das verantwortliche Wirtschaften mit den Werten Sorge tragen;
- Tätigkeiten im öffentlichen Leben – durch Einbeziehung der Schülervertretung und des Schülerrates sollen Wahrnehmung der Bedürfnisse und wirksame Vertretung der individuellen und gemeinschaftlichen Interessen geschult werden. Die Teilnahme von Schülern an Planung, Organisation, Durchführung und Leitung fördert ihre Beziehung zu den gemeinschaftlichen und gesellschaftlichen Normen;
- Freizeittätigkeiten – im Leben der ganztägigen Schule ist die Freizeit strukturiert. Sie ist strukturiert, weil sie von den Pädagogen zu einem bestimmten Ziel organisiert wird, und sie ist frei, weil sie von den zwanghaften, vorgeschriebenen Tätigkeiten befreit ist. Für die Schüler werden Freizeitangebote zusammengestellt, die sich an ihren körperlichen-motorischen und seelischen Bedürfnissen orientieren oder zur Vertiefung und Erweiterung des Gelernten beitragen.

Bezüglich der Kinder wird eine möglichst genaue und gründliche Wahrnehmung des Kindes sowie eine individuelle und differenzierte Förderung angestrebt, die sich an der Entwicklungsdynamik des Kindes orientiert, seine in-

dividuellen Interessen akzeptiert und die Prognose für den Lebenslauf berücksichtigt. Bezüglich der pädagogischen Arbeit werden neue Elemente betont: Die Bedeutung einer diagnosegeleiteten Förderung, die Fähigkeiten zur Organisation der Arbeit, die Kooperation mit anderen Fachleuten und den Eltern, sowie die Befriedigung des Sicherheitsbedürfnisses des Kindes.
Bezüglich der Wertausrichtung des Programms können Vielfalt und Abwechslungsreichtum der Handlungsorganisationen, lebenspraktische und lebensnahe Handlungsformen sowie die durchgedachte und gründlich geplante Vorbereitung auf das Leben nach der Beendigung der Schule gezählt werden. Das Modell von Bekescsaba wird vom Ministerium für Schul- und Unterrichtswesen als fakultatives Programm empfohlen und findet im Land viele Anhänger.

Die Zahl der Programme, die für die Schulen zur Auswahl stehen, hat in den 90-er Jahren weiter zugenommen. In *Marcali* (eine Kleinstadt in Süd-West-Ungarn) wurde in der Sonderschule für Lernbehinderte ein *Club-System für Freizeitprogramme* eingerichtet. Man hoffte, dass die Zigeunerkinder hierdurch eine stärkere Bindung an die Schule und eine höhere Motivation zum Schulbesuch entwickeln würden. Zunächst bedeutete dies nur ein Angebot von Nachmittagsprogrammen, doch dehnte es sich bald zu einem ganztägigen Schulprogramm aus. Heute ist das grundsätzliche Ziel dieser Schule, in Zusammenarbeit mit anderen kleinen Siedlungen der Umgebung eine wirksame Hilfe zur erfolgreichen schulischen Integration und zum Weiterlernen der Schüler zu leisten, dies sogar unter der Gefahr, die eigene Existenz als selbständige Sonderschule für Lernbehinderte zu verlieren. Zur erfolgreichen individuellen Förderung wurde vom Lehrerkollegium ein gründliches und ausführliches pädagogisches Diagnoseinstrument erarbeitet, mit die Kinder besser untersucht und wahrgenommen werden können.

Das Angebot von Freizeitbeschäftigungen wird unter Berücksichtigung der Interessen und der Bedürfnisse der Kinder für ein halbes Schuljahr geplant. Unter den Freizeitmöglichkeiten spielt auch die moderne Technik (Medienpädagogik) eine zentrale Rolle. Der Unterricht wird durch fähigkeitsfördernde Programme differenziert organisiert. Die pädagogische Arbeit in der Schule wird von den Schülern regelmäßig bewertet; es besteht für sie sogar Möglichkeit, das pädagogische Programm der Schule, das in einer auch für die Schüler verstehbaren Form formuliert wurde, zu beurteilen.

Über die pädagogische Beschäftigung mit den Kindern hinaus legt die Schule einen großen Wert auf die Arbeit mit den Eltern. Für die Eltern werden gemeinsame Veranstaltungen durchgeführt; es werden ihren Interessen entsprechende Kurse angeboten und Informationshefte herausgegeben. Die Schule hat eine Telefonleitung eingerichtet, auf der die Eltern die Schule zu jeder Zeit kostenlos anrufen können.

Zur Unterstützung der Integration wurde ein Netz von Stützlehrern aufgebaut, durch das die regelmäßige Verbindung zu den integrativen Schulen der Region gehalten werden soll. Eine besondere Initiative dieser Schule ist die sogenannte ‚reisende Schule', die mit der Hilfe eines speziell eingerichteten Autobusses Förder- und Freizeitprogramme zu den Kinder und zu den Pädagogen ins Haus bringt.

Die Mitglieder des Lehrkörpers entwickeln die Schule systematisch weiter und bilden sich durchgedacht fort. Sie haben eine gut ausgebautes innerschulisches Fort- und Weiterbildungssystem. Im Entwicklungsplan der Schule steht der Ausbau eines sogenannten ‚Schulkindergartens', die Förderung von hochbegabten Schülern, die Hilfe zur Berufswahl sowie die individuelle Vorbereitung der Schüler auf Aufnahmeprüfungen zum Weiterlernen. Zusammen mit dem Schulträger, d.h. die Gemeindeverwaltung, wurde eine Vereinbarung zur Zusammenarbeit unterschrieben, die Hilfen für der Erstellung einer Schuldokumentation beinhaltet und administrativen Prozesse im Hinblick auf die Einschulung der Kinder ausarbeitet.

Auch das Programm dieser Schule wurde vom Ministerium für Schul- und Unterrichtswesen als fakultatives Programm für andere Schulen im vorangegangenen Monat anerkannt und empfohlen.

Im folgenden möchte ich noch eine Einrichtung ganz kurz vorstellen. Während die bisher vorgestellten alternativen pädagogischen Konzeptionen aus Schulen für Lernbehinderte kamen, stammt die folgende Konzeption aus einer Heimsonderschule, die in der ärmsten, östlichen Region Ungarns liegt. Diese Einrichtung, die für Zigeunerkinder eingerichtet wurde, wird ‚*Haus der Liebe*' genannt. Der Begründer dieser Einrichtung ist selbst ein Zigeuner, der in einem Heim, ohne Eltern und ohne ein Zuhause aufgewachsen ist. Er wurde zuerst Klassenlehrer in einer Förderklasse der Grundschule von Nyirtelek (eine Siedlung in Ostungarn), weil die Zigeunerkinder, die diese Klasse früher besucht hatten, ohne Ausnahme nicht versetzt worden sind.

Nach eine kurzen Orientierung erkannte er, dass die Mehrheit der Kinder dieser Klasse von den Einzelhöfen der Umgebung stammte, die sich wegen der schlechten Autobusverbindung regelmäßig in der Schule verspäteten und diese auch wieder früher verlassen mussten. Die Schule selbst besaß weder für die Kinder noch für die Eltern in irgendeiner Weise eine Attraktivität. Die Schule ihrerseits hatte sich aber beschwert, dass die Kinder nicht lernten und schmutzig und ungepflegt zur Schule kamen.

Der neue Lehrer war der erste, der diesem Problem nachgegangen ist und sich informiert hat, unter welchen Bedingungen diese Kinder leben.

In den ersten paar Wochen seines Unterrichts ging der Lehrer mit seinen Zigeunerkindern in die Natur, wo sich gezeigt hat, dass die Zigeunerkinder sehr viele Kenntnisse über Pflanzen und Tiere hatten. Von den bekannten

Pflanzen und Früchten haben sie Sammlungen zusammengestellt und dabei auch viele neue Kenntnisse erworben. Am Ende des ersten Monats haben einige Kinder von sich aus gefragt, wann sie denn endlich ‚ordentlich', wie es gehört, in der Schule aus Büchern lernen. Daraufhin hat der Klassenlehrer gemeinsam mit seinen Schülern das Klassenzimmer eingerichtet und dabei die Vorstellungen der Kinder berücksichtigt.

Nach der Meinung des Lehrers, musste er ganz einfach auf einen günstigen Moment warten, in dem die Motivation der Kinder den Unterricht ermöglicht. Darüber hinaus musste er das Vertrauen der Schüler gewinnen. Dies war eine schwere Aufgabe, da die Schüler sich schon mehrmals von Lehrer enttäuscht fühlten. Zusätzlich musste er die Schüler, ihre Grundfähigkeiten, ihre erworbenen Kenntnisse und Fähigkeiten sowie ihr persönliches Interesse kennenlernen.

Dieser Lehrer hat die Grundideen seiner schulischen Erziehung im Folgenden zusammengefasst:
- formulieren gemeinsamer Regeln;
- wahrnehmen von Fähigkeiten und Kompetenzen der Kinder; Verstärkung der Gruppenarbeit;
- regelmäßige Kontakte zu den Eltern.

Gemeinsam mit den Eltern hat der Lehrer im weiteren Verlauf seiner Arbeit beschlossen, im Interesse einer Verbesserung der Lebensbedingungen der Kinder ein Wocheninternat zu gründen.

Trotz der gemeinsamen Entscheidung hatten einige Eltern Angst, dass sie ihre Kinder ‚verlieren' könnte. Den Kindern aber hatte die Idee eines offenen, sauberen, schönen ‚Hauses der Liebe', das den Kontakt zu den Eltern unter der Woche auch weiterhin ermöglichte, immer mehr gefallen.

Die Gründung des Internates konnte durch die finanzielle Unterstützung aus verschieden Quellen, wie der Selbstverwaltung und des Ministerium für Schul und Unterrichtswesen sowie durch die Teilnahme an Ausschreibungen und Wettbewerben verwirklicht werden. Nach den Unsicherheiten und Ängsten der ersten Tage haben die Kinder sehr schnell das Haus erobert. Bald stellten sowohl die Pädagogen als auch die Eltern fest, dass die Schüler ruhiger, ausgeglichener und stiller wurden; sie kümmerten sich mehr um einander und sprachen zunehmend auch mit ihren ungarischen Mitschülern.

Zu den Leitgedanken des ‚Hauses der Liebe' gehören:
- Erziehung und schulische Bildung im Internat erfolgen auf der Grundlage der Werte, die die Schüler in der Sozialisation ihrer Familie erfahren haben;
- Die individuelle und gemeinschaftliche Identität wird durch die Wahrnehmung der eigenen kulturellen Werte als Zigeuner entwickelt;

- Mit Hilfe der guten Verbindung zu den Eltern wirkt sich der pädagogische Prozess auch positiv auf die Familien der Kinder aus.
- Die ganze Erziehung wird von den Werten des ‚Hauses der Liebe' bestimmt.

Das Programm des ‚Hauses der Liebe' ist heute auch in den Nachbarländern Ungarns bekannt. Unter anderen wird in Rumänien geplant, Einrichtungen nach diesem Vorbild zu gründen.

In Ungarn wurde ein Konsultationsprojekt eingerichtet, durch das sich Lehrerkollegien auf die Übernahme des Programms von dem ‚Haus der Liebe' vorbereiten können. Die Regierung hat das pädagogische Konzept des ‚Hauses der Liebe' in das Erziehungs- und Entwicklungsprogramm zur Schulung (Erziehung und Bildung) von Zigeuner übergenommen.

Die obigen kurz vorgestellten Programme sind aus sehr unterschiedlichen Gründen, mit unterschiedlichen Inhalten und unterschiedlichen Rahmenbedingungen entstanden. Alle diese pädagogischen Konzeptionen verbindet aber ihre Kindorientiertheit, die Berücksichtigung der lokalen Bedürfnisse, die Betonung der Handlungsorientiertheit und der Förderung von Fähigkeiten statt einer Wissensvermittlung, die Lebensnähe sowie der intensive Kontakt zu den Eltern. Diese Prinzipien können die erfolgreichere integrative Förderung von lernbehinderten Schüler – unter ihnen die Zigeunerkinder – und die Umgestaltung der traditionellen Welt von Schulen ermöglichen.

Literatur

Duray, É.: Egyéni fejlesztésre alapozott tanterv enyhe értelmi fogyatékosok számára (Lehrplan der Schulen für Lernbehinderte aufgrund der individuellen Förderung) www. oki.hu/ tanterv.

Kaltenbach, J.: A kisebbségi ombudsman jelentése a kisebbségek oktatásának átfogó vizsgálatáról (Bericht des Ombudsmans für Minderheiten über den Unterricht der Minderheiten) Budapest 1998.

Lázár, P.: A ‚Kedves ház' pedagógiája I. (Die Pädagogik des ‚Hauses der Liebe'). In: Új Pedagógiai Szemle. 48(1998)5, 71-83.

Lázár, P.: A ‚Kedves ház' pedagógiája II. (Die Pädagogik des ‚Hauses der Liebe'). In: Új Pedagógiai Szemle. 49(1999)10, 77-84.

Nagy, Gy.: Egy iskolakísérlet koncepciójáról (Über das Konzept eines Schulexperimentes) In: Gyógypedagógia, 33(1989)5, 135-140.

Orosz, L.; Tamasián, J.: Hétszínes program (‚Siebenfarbiges' Programm) Marcali 1999.

Zsolnai, József: Az értékközvetítő és képességfejlesztő pedagógia. (Das Wert- und Fehigkeitsfördernde Pädagogische Programm) Budapest 1995.

1993. évi LXXIX. törvény a közoktatásról – 1999-es módosítás (Schulgesetz von 1993 – korrigiert 1999) OM, Budapest 1999.

SCHULE UND UNTERRICHT IN DER MODERNE

Heike Schnoor

Qualitätszirkel an einer Schule für Erziehungshilfe Ergebnisse einer Pilotstudie

Wenn man sich die aktuellen Entwicklungen der Sonderpädagogik in der modernen Leistungsgesellschaft anschaut, stößt man auf den wachsenden Druck der Disziplin zum Nachweis der Qualität ihrer Dienstleistungen. Mit dieser Forderung sehen sich auch Sonderschulen zunehmend konfrontiert. Insofern besteht die Notwendigkeit, nach Möglichkeiten der Qualitätsförderung zu suchen, die mit den Besonderheiten dieser Institution und mit den Interessen der Betroffenen in Einklang zu bringen sind.

Aus der Erkenntnis heraus, dass Schule als System sich linear-kausalen Interventionsversuchen widersetzt, werden Qualitätsförderungsmaßnahmen dezentrale Strategien verfolgen müssen. Deshalb setzt sich zunehmend die Meinung durch, dass internen Qualitätsförderungsprozessen inklusive internen Evaluationsstrategien der Vorzug vor externen Qualitätskontrollverfahren zu geben ist. Bei internen Qualitätsförderungsmaßnahmen geht es um die eigenverantwortliche Auseinandersetzung mit der eigenen Arbeit. Ein bewährter Ansatz zur internen Qualitätsförderung sind Qualitätszirkel. Sie haben sich als interkollegiale Problemlösegruppen in vielen Bereichen bewährt und werden z.B. in der medizinischen Versorgung, in Dienstleistungsbereichen oder in der Jugendhilfe seit vielen Jahren erfolgreich eingesetzt. Obwohl Qualitätszirkel in angelsächsischen Ländern auch an Schulen praktiziert werden, sind sie an deutschen Schulen weitgehend unbekannt geblieben. Inzwischen gibt es jedoch die ersten Versuche, Qualitätszirkel in Sonderschulen zu etablieren.

In Deutschland ist der Prozess der Qualitätsförderung über die Schulprogrammentwicklung in den Schulen angestoßen worden. Qualitätszirkel sind ein erfolgversprechender Ansatz um die vielen konkreten Teilprojekte, die sich aus einem Schulprogramm ergeben, zu realisieren. Das Schulprogramm wird dann einen orientierenden inhaltlichen Rahmen für die Ausrichtung der Qualitätszirkel darstellen. Dies betrifft die Wahl der Themen für die Qualitätszirkelarbeit ebenso wie die pädagogische Ausrichtung bei der Entwicklung der Lösungsstrategien. Insofern können Qualitätszirkel als ein ergänzendes Konzept zur Schulprogrammarbeit verstanden werden.

1 Was sind Qualitätszirkel?

In Qualitätszirkeln schließen sich auf freiwilliger Basis Personen zusammen, die gemeinsam und kontinuierlich an der Lösung beruflicher Probleme arbeiten wollen. Diese Intervisionsgruppen werden von einem Moderator geleitet und arbeiten nach einem festen Konzept (vgl. *Bahrs* u.a. 2001).
Die Gruppengröße sollte fünf bis zehn Personen betragen, weil sich gezeigt hat, das diese Größe die effektivsten Arbeitsmöglichkeiten bietet. Als Dauer für die einzelnen Qualitätszirkeltreffen hat sich ein Zeitrahmen von neunzig Minuten bis drei Stunden bewährt. Die Zusammensetzung des Qualitätszirkels ist abhängig von dem zu bearbeitenden Thema, denn jeder Teilnehmer des Zirkels sollte von dem zu bearbeitenden Praxisproblem betroffen sein. Qualitätszirkel können, wenn es das Thema erfordert, auch institutionsübergreifend und multiprofessionell zusammengesetzt sein. Alle Teilnehmer sind gleichberechtigte Mitglieder. Formale Hierarchiestrukturen werden im Qualitätszirkel bewusst abgebaut, um symmetrische Kommunikationsformen und gleichberechtigte, partnerschaftliche Arbeitsformen zu gewährleisten.
Die Mitglieder eines Qualitätszirkels werden als Experten ihrer eigenen Praxis betrachtet. Der Moderator ist einer unter Gleichen, auch wenn er die wichtige Funktion innehat, das Funktionieren der Gruppenarbeit sicherzustellen. Außerdem soll er geschult sein in dem Konzept der Zirkelarbeit und in der Anwendung von Methoden der Selbstevaluation.

Der regelgeleitete Ablauf des Qualitätszirkels durchläuft immer sechs Schritte, die systematisch aufeinander aufbauen (vgl. Abb. 1):
1. Zunächst sucht sich eine Gruppe ein Thema, welches alle Mitglieder interessiert. Das Thema sollte von zentraler Relevanz für alle im Qualitätszirkel engagierten Kollegen sein. Es sollte sich um häufiges, klar abgrenzbares und gut beeinflussbares Thema handeln. Das Konzept der Qualitätszirkel lässt inhaltlich eine breite Themenvielfalt zu. Es können grundsätzlich alle Themen aus den Bereichen Lehre und Lernen, Lebensraum Klasse und Schule sowie Schulpartnerschaft und Außenbeziehungen bearbeitet werden. Qualitätszirkel können, je nach Wahl des Themas, entweder Fortbildungs-, Supervisions- oder Forschungsaspekte in den Vordergrund stellen.

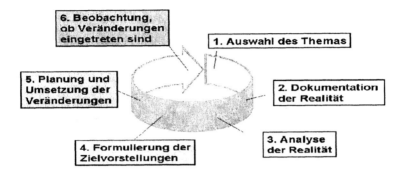

Abb. 1: Arbeitsprozess eines Qualitätszirkels

2. Die Arbeit in einem Qualitätszirkel erfolgt immer mit Bezug auf die konkrete Alltagspraxis. Nach der Themenwahl erfolgt im zweiten Schritt die Dokumentation des Ist-Zustandes bezogen auf das zu bearbeitende Problem. Hiermit beginnt der Prozess der Selbstevaluation, der Bestandteil jedes Qualitätszirkels ist.
3. Im dritten Schritt analysiert man auf der Basis der erstellten Dokumentation die konkrete Alltagspraxis, in der das Problem auftaucht. Die Teilnehmer des Qualitätszirkels suchen gemeinsam nach den Ursachen konkreter Alltagsprobleme und nach den Möglichkeiten zu ihrer Lösung. Hat man die vielfältigen Ursachen des Problems analysiert, gewichtet man die Ursachen hinsichtlich ihrer Relevanz und Beeinflussbarkeit.
4. Vor diesem Hintergrund können dann im vierten Schritt Ziele formuliert werden, die erreicht werden sollen. Diese sollten möglichst klar operationalisiert werden, denn nur so wird überprüfbar, ob sie am Ende des Qualitätskreislaufs auch erreicht worden sind.
5. Danach geht es an die Planung und konkrete Umsetzung der gewünschten Veränderungen. Hier eröffnet die Gruppensituation im Qualitätszirkel eine Vielzahl von Möglichkeiten, denn es arbeiten Kollegen zusammen, die als 'Experten ihrer Praxis' über einen großen Erfahrungs- und Ideenschatz für die Lösung des Praxisproblems verfügen. Sie können auch die Realisierbarkeit von Lösungsvorschlägen gut einschätzen. Die beschlossenen Maßnahmen werden im Qualitätszirkel geplant und in die Schulpraxis umgesetzt.

6. Im sechsten Schritt untersucht man, ob die selbst gesteckten Ziele eingetreten sind und es zu einer Reduzierung oder gar Beseitigung des Problems gekommen ist. Ist letzteres der Fall, dann wird die Arbeit in dem Qualitätszirkel abgeschlossen. Offenbart die Dokumentation der eingetretenen Veränderungen kein befriedigendes Ergebnis, würde man wieder in die zweite Phase einsteigen und den Qualitätskreislauf erneut durchlaufen.

2 Untersuchung der Akzeptanz von Qualitätszirkeln bei Lehrern

Die Etablierung von Qualitätszirkeln ist nur sinnvoll, wenn solche interkollegialen Problemlösegruppen hinsichtlich ihrer Wirksamkeit und Angemessenheit in Schulen untersucht worden sind. Ich habe deshalb in einer Pilotstudie untersucht, (a) auf welche Akzeptanz solche Zirkel bei Lehrern stoßen und (b) wie sich der Arbeitsprozess des Qualitätszirkels über einen Zeitraum von zwei Jahren gestaltet. An dieser Stelle beschränke ich mich auf die zusammenfassende Darstellung der ersten Ergebnisse bezüglich der Einstellungen der Lehrer zu den Qualitätszirkeln.[1] Dabei vergleiche ich die Einstellungen vor der Aufnahme der Qualitätszirkelarbeit mit denen nach knapp einem Jahr Erfahrung mit diesen Gruppen.

Doch zunächst soll kurz die Untersuchungsmethode beschrieben werden: Bei diesem Schulbegleitforschungsprojekt handelt es sich um einen Ansatz der Entwicklungsforschung, denn die Entwicklung, Verbesserung und Überprüfung des Qualitätszirkelansatzes in der schulischen Praxis ist Gegenstand der Untersuchung. Die derzeit lückenhafte Datenlage erfordert eine qualitative Analyse. Um die Akzeptanz des Qualitätszirkels über einen längeren Zeitraum begleiten und reflektieren zu können, wird das Forschungsdesign einer Längsschnittuntersuchung gewählt. Durch problemzentrierte Interviews wird die Sicht der Handelnden auf die Zirkelarbeit nachgezeichnet. Die mündliche Befragung erfolgt nach einem Interviewleitfaden und besteht aus offenen Fragen. Das Verfahren des problemzentrierten Interviews ist für die hier verfolgte Fragestellung gut geeignet, weil die Erkenntnisse aus der wissenschaftlichen Beschäftigung mit dem Thema über die Formulierung der Leitfragen Eingang in die Befragung finden können. Außerdem thematisieren die Befragten unterschiedliche Aspekte und Perspektiven im Zusammenhang mit

---

[1] Die ausführliche Darstellung der Ergebnisse wird in kürze veröffentlicht.

dem Qualitätszirkel in ihren freien Antworten. Die Auswertung der Interviews wurde von einem dreiköpfigen Forscherteam vorgenommen.[2] Dazu wurden die Tonbandmitschnitte der Interviews verschriftlicht. Diese Transkripte bildeten die Grundlage für die Auswertung. Die Kodierung der Interviews am Material und die Konkretisierung der Kategorien an Ankerbeispielen gewährleisteten die Authentizität der Ergebnisse der qualitativen Befragung.

Das auf zwei Jahre hin angelegte Schulbegleitforschungsprojekt wurde an einer Schule für Erziehungshilfe durchgeführt. Diese Schule hatte erstmals Qualitätszirkel eingerichtet. Zum Zeitpunkt der ersten Befragung bestand das Kollegium aus vierzehn Lehrern und pädagogischen Mitarbeitern. Ein Jahr später arbeiteten 15 Lehrer bzw. pädagogische Mitarbeiter an der Schule. Das gesamte Kollegium der Schule, inklusive des Schulleiters und des Moderators des Zirkels, hat an der Befragung teilgenommen. Die erste Befragung fand in den Monaten Mai und Juni des Jahres 2000 statt. Im August des gleichen Jahres nahm der erste Qualitätszirkel seine Arbeit auf. Die zweite Befragung des Gesamtkollegiums fand im Juni 2001 statt. Eine dritte Befragung ist im Juni 2002 geplant.

Die erste Erhebung befasste sich mit den Erwartungen und Befürchtungen der Pädagogen hinsichtlich des einzuführenden Qualitätszirkels. Erfragt wurden die Einstellungen hinsichtlich des einzuführenden Qualitätsmanagements in der Schule, der Einführung der Qualitätszirkel, der gewünschten Rahmenbedingungen für die Zirkelarbeit, möglicher im Qualitätszirkel zu bearbeitender Themen sowie einige Angaben zur Person.

---

[2] Frau Schnoor hat als Projektleiterin die Fragestellung entwickelt, die Untersuchung initiiert, das Forschungsdesign erarbeitet und alle Teile der Untersuchung federführend geleitet. Frau Hergesell war als wissenschaftliche Hilfskraft an der Entwicklung des Untersuchungsinstrumentes beteiligt, führte die Interviews durch, verschriftlichte einen Teil der Interviews und nahm an der Auswertung der Interviews teil. Herr Pehl hat als wissenschaftliche Hilfskraft an der Entwicklung des Untersuchungsinstrumentes und an der Verschriftlichung und Auswertung der Interviews mitgewirkt.

3 Ergebnisse der Erwartungsanalyse

Zusammenfassend kann man feststellen, dass - trotz einiger Bedenken - die Mehrzahl der Befragten ein Interesse an einer Mitarbeit am Qualitätszirkel äußert. Qualitätsfördernde Maßnahmen und Qualitätszirkel an der Schule werden überwiegend als eine Chance wahrgenommen, notwendig erachtete Veränderungsprozesse in der Schule umzusetzen. Es wird nicht nur eine Verbesserung der Arbeit mit den Schülern erhofft, sondern auch eine Optimierung der Arbeitsbedingungen und der kollegialen Zusammenarbeit. Es gibt jedoch auch eine Gruppe im Kollegium, bei denen eine skeptische oder ablehnende Haltung dominiert. Diese basiert auf einer grundsätzlich ablehnenden Haltung gegenüber qualitätsfördernden Maßnahmen. Aber auch die Umsetzbarkeit des Konzeptes, die mit den qualitätsfördernden Maßnahmen verbundene Mehrarbeit und die Befürchtung gruppendynamischer Konflikte im Kollegium führt bei einigen Lehrern zu einer ablehnenden Haltung. Auch der Umstand, dass die Qualitätsförderungsmaßnahmen von der Leitung der Einrichtung eingeführt wurden, löst bei einigen Lehrern Irritationen aus.

Die Bereitschaft zur Teilnahme an Qualitätszirkeln ist abhängig von diesen Erwartungen. Hier lassen sich drei Gruppen innerhalb des Lehrerkollegiums unterscheiden.

- Die Mehrzahl der Lehrer will an einem Qualitätszirkel teilnehmen. In der Gruppe der Befürworter befinden sich sowohl Lehrer, die das Qualitätszirkelkonzept insgesamt akzeptieren als auch Lehrer, die dem zwar kritisch gegenüber stehen, sich aber dennoch für eine Teilnahme am Qualitätszirkel entschieden haben.
- Eine zweite Gruppe steht dem Qualitätszirkel skeptisch gegenüber und macht die eigene Teilnahme an einem Qualitätszirkel von dessen Erfolg abhängig. Als mögliche Gründe, die eine Teilnahme am Qualitätszirkel in Frage stellen könnte, werden Terminprobleme, Intrigen innerhalb des Kollegiums, ein fehlender Bezug zum Thema, ein zu hoher Arbeitsaufwand und die Gefahr der Instrumentalisierung durch die Leitung der Einrichtung genannt.
- Der Rest des Kollegiums distanziert sich von Qualitätszirkeln und möchte eine Teilnahme vermeiden.

Es werden eine Vielzahl von Themen genannt, die im Qualitätszirkel bearbeitet werden sollen, wobei die Aufnahme neuer Schüler das Thema ist, welches den Lehrern am dringlichsten erscheint. Darüber hinaus werden die Themen:

Gestaltung des Schulhofs, Außendarstellung der Schule, Klassenfrequenz, Gestaltung des Schulgebäudes und Gewalt an Schulen genannt. Die Mehrheit der Befragten wünscht, dass alle pädagogischen und nichtpädagogischen Mitarbeiter der Schule und des Schulträgers, welche von dem bearbeiteten Thema tangiert sind, auch am Qualitätszirkel teilnehmen. Die meisten Lehrer favorisieren ein regelmäßiges Treffen in einem zeitlichen Abstand von vier Wochen. Die Dauer einer Sitzung sollte eineinhalb bis zwei Stunden betragen. Die Schule erscheint als der geeignete Ort für die Zirkeltreffen.

Alle befragten Lehrer wünschen sich eine Unterstützung von Seiten des Moderators bei der Herstellung und Aufrechterhaltung der Arbeitsfähigkeit des Zirkels. Der Wunsch nach Unterstützung durch den Schulträger ist im Kollegium uneinheitlich. Von der wissenschaftlichen Begleitung wird vor allem eine Stützung des Qualitätszirkels erhofft, wenn es zu internen Konflikten kommt.

Qualitätszirkel sind eine themenzentrierte, erfahrungsbezogene, kontinuierliche und systematische Form der Fortbildung. Um einen Hinweis auf eine mögliche Akzeptanz von Qualitätszirkeln als Fortbildungsmaßnahme zu bekommen, wurden die Erfahrungen der Lehrer mit den bisher von ihnen besuchten Fortbildungsmaßnahmen erfragt. Nach Einschätzung der Kollegen haben sich solche beruflichen Fortbildungen bewährt, die einen persönlichen Bezug zum Thema und einen relevanten Praxisbezug aufweisen. Als günstig erweist sich in einer Fortbildung ein kollegialer, fachlicher Gedankenaustausch unter Kollegen und ein reger Theorie-Praxis-Transfer. Ein strukturiertes Arbeiten ohne psychodynamische Übungen wird bevorzugt. Der Besuch von Fortbildungen sollte freiwillig sein. Fortbildungsbedingte Unterrichtsunterbrechungen erweisen sich in einer Schule für Erziehungshilfe als schwierig. Vergleicht man diese Aussagen mit dem Konzept von Qualitätszirkeln, so kann man feststellen, dass Qualitätszirkel genau diese Ansprüche erfüllen und somit ein aussichtsreicher Fortbildungsansatz sein könnten.

4 Ergebnisse der ersten Erfahrungen mit der Arbeit von Qualitätszirkeln

Nach der Befragung der Erwartungen und Befürchtungen bezüglich der Arbeit in Qualitätszirkeln nahm der erste Zirkel seine Arbeit auf. Ein Jahr später hatte ein Teil des Kollegiums konkrete Erfahrungen mit der Zirkelarbeit gesammelt und der andere Teil hatte die Arbeit des Zirkels von außen beobachtet. Vor diesem Hintergrund wurde das Kollegium in einer zweiten Befragung nach den ersten konkreten Erfahrungen mit der Arbeit in Qualitätszirkeln befragt.

Das gesamte Kollegium wurde hinsichtlich ihrer Gründe für oder gegen eine Teilnahme bzw. für den Abbruch der Teilnahme befragt. Auch die Bereitschaft zur Teilnahme am neu einzurichtenden Zirkel, die Einschätzung der Bedeutung des Zirkels innerhalb der Schule, die Empfehlung von Qualitätszirkeln für andere Schulen, die Veränderungen durch die Zirkelarbeit an der Schule sowie die Charakteristika der Qualitätszirkelarbeit wurden erhoben. Die zusätzlichen Fragen an die Teilnehmer bzw. den Moderator betrafen die Faktoren, die aus ihrer Sicht fördernd bzw. hemmend auf die Arbeit im Zirkel gewirkt hatten. Außerdem wurde erhoben, inwieweit sich das bearbeitete Thema und die Rahmenbedingungen des Qualitätszirkels (Frequenz, Terminwahl, Dauer, Ort der Qualitätszirkelsitzungen) bewährt haben. Diese zusätzlichen Fragen waren notwendig, weil nur die Teilnehmer und der Moderator über die internen Arbeitsprozesse des Qualitätszirkels Auskunft geben konnten. Durch die Befragung des gesamten Kollegiums war es möglich, nicht nur die Qualitätszirkelarbeit aus der Binnenperspektive der in den Zirkeln tätigen Pädagogen zu untersuchen, sondern auch die Außenperspektive auf die Zirkelarbeit durch die Personen zu erfassen, die die Teilnahme am Qualitätszirkel abgebrochen oder nie an den Sitzungen teilgenommen hatten.

Aus der Vielzahl der Ergebnisse können hier nur die wichtigsten zusammenfassend herausgestellt werden:

Die Ergebnisse dieser Befragung zeigen, dass der Qualitätszirkel im ersten Jahr seiner Arbeit an Akzeptanz gewonnen hat und weitgehend als wichtiges Forum für Veränderungsprozesse wahrgenommen wird. Seine Arbeitsweise hat sich bewährt und wird von den Teilnehmern als Chance gesehen, die Schulsituation zu reflektieren und konkret zu verändern. Vor allem die Verbesserung und Institutionalisierung des kollegialen Austausches ist ein wichtiges Ergebnis der Zirkelarbeit.

Als Erschwernis entpuppten sich jedoch die unklaren Entscheidungs- und die sich im Wandel befindlichen Leitungsstrukturen in der Schule. Ein Teil der Lehrer hält die Gesamtkonferenz, ein anderer Teil hält den Qualitätszirkel für das Entscheidungsgremium der im Qualitätszirkel erarbeiteten Veränderungsvorschläge. Auch ist für einige Befragte die Schulleiterfunktion und die Moderatorenrolle nicht klar abgrenzbar, weil sie zwischenzeitlich in einer Person vereint wurden. Hier zeigt sich die Gefahr, dass interne Moderatoren in die Konflikte des Teams verwickelt sein können und aus diesem Grund in der Ausübung ihrer Rolle behindert sind. Bei entsprechender Klärung dieser Faktoren kann die Effektivität des Qualitätszirkels vermutlich erhöht werden.

Es zeigt sich zudem, dass das systematische Vorgehen eines Qualitätszirkels und der Einsatz von Selbstevaluationsinstrumenten einer Einübung bedarf. Neben Problemen mit dieser Arbeitsweise zeigt sich aber auch eine positive Resonanz bei den Teilnehmern, wenn methodisch gearbeitet wird.

Vergleicht man die Erwartungen vor der Einführung des ersten Qualitätszirkels mit den Praxiserfahrungen nach einem Jahr Arbeit in Qualitätszirkeln, so stellt sich folgendes heraus: Der Wunsch nach Institutionalisierung des kollegialen Austausches hat sich durch die Einführung der Gesamtkonferenz und der Qualitätszirkel in dieser Schule erfüllt. Die Befürchtung, dass Initiativen konsequenzlos versickern würden, hat sich nicht bestätigt. Von den meisten Teilnehmern und Nicht-Teilnehmern wird betont, dass in der Schule positive Veränderungsprozesse in Gang gekommen sind. Die Bereitschaft zur Teilnahme an Qualitätszirkeln hat sich jedoch im Kollegium dieser Schule kaum verändert. Es gibt weiterhin eine Lehrerfraktion, welche grundsätzlich zu einer Teilnahme am Qualitätszirkel bereit ist. Eine zweite Fraktion macht die Bereitschaft zur Teilnahme von einigen Bedingungen abhängig und eine dritte lehnt eine Teilnahme grundsätzlich ab. Diese Fraktionen sind quantitativ nahezu gleich geblieben. Neben einer kleinen Gruppe von Lehrern, welche dem Qualitätszirkel kategorisch kritisch gegenüberstehen, wird der Qualitätszirkel jedoch auch von vielen Nicht - Teilnehmern positiv bewertet.

Sicher sind die vorgestellten Ergebnisse nicht auf alle Schulen übertragbar. Je nach Ausgangspunkt einer Institution werden sich auch die Erwartungen an die Qualitätszirkel ändern. Außerdem sind die Erfahrungen mit Qualitätszirkeln abhängig von der konkreten Arbeitsweise des Zirkels. Gleichwohl sind die Erfahrungen mit dem Qualitätszirkel an dieser Schule so ermutigend, dass es Sinn macht, den Einsatz dieser Problemlösegruppen auch an anderen Sonderschulen zu prüfen und in ihrer Arbeitsweise wissenschaftlich zu begleiten, um so nach und nach zu verallgemeinerbaren Ergebnissen zu kommen. Diese Pilotstudie ist eine erste systematische Untersuchung der Frage, ob der Qualitätszirkel ein Problemlöseansatz ist, welcher auf die notwendige Akzeptanz bei den betroffenen Lehrern stoßen kann. Diese Fragestellung ist wichtig, weil grundsätzlich gilt, dass die Einführung von Qualitätszirkeln nur dann erfolgreich werden kann, wenn sie auf Zustimmung bei den Betroffenen trifft. Andernfalls bleiben Qualitätszirkel eine von außen und von oben verordnete Maßnahme und würden weitgehend wirkungslos bleiben.

5 Literatur

Becker, F.J.: Schulische Evaluation als Taktik der kleinen Schritte. Qualitätszirkel. In: Schulentwicklungsprozesse. Schulmagazin 5 bis 10, 3 (1999), 4-11.
Bahrs, O. u.a. (Hrsg.): Ärztliche Qualitätszirkel. Leitfaden für den Arzt in Praxis und Klinik. Köln ^{4}2001.
Gerlach, F.M.: Qualitätsförderung in Praxis und Klinik. Eine Chance für die Medizin. Stuttgart 2001.
Friebertshäuser, B.; *Prengel*, A. (Hrsg.): Handbuch Qualitativer Forschungsmethoden in der Erziehungswissenschaft. Weinheim, München 1997.
Haenisch, H.; *Kindervater*, Ch.: Evaluation der Qualität von Schule und Unterricht. EU – Pilotprojekt zur Selbstevaluation: Ergebnisse der deutschen Projektschulen. Bönen 1999.
Krüger, H.H.: Stichwort: Qualitative Forschung in der Erziehungswissenschaft. In: Zeitschrift für Erziehungswissenschaft, 3(2000), 323-342.
Mayring, P.: Qualitative Inhaltsanalyse. Grundlagen und Techniken. Weinheim ^{7}2000.
Philipp, E.; *Rolff*, H.-G.: Schulprogramme und Leitbilder entwickeln. Ein Arbeitsbuch. Weinheim, Basel 1998.
Philipp, E.: Gute Schule verwirklichen. Ein Arbeitsbuch mit Methoden, Übungen und Beispielen der Organisationsentwicklung. Weinheim, Basel 1992.
Sembill, D.: Problemfähigkeit, Handlungskompetenz und emotionale Befindlichkeit. Göttingen 1992, 35-44.
Steffens, U.; *Bargel*, T. (Hrsg.): Qualitätsentwicklung und Qualitätssicherung von Schulen. Strategien, Instrumente und Erfahrungen. Wiesbaden 1999.
Strobl, R.; *Böttger*, A. (Hrsg.): Wahre Geschichten? Zu Theorie und Praxis qualitativer Interviews. Baden-Baden 1996.

Tatjana Leidig, Julia Martensmeier

Internet in der Pädagogik und Didaktik bei auffälligem Verhalten – Chancen und Risiken

Einleitung

Der folgende Beitrag fokussiert die Möglichkeiten und Grenzen des Interneteinsatzes in der Pädagogik und Didaktik bei auffälligem Verhalten. Ausgehend von der Begründung des schulischen Interneteinsatzes bei Verhaltensauffälligkeiten werden anhand von Schlüsselbegriffen Chancen und Risiken diskutiert, aktuelle Forschungsergebnisse vorgestellt und Perspektiven für die weitere Forschung entwickelt.

Problemaufriss: Internet und Globalisierung

Das Internet symbolisiert wie kaum ein anderes Medium die Globalisierung und damit auch die moderne Leistungsgesellschaft: Es steht für Schnelligkeit und Unabhängigkeit von Ort und Zeit. Das Internet hat Einzug gehalten in nahezu alle Bereiche des Lebens, von der Politik über die Wirtschaft bis zum Privatleben. Die schier unbegrenzte und äußerst schnelle Verfügbarkeit von Informationen im Internet darf allerdings nicht darüber hinwegtäuschen, dass es sich eben nur um Informationen handelt, nicht um Wissen. Die Informationen müssen im Lernprozess zu Wissen verarbeitet werden, um in der modernen Leistungsgesellschaft nutzbar gemacht werden zu können (vgl. *Reinmann-Rothmeier/ Mandl* 1999, 210ff.).

Vielfach wird das Internet als Symbol einer weltweiten Vernetzung, einer Weltgesellschaft propagiert – ein Trugschluss, denn das Internet spiegelt, genau wie die Globalisierung, gesellschaftliche Spaltungsprozesse wider. Prinzipiell steht das Internet jedem zur individuellen Nutzung offen, in der Realität jedoch konzentriert sich die Internetnutzung – und damit die Verfügbarkeit über Informationen – weltweit gesehen auf die Industrie- und Schwellenländer, national gesehen auf die gesellschaftliche Ober- und Mittelschicht (vgl. *Klingler* 1999, 4ff.).

Gründe für den schulischen Interneteinsatz bei Verhaltensauffälligkeiten

Vielfach sind inzwischen die technischen Voraussetzungen für den Interneteinsatz an Schulen geschaffen worden, auch eine Vielzahl der Schulen, an denen Kinder und Jugendliche mit Verhaltensauffälligkeiten beschult werden, verfügt über die entsprechende Ausstattung. Beschäftigt man sich mit der Frage, warum das Internet in der Pädagogik und Didaktik bei auffälligem Verhalten eingesetzt werden sollte, ergeben sich verschiedene Begründungen auf drei Ebenen:
1. Gesellschaftliche Partizipation
2. Partizipation am Arbeitsmarkt
3. Didaktisch-methodische Ebene.

Gesellschaftliche Partizipation

Das Internet ist heute ein wichtiger Bestandteil der Lebenswelt von Kindern und Jugendlichen. Es bietet die Möglichkeit zu surfen, um nach Informationen zu suchen, oder aber auch in Austausch mit anderen zu treten, z.B. per E-Mail oder in Chatrooms. Auch Computerspiele werden zunehmend über das Internet gespielt.

Ein großer Teil der Kinder und Jugendlichen mit Verhaltensauffälligkeiten stammt aus sozial benachteiligten Familien (vgl. *Myschker* 1999, 63ff.; *Goetze* 2001, 85ff.) – also aus einer gesellschaftlichen Gruppe, in der die Internetnutzung eher gering verbreitet ist. Zum Teil sind die finanziellen Mittel für die Anschaffung und vor allem für die Unterhaltung von PC und Internet nicht vorhanden, zum Teil fehlt gerade bei diesen Eltern das eigene Interesse für das Internet, da es für die Eltern in der persönlichen Lebens- und Arbeitswelt keine Rolle spielt. Dem Medium Internet wird oftmals wenig Bedeutung beigemessen (vgl. *Feierabend/ Klingler* 1998, 149ff.; *Klingler* 1999, 4ff.).

Die Schule muss kompensatorisch wirken, um diesen Teil der Lebenswelt auch benachteiligten Kindern und Jugendlichen zugänglich zu machen. Die gesellschaftlichen Spaltungsprozesse, die in der modernen Leistungsgesellschaft zunehmend deutlicher werden, dürfen nicht verfestigt, sondern müssen aufgebrochen werden, um Kindern und Jugendlichen aus sozial benachteiligten Familien gleiche Chancen beim Zugriff auf neue Medien zu ermöglichen.

Kinder und Jugendliche mit Verhaltensauffälligkeiten haben aufgrund ihrer familiären Rahmenbedingungen zudem vielfach nicht die Möglichkeit, eine adäquate, kritische Medienkompetenz aufzubauen. Hier kommt der Schule eine weitere Aufgabe zu: Neben der Eröffnung von Zugangsmöglichkeiten geht es vor allem darum, Kinder und Jugendliche mit Verhaltensauffälligkeiten beim Aufbau einer kritischen Medienkompetenz zu unterstützen. Medienkompetenz ist dabei als Bestandteil einer umfassenden Handlungskompetenz zu verstehen. Nach Dieter *Baacke* (1996, 4ff.) umfasst Medienkompetenz vier Komponenten: Medienkritik, Medienkunde, Mediennutzung und Mediengestaltung. Medienkompetenz umfasst damit neben klassischen Anwenderkompetenzen eine kritische Auseinandersetzung mit dem Medium sowie Kenntnisse zur Nutzung des Mediums zur Artikulation eigener Interessen.

Partizipation am Arbeitsmarkt

Der Arbeitsmarkt in der modernen Leistungsgesellschaft ist geprägt durch eine zunehmende Technologisierung, insbesondere durch eine Computerisierung, die auch in einfachen Berufen greift: Zuarbeiten in Büros erfordern E-Mail-Verwaltung, in handwerklichen Berufen werden immer mehr Bestellungen etc. über das Internet abgewickelt (vgl. *Bonfranchi* 1994, 151ff.; *Kullik* 1998, 323f.). Medienkompetenz wird damit zu einer Schlüsselqualifikation zur Eingliederung in den Arbeitsmarkt. Neben den Gefahren, die sich durch Rationalisierung ergeben, eröffnen sich hier auch neue Partizipationschancen für junge Menschen mit auffälligem Verhalten, die ohnehin große Schwierigkeiten beim Übergang von der Schule in die Arbeitswelt haben. Medienkompetenz, insbesondere in Bezug auf das Internet, kann eine wichtige Zusatzqualifikation bzw. eine unbedingt notwendige Qualifikation für den Arbeitsmarkt sein.

Didaktisch-methodische Ebene

Das Internet wirkt auf viele Kinder und Jugendliche motivierend, interessant und anziehend (vgl. *Koch/ Neckel* 2001, 37ff.); die Relevanz für die eigene Lebenswelt ist ihnen bewusst. Ein Großteil der Kinder und Jugendlichen fühlt sich durch das Internet angesprochen, wobei der Anteil der Jungen noch höher liegt als der Anteil der Mädchen – in der Schule für Erziehungshilfe dürfte demnach das Interesse am Internet nicht zuletzt aufgrund der männlichen Dominanz sehr groß sein.

Ein Vorteil des Internets liegt – eine gute didaktisch-methodische Planung vorausgesetzt – in der Integration der Bereiche Information, Kommunikation/ Interaktion und Präsentation. Das Internet ermöglicht die Informationssuche ebenso wie die Kommunikation mit anderen Schulen, Institutionen oder Einzelpersonen und die Präsentation eigener Inhalte. Vielfach wird vermutet, dass das Internet bei reflektiertem Einsatz zur Förderung des Sozialverhaltens und des Selbstkonzepts genutzt werden kann (vgl. *Sacher* 2000, 84, 215), was im Hinblick auf die Zielgruppe Kinder und Jugendliche mit auffälligem Verhalten besonders interessant ist.

Grundsätzlich erscheint ein Einsatz des Internets im handlungs- oder projektorientierten Unterricht sinnvoll (vgl. *Reeves* 1999, 72ff.). Zu einem ausgewählten Thema (z. B. „Wie bewerbe ich mich wo?" oder „Der Krieg in Afghanistan und seine Folgen") können Informationen im Internet in Kleingruppen oder in Partnerarbeit gesucht und anschließend anhand konkreter Fragestellungen bearbeitet werden. Das gemeinsame Arbeiten in kleinen Gruppen erfordert Absprachen und Konfliktlöseverhalten, mit anderen Worten: Beziehungs- und Kooperationsfähigkeit (vgl. *Eschenauer* 1999, 34; *Koch/ Neckel* 2001, 41f.). Das Medium Internet kann dabei als unparteiische Instanz im Lernprozess angesehen werden, als sinnvoller Beitrag zur Psychohygiene (vgl. *Sacher* 2000, 49). Um Missverständnissen vorzubeugen: Es geht dabei nicht um den Ersatz des Lehrers oder der Lehrerin durch das Medium, sondern um eine sinnvolle Ergänzung des Unterrichts, die als Entlastung zu verstehen ist. Weiterhin kann das Internet hier auch eine Kommunikationsfunktion wahrnehmen. Es können beispielsweise Institutionen wie das Arbeitsamt oder das Außenministerium per E-Mail angeschrieben werden, um weitere Informationen zu erfragen oder eine Stellungnahme abzugeben. So ergeben sich sinnvolle Anlässe zur schriftlichen Kommunikation. Die im Vergleich zu herkömmlichen Briefen geringeren Anforderungen an die äußere Form und die gut mögliche Fehlerkorrektur erleichtern den Kindern und Jugendlichen Erfolgserlebnisse und stärken das Selbstbewusstsein.

Das Internet erscheint als Medium für den Einsatz im handlungsorientierten und offenen Unterricht besonders geeignet, da neben Einzel- und Partnerarbeit auch Gruppenarbeit möglich ist und durch das Internet ein direkter Beitrag zur Öffnung von Schule auf zwei Ebenen geleistet wird: Schülerergebnisse können durch eine eigene Homepage nach außen präsentiert werden, Informationen können von außen nach innen geholt werden.

Chancen und Risiken des Interneteinsatzes bei Verhaltensauffälligkeiten

Das Internet besitzt – wie aus den vorherigen Ausführungen klar ersichtlich wird – ein großes Potential, Kinder und Jugendliche mit Verhaltensauffälligkeiten zu fördern. Einige Eigenschaften des Mediums sind jedoch durchaus ambivalent zu bewerten und das insbesondere im Hinblick auf unsere Klientel. Chancen und Risiken müssen daher im Vorfeld, auf die jeweilige Schülergruppe bezogen, abgewogen werden. Die Ambivalenz des Internets wird im folgenden beispielhaft dargestellt.

Die große Motivation, die Schülerinnen und Schüler im Umgang mit dem Internet zeigen, wirkt sich positiv auf das Arbeitsverhalten aus. Ausdauer und Interesse an schulischen Inhalten werden gefördert. Es besteht hier jedoch die Gefahr, dass der Einsatz des Mediums aufgrund der motivierenden Wirkung nicht mehr in Frage gestellt wird (weder von Lernenden noch von Lehrenden) und in Folge dessen ‚unpassend' eingesetzt wird. Das Internet wird genutzt, obwohl es andere und möglicherweise bessere Möglichkeiten gibt. So sind beispielsweise für Schüler, die nur über niedrige Lesefähigkeiten verfügen, die oftmals textlastigen Internetseiten eine Überforderung, da sie in der Regel nicht didaktisch aufbereitet sind. Für komplexe Sachverhalte bieten sich für diese Schüler sicherlich andere Medien besser an.

Die gegebene Anonymität des Internets kann sich einerseits positiv auswirken, da sie Kontaktaufnahme und Kommunikation erleichtert. Im Chatroom können gefahrlos für die Schüler neue Kommunikationsstrategien erprobt werden (vgl. *Sacher* 2000, 215). So kann es ängstlich-gehemmten Heranwachsenden leichter fallen, aktiv auf andere zuzugehen, aber auch aggressiv agierende Kinder und Jugendliche können adäquatere Verhaltensmuster ausprobieren, ohne sozialem Druck ausgesetzt zu sein. Schriftliche Kommunikation über E-Mail ist informeller und erleichtert durch die niedrigere Hemmschwelle die Kontaktaufnahme z.B. mit Praktikumsbetrieben. Einschränkend ist jedoch anzumerken, dass u.E. bisher keinerlei Erkenntnisse darüber vorliegen, inwieweit Kinder und Jugendliche in der Lage sind, im virtuellen Raum erprobte Kommunikationsmuster auf face-to-face-Situationen zu übertragen. Andererseits kann ausagierendes, beleidigendes Verhalten noch gefördert werden (vgl. *Sacher* 2000, 217). Unter Umständen werden Schüler damit in Chatrooms konfrontiert oder ihr eigenes unangemessenes Verhalten wird manifestiert, da mögliche Sanktionen (wie z.B. das Abbrechen des Kontakts durch den Kommunikationspartner) ohne direkten persönlichen Bezug bleiben. Beziehungen im Internet bleiben durch die gegebene Anonymität unpersönlich und beliebig, für Kinder und Jugendliche, die Schwierigkeiten im Beziehungsaufbau haben, kann diese Form der Interaktion eine weitere Enttäuschung darstellen.

Das Internet kann fast synonym mit ‚Informationsvielfalt' bezeichnet werden. Aktualität und Informationsbreite sind dabei Merkmale, die sich positiv auf Unterricht auswirken können (vgl. *Koch/ Neckel* 2001, 32ff.). Zu jedem erdenklichen Thema sind Informationen im Netz zu finden, die Arbeit im Internet kann also an den individuellen Interessen ansetzen – ein wichtiger Aspekt in der Didaktik bei Verhaltensauffälligkeiten. Das aktuelle Geschehen kann direkt in den Unterricht einbezogen werden, Unterrichtsthemen setzen somit unmittelbar an der Lebenswelt der Kinder an. Beide Aspekte sind gut an aktuellen Inhalten (im Herbst/ Winter 2001 z.B. „Terroranschläge in den USA und ihre Folgen") zu verdeutlichen: Im Rahmen eines Unterrichtsprojekts können neue Entwicklungen ebenso wie Hintergrundinformationen direkter als mit anderen Medien verfolgt werden, spezifische Teilaspekte können nach individueller Ausgangslage und eigenen Interessen vertieft werden. Auf der anderen Seite kann die Fülle der Informationen und dadurch bedingte chaotische Struktur des Internets eine Überforderung darstellen. Oftmals ist es schwer, seriöse Informationen von sogenanntem ‚Datenmüll' zu unterscheiden. Im Internet können enorm schnell Behauptungen verbreitet werden, hinzu kommt, dass die Quelle nicht zwangsläufig erkennbar oder nachprüfbar ist (vgl. *Koch/ Neckel* 2001, 72f.). Dies ist besonders bei Kindern und Jugendlichen, die wenig kritisch mit Medien umgehen, problematisch.

Unter anderem durch die Multimedialität des Internets entstehen zahlreiche Wege, Inhalte aufzunehmen und zu verarbeiten. Das Internet ermöglicht also – mehr als andere Medien – den Schülern individuelle und differenzierte Lern- und Zugangswege. Die Internetseiten sind allerdings oftmals überladen, blinkende Animationen oder Toneinspielungen irritieren zusätzlich und lenken ab. Gerade für Schüler mit Wahrnehmungsstörungen kann das Internet dadurch reizüberflutend wirken und eine Überforderung darstellen (vgl. *Tulodziecki* 1995, 14; *Sacher* 2000, 120f.). Es fällt ihnen dann beispielsweise schwer, relevante Informationen von Werbung zu unterscheiden.

Das Internet ist durch Offenheit gekennzeichnet. Es steht prinzipiell jedem offen und so können auch Schülerinnen und Schüler sich, ihre Schule, ihre Arbeitsergebnisse etc. im Netz präsentieren. Mittels Internet wird ein potentiell großer Adressatenkreis und damit mehr Aufmerksamkeit von außen erlangt. Die ‚weltweite' Veröffentlichung eigener Texte wirkt sich i.d.R. positiv auf das Selbstkonzept der Schüler aus – wie bereits erläutert wurde. Zu den Schattenseiten dieser Offenheit gehören jugendgefährdende Inhalte wie beispielsweise pornographische Seiten und rechtsextreme Inhalte. Zusätzlich ist es problematisch, dass gefährliche Inhalte nicht immer auf den ersten Blick als solche erkennbar sind; z.B. befinden sich auf vermeintlich harmlosen Seiten Links, die dann zu jugendgefährdenden Inhalten weiterleiten.

Die Beispiele verdeutlichen, dass der Interneteinsatz bei auffälligem Verhalten nicht pauschal befürwortet oder abgelehnt werden kann. Vielmehr sind Chancen und Risiken abzuwägen, woraus sich die folgenden Konsequenzen ergeben:

1. Der Einsatz des Internets darf nicht im luftleeren Raum erfolgen, sondern muss in adäquate Konzepte eingebettet werden. Das Internet soll als Werkzeug reflektiert eingesetzt werden, wobei Handlungsorientierung und Offenheit den pädagogischen Rahmen bilden. Konkret ist diese Einbettung z.B. bei der Planung einer Klassenfahrt vorstellbar. Hier bietet das Internet als Werkzeug zur Informationsbeschaffung gegenüber anderen Wegen viele Vorteile: Die Schüler und Schülerinnen können aktiv an der Planung beteiligt werden. In Kleingruppen können Informationen zu möglichen Zielorten zusammengestellt, Preise für Unterkünfte verglichen, Bahntickets online bestellt werden etc. Durch die mit der Planung verbundenen unterschiedlichen Aufgabenstellungen bietet es sich geradezu an, das Projekt in verschiedenen Fächern zu behandeln.
2. Der Aufbau von Medienkompetenz hat innerhalb adäquater Konzepte eine herausragende Bedeutung, er ist als übergeordnete Zielvorstellung zu verstehen. Es geht im wesentlichen darum, die Schüler zu befähigen, mit dem Medium reflektiert umzugehen und es für eigene Interessen gewinnbringend einsetzen zu können. Die Chancenverbesserung im Ausbildungs- und Berufsleben ist hierfür ein Beispiel.
3. Erfahrungsgemäß verfügen die Schülerinnen und Schüler über ganz unterschiedliche Vorkenntnisse im Umgang mit dem Internet und auch mit dem Computer. Um sowohl Unter- als auch Überforderung zu vermeiden, sind individuell abgestimmte Anforderungen und Hilfen nötig. So sollte z.B. der Schwierigkeitsgrad von Internetrecherchen durch unterschiedlich anspruchsvolle Suchstrategien differenziert werden. Eine Abstufung ist folgendermaßen sinnvoll: Eine Gruppe sammelt Informationen zu einem bestimmten Aspekt mittels vorgegebenen Internetseiten. Eine andere Gruppe

surft selbständig nach vorher gemeinsam besprochenen Suchbegriffen. Eine weitere Gruppe führt die Internetrecherche komplett eigenständig durch.
4. Die Aus- und Fortbildung von Pädagoginnen und Pädagogen ist dringend angezeigt, da der Einsatz des Internets bisher noch stark vom persönlichen Engagement Einzelner abhängig ist. Ziel einer solchen Ausbildung ist, medienpädagogische Kompetenz zu vermitteln (vgl. *Blömeke* 2001, 296f.). Dazu gehören neben grundlegenden Anwendungskompetenzen u.a. auch Kenntnisse über Mediensozialisation sowie über pädagogische und didaktisch-methodische Konzepte.
5. Mit ‚Mut zum Risiko' lässt sich eine weitere Konsequenz, vielleicht sogar eher Voraussetzung, des Interneteinsatzes beschreiben. Die adäquate Nutzung des Internets bedeutet zwangsläufig eine Abkehr von traditionellen lehrerzentrierten Unterrichtsformen und unter Umständen auch von der eigenen Lehrerrolle (vgl. *Schnoor* 2001, 208f.). Die Öffnung des eigenen Unterrichts, indem auch Schüler die Expertenrolle übernehmen können, kann also durchaus etwas Mut zum Risiko bzw. besser Mut, Neues auszuprobieren, bedeuten. Die Potentiale, die im Interneteinsatzes bei der Förderung von Kindern und Jugendlichen mit Verhaltensauffälligkeiten stecken, rechtfertigen jedoch sicherlich ein solches Engagement.

Forschungsergebnisse

Im Rahmen des Forschungsprojektes ‚Epilog' haben wir bis zum jetzigen Zeitpunkt zwei Studien zum Komplex Internet/ Neue Medien und Schule für Erziehungshilfe durchgeführt. Die Ergebnisse einer ersten explorativen E-Mail-Befragung zu Beginn des Jahres 2001 über den Interneteinsatz in Schulen für Erziehungshilfe im Großraum Köln lassen – trotz der eingeschränkten Gültigkeit der Studie – einige Rückschlüsse auf Art und Weise des Interneteinsatzes zu: Das Internet wird bisher hauptsächlich zu Informations- und Präsentationszwecken genutzt, wobei in den Bereich Präsentation überwiegend das Erstellen schuleigener Homepages fällt. Dabei klaffen die Vorstellungen der Lehrer und die Interessen der Schüler z.T. noch auseinander; die Schüler interessieren sich vorrangig für die Möglichkeiten der Kommunikation und Interaktion. Insgesamt wird der Interneteinsatz von Schülern und Lehrern gleichermaßen positiv bewertet. In den Praxisberichten der Lehrer werden die Aspekte ‚Schulung von Teamarbeit', ‚Motivationssteigerung' und ‚Beziehungsaufbau' explizit als Vorteil des Mediums benannt. Wie bereits angemerkt, ist der Einsatz des Internets im Unterricht bisher stark vom persönlichen Engagement einzelner Kollegen abhängig. So konnte in der Untersuchung ein regelrechter Prototyp ausgemacht werden: ausnahmslos alle Interviewpartner sind männlich, beschäftigen sich seit 5-6 Jahren mit dem Internet, sind aus eigenem Interesse an das Medium gekommen und schätzen ihre Fähigkeiten im Umgang mit dem Internet zumindest als ‚gut' ein. Ausgewiesene Konzepte zum Interneteinsatz lagen zum Zeitpunkt der Untersuchung bei den befragten Schulen nicht vor. Es lassen sich daher höchstens einige Tendenzen ableiten. Der Einsatz des Internets erfolgt überwiegend fächerübergreifend. Die mit dem Interneteinsatz intendierten Ziele variieren stark, ein gemeinsames Ziel ist die Nutzung des Mediums zur Informationsbeschaffung. Weitere Ziele wie Erwerb von Grundlagenkenntnissen, Medienkompetenz und Kommunikation werden vereinzelt genannt, zur Art der Umsetzung werden jedoch keine Angaben gemacht. Vergleicht man diese Ergebnisse aus der Praxis mit den beschriebenen theoretischen Überlegungen bleibt der Eindruck, dass die Nutzung des Internets im Unterricht bei auffälligem Verhalten noch ‚in den Kinderschuhen steckt'.

Eine im Herbst 2001 durchgeführte Umfrage an den Schulen für Erziehungshilfe im Regierungsbezirk Köln fokussiert neben der personellen und technischen Ausstattung der Schulen die gängigen Einsatzbereiche der Neuen Medien. Die Befragung verdeutlicht vor allem, dass die Neuen Medien immer noch eine Domäne der männlichen Lehrer sind, wobei Fortbildungsbedarf von beiden Geschlechtern gleichermaßen angemeldet wird. Vielfach arbeiten die Schulen mit veralteten PCs, in der Regel sind in Klassenräumen keine Internetzugänge vorhanden.

In erster Linie wird das Internet in den Hauptfächern und im fächerübergreifenden Unterricht eingesetzt. Auch in Arbeitsgemeinschaften wird oft mit dem Internet gearbeitet. Allerdings liegen bislang kaum Konzepte zum Einsatz Neuer Medien vor – hier besteht eine deutliche Diskrepanz zwischen den vorhandenen technischen Möglichkeiten und real existenten didaktisch-methodischen Entwürfen für den Unterricht bei Verhaltensauffälligkeiten.

Forschungsperspektiven

Die Forschung zum Thema Internet in der Pädagogik und Didaktik bei auffälligem Verhalten steht noch am Anfang. Wichtige Themen für eine weitere Forschungstätigkeit sind aus unserer Sicht:

- Entwicklung und Evaluation von Unterrichtskonzepten zur Förderung des Sozialverhaltens, des Selbstkonzepts sowie des Lern- und Arbeitsverhaltens;
- Medienkompetenz und Verhaltensauffälligkeit;
- Entwicklung und Evaluation von Konzepten zum Aufbau medienpädagogischer Kompetenz von (zukünftigen) Lehrern der Schule für Erziehungshilfe.

Literatur

Baacke, D.: Medienkompetenz als Netzwerk. Reichweite und Fokussierung eines Begriffs, der Konjunktur hat. In: Medien praktisch 20(1996), 4-10.
Blömeke, S.: Was meinen, wissen und können Studienanfänger? – Ergebnisse einer empirischen Untersuchung zu den medienpädagogisch relevanten Lernvoraussetzungen von Lehramtsstudierenden. In: Herzig, B. (Hrsg.): Medien machen Schule. Grundlagen, Konzepte und Erfahrungen zur Medienbildung. Bad Heilbrunn 2001, 295-325.
Bonfranchi, R.: Computerdidaktik in der Sonderpädagogik. Luzern ²1994.
Eschenauer, B.: Erfolgreiche Integration von Medien in der Schule: eine Zwischenbilanz (Konferenzbericht I). In: Langen, C. (Hrsg.): Schulinnovation durch neue Medien. Entwürfe und Ergebnisse in der Diskussion. Gütersloh 1999, 27-47.
Feierabend, S.; *Klingler*, W.: Jugendliche Medienwelten. Basisdaten aus der Untersuchung JIM 98 – Jugend, Information, (Multi-)Media. In: Dichanz, H. (Hrsg.): Handbuch Medien: Medienforschung. Konzepte, Themen, Ergebnisse. Bonn 1998, 140-170.
Goetze, H.: Grundriss der Verhaltensgestörtenpädagogik. Berlin 2001.
Klingler, W.: Die Wissenskluft-Hypothese. Anmerkungen zum aktuellen Umgang und zur Nutzung von Informationsangeboten in den Massenmedien. In: Medien praktisch 23(1999), 4-7.
Koch, H.; *Neckel*, H: Unterrichten mit Internet & Co. Methodenhandbuch für die Sekundarstufe I und II. Berlin 2001.
Kullik, U.: Neue Informationstechnologien in der Lernbehindertenpädagogik. In: Greisbach, M. u.a. (Hrsg.): Von der Lernbehindertenpädagogik zur Praxis schulischer Lernförderung. Lengerich 1998, 323-335.
Myschker, N.: Verhaltensstörungen bei Kindern und Jugendlichen. Erscheinungsformen – Ursachen – hilfreiche Maßnahmen. Stuttgart u. a. ³1999.
Reeves, T.C.: Der Einfluss neuer Medien auf den Schulunterricht – ein Forschungsbericht. In: Langen, C. (Hrsg.): Schulinnovation durch neue Medien. Entwürfe und Ergebnisse in der Diskussion. Gütersloh 1999, 65-80.
Reinmann-Rothmeier, G.; *Mandl*, H.: Lernen mit dem Internet: Nur ein neuer Slogan? Chancen und Grenzen für das schulische Lernen. In: Medien und Erziehung 43(1999), 210-215.
Sacher, W.: Schulische Medienarbeit im Computerzeitalter. Grundlagen, Konzepte und Perspektiven. Bad Heilbrunn 2000.

Schnoor, D.: Neue Medien: Wie Schulen eine neue Lernkultur entwickeln können. In: Herzig, B. (Hrsg.): Medien machen Schule. Grundlagen, Konzepte und Erfahrungen zur Medienbildung. Bad Heilbrunn 2001, 205-225.

Tulodziecki, G.: Handlungsorientierte Medienpädagogik in Beispielen. Projekte und Unterrichtseinheiten für Grundschulen und weiterführende Schulen. Bad Heilbrunn 1995.

Barbara Prazak, Mathilde Niehaus

Nutzung moderner Technologien als Chance für Menschen mit Behinderung?! – Pädagogisch relevante Kriterien der Beurteilung von Lernsoftware dargestellt am Beispiel von ‚Step by Step 3'

1 Relevanz des Themas

Der Einsatz des Computers im Bereich der Sonderpädagogik lässt sich in vier Teilbereiche gliedern:
- der Computer als Lern- und Hilfsmittel in der Therapie
- der Computer als prothetisches Hilfsmittel
- der informationstechnische Einsatz in der Behindertenpädagogik
- der Computer als basales Funktionstraining für Menschen mit Schwerst- und Mehrfachbehinderungen.

Im folgenden wird der erste Aspekt näher betrachtet, und zwar unter dem Gesichtspunkt der Möglichkeit der Förderung von Menschen mit Behinderung durch Einsatz von Lernsoftware. Es stellt sich in diesem Zusammenhang für die Nutzer die Frage der Beurteilungskriterien dieser Art von Software, um geeignete Programme erkennen zu können. Die Problematik der Beurteilung der Software ist mehrdimensional. Im folgenden soll nun die Frage angedacht werden, inwieweit die Notwendigkeit besteht, für die Sonderpädagogik einen ‚gesonderten' Kriterienkatalog zur Beurteilung von Lernsoftware zu erstellen oder ob es ausreichend wäre, bestehende Kriterienkataloge zu übernehmen. *Meschenmoser* (1999) hat diese Überlegungen aufgegriffen und diskutiert.

Lernsoftware kann unter anderem aus zwei Perspektiven evaluiert werden. Einerseits aus einer pädagogischen Sicht, welche die pädagogisch-didaktische Konzeption, die inhaltliche Gestaltung sowie die Angemessenheit für die Zielgruppe und die Zielsetzung des Programms berücksichtigt. Andererseits können computerspezifische Parameter, d.h. Aspekte wie die formale Gestaltung, die Programmbedienung, die Elemente einer Software wie Interaktivität, Adaptivität und multimediale Gestaltung bei der Beurteilung als

Kriterien fungieren. Darüber hinaus sollten allgemeine Kriterien wie die Hardwareanforderungen etc. auch berücksichtigt werden.

Obwohl die Computertechnologie für Menschen mit Behinderung ein expandierender Sektor ist, gibt es kaum aktuelle deutschsprachige Veröffentlichungen dazu. In den 80er Jahren und zu Beginn der 90er Jahre hat es einige Veröffentlichungen gegeben, die mittlerweile zum Teil jedoch als veraltet angesehen werden müssen, da gerade auf dem Gebiet der Computer- und Softwareentwicklung laufend Weiterentwicklungen zu beobachten sind. Beispielhaft können hier die Arbeiten von *Bonfranchi* (1992, 1995, 1997) und *Hameyer/ Walter* (1988) genannt werden, die unter anderem die Beurteilung von Lernsoftware für die Sonderpädagogik zum Thema gemacht haben. Andere Autoren wie *Euler* (1992), *Mader/ Stöckl* (1999), *Thomè* (1989) haben sich allgemein mit der Beurteilung von Lernsoftware beschäftigt. Auch diverse kommerzielle Hersteller von dieser Art der Software haben Beurteilungsverfahren, die im Internet zur Einsicht sind, entwickelt.

2 Exemplarische Vorstellung

Im folgenden wird kurz die Lernsoftware *Step by Step 3* näher erläutert. *Step by Step 3* wird derzeit vom Forschungszentrum Seibersdorf (Österreich) entwickelt. Bedürfnisse von Kindern mit einer Behinderung und im besonderen von Kindern mit einer Körperbehinderung sollen in diesem Programm berücksichtigt werden.

Die genaue Zielgruppe umfasst Kinder mit besonderen Bedürfnissen im Bereich der Sprache, des Lernens und des Verhaltens (vgl. *Wocken* 2001) und Kinder mit Körperbehinderungen. Die Gruppe der Kinder mit Körperbehinderungen wurde extra angeführt, um auf einige wichtige Faktoren beim Einsatz eines Computers bzw. eines Lernprogramms hinzuweisen, die beachtet werden müssen. An dieser Stelle soll kurz darauf eingegangen werden: Ein Computer ist grundsätzlich für Menschen ohne körperliche Behinderung konstruiert, d.h. es muss für einen Menschen mit einer körperlichen Beeinträchtigung erstmals eine Möglichkeit gefunden werden, die es ihm ermöglicht, auf eine ihm angepasste Art und Weise den Computer zu bedienen. Um gezielt eine Lernsoftware zur Entwicklungsförderung einsetzen zu können, muss zuerst der Entwicklungsstand des Kindes eingeschätzt werden. *Meyer* (2000) betont in diesem Zusammenhang, dass gerade bei Kindern mit einer Körperbehinderung die Gefahr groß ist, eine falsche Einschätzung zu treffen.

Denn durch fehlende oder andersartige Ausdrucksmöglichkeiten dieser Kinder können nicht deutlich erkennbare Fähigkeiten verdeckt bleiben. Gerade in diesem Bereich kann der Computer unterstützend eingesetzt werden, um sowohl als prothetisches Hilfsmittel z.b. im Bereich der Kommunikation, als auch als Lernmedium zu dienen. Wird er als Lernmedium eingesetzt, so muss eine passende Software gefunden werden, auf der einen Seite eine, die dem Fähigkeitsniveau des Kindes entspricht, auf der anderen Seite eine Software, die ein anderes Eingabegerät z.B. Einzeltaster unterstützt. Diese Überlegungen sind bei der Konzeption von *Step by Step 3* eingeflossen.

Step by Step 3 soll den Bereich der Kognition und Wahrnehmung des Kindes fördern. Der Altersbereich umfasst in etwa die Fähigkeiten der symbolisch-anschaulichen Phase nach Piaget. Diesem Programm liegt ein pädagogisches Konzept zugrunde, welches sich der Theorie der psychischen Funktionen (vgl. *Bews* u.a. 1992) und der Theorie der kognitiven Entwicklung nach Piaget bedient. Anhand dieser beiden Ansätze wurden spezifische Leistungen den einzelnen Entwicklungsphasen zugeordnet und sogenannte Teilleistungen, die zur Erfüllung höherer und komplexerer Fähigkeiten notwendig sind, definiert. Durch die logische Abfolge der Teilleistungen erhält man eine Baumstruktur, die hier als didaktischer Baum bezeichnet wird und als Grundlage für das Design der Trainingsumgebung gilt. Einerseits soll *Step by Step 3* ein Werkzeug sein, mit dem Therapeutinnen und Therapeuten Trainingsketten – eine Trainingskette setzt sich aus Teilleistungen zusammen – für den Lernenden erstellen und modifizieren können, Medien, die in der Trainingskette verwendet werden, in der Mediendatenbank austauschen bzw. die Seiten der Trainingskette im Seiteneditor an die Bedürfnisse des Kindes anpassen können. Andererseits soll dieses Programm ein Gesamtpaket sein, das zur Förderung von Kindern mit Behinderung zu Hause und im institutionellen Rahmen eingesetzt werden kann. Der große Unterschied zu anderen Softwareprodukten ist der vorhin erwähnte Werkzeugcharakter, der eine Anpassung an individuelle Bedürfnisse der Benutzer ermöglicht, auch Kindern mit einer Körperbehinderung wird es in diesem Programm möglich sein, mit nur einem Sensor/ Taster zu navigieren. Unter die individuellen Anpassungen fallen die Auswahl des Eingabemediums, die Gestaltung der Fortschrittsanzeige und des Navigators sowie schon oben erwähnte Auswahl der Medien für die einzelnen Trainingsmodule.

3 Anlage und Aufbau der laufenden Untersuchung

Unserer laufenden Forschungsarbeit lag die Frage zugrunde, welche Elemente für die Gestaltung von *Step by Step 3* relevant sind, um dem Anspruch der Entwicklungsförderung gerecht zu werden. In weiterer Folge war zu fragen, welche Bedingungen das Programm erfüllen muss, damit es den Bedürfnissen der angestrebten Zielgruppe entspricht und von dieser sinnvoll benutzt werden kann.

Es wurden grundlegende Ziele für diese Evaluation formuliert. Einerseits sollten Hinweise von Benutzerinnen und Benutzern für notwendige Verbesserungen der Software gewonnen werden. Andererseits bestand ein Interesse darin, die vorhandenen Ergebnisse als Grundlage zur Formulierung von Kriterien zur Beurteilung von Lernsoftware zu verwenden. Im Vordergrund unserer Evaluation stand die Beratung für die (Weiter)entwicklung des Programms *Step by Step 3*, das als noch optimierungswürdig galt seitens der Auftraggeber/ Programmentwickler Seibersdorf. Die Chance der Forschung an der Entwicklung von Lernsoftware beteiligt zu sein, sollte im Sinne einer Zielformulierung durch konkrete, umsetzbare, in die (Weiter)entwicklung eingehende Ergebnisse genutzt werden.

Kann *Step by Step 3* dem Anspruch der Entwicklungsförderung gerecht werden? – Eine erste Annäherung an die Frage stellte der durchgeführte Pretest dieser laufenden Evaluation dar. Es war notwendig eine prozessbegleitende bzw. formative Evaluation durchzuführen, da sich *Step by Step 3* noch im Entwicklungsprozess befand. Dadurch war auch die Möglichkeit gegeben, laufende Störungen zu beheben und Verbesserungen durchzuführen (vgl. *Wottawa* 1998). In diesem Zusammenhang heben *Bortz/ Döring* (1995) die Bedeutsamkeit der qualitativen Methoden bei der Einschätzung einer laufenden Maßnahme hervor. Deshalb erschien es auch in diesem Zusammenhang sinnvoll, Daten mit Hilfe von qualitativen Methoden zu erheben und auszuwerten.

Das Untersuchungsdesign entsprach dem einer explorativen Untersuchung, für deren methodische Umsetzung offene Befragungen, im Speziellen Leitfadeninterviews durchgeführt wurden. Die eigentliche Erhebung wurde in zwei Teile untergliedert, einen Pretest und eine Haupterhebung.

Der Pretest hatte den Zweck, relevante Informationen für die Haupterhebung und eine erste Einschätzung der Software durch die Benutzerinnen und Benutzer zu liefern. Im Zuge des Pretests wurden zu Beginn teilstrukturierte Interviews durchgeführt, um eine erste Orientierungshilfe zu erhalten. Zur Unterstützung wurde ein stichwortartiger Interviewleitfaden entworfen und eingesetzt. Dieser lehnte sich an die vorhandenen Softwareelemente und dem pädagogischen Konzept von *Step by Step 3* an. Testpersonen waren Erwachsene, die sich durch das Merkmal Erfahrung bzw. keine Erfahrung mit Lernsoftware im Allgemeinen und im Speziellen mit der Vorgängerversion von *Step by Step 3* unterschieden. Den einzelnen Gruppen gehörten Personen unterschiedlicher Berufsgruppen und auch Eltern von Kindern mit besonderen Bedürfnissen an. Es war zu diesem Zeitpunkt weder möglich, noch sinnvoll Kinder in diese Testphase mit einzubeziehen, da sich die Software noch auf einer Entwicklungsstufe befand, wo es nicht möglich war, Kinder damit arbeiten zu lassen. Die Anzahl der Befragten für den Pretest waren 10 Personen. Der Gruppe A – keine Erfahrung mit Lernsoftware – gehörten drei Personen an. Zwei davon waren Elternteile, die ein Kind im Vorschulalter mit geistiger Behinderung hatten. Die dritte Person arbeitete mit Kindern mit einer Lernbehinderung. Die Gruppe B – Erfahrung mit Lernsoftware – setzte sich ebenfalls aus drei Personen zusammen. Eine Person war Sonderschullehrerin. Eine weitere Person war Sonderschullehrer und beschäftigt sich zusätzlich in der Ausbildung von Lehramtskandidaten mit dem Thema ‚Computereinsatz im Unterricht'. Die dritte Person hatte eine technische Grundausbildung und ein Kind mit einer Körperbehinderung. Der letzten Gruppe C – Konkrete Erfahrungen mit *Step by Step 2* – gehörten vier Personen an. Zwei Personen waren im Grundberuf Sonderschullehrerinnen mit Erfahrungen mit dem Programm und eine davon mit zusätzlicher Ausbildung als Psychologin. Eine weitere Person war Ergotherapeutin und die letzte Person war Therapeutin an einem Institut für Kinder mit Behinderung.

An die Testpersonen wurde die Erwartung gestellt, ein Feedback über das pädagogische Konzept der Software und die bis zu diesem Zeitpunkt implementierten Elemente der Software zu geben. Die Interviews des Pretests fanden in der konkreten Arbeitsumgebung oder im Wohnraum der Personen statt. Auf einem Laptop war der Prototyp der Software installiert. Die Testpersonen erhielten grundsätzliche Informationen und einen Überblick über das Gesamtkonzept. Im Anschluss daran wurde die bis zu diesem Zeitpunkt erfolgte technische Umsetzung vorgeführt. Von der Software konnte ein Entwurf des didaktischen Baumes, der Konfigurationsteil (sogenannte Verwaltung) und die Mediendatenbank vorgeführt werden, jedoch war nur eine einzige Übungsmöglichkeit für Kinder implementiert. *Step by Step3* war zu diesem Zeitpunkt technisch noch nicht sehr ausgereift und noch instabil. Dieser Faktor beeinflusste auch den ersten Eindruck.

4 Ergebnisse des Pretests

An dieser Stelle werden die Ergebnisse des Pretests des laufenden Projektes zusammengefasst dargestellt. Die befragten Personen waren durchgehend der Meinung, dass eine Trennung zwischen einer Version für Therapeutinnen und Therapeuten und einer Version für Eltern erfolgen sollte. In den Interviews wurde immer wieder zur Sprache gebracht, dass Eltern mit so einem komplexen Programm ohne pädagogischem Grundwissen nichts anzufangen wissen. Die interviewten Eltern waren vor allem mit den verwendeten Fachbegriffen überfordert, da ihnen diese nicht geläufig waren. Die Elternversion sollte so zugeschnitten werden, dass die Nutzer sofort um ihre Handhabung und Funktionalität Bescheid wissen und Begriffe verwendet werden, die ihnen geläufig sind. Bei der Version für Therapeutinnen und Therapeuten, bei denen pädagogisches Grundwissen vorausgesetzt werden kann, kann die Software dem Konzept entsprechend umgesetzt werden. Jedoch wurde auch hier von den Therapeutinnen und Therapeuten auf eine einfache Bedienung hingewiesen, da nicht jeder Therapeut im Umgang mit dem Computer versiert ist.

Die Gestaltung des didaktischen Baumes wurde im Hinblick auf die gewählten Begriffe und die Komplexität kritisch hinterfragt. Auf die Schwierigkeit dieser Aspekte wurde schon zu Beginn eingegangen. Besonders die pädagogisch geschulten Personen wiesen darauf hin, dass vor allem die inhaltliche Gestaltung des didaktischen Baumes wichtig ist, denn die sich daraus ergebenden Trainingsketten erhält das Kind. Damit wurde auch schon der nächste Punkt angesprochen, nämlich die Erstellung der Trainingsketten. Auch hier wurde durchgängig von den Befragten gefordert, dass es einerseits eine individuelle Konfigurierung geben sollte, die durch ihre Realisierung das Grundkonzept der Software nicht zerstört. Andererseits wird eine einfache Bedienung bei der Erstellung von Trainingsketten gewünscht.

Die Bedeutung von klaren und gut erkennbaren Bildern wurde bei der Beurteilung der Multimediadatenbank herausgestrichen. Für die Eltern hatten realistische Bilder, d.h. Fotos einen sehr hohen Stellenwert. Von Seiten der Sonderschullehrerinnen und Sonderschullehrer wurde angeregt eine Schriftzuordnung zu den einzelnen Bildern zu ermöglichen. Auf durchwegs positive Rückmeldung mit der Bedingung der einfachen Bedienung ist die Idee des Einfügens von eigenen Bildern gestoßen. Jedoch wurde vor allem von Personen, die in einer Institution beschäftigt sind, darauf hingewiesen, dass trotz dieser davor genannten Möglichkeit ausreichend Medien in der Datenbank vorhanden sein sollten, da nicht jeder die dafür benötigte technische Ausstattung besitzt.

Bezüglich der Zielgruppe von *Step by Step 3* wurden kaum verwertbare Aussagen getroffen, da die tatsächlichen Module für die Kinder noch nicht implementiert waren, und nur aufgrund eines beispielhaft eingefügten Trainingsmoduls die Zielgruppenangemessenheit nicht beurteilt werden konnte.

Konträre Meinungen wurden bei der Beurteilung der einzelnen Oberflächen vertreten. Während von den Eltern eine spielerische anstatt der leblosen Oberflächengestaltung gefordert wurde, waren für die Pädagoginnen und Pädagogen eine einfache und sehr klare Darstellung von großer Bedeutung. Es bestand Einigkeit, dass die verwendeten Symbole des Navigators und der Fortschrittsanzeige für die Kinder nicht zu abstrakt sein sollten. Auch die Funktionalität dieser sollte deutlich zu erkennen sein.

Grundsätzlich kann gesagt werden, dass von allen Befragten gefordert wurde, dass die Bedienung des Programms benutzerfreundlich gestaltet werden und die individuelle Konfigurierbarkeit der Trainingsumgebung nur kurze Zeit in Anspruch nehmen soll.

5 Schlussfolgerungen aus dem Pretest für die Weiterentwicklung von Step by Step 3

Vorweg wird darauf hingewiesen, dass die Schlussfolgerungen des Pretests maßgeblich in die Weiterentwicklung von *Step by Step 3* eingeflossen sind. Der Pretest hat Hinweise dafür geliefert, was bei der Erstellung und Beurteilung bei einer Lernsoftware aus Sicht unterschiedlicher Benutzergruppen beachtet werden sollte. Die Erstellung eines Kriterienkatalogs, wie er für die Haupterhebung zur Beurteilung von *Step by Step 3* verwendet werden könnte, ist das Ergebnis des Pretests, der sich aus allgemeinen Kriterien, computerspezifischen Parametern und pädagogisch-didaktischen Gesichtspunkten zusammensetzt. Es wurden die Erkenntnisse aus dem Pretest und in Anlehnung an in der Literatur angeführte Kriterienkataloge zur Beurteilung von Lernsoftware (vgl. URL: http://www.lernsoftware.de, *Bonfranchi* 1992 *Hameyer/ Walter* 1988, *Mader/ Stöckl* 1999, *Thomé* 1988) herangezogen: Zu Beginn ist die Erhebung von allgemeinen Daten über die entsprechende Software sinnvoll. Dazu zählen die Angabe des Namens und des Verlags, Altersangaben, die Thematik, eine Zuordnung zu Softwaretypen, um eine Vergleichsbasis mit anderen Programmen zu erhalten und die Angaben über die notwendige Hardware. Anschließend werden Kriterien formuliert, die tatsächlich das Programm bewerten. Zu den *Pädagogisch-didaktischen Gesichtspunkten* zählen folgende:

- Die pädagogische und didaktische Konzeption der Lernsoftware ist auf ihre theoretische Nachvollziehbarkeit und ihre Angemessenheit für den gewählten Gegenstand hin zu überprüfen.
- Besonderes Augenmerk ist auf die inhaltliche Gestaltung der Lernsoftware gerichtet, da dies jener Bereich ist, der den Lernenden zukommt. Dabei ist zu klären, ob die angesprochenen inhaltlichen Bereiche im Hinblick auf die Zielgruppe entsprechend sind und sachlich richtig dargestellt werden.
- Des Weiteren ist zu prüfen, ob die inhaltliche Gestaltung der Erfahrungswelt der Zielgruppe angepasst ist, und ob die gestellten Anforderungen an die Zielgruppe dem Fähigkeitsniveau dieser entsprechen oder ob eine Diskrepanz bemerkbar ist.
- Es ist zu hinterfragen, ob zu erkennen ist, welche Zielsetzung mit der Lernsoftware verfolgt wird und ob diese durch den Aufbau und die Gestaltung des Programms erreicht werden kann.

Zu den *computerspezifischen Parametern* werden jene gezählt, die eher auf der technischen Ebene eines Programms anzusiedeln sind:

- Bei der formalen Gestaltung kann die Gestaltung der Oberflächen hinsichtlich der Deutlichkeit der Darstellung bewertet werden. Auch die Schaltflächen bzw. Bedienelemente sollten für die angestrebte Zielgruppe in ihrer Funktion passend und für das lernende Kind verständlich sein. Auch der Wahl der Schrift und der Schriftgröße sollte Beachtung geschenkt werden.
- Die Programmbedienung kann hinsichtlich ihres Ablaufs, ihrer Verständlichkeit und der Übersichtlichkeit (wo bin ich, was kann ich hier tun) bewertet werden. Unbeachtet sollte auf keinen Fall der abschätzbare Zeitaufwand zum Erlernen der Programmbedienung sein. Ein weiterer Punkt in diesem Bereich wäre die Frage, welche Möglichkeiten der Eingabe bei diesem Lernprogramm gegeben sind.
- Interaktivität als Element einer Lernsoftware kann in der Ausprägung der Einflussnahme und der Selbsttätigkeit der Lernenden innerhalb der Software beurteilt werden. Auch die Fehleranalyse und die Art der Rückmeldung sind zu berücksichtigen.
- Adaptivität, im Sinne von adaptierbar, meint, dass der Benutzende selbst aktiv das System an seine Bedürfnisse anpasst. Hier könnte der Grad und die Art der Anpassungen, die in einer Lernsoftware durchgeführt werden können, einer Bewertung unterzogen werden. Durch das Element der Adaptivität in einer Lernsoftware kann dessen Qualität gesteigert werden, da individuelle Anpassungen an den User vorgenommen werden können und somit die Lernsituation verbessert werden kann.
- Durch die potenzielle Ausschöpfung von multimedialer Gestaltung in einem Lernprogramm kann dessen Attraktivität gesteigert werden. Die Ver-

wendung unterschiedlicher Darstellungsformen und die Qualität dieser (im Hinblick auf formale Gestaltung wie Größe, Klarheit, etc.) sollten dabei Berücksichtigung finden.

Dieser vorliegende Entwurf eines Kriterienkatalogs stellt eine Möglichkeit der Beurteilung von Lernsoftware dar. Er wurde aus vorangegangenen Überlegungen abgeleitet und erhebt keinesfalls den Anspruch der Vollständigkeit. Die Einführung eines Kriterienkatalogs mit dem Ziel der Qualitätsbeurteilung von Lernsoftware zieht einige Probleme mit sich. Einerseits kann die Kriterienliste zu umfangreich sein, andererseits können die Kriterien auch für den Anwender zum Teil unklar sein (vgl. *Euler* 1992). Ein weiteres Problem ist, dass es schwierig bzw. kaum möglich ist, einen präzisen und allgemeingültigen Kriterienkatalog zu erstellen. Je nach Benutzerinnen und Benutzern ist der Blickwinkel auf das zu bewertende Lernprogramm ein anderer und müsste dementsprechend in einen Kriterienkatalog aufgenommen werden, d.h. also, dass es entweder auf verschiedene Benutzergruppen abgestimmte Kriterienkataloge gibt oder einen allgemeinen Katalog zur Beurteilung, der nach individuellen Wünschen angepasst werden kann. Es erscheint sinnvoll, einen Kriterienkatalog zur Bewertung von Lernsoftware als eine Grundlage zu verstehen, der nach individuellen Nutzungsaspekten erweitert, modifiziert und umformuliert werden kann. Kriterien beinhalten immer einen subjektiven Aspekt, denn sie drücken Vorstellungen bzw. Gestaltungspräferenzen derjenigen aus, die diese formulieren. Kriterien ermöglichen Veränderungen an einer Lernsoftware vorzunehmen und diese einer kritischen Diskussion zu unterziehen. Durch die Auseinandersetzung mit einem Kriterienkatalog können Diskussionen entstehen und daraus eine eigene bzw. veränderte Darstellung entwickelt werden (vgl. *Euler* 1992). An diesem Punkt soll nun zu der eingangs gestellten Frage zurückgekehrt werden, ob es notwendig ist, für die Sonderpädagogik gesonderte Kriterienkataloge zur Beurteilung von Lernsoftware zu erstellen (vgl. *Meschenmoser* 1999). Aufgrund der vorangegangenen Überlegungen kann festgestellt werden, dass die Notwendigkeit besteht allgemeine Standards so umzugestalten, dass Aspekte, die für diesen Bereich relevant erscheinen (z.B. andersartige Eingabemedien), bei der Beurteilung berücksichtigt werden. Außerdem ist es nur bedingt möglich, Pauschalaussagen über die Qualität eines Softwareproduktes zu treffen, denn was für ein Kind – egal, ob es beeinträchtigt ist oder nicht – geeignet ist, kann für ein anderes Kind völlig ungeeignet sein. Dies verdeutlicht noch einmal den hier vertretenen Standpunkt, dass ein Kriterienkatalog zu Beurteilung als Grundgerüst verstanden werden soll und je nach Bedarf zu adaptieren ist. Es geht insgesamt um die Berücksichtigung benutzerorientierter Bedarfe (Lehrende, Eltern, Kinder mit besonderen Bedürfnissen u.a.). Dieses Ergebnis der ersten Evaluationsschritte im Pretest wurden in der (Weiter)entwicklung der

Software insofern umgesetzt, als die neuen Versionen der Software speziell für jeweilige Benutzergruppen gestaltbar sind.

Der Pretest hatte als Ergebnis, wie schon oben erwähnt, die Erstellung des angeführten Kriterienkatalogs, der so angelegt wurde, um diesen in der Haupterhebung zu verwenden und um damit eine Annäherung an die Frage, ob *Step by Step 3* dem Ziel der Entwicklungsförderung gerecht wird, zu erreichen. Folgende Aspekte haben sich aus dem Pretest für die Haupterhebung ergeben: Diese muss zeitlich so angelegt werden, dass das Programm *Step by Step 3* bereits am Ende der Entwicklung steht und die Benutzerinnen und Benutzer dieses anhand des Kriterienkatalogs beurteilen können. Da sich beim Pretest das Kriterium „Erfahrung mit Lernsoftware" als nicht relevant für die Erhebung herausgestellt hat, sich jedoch Unterschiede in den Aussagen zwischen Eltern und Therapeutinnen und Therapeuten gezeigt haben, sollte in der Haupterhebung eine Gruppe von Eltern und eine Gruppe von Therapeutinnen und Therapeuten für die Befragung gebildet werden. Auch erscheint es sinnvoll, Kinder der Zielgruppe in Anwesenheit von Eltern oder Therapeutinnen und Therapeuten das Programm testen zu lassen. Dabei ist auf eine heterogene Gruppe zu achten, um „Extreme" austesten zu können und differenzierte Aussagen zu erhalten. Die Interviews sollten im Anschluss an die Test- und Beurteilungsphase mit den Eltern und Therapeutinnen und Therapeuten durchgeführt werden. Als Methode der Datenerhebung würde sich das Experteninterview anbieten.

Abschließend soll beim Einsatz des Computers in der Sonderpädagogik darauf hingewiesen werden, dass der Computer immer nur ein Hilfsmittel bleibt und eine Ergänzung zu anderen Methoden darstellt. Der Pädagoge wird dadurch nicht ersetzt. Die Begründungen, warum der Computer in der Sonderpädagogik eingesetzt werden soll und kann, sind vielfältig. Ein häufig genanntes Argument dafür ist, dass im Sinne der Chancengleichheit Menschen mit Behinderungen nicht von diesem Bereich ausgeschlossen werden dürfen. Beim Einsatz von Lernprogrammen bei Kindern mit speziellen Bedürfnissen kann von einer hohen Motivation, die von diesem Medium ausgeht, gesprochen werden. Des Weiteren erweist sich der Computer als ein Lernmedium, welches sich im Lernprozess hinsichtlich Lernziele, Lerntempo, Lernniveau und Lernweg individuell abstimmen lässt.

Abschließend drängt sich zusätzlich zur Beurteilung der Lernsoftware *Step by Step* die Suche nach Spielsoftware für behinderte Kinder auf. Welche reinen Spielprogramme bzw. Adaptionen gibt es für behinderte Kinder?! Wenn von Software für die Sonderpädagogik gesprochen wird, sind dies meist Lernprogramme, die dem Typ der Drill- und Practiceprogramme entsprechen, bei denen Üben und Wiederholen im Vordergrund steht. Es gibt kaum Softwareprodukte für Kinder mit besonderen Bedürfnissen bei denen die spielerische Komponente im Vordergrund steht. Diese Tatsache wirft die Frage auf, ob das ‚Spielen' mit dem Computer nur einer ausgewählten Gruppe von Kindern ermöglicht bzw. erlaubt wird.

Literaturangaben

Bews, S. u.a.: Förderung von behinderten und nichtbehinderten Grundschulkindern in Integrationsklassen durch Lernmaterialien und Lernsituationen. Projektbericht. Wien 1992, 32-75.
Bonfranchi, R.: Computer-Didaktik in der Sonderpädagogik. Luzern 1992.
Bonfranchi, R (Hrsg.): „Wir können mehr als nur Schrauben verpacken...". Der Einsatz des Computers bei Menschen mit geistiger Behinderung. Thun 1995.
Bonfranchi, R.: Warum Computer für Schüler mit geistiger Behinderung? In: Geistige Behinderung 36(1997), 97-98.
Bortz, J.; *Döring*, N.: Forschungsmethoden und Evaluation. Berlin u.a. ²1995.
Euler, D.: Didaktik des computerunterstützten Lernens. Praktische Gestaltung und theoretische Grundlagen. Nürnberg 1992.
Flick, U.: Qualitative Forschung. Theorie, Methoden, Anwendung in Psychologie und Sozialwissenschaften. Reinbek b. Hamburg 1999.
Forschungszentrum Seibersdorf, Geschäftsfeld Medizin- und Rehabilitationstechnik (Hrsg.): Step by Step 3.0. Pädagogisches Konzept. Seibersdorf (unveröffentlichtes Manuskript) 1998.
Hameyer, U. (Hrsg.): Computer an Sonderschulen: Einsatz neuer Informationstechnologien. Weinheim, Basel 1987.
Hameyer, U.; *Walter*, J.: Software für die Lernbehinderten- und Förderpädagogik. Bestandsaufnahme, Analysen, Empfehlungen. Bad Honnef 1988.
Lamers, W. (Hrsg.): Computer- und Informationstechnologie (Medienkombination). Geistigbehindertenpädagogische Perspektive. Düsseldorf 1999.
Meschenmoser, H.: Computereinsatz bei Schülern mit geistiger Behinderung: Didaktische Begründungen, Auswahlkriterien und Softwarestudien. In: Geistige Behinderung 36(1997), 105-123.
Meschenmoser, H.: Sonderpädagogische Perspektiven mit Lernprogrammen, In: Lamers, W. (Hrsg.): Computer- und Informationstechnologie (Medienkombination). Geistigbehindertenpädagogische Perspektive. Düsseldorf 1999, 171-188.
Meyer, M.: Behinderte Kinder am Computer. Einsatz von Computerprogrammen in der Diagnostik und der aktiven Förderung behinderter Kinder. Karlsruhe 2000.
Thomè, D.: Kriterien zur Bewertung von Lernsoftware: mit einer exemplarischen Beurteilung von Deutsch-Lernprogrammen. Heidelberg 1989.
Walter, J.: Lernen mit Computern. Möglichkeiten – Grenzen – Erfahrungen. Düsseldorf 1984.
Wocken, H.: Sonderpädagogischer Förderbedarf als systemischer Begriff. Online im WWW unter URL: http://home.t-online.de/home/hans.wocken/text14.html [Stand 22.01.01].
Wottawa, H.; *Thierau*, H: Lehrbuch Evaluation. Bern u.a. ²1998.

Marie Vítková, Jarmila Pipeková

Gegenwärtige Situation in der Erziehung und Bildung der Schwerst- und Mehrfachbehinderten in der Tschechischen Republik

1 Die Veränderungen in der Philosophie der Erziehung der Schwerst- und Mehrfachbehinderten Schüler nach 1989

Bis 1989 wurden die schwerst- und mehrfachbehinderte Menschen in der Tschechischen Republik überwiegend in der Hauspflege oder in Sozialanstalten versorgt und nicht schulisch gebildet, da es die Möglichkeit der Befreiung von der Schulpflicht auf Dauer gab.

Nach 1989 begann man - dank der Charta für Menschrechte - darüber nachzudenken, dass auch diese Gruppe von Kindern in das Schulsystem integriert sollte. Seit 1990 etablierte sich die *moderne Erziehungs- und Bildungskonzeption* für Kinder, Jugendliche und Erwachsene mit Behinderungen, die weitreichende Reformen für die Erziehungs- und Bildungsarbeit vorsah und folgendes forderte:
- Eröffnung von Sonderschulen und die Ermöglichung der *Integration* von behinderten Kindern, Schülern und Studenten in Kindergärten, Grund- und Mittelschulen.
- *Systematische Ausbildung von Schwerst- oder Mehrfachbehinderten* oder von Kindern mit Autismus (die bei uns früher als bildungsunfähig bezeichnet wurden).
- Veränderung der Möglichkeit für die Befreiung von der Schulpflicht von unbestimmter auf bestimmte Zeit (2 Jahre) und eine legislativ begründete *Schulpflicht für alle* Kinder.
- Unterstützung für die Entstehung neuer Sonderschulen vor allem für schwerst- und mehrfachbehinderte Kinder, die staatlich, privat oder kirchlich sind.

Die Ausbildung der Schwerst- und Mehrfachbehinderten hat sich seit 1991 auf allen Gebieten der Sonderpädagogik entwickelt. Im Schuljahr 1991/ 92 wurden 400 schwerst- und mehrfachbehinderte Schüler ausgebildet, im Jahre

1997/ 98 schon 4.600 Schüler. Dieser Trend setzt sich weiter fort, weil es die Möglichkeit gibt, ein Programm für Rehabilitationsklassen (Förderklassen in Deutschland, Basalklassen in Österreich) und ein alternatives Programm für Schwerstbehinderte in den Schulen zu haben (vgl. Tab.1).

	1991/92	1992/93	1993/94	1994/95	1995/96	1996/97	1997/98
Gesamtzahl der Schüler	70.600	71.200	71.300	73.300	73.600	72.100	71.600
Lern- und Geistigbehinderte	54.600	54.100	51.500	48.900	48.200	46.800	46.400
Körperbehinderte	1.000	1.000	1.100	1.400	1.600	1.800	1.700
Schwerst- und Mehrfachbehinderte	400	1.200	3.000	4.400	4.300	4.200	4.600

Tab. 1: Die Entwicklung der Zahl der Schüler in Sonderschulen entsprechend den ausgewählten Behinderungen in den Jahren 1991/ 92 – 1997/ 98

2 Charakteristik der Schule für Geistigbehinderte

Die Schule für Geistigbehinderte nimmt im heutigen System der Sonderausbildung eine bedeutende Stelle ein[1].

Schule für Geistigbehinderte					
Vorbereitungsstufe 1-3 Jahre	Niedere Stufe 3 Jahre	Mittlere Stufe 3 Jahre	Höhere Stufe 2 Jahre	Arbeits-stufe 2 Jahre	Praktische Berufsvorbereitung 1 Jahr

Tab. 2: Struktur der Schule für Geistigbehinderte einschließlich der Vorbereitungsstufe und der praktischen Berufsvorbereitung

Mit dem Angebot der Ausbildung im Rahmen *einer Vorbereitungsstufe der Schule für Geistigbehinderte* bietet sich die Möglichkeit zur optimalen Ausbildung auch für geistigbehinderte Kinder mit niedrigerer Anpassungsfähigkeit, die im Alter des Schulpflichtbeginns sind. Dieses Angebot ermöglicht die Vorbereitung geistig- und mehrfachbehinderten Kinder noch vor dem Eintritt in die Schule. Diese Stufe dauert 1 bis 3 Jahre (vgl. Tab. 2). Die Vorbereitungsstufe stellt eine zweckmäßige schulische Einrichtung dar, die im Gesetz Nr. 395/ 1991 verankert ist.

---

[1] 9-jährige Pflichtschule; 10-jährige Schule für Geistigbehinderte; 14-jährige Möglichkeit für die Ausbildung von schwerst und mehrfachbehinderten Kindern.

Die Schule für Geistigbehinderte unterrichtet schwerbildungsfähige Schüler, die aufgrund ihres kognitiven Fähigkeitsniveaus in einer Grundschule oder in einer Schule für Lernbehinderte nicht angemessen gefördert werden können. Hier wird es ihnen ermöglicht, dass sie unter den gut vorbereiteten Bedingungen und mit fachlicher sonderpädagogischer Betreuung die Grundkenntnisse, Fähigkeiten und Angewohnheiten lernen, die zur Orientierung in ihrer Umgebung und zur Integration in das gesellschaftliche Leben nötig sind. Die Schule für Geistigbehinderte betont besonders den Bereich der Erziehung. Diese Schule dauert zehn Jahre und ist in vier Stufen gegliedert (die niedere und mittlere Stufe sind 3-jährig, die höhere Stufe und Arbeitsstufe dauern zwei Jahre).

Nach der Schule für Geistigbehinderte kann die einjährige Praktische Schule folgen, die auf eine *„praktische Berufsvorbereitung"* abzielt.

Laut Promulg. Nr. 127/ 1997 *„Über Sonderschulen und Sonderkindergarten"* kann man Klassen für *mehrfachbehinderte Schüler* bei einer Schule für Geistigbehinderte einrichten und diesen Schülern Erziehung und Bildung in der Schule anbieten, die bisher zu Hause oder in den Sozialanstalten blieben. Das gilt auch für Schüler mit Autismus (Klassen für Autisten) und für geistigbehinderte Jugendliche (Klassen in den Sozialanstalten für die geistigbehinderte Jugend).

3 Erziehung der schwerst- und mehrfachbehinderten Menschen

In den Jahren 1998/ 99 – 1999/ 2000 versuchte man in der Tschechischen Republik, *die Rehabilitationsklassen in der Schule für Geistigbehinderte* (für schwerst- und mehrfachbehinderte Schüler) einzurichten. Mit diesem Schulversuch – bei dem sich 26 Sonderschulen beteiligten – wurde ein alternatives Programm zum Bildungsprogramm der Schule für Geistigbehinderte und zur Vorbereitungsstufe der Schule für Geistigbehinderte für solche Schüler geschaffen, die die Vorbereitungsstufe der Schule für Geistigbehinderte zwar durchliefen, die aber von ihrem kognitiven Fähigkeitsniveau die Ausbildung in einer Schule für Geistigbehinderte nicht mit Erfolg hätten fortsetzen können. Nach der *Forschung* (Teplá, Švarcová, Vítková 1998-2000) handelt es sich um circa ein Drittel der Schüler, die die Vorbereitungsstufe der Schule für Geistigbehinderte besuchen. Eine andere Gruppe bilden die Kinder, die wegen ihrer Behinderung von der Schulpflicht befreit wurden und so ohne eine adäquate Ausbildung und Erziehung bleiben.

Wenn wir den *Schülerkreis* charakterisieren sollen, für den die Einordnung in eine Rehabilitationsklasse adäquat und förderlich ist, dann sind das vor allem schwerstbehinderte Schüler, Kinder mit einer schweren gesundheitlichen Schädigung und mehrfachbehinderte Schüler, die aber auch geistig behindert sind. Zu dieser Gruppe zählt man die Schüler mit einer schweren Körper- und Sinnesbehinderung nicht, bei denen zugleich eine geistige Behinderung nicht diagnostiziert ist. Für den genannten Schülerkreis ist ein niedriges Niveau der Entwicklung ihrer psychischen Funktionen charakteristisch. Es handelt sich vor allem um die Aufmerksamkeit, Gedächtnis und Willenseigenschaften, die zu einer systematischen Aneignung des Lernstoffes nötig sind.

Der Schwerpunkt der Arbeit in den Rehabilitationsklassen liegt in einer umfassenden sonderpädagogischen Förderung der körperlichen und geistigen Entwicklung der Schüler, wobei deren individuellen Bedürfnisse berücksichtigt werden. Bei der Mehrheit der Schüler rechnet man nicht mit der Aneignung des Triviums (Lesen, Schreiben und Rechnen). Im Vordergrund steht die Entwicklung der *Kommunikationsfähigkeit*, die ihnen ermöglichen soll, Kontakte mit der Mitwelt zu pflegen. Weiter geht es um die *Entwicklung ihrer Bewegungsfähigkeit*, damit sie möglichst autonom in ihrer Umgebung sein können. Das betrifft vor allem die *Selbstversorgung*. Das Ziel ist, dass sie auf die Hilfe anderer Menschen nur soweit angewiesen sind, wie es notwendig ist. Eine wichtige Aufgabe ist auch die Wirkung auf ihr *Verhalten*, damit das Zusammenleben auch für die anderen in ihrer Umgebung erträglich ist. Auf die Entwicklung der Interessen der Schüler konzentriert man sich sehr stark, vor allem im Bereich *Musik, Kunst* und einfache *Arbeitsaktivitäten*.

Der Schulbesuch der Rehabilitationsklasse dauert 10 Jahre und wird in 2 fünfjährigen Stufen je nach dem Alter der Schüler gegliedert. Das Bildungsprogramm dieser Klassen enthält folgende Fächer: Verstandeserziehung, Sinneserziehung, Werken, Kunst, Musik, Sport und Krankengymnastik.

Die Einführung eines neuen Bildungsprogramms für die Rehabilitationsklassen der Schule für Geistigbehinderte wurde zum Novum innerhalb des Sonderschulwesens, berücksichtigte es erstmals die Bedürfnisse der geistig- und schwerstbehinderten Schüler, die bisher von der Schulpflicht befreit wurden.

4 Einzelergebnisse der empirischen Untersuchung

Ziel der empirischen Untersuchung war es, die Möglichkeiten der Erziehung und der Bildung von geistig- und mehrfachbehinderte Menschen im Laufe ihres Lebens zu eruieren. Hierzu bildete man zwei Untersuchungsgruppen. Die Personen der Gruppe N1 sind die Bewohner der Sozialanstalt, die Personen aus der Gruppe N2 wohnen zu Hause. Mit dem Vergleich dieser zwei Gruppen wollte man auf Unterschiede im Zugang zur Bildung der Geistigbehinderten (mittlere Stufe) in der Familie und in der Anstaltsbetreuung hinweisen und die Notwendigkeit der Erziehung und Bildung der Bewohner von Sozialanstalten für Geistig- und Schwerstbehinderte hervorheben.

Gruppe N1

Von der Gesamtzahl der 84 Respondenten der Gruppe N1 waren 49 (58,3%) Frauen und 35 (41,7%) Männer. Das Durchschnittsalter der Respondenten der Gruppe N1 betrug 34,5 Jahre. Der jüngste Respondent war 20 Jahre alt, der älteste 50 Jahre.

Die Respondenten wurden je nach Alter in 3 Gruppen gegliedert. In der ersten (von 20 -30 Jahren) waren 39% der Respondenten, in der zweiten (von 31-40 Jahren) 28,2%, in der dritten (von 41-50 Jahren) 32,8% der Respondenten. 69 Respondenten (82,1%) sind geistigbehindert (mittlere Stufe), im Rahmen zwischen 50-35 IQ nach WHO, 15 Personen (17,9%) sind mehrfachbehindert (geistig und körperlich).

20-30 Jahre	31-40 Jahre	41-50 Jahre
39%	28,2%	32,8%

Tab. 3: Das Alter der Respondenten von N1

Weiter wurde untersucht, wann die Personen in der Sozialanstalt untergebracht wurden. Dreiviertel der Personen waren jünger als 18 Jahren. Interessant ist auch der erhöhte prozentuale Anteil von Personen in Sozialanstalten, die unter 7 Jahren sind (13,3%). Wir nehmen an, dass dieses mit dem Anfang der Schulpflicht zusammenhängt. Diese Kinder wurden vermutlich von der Schulpflicht befreit und den Eltern wurde die Anstaltsbetreuung angeboten.

Für wichtig halten wir die Anzahl von Respondenten, die von der Schulpflicht befreit wurden. Das Ergebnis korrespondiert mit unseren Annahmen. 86,9% (absolute Zahl 73) der Respondenten wurden von der Schulpflicht befreit, nur 13,1% (absolute Zahl 11) hatten die Möglichkeit, Sonderschulen zu besuchen. 5 Respondenten absolvierten die Schule für Lernbehinderte und 6 Respondenten beendeten die Schule für Geistigbehinderte. 2 Respondenten beendeten die Bildung im ersten Jahrgang der Schule für Lernbehinderte und wurden anschließend von der Schulpflicht befreit (vgl. Abb. 1).

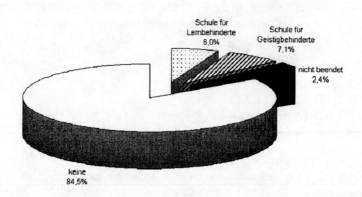

Abb. 1: Ausbildung der Respondenten von N1

Nur wenige der Klienten, die von der Schulpflicht in der Vergangenheit befreit wurden, nützen die Möglichkeit im Rahmen der Lebensausbildung aus, ihre Bildung auf dem Niveau der Schule für Geistigbehinderte zu beenden. In der Gruppe N1 besuchen nur ein Fünftel der Personen einen Kurs zum Abschluss der Bildung.

Dreiviertel der Respondenten der Gruppe N1 machen bestimmte Arbeitsaktivitäten, aber nur im Rahmen der Anstalt. Die Arbeitsaktivitäten nach dem Einüben können zwei Drittel der Respondenten der Gruppe N1 ausüben.

Gruppe N2

Von der Gesamtzahl der Gruppe N2 (N=39) waren 26 (66,7%) Frauen und 13 (33,3%) Männer.
Die Respondenten wurden je nach dem Alter in 4 Gruppen gegliedert. In der ersten Gruppe waren Personen unter 20 Jahren vertreten. Diese bildeten bilden 10,3% aller Respondenten. Im Altersbereich von 21 bis 30 Jahren waren 46,1% und in der Spanne zwischen 31 und 40 Jahren waren 33,3% aller Respondenten repräsentiert. In der Gruppe der über 41 jährigen waren 10,3% vertreten.

bis 20 Jahre	20-30 Jahre	30-40 Jahre	40-50 Jahre
10,3 %	46,1%	33,3%	10,3%

Tab. 4: Das Alter der Respondenten in der Gruppe N2

31 der Respondenten (79%) sind geistigbehindert (mittlere Stufe), 8 Respondenten (21%) sind mehrfachbehindert (geistig und körperlich).

Nur 4 Respondenten wurden von der Schulpflicht befreit (10,3%), alle haben mit dem Besuch der Schule angefangen, der aber wurde im fünften, sechsten oder siebten Jahrgang beendet. Bei einem Respondenten wurde der Schlussjahrgang nicht notiert. 35 Respondenten, das sind fast 90%, haben die Schulpflicht absolviert (vgl. Abb. 2).

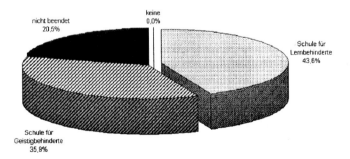

Abb. 2: Ausbildung der Respondenten von N2
Das Bildungsprogramm der Schule für Lernbehinderte haben 17 Respondenten (43,6%) absolviert, das Bildungsprogramm der Schule für Geistigbehinderte 14 Resondenten (36,9%). 8 Respondenten (20,5%) besuchten einen

anderen Typ von der Schule, wobei 4 Personen davon ihren Bildungsweg nicht beendeten. 3 Respondenten absolvierten die praktische Schule und ein Respondent besuchte eine Fachschule für Gärtner.

Zwei Drittel der Respondenten nützt die Möglichkeit der weiteren Bildung in der Abendschule für Geistigbehinderte, die ‚Der Verein zur Hilfe für Geistigbehinderte' organisiert.

Mehr als 90 % der Respondenten sind in der Lage, bestimmte, auch bereits früher gelernte Arbeitstätigkeiten auszuüben. 59 % der Respondenten arbeiten in geschützten Werkstätten. Bei den Arbeitsaktivitäten zu Hause überwiegen Hilfsarbeiten (Abwaschen und Geschirrtrocknen, Kochen, Fußbodenwischen, Staubsaugen, Fegen und Einkaufen) und Arbeit im Garten.

Konklusion

In der Gruppe N1 (Respondenten aus Sozialanstalten für Geistigbehinderte) haben wir bei der Datenverarbeitung einen großen prozentuellen Anteil von Personen festgestellt, die von der Schulpflicht befreit wurden. Ganz unterschiedlich ist die statistische Verarbeitung bei den Respondenten der Gruppe N2, die in einer Familie wohnen.

Aus den Ergebnissen ist zu ersehen, dass die Klienten, die in den Sozialanstalten leben, oft von der Schulpflicht befreit werden. Bei der beobachteten Stufe der geistigen Behinderung (mittlere Stufe) gibt es bei langfristiger Pflege durch einen Sonderpädagogen eine sichere Voraussetzung für das Schaffen des Bildungsprogramms der Schule für Geistigbehinderte. Das bestätigen auch die Ergebnisse der Gruppe N2, wo die meisten Respondenten ihre Schulpflicht durch Programme in Schulen für Lern- und Geistigbehinderte beendet haben.

Die Möglichkeiten für eine lebenslange Bildung bei Geistigbehinderten zeigen im Vergleich der Gruppen N1 und N2 einen großen Unterschied. Die Geistig- und Mehrfachbehinderten werden von ihren Eltern und ihrer Umgebung zum Behalten der erworbenen Kenntnissen, Fähigkeiten und Angewohnheiten angeregt, die sie im Laufe des Schulbesuchs erworben haben.

Literatur

Pilar, J.: Vzdělávání dětí se speciálními vzdělávacími potřebami na prahu třetího tisíciletí. In: Pedagogika, 10(2001), roč. LI, s. 3-16. Praha: UK.
Pipekova, J.: Intervence ve výchově a vzdělávání jako součást socializačního procesu osob se středně těžkou mentální retardací. Disertační práce. Brno: MU, 2001.
Pipekova, J. (ed.): Kapitoly ze speciální pedagogiky. Brno: Paido, 1998.
Pipekova, J.; *Vikova*, M. (ed.): Terapie ve speciálně pedagogické péči. Brno: Paido, 2001.
Švarcová, I.: Vzdělávání žáků s těžkým a hlubokým mentálním postižežním. Education of Children with Severe and Profound Mental Handicap. In: Speciální pedagogika, 3(2000), roč. 10, s. 157-161. Praha, UK.
Tepla, M.: Pomocné školy v České republice. Auxiliary Schools in the Czech Republick. Praha: Tech-Market, 1997, 1998.
Tepla, M.: Rehabilitační třídy pomocné školy. Rehabilitation Classes of Special Schools. In: Speciální pedagogika, 3(2000), roč. 10, s. 151-156. Praha, UK.
Titzl, B.: Postižený člověk ve společnosti. Praha: UK, 2000.
Vitkova, M. (ed.): Integrativní speciální pedagogika. Brno: Paido, 1998.
Vitkova, M.: Somatopedické aspekty. Brno: Paido, 1999.

Walter Spiess

Was Sie als Autor einer Fachzeitschrift wissen sollten: Ergebnisse einer Leserbefragung zur Zeitschrift für Heilpädagogik

Wie müssten Sie als Autor Ihren Beitrag für eine bestimmte Fachzeitschrift gestalten, wenn Sie damit jenseits Ihrer eigenen Ansprüche den Erwartungen der Leser und Leserinnen entsprechen wollen? Gewisse Anhaltspunkte dazu mögen Ihnen – als Reaktion auf Ihren jeweiligen Beitrag – Leserbriefe, publizierte Repliken sowie Einladungen zu Referaten oder Workshops bei Aus-, Fort- und Weiterbildungsveranstaltungen geben. Die weitestgehenden Hinweise dazu dürften die Ergebnisse einer entsprechend angelegten Leserbefragung liefern.

Diese letztgenannte Forschungsstrategie habe ich gewählt: Als Redaktor (zusammen mit Dr. Peter Wachtel) der Zeitschrift für Heilpädagogik habe ich die Ressourcen genutzt, welche mir zur Verfügung stehen, nämlich den Zugang zu dieser Fachzeitschrift. Dabei beinhaltete die Frage, was Sie als Autor wissen sollten, nur einen Teilaspekt meines Erkenntnisinteresses. Der Hauptaspekt bestand in der Erfassung der Leserzufriedenheit sowie in der Erfassung von Leserwünschen im Hinblick auf eine eventuelle Weiterentwicklung der Zeitschrift für Heilpädagogik (vgl. *Spiess* u.a. 2002).

Im Folgenden werde ich zunächst die Vorüberlegungen und Vorentscheidungen skizzieren, die in die Planung der Leserbefragung als Ganzes eingeflossen sind. Auf diese Weise dürfte für Sie nachvollziehbar werden, weshalb der Fragebogen bestimmte Fragen enthält und andere durchaus denkbare nicht. Dann folgen Informationen zur Durchführung, die Rückschlüsse auf die Gewissenhaftigkeit der Arbeit zulassen – und auf die Zuverlässigkeit der Ergebnisse. Die Ergebnisse selbst werden anschließend in der Form von Tipps für Sie als Autoren dargestellt.

Planung der Leserbefragung

„Ihre Meinung interessiert uns ...": Das war Anliegen und zugleich Programm der Planung. Doch: Wessen Meinung worüber ist es, die man kennen müsste, wenn man eine Fachzeitschrift wie die vorliegende weiter entwickeln will? Welche Aspekte sind es, die der Leserschaft wichtig sind – und wie wichtig sind diese? Welche Gestaltungsmerkmale von wissenschaftlichen Beiträgen haben einen Einfluss auf die Leserzufriedenheit? Inwieweit sind die Personenmerkmale der spezifischen Leserschaft zu berücksichtigen?

Dieser Breite des Erkenntnisinteresses entsprechend wurden Fragen zu folgenden Aspekten einer Fachzeitschrift und ihrer Leserschaft entwickelt:
- Lesestrategien/ Leserverhalten,
- Layout,
- Qualität der Beiträge,
- Wissenschaftlichkeit,
- Praxisbezug,
- Preis-Leistungs-Verhältnis,
- Merkmale der Leserschaft.

Die so entwickelten Fragen wurden dann in Orientierung an den empirisch begründeten Empfehlungen von *Jacob/ Eirmbter* (2000), *Schnell* u.a. (1993) und *Porst* (2000) zu einem vorläufigen Fragebogen zusammengestellt.

Zusätzlich habe ich zwei offene Fragen aufgenommen:
- Was soll beibehalten werden?
- Was soll wie verändert werden?

Damit wollte ich im Sinne eines Methodenvergleiches herausfinden, ob diese zwei offenen Fragen alleine und für sich genommen Antworten animieren, die im Hinblick auf eine gezielte Weiterentwicklung der Zeitschrift (einschließlich der Fachbeiträge) möglicherweise so informationshaltig sind wie die Antworten auf alle anderen Fragen zusammen. Diese zwei offenen Fragen ermöglichten auch Äußerungen, die für Autoren relevant werden könnten.

Der vorläufige Fragebogen wurde informell auf seine Praktikabilität und Anwenderfreundlichkeit hin ‚getestet' und bezüglich einiger Fragen modifiziert.

Indem der endgültige Fragebogen an jeden Abonnenten der Zeitschrift für Heilpädagogik gehen sollte, kann die Befragung als Totalerhebung betrachtet werden.

Durchführung der Leserbefragung

Der Fragebogen wurde als Einhefter in Heft 4/ 2001 versandt, entsprechend der Auflage der Zeitschrift für Heilpädagogik über 11.000 mal.
Das Anschreiben für die Leser lautete wie folgt: „Ihre Meinung zur Zeitschrift für Heilpädagogik interessiert uns (...) Ihre Meinung darin zum Ausdruck zu bringen wird etwa 15-20 Minuten beanspruchen – wobei Sie zugleich einiges über Ihre Lesegewohnheiten und Strategien der Informationsverarbeitung erfahren können, was Ihnen vorher vielleicht nicht so bewusst war (...)."
Für die Rücksendung des ausgefüllten Fragebogens wurde eine Frist von etwa 6 Wochen anberaumt.

Ergebnisse

Die Anzahl der ausgefüllten Fragebogen, die vor dem Einsendeschluss zurück kamen, betrug 296. Es waren alle auswertbar. Allerdings waren nicht immer alle Fragen bearbeitet worden.
Die Rücklaufquote betrug knapp 3 %.
 Die Antworten stammen von
- 237 Lehrerinnen und Lehrern,
- 38 außerschulisch tätige Pädagoginnen und Pädagogen,
- 21 Studierenden.

Die folgende Ergebnisdarstellung bezieht sich auf die Antworten der 237 Lehrer. Die Antworten der beiden anderen Lesergruppen sollen getrennt analysiert und gegebenenfalls später veröffentlicht werden.
 Wie repräsentativ sind die Äußerungen von 3 % der Leserschaft für die anderen 97 %? Das kann man nicht sicher wissen, obwohl es einige Anzeichen dafür gibt, dass es zum einen eher zufriedene, zum anderen eher unzufriedene Leserinnen und Leser waren, die geantwortet haben – also eher die Extremgruppen.
 Andererseits gehe ich davon aus, dass die Redaktion einer Fachzeitschrift gerade diejenigen, welche sich durch Beantwortung des Fragebogens engagiert haben, in ihrer Meinung honorieren könnte, ja sollte. Eine Möglichkeit dazu bestünde darin, deren Votum gegebenenfalls in der Form redaktioneller Hinweise an die Autoren weiter zu geben oder sogar als Kriterien für die An-

nahme oder Ablehnung beziehungsweise Überarbeitung von Manuskripten mit zu berücksichtigen.

In diesem Sinne soll im Folgenden zunächst die Lesergruppe, die sich an der Befragung beteiligt hat, beschrieben und dann die von ihr formulierten Vorstellungen als Tipps an Autoren weiter gegeben werden.

Merkmale der Lesergruppe:
das Fantombild des durchschnittlichen Lesers

Um die Zielgruppe zu veranschaulichen, habe ich den Versuch unternommen, aufgrund der erhaltenen Daten eine Art Fantombild des typischen Lesers zu zeichnen. Das folgende Beispiel soll veranschaulichen, wie ich bei der Konstruktion dieses Fantombildes vorgegangen bin:

Auf die Frage 1: Wie lange beschäftigen Sie sich durchschnittlich mit einem Heft der Zeitschrift? haben die Leserinnen und Leser, wie in Tab. 1 dargestellt, geantwortet:

Zeit in min.	Prozent
0–10 min	4,7 %
10–30 min	26,9 %
30–60 min	44 %
mehr als 60 min	21,8 %
gar nicht	1,3 %
keine Angaben	1,3 %

Tab. 1: Antworten zu Frage 1

Für die Konstruktion des typischen Lesers wurde jeweils der Wert gewählt, der am häufigsten genannt wurde – bezogen auf die Frage 1 ist das: 30–60 min. Die Werte zu allen Fragen können unter den angegebenen Adressen im Internet eingesehen werden.

Der typische Leser ist eine Frau: Sie arbeitet an einer Schule für Lernbehinderte. Wenn sie ein Heft zur Hand nimmt, stellt sie fest, dass ihr die farbliche Gestaltung gut gefällt. Sie lässt ihren Blick über die Titelseite und über das Inhaltsverzeichnis streifen. Sie findet sich anhand der Überschriften gut zurecht, ebenso mit der fortlaufenden Nummerierung der Seitenzahlen und der Trennung von Fachbeiträgen im vorderen Teil und den vds-Informationen im hinteren Teil.

Die Titelseite sowie das Inhaltsverzeichnis nimmt sie als Anhaltspunkt, um so zu entscheiden, in welcher Reihenfolge sie die Inhalte liest. Insgesamt nimmt sie sich 30–60 Minuten Zeit für ein Heft.

Wenn sie zu lesen beginnt, liest sie manchmal nur einen Fachbeitrag – meist den mit Bezug auf die eigene Fachrichtung – manchmal liest sie mehrere. Sie findet die äußere Strukturierung der Fachbeiträge gut, die inhaltliche Verständlichkeit gut bis befriedigend, den Informationsgehalt wiederum eindeutig als gut.

Der wissenschaftliche Hintergrund ist für sie voll und ganz ausreichend. Dabei macht sie die Wissenschaftlichkeit vorrangig an der Bezugnahme auf Untersuchungen fest, ansonsten aber auch an den Literaturangaben. Sie kann die Erkenntnisse und Vorschläge aus den Fachbeiträgen, die ihrer Fachrichtung zuzuordnen sind, großenteils nutzen. Manchmal zieht sie auch aus Fachbeiträgen, die nicht ihrem Fachbereich zuzuordnen sind, einen praktischen Nutzen.

Mit der durchschnittlichen Anzahl von 4–5 Fachbeiträgen ist sie zufrieden. Allerdings hätte sie lieber kürzere Fachbeiträge. Und diese sollten zugleich etwas mehr Praxisbezug haben.

Bei der Lektüre des einen oder anderen Heftes, aber eher selten, hat sie sich bei dem Gedanken ertappt, ob dieser oder jener Beitrag vielleicht eine Muss- oder Gefälligkeitsveröffentlichung war oder ob Professorenveröffentlichungen und Selbstdarstellungen künftig nicht unterbleiben könnten.

Möglicherweise war darunter auch ein Beitrag, in welchem der Autor ein Zitat Goethes wieder gibt, das ihr nicht geläufig ist. Sie liest „zitiert nach (Name des Autors, Jahr, Seite)". Sie schaut im Literaturverzeichnis nach – und stößt, wie zu erwarten, auf das betreffende opus des betreffenden Autors. Sie weiß jetzt zwar, dass der betreffende Autor noch ein weiteres Werk (das hier aber nicht relevant war) geschrieben hat, in welchem er Goethe zitiert. Sie weiß aber immer noch nicht, aus welchem Werk Goethes dieses Zitat stammt.

Bis jetzt haben wir unserer Leserin 15–30 Minuten zugesehen, in denen sie die Fachbeiträge studiert hat. Die anderen 15–30 Minuten liest sie die vds-Mitteilungen sowie die etwa 4 Buchbesprechungen, die jedes Heft enthält.

Sie liest auch andere Fachzeitschriften und Fachliteratur, geht manchmal zu Vorträgen oder Diskussionsrunden und klickt sich auch mal ins Internet ein. Soweit das Profil einer prototypischen Leserin.

Nachtrag zum Preis-Leistungs-Verhältnis: Unsere prototypische Leserin würde sich – wäre es nicht über den Mitgliederbeitrag finanziert – das Heft nicht für 16.50 DM kaufen.

Tipps für Autorinnen und Autoren

Der Fragebogen hat, wie bereits erwähnt, auch Fragen enthalten, aus deren Antworten sich Tipps für die – aus Lesersicht – optimale Gestaltung von Fachbeiträgen ableiten lassen, insbesondere zu den Aspekten ‚Wissenschaftlichkeit' und ‚Praxisbezug'.

‚Wissenschaftlichkeit' verbindet die prototypische Leserin, wie schon festgestellt, mit Hinweisen auf andere Untersuchungen sowie mit Literaturhinweisen.

Die Antworten zur offenen Frage ‚Sonstiges' geben weitere Anhaltspunkte, die im Folgenden der Häufigkeit der Nennungen nach aufgeführt werden:
- Inhaltliche Aktualität und Qualität,
- Originalität und Begründungszusammenhang,
- Eigene neue/ fehlende Untersuchungen,
- Niveau der Artikel,
- Sprache/ Terminologie,
- Ausgewogenes Theorie-Praxis-Verständnis,
- Querverweise auf Nachbardisziplinen,
- (...)

Diese Antworten scheinen ein sehr heterogenes Verständnis von Wissenschaftlichkeit wider zu spiegeln. Es werden keine Andeutungen in Richtung erkenntnistheoretischer oder wissenschaftstheoretischer Positionen wie Positivismus, Kritischer Rationalismus oder Konstruktivismus erkennbar. Es werden auch keine Präferenzen bezüglich quantitativer oder qualitativer Forschungsmethoden geäußert. Das könnte im Umkehrschluss heißen, dass die antwortende Leserschaft genug Toleranz aufweist, ganz unterschiedliche wissenschaftstheoretische und forschungsmethodologische Orientierungen der Autoren zu akzeptieren.

Zugleich fällt auf, dass im Zusammenhang mit ‚Wissenschaftlichkeit' Begriffe wie ‚Wahrheit' oder ‚Beweise' nicht ins (Wort)Spiel gebracht werden. Hat die Leserschaft die positivistische Vorstellung von der Objektivität der Wissenschaften aufgegeben?

Andererseits sind keine Anzeichen dafür zu entdecken, dass der Nachweis der ‚Nützlichkeit' von Theorien und Modellen beziehungsweise ihrer Anwendung eingefordert wird. Eher scheint es so zu sein, dass die Leserschaft selbst eine derartige Bewertung vornimmt. Dabei bleibt allerdings ungeklärt, aufgrund welcher Informationen sie das tut.

‚Praxisbezug' war ein weiterer Aspekt des gesuchten Meinungsbildes. Die Antworten sowohl zur entsprechenden geschlossenen Frage als auch zur offenen Frage lassen den Wunsch nach mehr Praxisnähe erkennen. Gerade die offene Frage hat offenbar zu einer genaueren Charakterisierung dessen animiert, was Leserinnen und Leser damit verbinden, nämlich ‚Praxisorientiertheit', ‚Beispiele aus der Praxis', ‚mehr Auswertung von Schulversuchen', mehr Praxisberichte, Erfahrungsberichte, Vorstellen von Schulmodellen, Anregungen für die Praxis, konkret fachpraktisch umsetzbare Beiträge, Unterrichtsentwürfe, Unterrichtsanleitungen, didaktische Tipps, Unterrichtsmaterialien.

Ein höherer ‚Auflösungsgrad', also noch mehr Details sind weder aus der geschlossenen noch aus der offenen Frage herauszuholen. Deshalb möchte ich, über die Antworten aus dieser Leserbefragung hinausgehend, noch kurz Erkenntnisse aus anderen Untersuchungen zum Praxisbezug in Fachbeiträgen einblenden.

Plath (1998) hat Lehrkräfte nach Merkmalen befragt, die pädagogisch-psychologische Literatur besitzen sollte, damit sie für ihre berufliche Praxis nützlich und brauchbar ist. Die Antworten waren, der Wichtigkeit nach geordnet:

- Verständlichkeit der Darstellung,
- Nachvollziehbarkeit des Inhalts,
- Ermöglichung eines Praxisbezugs,
- Klarer, eindeutiger Sprachstil,
- Prägnante, präzise Ausdrucksweise,
- Angemessene Wortwahl,
- Logisch strukturierter Aufbau,
- Schlüssige Einheit von Absicht, Inhalt und Sprache,
- Klare Definitionen theoretischer Begriffe,
- Ermöglichung eines Praxisbezugs,
- Fallberichte/ Beispiele aus der Praxis,
- Aufzeigen der Anwendungsbereiche und -möglichkeiten,
- Hinweis auf Faktoren, die die Umsetzung beeinflussen können,
- Hinweis auf mögliche, unterwünschte Auswirkungen,
- Angabe der Anwendungsvoraussetzungen und -bedingungen,
- Beachtung der Grenzen des Machbaren,
- Berücksichtigung der Praxisbedingungen,
- Ermöglichung eigener Entscheidungen anhand eines Orientierungsrahmens,
- Vermeidung der Vorgabe von Verhaltensstandards oder -normen,

- Klar gegliederte Textabschnitte.

Noch einen Schritt weiter gehe ich (vgl. *Spiess* 1998), wenn ich präzisiere und begründe, genau welche Informationen Autoren ihren Kollegen in der Praxis zur Verfügung stellen sollten, damit diese rationale Entscheidungen über Handlungsmodelle treffen können wie zum Beispiel:
- Passt ein bestimmtes Handlungsmodell zu mir (und meinen Werten), zu meiner Zielgruppe und zu meinen Rahmenbedingungen („setting')?
- Welche Kompetenzen muss ich mir aneignen, damit ich dieses Modell mit günstiger Prognose ‚anwenden' kann?

Entsprechend meiner metatheoretischen, theoretischen und ‚praktischen' Analysen erscheinen mir Informationen zu folgenden Beschreibungsmerkmalen eines Handlungsmodells erforderlich:
- Entstehungsgeschichte (einschließlich Menschenbildannahmen),
- Indikationen/ Kontraindikationen,
- Rahmenbedingungen,
- Vorgehensweise (einschließlich erforderlicher Kompetenzen),
- Auswirkungen,
- Wirkungsweise/ Wirkungsmechanismen,
- Methodenkombination.

Wie die Darstellung von Handlungsmodellen entsprechend solcher Beschreibungsmerkmale ganz konkret aussehen kann, haben ansatzweise schon *Redl* und *Wineman* (1976) mit ihren 17 Techniken zur Steuerung des aggressiven Verhaltens beim Kind vorgemacht. Wie im Folgenden am Beispiel des ‚Antiseptischen' Hinauswurfs kurz aufgezeigt, haben sie jeweils beschrieben, wie die Vorgehensweise einer Technik ganz konkret aussieht und unter welchen Indikationen/ Kontraindikationen eine Technik jeweils angezeigt ist oder nicht.

13. ‚Antiseptischer' Hinauswurf
(...) Wir stellen uns die Sache nicht so vor, dass ein zorniger Erwachsener ein Kind hinauswirft und dabei Feindseligkeit, Aggression, Wut und Triumph zeigt, sondern wir denken an die Tatsache, dass in gewissen Fällen die Entfernung eines Kindes von einer bestimmten Konfliktszene die einzige Möglichkeit darstellt, die damit verbundenen Verhaltensweisen zu beeinflussen. (...) Die Kriterien, die für das Herausnehmen eines Kindes aus einer bestimmten Situation sprechen, lassen sich wie folgt gliedern:

13.1 Kriterien
    (1)   Physische Gefahr
    (2)   Reizung durch die gruppenpsychologischen Prozesse
    (3)   Unbezwingbarer Ansteckungseffekt
    (4)   Bedürfnis nach einem Ausweg, der das Gesicht wahren hilft
    (5)   „Einmassieren" von Grenzen

13.2 Vorsichtsmassnahmen und Kontraindikationen
(1) Wahrung der persönlichen Beziehung
(2) Auswirkung auf andere Kinder und die Gruppe
(3) Berücksichtigung der Wirkungen auf die Status-Konstellation
(4) Notwendigkeit vollkommener Antisepsis (...)(*Redl/ Wineman* 1976, 69ff.).

Diese Kriterien (Indikationen/ Kontraindikationen) sowie die praktische Vorgehensweise werden von *Redl* und *Wineman* noch weiter konkretisiert und exemplarisch definiert.

Wie ein komplexeres Handlungsmodell entsprechend aller genannten Beschreibungsmerkmale vollumfänglich darzustellen wäre, habe ich zusammen mit Kolleginnen und Kollegen anhand des konstruktivistisch lösungs- und entwicklungsorientierten Beratungsmodells (vgl. *Spiess* 1998) anschaulich und nachvollziehbar zu machen versucht.

Ausblick

Wenn Sie als Autor diese Tipps beim Verfassen Ihrer Manuskripte berücksichtigen, dürfen Sie mit überzufälliger Wahrscheinlichkeit hoffen, dass die Leser und Leserinnen Ihnen das mit einer erhöhten Zufriedenheit ‚anrechnen'.

Inwieweit Sie als Autoren diese Tipps für nützlich halten und im Gefolge dieses Beitrages vermehrt berücksichtigen und inwieweit damit die Leserzufriedenheit wirklich steigt, könnte eine Vergleichsanalyse von früheren und künftigen Fachbeiträgen, verbunden mit weiteren Leserbefragungen, aufzeigen.

Literatur

Bonnke, K.: Wie zufrieden ist die Leserschaft mit der Zeitschrift für Heilpädagogik? Ergebnisvergleich der konstruktivistischen und positivistischen Fragebogenelemente. www.vds-bundesverband.de.

Horstmann, I.: Wie zufrieden ist die Leserschaft mit der Zeitschrift für Heilpädagogik? Ergebnisse einer quantitativen Fragebogenerhebung bei Lehrkräften im Kontext Schule. www.vds-bundesverband.de.

Jacob, R.; *Eirmbter*, W.: Allgemeine Bevölkerungsumfragen. Einführung in die Methoden der Umfrageforschung mit Hilfen zur Erstellung von Fragebögen. München 2000.

Moranz, S.: Wie zufrieden ist die Leserschaft mit der Zeitschrift für Heilpädagogik? Ergebnisse einer quantitativen Fragebogenerhebung bei außerschulisch tätigen Pädagoginnen und Pädagogen sowie bei Studierenden. www.vds-bundesverband.de.
Müller, S.: www.vds-bundesverband.de - ein Diskussionsforum als neues Angebot für den fachlichen Austausch in der Heil- und Sonderpädagogik. www.vds-bundesverband.de.
Plath, I.: Probleme mit der Wissenschaft? Lehrerurteile über pädagogisch-psychologische Literatur. Studien zum Umgang mit Wissen. Bd. 9. Baden-Baden 1998.
Porst, R.: Praxis der Umfrageforschung. Wiesbaden 2000.
Redl, F.; *Wineman*, D.: Steuerung des aggressiven Verhaltens beim Kind. München 1976.
Schnell, R. u.a.: Methoden der empirischen Sozialforschung. Wien 1993.
Spiess, W. (Hrsg.): Die Logik des Gelingens. Lösungs- und entwicklungsorientierte Beratung im Kontext von Pädagogik. Dortmund 1998.
Spiess, W. u.a.: „Ihre Meinung interessiert uns ...": Ergebnisse der Leserbefragung 2001 zur Zeitschrift für Heilpädagogik. In: Zeitschrift für Heilpädagogik 53(2002), 4-7.
Straßner, E. (Hrsg.): Zeitschrift. Tübingen 1997.

Pädagogisches Handeln vor dem Hintergrund auffälligen Verhaltens

Birgit Warzecha

Verhaltensauffällige Kinder und Jugendliche – ‚Symptomträger' in unserer Gesellschaft?

1 Einleitung

Ein gutes Viertel aller Beiträge auf der diesjährigen Fachtagung der Sonderpädagogikdozentinnen und -dozenten aus den deutschsprachigen Ländern befasst sich mit Fragen zu Erziehungsschwierigkeiten, Verhaltensauffälligkeiten und speziellen Themen zum Förderschwerpunkt emotionales und soziales Erleben und Verhalten. Ich vermute, dass die Leitfrage: ‚Sonder- und Heilpädagogik in der modernen Leistungsgesellschaft – Krise oder Chance?' ganz besonders relevant ist für eine Klientel in schwierigen Lebenslagen, die zu den ‚Schwierigen' geworden ist.

Mein Beitrag: ‚Verhaltensauffällige Kinder- und Jugendliche – ‚Symptomträger' in unserer Gesellschaft?' betrifft die Risiken einer Sozialisation unter den Bedingungen von Armut in der modernen Leistungsgesellschaft, deren Auswirkungen auf Kinder und Jugendliche, die ich in Hamburg sowohl in den Schulen, hier insbesondere den Förderschulen, aber auch in meinem Forschungsprojekt am Hamburger Hauptbahnhof deutlich wahrnehme (vgl. *Warzecha* 2000a, 2001).

‚Symptomträger' ist zwar ein griffiger Begriff, unter dem sich jeder etwas vorstellen kann. Im Folgenden bezeichnet er näher den Umstand, dass sich bestimmte Aspekte des Sozialen (Kinderarmut, mangelnde Professionalisierung, z.B. in der Kooperation von Schule und Kinder- und Jugendhilfeplanung) negativ auf die Entwicklung einer bestimmten Gruppe von Heranwachsenden auswirken kann. Deren Auffälligkeiten, auf diese Negativfolgen ihres Sozialisationsrahmens mit Kleinkriminalität, Schulflucht, Gewaltbereitschaft, Trebegängertum u.v.m. zu reagieren, wird in der Regel negativ etikettiert, bzw. sanktioniert – ich erinnere an die Diskussion um offene versus geschlossene Unterbringung. ‚Maladaptives Verhalten' wird individualisiert, bis hin zur Medikalisierung normabweichenden Verhaltens. Ich untersuche hier solche Umfeldbedingungen, die Auffälligkeiten auslösen und verstärken können.

2 Aufwachsen in Armut

Gemäß der UNO-Kinderrechtskonvention von 1989 und den Erkenntnissen der Entwicklungspsychologie sind folgende Standards bezüglich der elementaren Bedürfnisse von Kindern allgemein gültig und bekannt:
- *Körperliche Bedürfnisse:*
  Essen, Trinken, Schlaf, Wach–Ruhe–Rhythmus, Zärtlichkeit, Körperkontakt
- *Schutzbedürfnisse:*
  Schutz vor Gefahren, Krankheiten, materieller Unsicherheit
- *Bedürfnisse nach einfühlendem Verständnis und sozialer Bindung:*
  Dialog und Verständigung, Zugehörigkeit zu einer Gemeinschaft
- *Bedürfnisse nach Wertschätzung:*
  Bedingungslose Anerkennung als seelisch und körperlich wertvoller Mensch
- *Bedürfnisse nach Anregung, Spiel und Leistung:*
  Förderung der Neugierde, Anregungen und Anforderungen, Unterstützung beim Erforschen der Umwelt
- *Bedürfnisse nach Selbstverwirklichung:*
  Unterstützung bei der Bewältigung von Ängsten, Bewusstseinsentwicklung, Stärkung eigener Ziele (vgl. *Kinderschutzbund Landesverband Nordrhein-Westfalen e.V./ Institut für soziale Arbeit Münster e.V.* 2000, 17).

Sie werden mir zustimmen, dass diese kindlichen Lebensbedürfnisse unabdingbare Vorraussetzungen für eine gelingende Lebensbewältigung, Lebensform und Lebensführung im Erwachsenenalter sind. In Deutschland, als einer der führenden Industrienationen der Welt, sollte man meinen, dass diese Standards zum Kindeswohl längst Realität sind. Überraschenderweise ist das keineswegs der Fall. Obwohl die Europäische Union 1996 mit Billigung aller EU-Staaten den Beschluss verabschiedet hat, 1 Prozent des Bruttosozialproduktes in Erziehung und Bildung zu investieren, ist die BRD weit davon entfernt, dies in die Praxis umzusetzen (vgl. *Fthenakis* 2000, 13f). Ein konkretes Beispiel dafür ist der Anstieg der Kinderarmut.

Frühe innerpsychische Verletzungen aufgrund massiv anhaltender Gewalterlebnisse sind immer häufiger fester Bestandteil von in Armut aufwachsenden Kindern. Ihre frühe Sozialisation erleben sie als eine verletzende oder zerstörende Lebensetappe. *Wetzels*, vom kriminologischen Institut Hannover, stellt in seiner empirischen Untersuchung fest, dass Misshandlungen und häufige/ schwere Züchtigungen besonders häufig bei Heranwachsenden in sozioökonomischen Problemlagen anzutreffen sind (vgl. *Wetzels* 2000, 12). Ökonomischer Stress geht oft einher mit innerfamiliärer Gewalt, vielfältigen Diskriminierungserfahrungen, und bildet eine wichtige Disposition für Verhaltensstörungen.

Meist wird ein Bündel von Problemen genannt, unentschuldigtes Fehlen, fehlendes Schulmaterial, Verhaltensauffälligkeiten, Vernachlässigung (...). Bei Verhaltensstörungen findet vor allen Dingen das aggressive, den Unterrichtsablauf störende Verhalten Beachtung, während depressivregressives Verhalten kaum beachtet wird – obwohl beide Verhaltensweisen in gleicher Weise ernstzunehmende Signale sind. (*Stadtteilbüro Malstatt* 1993, 89)

Insbesondere materielle Unterversorgung und damit einhergehende Beeinträchtigung der Person(en), die den Heranwachsenden, gemäß der o.g. Standards, doch schützen sollen, belasten stattdessen ihre ‚Bildung zum Selbst' (*Adorno*). „Unter dem Druck der alltäglichen Existenznöte können Kinder sehr schnell zur Last werden; gemeinsame Spiele, gemeinsame Aktivitäten scheinen den Erwachsenen oft als Luxus – die Freude miteinander und aneinander bleibt auf der Strecke" (*Stadtteilbüro Malstatt* 1993, 98). Die Entbehrungen, psychophysische Belastungen durch materiellen und emotionalen Mangel bezeichnen wir als Überforderungssituation. Oft finden wir auch Veränderungen im Bindungs- und Beziehungsverhalten der primären Bezugspersonen. Auswirkungen unter den Armutsbedingungen bedeutet: erhöhte Reizbarkeit, gesundheitliche Auffälligkeiten, Konzentrationsschwäche, Retardierung der Sprachentwicklung, aggressives sowie regressives und depressives Verhalten, Hyperaktivität, Selbstwertprobleme usw.

Zudem beobachten wir, dass ein bestimmter Teil der Jugendlichen die geltenden rechtsverbindlichen Normen aktiv negiert, genauer, neue Formen archaischer Normen in Szene setzt: Zerstörungswut und Gewalt sich Raum schafft.

Die Perspektiven der sozialen Integration für diese jugendlichen Modernisierungsverlierer sind beim gegenwärtigen Entwicklungstrend zu einer Spaltung der Gesellschaft in Arbeitsbesitzende und Arbeitsuchende schlecht. Denn diese Heranwachsenden haben nach unserem Verständnis nichts zu verlieren und noch nicht einmal die Aussicht auf ein Erwerbsleben, das materielle Unabhängigkeit ermöglichen könnte. Die schlechten Perspektiven bildungsbenachteiligter Schülerinnen und Schüler auf dem Arbeitsmarkt werden volkswirtschaftlich allenfalls als ‚versteckte Kosten' berücksichtigt. „So werden viele Jugendliche ins gesellschaftliche Abseits gedrängt und erleben, dass sie nicht gebraucht werden. Für die Arbeitsgesellschaft braucht man sie nicht, und für die Konsumgesellschaft sind sie uninteressant" (*Müller-Wiegand* 2000, 183).

Eine materiell abgesicherte Existenz in Form einer Lohnarbeiterkarriere ist für viele Jugendliche keine glaubhafte und erstrebenswerte Perspektive mehr. Wir gehen heute davon aus, dass nur ein Drittel der Schülerinnen und

Schüler eine gesicherte Berufsbiographie erleben wird. Sie gehören zur Kategorie der Überflüssigen, der Entbehrlichen in dieser Gesellschaft, taugen nicht einmal als ‚Reservearmee', höchstens (und höchst zynisch). Wo aber diese Teilhabe verwehrt wird, schwindet auch die Identifikation mit rechtsverbindlichen Standards.

Wer angesichts dieser Zukunftsaussichten und aus einer ungefestigten Herkunft heraus sein Leben in die Hand nehmen will und dabei das verlockende Angebot kennt, über Drogenhandel oder geklaute Autoradios ans schnelle Geld zu kommen, der sieht oft keine anderen Möglichkeiten als den Schulausstieg, als sich zu verweigern, und, oft genug, auch brutal, seinen eigenen Weg zu gehen. Straßenkinder werden daraus, Jungarbeitslose, Drogenabhängige, junge Sozialhilfeempfänger ohne jede Perspektive. (*Troitzsch* 1999, 12)

Schulverweigerung, Schulabsentismus ist zurzeit ein aktuelles Forschungsthema in der Sonderpädagogik; die Zahl der Schülerinnen und Schüler, die an schulischen Angeboten nicht mehr partizipieren, steigt. Gerade junge Menschen aus sozial benachteiligten Verhältnissen sehen angesichts der Arbeitsmarktsituation ihre Schulzeit immer weniger als sinnstiftenden Beitrag ihrer Lebensgestaltung; sie wenden sich von schulischen Angeboten ab (vgl. *Bohne* 1999, 26; *Warzecha* 2000b).

Die Konsequenzen der Armutsentwicklung in Deutschland unterscheiden sich nicht wesentlich von denen in Südafrika. Der südafrikanische Kollege *Donald* fand in seinen Studien heraus: „It is apparent, ..., poverty was judged to be by far the most common primary and contributory reason for children being out of school" (*Donald* 2000, 10).

Eine wachsende Zahl verhaltensgestörter, aggressiver, gewalttätiger, latent gewalttätiger Heranwachsenden wird im Kontext von Armut zum Symptomträger in unserer Gesellschaft.

Diese Armutsrealität zeigt sich überdeutlich in den Metropolen. Im Kinder- und Jugendbericht der Freien und Hansestadt Hamburg vom Jahr 2000 heißt es:

Eine Reihe von Untersuchungen belegt, dass ein Leben in Armut mit psychischen Problemen und Verhaltensauffälligkeiten einhergeht, die von Minderwertigkeitsgefühlen, depressiven Reaktionen, erhöhten Ärger- und Wutreaktionen, einer erhöhten Bereitschaft zu Normverstößen über Fehlernährung und Gesundheitsprobleme bis hin zu Schulleistungen reichen, die weit hinter den Fähigkeiten der betroffenen Kinder zurückbleiben (*Senat der Freien und Hansestadt Hamburg* 2000, 22)

Für solche Heranwachsenden gehen Armut und Gewalt oder Vernachlässigungserfahrungen oft einher mit einem Leben in beeinträchtigten Stadtteilen.

Einsteiger, die aufgrund einer negativen Schulkarriere vor dem Einstieg in eine Straßenkarriere stehen, kommen aus Stadtteilvierteln mit überwiegend sozial schwachen Familien, Armut, Arbeitslosigkeit sowie beengten und unhygienisch unzureichenden Wohnverhältnissen (vgl. *Landesjugendamt Brandenburg/ Kinder- und Jugendhilfe e.V.* o.J., 11).

Auch liegt die Sozialhilfedichte bei ausländischen jungen Menschen weit höher als bei deutschen Heranwachsenden (vgl. *Senat der Freien und Hansestadt Hamburg* 2000, 21). Ausländische SchülerInnen sind ferner in Sonderschulen überrepräsentiert, insbesondere an den Sonderschulen für Lernbehinderte, bzw. den Förderschulen.

Doch wir kennen auch andere Befunde. Konnte man nämlich vor 30 Jahren in der Sonderpädagogik noch von der sozio-kulturellen Benachteiligung besonders der bildungsfernen Schichten sprechen, so kennen wir heute auch das Phänomen der sogenannten Wohlstandsverwahrlosung. Dabei ist nicht die Überfülle materieller Konsumgüter – vom Handy bis zur Markengarderobe – das Problem, sondern der Mangel an emotionaler Grundversorgung in der Familie. Bei Kindern kann dies zu Isolation, Kontaktproblemen mit Gleichaltrigen, diffusen Angstzuständen und psychosomatischen Störungen wie Asthma oder Neurodermitis führen. Zu solchen ‚stilleren' Störungen zählen auch Bulimie oder Anorexia nervosa. Doch auch in materiell abgesicherten und sozial anerkannten Familien kann es ‚arme Kinder' geben – arm an emotionalen Bezügen. So stellt Werner *Harasta* im letzten Jahr in der Zeitschrift für Behindertenpädagogik fest: „Verhaltensstörungen werden immer mehr ein alle Sozialschichten umfassendes Problem. Wenngleich zwar immer noch Kinder und Jugendliche aus sozialen Unterschichten überrepräsentiert sind, nehmen Wohlstandsverwahrlosungen zu" (*Harasta* 2000, 81).

3 Öffentliche und private Erziehung in der Krise

Viele Heranwachsende, aber auch ihre Bezugspersonen in der primären Sozialisation, sind meist überfordert, oft in einem solchen Ausmaß, dass die öffentliche Erziehung beansprucht werden muss. Zur familiären Situation der verhaltensgestörten Schüler in Sachsen-Anhalt gilt nach einer Studie von *Opp* für das Jahr 1998, dass mehr als 50 Prozent der erfassten Kinder und Jugendlichen nicht in einer Zwei-Eltern-Familie lebten, sondern in Heimen bzw. in Pflegefamilien (vgl. *Opp* 1999, 23).

Die als verhaltensgestört etikettierten Heranwachsenden sind unter den Bedingungen von sozioökonomischer, emotionaler und ethnischer Benachteiligung, sowie psychophysischer Vernachlässigungs- und Gewalterfahrung insofern ‚Symptomträger' in der Gesellschaft, als ihre Verhaltensweisen unmissverständlich im Regel- und Sonderschulalltag jene Schwierigkeiten zum Ausdruck bringen, die aus solchen Multiproblemkonstellationen resultieren.

Oben war von gesellschaftlichen Tendenzen die Rede, die für Kinder in Überforderungssituationen münden. Zur gleichen Zeit befindet sich Schule und Kinder- und Jugendhilfe in einer Legitimationskrise. Beide laufen Gefahr, aufgrund hoher Erwartungen und (oft) ungerechtfertigter Kritik in die Defensive gedrängt zu werden. Außerdem werden Bildung, Erziehung und soziale Arbeit unter Qualitäts- und Effizienzaspekten zunehmend ökonomischen Prinzipien unterworfen (vgl. *Opp* 2000, 10). „Das Prinzip ‚Fürsorge' und des ‚Sich Kümmerns' ist in einer dienstleistungsorientierten Jugendhilfe in den Hintergrund getreten. ‚Wer nichts will und sich nichts holt, der kriegt auch nichts'" (*Schrapper/ Adam* 2000, 21). Der Konsens über verbindliche Erziehungsziele schwindet, sowohl für die öffentliche wie die private Erziehung. Erziehung und Bildung lässt sich heute für viele junge Benachteiligte im Sinne der ‚allgemeinen Menschenbildung' nicht mehr operationalisieren.

Angesichts der prinzipiellen Unsicherheit pädagogischen Handelns kann es nicht um festschreibbare Methoden, Techniken und Maßnahmen gehen, sondern Ziel muss hier ein reflexives Wissen sein, das aus der Problematisierung und Vergewisserung pädagogischer Zielsetzungen und Wirkungseffekte resultiert (vgl. *Opp* 2000, 12). Es kann weder Aufgabe öffentlicher schulischer wie außerschulischer Erziehung sein, ‚die Störer zu entstören' und Erziehung unter dem Primat technologischer Machbarkeit zu subsumieren, viel eher müsste das Ziel einer professionellen Erziehung
- die Ermöglichung an gesellschaftlicher Teilhabe,
- die Ermöglichung von Optionen für Entwicklungs- und Lernprozesse,
- die Ermöglichung von Erkundungsprozessen in die gesellschaftliche Normalität sein.

Solche Ziele lassen sich bei Heranwachsenden in schwierigen Lebenslagen am ehesten im Kontext einer kontinuierlichen, reflektierten und personell abgesicherten Beziehungsarbeit realisieren, die eine haltende Umwelt zu erfahren erlaubt und auch den Diskontinuitäten problembelasteter Biographien eine glaubwürdige Alternative anzubieten vermag.[1] Es geht um ein neues professionelles Selbstverständnis, das die eindimensionale Professionalität der Schule überwindet und interdisziplinäre Strategien eröffnet (vgl. *von Dücker* 1999, 29). Die ‚innere Heimatlosigkeit' vieler als verhaltensgestört etikettierter Schülerinnen und Schüler braucht lange vor dem attestierten Ausstieg, der Pendelbewegung zwischen Familie, Jugendhilfe und Straße, eine Konzeption multiprofessioneller öffentlicher Erziehung, die den Beziehungshunger durch Kontinuität, Verbindlichkeit und Verlässlichkeit aufgreift, so dass neue Chancen realisiert werden können. Dies kann solchen Heranwachsenden eine ‚zweite Chance' eröffnen.

Der pädagogische Alltag stimmt allerdings wenig optimistisch. Vielfach gelingt es den Einrichtungen eben nicht, Eskalationen frühzeitig zu erkennen; hier herrscht eher das Delegationsprinzip vor: für jedes Problem gibt es eine Lösung und für jede Lösung eine spezielle Maßnahme mit einer spezifischen Zuständigkeit. „Obwohl es erklärtes Ziel der Jugendhilfe ist, Beziehungs- und Betreuungswechsel zu vermeiden, führt die Untragbarkeit von Kindern und Jugendlichen doch immer wieder dazu, dass die Zahl der für sie Zuständigen erschreckend hoch ist" (*Schrapper/ Adam* 2000, 164).

Auch hier entspricht die Symptomatik ‚Verhaltensstörung' den Schwierigkeiten und Problemen gerade in jenen ‚helfenden' Systemen, die vorgeben, professionelle Interventions- und Rehabilitationskonzepte anbieten zu können. So fehlen oft deeskalierende Handlungsmodelle in der konkreten pädagogischen Praxis (vgl. Schrapper/ Adam 2000), stattdessen wird bisweilen ein Schul- und Betreuungstourismus praktiziert.

4 Ausblick

So genannte verhaltensauffällige Kinder und Jugendliche werden von den für sie ‚verantwortlichen' Institutionen überwiegend wahrgenommen mit den Problemen, die sie machen, nicht aber denen, die sie haben. Dabei werden die

---

[1] „... kleine Kinder, aber auch Jugendliche haben nicht die Möglichkeit, sich wie Erwachsene zu artikulieren, ihre Interessen zu vertreten, zum Ausdruck zu bringen, dass sie einen Bedarf an Sozialleistungen und Sozialpädagogik haben" (*Münder* 2000, 159).

Sichtweisen der Betroffenen, das, worunter sie selbst subjektiv leiden, vielfach ebenso ignoriert wie die Tatsache, dass es sich nur scheinbar um eine homogene Gruppe (Schulverweigerung, Straßenkarriere, Delinquenz, u.ä.) handelt, vielmehr um individuell ganz unterschiedliche Biographien, deren Aufwachsen in Multiproblemkonstellationen zwar Gemeinsamkeiten aufweist, z.b. Auswirkungen von Armut oder Traumatisierung auf die psychische Strukturbildung, jedoch auch spezifische Differenzen, z.b. bezüglich Artikulationsvermögen oder protektiver Faktoren in der Sozialisation.

Ein angemessenes Bildungs- und Erziehungsverständnis zielt auf ein Handlungs- und Orientierungswissen alltagspraktischer Lebensbewältigung, das die Jugendlichen als Experten ihres momentanen Lebensbewältigungs- und Überlebensstils ernst nimmt, mit den Problemen, die sie haben. Dazu zählt auch die gesundheitliche und medizinische Versorgung, die für viele im Rahmen der institutionalisierten Gesundheitspolitik defizitär ist.

Wenn mehr als ein Drittel aus der Studie von Rainer *Kilb* über Heranwachsende im Straßenmilieu Frankfurt eine lebenslange Kontinuität immer wiederkehrender Beziehungsabbrüche aufweist (vgl. 1998, 83) und die soziale Geographie durch Armut gekennzeichnet ist, sind Mangel und Defizit zentrale Leitkategorien, an denen sich Bildung und Erziehung zu orientieren haben. Deren Praxis kann sich nur dialogisch entwickeln, etwa im Verständnis Paolo *Freires*, indem in einem überschaubaren und kontinuierlichen Beziehungsangebot diese Jugendlichen selbst ihre Bedürfnisse und ihren Bedarf artikulieren. Wo das Bankierskonzept der traditionellen Lernschule versagt hat, könnte eine dialogische Pädagogik zur modernen Leistungsgesellschaft eine glaubhafte Alternative bieten (vgl. *Warzecha* 2000a). Die Alternativen sind der Ausbau von Strafanstalten, der Kinder- und Jugendpsychiatrie, das Entstehen eines neuen Bettelstandes (vgl. *Kniebel* 1998), die Medikalisierung normabweichenden Verhaltens, und was der Normenkatalog des Überwachens und Strafens sonst noch zu bieten hat.

Mithin geht es zukünftig in der Sonderpädagogik auch um politische Lobbyarbeit für diejenigen, die keine Lobby haben und – ein Paradox – oft genug auch keine wollen.

Literatur

Bohne, A.: Projekte der Arbeit mit schulmüden Jugendlichen. Hannover (unveröffentlichte Examensarbeit) 1999.

Deutscher Kinderschutzbund Landschaftsverband Nordrhein-Westfalen/ Institut für soziale Arbeit e.V. Münster (Hrsg): Kindesvernachlässigung Erkennen – Beurteilen – Handeln. Münster, Wuppertal 2000.

Donald, D.: 'Out of school' – children in South Africa: An Analysis of causes in a group of maginalised urban 7 to 15 year olds. In: Support for Learning 15(2000), 8-12.

Dücker, U. v.: Das Freiburger Pilotprojekt Straßenschule. In: Dücker, U. v. u.a.: ‚Wir wollen mitreden!' Aus Straßen,*karrieren* ' lernen. Frankfurt a.M. 1999, 15-42.

Fthenakis, W.: Wohin mit Erziehung und Bildung? In: Klein & groß 6(2000), 12-14.

Harasta, W.: Impulsreferat: Zur Situation der Erziehungshilfe in Hessen In: Behindertenpädagogik 39(2000), 80-82.

Kilb, R.: Straßenleben von jungen Erwachsenen, Jugendlichen und Kindern am Beispiel Frankfurt a.M.. In: Institut für Soziale Arbeit (Hrsg): 5 Jahre Straßenkinder im Blick von Forschung und Praxis. Berlin 1998, 80-89.

Kniebel, H.: Junge Menschen in Wirtshäusern, auf Straßenplätzen, an (Güter)-bahnhöfen, an Wallfahrtsorten. In: Institut für Soziale Arbeit (Hrsg): 5 Jahre Straßenkinder im Blick von Forschung und Praxis. Berlin 1998, 55-61.

Landesjugendamt Brandenburg/ Kinder- und Jugendhilfe-Verbund e.V. (Hrsg): Netzwerke für potentielle Trebegänger. Brandenburg o.J.

Opp, G: Erfassung struktureller, materieller und personeller Rahmenbedingungen in den Schulen mit Ausgleichsklassen in Sachsen-Anhalt und Entwicklung neuer konzeptioneller Ansätze schulischer Erziehungshilfe. Projektbericht. Halle 1999.

Opp, G. u.a. (Hrsg): Erziehung zwischen Risiko und Resilienz. München, Basel 2000.

Opp, G.: Schule – Chance und Risiko. In: Opp, G. u.a. (Hrsg): Erziehung zwischen Risiko und Resilienz. München, Basel 2000, 229-243.

Müller-Wiegand, I.: Die Lebenswelten und Problemlagen Jugendlicher als Herausforderung für die soziale Arbeit. In: Theorie und Praxis der Sozialen Arbeit 5(2000), o.S..

Münder, J.: Jugendhilfe und Elternverantwortung – eine schwierige Balance. In: Bundesministerium für Familie, Senioren, Frauen und Jugend (Hrsg): Mehr Chancen für Kinder und Jugendliche – Stand und Perspektiven der Jugendhilfe in Deutschland. Münster 2000, 50-61.

Schrapper, Ch.; *Adam*, S.: Materialsammlung Forschungsprojekt: ‚Was tun mit den ‚besonders Schwierigen'?' Koblenz 2000.

Senat der Freien und Hansestadt Hamburg (Hrsg): Kinder- und Jugendbericht Hamburg 2000.

Stadtteilbüro Malstatt: Von der Not im Wohlstand arm zu sein. Saarbrücken 1993.

Troitzsch, S.: Schulausstieg: Formen – Ursachen und Gründe. In: Landeskooperationsstelle Schule – Jugendhilfe (Hrsg): Bildungsarbeit mit Schulverweigern. Berlin 1999, 6-25.

Warzecha, B. (Hrsg): Lehren und Lernen an der Grenze. Hamburg 2000a.

Warzecha, B. (Hrsg): Institutionelle und soziale Desintegrationsprozesse bei schulpflichtigen Heranwachsenden: eine Herausforderung an die Kooperation von Schule und Kinder- und Jugendhilfe. Hamburg 2000b.

Warzecha, B. (Hrsg): Kids, die kommen und gehen – Plädoyer für eine Beziehungspädagogik. Hamburg 2001.

Wetzels, P.: Die Bedeutung innerfamiliärer Gewalt für das Sozialverhalten junger Menschen. In: Diakonisches Werk der EKD (Hrsg): ‚Gefährdete und gefährliche Kinder und Jugendliche'. Leinfelden-Echterdingen 2000, 8-28.

Miklós Horváth

Der Zusammenhang von Lern- und Verhaltensproblemen und ihre Beurteilung durch die Pädagogen

Als Einleitung soll hier ein Zitat von Ugo *Pirro* stehen, und zwar aus seinem Buch 'Mein Sohn kann nicht lesen'. Ich möchte damit veranschaulichen, wie sich Lernstörungen – aber auch alle anderen pädagogischen Probleme – auf Menschen im Alltag auswirken und diesen erschweren können. „Der Verdacht, dass Umberto nicht lesen oder schreiben kann oder will, dass er das bereits gelernte Alphabet immer wieder verlernt, wurde in mir erst so langsam bewusst, wie ein Kind seine ersten Worte formuliert" (*Pirro* 1986, 97). Umberto ist hyperaktiv und aggressiv geworden; er hat Notsignale ausgestrahlt und dennoch hat die Lehrerin ihm befohlen, dass er eine Heftseite vollschreiben solle mit dem Satz, in dem sie ihre pädagogischen Erfahrungen zusammengefasst hat: „Ich war schlimm" (*Pirro* 1986, 114).

In den Schulklassen der Allgemeinen Schulen kämpft ein wesentlicher Teil der Schüler mit solchen oder ähnlichen Problemen beim Erlernen der einzelnen Kulturtechniken. Pädagogen und die sich um ihre Kinder sorgenden Eltern haben gleichermaßen ihre Schwierigkeiten, die Lernprobleme und das mit ihnen einhergehende niedrige Leistungsniveau zu tolerieren.

Die Erfolglosigkeit bzw. die Missbilligungen durch Lehrer und Eltern erleben die Kinder als negativ und führen zu der Frage, wessen Problem das ist.

Das Problem berührt als erstes die Schüler. Sie erfahren am eigenen Leibe, dass sie anders sind als ihre Klassenkameraden. Die Schüler können den Anforderungen nicht oder nur teilweise entsprechen. Ihre Lehrer und Mitschüler etikettieren sie mit negativen Attributen oder schlechten Schulnoten. Sie verlieren an Selbstvertrauen, das Selbstwertgefühl sinkt und die soziale Position verschlechtert sich.

Zudem berührt die Lernschwierigkeit auch den Pädagogen, denn der schlechte Schüler ist der lebendige Beweis für den Misserfolg des Lehrers, mit dem er jeden Tag konfrontiert wird. Wird dann auch noch das Verhalten des Kindes inakzeptabel, so kann sich der Lehrer schlecht auf das Unterrichten konzentrieren, weil ihn bestimmte Verhaltensweisen aufregen, ärgern, enttäuschen, böse und nervös etc. machen. Außerdem fühlt sich der Lehrer durch die Lernergebnisse der Schüler sowie durch ihre Verhaltens- und Anpassungsprobleme disqualifiziert.

Letztlich tragen aber auch die Eltern durch ihr Verhalten dazu bei, Spannungen zwischen sich und ihrem Kind zu erzeugen, in dem sie ihr Kind durch Abweisung, Ärger, Böse-Sein und Frustration die Missbilligung spüren lassen. Die Eltern fühlen sich machtlos. Obwohl sie alles versuchen, kommen sie zu keinen Erfolgen. Diese Spannungen werden aber nicht nur in der Beziehung von Kindern und Eltern deutlich, sondern können sich auch in der Beziehung zwischen den Eltern und dem Pädagogen widerspiegeln. Ein Grund liegt oft darin, dass Lehrer und Eltern die Kenntnisse, Fähigkeiten und das Leistungsvermögen des Kindes unterschiedlich beurteilen.

Es darf aber nicht außer Acht gelassen werden, dass die meisten Kinder mit Lernproblemen für die Lehrer eine große Herausforderung darstellen. Sie können mit ihnen dann Erfolge erreichen, wenn sie sich den Problemen von der Schülerseite her annähern und diese als Lernchance betrachten.

Bei der Überwindung von Lernschwierigkeiten sollte sich der Lehrer allerdings nicht auf bestimmte Techniken fixieren, sondern sich vielmehr von der Frage leiten lassen, wie das Lernen von allen Kindern unterstützt und erleichtert werden kann. Eine erfolgreiche Schule bemüht sich daher, den individuellen Ansprüchen ihrer Schüler durch einen sinnvollen, flexiblen Lehrplan, durch eine differenzierte Förderung mit fortschreitendem Tempo sowie durch individuelle Bewertungen gerecht zu werden. Eine solche Berücksichtigung der individuellen Lernausgangslage bedeutet nicht eine Minderung des Unterrichtsniveaus, sondern ist Ausdruck dessen, dass alle Schüler – unabhängig von ihrem sozialen Hintergrund – durch abwechslungsreiche Unterrichtsmethoden sowie von gut ausgebildeten Pädagogen erfolgreich gefördert werden können.

Aus dem bisher Dargestellten wird deutlich, wie wichtig die Rolle der Pädagogen in der Hilfe und Förderung von Kindern mit Lernproblemen ist. In meinem ersten Teil des Vortrages gehe ich darauf ein, welche Ursachenzuschreibungen Pädagogen in Bezug auf Lern- und Verhaltensprobleme ihrer Schüler vornehmen und welche Fördermaßnahmen sie im Hinblick auf den Lern- und Unterrichtsprozess einleiten. Im zweiten Teil gebe ich einen Einblick in die Kenntnisse von Pädagogen über die Lernstile und Lerngewohnheiten ihrer Schüler und im dritten Teil gehe ich darauf ein, welche Chancen die Freiarbeit im Unterricht in Schulen für Lernbehinderte in Ungarn eröffnet.

Unsere Fragebögen haben wir an die Lehrerinnen und Lehrer von 19 zufällig ausgewählten Schulen geschickt:
- je fünf Schulen aus drei Budapester Bezirken (Innenstadt, Budaer Nobelviertel und Randviertel von Budapest).
- vier Schulen auf dem Land

Auch wenn das Ergebnis nicht repräsentativ ist, lassen sich aufgrund der hohen Anzahl von Rückmeldungen - 900 Fragebögen wurden ausgewertet - gewisse Schlüsse ziehen. Von den Pädagogen, die uns Antwort gegeben haben sind 12,5% Männer und 87,5% Frauen. Wir möchten an dieser Stelle nicht auf das Lebensalter und die schulische Ausbildung der Pädagogen eingehen. Die Antworten der Pädagoginnen und Pädagogen teilen wir nach Fragegruppen ein.

Der erste Fragenkomplex beschäftigte sich mit der Frage nach den Problemen, die die Pädagogen in der Schule antreffen. 30% der Pädagogen nannten zum einen Lern- und zum anderen Erziehungsprobleme. Innerhalb dieser Problembereiche haben 55% der Lehrer vorkommende Schwierigkeiten wie folgt beschrieben:
- Im Bereich der Lernprobleme wurde die schwache geistige Fähigkeit (25%), fehlende Aufmerksamkeit (18,7%), sprachliche Unentwickeltheit (15,6%) - dazu gehören auch die Sprachprobleme der Zigeunerkinder - und Leseschwierigkeiten (12,5%) genannt; je ein Kollege hat auf fehlendes Interesse, geringe Schulreife sowie falsche Lerntechniken hingewiesen.
- Innerhalb der Erziehungsprobleme wurde als erstes die Hyperaktivität genannt (15,6%), gefolgt von Aggressionen (12,5%) und die Verwendung zotenhafter Wörter (12,5%); ein Pädagoge hat über fehlende soziale Verbindungen gesprochen.

Obwohl die entschiedene Mehrheit der Pädagogen zwischen Lern- und Verhaltensstörungen ganz enge Zusammenhänge sieht (79%), versuchen sie die zwei Gebiete voneinander abzusondern. 40% der Befragten sind der Auffassung, dass primär die Verhaltensprobleme zu Lernproblemen führen. Dagegen meinen 13% der Befragten, dass eher die Lernprobleme primär seien und diese das Misserfolgserleben der Kinder verursachen. Aggressive, clownhafte oder andere Verhaltensformen sind demnach Ausdruck eines Ableitens kulminierender innerer Spannungen zum Zweck der Kompensation dieser Misserfolgserlebnisse. 15% der Lehrer sind der Auffassung, dass es zwischen den zwei Bereichen eine Wechselwirkung gibt und 32% haben keine Antwort auf die Frage gegeben.

Die Zahl der Problemkinder innerhalb einer Klasse wird von den Befragten auf ca. 30-50 % geschätzt; diese Schätzung fällt aber in den einzelnen

Schulen unterschiedlich aus: Am Rand der Stadt schätzen die Lehrer die Zahl der Problemkinder erheblich höher ein. Ein wesentlicher Teil dieser Schüler entstammt aus Zigeunerfamilien; der soziale Hintergrund dieser Familien ist viel schlechter und das kulturelle Interesse sowie die erzieherischen Gedanken und Bewertungs-vorstellungen der Eltern stehen oft konträr zu den Ansichten der Schule.

In einem anderen Fragenkomplex haben wir danach gefragt, was die Lehrer als Ursache der Probleme vermuten. Sie sollten 6 verschiedene Ursachen nach ihrer eingeschätzten Rangfolge ordnen. Dabei ergab sich folgende Reihung: 1. Begabungen, Fähigkeiten, Schwächen. 2. schulische Unreife 3. Ermüdbarkeit, Zerstreutheit, geringe Aufmerksamkeit, 4.-5. familiäre Schädigungen, fehlendes Lerninteresse und fehlende Motivation. 6. pädagogische Fehler. Auffallend ist, dass die pädagogischen Fehler auf dem letzten Platz stehen und nur in einer einzigen Antwort kommt zum Beispiel die fehlende individuelle Hilfe vor.

Eine weitere Frage hat sich ausführlich mit den von den Pädagogen als Stiefkind behandelten pädagogischen Fehlern beschäftigt. Mit größter Häufigkeit wurde hier die hohe Schülerzahl in der Klasse genannt, danach folgte die unterrichts- und leistungszentrierte Schule, der Übergang von Kindergarten zur Schule, die Unerfahrenheit der Grundschullehrer im Bereich der Sonderpädagogik, die Nichtbeachtung der Alterseigenschaften und der Belastbarkeit der Kinder und zum Schluss die unangemessenen Unterrichts- und Erziehungsmethoden. Auf dem letzten Platz rangieren Fehler, die von den einzelnen Pädagogen abhängen. Dies aber widerspricht den Antworten von 91% der befragten Pädagogen, die an anderer Stelle des Fragebogens meinten, dass die Person des Pädagogen eine wesentliche Rolle in der Entwicklung von Lern- und Verhaltensproblemen spielt.

Im nächsten Fragenkomplex haben wir untersucht, welche Obliegenheiten die Pädagogen im Hinblick auf die Lern- und Verhaltensstörungen zeigenden Kinder für notwendig halten. Es entwickelte sich folgende Reihenfolge von Maßnahmen:
1. eine zusätzliche Förderung in der Klasse, 2. erhöhte Hilfe zu Hause, 3. Inanspruchnahme der Erziehungsberatung; 4. Wiederholung der Klasse; 5. Umschulung in eine Sonderschule.

Es ist erfreulich, dass die Hilfen innerhalb der Klasse auf den ersten Platz gekommen sind. Leider bestätigen unsere Erfahrungen nicht, dass die Pädagogen diese Möglichkeit wirklich nutzen. Wir vermuten, dass diese Möglichkeit eher als Wunsch formuliert wurde, denn es überwiegen Lösungsempfehlungen, die eine Verschiebung des Problems bewirken. Dies kann daran liegen, dass die Pädagogen zu wenig Hilfe zur Lösung der Probleme bekommen. Die Befragten bemängeln die fehlende Teamarbeit zwischen Pädagogen, sie verurteilen die Praxis der Erziehungsberatungsstellen, die die Kinder nicht in der schulischen Umgebung beobachten. Sie beanstanden, dass ein Teil der fachlichen Fortbildungen inhaltslos ist und zur Lösung der Probleme keine Hilfe bietet. Darüber hinaus kritisieren sie, dass die schulischen Fachleute wie Förderpädagogen, Stützlehrer (Sonderpädagogen, Sprachheilpädagogen, Psychologen) fehlen.

Unsere letzte Frage beantwortend stellten die Pädagogen klar, was sie gerne an der Allgemeinen Schule ändern würden. Auf dem ersten Platz nannten die Befragten die Reduzierung der hohen Schülerzahl auf maximal 20-25 Kinder pro Klasse. Darüber hinaus meinten sie, dass in der Grundschule weniger Fachkenntnisse nötig seien, dafür aber viel mehr Betonung auf den Ausbau von Fertigkeiten der Kinder sowie auf die Verstärkung von spielerischen Formen gelegt werden sollte.

Die Pädagogen würden die Erhöhung des Verhältnisses von Einzelbeschäftigungen und Kleingruppenarbeit für wichtig halten, weil dies gleichermaßen sowohl den begabten Kindern als auch den Kindern mit Lernschwierigkeiten zugute käme.

Aus der Sicht der Pädagogen können wir feststellen, dass Lern- und Verhaltensprobleme in den traditionellen schulischen Systemen in hohem Maß vorkommen.

Die Pädagogen sehen Ursachen von Lern- und Verhaltensproblemen vor allem in Faktoren begründet, die außerhalb ihres Verantwortungsbereiches liegen. Sie erkennen zwar die Notwendigkeit der Veränderungen, haben aber dafür sehr wenig Repertoire.

Wir können das Problem der Lern- und Verhaltensstörungen auch von der Schülerseite her betrachten. In einer anderen Untersuchung haben wir versucht zu zeigen, welche Selbstkenntnisse Kinder mit Lernbehinderungen haben, inwieweit sie ihre Eigenschaften kennen und inwieweit sie diese Kenntnis im Hinblick auf wirksame Verwirklichung von Lernstrategien und auf den Ausbau von einzelnen Lerngewohnheiten einsetzen.

Zur Überprüfung dieser Fragen haben wird drei Fragebögen zusammengestellt: Zwei Fragebögen waren inhaltlich übereinstimmend, wurden aber von Lehrern und Schülern getrennt ausgefüllt. Der dritte Frageborgen richtete sich an Lehrer und bezog sich auf die Verwendung von Lernstrategien. In die Auswertung flossen zusätzlich die von uns durchgeführten Hospitationen und die Hospitationsprotokolle ein.

Die Schüler- und der erste Lehrerfragebogen beziehen sich auf folgende Gebiete:
Dominante Sinnesmodalitäten der Schüler; z.B.: Helfen die vom Lehrer

gezeichneten Zeichnungen den Schülern? Stellt der Schüler beim selbständigen Lernen Zeichnungen her? Liest der Schüler den Lernstoff laut oder stumm? Spricht der Schüler sich oder jemandem den Lernstoff laut vor? Behält der Schüler das, was er schreibt leicht? Lernt der Schüler eher von den Erklärungen des Lehrers oder aus Büchern?

Das nächste Gebiet war die Empfindlichkeit der Schüler auf Umgebungsreize. Dazu gehört zum Beispiel: Ist für den Schüler beim Lernen Stille wichtig? Sind, wenn er zu Hause lernt, Radio, Tonband oder Fernseher eingeschaltet? Räumt er, bevor er zu lernen beginnt, seinen Tisch auf? Ist es für ihn wichtig in einer gewohnten Lernumgebung zu lernen?

Eine weitere Frage bezog sich auf die Lernmotivation. Hier haben wir unter anderem gefragt, für welches Unterrichtsfach oder welchen Unterrichtsstoff der Schüler gerne lernt. Wofür interessiert er sich? Warum lernt er? Z.B.: Lernt er für ein Lob des Lehrers, um den Eltern eine Freude zu bereiten, um eine Belohnung zu bekommen oder lernt er weil er mehr wissen will als die Klassenkameraden? Oder hat er einen anderen Grund dafür? Lernt er gerne mit den Klassenkameraden zusammen?

Ein weiterer Fragenkreis beschäftigt sich mit der Untersuchung des mechanischen und des nachdenkenden Lernens. Z.B.: Hat der Schüler gerne Aufgaben, die ein Nachdenken erfordern? Ist er bemüht, den Lernstoff wortwörtlich zu lernen? Lernt er häufig solche Inhalte, die er überhaupt nicht versteht? Geht er dem nach, wenn er etwas nicht versteht?

Eine weitere Fragegruppe bezieht sich auf das selbständige Lernen am Nachmittag. Wann und wo lernt der Schüler die Aufgaben? Lernt er an dem Tag, an dem er die Aufgaben bekommt oder lernt er erst vor der nächsten Unterrichtsstunde? Womit beginnt er das Lernen? Mit dem schwersten oder mit dem leichtesten Lernstoff? Wie viel Zeit verbringt er im allgemeinen am Nachmittag mit dem Lernen? Bezieht er sich beim Lernen auch auf frühere Lernstoffe? Ist er beim Lernen von Texten in der Lage, das Wesentliche herauszuheben? Ist seine Konzentration häufig gestört? Braucht und bekommt er während des Nachmittagsunterrichtes Hilfe? Wenn ja von wem und wofür?

Unsere letzten Fragen haben sich auf das Lernen während der Unterrichtsstunden bezogen. Zum Beispiel: Ist der Schüler auf alle Unterrichtsstunden vorbereitet zum Unterricht gekommen? Interessieren oder langweilen ihn die Unterrichtsstunden? Wie verhält er sich im Unterricht? Sitzt er ruhig und hört zu, oder weicht sein Konzentrationsvermögen ab? Beschäftigt er sich mit anderen Dingen oder spricht er mit seinen Mitschülern? Kann er bis zum Ende der Unterrichtsstunde zuhören?

Die Auswertung der Fragen ergab folgendes Bild:
Sinnesmodalitäten: Die Abbildungen, die zur Illustration verwandt werden, halten alle Schüler für wichtig, obwohl sie beim selbständigen Arbeiten die Illustration – bis auf drei Schüler – nicht verwenden. Fast alle Schüler lernen den Lernstoff auf akustischem Wege auf der Grundlage von Lehrererklärungen; wenn die Schüler aus dem Lehrbuch lernen, verwendet die Mehrheit das stumme Lesen. Die ergänzende akustische oder motorische Verstärkung (lautes Vorsprechen oder Schreiben) ist nur für die Hälfte der Schüler charakteristisch. Die Einschätzung der Lehrer im Hinblick auf die Wichtigkeit der Lehrererklärung und der Illustrationen entspricht der der Schüler. Hingegen vermuten die Lehrer bei der Verwendung des stummen und lauten Lesens eine Dominanz des lauten Lesens. Im Hinblick auf die Empfindlichkeit der Umgebungsreize empfindet etwa die Hälfte der Schüler es als wichtig, beim Lernen Stille zu haben. Trotz dieser Einstellung spielt während des Lernens - bis auf eine einzige Ausnahme - bei allen Schülern das Radio, das Tonband oder der Fernseher. Die meisten Schüler machen, bevor sie zu lernen beginnen, Ordnung auf dem Tisch. Etwa 50% der Schüler hält die gewohnte Lernumgebung für wichtig, die andere Hälfte der Befragten meint, dass es egal sei, wo und in welcher Umgebung sie lernen (auch im Bus können sie lernen). Auch wenn die Lehrer die Empfindlichkeit auf Umgebungsreize insgesamt höher einschätzten als die Schüler, konnte bei Schülern und Lehrern eine 60%ige Übereinstimmung eruiert werden.

Die Auswertung der Fragen im Kontext Motivation zeigte, dass jeder Schüler Unterrichtsfächer hat, die ihn interessieren und für die er gerne lernt. Freuen sich die Eltern, so motiviert das stärker als das Lob des Lehrers, die Anerkennung durch Mitschüler oder irgendeine Prämie. Die Mehrheit würde gern allein lernen. Anders als bei den Schülerantworten geben die Lehrer an, dass nur einige Schüler an den jeweiligen Fächern Interesse zeigen, nicht aber die Mehrheit. Sie halten das Lehrerlob für das wichtigste Lernmotiv: Es scheint, als ob die Lehrer ihre eigene Motivationskraft überschätzen. Bei dieser Thematik weisen nur 40% der Antworten von Schülern und Lehrern Übereinstimmung auf.

In Bezug auf das mechanische oder nachdenkende Lernen löst die Mehrheit der Schüler Probleme und Denkaufgaben. Das mechanische Büffeln halten sie für sich selbst nicht als typisch. Nach dem unverstandenen Stoff fragen sie. Nach Ansicht der Lehrer denkt kein Schüler gerne nach bzw. fragt nach.

Das Lernen am Nachmittag absolvieren die meisten Kinder im Schulhort. Allgemein verbringen sie 30-60 Minuten mit den Hausarbeiten. Jeder zweite Schüler erledigt seine Aufgaben nicht an dem Tag, an dem er die Aufgabe erhält, sondern erst am Tag vor der Unterrichtsstunde. Mehrere nutzen auch vorhergegangene Lernmaterialien, können jedoch nicht Wesentliches von Unwesentlichem unterschieden. Um Hilfe bitten sie vor allem die Erzieherin im Hort, ihre Eltern oder älteren Geschwister. Nur ein Schüler gab eine Mitschülerin an. Nach Aussagen der Lehrer lernt die Mehrheit der Kinder maximal 30 Minuten und bittet nur selten jemanden um Hilfe bei der Lösung der Hausaufgaben. Die Lehrer haben keine Informationen darüber, ob die Schüler etwas wiederholen oder das Wesentliche hervorheben. Was das Lernen im Unterricht angeht, so meinen die meisten Schüler, dass sie vorbereitet zu den Stunden erscheinen und sie der Stoff zumeist interessiert. Das steht allerdings im Widerspruch dazu, dass nach ihren eigenen Angaben nur 3 Schüler ruhig dem Unterricht folgten. Die Mehrheit teilt sich in mehrere Gruppen: entweder sind sie in Gedanken oft woanders, oder sie beschäftigen sich während des Unterrichtsgeschehens mit etwas anderem oder sie sprechen mit ihrem Mitschülern. Ungefähr ein Drittel der Schüler gibt an, bis zum Stundenende aufpassen zu können. Die Meinung der Lehrer fällt demgegenüber schlechter aus. Sie antworten, dass die Schüler sich nur manchmal auf den Unterricht vorbereiten, dass sie niemals selbständig mitschreiben, sich zumeist langweilen und in Gedanken abschweifen. Es gäbe niemanden, der bis zum Ende aufpassen würde.

Vergleicht man die Antworten der Schüler und der Lehrer zum ersten Fragebogen, so scheint es insgesamt, dass wenigstens bezüglich der Modalitäten die Antworten der Kinder und der Pädagogen übereinstimmen. Die stärkste Diskrepanz herrscht bei den Antworten zur Motivation und zum Lernen am Nachmittag. Die Lehrer beurteilen die Situation viel negativer als die Schüler. Anscheinend verfügen die Schüler nicht über die erforderliche Selbsteinschätzung des Lernens, die ihnen dazu verhelfen könnte, effiziente Lerntechniken und Lernstrategien anzuwenden. Gleichzeitig fällt auf, dass auch die Lehrer nicht über Kenntnisse bezüglich des Lernstils und der Lerngewohnheiten ihrer Schüler verfügen.

Der zweite Lehrer-Fragebogen bezog sich auf die von den Pädagogen angewandten Unterrichtsstrategien. Die Antworten der Lehrer verglichen wir mit Hospitationsergebnissen. Die Fragen des Fragebogens zielten auf die Veranschaulichung des Stoffes ab, auf die Hilfe bei der Textbearbeitung, auf die Einbeziehung mehrerer Sinne beim Lernen, auf die Unterstützung beim Erkennen des Wesentlichen und auf den Einsatz von Lob und Prämien. Auf der Grundlage der Antworten hat es den Anschein, dass die Lehrer bestrebt sind, sich den von ihnen vorausgesetzten Lernstilen und Lerngewohnheiten anzupassen bzw. sich in den Stunden um die Herausbildung wirksamer Lerntechniken und Lerngewohnheiten zu bemühen (z.B. Anfertigen von Mitschriften, gemeinsame Strukturskizze, Verständnisfragen, häufiges mündliches Loben, Durchsetzen von Ordnung etc.).

Bei den Hospitationen dominierten allerdings die folgenden Schülertätigkeiten: Anhören von Lehrererklärungen, Beantworten von Lehrerfragen, Übertrag des vom Lehrer vorgegebenen Tafelbildes ins Heft, lautes Vorlesen aus dem Lehrbuch. Es kam seltener vor, dass die Schüler bei dem Frontalunterricht mit Landkarten arbeiteten oder dass sie spontan Fragen stellten. Aus der Aufzählung ist zu ersehen, dass das Spektrum der Schülertätigkeiten eng ist und sich fast ausschließlich auf den Frontalunterricht beschränkt. In den Antworten der Lehrer geben sie an, stets den Stoff zu veranschaulichen. In der Realität kam es im Verlauf von 7 genau protokollierten Unterrichtsstunden gerade dreimal zu Veranschaulichungen. In den Antworten heißt es, dass die Lehrer den Schülern beim stillen Lesen der Lehrbuchtexte helfen, was jedoch in der Hospitation nicht zu beobachten war. Einmal fasste ein Schüler den gelesenen Text mit eigenen Worten zusammen – die Lehrer indes gaben in ihren Antworten an, dass dies stets Praxis wäre. Als häufig angewandte Methode nannten sie noch das Anhören von Hörtexten (Tonband). Dieses Medium wurde bei den Hospitationen einmal eingesetzt. Wichtige Textpassagen wurden nie hervorgehoben, obwohl die Lehrer auch dies zu den häufig eingesetzten Verfahren zählten. Zweimal wurde der im Stundenverlauf erarbeitete Stoff zusammengefasst – gegenüber den Angaben im Fragebogen ‚immer'. In all den beobachteten Stunden wurde nicht einmal mündlich gelobt.

Zwischen den im Fragebogen gegebenen Antworten und dem beobachteten Lehrerverhalten zeigen sich Diskrepanzen, d.h. in keinem Fall wurden die Methoden zur Unterstützung des Lernens so häufig eingesetzt, wie es von den Lehrern behauptet wurde. Die beobachtete frontale Stundenführung ist nicht geeignet, die Schüler mit entsprechender Hilfe des Lehrers zur Planung, Organisation und Leitung von Lernprozessen zu befähigen.

Die Notwendigkeit der Veränderung von Einstellungen und Haltungen in der Grundschule sowie die Veränderung des Unterrichtes wird auch in einem Ombudsman-Bericht von 1999 angesprochen. Dieser Bericht basiert auf einer umfassenden Untersuchung des Unterrichts von Minderheiten aus dem Jahre 1997, der besonders die Lage der Beschulung von Schüler aus Zigeunerfamilien herausarbeitet.

Es ist eine allgemein bekannte Tatsache, dass in den heilpädagogischen Einrichtungen, vor allem in den Einrichtungen für lernbehinderte Kinder aus Zigeuner-Familien in hoher Zahl vertreten sind. Nach Angaben des Statistischen Zentralamtes stieg der Anteil von Sinti- und Roma-Schülern in diesen Schulen von 26,1% im Schuljahr 1974/75 kontinuierlich auf 42,6% im Schuljahr 1992/93. Es widerspricht jeder wissenschaftlichen Erfahrung, dass sich innerhalb einer Popularität eine derartige Anhäufung irgendeiner Art von Behinderung zeigen könnte. (*Kaltenbach* 2000, 146f.; 227)

Auf der Grundlage des zitierten Anstiegs des Anteils von Zigeuner-Schülern stellt der Ombudsmann folgende Frage:

Kann es sich das Schulwesen leisten, aus irgendeinem Grund die Zigeuner-Kinder zu separieren zu einer Zeit, in der die Integration der Zigeuner in die Gesellschaft einer allgemeinen Erwartung entspricht? Bringt nicht das heutige Schulsystem, bzw. seine Praxis der Aussonderung, diese Kinder in eine aussichtslose Lage dadurch, dass es sie vom Erwerb der für ihre spätere Verwirklichung notwendigen Kenntnisse ausschließt? Was können die in an der Bildung Beteiligten tun, um diese Lage –langfristig – zu verändern? Müssen sich die Kinder oder die Schüler völlig der Schule anpassen, oder müssen nicht eher die Schulen und Kindertagesstätten die Interessen und Lebensumstände der Menschen berücksichtigen, die ihre Einrichtungen in Anspruch nehmen? (*Kaltenbach* 2000, 146)

Die Schule muss auf diese Herausforderungen eine Antwort geben. Es muss eine Lösung für die Schüler gefunden werden, deren Lern- und Verhaltensstörungen nicht mit den herkömmlichen pädagogischen Verfahren wirksam gelöst werden können. Effektiver als bisher muss geholfen werden, dass Schüler ihren eigenen Lernstil kennenlernen und sich auf dieser Grundlage effiziente Lernstrategien, Lerntechniken und Lerngewohnheiten aneignen können, die sie zu einer zunehmend selbständigeren Lenkung ihrer eigenen Lernprozesse befähigen. Und last but not least muss die Schule das gemeinsame Erziehen von Kindern aus unterschiedlichen Kulturen leisten anstelle sie auszugrenzen, wie es bisher die gängige Praxis ist.

Ein Lösungsansatz könnte auch für die ungarischen Schulen die Anwendung des Offenen Unterrichtes sein. Im Laufe unserer Deutschland-Studienreisen bzw. durch das Studium der deutschsprachigen Fachliteratur wurden wir auf das selbständige Lernen (Freiarbeit, Projektunterricht, Wochenplanunterricht etc.) aufmerksam. Im Anschluss an unsere Studienreise in Deutschland im Jahre 1995, kam es an einigen Lernbehindertenschulen in Ungarn zur versuchsweisen Einführung offener Lernformen (in erster Linie Freiarbeit). An unserem ersten Einführungskurs nahmen 26 Heilpädagogen teil und in den folgenden Jahren nutzten immer mehr Pädagogen - auch Grundschullehrer - dieses Angebot. Den letzten Kurs besuchten 46 Pädagogen, die Kinder mit Lernbehinderungen unterrichten. Die Anzahl derjenigen, die sich für das freie Lernen interessieren, wächst erfreulicherweise.

Im abschließenden Teil meines Vortrags möchte ich kurz über unsere bisherigen Erfahrungen des Experimentes berichten. An Hand der Berichte von den Pädagogen lässt sich feststellen, dass die Einführung der Freiarbeit besonders an den Schulen erfolgreich ist, an denen nicht nur die einzelnen Lehrer, sondern Gruppen von Lehrern zusammen mit Erziehern bzw. heilpädagogischen Assistenten sowie den Vertretern der Schulleitung an den Kursen teilnahmen. Ist die Schulleitung den neuen Initiativen gegenüber aufgeschlossen, ist dies für die Umsetzung dieser Unterrichtsmethode förderlich. Allerdings wurde manchem Freiarbeit praktizierenden Lehrer der Primarstufe auch ein Desinteresse der Oberstufenlehrer bzw. eine fachliche Eifersucht einzelner Kollegen zu teil. Demgegenüber äußerten sich die in den Schulen häufig ein- und ausgehenden externen Fachleute (Logopäden, Bewegungs- und Musiktherapeuten) sehr anerkennend über diese Unterrichtsform.

Die anderen Schüler der Schule geben von der Freiarbeit folgenden Eindruck wieder: Denen geht es besser als uns, weil sie in schöneren Räumen Unterricht haben und mehr spielen. Sie können auch öfter rausgehen.

Die Pädagogen formulieren ausnahmslos, wie viel ihnen die durch die Freiarbeit erworbene Autonomie und Freiheit bedeutet. Sie verweisen auf die in den Gruppen entstehende ausgeglichene, vertraute und freundschaftliche Atmosphäre. Sie meinen, endlich auch unter den Schülern sie selbst sein zu können. Nach ihren Erfahrungen übt die Freiarbeit nicht nur auf die Kinder, sondern auch auf die Erwachsenen eine persönlichkeitsentwickelnde Wirkung aus.

Für die Pädagogen ist die Veränderung an den Kindern eine neue Quelle der Freude. Auch die Schüler mit Verhaltensproblemen, die während der Frontalunterrichtsstunden unter größten Schwierigkeiten die Stunden bis zum Ende aussitzen und als erste aus der Klasse rennen, sind bei der Freiarbeit aktiv und interessiert. Oft arbeiten sie selbst 90 Minuten vertieft und ohne Unterbrechung mit. Ihnen tun auch die Erfolgserlebnisse in diesen Stunden gut, hat doch die Mehrheit von ihnen beim Frontalunterricht unzählige Misserfolge erlebt und sind doch die meisten von ihnen dem Lernen gegenüber negativ eingestellt.

Die von den Lehrer genannten Probleme und Schwierigkeiten konzentrieren sich zumeist auf die Anfangsphase. Allgemein befürchteten sie, den Überblick über die Tätigkeit der Klasse zu verlieren; sie meinten, dass anstelle von Lernen Chaos als Folge eintreten würde. Sie wussten auch nicht, wie sie der veränderten Rolle des Pädagogen gerecht werden würden. Anfänglich irritierte sie das Aushandeln von Regeln. Die Einführung der Materialien und das Schaffen von Ordnung war zeitaufwändig. „Oft hatte ich das Gefühl, wir laufen irgendwohin, kommen aber nicht dort an.", schrieb ein Lehrer. Sie äußerten auch Angst, in der ‚verlorenen' Zeit den Stoff nicht vollständig vermitteln zu können.

Später begannen sie mehr und mehr, ihre veränderte Position, die zunehmende Selbständigkeit der Schüler, die individuelle Unterstützung während der Stunden und die Zeit, die sie für die Hilfe der Schüler aufwenden konnten, zu genießen.

Eine generelle Erfahrung ist, dass zum Ende des ersten Schuljahres mit der Freiarbeit ‚die Dinge fast wie von selbst laufen'. Die Kinder lernen entscheiden, ihr eigenes Lernen immer besser zu lenken, mit ihrem Partner oder in Gruppenarbeit mit mehreren Mitschülern zusammenzuarbeiten, sich selbst zu kontrollieren und realistisch einzuschätzen. Es wächst ihr Verantwortungsbewusstsein sich selbst und den anderen gegenüber und ihr Vertrauen. Die Freiarbeit veränderte auch das bisher in den Klassen angewandte Beurteilungssystem. Die am Experiment beteiligten Lehrer erarbeiteten anstelle der bisherigen Benotung ein verbales Beurteilungssystem. Die Informationen, die so über die Schüler fixiert wurden, sind auch nach Meinung der anderen Kollegen viel aussagefähiger als die Bewertung mit den Zensuren 1-5.

Unsere bisherigen Erfahrungen beweisen, dass die Freiarbeit gut angewandt werden kann: Verhaltens- und Lernprobleme sinken bzw. verschwinden, die auf das Lernen bezogene Selbsterkenntnis, Lerngewohnheiten und Lernstrategien der Schüler werden entwickelt und dies auch bei den am Experiment teilnehmenden Schulen mit hoher Zahl an Sinti- und Romakindern.

Literatur

Bernáth, A.: Hogyan segítik az általános iskolák a tanulási nehézséget mutató gyermekeket? (Wie fördern die Grundschulen die Schüler mit Lernschwierigkeiten?). Budapest (Szakdolgozat, Diplomarbeit) 1997.
Bönsch, M.: Offener und kommunikativer Unterricht – Freiarbeit und Beziehungsdidaktik. Oldenburg 1995.
Gremsperger, F.: Tanulási szokások a tanulásban akadályozottak általános iskolájának felső tagozatán (Lernstrategien an der Oberstufe der Lernbehindertenschule). Budapest (Szakdolgozat, Diplomarbeit) 1997.
Kaltenbach, J.: Beszámoló a nemetzi és etnikai kisebbségi jogok orsággyülési biztosának tevékenységéről (Bericht über die Tätigkeit des durch das Parlament Beauftragten für die Rechte nationaler und ethnischer Minderheiten). Budapest 2000.
Mesterházi, Z.: A nehezen tanuló gyermekek iskolai nevelése (Schulische Erziehung der Kinder mit Lernschwierigkeiten). Budapest 1998.
Neukäter, H.: Verhaltensstörungen verhindern. Prävention als pädagogische Aufgabe. Oldenburg 1991.
Neukäter, H.; *Wittrock*, M.: Verhaltenstörungen. Oldenburg 1993.
Neukäter, H.: Verhaltensstörungen. Oldenburg 1996.
Oroszlány, P.: Tanári kézikönyv a tanulás tanításához (Handbuch für Lehrer zum Unterricht des Lernens). Budapest 1994.
Pirro, U.: A fiam nem tud olvasni. (Mein Sohn kann nicht lesen). Budapest, 1986.
Sehrbrock, P.: Freiarbeit in der Sekundarstufe I. Frankfurt 1993.
Takácsné R.E.: Hogyan segítik az általános iskolák a tanulási nehézségekkel küszködő gyermekeket? (Wie fördern die Grundschulen die Schüler mit Lernschwierigkeiten?). Budapest (Szakdolgozat, Diplomarbeit) 1997.
Wopp, C.: Wege zum Offenen Unterricht. Oldenburg 1995.

Norbert Störmer

Probleme und Grenzen der Grundlegung einer ‚Verhaltensgestörtenpädagogik'

In den letzten Jahren ist viel über eine Krise der Heil- und Sonderpädagogik gesprochen worden, die zudem zu einem Paradigmenwechsel im Sinne von Neuorientierungen geführt haben soll. Zwar weist die Fachdiskussion tatsächlich eine Reihe von neuen Aspekten auf, jedoch stellt sich ernsthaft die Frage, ob all diese Entwicklungen bereits als ein Paradigmenwechsel angesehen werden können. Oder muss man doch ehrlicherweise von einigen Modifizierungen bei einem unveränderten Fortbestand der wesentlichen Grundannahmen und -bezüge der Heil- und Sonderpädagogik sprechen?

Was lässt sich nun in diesem Geflecht der vermeintlichen Krise der Heil- und Sonderpädagogik und dem nicht stattgefundenen Paradigmenwechsel zu der ‚Verhaltensgestörtenpädagogik' bzw. ‚Pädagogik bei Verhaltensstörungen' sagen? Ich möchte dazu einige Problembereiche skizzieren – die ganz sicher keine neuen sind, aber es sind immer noch aktuelle.

Wie stellt sich aktuell die ‚Verhaltensgestörtenpädagogik' bzw. ‚Pädagogik bei Verhaltensstörungen' dar? Beispielhaft sei an dieser Stelle auf die von *Hillenbrand* 1999 erschienene „Einführung in die Verhaltensgestörtenpädagogik" zurückgegriffen, um von hier aus den Blick auf einige Problembereiche der Grundlegung einer ‚Verhaltensgestörtenpädagogik' bzw. ‚Pädagogik bei Verhaltensstörungen' zu richten. Die ‚Pädagogik bei Verhaltensstörungen' untersucht nach *Hillenbrand* „möglichst breit und eingehend die Probleme und Handlungsmöglichkeiten, die im Zusammenhang mit Verhaltensstörungen bei Kindern und Jugendlichen bestehen" (1999, 14). Folglich muss „die Pädagogik bei Verhaltensstörungen als Wissenschaft ... daher die umfassenden Probleme der Erziehung von Kindern und Jugendlichen mit Verhaltensstörungen bearbeiten und nach Handlungsmöglichkeiten suchen" (*Hillenbrand* 1999, 17). Infolgedessen thematisiert die „Pädagogik bei Verhaltensstörungen ... die Erziehung im Zusammenhang mit Verhaltensstörungen. Die in dieser vorläufigen Umschreibung enthaltenen Grundbegriffe, nämlich

Erziehung, Pädagogik und Verhaltensstörungen, sind als Basis der weiteren Ausführungen zu klären" (*Hillenbrand* 1999, 19). Da wir uns im gesamten Diskussionszusammenhang der Erziehungswissenschaft mit den Grundbegriffen ‚Pädagogik' und ‚Erziehung' – wenn auch mit unterschiedlichen Nuancierungen – auseinandersetzen müssen, bleibt letztendlich der Grundbegriff ‚Verhaltensstörung' als das scheinbar Spezifische für die ‚Verhaltensgestörtenpädagogik' bzw. ‚Pädagogik bei Verhaltensstörungen' übrig und wäre somit einer Klärung zu unterziehen.

Der strukturelle Zugang muss von der Frage ausgehen, unter welchen Bedingungen treten im Erziehungs-, Bildungs- und Unterrichtssystem Probleme auf, die Anknüpfungspunkte für ein Nachdenken in Richtung auf eine ‚Verhaltensgestörtenpädagogik' bzw. ‚Pädagogik bei Verhaltensstörungen' liefern. Hierauf bezogen weist *Reiser* darauf hin, „erst mit der Ausdifferenzierung des Schulsystems, intensiverer Unterrichtung in kleineren Klassen und Steigerung des Leistungsanspruchs auch im ‚niederen' Schulsystem zu Anfang dieses Jahrhunderts (gemeint ist das 20. Jahrhundert, N.St.) wurden dem Schulsystem verhaltensauffällige Kinder zum Problem" (1999, 144). Zudem brachte auch die „Abschwächung grober äußerer Zuchtmittel" wie auch die „Verlagerung der erzieherischen Kontrolle auf innerpsychische Regulationsanforderungen" (ebd.) den Bedarf hervor, Kinder – die als ‚erziehungsschwierig', ‚verwahrlost', ‚gemeinschaftsschwierig' und ‚schwer erziehbar' in Erscheinung traten – besser im Unterrichtsgeschehen kontrollieren zu können. „Damit kam die Sonderpädagogik ins Spiel, die damit ihrer Rolle als subsidiäre Hilfeleistung für Problempunkte im Schulsystem folgte" (ebd.). Die auf diese Kinder und Jugendlichen gerichteten sonderpädagogischen Hilfen wurde in der Zusammenfassung dieser SchülerInnen in kleinen Klassen mit einer „straffen autoritär-patriarchalischen Klassenführung" (ebd.) gesehen. Die diesen Schritten eingebundene implizite Vorstellung war, dass das Kind/ der Jugendliche „ein Erziehungsdefizit aufweist", das durch einen konsequenten und machtvollen Erziehungseinfluss aufgefüllt, das Kind/ der Jugendliche „nacherzogen" werden kann (*Reiser* 1999, 144). „Die wichtigste Funktion der Sonderklassen", so *Reiser*, „dürfte jedoch nicht in der Erziehung der Ausgesonderten liegen, sondern in der Entlastungsfunktion für das Schulsystem" (ebd.) und damit hat „die Sonderpädagogik erst im Gefolge eines Bedarfs des Schulsystems nach verstärkter Verhaltenskontrolle ‚verhaltensgestörte' Kinder als ihre Klientel entdeckt" (1999, 145).

Unter den strukturellen Bedingungen des Schulsystems und der damit verbundenen Aussonderung und Überführung von Kindern/ Jugendlichen in besondere Klassen bzw. in ein besonderes Schulsystem trat natürlich sehr schnell auch die Suche nach vermeintlich objektivierbaren Kriterien für diese Handlungsorientierung in den Vordergrund. Diese Kriterien wurden jedoch nicht mehr in den schulischen Bedingungen und die von ihnen ausgehenden Entlastungsbedürfnisse gesucht und gefunden, sondern in der Konstitution der Schüler selbst. Hierzu wurde zunächst einmal auf den aus der Medizin entlehnten Psychopathiebegriff zurückgegriffen (vgl. *Reiser* 1999, 144) und später der Terminus der ‚Verhaltensstörung' gefunden. Gemäß eines derartig akzentuierten Behinderungsbegriffs wurde die Aufgabe sonderpädagogischer Bemühungen nun in der „Behandlung eines individuellen Defizits" (*Reiser* 1999, 145) gesehen.

Die „Problematik der Terminologie in der Pädagogik bei Verhaltensstörungen" (*Schlee* 1993, 36) wurde bereits in dem sechsten Band des Handbuches der Sonderpädagogik ‚Pädagogik bei Verhaltensstörungen' von *Schlee* prägnant zum Ausdruck gebracht (vgl. 1993, 36ff.). *Schlee* geht zunächst einmal davon aus, dass „als grundlegende Voraussetzung und als Minimalbedingung für fruchtbare theoretische Konzepte und Theorien gelten (kann), dass der Bedeutungsgehalt der in den Aussagen verwendeten Begriffe präzise sein muss, ... je präziser der Bedeutungsgehalt eines Begriffs festgelegt ist, desto fruchtbarer lässt sich mit ihm arbeiten" (1993, 37). Trifft dies nicht zu, dann lassen sich bei der Verwendung unpräziser Begriffe Missverständnisse und Irritationen kaum vermeiden. „Vage Begriffe stiften daher mehr Verwirrung und Konfusion als Übersicht und Ordnung. Für das Denken, Kommunizieren und Handeln stiften sie nur schwerlich Nutzen" (ebd.). Sodann stellt *Schlee* ein „Unbehagen an der Begrifflichkeit" ‚Verhaltensstörung' bzw. ‚verhaltensgestört' fest, da „über dessen Brauchbarkeit bereits häufig Zweifel und Unbehagen geäußert wurden" (ebd.). Dieses Unbehagen habe zwar immer wieder „angestrengte Klärungsbemühungen" nach sich gezogen, um „das Verständnis von ‚Verhaltensstörung' zu präzisieren und dessen Bedeutungsgehalt von dem anderer Begriffe abzugrenzen ... Doch blieb diesen verdienstvollen Bemühungen letztendlich ein dauerhafter Erfolg versagt" (*Schlee* 1993, 38).

Im Fortgang seiner Ausführungen analysiert *Schlee* ‚theoretische Schwächen' bezogen auf den „zentralen Begriff in der Verhaltensgestörtenpädagogik" (1993, 39), die sich für ihn in vier Punkten ausdrücken (vgl. 1993, 39ff.). Erstens besteht „ein wesentlicher Grund für die theoretische Schwäche des Begriffs ‚Verhaltensstörung'" darin, „dass sich in ihm beschreibende und bewertende Anteile miteinander verquickt haben. Verhaltensstörungen lassen sich nämlich nicht allein aufgrund von empirischen Beobachtungen konstatieren, sondern es schieben sich zusätzlich Abwägungen, Entscheidungen und Bewertungen dazwischen" (*Schlee* 1993, 40). Zweitens ist ein Problem des Begriffes ‚Verhaltensstörung' darin zu sehen, „dass der Objektbereich, auf den er sich beziehen soll, nicht eindeutig bestimmbar ist" (*Schlee* 1993, 41).

Ein drittes Problem sieht *Schlee* in dem „Prinzip der Selbstanwendung" des Begriffs (1993, 42f.). Kein Betroffener würde von sich sagen, er sei ‚verhaltensgestört'. In der Regel wird der Begriff ‚Verhaltensstörung' „von Erwachsenen gegenüber schwächeren und abhängigen Kindern und Jugendlichen eingesetzt" und für seinen Gebrauch wird „so gut wie nie eine seriöse Rechtfertigung verlangt" (*Schlee* 1993, 43). Gerade durch die Verwendung des Begriffs ‚Verhaltensstörung' wird deutlich, „wer in einer Situation die Definitionsmacht hat und wer den Zweifel am Wert seiner Person zu akzeptieren hat" (ebd.). Ein viertes Problem zeigt sich für *Schlee* in den „unterschiedlichen Menschenbildannahmen" (ebd.). „Bei der Konstatierung einer ‚Verhaltensstörung' werden die internen Vorstellungen der betroffenen Personen nicht in Betracht gezogen. Denn der Verhaltensbegriff bezieht sich nur auf die bei Menschen von außen beobachtbaren Merkmale. Konstitutiv ist für ihn der Aspekt der äußerlich beobachtbaren Bewegungen" (ebd.). Aus diesen ‚theoretischen Schwächen' des Begriffs ‚Verhaltensstörung' bzw. ‚verhaltensgestört' resultieren für *Schlee* (vgl. 1993, 44ff.) ein Mangel an genauen Beschreibungen, ein Mangel an brauchbaren Erklärungen, eine erschwerte Kommunikation, eine unfruchtbare empirische Forschung und eine vergebliche Ursachenforschung.

Aus alledem zieht *Schlee* sein Fazit wie folgt:

Für die Praxis der Verhaltensgestörtenpädagogik kann unter diesen Voraussetzungen kein fruchtbares Wissen entwickelt und auf Bewährung geprüft werden. Der Verhaltensgestörtenbegriff enthält für das erziehungspraktische Handeln keine nützlichen Informationen. Erziehungsmittel, mit deren Hilfe Einstellungen und Handlungen von Kindern und Jugendlichen verändert werden können, sind allgemein gültig und wirken nicht verhaltensgestörtenpädagogisch. Insgesamt ist es mehr als fraglich, ob die Verhaltensgestörtenpädagogik den an sie gerichteten Ansprüchen und Erwartungen gerecht werden kann. (*Schlee* 1993, 48)

Schlee hatte herausgestellt, dass der ‚Verhaltensbegriff' sich nur auf die bei Menschen von außen beobachtbaren Merkmale bezieht und für ihn deshalb der Aspekt der äußerlich beobachtbaren Bewegungen konstitutiv sei (vgl. 1993, 43). Diese Einschätzung wird auch von *Maturana/ Varela* unterstrichen indem sie ausführen: „Unter ‚Verhalten' verstehen wir die Haltungs- und Standortveränderungen eines Lebewesens, die ein Beobachter als Bewegungen und Handlungen in bezug auf eine bestimmte Umgebung (Milieu) beschreibt" (1987, 150). Folglich wird mit dem Begriff des Verhaltens nur das ausgedrückt, was an dem Reagieren und Tun eines Lebewesens für einen Beobachter in einer bestimmten Situation aus einer Position der Distanz heraus für diesen wahrnehmbar und damit zugänglich ist. Solche beobachtbaren und beschreibbaren Haltungs- und Standortveränderungen eines Lebewesens sind aber nicht identisch mit den Handlungen des Lebewesens selbst, denn die je individuellen Dimensionen des Individuums – wie z. B. die Ziel- bzw. Motivaspekte seines Handelns – können auf dieser Ebene eben nicht durch den ‚äußeren Beobachter' erfasst und beschrieben werden. Folglich wäre bei einer präzisen Betrachtung zu unterscheiden zwischen ‚Verhalten' und ‚Handlung'. Diese notwendige Unterscheidung präzisieren *Lindemann* und *Vossler* dahingehend, dass der Begriff ‚Verhalten' sich immer nur auf die äußere Beobachtung eines Systems beziehen kann, also auf die Beschreibung durch einen Beobachter (vgl. 1999, 19). Wird jedoch die innere Perspektive des Systems selbst eingenommen, kann nicht mehr von Verhalten gesprochen werden. Bezieht sich eine Beschreibung auf eben diese innere Perspektive, dann ist von ‚Handeln' zu sprechen – und dem Handeln eines System liegen immer Motive und individuelle Beweggründe zugrunde, die aus seiner inneren Dynamik hervorgehen (vgl. ebd.).

In einen Beobachtungsprozess sind aber wie selbstverständlich immer auch Bewertungen eingebunden. Derartige Bewertungen von ‚aufgefallenen Verhaltensweisen' vollziehen sich wiederum nur auf der Grundlage der Erfahrungen des Beobachters. Konstruktionen im Bewertungsvorgang kommen dadurch zustande, dass der in einer je gegebenen Situation agierenden Person spezifische Erwartungen – Erwartungen des Beobachters – entgegengebracht werden, auch wenn diesbezügliche Maßstäbe nicht offengelegt werden. Dort, wo verallgemeinerte Klassifikationssysteme zur Anwendung kommen ist auch für diese typisch, dass in ihnen spezifische Erwartungshaltungen (hier: Verhaltenserwartungen) komprimiert zum Ausdruck gebracht werden, wenn auch in einer sehr verallgemeinerten, abstrakten Art und Weise. Kann nun ein Beobachter die beobachteten Verhaltensweisen einer Person mit seinen Verhaltenserwartungen zur Deckung bringen, dann dürften in der Regel keine Probleme zwischen den in einer gegebenen Situation agierenden Personen auftreten. Die beobachtbaren Verhaltensweisen entsprechen ja den Erwartungen des Beobachters und werden deshalb als angemessen angesehen oder aber sie liegen noch im Toleranzbereich der beobachtenden und beurteilenden Person und können deshalb von dieser akzeptiert werden. Aber auch derartige Toleranzbereiche sind hoch subjektive Bereiche, so dass auch die Frage, wann eine Toleranzschwelle überschritten wird, nicht pauschal und allgemein fixiert werden kann, sondern nur bezogen auf eine konkrete Person. Entsprechen die in einer spezifischen Situation ‚auffallenden' Verhaltensweisen einer Person jedoch nicht den Erwartungen des Beobachters und liegen diese zudem nicht in seinem Toleranzbereich, dann werden die in diesem sozialen Kontext beobachteten Verhaltensweisen möglicherweise als problematisch, als unangemessen bzw. als störend interpretiert. „Ob jemand ‚gestört' ist, hängt also nicht von seinen Verhaltensweisen ‚an sich' ab, sondern von dem

Kontext, in dem ein Beobachter diese beschreibt" (*Lindemann/ Vossler* 1999, 113). Dieser Prozess selbst kann wiederum in der aktuellen sozialen Situation zu einer Eingrenzung und Begrenzung der Wahrnehmungsmöglichkeiten wie auch der dialogisch-kooperativen Möglichkeiten des Beobachters führen. Dies kann so weit gehen, dass dieser sich in der jeweiligen Situation stärker zurücknimmt, die Handlungen der Person nur noch im Lichte der ‚Verhaltensstörung' sieht oder aber die kommunikativ-interaktiven Bezüge zu eben dieser Person abbricht.

Kommt es aber tatsächlich zu einer Bewertung gewisser Handlungsweisen als störende, wird das als ‚störend' Wahrgenommene bei dem je anderen zu einem abweichenden Fehlverhalten uminterpretiert. Ob die beobachtete Person selbst ihre als ‚störend' beurteilten Handlungsweisen als störende ansieht, kann aber aus der Beobachterperspektive gar nicht erschlossen werden. Ebenso nicht, ob andere Personen diese Handlungsweisen auch als störend empfinden. In dieser ‚Uminterpretation' scheint das sogenannte ‚interaktionistische Paradigma' auf. Diesem ist eigen, dass die aus sozialen Interaktionsprozessen heraus interpretierbaren Verhaltensmuster auf verdinglichte Konstanten des Individuums zurückgeführt werden. Hierbei werden die Ursachen für das mangelhafte Angepasstsein an die für den jeweiligen sozialen Kontext als typisch angesehenen Fragestellungen bzw. Erwartungshaltungen zu großen Teilen einseitig beim Individuum gesucht. ‚Träger der Verhaltensstörung' ist danach das jeweilige Individuum. So geht *Bach* dann auch davon aus, dass „der mit Verhaltensstörung gemeinte Sachverhalt als individuale Disposition für Verhaltensstörungen zu bezeichnen" wäre (1993, 6), denn „das wiederholte Auftreten und die extreme Regelabweichung bestimmten Verhaltens lassen auf eine entsprechende individuale Bereitschaft schließen, ohne die solches Verhalten nicht erklärt werden kann – es sei denn, daß andauernde massive situative Provokationen vorliegen, deren Wirkungen jedoch nicht als Verhaltensstörungen zu bezeichnen sind" (1993, 7). Ist der Blick jedoch erst einmal auf die ‚individuale Disposition' bzw. ‚individuale Bereitschaft' für Verhaltensstörungen gerichtet und von dieser Betrachtung gefangen, dann ist die Gefahr groß, dass der Blick sich nur noch auf die Interaktionen zwischen den jeweiligen Personen richtet und die Interaktion nur noch losgelöst von den gesellschaftlichen und institutionellen Rahmenbedingungen betrachtet wird.

Zusammengefasst stellen also ‚Verhaltensstörungen' ein theoretisches Konstrukt, einen „Umschreibungsversuch" dar (*Myschker* 1999, 13). Es handelt sich um eine komplexe Problematik, um eine außerordentlich breite Vielfalt und Unterschiedlichkeiten des Bedeutungsrahmens und Sachverhalts, „die sich terminologisch als auch definitorisch nur annäherungsweise und unvollkommen fassen lässt" (ebd.). Folglich kann der Begriff ‚Verhaltensstörungen' sich auch nur auf Oberflächenphänomene richten, mit dem Fazit, dass auch Erklärungsansätze von dieser Erscheinungsebene ausgehend – auf die augenfällig werdenden Symptome gerichtet – ‚gefunden' werden können. Wird jedoch das ‚Verhaltensgestörtsein' nur unter einem symptomatischen Aspekt gesehen und betrachtet, dann wird das sogenannte Fehlverhalten wie selbstverständlich zu einem Zustandsbild und dadurch wiederum zu einem Etikett. Eine mögliche bzw. gegebene Abweichung wird aufgrund dieser Zuschreibung jedoch nur verfestigt und hierüber die institutionelle Aussonderung angebahnt. In diesen Prozessen stellen in der Regel die Normen, Regeln, Ansprüche – besser, die durch soziale Sanktionen abgesicherten Anforderungsstrukturen – die Bemessungs- und Feststellungsmaßstäbe für ‚Verhaltensstörungen' dar. Somit ist auch die Charakterisierung einer bestimmten Handlungsweise als ‚Verhaltensstörung' abhängig von dem Nichtbefolgen einer institutionell-organisatorischen Anforderung, Regel oder Norm. Sie ist zugleich aber auch von den aus routinemäßigen Eingreifabsichten resultierenden systemimmanenten Interpretationen (Urteilsbildung, Bewertungsverfahren) von Lehrern, Psychologen, Medizinern usw. im Sinne vorgeprägter alltagstheoretischer Erklärungsansätze abhängig.

Eine Person, die sich in einer je spezifischen Situation gemäß ihrer möglichen Handlungskompetenzen verhält, muss damit gar nicht falsch liegen. Und so wie sie handelt, kann dies aus ihrer Perspektive möglicherweise für die Erfüllung der Aufgabenstellung, wie auch für die Bewältigung der Situation durchaus angemessen sein. Wenn nun eine beobachtende Person dies nicht so sehen kann, muss diese zunächst einmal auch bei sich selbst schauen, warum sie zu ihren Einschätzungen kommt und worauf sich diese gründen. Handlungen die als ‚verhaltensgestört' diagnostiziert werden, können innerhalb einer spezifischen Gruppe äußerst funktionell sein, sie können aber auch ein Notsignal, eine Handlungsverlegenheit, eine mehr oder weniger hilflose Antwort, oftmals eine verzweifelte Mitteilung auf unbefriedigende und individuell aussichtslose Situationen und unerträgliche Zumutungen innerhalb einer vorgegebenen und zugleich widersprüchlichen sozialen Situation sein. Das beobachtete ‚Fehlverhalten' wäre dann eine aus der überindividuellen Lage abgeleitete Erscheinung der individuellen Verunsicherung, es ist jedoch nicht (kann vielleicht auch nicht) zielgerichtet gegen die eigentlichen Ursachen der negativen Lage gerichtet, es fehlt möglicherweise eine rationale oder alternative Lösungsstrategie.

Was in einem derartigen sozialen Kontext für einen Beobachter als auffälliges und störendes Verhalten erscheint, ist von Seiten des Subjekts her Tätigkeit. Die Tätigkeit ist jedoch nicht etwas vom Subjekt Getrenntes, sondern die Existenzform des Subjekts selbst. Tätigkeit ist der Vermittlungsschritt zwischen Subjekt und Objekt, der aus der Vergangenheit in die Zukunft reicht – „aus der Vergangenheit des Bedürfnisses, das sich transformiert in das Motiv der Tätigkeit in dem Augenblick, wo der bedürfnisbefriedigende Gegenstand real oder ideell zugänglich wird" (*Jantzen* 1992, 252). Somit ist das antizipierte Produkt der Tätigkeit das eigentliche Motiv. Das Motiv setzt das Produkt der Tätigkeit, die Tätigkeit jedoch die bedürfnisrelevante Seite der Aktivität, die sich auf die Durchsetzung der Bedürfnisse des Subjekts richtet. Die Tätigkeit selbst kann aber nur in Form von Handlungen existieren, indem sie sich auf die Welt und deren Widersprüchlichkeiten bezieht (vgl. ebd.). In den Handlungen spiegeln sich sowohl Prozesse der Person als auch Systeme der Umwelt wider. Der Begriff der Tätigkeit umfasst also die Vermittlung von Subjektivem und Objektivem als sinnhaften und systemhaften Aufbau der psychischen Prozesse, die in je subjektiver Aktivität entstehen und jene Synthesis realisieren. Bei Handlungen im engeren Sinne ist die Ausführungsseite immer wahrnehmbar, also beobachtbar. Die die Tätigkeit realisierenden Handlungen werden durch ihr Motiv initiiert, sind jedoch auf das Ziel gerichtet. Der Begriff ‚Handlung' geht also über ‚Verhalten' deutlich hinaus, beinhaltet insbesondere auch die Bedürfnis-, Motiv- und Zielaspekte der jeweiligen Person, die auf der beobachtbaren Ausführungsseite der Handlung aber nicht sichtbar werden.

Eine Handlung erfolgt bewusst, zielgerichtet, planvoll und absichtlich. Sie ist nicht Produkt eines äußeren Reizes, sondern eines inneren, mentalen und autonomen Prozesses, der natürlich in Kontakt zu den Umweltbedingungen steht. „Aus Sicht der Handlungstheorie ist bei den meisten normalen wie abweichenden Verhaltensweisen davon auszugehen, dass die Person, die eine Handlung ausführt, sich etwas dabei gedacht hat oder sogar ganz gezielt und planvoll vorgeht" (*Mutzeck* 1998, 190). Damit wird es zur unverzichtbaren Aufgabe bei sogenannten ‚Verhaltensstörungen', die Innensicht, die individuellen Ziele und Bedürfnisse wie auch deren Entwicklungslogik (alle Handlungen haben ihre Geschichte) möglichst weitgehend zu berücksichtigen.

Aufgrund der vorstehenden Probleme, die dem Begriff ‚Verhaltensstörung' eingebunden sind, erscheint eine Abkehr von diesem stigmatisierenden Begriff überfällig zu sein wie auch die Anbindung einer pädagogischen Spezialisierung an diesen Begriff aufzugeben ist. Denn die Vergabe des Etiketts ‚verhaltensgestört' wirkt als ein hilfloser Versuch, gesellschaftliche Entgrenzungsprozesse als individuelle Probleme anzusehen. Zumal angesichts der Diversifizierung von Lebensstilen „die Trennung von ‚normales' bzw. ‚gestörtes' Verhalten ... ohnehin sehr fragwürdig im Gegensatz zu der kaum zu übersehenden Realität (ist), dass immer mehr Kinder und Jugendliche Hilfe und Unterstützung ... benötigen ... und mit ihren individuellen Problemlösungsstrategien auch einfordern" (*Warzecha* 1998, 7). Aber gerade diese erforderliche Hilfe und Unterstützung lässt sich nicht aus der Verwendung des Begriffs ‚Verhaltensstörung' und seinen zweifelhaften theoretischen Grundlegungen ableiten. Erschwerend kommt hinzu, dass bisherige auf den Aspekt ‚Verhaltensstörung' bezogene Konzepte sich in der Regel nicht auf Gruppenprozesse, sondern vorrangig auf Einzelfallhilfen außerhalb derartiger Gruppenprozesse, die zudem oftmals nicht von Pädagogen, sondern von Therapeuten durchgeführt werden.

Um die Fachdiskussion im Spektrum der ‚Verhaltensgestörtenpädagogik' bzw. ‚Pädagogik bei Verhaltensstörungen' unter Berücksichtigung der ihr schon immer eingebundenen Kritik an dem „zentralen Begriff der Verhaltensgestörtenpädagogik" (*Schlee* 1993, 39) weiterzubringen, sind unbedingt Veränderungen der Betrachtung erforderlich. Zunächst einmal wäre zu verzichten auf alle fachspezifischen Stigmatisierungs- und Ausgrenzungsbezeichnungen. Dies erfordert wiederum eine kritische Wahrnehmung einer gesellschaftlichen Realität, die immer mehr Kinder und Jugendliche in voneinander differierende Problemlagen drängt. Denn gerade im unauflöslichen Zusammenhang von gesellschaftlichen Entgrenzungsprozessen, gesellschaftlicher Unterdrückung und psychischen Entwicklungsstörungen, wie auch der zunehmenden Diversifizierung von Lebensstilen zeigt sich die Untauglichkeit medizinisch-psychiatrischer Zuschreibungsversuche bzw. formal-interaktionistischer Erklärungsversuche. Weiterhin wären perspektivisch Prävention im Sinne einer lebensumfeldorientierten Prävention und Integration in allen pädagogischen Bereichen anzustreben (vgl. *Warzecha* 1998, 2). Weiterhin wäre die sogenannte ‚Verhaltensgestörtenpädagogik' auf eine humanwissenschaftlich fundierte allgemeine Pädagogik hin aufzuheben, so dass sich eine angeblich notwendige eigene Theorie als nutzloser Schein erübrigen würde. Die Perspektive des Betroffenen, die Bedeutung der Innensicht in ihrer sprachlichen bzw. symbolischen Darstellung bedarf einer stärkeren Beachtung, denn niemand kann so gut die Innensicht und die Ziele des eigenen Handelns erkennen wie die entsprechende Person selbst. Die gemeinsame Suche nach Lösungen für problematische Lebens- und Handlungsweisen kann wiederum nur im Konsensverfahren, im Prozess des gemeinsamen Aushandelns entwickelt werden. Hierzu wiederum sind dialogisch-kooperative Beziehungen, der Aufbau einer vertrauensvollen Beziehungsbasis erforderlich. Dialogisch-kooperative Beziehungen sind aber schon allein dann erschwert bzw. werden verunmöglicht, wenn der mögliche Partner als ‚verhaltensgestört' etikettiert wird.

Letztendlich geht es in der pädagogischen Arbeit insgesamt um eine Entstörung der gestörten Verhältnisse – und dies auf allen Ebenen. Dazu ist es erforderlich, dass die Pädagogik ihre Kompetenz und Spezialisierung entlang der anzutreffenden Komplexität der heutigen Lebens- und Lernprozessen von Kindern- und Jugendlichen versucht zu gewinnen und nicht im Reduktionismus von diesen. Und nur wenn diese Veränderungen ernsthaft gewollt und tatsächlich eingelöst werden, kann es überhaupt einmal zu einer Umorientierung, vielleicht auch zu einem Paradigmenwechsel kommen – aber auch nur dann.

Literatur

Bach, H.: Verhaltenstörungen und ihr Umfeld. In: Goetze, H.; Neukäter, H. (Hrsg.): Pädagogik bei Verhaltensstörungen. Handbuch der Sonderpädagogik, Bd. 6. Berlin ²1993, 3-35.

Feuser, G.: Heil- und Sonderpädagogik, Regelpädagogik, Behindertenpädagogik und Allgemeine (integrative) Pädagogik – Der Traum vom Paradigmenwechsel. Vortrag auf den Ersten Görlitzer Heilpädagogischen Tagen (24.-26. Mai 2001). (in Vorbereitung).

Hillenbrand, C.: Einführung in die Verhaltensgestörtenpädagogik. München, Basel 1999.

Jantzen, W.: ‚Verhaltensgestört' – Was tun? In: Behindertenpädagogik, 31(1992), 249-264.

Lindemann, H.; *Vossler*, N.: Die Behinderung liegt im Auge des Betrachters. Konstruktivistisches Denken für die pädagogische Praxis. Neuwied 1999.

Maturana, H.R.; *Varela*, F.J.: Der Baum der Erkenntnis. Die biologischen Wurzeln des menschlichen Erkennens. Bern, München 1987.

Mutzek, W.: Förderdiagnostik bei Kindern und Jugendlichen mit Verhaltensstörungen. In: Mutzek, W. (Hrsg.): Förderdiagnostik bei Lern- und Verhaltensstörungen. Konzepte und Methoden. Weinheim 1998, 243-267.

Myschker, N.: Verhaltensgestörtenpädagogik. In: Claußen, W. u.a.: Einführung in die Behindertenpädagogik. Bd. 3. Stuttgart u.a. ³1992, 103-136.

Myschker, N.: Verhaltensstörungen bei Kindern und Jugendlichen. Erscheinungsformen – Ursachen – Hilfreiche Maßnahmen. Stuttgart u.a. ³1999.

Petermann, F.: Grundbegriffe und Probleme der Verhaltensgestörtenpädagogik. In: Petermann, F. (Hrsg.): Verhaltensgestörtenpädagogik – Neue Ansätze und ihre Erfolge. Berlin 1987, 1-6.

Reiser, H.: Förderschwerpunkt Verhalten. In: Zeitschrift für Heilpädagogik 50(1999), 144-148.

Schlee, J.: Zur Problematik der Terminologie in der Pädagogik bei Verhaltensstörungen. In: Goetze, H.; Neukäter, H. (Hrsg.): Pädagogik bei Verhaltensstörungen – Handbuch der Sonderpädagogik, Bd. 6. Berlin ²1993, 36-49.

Störmer, N.: Zur Konstruktion des Phänomens der Hyperaktivität In: Feuser, G.; Berger, E. (Hrsg.): Erkennen und Handeln. Momente materialistisch-kulturhistorischer (Behinderten-) Pädagogik und Therapie. Berlin 2002, 33-42.

Störmer, N.: Der Blick auf ‚Verhaltensstörungen' hat sich verändert. Vortrag auf den Ersten Görlitzer Heilpädagogischen Tagen (24.-26. Mai 2001). In: Hochschule Zittau/ Görlitz (Hrsg.): Wissenschaftliche Berichte, Heft 42. Zittau 2002, 33-42.

Warzecha, B.: ‚Verhaltensstörungen' im Spannungsfeld von Prävention und Segregation. In: Behindertenpädagogik 37(1998), 2-11.

Warzecha, B.: Qualitätsentwicklung: Kooperation zwischen der Verhaltensgestörtenpädagogik und der Kinder- und Jugendhilfe. In: Zeitschrift für Heilpädagogik 50(1999), 46-52.

Elisabeth von Stechow

Normalitätskonstruktionen und Verhaltensstörungen

1 Einleitung

Die Forderung nach der Anerkennung von Vielfalt und Differenz als Bedingung eines humanen Zusammenlebens kann als eines der zentralen Themen der Pädagogik des ausgehenden 20. Jahrhunderts angesehen werden. Dies gilt insbesondere für die Forschungsfelder der Erziehungswissenschaften, die sich mit sogenannten Randgruppen beschäftigen, wie z.B. die Migrationsforschung oder die Behindertenpädagogik. „Sind Vielfalt und Differenz normal?" fragt *Jantzen* (2001, 222) und verweist damit auf eine grundlegende Problematik neuzeitlicher Gesellschaften.

„'Normalität' bildet für uns Menschen moderner Gesellschaften im ausgehenden 20. Jahrhundert ein weitestgehend selbstverständliches Orientierungs- und Handlungsraster und wird bisweilen auch als das ‚Natürliche' oder das ‚Naturgemäße' verstanden," beschreibt *Sohn* (1999, 9) die Selbstverständlichkeit der Normalität. Wieso Normalität als das Natürliche verstanden wird und welche gesellschaftlich notwendige Funktion die Abweichung einnimmt, soll Gegenstand dieses Vortrages sein. Dabei soll aufgezeigt werden, wie Normalität im 19. Jahrhundert zunehmend an Bedeutung gewinnt und welche Rolle der Zeit in diesem Zusammenhang zugebilligt wird. Dies soll am Beispiel von Verhaltensstörungen gezeigt werden, die hier als die notwendige Abweichung vom Normalverhalten eingeordnet werden. Die Frage, ob Vielfalt und Differenz überhaupt normal sein können, wird vor dem Hintergrund der Funktion von Normalität beleuchtet werden.

2 Normalisierungsgesellschaften

Die binäre Unterscheidung *normal – anormal* taucht erstmals im 19. Jahrhundert auf. Normalisierungen werden, so *Foucault*, zu den diskurstragenden Kategorien für das Militär, die Industrialisierung und das Erziehungs- und Bildungswesen; die sich etablierende bürgerliche Gesellschaft wird zur Normalisierungsgesellschaft:

> Das Normale etabliert sich als Zwangsprinzip im Unterricht zusammen mit der Einführung einer standardisierten Erziehung und der Errichtung von Normalschulen, es etabliert sich in dem Bemühen, ein einheitliches Korpus der Medizin und eine durchgängige Spitalversorgung der Nation zu schaffen, womit alle Gesundheitsnormen durchgesetzt werden sollen, es etabliert sich in der Regulierung und Reglementierung der industriellen Verfahren und Produkte. (*Foucault* 1994, 237)

Eine Analyse der Normalitätsdiskurse des 19. und 20. Jahrhunderts erfordert eine klare Trennung von Normativität und Normalität. Im Laufe des 19. Jahrhunderts bildet sich diese Unterscheidung von *Normativität* und *Normalität* heraus, wobei Normativität im Sinne von Normung und Normierung verstanden wird, *Normalisierung* hingegen mit statistischen Dispositiven „und vor allem mit Begriffen wie ‚Skala' und ‚Durchschnitt' verknüpft" wird (*Link* 1997, 188). Normalität wird also über die statistische Konstruktion eines ‚mittleren' Menschen beschrieben. Der Normalismusforscher *Link* unterscheidet zwei normalistische Strategien, nämlich die protonormalistische und die flexibel-normalistische Strategie. Die protonormalistische Strategie, die insbesondere zu Beginn des Normalismus dominierte, drängt auf eine maximale Komprimierung von Normalitätszonen, die feststehende, stabile Grenzen hat. Hier zeigt sich eine Anlehnung der Normalität an Normativität, die es erlaubt, fixe ‚anormale' biographische Identitäten zu bilden. Die postmoderne flexibel-normalistische Strategie setzt auf eine maximale Expandierung und Dynamisierung der Normalitätszone. Die Grenzen sind hier dynamisch und in der Zeit variabel. Sie werden ‚weich' und ‚locker' symbolisch markiert. Grenzen sind sowohl für den Protonormalismus wie auch für den flexiblen Normalismus absolut kategorisch, so gilt, dass „auch der Flexibilitäts-Normalismus lieber irgendeine als gar keine Grenze festsetzen wird" (*Link* 1997, 340). Während im Protonormalismus die Verortung des Individuums innerhalb oder außerhalb der Grenze eine Setzung darstellt, muss sich der Einzelne im flexiblen Normalismus stets selbst an der Mitte orientieren, die über unaufhörliche und unzählige Meinungsumfragen, soziologische Studien, Politbarometer usw. ausgelotet wird. Die flexiblen, weichen Grenzen ermöglichen einer modernen Gesellschaft ein verhältnismäßig großes Spektrum an Vielfalt und Differenz als normal anzusehen. Dennoch handelt es sich um

Grenzen, die mit einem Risiko behaftet sind, das in Krisensituationen *Denormalisierungsängste* auslöst und ein Umschlagen in protonormalistische Verhaltensweisen begünstigt. Die Veränderung der politischen Situation seit dem 11. September verdeutlicht ein solches Phänomen exemplarisch. Die Forderung nach der massenhaften Zurücknahme von bisher verteidigten Bürgerrechten, verbunden mit law-and-order-Forderungen, die von 85% (also der normalen) Bevölkerung befürwortet wird, kann als eine protonormalistischen Grenzsicherung in unsicherer Zeit aufgefasst werden.

3 Normalisierungen in Bildungs- und Erziehungsprozessen

Auch für die Pädagogik, und besonders für die sich etablierende Heil- und Sonderpädagogik, lassen sich Normalisierungsprozesse nachvollziehen. Das wachsende Interesse der Pädagogik an dem Phänomen des abweichenden Schülerverhaltens seit Beginn des 19. Jahrhundert kann durchaus als notwendige Folge der pädagogischen Normalisierungsbestrebungen erklärt werden.

Sohn sieht drei wesentliche Bereiche der Normierungs- und Normalisierungsmacht, die typischerweise ineinander greifen und miteinander verwoben sind. Er unterscheidet in Anlehnung an *Foucault* zwischen den *Disziplinen des Körpers*, der *Disziplinaranalyse*, und den *Sicherheitstechnologien* (vgl. *Sohn* 1999, 14f).

3.1 Die Disziplinen des Körpers

Foucault versteht unter den *Disziplinen des Körpers* die Technologien, die Institutionen und Praktiken, die direkt auf das Individuum gerichtet sind. Die Disziplinen produzieren die von der Disziplinarmacht gewünschten Subjekte, deren Körper und Verhalten diszipliniert ist und die so ökonomischen und sozialen Anforderungen der modernen Gesellschaft gerecht werden.

Die *Disziplinierung des Körpers und des Verhaltens* hat einen neuen Typ Schüler hervorgebracht, der effizient auch in einer größeren Gruppe unterrichtet werden kann. Zuvor arbeitete jeweils ein Schüler einige Minuten lang mit dem Lehrer, während „die ungeordnete Masse der anderen ohne Aufsicht müßig ist und wartet" (*Foucault* 1994, 188). Um diesem unökonomischen Missstand zu begegnen, werden Disziplinartechniken entwickelt, die sich auf die *Verteilung des Individuums im Raum*, die *Abrichtung des Körpers* und die *Kontrolle der Tätigkeit in der Zeit* konzentrieren.

Die *Verteilung des Individuums im Raum* geschieht über die Herstellung einer Ordnung, die eine Kontrolle garantiert. Dazu gehört die bis dahin unübliche Zuweisung eines eigenen Platzes für jeden Schüler. Diese elementare Lokalisierung und Parzellierung erlaubt eine schnelle Kontrolle der Anwesenheiten und Abwesenheit. Unkontrolliertes Herumschweifen, undisziplinierte Gruppenbildungen und unerwünschte Kommunikation kann somit unterbunden werden. Aber auch die Ordnung in Klassen, die eine Rang-Ordnung darstellt, entwickelt sich im 18. Jahrhundert:

> Der Rang beginnt im 18. Jahrhundert die große Form der Verteilung der Individuen in der Schulordnung zu definieren: Schülerreihen in der Klasse, Korridore, Kurse; jeder erhält bei jeder Prüfung einen Rang zugewiesen – von Woche zu Woche, von Monat zu Monat, von Jahr zu Jahr; Gleichschaltung der verschiedenen Altersklassen; Abfolge des Lehrstoffes und der behandelten Fragen in der Ordnung zunehmender Schwierigkeit. (*Foucault* 1994, 188)

Zeitgleich entstehen zunehmende Institutionen, die *Foucault* ‚Einschließungen' nennt, die eine Aussonderung, z.B. der Nicht-Disziplinierbaren, in einen kontrollierten Raum möglich machen. Die Pädagogik hat entsprechende Institutionen – Rettungshäuser, Zwangserziehungseinrichtungen, Besserungsanstalten, Verwahrlostenführsorge, Psychopathenheime, Beobachtungsstationen usw. – bereit gestellt, in denen die Abgesonderten gebessert, und die Normalen vor ihnen geschützt werden.

Bei der *Abrichtung der Körpers* handelt es sich um Disziplinartechniken, die der Körperkontrolle dienen. Die historische Spezifität beim Zugriff auf den ‚gelehrigen Körper' besteht in der Bedeutung des Details, d.h. nicht der Körper in seiner Ganzheit soll verbessert werden, sondern das kleinste Detail jeder Haltung und Bewegung findet die Beachtung der disziplinarischen Maßnahmen. Ein Beispiel aus einem französischen Journal für die Unterrichtung in Elementarschulen aus dem Jahr 1816 soll dies verdeutlichen:

> Geht in eure Bänke! Beim Wort Geht legen die Schüler vernehmlich ihre rechte Hand auf die Bank und setzen ein Bein in die Bank; bei in eure Bänke ziehen sie das andere Bein nach und setzen sich vor ihre Schiefertafeln ... Nehmt die Tafeln! Beim Wort Nehmt legen die Kinder die rechte Hand an die Schnur, mit der die Tafel am Nagel aufgehängt ist, und mit der linken fassen Sie die Tafel; bei die Tafeln nehmen sie sie ab und legen Sie auf den Tisch. (Journal pour l'instruction élementaire, April 1816, zit.n. *Foucault* 1994, 216)

Zur Vervollkommnung der Abfolge der Tätigkeiten werden die *Zeiteinteilungen* in den Elementarschulen immer enger. Die Zergliederung der Schulzeit in Jahre, Wochen, Monate, Tage, Stunden und Minuten dienen einer vollständigen Nutzung der Zeit. Foucault spricht von einem evolutiven Zeitverständnis, das – in Anlehnung an die Evolutionstheorien – die Idee von Entwicklung mit der Idee des Fortschritts koppelt. Um so effektiver die Zeit genutzt wird, um so größer wird der Fortschritt sein, den der Schüler erlangt. Die erschöpfende Ausnutzung der Zeit wird durch eine Verfeinerung der Zerteilung möglich. Der im 19. Jahrhundert typische „Kult um die Minuten" (*Dohrn-van Rossum* 1992, 316) findet auch in der schulischen Zeitplanung ihren Niederschlag. Das folgende Beispiel stammt aus dem beginnenden 19. Jahrhundert: „8.45 Eintritt des Monitors, 8.52 Ruf des Monitors, 8.56 Eintritt der Schüler und Gebet, 9 Uhr Einrücken in die Bänke, 9.04 erste Schiefertafel, 9.08 Ende des Diktates, 9.12 zweite Schiefertafel usw." (*Bally*, zit.n. *Foucault* 1994, 193).

Diese minutiöse Zerlegung der Zeit erlaubt es, das Verhalten und die Lernerfolge genau zu kontrollieren. Zur Kontrolle werden Inspektoren bestellt. Die Kontrolle, wie es z.B. auch die preußischen Verordnungen dieser Zeit zeigen, wird einer Gegenkontrolle unterworfen. Wer die zeitlichen Anforderungen verweigert, wird bestraft. „Die Zeit tritt der Macht sehr nahe und sichert sich ihre Kontrolle und Ausnutzung", so *Foucault* (1994, S. 206), sie wird zum Maß, zum Taktschlag einer schulischen Disziplinierungstechnik.

3.2 Die Disziplinaranalyse und die Wissenschaft vom Menschen

Mit den Disziplinen entsteht ein neue empirische Wissenschaft vom Menschen, die der Überprüfung der Disziplinarmacht dient. Dieser neue Wissenschaftstyp produziert eine wissenschaftlich begründete Normalität, in dem er „ausgewählte Eigenschaften und Merkmale als allgemeingültige Tatsachen und Regeln kohärent vernetzt und abweichende Phänomene in Bezug auf die Regeln bestimmt werden," wie *Sohn* (1999, 17) konstatiert, und weiter heißt es – und das wird für die sich im folgenden herausbildende Heilpädagogik von entscheidender Bedeutung – „hier geht es um anatomische Praktiken, welche ein komplexes Ganzes durch fragmentierende Normierungen analysierbar machen, und um ein Wissen, in dem Normen verknüpft und Abweichungen darauf bezogen werden" (*Sohn* 1999, 17). Die Humanwissenschaften entwickeln „ein rasendes Verlangen nach dem Messen, Schätzen, Diagnostizieren, Unterscheiden des Normalen und Anormalen; und [formulieren den, E.S.] Anspruch auf die *Ehre des Heilens und des Resozialisierens*" (*Foucault* 1994, 392; H.i.O.). Statistische Verfahren, Tests und Diagnostische Manuale sollen die Häufigkeit und Verteilung sozialer Gegenstände beschreiben, um Normalität messbar zu machen. Dabei werden mathematische Verfahren der Normalverteilungen, das bekannteste ist die Gaußsche Glocke, in den Dienst einer sozialen Statistik gestellt. „Mathematisch gibt es keine

Grenze auf der Gaußkurve, mathematisch gilt lediglich, dass die Streuung von Einheiten im Unendlichen gleich null wird" (*Link* 1997, 339). *Link* hebt hervor, dass die mathematische Statistik erst dann normalistisch wird, wenn sie in den Dienst eines ‚Willens zur Normalität' gestellt wird. Die Aussage: x $^{\pm}$2s = anormal, ist also keine mathematische Gegebenheit, sondern eine soziale Setzung, eine *Stigmagrenze*. Die Zeit spielt bei der Herstellung statistischer Erhebungen mehrere Rollen. Zum einen werden temporale Koordinaten und temporale Verlaufskurven konstruiert. Diese sind immer dann entscheidend, wenn Entwicklungen aufgezeigt werden sollen und eine Prognostik erstellt wird. *Link* weist darauf hin, dass hier Zeit immer als evolutives Kontinuum abgebildet wird. Radikale Ereignisse, wie z.B. eine Revolution, würden wie Brüche auf der temporalen Ebene der Evolution wirken und deshalb als Alarmsignal erster Ordnung verstanden werden. Kleinere Ereignisse, hier kann z.B. eine Meldung über das statistisch bewiesene drastische Ansteigen von Verhaltensstörungen als Beispiel dienen, werden als Frühwarnsysteme verstanden, auf die die Gesellschaft reagieren muss (vgl. *Link* 1997, 325). Problematisch an den Normalkurven, die die evolutiven Kontinuitäten spiegeln sollen, ist ihre Linearität. Tatsächlich sind evolutive Prozesse zwar kontinuierlich, aber nicht zwangsläufig linear. Die Zukunft der Moderne ist nicht determiniert, sondern offen, so dass prognostische Aussagen schnell an Relevanz verlieren können.

Zum anderen wird die Rolle der Zeit bedeutsam, wenn Entwicklungsnormen erstellt werden. Hier wird der Zeitaspekt ‚Alter' bedeutsam, der in Beziehung zu einem ‚Funktionsbereich', z.B. Sozialverhalten oder Intelligenz gesetzt wird. Hier muss homogenisiert werden, um Unterschiedliches vergleichbar zu machen, d.h. aus der Vielzahl der Möglichkeiten des Verhaltens werden bestimmte ausgewählt, die dann *das* Sozialverhalten darstellen. Das renommierte Handbuch der Entwicklungspsychologie von *Oerter/ Montada* schreibt dazu: „Sollte die Homogenität zwischen verschiedenen Altersspannen nicht gewährleistet sein, muss der Geltungsbereich der Skala eingeschränkt werden; ist die Homogenität sogar innerhalb der Altersspanne nicht gegeben, müssen neue Skalen gebildet werden, da sich ansonsten keine Aussagen aufstellen lassen" (*Oerter/ Montada* 1998, 1171). Es wird deutlich, dass Homogenität nicht gemessen, sondern erst über das Verfahren der passenden Auswahl produziert wird.

3.3 Die Sicherheitstechnologien

Die Technologien, Institutionen und Praktiken der Disziplinen richten sich nicht nur auf das Individuum, sie konstituieren mit den Mitteln der Normalisierung die Bevölkerung, die so effektiv und ökonomisch reguliert und kontrolliert werden kann.

Normalisierungen durchziehen den gesamten Gesellschaftskörper, in dem sie dichte Normalisierungsnetze schaffen. Dies geschieht einmal über Institutionen, die aufeinander verweisen und eine kontinuierliche Abstufung ermöglichen, im Bereich der Schule sind hier Verschiebungen z.b. von der Hauptschule in die Sonderschule für Lernhilfe, in die Sonderschule für Verhaltensgestörte, in die Kinder- und Jugendpsychiatrie, und von dort ins Heim oder in den Jugendstrafvollzug gemeint. In den jeweiligen Institutionen wird ununterbrochen bewertet, erhoben, gemessen und hierarchisiert. Über Strafen, schlechte Noten, Kontrollen werden Abweichungen und Anomalien – ohne Willkür, aufgrund von Regelungen – sanktioniert. Aber es gibt auch immer die Möglichkeit des Ausschlusses für den Anormalen, so werden, wie *Foucault* sagt, Disziplinarkarrieren organisiert, an deren Ende die Delinquenz steht.

4 Der Umgang mit dem ‚schwierigen Kind'

Die Geschichte, wenn sie sich unter dem Leitbegriff Normalisierung erzählen lässt, ist vor allem eine Geschichte der Experten und ihrer Etablierung und Professionalisierung: Mediziner, Statistiker, Sozialwissenschaftler, Betriebswirtschaftler, Psychologen u.s.w. Sie sind es, die Normalitäten und Abweichungen produzieren, denn im therapeutischen Paradigma gilt es zu wissen, wann und wo Behandlungsbedarf besteht. (*Mehrtens* 1999, 50)

Die sich etablierende Heilpädagogik des ausgehenden 19. Jahrhunderts lässt sich mühelos in diese Reihe einfügen, sie kann quasi als ein Produkt der Normalisierungsgesellschaft angesehen werden. Die Einführung von Normalschulen bringt zwangsläufig die Notwendigkeit der Aussonderung mit hervor, die eine Bedingung für die Herstellung von Normalität ist. Die schulische Rangordnung spielt dabei eine entscheidende Rolle, sie soll „die Abstände markieren, die Qualitäten, Kompetenzen und Fähigkeiten hierarchisieren, sie soll aber auch bestrafen und belohnen" (*Foucault* 1994, 234). Mit der Einführung der Normalschulen in Frankreich existiert auch gleich die ‚Schandklasse', in die Schüler abgesondert werden können, um „als Unterschied zu allen übrigen Unterschieden [...] die äußere Grenze gegenüber dem

Anormalen" ziehen zu können (ebd. 236). Das Gelingen der Disziplinierung *jedes* Individuums, in diesem Fall des Schülers, ist von Beginn an nicht vorgesehen und so wird mit dem disziplinierten Schüler zugleich auch das ‚schwierige Kind' hervorgebracht. Die wandelnden Bezeichnungen für abweichendes Verhalten spiegeln die Normalitätsdiskurse ihrer Zeit wider. Die im 19. Jahrhundert populäre ‚Lehre von den Kinderfehlern', ausgehend von den Philanthropen, besonders aber von *Herbart* formuliert, sieht in Kinderfehlern noch recht unsystematisch all diejenigen Eigenarten und Verhaltensweisen des Kindes, die Schwierigkeiten bei der Erziehung bereiten. Der Begriff Normalität ist hier noch nicht zu finden, die Abweichung wird noch unter dem Begriff des Besonderen geführt. Erst in der zweiten Hälfte des 19. Jahrhunderts gewinnt der Begriff des Normalen an Bedeutung, wenn die Normalitätsdiskurse der Medizin und der Psychiatrie Einfluss auf die Heilpädagogik nahmen. Die binäre Unterscheidung von Normal und Anormal wird auf Verhalten angewandt, und das Anormale, (häufig auch das Abnormale genannt) wird verschärft pathologisiert. Die Bezeichnung ‚Kinderfehler' findet man zuletzt noch bei *Trüper* und *Strümpell*, die aber auch schon im Abnormen das Pathologische sehen. So wenden sich Trüper und Strümpell dem Begriff des ‚Psychopathen' zu, abnormes Verhalten ist dann auf die psychopathische Minderwertigkeit des Kindes zurückzuführen. Für die Herstellung von Normalverhalten über statistische Verfahren müssen verbindliche Klassifikationssysteme erstellt werden, für die Psychiatrie ist besonders auf die Bedeutung *Kraepelins* hinzuweisen, auf dessen Prinzipien sich heute noch das Diagnostische und *Statistische* Manual DSM IV beruft (*DSM IV* 1998). Ebenfalls ist der Zwiefaltener Irrenanstaltsdirektor J.L.A. *Koch* zu nennen, der einen ausführlichen systematischen Apparat entwickelt, in dem er die psychopathischen Minderwertigkeiten aufgliedert (vgl. *Göppel* 1989, 129). Die Klassifikationssysteme von *Kraepelin* und *Koch* schaffen die Möglichkeit, eine – mit den Methoden der Wissenschaft begründete – Grenze zwischen geistiger Normalität und psychopathischer Minderwertigkeit zu ziehen. Damit ist der Weg geebnet, unerwünschtes Verhalten zu pathologisieren und von der Normalität abzugrenzen, der bis heute in der Psychiatrie gegangen wird. *Becker* und *Koch* führen an, dass immer mehr Verhaltensweisen, wie Frechheit, Zappeligkeit, Vorwitz, Unverschämtheit durch Umbenennung in Verhaltens- oder Leistungsschwierigkeiten verwandelt werden, bekannte Beispiel sind HKS oder MCD, und somit zu systemspezifischen Kompetenzerweiterungen führen.

Beispiele dieser Art der aktiven Beschaffung und Dramatisierung sind z.B. epidemiologische Studien, wie die Marburger Befragung, die Ende der 80iger Jahre in der Hilfeszene und ihren Fachausschüssen eine heftige Debatte auslöste [...] der therapeutische Blick richtet sich konsequenterweise am Ende auf die Gesellschaft als Ganzes, die – wie die Kinder und Jugendlichen –

unter Verdacht gerät, psychiatrisch behandlungsbedürftig zu sein. Wissenschaftliche Dignität erhält die Verdachtvermutung durch den Fragebogen [...] Behandlungsbedürftigkeit (wird) zu einem statistischen Ereignis." (*Becker/ Koch* 1997, 9f).

Solche Verfahren sind typisch protonormalistisch und der Mainstream der wissenschaftlichen Verhaltensgestörtenpädagogik der Gegenwart weist sie entschieden zurück. Sie greift auf flexibel-normalistische Strategien zurück, und stellt wie z.B. *Myschker* fest, dass „Verhaltensstörungen [...] eine komplexe Problematik dar(stellen), die sich sowohl terminologisch, wie auch definitorisch nur annäherungsweise und unvollkommen fassen lässt" (*Myschker* 1993, 13). Auch das Handbuch der Pädagogik bei Verhaltensstörungen von *Neukäter* und *Goetze* verweist darauf, dass der Begriff der Verhaltensstörung „schillernd, mehrdeutig, unscharf und damit fragwürdig" ist (1989, VII). Hier wird deutlich, dass sie die Grenzen der Normalität bewusst vage und offen halten.

Zugleich werden Studien über die Verbreitung von Verhaltensstörungen bei Schülern herangezogen, um die Normalitätsgrenzen im Auge zu behalten. Diese geben Prävalenzschätzungen zwischen 12 und 20 Prozent an (vgl. *Remschmidt/ Walter* 1990, *Esser* 1989, *Bründel/ Hurrelmann* 1994). *Reiser* spricht davon, dass heute von den *Erziehungspersonen* zwischen 10 und 40 Prozent der Schüler als verhaltensgestört eingeschätzt werden. Eine Schule für Erziehungshilfe besuchen tatsächlich nur etwa 0,24 Prozent (vgl. *Reiser* 1999, 145). Auch hier wird der flexibel-normalistische Umgang mit Verhaltensstörungen deutlich, denn hier wird eine extreme Expansion der Grenzen vor dem Ausschluss aus dem Normalitätsfeld Schule sichtbar.

Die Anerkennung von Vielfalt und Differenz als Normalität kann somit einerseits für die Verhaltensgestörtenpädagogik bestätigt werden. Aber zugleich zeigt die umstrittene Existenz der Schulen für Verhaltensgestörte, das auch *Links* Aussage ‚lieber irgendeine Grenze, als keine Grenze' für den Umgang der Pädagogik mit Verhaltensstörungen zutrifft.

Literatur

Becker, P.; *Koch*, J.: Was ist normal? Weinheim 1999.
Bründel, H.; *Hurrelmann*, K.: Gewalt macht Schule. München 1994.
DSM-IV (dt. Bearbeitung und Einführung von Saß, H.): Diagnostisches und Statistisches Manual Psychischer Störungen. Göttingen ²1998.
Dohrn-van Rossum, G.: Die Geschichte der Stunde. Uhren und moderne Zeitordnung. München 1992.
Esser, G.: Mannheimer Elterninterview. Weinheim 1989.

Foucault, M.: Überwachen und Strafen. Frankfurt 1994.
Goetze, H.; *Neukäter*, H. (Hrsg.): Pädagogik bei Verhaltensstörungen. Handbuch der Sonderpädagogik, Bd. 6. Berlin 1989.
Göppel, R.: ‚Der Friederich, der Friederich...' das Bild des ‚schwierigen Kindes' in der Pädagogik des 19. Und 20. Jahrhunderts. Würzburg 1989.
Jantzen, W.: Über die soziale Konstruktion von Verhaltensstörungen. In: Zeitschrift für Heilpädagogik 52(2001), 222-231.
Link, J.: Versuch über den Normalismus. Wie Normalität produziert wird. Opladen 1997.
Mertens, H: Kontrolltechnik Normalisierung. In: Sohn, W.; Mertens, H. (Hrsg.): Normalität und Abweichung. Opladen 1999, 45-65.
Myschker, N.: Verhaltensstörungen bei Kindern und Jugendlichen. Stuttgart 1993.
Oerter, R.; *Montada*, L.: Entwicklungspsychologie. Weinheim ⁴1998.
Reiser, H.: Förderschwerpunkt Verhalten. In: Zeitschrift für Heilpädagogik 50(1999), 144-148.
Remschmidt, H.; *Walter*, R.: Psychische Auffälligkeiten bei Schulkindern. Göttingen 1990.
Schildmann, U.: Normalität, Behinderung und Geschlecht, Ansätze und Perspektiven der Forschung. Opladen 2001.
Sohn, W.; *Mertens*, H. (Hrsg.): Normalität und Abweichung. Opladen 1999.
Sohn, W.: Bio-Macht und Normalisierungsgesellschaft – Versuch einer Annäherung. In: Sohn, W.; Mertens, H. (Hrsg.): Normalität und Abweichung. Opladen 1999, 9-13.

Ellen Wenzel, Günther Opp

Schulen zur Erziehungshilfe im Spiegel der aktuellen Schulqualitätsdiskussion[*]

Einleitende Thesen

Mit der Forderung nach Qualitätsentwicklung sind längstens auch die Schulen konfrontiert.

Das Ziel, auch für den Bereich Schule und Bildung Qualitätskriterien festzulegen, die Vergleiche unter verschiedenen Einrichtungen ermöglichen, hat in der nationalen wie angloamerikanischen erziehungswissenschaftlichen Forschung eine mehr als zwanzigjährige Geschichte. Die dabei gewonnenen Forschungsergebnisse dienen nicht erst seit den internationalen Vergleichsstudien (PISA, TIMSS) als Impulse für Schulentwicklung. Um so erstaunlicher ist deshalb die Tatsache, dass der Bereich der Sonderschulen bislang als Forschungsfeld für Schulqualitätsuntersuchungen weitgehend ausgeklammert blieb. Die Sonderpädagogik als Disziplin unterstützt diese Entwicklung durch ihre normative Abgrenzung von der allgemeinen Erziehungswissenschaft. Vermutlich scheint das Besondere der Sonderpädagogik eine nicht hinterfragte Qualitätszuschreibung zu suggerieren.

Weder wird die Qualität der Regelschulen allein durch die Segregation ihrer Problemfälle verbessert, noch kann durch die Zusammenführung einer scheinbar homogenen Schülerschaft in einer be-(Sonder)en Schule zweifelsfrei Qualität vorausgesetzt werden. Etwas Besonderes zu tun impliziert nicht zwangsläufig, dass dies etwas Gutes ist.

Nur zaghaft wird bisher von sonderpädagogischer Seite Anschluss an die aktuellen Qualitätsdiskurse gesucht (vgl. *Speck* 2000). Als Profession und Disziplin muss auch die Sonderpädagogik Fragen der Schulqualität thematisieren. Sie sollte dies vor allem tun, um in der reflexiven Auseinandersetzung mit ihrer Praxis ein Professionsverständnis zu entwickeln, das den pluralen Entwicklungsbedürfnissen der Kinder und Jugendlichen entspricht.

---

[*] Vorstellung eines Forschungsprojektes, gefördert durch das Kultusministerium des Landes Sachsen-Anhalt. FKZ: 3137 A/ 0089 G.

Eines der am besten abgesicherten Ergebnisse der Schulqualitätsforschung besagt, dass die Qualität schulischer Prozesse nicht im Vergleich von Schulformen oder quantitativ erfassbaren Ausstattungsmerkmalen feststellbar ist. Vielmehr ist Schulqualität das Ergebnis pädagogischer Prozesse auf der Ebene der Einzelschule (vgl. *Fend* 1998, *Krüger* 2000, *Melzer/ Stenke* 1996). Dieser Ansatz ist grundsätzlich auf Sonderschulen übertragbar.

Im Kontrast zur Regelschule können dabei aber nicht Schulleistungen als zentraler Indikator für Qualität herangezogen werden (Effizienzvergleiche).

Schulen zur Erziehungshilfe

An Schulen zur Erziehungshilfe werden Kinder und Jugendliche unterrichtet, die sich den bisherigen Erziehungsbemühungen in Elternhaus und schulischem Feld so nachhaltig verschlossen haben und sowohl in ihrem emotionalen Erleben als auch sozialem Verhalten so auffällig sind, dass die Regelbeschulung die Erziehungserfolge dieser Schülerinnen und Schüler nicht sicher stellen kann. Dabei führt die diagnostische Feststellung von Gefühls- und Verhaltensstörungen nicht dazu, dass an Schulen zur Erziehungshilfe eine homogene Schülerschaft unterrichtet wird, der mit rezeptartigen Methoden verantwortungsvoll zu begegnen ist. Vielmehr sind sowohl das Erscheinungsbild und die Kausalität der individuellen Probleme, wie auch die speziellen Erziehungsbedürfnisse der Kinder und Jugendlichen hoch divergent. Erschwerend kommt hinzu, dass das Problem der Ko-Morbidität von Verhaltensproblemen, insbesondere mit speziellen Lern- und/ oder Sprachstörungen an Bedeutung zu gewinnen scheint (vgl. *Opp* 1995, 2000). Die negativen Folgen dieser Kumulation sind insbesondere durch zusätzliche Belastungen im sozialen und familialen Bereich ein signifikantes Entwicklungsrisiko für die betroffenen Kinder und Jugendlichen. Ohne Zweifel stellt diese erhebliche Bandbreite der schulischen und sozialen Kompetenzen der Kinder eine massive Herausforderung an die Lehrkräfte dar.

In diesem Sinne sind ein konzeptgeleitetes Vorgehen und die reflexive Auseinandersetzung mit den Effekten und Risikofaktoren der eigenen pädagogischen Praxis erforderlich.

Theoretische Grundlagen zum Forschungsvorhaben

Die Schulforschung hat mit dem Begriff der ‚Schulkultur' (vgl. *Melzer/ Stenke* 1996) bzw. des ‚Schulethos' (vgl. *Rutter* 1980) Qualitätsdimensionen an Schulen beleuchtet, die durch die bewusste Gestaltung eines förderlichen Schulklimas, durch einen hohen Professionsanspruch der Pädagogen, kooperative Beziehungen innerhalb der Einrichtung wie auch zu anderen Fachdisziplinen und durch fest installierte partizipative Strukturen auf allen Ebenen gekennzeichnet sind.

Im Rahmen unseres Forschungsprojektes gehen wir davon aus, dass gerade an Schulen zur Erziehungshilfe diese Art der Gestaltung pädagogischer Alltagspraxis die Voraussetzung für erfolgreiche Lern- und Entwicklungsprozesse darstellt.

Im Kontrast zu Schulleistungen und Zeugnisdurchschnitten werden an Schulen zur Erziehungshilfe neben der Wahrnehmung einer *fürsorgenden Gemeinschaft* individuelle Merkmale der Kinder und Jugendlichen als Qualitätsindikatoren angenommen. Dabei handelt es sich im Einzelnen um Faktoren wie: Selbstwirksamkeitserleben, Zukunftsoptimismus, individuelle Problembewältigungsstrategien, Selbstwert, Schulängste, Lebenszufriedenheit und sozialer Rückhalt.

Die Schule zur Erziehungshilfe wird dem besonderen Erziehungs- und Hilfebedürfnis dieser Kinder dadurch gerecht,
- dass sie ihnen Alternativen im Sozialverhalten und als Strategien für ihre täglichen Konflikte anbietet,
- dass sie einen angstfreien Raum mit einer durchschaubaren Struktur schafft, der im Kontrast zu den oft chaotischen familiären und biografischen Erfahrungen dieser Kinder und Jugendlichen steht,
- dass sie die individuellen Stärken der Kinder erkennt und bekräftigt und den Kinder und Jugendlichen gute Wahlmöglichkeiten eröffnet und
- dass sie auf diese Weise die Hoffnung auf eine gelingende Lebensgestaltung stärkt.

Professionalität im Bereich schulischer Erziehungshilfe erfordert deshalb die Bereitschaft, die eigene Praxis und ihre organisatorischen Rahmenbedingungen zu erfassen und konzeptionell weiter zu entwickeln. Dazu sind vor allem kooperative Beziehungen innerhalb und außerhalb der Schule und eine strukturelle und inhaltliche Vernetzung mit den Maßnahmeangeboten im Jugendhilfeverbund notwendig. Letztlich erfordert der professionelle Umgang mit diesen Kindern und Jugendlichen eine vertiefte Auseinandersetzung der Professionellen mit dem eigenen pädagogischen Handeln und seinen erwartbaren und unerwarteten Folgen. Dies findet seine Entsprechung im Begriff der *Re-*

flexivität. Die Pädagogen selbst verstehen sich dabei als Lernende, die sich zugestehen, Fehler machen zu dürfen, gleichzeitig aber auch den Anspruch an sich stellen, aus Fehlern zu lernen. Die pädagogische Verantwortung, die dabei übernommen wird, zeigt sich vor allem in der Überzeugung der Notwendigkeit kontinuierlicher professioneller Weiterentwicklung, möglichst im kollegialen Kontext (vgl. *Rosenholtz* 1991). So entsteht eine Schule in Bewegung und gleichzeitig eine Schule, die sich ihrer gewachsenen funktionalen Routinen versichert.

Die Erfahrungen der Schulqualitätsforschung belegen, dass die Wahrnehmung einer Schule durch ihre Schülerinnen und Schüler maßgeblich von dem erlebten Klima innerhalb der Schule determiniert wird. Insbesondere im Bereich der schulischen Erziehungshilfe wird die bewusste Gestaltung eines guten Schul- und Klassenklimas als wesentliche Voraussetzung für gelingende Unterrichts- und Erziehungsprozesse betrachtet. Ein Klima, dass durch individualisierte Lehrer-Schüler-Beziehungen, unterstützende Beziehungen unter den Schülern und Zufriedenheit im Unterricht gekennzeichnet ist, bei dem die Kinder und Jugendlichen Autonomieräume erleben und Verantwortung tragen, fördert die Wirkung von persönlichen Erfolgserfahrungen (vgl. *Satow* 2000). Schülerzentriertheit und Lehrerfürsorglichkeit beeinflussen empirisch nachgewiesen in hohem Maße die Unterrichtszufriedenheit, das Interesse am Unterricht und die Mitarbeitsbereitschaft der Schülerinnen und Schüler (vgl. *Satow* 2000). Ein gutes Unterrichtsklima fördert die Kompetenzerwartungen der Kinder und führt zu einem positiven Umgang mit unterschiedlichen Anforderungssituationen. Dabei hat die Art und Weise der Unterrichtsgestaltung und Klassenführung signifikante Auswirkungen auf eine optimistische Grundhaltung der Kinder und Jugendlichen (vgl. *Satow* 2000). Unterstützt wird diese optimistische Grundhaltung gegenüber den Herausforderungen des Alltags und den schulischen Leistungsanforderungen durch die Gestaltung fürsorgender Beziehungsstrukturen zwischen Lehrkräften und Schülern und innerhalb der Klassen.

Die Aufgabe der Erziehung von Kindern mit Gefühls- und Verhaltensstörungen erfordert neben erweitertem theoretischen Wissen und methodischem Repertoire auch die kontinuierliche Reflexion der eigenen Arbeit. Dies basiert auf der Entwicklung gemeinsamer Grundsätze (pädagogisches Ethos), die für das ganze Team verpflichtend sind und als Leitfaden für die Evaluation der schulischen Prozesse herangezogen werden können. Deshalb sollten die eigenen Problemsichten und Problemperspektiven überprüft und die Erfahrungen und Einschätzungen der Kinder, Jugendlichen, Eltern und anderen Professionellen erfragt werden. Dadurch lernen die Pädagogen die Erwartungen an ihre Arbeit kennen. Es geht darum, dass sich die Professionellen selbst und in kollegialen Zusammenhängen mit den Herausforderungen, Möglichkeiten und Grenzen, Risikofolgen, Zielen und Problemstellungen der eigenen Arbeit konfrontieren.

Das Instrument

Im Sinne der Sicherung und Entwicklung von Schulqualität muss sich die Einzelschule mit der Wahrnehmung der Schulkultur durch ihre Schüler konfrontieren. Die Schulen brauchen Evaluationshilfen, die sich an diesem Anspruch orientieren.

Eine leitende Idee bei der Entwicklung eines Evaluationsinstrumentes im Arbeitsfeld der schulischen Erziehungshilfe war die Vorstellung, dass wesentliche Informationen von den Schülerinnen und Schülern erfragt werden müssen.

Wir tun dies mit einem Fragebogen, den wir für Kinder und Jugendliche entwickelt haben, die Schulen zur Erziehungshilfe besuchen. Der Fragebogen wurde auf der Basis einer umfassenden Literaturanalyse entwickelt. Dazu gehörten insbesondere Forschungsergebnisse, die in jüngerer Vergangenheit veröffentlicht wurden (*Eder/ Mayr* 2000; *Fend* 1998; *Freitag* 1998; *Krüger* u.a. 2000; *Melzer* 2000, 2001; *Melzer/ Stenke* 1996; *Jerusalem/ Schwarzer* 1991; *Schwarzer/ Jerusalem* 1999; *Satow* 2000).

Momentan führen wir eine Totalerhebung an allen Schulen zur Erziehungshilfe Sachsen-Anhalts (n = 12) in den Klassenstufen 3 bis 7 durch.

Zu den inhaltliche Dimensionen, die erfasst werden sollen, zählen die Faktoren Schulklima, professionelles Lehrerhandeln, Schülerpartizipation, Schulökologie und Kooperation. Wir summieren diese Qualitätsdimensionen in Anlehnung an *Melzer/ Stenke* (1996) unter dem oben diskutierten Begriff der Schulkultur (vgl. Tab. 1).

Der Fragebogen wurde so konstruiert, dass Individualmerkmale der Schüler zu den Faktoren der Schulkultur in Beziehung gesetzt werden können. Dahinter steht die Vorstellung, dass Qualität im Bereich der schulischen Erziehungshilfe nicht primär an den schulischen Leistungen der Schüler festgemacht werden kann (Schuleffizienz). Vielmehr besteht der besondere Bildungsauftrag dieser Schule darin, eine Situation zu schaffen, in der Kinder und Jugendlich angesichts der alltäglichen lebensweltlichen Belastungen und der Entwicklungsrisiken, denen sie ausgesetzt sind, Kompetenzen entwickeln können, die es ihnen ermöglichen sollen, ihr Leben erfolgreich zu meistern. Wir vermuten, dass das Maß der individuellen Kompetenzen, welche die

SCHULKLIMA
- Merkmale der Interaktion und Verhältnisse auf Schulebene
- Merkmale der Interaktion und Verhältnisse auf Klassenebene
- Gewaltfaktoren

PROFESSIONELLES LEHRERHANDELN
- Methodenkompetenz
- Förder- und Integrationskompetenz
- Persönliche Lehrer-Schüler-Beziehung
- Fürsorglichkeit der Lehrer

SCHÜLERPARTIZIPATION
- Mitwirkungsmöglichkeiten der Schüler auf Schulebene
- Mitwirkungsmöglichkeiten der Schüler auf Klassenebene
- Mitwirkungsmöglichkeiten der Schüler im Förderbereich

SCHULÖKOLOGIE
- Räumliche Gestaltung
- Außerunterrichtliche Angebote und Freizeit
- Hort

KOOPERATION
- Einbeziehung der Eltern
- Öffnung der Schule
- Kooperation im Jugendhilfeverbund

Tab. 1: Faktoren der Schulkultur

Kinder und Jugendlichen entwickelt haben, mit Hilfe individueller Schülermerkmale erfasst werden können. Dazu gehören:
- das Maß der sozialen Integration innerhalb des Klassenverbandes bzw. die Position eines Außenseiters;
- die subjektiv wahrgenommene schulische Belastung;
- das eigene Problembewusstsein;
- Herausforderungs-, Bedrohungs- und Verlusteinschätzungen im Kontext biografischer Erfahrungen bzw. den Erwartungen für das zukünftige Leben;
- Copingstrategien in individuellen Problemsituationen;
- stützende soziale Beziehungen innerhalb und außerhalb der Schule;
- Lebensoptimismus und Zukunftserwartungen;
- schulbezogene Selbstwirksamkeit;
- Selbstwirksamkeit im Umgang mit sozialen Herausforderungen.

In der Schule als Sozialisationsfeld (vgl. *Oswald/ Krappmann* 1991) spielt neben der Qualifizierung der Schülerinnen und Schüler auf fachlicher Ebene deren Persönlichkeitsentwicklung eine gewichtige Rolle. Der Studie von *Jerusalem/ Schwarzer* (1991) zufolge führen das erlebte Unterrichtsklima und soziale Aspekte zu Veränderungen wesentlicher Persönlichkeitsmerkmale bei Schülerinnen und Schülern. Dies betrifft insbesondere Faktoren, die für den eigenen Selbstwert relevant sind. Selbstachtung oder Selbstwertverlust stellen danach „Ergebnisse schulischer Sozialisation dar..., die mit weitreichenden Folgen verbunden sind" (*Jerusalem/ Schwarzer* 1991, 116). Klassen mit negativem Klima können als Risikoumwelten betrachtet werden, in denen die Schüler schwächere Selbstkonzepte entwickeln. Determinierend für das Klassenklima ist vor allem das wahrgenommene Verhalten des Lehrers, das in seiner geschichtlichen Anlagerung (,*Historizität'*, vgl. *Doyle* 1986) für die Selbstkonzeptentwicklung und die subjektive Befindlichkeit der Kinder und Jugendlichen eine wichtige Rolle spielt (vgl. *Jerusalem/ Schwarzer* 1991).

Der Klassenverband hat für die Kinder und Jugendlichen für die Gestaltung tragfähiger Beziehungen wie auch für das Erleben individueller Erfolge besondere Bedeutung (vgl. *Oswald/ Krappmann* 1991). Diese nimmt mit wachsendem Alter zu. Die Kinder und Jugendlichen können innerhalb einer fürsorgenden Gemeinschaft Erfahrungen mit ihren eigenen Kompetenzen sammeln. Die Schule ist das Experimentierfeld, das ihnen die Möglichkeit gibt, Sozialverhalten zu erlernen. Dabei können sie auf Hilfen zurückgreifen und ein wohlmeinendes Feedback erwarten. Gerade diese Selbstkompetenzüberzeugung und der wachsende Selbstwert, der mit dem Bewusstsein der Kontrolle über das eigene Leben einhergehen kann, bedeuten im Rahmen der kindlichen Entwicklung einen wesentlichen stützenden und schützenden Faktor (vgl. *Opp* 1999).

Im Sinne dieser Argumentation räumen wir dem Aspekt der individuellen Schülermerkmale innerhalb des Fragebogens einen wesentlichen Raum ein.

Die Items sind überwiegend in einer das individuelle Kind ansprechenden Frageform formuliert, z.B.: *Gefällt Dir Dein Klassenraum?*
Als Antwortschema haben wir eine Dreifachskalierung gewählt, die in der überwiegenden Zahl der Fragen die Ausprägungen *ja – teilweise – nein* beinhaltet.

Mit dieser formellen Gestaltung versuchen wir, dem Entwicklungsalter der Kinder und Jugendlichen gerecht zu werden. Dieser Grundsatz war ebenfalls bei Wortwahl und Umfang des Fragebogens bzw. der einzelnen Items ausschlaggebend.

Der Fragebogen umfasst 21 Faktorenbündel (Komplexe) mit jeweils zwischen 3 und 11 Fragen.

- Dabei beziehen sich die Komplexe 1-9 auf die Klasse, d.h. die räumlichen Faktoren, Klassenlehrer, Unterricht, Verhältnisse und Stellung im Klassenverband, individuelle Beziehungen, Feierlichkeiten, Kontakte zu den Eltern und die sonderschulspezifischen Aspekte.
- Die Komplexe 10-15 erfragen einen großen Teil dieser Aspekte auf Schulebene, z.B. räumliche Faktoren, Beziehungen zu anderen Klassen und zu den Lehrern, Schulfeste und strukturelle Prinzipien. Darüber hinaus gehört zu diesem Bereich auch das Gewaltvorkommen an der Schule wobei in einem eigenen Fragenkomplex auch das Auftreten der Lehrkräfte gegenüber den Kinder und Jugendlichen erfasst wird.
- In den Faktorenbündeln 16-19 folgen die Items, mit denen die individuellen nicht ausschließlich schulbezogenen Persönlichkeitsmerkmale und Selbsteinschätzungen der Mädchen und Jungen erfasst werden sollen.
- Der letzte Komplex (20-21) befasst sich mit einem dritten schulischen Setting – den Freizeitangeboten im Anschluss an die Unterrichtszeiten bzw. mit der Hortbetreuung im Falle der jüngeren Kinder.

Auf diese Weise können wir die Angaben der Schülerinnen und Schüler auf verschiedenen schulischen Ebenen auswerten und interpretieren. Wir erwarten, dass insbesondere das Verhältnis Klassen- zu Schulebene teilweise deutlich different von den Kindern und Jugendlichen erlebt wird.

Abschließende Bemerkungen

Die Klagen von Lehrerinnen und Lehrern über wachsende pädagogische Herausforderungen und Überforderungen in den Schulen werden lauter. Die Folgen beschleunigter gesellschaftlicher Modernisierungsprozesse zeigen sich auf ihrer Risikoseite als Aufmerksamkeits-, emotionale Verarbeitungs- und Verhaltensprobleme unter Kindern und Jugendlichen aller Schulen. Einen Problemfokus bildet dabei das Arbeitsfeld der schulischen Erziehungshilfe.

Die Ergebnisse der Schulqualitätsforschung und die darauf basierende Schulqualitätsdiskussion haben gezeigt, dass die Probleme der Schulen durch Verordnungen von oben oder Eingriffe von außen kaum zu lösen sind. Die schulischen Populations- und Aufgabenveränderungen erfordern schulinterne Beratung, konzeptionelle, strukturelle und professionelle Weiterentwicklung. Insgesamt konnte die Schulforschung zeigen, dass ein relativ genereller Faktor wie Schulkultur (Schulethos) zentrale Bedeutung für die Qualität einer Schule hat.

Im Ergebnis dieser Diskussion wird deutlich, dass nicht nur professionelle Autonomie ausgeschöpft werden muss, sondern dass die Schulen auch konzeptionelle und strukturelle Freiräume in umfassenderem Maße benötigen, um ihren sich wandelnden pädagogischen Aufgaben entsprechen zu können. Diese erweiterte Freiheit (‚autonome Schule') verbindet sich automatisch mit gewachsenen Ansprüchen an die professionelle Verantwortung und Rechtfertigung im Sinne des Nachweises der Effekte ihrer pädagogischen Praxis (Evaluation).

Auch Sonderschulen können sich in der schützenden Nische ihrer vermuteten Besonderheit nicht dauerhaft verstecken. Mit der Entwicklung eines Instrumentariums zur Erfassung der Schulqualität an Schulen zur Erziehungshilfe versuchen wir, diese Entwicklung mit anzustoßen.

Diesem Fragebogen liegt die Vorstellung zugrunde, dass sich die Qualität einer Schule vor allem aus der Sicht der Mädchen und Jungen, ihren Erfahrungen und Einschätzungen ableiten lässt.

Die Ergebnisse solcher Befragungen sind auch dort wo sie kritisch sein mögen nicht als Kritik und auch nicht als Kritik an einzelnen Lehrern zu lesen. Natürlich zeigen sie aber die Leistungs- wie auch Problembereiche einer Schule. Sie verknüpfen sich mit der Chance gewinnbringender Selbstirritation für die Mitarbeiter an einer Schule und sind Impulse für zielgerichtete schulhausbezogene Qualitätsentwicklung.

Entscheidend dabei ist, dass das Wohlbefinden der Schülerinnen und Schüler an ihrer Schule nicht mehr oder weniger ist, als die Spiegelung der Befindlichkeit der Pädagogen. An Schulen, an denen sich die Schülerinnen und Schüler geachtet und wohl fühlen, arbeiten auch die Lehrkräfte mit mehr Freude.

Schulqualität ist eine Sache, die alle angeht: im wohlverstandenen Eigeninteresse.

Literatur

Doyle, W.: Classroom organization and management. In: Wittrock, M.(ED.): Handbook of research on teaching. New York ³1986.
Eder, F.; *Mayer*, J.: Linzer Fragebogen zum Schul- und Klassenklima für die 4.-8. Klassenstufe (LSFK 4-8). Göttingen 2000.
Fend, H.: Qualität im Bildungswesen. Weinheim, München 1998.
Freitag, M.: Was ist eine gesund Schule? Einflüsse des Schulklimas auf Schüler- und Lehrergesundheit. Weinheim, München 1998.

Jerusalem, M.; *Schwarzer*, R.: Entwicklung des Selbstkonzepts in verschiedenen Lernumwelten. In: Pekrun, R.; Fend, H.: Schule und Persönlichkeitsentwicklung: Ein Resümee der Längsschnittforschung. Stuttgart 1991, 115-127.

Krüger, H.-H. u.a.: Schulklima und Schulentwicklung in Sachsen-Anhalt. Anregungen für eine zielgerichtete Förderung und Gestaltung. Magdeburg 2000.

Melzer, W.; *Stenke*, D.: Schulentwicklung und Schulforschung in den ostdeutschen Bundesländern. In: Rolff, H.-G. u.a. (Hrsg.): Jahrbuch der Schulentwicklung, Bd. 9. Weinheim, München 1996.

Melzer, W.: Zur Entwicklung schulischer Gewalt in Ost- und Westdeutschland. In: Krüger, H.-H.; Wenzel, H. (Hrsg.): Schule zwischen Effektivität und sozialer Verantwortung. Opladen 2000, 255-266.

Melzer, W.: Gewalt und Schulkultur In: Lernchancen 20(2001), 5-13.

Opp, G.: Neue Modelle schulischer Förderung von Kindern und Jugendlichen mit Lern- und Verhaltensstörungen. In: Zeitschrift für Heilpädagogik 46(1995), 520-530.

Opp, G.: Schule – Chance und Risiko. In: Opp, G. u.a. (Hrsg.): Was Kinder stärkt. Erziehung zwischen Risiko und Resilienz. München, Basel 1999, 229-243.

Opp, G.: Ko-Morbidität: Überschneidungen zwischen Gefühls- und Verhaltensstörungen und speziellen Lernstörungen/ Aufmerksamkeitsstörungen als pädagogische Herausforderung für die Schule. In: Rolus-Bogward, S. u.a. (Hrsg.): Beeinträchtigung des Lernens und/ oder Verhaltens – Unterschiedliche Ausdrucksformen für ein gemeinsames Problem. Oldenburg 2000, 11-17.

Oswald, H.; *Krappmann*, L.: Der Beitrag der Gleichaltrigen zur sozialen Entwicklung von Kindern in der Grundschule. In: Pekrun, R.; Fend, H.: Schule und Persönlichkeitsentwicklung: Ein Resümee der Längsschnittforschung. Stuttgart 1991, 201-216.

Rosenholtz, S.J.: Teachers Workplace. New York 1991

Rutter, M. u.a.: Fünfzehntausend Stunden. Schulen und ihre Wirkung auf die Kinder. Weinheim, Basel 1980.

Satow L.: Klassenklima und Selbstwirksamkeitsentwicklung. Berlin (Univ. Dissertation) 2000. (Online-Dokument: http://www.diss.fu-berlin.de/ 2000/9/index.html. Stand: 20.06.2001).

Schwarzer, R.; *Jerusalem*, M. (Hrsg.): Skalen zur Erfassung von Lehrer- und Schülermerkmalen. Dokumentation der psychometrischen Verfahren im Rahmen der wissenschaftlichen Begleitung des Modellversuchs Selbstwirksame Schulen. Berlin 1999.

Speck, O.: Sonderschulpädagogische Professionalität durch Qualitätsentwicklung – Begriffe, Modelle, Probleme. In: Heilpädagogische Forschung Band XXVI (2000)1, 2-14.

Interventionen im Kontext Pädagogischer Herausforderungen

Christoph Dönges

Entpädagogisierung schulischer Aufgabenfelder durch Pathologisierung unerwünschter kindlicher Verhaltensweisen am Beispiel ADS[1]

1 Erläuterungen zum Thema

Schon vor einigen Jahren hat Heinz *Bach* vor der Gefahr einer „voranschreitende(n) Entpädagogisierung der Regelschule durch Ausschluss der pädagogischen Verantwortung bei Verhaltensauffälligkeiten" (1993, 250) gewarnt. Während *Bach* damals die Möglichkeit, sogenannte verhaltensauffällige Schüler in spezielle Einrichtungen umzuschulen, als Hintergrund dieser Gefahr ansah[2], wird zur Zeit das Ausblenden von pädagogischer Verantwortung bei unerwünschten Verhaltensweisen von Schülern vor allem durch die inflationäre Verbreitung der Diagnose Aufmerksamkeitsdefizitsyndrom (ADS) forciert.

Dieser Beitrag zielt darauf ab, Anzeichen und Hintergründe der behaupteten Entpädagogisierung zu erörtern, kritische Informationen und Überlegungen zum ADS-Konzept darzulegen und an vorhandene (sonder-) pädagogische Ansatzpunkte und Handlungsmöglichkeiten zu erinnern.

Meine Kritik richtet sich dabei gegen den Versuch, unerwünschte Verhaltensweisen zu pathologisieren. Selbstverständlich wird damit nicht in Frage gestellt, dass es psychiatrische Problemlagen bei Kindern und Jugendlichen geben kann, die eine medizinische – auch eine medikamentöse – Behandlung erforderlich machen.

---

[1] Aufmerksamkeitsdefizitsyndrom
[2] Die Gefahr pädagogische Verantwortung abzutreten ist aber auch umgekehrt mit integrativen Förderangeboten verbunden, was Gerard *Bless* u.a. (vgl. 1999) für die Schweiz aufzeigen konnte. Der Ausbau von speziellen Förderangeboten für Schüler mit Lernproblemen korreliert dort mit einem Anstieg der Überweisungen in Sonderschulen.

2 ADS aus medizinischer Sicht

Das Aufmerksamkeitsdefizitsyndrom (ADS)[3] stellt eine medizinische Diagnose dar, die einen ganzen Komplex als unerwünscht geltender Verhaltensweisen von Kindern und Jugendlichen erfassen soll. Zur Beschreibung und bei der Diagnostik des Syndroms stützt und beruft man sich auf im DSM IV und im ICD 10 festgelegte Kriterien. Laut DSM IV (vgl. *Saß* u.a. 1998, 61) zeigt sich ADS in Form der drei übergeordneten Leitsymptome Unaufmerksamkeit, Hyperaktivität, Impulsivität. Die hier festgelegten Vorgaben für diagnostische Standards sollen vor falschen und missbräuchlichen Diagnosen schützen.

Im DSM IV werden folgende drei Subtypen unterschieden:
- Vorherrschend unaufmerksamer Subtypus.
- Vorherrschend hyperaktiv-impulsiver Subtypus.
- Gemischter Subtypus.

Im ICD 10 (vgl. *WHO* 1999, 288) wird dagegen nur eine Einteilung in zwei Untergruppen vorgenommen:
- Einfache Aktivitäts- und Aufmerksamkeitsstörung (F90.0).
- Hyperkinetische Störung des Sozialverhaltens (F90.1).

Für den Stand der Ursachenforschung ist folgendes Zitat bezeichnend: „Es gibt keine schlüssigen Forschungsergebnisse über die Ursachen von AD/ HS. Dennoch besteht *wachsender Konsens* darüber, das *vermutlich irgendwie geartete* neurologische und/ oder biochemische Prozesse daran beteiligt sind" (*Holowenko* 1999, 21; Hervorhebungen C.D.).

Selbst modernste Untersuchungsverfahren – inklusive bildgebende Verfahren – haben bisher keinen Nachweis einer organischen Verursachung von ADS erbringen können. Vorherrschend ist die Annahme, Dopaminmangel, anatomische Anomalien (z.B. Asymmetrien, Verkleinerungen) und funktionelle Abweichungen (verminderter Glucoseumsatz oder verminderte Durchblutung) in Hirnarealen, die für Aufmerksamkeit und Bewegungskontrolle relevant sind, seien die Ursache von ADS.[4]

Hinsichtlich der Therapie werden der Gabe von Methylphenidat (Ritalin) und verhaltenstherapeutischen Interventionen (Verhaltenstherapie des betroffenen Kindes und entsprechende Beratung von Eltern, Lehrern oder Erzie-

---

3 Andere, auch international gebräuchliche Bezeichnungen lauten: Attention-Deficit Disorder (ADD), Attention-Deficit/ Hyperactive Disorder (ADHD), Aufmerksamkeitsdefizit/ Hyperaktivitätsstörung (AD/ HS).
4 In Kap. 4. wird ausführlicher auf die Ursachenforschung eingegangen.

hern) besondere Bedeutungen beigemessen (vgl. *Dt. Gesellschaft f. Kinder- und Jugendpsychiatrie und Psychotherapie 2000*).

3 Ausmaß, Hintergründe und Folgen der inflationären Zunahme der Diagnose ADS

Die inflationäre Zunahme der Diagnose ADS lässt sich an folgendem Diagramm ablesen:

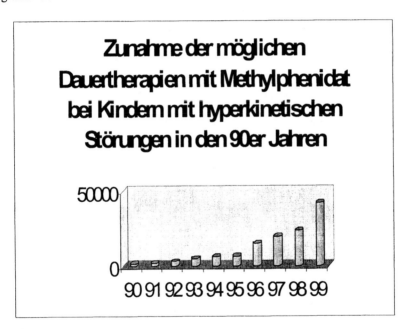

Abb. 1: Zunahme an möglichen Dauertherapien mit Methylphenidat bei Kindern mit hyperaktiven Störungen in den 90er Jahren[5].

---

[5] Der Verbrauch an Methylphenidat wurde dabei auf eine mögliche Anzahl an Dauertherapien hochgerechnet. Die Verfasser der Studie (vgl. *Schubert* u.a. 2001) weisen daraufhin, dass es sich dabei um eine konservative Schätzung handelt, „die Anzahl der Kinder, die mit Methylphenidat in Kontakt gekommen ist, liegt möglicherweise um ein Vielfaches höher" (ebd., 3). Die Entwicklung der Dauertherapien kann als Beleg für die Zunahme der Diagnose ADS gewertet werden.

Die gestiegene Anzahl der Verordnungen von Methylphenidat, die sich von 1991 bis 1999 verzwanzigfacht hat, hat die Drogenbeauftragte der Bundesregierung alarmiert, so dass eine Überprüfung der Verschreibungspraxis angekündigt wurde.

Dieser aus meiner Sicht besorgniserregende Anstieg der Anzahl so genannter ‚Zappelkinder' wird von Befürwortern des ADS Konzeptes anders gewertet. Mit dem Hinweis auf Vergleichszahlen aus den USA geht man sogar von einer therapeutischen Unterversorgung für Deutschland aus. Dabei ist zu fragen, ob die amerikanischen Verhältnisse als Vorbild oder eher als warnendes Beispiel zu betrachten sind. Dazu heißt es in den Pressemitteilungen des Internationalen Drogenkontrollrates der UNO (International Narcotics Control Board; *INCB*):

> In Amerika, insbesondere aber in den Vereinigten Staaten, werden leistungssteigernde Mittel an Kinder verabreicht, um ihre schulischen Leistungen zu verbessern oder ihnen bei den schulischen Anforderungen zu helfen. (...) Die Amerikaner verwenden beträchtlich mehr Stimulanzien als die Bevölkerung in anderen Regionen. Die betrifft insbesondere Substanzen vom Amphetamin – Typ für Diätzwecke und Methylphenidat, zumeist in Form des Medikaments Ritalin, zur Behandlung von Konzentrationsschwäche und Hyperaktivität (ADHD) bei Kindern. (...) Die Behandlungsrate für ADHD beläuft sich in einigen amerikanischen Schulen auf 30 bis 40 Prozent einer Klasse und sogar einjährige Kinder werden bereits mit Methylphenidat behandelt. (*INCB* 1998, 1)

In diesem Bericht wird mit Besorgnis auf die extreme Lage in den USA und den enorm steigenden Verbrauch an Methylphenidat in anderen Ländern hingewiesen. An anderer Stelle heißt es: „Der Rat fordert die Länder dazu auf, Wege aus der möglichen Überdiagnostizierung von ADHD zu suchen und die exzessive Verwendung von Methylphenidat einzuschränken" (ebd., 2).

Die Ausbreitung der medikamentösen Therapie hat auch in den USA Widerstand hervorgerufen. So sieht sich Novartis (der Hersteller von Ritalin) in den USA mit einer Sammelklage konfrontiert. Der Vorwurf lautet dabei, dass mit ADS ein Krankheitsbild aus Profitinteressen geschaffen und propagiert wurde. Die Rolle der pharmazeutischen Industrie bei der Konstruktion von Krankheitsbildern wie ADS, HKS oder MCD ist an anderen Stellen ausführlich dargestellt (vgl. *Voß* 1990, *Conrad* 1990 oder aktuell *Jantzen* 2001). Eine Darstellung dieses Zusammenhangs spare ich an dieser Stelle aus, um stattdessen auf die mit der Zunahme der Diagnose ADS verbundene Entpädagogisierung einzugehen.

Im schulischen Bereich ist das ADS-Konzept bei Problemlagen für Lehrer verführerisch. Denn: „Bei Problemen mit schwierigen Schülern, auf die die Lehrer während ihrer Ausbildung nicht hinreichend vorbereitet wurden, fühlen sie sich überfordert. Sie sind geneigt, die ‚abgestempelten' Schüler in andere Bereiche (Sonderschule) abzuschieben oder an andere Autoritäten (Ärzte, Beratungsstellen) abzutreten. Die medikamentöse Behandlung trägt zu einer raschen Entlastung von Konflikten im Schulunterricht bei" (*Voß* 2000, 66).

Das ADS-Konzept führt dazu, pädagogische Herausforderungen als medizinische Problemlagen zu betrachten, so dass Wolfgang *Jantzen* hier zu Recht von einem „Trend zur biologischen Trivialisierung" (2001, 223) sprechen kann. Hintergrund dieser Entwicklung ist sicherlich ein erheblicher Ökonomisierungsdruck. Die „Biologisierung sozialer Fragen" – wie *Jantzen* (ebd., 224) formuliert – wird aber auch dadurch genährt, dass mit den Erfolgsmeldungen der Gen–Forschung suggeriert wird, soziale und personale Phänomene ließen sich auf biologische Prozesse reduzieren. Jürgen *Habermas* (2001) hat in seinem neusten Buch zur Gen-Diskussion Stellung bezogen und dabei die instrumentelle, auf Verfügbarkeit abzielende Zugriffsweise problematisiert, die sich im Hinblick auf die äußere Natur bewährt hat und nun auch auf die innere Natur des Menschen anwendbar wird. In diesem Zusammenhang drängt sich die Frage auf, ob dieser Prozess nicht schon dort beginnt, wo Kinder mit Medikamenten für schulische Anforderungen präpariert werden.

In der medikamentösen Therapie von Kindern, die unerwünschte Verhaltensweisen zeigen, spiegelt sich eine in unserer Gesellschaft verbreitete Haltung, Probleme unserer Lebensweise mit Medikamenten zu lösen und dabei verdeckte Risiken in Kauf zu nehmen. Der Lipobay-Skandal hat dies vor kurzem erst deutlich gemacht.

Die Risiken von Ritalin sind umstritten. Obwohl Suchtgefahren in Verbindung mit Ritalin bis zum gegenwärtigen Zeitpunkt nicht überzeugend nachgewiesen sind, gibt es besorgniserregende Anzeichen: Presseberichten zufolge wird in den USA Ritalin „zerstoßen und geschnupft als Droge unter Schülern immer beliebter" (*die tageszeitung* 2000, 1) und der illegale Handel mit Ritalin auf den Schulhöfen wird von der amerikanischen Drogenbehörde DEA mit wachsender Sorge beobachtet.

Das Problem der Drogenabhängigkeit darf aber nicht auf die Sucht im medizinischen Sinne reduziert werden. Allein die Gewohnheit, bei Störungen jeder Art zunächst an Abhilfe durch Medikamente zu denken, ist gefährlich genug. Führt sie doch dazu, andere Lösungsmöglichkeiten verkümmern oder gar nicht erst entwickeln zu lassen. Hier liegt möglicherweise die größte Gefahr rein medikamentöser Behandlungsversuche beim hyperkinetischen Kind. (*von Lüpke* 1990, 71f.)

4 ADS – eine weitere unzulässige Pathologisierung unerwünschter kindlicher Verhaltensweisen

Mit Hermann *Will* (1982) lässt sich festhalten, dass der Versuch abweichendes Verhalten mit gestörten Hirnfunktionen zu erklären, auf einer alten medizinisch-psychiatrischen Tradition beruht. Aus dieser Tradition sind bereits Konzepte wie MCD oder HKS hervorgegangen. Beide Konzepte zeigen eine Vielzahl an Übereinstimmungen mit dem gegenwärtig favorisierten ADS-Konzept. Die genannten Konzepte stellen übereinstimmend den Versuch dar, unerwünschte Verhaltensweisen von Kindern mit einem hirnorganischen Korrelat zu erklären. Ein solches Korrelat konnte aber bisher nicht nachgewiesen werden. So wurde bekanntlich das MCD Konzept von Esser und Schmidt als Leerformel entlarvt (vgl. *Kutscher* 1993).

Auch im Hinblick auf ADS erweist es sich als fragwürdig, angesichts fehlender eindeutiger pathologischer Befunde, minimale oder subklinische Anomalien und Schädigungen als Ursache abweichenden Verhaltens zu propagieren. Die These einer neurobiologischen Verursachung von ADS stützt sich vor allem auf Untersuchungen aus den 80er und 90er Jahren, die bei hyperaktiven Erwachsenen eine verminderte Durchblutung (vgl. *Lou* 1984) bzw. einen verminderten Glucoseumsatz (vgl. *Zametkin* 1990) im Stirnhirnbereich ergaben. Weiterhin konnten molekulargenetische Untersuchungen genetische Anomalien und Dopaminmangel in Verbindung bringen (vgl. *Barkley* 1999). Während in der ADS-Literatur vielfach der Eindruck erweckt wird, damit seien die Ursachen von ADS geklärt, wirken die Einschätzungen der Forscher selbst ernüchternd. Hans *von Lüpke* (vgl. 2001, 112) legt dar, wie führende medizinische Forscher (*Zametkin, Barkley*) bzw. Forschungsgruppen zu dem Ergebnis kommen, die eigentlichen Ursachen von ADS seien noch nicht bestimmt. Diese Unbestimmtheit wird durch verwirrende Befunde aufrechterhalten. „So hat das Team von Zamentkin herausgefunden, daß jener verminderte Sauerstoffverbrauch im vorderen Stirnhirn, der als Hinweis auf einen Mangel an Transmittersubstanzen interpretiert wird, sich nur bei Frauen findet, während gleichzeitig die Verhaltensanalyse keine Unterschiede zwischen den Geschlechtern zeigt" (ebd., 123). Auch die Annahme, ADS werde durch einen Dopaminmangel verursacht und die Wirksamkeit von Methylphenidat beruhe auf einer diesen Mangel beseitigenden Wirkung, wird durch Forschungsergebnisse aus dem gleichen Team widerlegt. Denn sie „fanden nur bei zwei von 60 Versuchspersonen nach Stimulanztherapie Veränderungen in den Stoffwechselparametern, während das Verhalten sich bei allen veränderte (weniger Unruhe, bessere Aufmerksamkeit)" (ebd., 124).

Der aktuelle Stand der Ursachenforschung belegt m.E., dass das ADS-Konzept einen weiteren unzulässigen Versuch darstellt, unerwünschte Verhaltensweisen von Kindern und Jugendlichen zu pathologisieren. Diese Pathologisierung unerwünschter Verhaltensweisen entspricht einer Zugriffsweise im Sinne des klassischen medizinischen Erklärungsmodells. „Ausgehend vom medizinischen Denkmodell, dass abweichende Körperprozesse Ausdruck eines im Menschen vorhandenen krankhaften Geschehens sind, überträgt das medizinische Modell diese Gleichschaltung von Körpersymptom und Organerkrankung auf abweichende Verhaltensweisen" (*Voß* 1990, 40). *Jantzen* kommentiert in diesem Sinne bezüglich ADS, „dass dem klassischen medizinischen Modell verpflichtet, aus gestörter Aufmerksamkeit von Kindern phänomenologisch auf die entsprechenden Ursachen zurückgeschlossen und zunehmend Ritalin verordnet wird" (2001, 223).

5 Unzulänglichkeiten der Diagnostik und der diagnostischen Praxis

Kritikern, die die Symptomvielfalt von ADS problematisieren, wird entgegengehalten, dass z.B. mit den im DSM IV festgelegten Kriterien verlässliche diagnostische Standards bestehen. Der DSM IV legt fest, dass eine bestimmte Anzahl von Symptomen über einen längeren Zeitraum in mindestens zwei Lebensbereichen auftreten muss. Die Symptome müssen weiterhin in beträchtlichem Ausmaß in Erscheinung treten und dürfen nicht durch eine andere psychische Störung besser zu erklären sein.

Auch wenn diese Vorgaben bei strikter Beachtung geeignet sind, willkürliche Zuschreibungen in groben Formen zu verhindern, werden damit die grundsätzlichen Probleme der ADS-Diagnostik nicht gelöst. „Für ADS gilt m.E., was Reinhard *Voß* (vgl. 1987, 46) bereits im Hinblick auf MCD und HKS festgestellt hat, dass nämlich heterogene Symptome allzu schnell auf eine Diagnose wie z.B. ADS (aber auch MCD oder HKS) reduziert werden" (*Dönges* 2000, 178). Fehlende spezifische Symptome und die Einteilung in Subtypen (ADS mit Hyperaktivität/ ADS ohne Hyperaktivität/ gemischter Subtypus) verleiten allzu leicht dazu, alle so genannten Verhaltensauffälligkeiten mit ADS zu erklären. „Anamnese, Fragebögen und Verhaltensbeobachtungen stellen die gängigen Untersuchungsverfahren zur Diagnose von ADS dar. Das bedeutet, die von subjektiven Kriterien geprägten Angaben von Eltern, Lehrern, Erziehern stellen die ‚Datenbasis' dar, von der aus auf ADS geschlossen wird" (ebd.). Die Vorgaben des DSM IV schützen nicht davor, dass subjektive Wahrnehmungen und Deutungen aus dem Umfeld des jeweiligen Kindes eine Schlüsselfunktion bei der Diagnose ADS einnehmen.

Der Rückgriff auf die Wahrnehmungen von Eltern, Erziehern und Lehrern ist nicht nur unzuverlässig, sondern darüber hinaus mit der Gefahr verbunden, dass unreflektierte Normvorstellungen selektiv wirksam werden, indem jede Abweichung von einer gesetzten Norm als Hinweis auf ADS gewertet wird. Wenn dann im Sinne einer Summationsdiagnose genügend Hinweise zusammengetragen werden, glaubt man, ADS nachgewiesen zu haben. (*Dönges* 2000, 179)

Ein weiteres grundsätzliches Problem, auf das *Jantzen* aufmerksam gemacht hat, stellt die hohe Koinzidenz mit anderen Störungen dar, „obwohl es sich nach DSM IV bzw. ICD 10 hier zum Teil um sich ausschließende Diagnosen handelt" (2001, 223). So beträgt laut *Jantzen* die Überlappung bspw. mit Stimmungs- oder Angststörungen 15-20 % bzw. 25 %.

Für die diagnostische Praxis ist zu befürchten, dass die Vorgaben des DSM IV oder des ICD 10 wenig Beachtung finden und „dass vielen Kindern lediglich auf Grund der Aussagen von Eltern, Lehrern oder Erziehern ohne weitere Diagnostik, begünstigt durch die Beliebigkeit der angeblichen ADS-Symptome, Ritalin verabreicht wird" (*Dönges* 2000, 179). Dies wird auch von Medizinern beklagt, die das ADS-Konzept nicht grundsätzlich in Frage stellen (vgl. *Demm* 2001).

6 Fragwürdigkeiten des ADS-Konzeptes aus (sonder-)pädagogischer Perspektive

Das ADS-Konzept beruht – wie dargestellt – auf dem klassischen medizinischen Erklärungsmodell und verlangt von Sonderpädagogen, die überwunden geglaubte Auffassung einzunehmen, Verhaltensauffälligkeiten seien Ausdruck isolierbarer individueller Defizite.

Betrachtet man dagegen die betroffenen Kinder als Symptomträger für eine problematische Lebenssituation, die biografisch gewachsen ist und vielfältige Bedingungen und Beziehungen mit einschließt, dann lassen sich die auf ein Krankheitsbild reduzierten Verhaltensweisen mit *Voß* (2000) als Notsignale verstehen.

Eine weitere Fragwürdigkeit aus pädagogischer Perspektive betrifft den Therapieansatz des medizinischen ADS-Konzeptes, der sich letztlich in der Gabe von Ritalin und verhaltenstherapeutischen Interventionen erschöpft. Dabei betrachte ich es als paradox, dass man ADS-Kindern einerseits fehlen-

de Selbstkontrolle und Selbststeuerung attestiert und andererseits versucht, diesen Mangel zu beheben, indem man das Verhalten der Kinder mit Medikamenten und auf dem Weg der Konditionierung von außen steuert.
Zu problematisieren ist auch die von der Diagnose und der medizinischen Therapie ausgehende Entlastungswirkung.

Indem das Kind seine ständigen Konflikte mit seinen Bezugspersonen und die damit verbundene ständige Rückmeldung ‚anders zu sein' auf eine Krankheit zurückführen kann, kann es möglicherweise ein beschädigtes oder negatives Selbstkonzept vermeiden. Auch Eltern und Lehrer können sich über die Diagnose ADS von Vorwürfen und Selbstzweifeln befreien. Mit der Feststellung eines Defekts im Kind entfällt die belastende Auseinandersetzung mit der Frage, ob im eigenen Erziehungsverhalten bzw. im eigenen Unterricht Anteile am Zustandekommen der unerwünschten Verhaltensweisen des Kindes zu suchen sind. Die Diagnose ADS könnte so die angespannte Beziehung zwischen dem Kind und seinem Umfeld entspannen und einen Neuanfang verbunden mit einem Perspektivwechsel ermöglichen. So könnte sich bspw. mit der Diagnose ADS eine verständnisvollere, in den Erwartungen reduzierte Haltung bei einem Lehrer einstellen. Daraus wiederum könnte ein Rückgang der Unterrichtsprobleme resultieren, so dass etwa eine drohende Umschulung in die Sonderschule vermieden werden kann. Dabei darf nicht übersehen werden, dass der erhoffte Entlastungseffekt selbst bedenklich und gefährlich ist. So wird eine differenzierte Auseinandersetzung mit der Biografie des Kindes, mit den situativen Bedingungen der als problematisch empfundenen Verhaltensweisen und mit der familiären, vorschulischen oder schulischen Situation ausgeblendet. Weiterhin wird vermieden, das Erziehungsverhalten von Eltern, Erziehern und Lehrern in Frage zu stellen, indem die Ursache der Verhaltensprobleme dem Kind als dem schwächsten Glied angelastet wird. Mit der Fokussierung auf die Erklärung ADS gehen somit pädagogische Ansatzpunkte verloren. (*Dönges* 2000, 179f.)

Die erhoffte Entlastung des betroffenen Kindes durch die Diagnose ADS, „wird mit einer stigmatisierenden Behinderten- oder Krankenrolle bezahlt" (*Will* 1982, 288) und die daraus resultierenden Veränderungen im Selbstverständnis können wiederum neue problematische Entwicklungen hervorrufen. Grundsätzlich ist zu fragen, ob die erhoffte Entlastung nicht lediglich eine bedenkliche Aufgabe der Verantwortung für das eigene Handeln darstellt.

7 Pädagogische Alternativen

Eine pädagogische Alternative sollte eine Alternative zum erläuterten medizinischen Modell darstellen. Dabei sollten die vielfältigen Erscheinungsweisen unkonzentrierten und unruhigen Verhaltens nicht auf eine einheitliche Diagnose reduziert und als Symptome einer Krankheit betrachtet werden. Es gilt, die unerwünschten Verhaltensweisen als Ausdruck einer Notlage zu verstehen, die auf die individuelle Situation abgestimmte spezifische Hilfen erfordert. Diese Hilfen können in den meisten Fällen nicht auf den schulischen Bereich beschränkt werden, sondern müssen auch die außerschulische Situation umfassen. Einen Beratungsansatz, der dieser komplexen Aufgabe gerecht wird, stellt die „systemische Konsultation" (*Voß* 2000, 144ff.) dar. Dabei entwickelt ein interdisziplinär kooperierendes Team (Psychologe, Kinder- und Jugendpsychiater, Sonderpädagoge, Schulpädagoge) gemeinsam mit dem Ratsuchenden konkrete Hilfen, die auf die Lebenswelt aller Betroffenen abgestimmt werden. „Das Ziel der Konsultation liegt darin, eine gegebene Situation (,unser Rolf ist hyperaktiv') anders zu sehen, zu bewerten und daraus andere Handlungsmöglichkeiten zu entwickeln" (ebd., 145).

Auch im schulischen Bereich können mittels „Kooperativer Beratung" (*Mutzeck* 1996) oder „Kollegialer Beratung und Supervision" (*Schlee* 1996) kreative Potentiale geweckt und konkrete Hilfen entwickelt werden. Die Beratungen könnten dann bspw. folgenden Prozess initiieren:

- Lehrer werden für eine veränderte Sicht des ‚ADS-Kindes' sensibilisiert.
- Stärken des betroffenen Kindes werden bewusst gemacht, so dass Spiel- und Lernsituationen entwickelt werden können, die diese Stärken herausfordern.
- Die Selbstwahrnehmung des ‚ADS-Kindes und die Wahrnehmung des Kindes durch seine Mitschüler verändern sich dadurch.
- Aufgaben und Verantwortung werden dem Kind übertragen und es kann die Erfahrung machen, gebraucht zu werden und Teil einer Klassengemeinschaft zu sein.
- Veränderungen in der Unterrichtsgestaltung (z.B. der Einbau von Bewegungs- und Entspannungseinheiten), die den Bedürfnissen des Kindes entgegenkommen, werden ritualisiert.

Literatur

Bach, H.: Integrierte Förderung bei Verhaltensauffälligkeiten in der Schule. In: Goetze, H.; Neukäter, H. (Hrsg.): Pädagogik bei Verhaltensstörungen. Handbuch der Sonderpädagogik. Bd. 6. Berlin 1993, 246-260.
Barkley, R.A.: Hyperaktive Kinder. In: Spektrum der Wissenschaft. März 1999, 30-36.
Bless, G.; *Kroning*, W.: Wie integrationsfähig ist die Schweizer Schule geworden? In: Vierteljahreszeitschrift für Heilpädagogik und ihre Nachbargebiete 68(1999), 414-426.
Conrad, P.: Die Entdeckung der Hyperkinese. In: Voß, R. (Hrsg.): Pillen für den Störenfried. München 1990, 97-109.
Demm, S.: Charité – Arzt kritisiert Kollegen: Zu viele Psychopharmaka für Kinder. http://www2.tagesspiegel.de/archiv/2000/08/01.

Dt. Gesellschaft f. Kinder- und Jugendpsychiatrie und Psychotherapie (Hrsg.): Leitlinien zur Diagnostik und Therapie von psychischen Störungen im Säuglings-, Kindes- und Jugendalter. http://www.uni-duesseldorf.de/ AWMF /II/kjpp-019.htm.

Die Tageszeitung: Erwachsenwerden mit Psychopharmaka. http://www. taz.de/tpl/2000/03/01

Dönges, C.: ADS – Kritische Anfragen an ein fragwürdiges Konzept. In: Sonderpädagogik in Rheinland-Pfalz. 30(2000), 175-184.

Habermas, J.: Die Zukunft der menschlichen Natur. Auf dem Weg zu einer liberalen Eugenik? Frankfurt a.M. 2001.

Holowenko, H.: Das Aufmerksamkeits-Defizit-Syndrom (ADS). Weinheim 1999.

INCB – Jahresbericht 1998.http//www.uno.de/wiso/drogen/incb/1998.

Jantzen, W.: Über die soziale Konstruktion von Verhaltensstörungen. Das Beispiel ‚Aufmerksamkeitsdefizitsyndrom' (ADS). In: Zeitschrift für Heilpädagogik 52(2001), 222-230.

Kutscher, J.: Therapie für Zappelphillip? In: Die Zeit vom 2.7.1993.

Lou, H.C. u.a.: Focal cerebral hypoperfusion in children with dysphasia and/ or attention deficit disorder. In: Archives of Neurology 41(1984), 825- 829.

Lüpke, H. v.: Der Zappelphilipp. In: Voß, R. (Hrsg.): Pillen für den Störenfried. München 1990, 57-78.

Lüpke, H. v.: Hyperaktivität zwischen ‚Stoffwechselstörung' und Psychodynamik. In: Passolt, M. (Hrsg.): Hyperaktivität zwischen Psychoanalyse, Neurobiologie und Systemtheorie. München. 2001, 111-130-

Mutzeck, W.: Kooperative Beratung. In: Schlee, J.; Mutzeck, W. (Hrsg.): Kollegiale Supervision. Heidelberg 1996, 56-78.

Saß, u.a. (Hrsg.).: Diagnostisches und statistisches Handbuch psychischer Störungen (DSM IV). Göttingen 1998.

Schlee, J.: Veränderungen subjektiver Theorien durch Kollegiale Beratung und Supervision. In: Schlee, J.; Mutzeck, W. (Hrsg.): Kollegiale Supervision. Heidelberg. 1996, 149-167.

Schubert, I. u.a.: Methylphenidat bei hyperkinetischen Störungen: Verordnungen in den 90er Jahren. In : Deutsches Ärzteblatt (1998)9. www.deutschesärzteblatt.de.

Voß, R.: Anpassung auf Rezept. Stuttgart 1987.

Voß, R.: Pillen für den Klassenfrieden. In: Voß, R. (Hrsg.): Pillen für den Störenfried. München 1990, 13-56.

Voß, R.; Wirtz, W.: Keine Pillen für den Störenfried. Hamburg 2000.

WHO: Taschenführer zur ICD 10 Klassifikation psychischer Störungen. Bern 1999.

Will, H.: Zur Bedeutung der Diagnosen leichter frühkindlicher Hirnschädigungen für die pädagogische und sonderpädagogische Praxis. In: Psychologie, Erziehung, Unterricht 29(1982), 279-291.

Zametkin, A. J. (u.a.): Cerebral glucose metabolism in adults with attention deficit hyperactivity of childhood onset. In: New England Journal of Medicine. Vol. 323 (1990), 1361-1366.

Michael Fingerle

Flexible Emotionsregulation bei Kindern – Entwicklungsprozess und Förderung

Vor dem Hintergrund einer zunehmenden Zahl von Kindern und Jugendlichen mit Gefühls- und Verhaltensstörungen wächst in der schulischen Praxis der Bedarf an Interventionsprogrammen, mit deren Hilfe Lehrerinnen und Lehrer die emotionale Entwicklung ihrer Schülerinnen und Schüler fördern können. Zur Zeit existieren erst wenige Programme, die explizit zu diesem Zweck entwickelt wurden (vgl. bspw. *Akin* et al. 2000, *Kusché/ Greenbaum* 1994). Sie enthalten Elemente, die darauf abzielen, die Emotionsregulation von Kindern und Jugendlichen in Richtung einer höheren Flexibilität oder Adaptivität zu fördern. ‚Flexibilität' meint in diesem Zusammenhang die Fähigkeit, das Verhalten in einer Art und Weise regulieren zu können, die dazu geeignet ist, sich an neue Situationen und Anforderungen anzupassen (vgl. *Block/ Block* 1980, *Saarni* 1999) und wird synonym mit dem Begriff der Adaptivität verwendet. Das Ziel dieses Beitrags soll es nun sein, einen kurzen Überblick über die Struktur des Flexibilitätskonstrukts für den Verhaltensbereich der Emotionsregulation zu geben und vor diesem Hintergrund auf einige mögliche Probleme bei seiner pädagogischen Förderung hinzuweisen.

Emotionale Regulation und Flexibilität

Die Unterscheidung der Emotionsregulation in adaptive und maladaptive Formen ist nicht unproblematisch, da es schwer ist, hierfür a-priori-Kriterien anzugeben. So mögen bestimmte Regulationsstrategien aufgrund negativer Nebeneffekte zwar auf lange Sicht nicht zu einer zufriedenstellenden Emotionsregulation führen, können aber temporär durchaus problemlindernd und somit funktional sein (vgl. *Heim* et al. 1990). Das Definitionsproblem entsteht also aus dem Umstand, dass die Emotionsregulation ein dynamischer Prozess ist, der sich letztlich nicht auf ein statisches Strategiekonzept reduzieren lässt. Ob eine Verhaltensweise adaptiv oder maladaptiv ist, hängt davon ab, welche Rolle sie im gesamten Regulationsprozess spielt, wie dieser Prozess gestaltet wird und wer ihn anhand welcher Kriterien bewertet. Zur Lösung dieses Problems schlugen verschiedene Autoren vor, den Erfolg eines Bewältigungsverhaltens danach zu beurteilen, inwieweit die subjektiven Ziele des jeweiligen Individuums erreicht worden sind (vgl. *Lindenlaub/ Kraak* 1997, *Ulich* u.a. 1983).

Wie nun gezeigt werden soll, lässt sich der Begriff der „Flexibilität" aber auch auf eine Weise zur Charakterisierung der Emotionsregulation einsetzen, die (a) ihn leichter operationalisierbar werden lässt, da sie ihn nicht mehr als Synonym für Adaptivität begreift, (b) eine differenzierte Betrachtung ermöglicht und (c) indirekt Kriterien anbietet, die es zumindest teilweise erlauben, die mit dem Adaptivitätsbegriff verbundenen Probleme zu umgehen, ohne völlig auf eine intersubjektive Beurteilung verzichten zu müssen.

Grundsätzlich besitzt der Flexibilitätsbegriff bereits den Vorteil, dass er nicht auf einzelne Strategien, sondern eher auf das gesamte Regulationsverhalten angewendet wird. Allerdings wird der Begriff oft in einer Weise verwendet, die eine Verwandtschaft mit dem Adaptivitätsbegriff konstituiert, da in aller Regel Verhaltensänderungen gemeint sind, die effizienter oder angepasster sind (vgl. *Schaie* 1960) ohne dass dabei jedoch die weiter oben im Zusammenhang mit der Adaptivität erwähnten Probleme reflektiert werden (vgl. *Schmuck* 1996). Nur wenige Autoren verwenden Flexibilität wertneutral zur Kennzeichnung der Variationsbreite eines Verhaltensbereichs (vgl. *Heim* et al. 1990).

Verwendet man den Flexibilitätsbegriff jedoch *unabhängig* von einem *normativen* Begriff der Adaptivität oder der Effizienz und nicht zur Qualifizierung einzelner Strategien, sondern des *gesamten Regulationsprozesses* (im Sinne der zeitlichen Strukturierung und Kombination einzelner Strategien), so kann man ihn zur Bezeichnung eines Kernmerkmals eines dynamischen Emotionsregulationsverhaltens verwenden, das aber seinerseits umfassender definiert und konzipiert werden muss.

Zu diesem Zweck kann man auf Modelle zurückgreifen, die selbstgesteuertes Verhalten als dynamische, rückgekoppelte Prozesse auffassen. In solchen Modellen werden zur Erreichung von Verhaltensziele bestimmte Strategien ausgewählt, eingesetzt, hinsichtlich ihres Ergebnisses evaluiert und u.U. durch andere Strategien ersetzt (vgl. *Hasenring* 1990, *Boekaerts* 1999).

In diesem Sinne bezeichnet Flexibilität im Zusammenhang mit der Emotionsregulation einzig das Ausmaß, in dem eine Person alternative regulative Verhaltensweisen und Strategien einsetzt, abändert oder sogar neu entwickelt, um so den gesamten Emotionsregulationsprozess zu optimieren. Dabei bezieht sich der Begriff Flexibilität nicht nur auf die Bandbreite der eingesetzten Strategien, sondern auch auf die Kombination und Koordination einzelner Strategien.

Dass ein Individuum seine Emotionsregulation überhaupt optimieren möchte, stellt jedoch eine motivationale Komponente des Regulationsprozesses dar, die man von den kognitiven Ressourcen zur Generierung alternativer oder neuer Strategien und damit von der Flexibilität im engeren Sinne abgrenzen muss. Sie resultiert nicht nur aus dem allgemeinen Motiv der Stimmungsverbesserung, sondern steht vermutlich auch im Zusammenhang mit der Evaluation der Emotionsregulation, denn ob Anstrengungen zu einer Änderung der Regulationsstrategie unternommen werden, dürfte auch davon abhängen, ob sie überhaupt als notwendig erachtet wird und wie die Chancen zu einer Verbesserung gesehen werden. Die Evaluation kann daher auch umfassendere Wissensbestände über emotionale Vorgänge (Emotionswissen sensu; vgl. *Janke* 1999), soziale Normen und selbst- bzw. partnerbezogene Merkmale (z.B. Fähigkeitseinschätzungen, Verfügbarkeit von Bezugspersonen) einbeziehen.

Daher kann das Evaluationskriterium der Optimierung nicht nur als eine Kategorie definiert werden, deren konkrete Ausprägung letztlich subjektiv ist, sondern es muss auch berücksichtigt werden, dass in diese Beurteilung Kriterien unterschiedlicher Reichweite einfließen können. ‚Optimierung der Emotionsregulation' meint daher zum einen – auf der intraindividuellen Ebene – eine Verbesserung des aktuellen Regulationsergebnisses im Vergleich mit vorhergehenden Zuständen und zum anderen eine Verbesserung, die vor dem Hintergrund der eigenen Verhaltensziele und im Kontext des individuellen, subjektiven Situations- und Weltverständnisses als die günstigste Kombination von Regulationsaufwand und erzielbaren Ergebnissen eingestuft wird.

Diese Beurteilung kann sich nun sowohl auf die eigene Zielhierarchie beziehen, als auch auf die Beurteilungen der Situation durch eventuelle Interaktionspartner. Dabei kann man auf dieser interindividuellen Ebene weiterhin danach unterscheiden, ob nur die Interaktionspartner eine sozusagen lokale Optimierung erreichen (z. B. Duldung eines Verhaltens durch die Eltern), oder ob das Regulationsergebnis auch überindividuellen, sozialen Erwartungen an eine Emotionsregulation gerecht wird. Dieses Kriterium ist unvermeidbar, weil – wie bereits erwähnt – für den Emotionsausdruck soziale Normen existieren (vgl. Tab. 1).

Dass die mit der Verhaltensoptimierung einhergehenden Evaluationen multidimensionale Beurteilungen erfordern, ist aus der Copingforschung bereits bekannt. Schon *Lazarus* und *Folkman* wiesen darauf hin, wie wichtig die Einschätzung der Bewältigungssituation durch das Subjekt ist, was für es jeweils auf dem Spiel steht und was es für erreichbar hält (vgl. *Lazarus/ Folkman* 1984). Gerade dieser Punkt ist in der bisherigen Flexibilitätsforschung bislang vernachlässigt worden. So unterscheidet etwa *Schmuck*

(1996) zwischen einer spontanen und einer herausgeforderten Verhaltensoptimierung im Sinne eines stabilen Persönlichkeitsmerkmals, ohne dabei evaluative Prozesse zu berücksichtigen.

Prozessebene (Variabilitätskriterien)	Evaluationsebene (Optimierungskriterien)
Variabilität der verwendeten Regulationsstrategien hinsichtlich:	Optimierung der Regulation bezüglich:
Der Situation Der zeitlichen Sequenzierung Der Kombination und Koordination einzelner Strategien Des Ausmaßes, in dem Strategien das Verhaltensrepertoire gemäss neuen Anforderungen verändert werden	Affektiver Zustand Vereinbarkeit mit anderen individuellen Verhaltenszielen Vereinbarkeit mit sozialen Erwartungen bezogen auf konkrete Interaktionspartner bezogen auf übergeordnete soziale Normen

Tab. 1: Beurteilungskriterien einer flexiblen Emotionsregulation

Dass offenbar mehrere Optimierungskriterien existieren, die u.U. sogar unvereinbar sein können, bedeutet aber auch, dass man zwar nach wie vor nicht über ein ‚objektives' Beurteilungskriterium verfügt, dass man aber tatsächlich angeben könnte, wie komplex ein Individuum seine Regulationsanstrengungen evaluiert und welchen Kriterien das resultierende Verhalten gerecht wird. Insofern verfügt man hiermit über eine Art indirektes Adaptivitätskriterium.

Zusammenfassend trennt diese Verwendung des Flexibilitätsbegriffes also zwischen der Qualifizierung des Regulationsprozesses (emotionsregulative Flexibilität) und der Beurteilung der Komplexität und der Reichweite der individuellen, subjektiven Evaluationsprozesse. Darüber ermöglicht sie die Unterscheidung zwischen Merkmalen der Regulationsprozesse und dem Vorhandensein kognitiver Ressourcen und Wissensstrukturen, deren Existenz überhaupt erst die Grundlage und den Rahmen eines flexiblen Regulationsprozesses bilden.

Hierzu zählen etwa Aufmerksamkeitssteuerung und Konzentration, Fähigkeiten zur Neustrukturierung des kognitiven Feldes, aber auch emotions-, selbst- und umweltbezogene Wissensbestände. Diese personalen Ressourcen beeinflussen sowohl die Qualität der Strategien als auch der Evaluation und stellen daher die Ebene dar, auf der sich Flexibilität bei Kindern entwickelt und auf der sie gefördert werden kann (vgl. Tab. 2).

Kognitive Prozessressourcen	z.B.: • Aufmerksamkeitssteuerung (Ablenkung, Monitoring) • Intelligenz (Planungsfähigkeit)
Wissensstrukturen	z.B.: • Metakognitives Wissen • Emotionswissen • Schemata der Emotionsregulation • Einschätzungen der Verfügbarkeit und des Wirksamkeitsgrades vorhandener personaler und soziale Ressourcen

Tab. 2: Intrapersonale Ressourcen für eine flexible Emotionsregulation

Entwicklung einer flexiblen Emotionsregulation und Ansatzpunkte für Förderung

Die Unterscheidung zwischen Prozessmerkmalen und Ergebnisbewertung einerseits und zwischen produktiven Prozessen und produktiven Ressourcen andererseits trennt die Betrachtung der Entwicklungsbedingungen für die ‚Produktionsseite' des Regulationsprozesses von der Bewertung des resultierenden Verhaltens und ermöglicht so genauere Aussagen über den Entwicklungsstand eines Kindes und eine präzisere Lokalisation eventueller Defizite als eine globale Beurteilung der Flexibilität oder Adaptivität. Empirisch lässt sich diese Differenz mit dem Hinweis auf entwicklungspsychologische Befunde rechtfertigen, die zeigen, dass Kinder eben jene produktiven Ressourcen erst nach und nach im Laufe ihrer Entwicklung herausbilden. Erst mit zunehmender kognitiver Entwicklung verfügen sie überhaupt über die Steuerungskapazitäten, um Emotionen mit Hilfe sekundärer Strategien (z.B. sich ablenken, an etwas anderes denken, Verhaltensziele anpassen) selbständig regulieren zu können. Der Übergang von einer überwiegend sozial strukturierten, auf die Mithilfe von Bezugspersonen angewiesenen Emotionsregulation zu einer sogenannten intrapsychischen Emotionsregulation vollzieht sich allmählich bis etwa zum fünften Lebensjahr. Während der Grundschulzeit sind Kinder mehr und mehr zu einer Emotionsregulation fähig, die im Sinne der vorangestellten Definition als flexibel bezeichnet werden kann, da sie Regulationsstrategien variabel einsetzen und verhältnismäßig komplexe Evaluationen vornehmen können. D.h., sie beherrschen sowohl primäre als auch sekundäre Regulationsstrategien und sie sind zunehmend in der Lage, Regulationsstrategien in Abhängigkeit von ihrer Einschätzung der momentanen Situation, der Erreichung übergeordneter Verhaltensziele und unter Berücksichtigung sozialer Verhaltensstandards auszuwählen und zu wechseln (vgl. *Friedlmeier* 1999).

Daher stellen Unterschiede in der kognitiven Entwicklung bzw. kognitive Defizite bei Kindern vermutlich eine wesentliche Quelle für Unterschiede im Niveau der emotionsregulativen Flexibilität dar. Eine weitere ressourcenabhängige Ursache für derartige Unterschiede dürfte im Emotionswissen der Kinder zu finden sein. Unter dem Emotionswissen oder dem Emotionsverständnis (vgl. *Janke* 1999) versteht man das Wissen von Kindern über grundlegende Eigenschaften von Emotionen, z.B. das Erkennen von Emotionen am mimischen Ausdruck, das Zuordnen von inneren Zuständen zu Emotionen oder eine Vorstellung davon, was bei sich und anderen Auslöser für Emotionen sein können. Je undifferenzierter dieses Wissen ist, desto undifferenzierter und rigider dürfte auch die Emotionsregulation eines Kindes verlaufen. Aus diesem Grund zielen Programme zur Förderung emotionaler Kompetenzen auch in erster Linie darauf ab, Kindern dieses Wissen zu vermitteln. Das PATHS-Programm (*Greenberg/ Kusché* 1994) geht sogar noch einen Schritt weiter und enthält auch Module, die explizit zur Förderung kognitiver Ressourcen entworfen wurden, so dass zumindest von diesem Programm tatsächlich eine umfassende Förderung der Flexibilität erwartet werden könnte. Doch für alle publizierten Programme scheint zu gelten, dass ihre Art der Wissensvermittlung und Ressourcenförderung nicht hinsichtlich des individuellen kindlichen Entwicklungsstandes differenziert. Das bedeutet natürlich nicht notwendigerweise, dass solche Programme deshalb ineffektiv sind. Zumindest für das PATHS-Programm sind Fördereffekte nachweisbar (*Greenberg* et al. 1995). Es gibt aber entwicklungspsychologische Überlegungen und Befunde, die eine stärke individuelle Differenzierung wünschenswert erscheinen lassen. Auf diesen Punkt soll nun abschliessend eingegangen werden.

Die Veränderbarkeit regulationsbezogener Wissensstrukturen

Es gibt deutliche theoretische und empirische Hinweise, die dafür sprechen, dass die Entwicklung der Emotionsregulation nicht nur aus der Entwicklung mehr oder weniger isolierter Einzelkompetenzen besteht, sondern dass es sich hierbei um die Entstehung und Veränderung komplexer Schemata handelt, welche kognitive Ressourcen und Wissensbestände in einen funktionalen Zusammenhang stellen. Obwohl im Zusammenhang mit der Emotionsregulation in der Regel von Regulationsstrategien gesprochen wird, kann eigentlich kein Zweifel daran bestehen, dass zur Regulation im Alltag meist durch Gewohnheiten automatisierte Handlungsschemata verwendet werden, in denen situative Variablen mit Bedeutungsmustern und Verhaltensweisen verknüpft sind (*Ulich/ Mayring* 1992, *Friedlmeier* 1999).

Eine flexible Emotionsregulation stellt daher bestimmte Anforderungen an die Struktur solcher Schemata. Sie müssen – um mit ihnen Emotionen flexibel regulieren zu können, möglichst reichhaltig und differenziert sein und das Individuum muss dazu in der Lage sein, zwischen verschiedenen Schemata bewusst wechseln zu können. So kann man z.B. annehmen, dass aggressive Kinder über relativ undifferenzierte ‚Wut-Schemata' verfügen, während sozial kompetentere Kinder soziale Interaktionen mit Hilfe von Schemata interpretieren, in denen soziale Stimuli auf differenzierte Weise repräsentiert sind. Letztendlich sollten emotionale Förderprogramme also u.a. diese Schemata verändern. Diese Schemata sind aber vermutlich ihrerseits in umfassendere Schemata eingebunden sind, die verhältnismäßig änderungsresistent sind.

In der Forschung der letzten Jahre hat sich mehr und mehr herauskristallisiert, dass bereits bei Kleinkindern die Emotionsregulation im Rahmen einer größeren schematischen Struktur betrachtet werden muss, den sogenannten Bindungsmodellen. Gemäß der Bindungstheorie (vgl. *Bowlby* 1984) entwickelt ein Kind bestimmte Erwartungen hinsichtlich des Verhaltens seiner Eltern. Diese Erwartungsmuster (die Schemacharakter besitzen; vgl. *Bretherton* 2001) beziehen sich auf die Verfügbarkeit und Verlässlichkeit der Eltern hinsichtlich der Vermittlung eines generellen Sicherheitsgefühls. Auf der Grundlage dieser Erwartungen entstehen beim Kind wiederum bestimmte Muster für soziale Interaktionen mit bekannten und fremden Personen, für den Umgang mit stresshaften Situationen und für exploratives Verhalten. Diese von der Bindungstheorie als ‚internale Arbeitsmodelle' bezeichneten Schemata sind zum einen recht stabil und stehen zum anderen sowohl in systematischem Zusammenhang mit der Entwicklung des späteren Selbstkonzepts als auch mit der Qualität der Emotionsregulation. Die Stabilität der internalen Arbeitsmodelle resultiert aus ihrem erfahrungs- und handlungsleitenden Charakter. Da sie soziale Interaktionen und den Umgang mit neuen Erfahrungen organisieren, organisieren sie im Sinne einer self-fulfilling prophecy auch den sozialen Feedback der sie verändern könnte. Absolut betrachtet ist die Stabilität von Bindungsmustern zwar relativ niedrig (ca. .30) doch das hängt auch davon ab, welchen Verhaltensbereich man betrachtet. So zeigte jüngst eine Überblicksarbeit, dass der Einfluss des Bindungsmusters auf die Gestaltung der Beziehungen in engen Freundschaften oder intimen Beziehungen statistisch signifikant ist, während er für andere soziale Beziehungen wenig relevant zu sein scheint (vgl. *Schneider* et al. 2001).

In dieser Hinsicht ähneln Bindungsmuster in bemerkenswerter Weise Selbstkonzepten. Auch das Selbstkonzept zeichnet sich durch eine Stabilität aus, die aus der Art und Weise resultiert, wie das Selbstbild einer Person die Verarbeitung neuer selbstbezogener Informationen organisiert. Die Ergebnisse des sog. „integrativen Selbstschema-Ansatzes" (*Petersen* 1994) zeigen, dass Menschen selbstbezogene Informationen aus Bereichen, über die eine Person bereits viele Erfahrungen gesammelt hat, selbstbildkonsistent verarbeiten. Das bedeutet, dass sie Informationen, die nicht zu den elaborierten, auf einer breiten Erfahrungsbasis ruhenden Aspekten ihres Selbstbildes passen, als wenig bedeutsam einstufen. Das gilt auch dann, wenn ihr Selbstbild negativ ist und sie – wider ihre Erwartungen – positive Erfahrungen machen. In Lebensbereichen, in denen sie bislang eher wenige Erfahrungen gesammelt haben, tendieren hingegen auch Menschen mit ansonsten negativem Selbstbild dazu, positive Erfahrungen ernst zunehmen oder sogar Erfahrungen aktiv in Richtung einer positiven Selbsteinschätzung umzudeuten.

In gewisser Weise ähnelt dies den erwähnten Befunden zum Transfer von internalen Arbeitsmodellen (*Schneider* et al. 2001). Auch sie scheinen in ihren elaborierten Bereichen, d.h. in Bezug auf enge und intime Beziehungen, die in puncto Nähe und subjektiver Bedeutsamkeit den Eltern-Kind-Beziehungen stark ähneln, das Beziehungsverhalten schemakonsistent zu steuern. In anderen, weniger engen sozialen Beziehungen scheinen sie es hingegen zu gestatten, dass soziale Informationen auch schemainkonsistent verarbeitet werden können.

Da Bindungsmuster nicht nur das Sozialverhalten beeinflussen, sondern aufgrund ihres Einflusses auf das Explorations- und Stressbewältigungsverhaltens auch die kindlichen Kontrollerfahrungen im Umgang mit neuen oder belastenden Situationen modulieren, wirken sich internale Arbeitsmodelle auch auf die Entwicklung von Selbsteinschätzungen aus, die später zum Selbstkonzept weiterentwickelt werden. In diesem Zusammenhang muss darauf hingewiesen werden, dass die Zugehörigkeit der Bindungserfahrungen zur Biografie einer Person die Übergänge zwischen internalen Arbeitsmodellen und dem Selbstkonzept ohnehin fliessend werden lässt. Letztlich mag die Unterscheidung zwischen beiden Konstrukten lediglich eine Frage der Definition sein. Ein hohe Selbstrelevanz ist jedenfalls auch für internale Arbeitsmodelle gegeben.

Unter anderem aus diesem Grund sollen beide Konstrukte im Folgenden unter der Bezeichnung affektiv-kognitive Wissensstrukturen zusammengefasst werden. Das Attribut ‚affektiv-kognitiv' soll dabei eine wesentliche Eigenschaft solcher Strukturen betonen: Es handelt sich nicht um sozusagen ‚neutrale' Wissensbestände (wie z.b. geografisches Wissen), sondern um Wissen, das für eine Person in hohem Maße subjektiv bedeutsam ist, um Wissen, das in seiner Selbst- und Weltsicht eine zentrale Rolle einnimmt. Diese Bedeutsamkeit spiegelt sich in einer Bindung der Wissenselemente an bewertende Emotionen, die im Bewusstsein aktiv werden, sobald auf solches Wissen zurückgegriffen wird. Sie spiegelt sich aber auch in einem entsprechend hohen Elaborationsgrad, denn es handelt sich um Wissen, das gerade wegen seiner zentralen Bedeutung auf einer breiten, durch die Biografie gebildeten Erfahrungsbasis beruht.

Diese Wissensstruktur bildet daher die Grundlage, auf der Individuen Einschätzungen über die Verfügbarkeit und Verlässlichkeit sozialer und personaler Ressourcen vornehmen und auf diesem Wege beeinflussen sie vermutlich auch die Flexibilität der Emotionsregulation.

Für die Zwecke des vorliegenden Beitrages ist nun aber weniger die – empirisch ohnehin nicht überprüfbare – definitorische Abgrenzung oder Intergration von Selbstkonzept und Bindungsrepräsentationen von Interesse, sondern einzig und allein ihre sich selbst stabilisierende, ja, immunisierende Lenkung des Verhaltens und der Informationsverarbeitung. Auch wenn es bislang für den Bereich kindlicher Selbstkonzepte noch keine Befunde gibt, welche die Geltung des integrativen Selbstschema-Ansatzes für diese Altersgruppe empirisch stützen, legen die strukturellen und funktionalen Ähnlichkeiten zwischen Bindungsrepräsentationen und Selbstkonzepten die Vermutung nahe, dass die mit ihnen verknüpften kognitiven Stile gleichermaßen selbstkonservierend wirken.

In diesem Zusammenhang darf auch der Umstand nicht vernachlässigt werden, dass sich Wissensstrukturen bei Kindern vermutlich nicht einfach löschen und durch andere ersetzen lassen. In der Forschung, die sich mit der Konzeptentwicklung bei Kindern befasst, wurde die Auffassung geäußert, dass sich Konzepte bei Kindern ändern, indem Erfahrungen erst generalisiert und danach Verbindungen zwischen diesen Abstraktionen spezifiziert werden (vgl. *Pratt/ Garton* 1993). Dabei scheint es aber vorkommen zu können, dass die alten Konzepte oder Schemata sozusagen in den elaborierteren Schemata enthalten sind (vgl. *Olson/ Campell* 1993). Für die hier interessierenden affektiv-kognitiven Schemata könnte dies bedeuten, dass auch potentiell maladaptive Wissensstrukturen (z.B. eine ambivalente Bindungsrepräsentation) in der Persönlichkeitsentwicklung tradiert werden, da sie nicht ersetzt, sondern lediglich abstrahiert und in neue Konzepte eingebunden werden. Kommt nun noch hinzu, dass solche Strukturen ohnehin neue Erfahrungen in strukturkonservativer Weise organisieren, so muss die Frage aufgeworfen werden, ob sie sich denn durch Interventionsprogramme ändern lassen, bei denen die

Selbstsicht der ‚zu ändernden' Kinder konsequent ausgeblendet bleibt. Auch wird bei solchen Programmen scheinbar nie die Frage aufgeworfen, wie das zu vermittelnde Wissen in einer Weise präsentiert werden könnte, die für die individuellen Deutungsmuster emotionaler Vorgänge anschlussfähig ist. Dies wäre – für sich genommen – vielleicht nicht weiter bedeutsam, doch beeinflussen affektiv-kognitive Wissensstrukturen in allen Altersgruppen die Flexibilität der Verhaltensregulation.

So ist z.B. für den Bereich der Selbststeuerung von Lernprozessen bekannt, dass Selbstkonzeptvariablen durch die Attribuierung von Erfolg und Misserfolg in erheblichem Maße zur Lernmotivation beitragen. Internale Attributionen von Misserfolg verhindern die Suche nach angemessenen Lernstrategien und senken so die Flexibilität des Lernprozesses. In noch höherem Maße gilt dieser Zusammenhang für depressive Personen. Bekanntlich zeichnen sich Depressionen durch eine Fixierung auf negative Deutungen der Situation, aber auch eigener und sozialer Ressourcen aus, welche jede Form der Selbstregulation als vergeblich erscheinen lassen. Auch diese Form der Rigidität wurzelt nicht unbedingt in mangelnden kognitiven Flexibilitätsressourcen im Sinne der hier zugrunde gelegten Definition (vgl. Tab. 1), sondern in Deutungen, die auf der Grundlage affektiv-kognitiver Wissensstrukturen vorgenommen werden.

Aus der Bindungsforschung ist bekannt, dass Bindungsmuster die Flexibilität der Emotionsregulation sowohl direkt zu beeinflussen scheinen (vgl. *Spangler* 1999) als auch bestimmte strukturelle Merkmale besitzen können, welche eine flexible Emotionsregulation kurzfristig blockieren. Bei Kindern mit einer desorganisierten Bindungsrepräsentation können traumatisierende Bindungserfahrungen quasi im Gedächtnis isoliert worden sein, so dass sie – einmal aktiviert – den Verhaltensfluss massiv unterbrechen, ohne rechtzeitig reguliert werden zu können (vgl. *Main* 1997). Und schließlich sprechen auch die Erfahrungen aus der Resilienzforschung gegen eine einseitige und nicht an individuellen Deutungsmustern orientierte Förderung einzelner Faktoren. Die in diesen Studien nachgewiesene Ambiguität (vgl. *Lösel/ Bender* 1999) einiger Schutzfaktoren führt zu der Vermutung, dass eine einseitige Förderung kognitiver Flexibilitätsressourcen oder des Emotionswissens nicht notwendigerweise zu einer komplexeren oder ‚adaptiveren' Emotionsregulation führen muss. Die Resilienzforschung zeigte, dass die Bereitstellung oder Förderung von Ressourcen von den ‚Betroffenen' auch dazu benutzt werden kann, Verhaltensprobleme zu stabilisieren statt sie zu ändern.

Zusammenfassend ist also zu konstatieren, dass es möglich ist, die theoretischen Probleme, die mit der Definition und Analyse flexibler Formen der Emotionsregulation verbunden sind, auf eine Weise zu lösen, die es erleichtern könnte, spezifische Förderprogramme zu formulieren. Eine solche Analyse zeigt aber auch, dass Programme zur Emotionsförderung mit gewissen Problemen belastet zu sein scheinen, die ihren Nutzen gerade für ‚problematische Fälle' zweifelhaft erscheinen lassen. Möglicherweise sind die hier diskutierten Probleme auch für den meta-analytischen Befund verantwortlich, dass social-skills-Trainingsprogramme insgesamt eher geringe Effekte zu haben scheinen (vgl. *Forness* et al. 1997).

Literatur

Akin, T. u.a.: Gefühle spielen immer mit. Mit Emotionen klarkommen. Ein Übungsbuch. Mülheim a.d.R. 2000.
Block, J.; *Block*, J.: The role of ego-resiliency in the oraganisation of behavior. In: Collins, W. (Ed.): Minnesota Symposia on Child Psychology. Vol. 13. Hillsdale 1980, 39-101.
Boekaerts, M.: Self-regulated learning: Where we are today. In: International Journal of Educational Research 31(1999), 445-457.
Bowlby, J.: Bindung. Frankfurt a.M. 1984.
Bretherton, I.: Zur Konzeption innerer Arbeitsmodelle in der Bindungstheorie. In: Gloger-Tippelt, G. (Hrsg): Bindung im Erwachsenenalter. Bern 2001, 52-74.
Forness, S.R. et al.: Mega-analysis: What works in special education and related services. In: Teaching Exceptional Children 29(1997), 4-9.
Friedlmeier, W.: Emotionsregulation in der Kindheit. In: Friedlmeier, W.; Holodynski, M. (Hrsg.). Emotionale Entwicklung. Heidelberg 1999, 197-218.
Greenberg, M.T., *Kusché*, C.A.: Promoting social and emotional development in deaf children: The PATHS project. Seattle 1994.
Greenberg, M.T. et al.: Promoting emotional competence in school-aged children: The effects of the PATHS curriculum. In: Development & Psychopathology 7(1995), 117-136.
Hasenring, M.: Zum Stellenwert subjektiver Theorien im Copingkonzept. In: Muthny, F.A. (Hrsg). Krankheitsverarbeitung. Berlin 1990, 78-87.
Heim, E.: Stabilität und Variabilität von Copingstrukturen über die Zeit. In: Muthny, F.A. (Hrsg.): Krankheitsverarbeitung. Berlin 1990, 88-106.
Janke, B.: Naive Psychologie und die Entwicklung des Emotionswissen In: Friedlmeier, W.; Holodynski, M. (Hrsg): Emotionale Entwicklung. Heidelberg 1999, 70-98.
Kusché, C.A.; *Greenberg*, M.T.: The PATHS curriculum: Promoting alternative thinking strategies. Seattle 1994
Lazarus, R.S.; *Folkman*, S.: Stress, appraisal, and coping. New York 1984.
Lindenlaub, S.; *Kraak*, B.: Bewältigen und Entscheiden. Göttingen 1997.
Lösel, F.; *Bender*, D.: Von generellen Schutzfaktoren zu differentiellen protektiven Prozessen: Ergebnisse und Probleme der Resilienzforschung. In: Opp, G. u.a. (Hrsg.): Was Kinder stärkt. München 1999, 37-58.
Main, M.: Desorganisation im Bindungsverhalten. In: Spangler, G.; Zimmermann, P. (Hrsg.): Die Bindungstheorie. Stuttgart 1997, 120-140.

Olson, D.; *Campell*, R.: Constructing representations. In: Pratt, C.; Garton, A.F. (Eds.): Systems of representation in children. Development and use. Chichester 1993, 11-26.
Petersen, L.-E.: Selbstkonzept und Informationsverarbeitung. Essen 1994.
Pratt, C.; *Garton*, A.: Systems of representation in children. In: Pratt, C.; Garton, A.F. (Eds.): Systems of representation in children. Development and use. Chichester 1993, 1-10.
Saarni, C.: The development of emotional competence. New York 1999.
Schaie, K.: Test of behavioral rigidity. Palo Alto 1960.
Schmuck, P.: Die Flexibilität menschlichen Verhaltens. Frankfurt a.M. 1996.
Spangler, G.: Frühkindliche Bindungserfahrungen und Emotionsregulation. In: Friedlmeier, W.; Holodynski, M. (Hrsg.): Emotionale Entwicklung. Heidelberg 1999, 176-196.
Schneider, B.H. et al.: Child-parent attachment and children's peer relations: A quantitative review. Developmental Psychology 37(2001), 86-100.
Ulich, D.; *Mayring*, P.: Psychologie der Emotionen. Stuttgart 1992.
Ulich, D. u.a.: Emotionale und kognitive Prozesse unter Belastungsregulation. In: Mandl, H.; Huber, G.L. (Hrsg.): Emotion und Kognition. München 1983, 183-216.

Gerhard Schad

Das Konzept ‚Die Veränderung der Wahrnehmung'

1 Ein programmatischer Titel

Wozu, zu welchem Zweck, aus welchem Grund und mit welcher Absicht sollte man sich einlassen auf eine ‚Veränderung der Wahrnehmung' oder weshalb könnte man andere dazu veranlassen wollen?
‚Veränderung der Wahrnehmung' ist ein Konzept des Erfahrungslernens. Jeder Mensch macht unvermeidlich Erfahrungen und lernt daraus – mehr oder weniger. Manche Erfahrungen versuchen wir absichtlich und gezielt zu machen, andere versuchen wir ein Leben lang zu vermeiden, so gut wir dies eben können. Manche Erfahrungen werden uns geradezu aufgezwungen, insbesondere jene, die unsere gesellschaftliche Sozialisation betreffen: Schule, Prüfungen, Rente; andere Erfahrungen führt der Zufall herbei oder das ‚Schicksal': Unfall, Reichtum, Depression, Liebe, Kinder, Begegnungen, Blitzschläge, Fieber, Zecken, Sonnenbrand, Fernsehauftritte, Krieg, Krebs...
Manche Erfahrungen versuchen wir unbedingt zu machen. Trotz bester Bedingungen klappt dies dann häufig trotzdem nicht... Stattdessen machen wir andere Erfahrungen: Statt Verliebtsein – Enttäuschung, statt Erfolg – Erniedrigung, statt Erholung – Nervenzusammenbruch.
Erfahrungen beschreiben ein Leben. Ein Leben lang versucht der Mensch, Erfahrungen zu machen und Erfahrungen zu vermeiden, insbesondere aber auch Erfahrungen zu verarbeiten, zu ordnen, ‚auf die Reihe zu bringen', fortzuführen...
Das Konzept der Wahrnehmungsveränderung ist der Versuch einer Unterstützung bei diesem Bemühen um reflexive Erfahrungsverarbeitung. Dies kann insbesondere bei erwachsenen Menschen in Gestalt von *Selbsterfahrung* geschehen, bei Kindern und Jugendlichen ist damit die Aufgabe einer guten Erlebnispädagogik beschrieben.
Dieses Konzept ist in jahrelanger Auseinandersetzung in praktischen und theoretischen Seminaren an der Universität Würzburg entstanden und die Grundgedanken dieses Konzepts sollen im folgenden dargestellt werden

Zunächst werde ich die beiden Zentralbegriffe erläutern: Wahrnehmung und Veränderung. Dies macht dann jene Zusammenhänge sichtbar, die für eine praktische pädagogische Verwendung die Grundlage ergeben. Zum Schluss werde ich auf die Möglichkeiten der praktischen Arbeit mit diesem Konzept zu sprechen kommen.

2 Wahrnehmung

Im Mittelpunkt des Konzepts steht der Begriff der *Wahrnehmung*. Wahrnehmung wird häufig gleichgesetzt mit Sinnes-Wahrnehmung und dies ist in der Tat ein wichtiger Bestandteil des Wahrnehmungsprozesses, jedoch steht Wahrnehmung für einen erheblich komplexeren Vorgang, der Gegenstand unterschiedlichster wissenschaftlicher Disziplinen ist, wie etwa der Neurologie, Computerwissenschaften, Hirnforschung oder Systemtheorien – um nur einige zu nennen. Die Erforschung des Wahrnehmungsprozesses ist bei weitem nicht abgeschlossen, je weiter man darin fortzuschreiten glaubt, desto mehr Fragen tun sich auf, desto deutlicher wird die Komplexität dieses Forschungsgebietes und Zusammenhänge treten zutage, die noch vor relativ kurzer Zeit nicht vermutet worden wären.

Wahrnehmung ist eine Grundleistung von Lebewesen: Lebewesen müssen sich an ihrer Umwelt orientieren, um an Nahrung zu kommen, Hindernisse zu umgehen, sich vor Feinden zu schützen, Kommunikations- und Sexualpartner zu erkennen und vieles mehr. Die Wahrnehmung des Menschen erfüllt – allgemein ausgedrückt – die Funktion, all jene Informationen über die Umwelt und über die eigene Person selbst verfügbar zu machen, um das eigene Überleben zu sichern und um handlungsfähig zu sein.

Neuere Ansätze der Wahrnehmungsforschung gehen von der Annahme aus, dass es sich beim Vorgang des Erkennens nicht nur um die Identifizierung von Reizmerkmalen eines Objekts handelt, sondern dass wahrgenommene Objekte auch Bedeutungseigenschaften besitzen. Man nimmt nicht nur physische Merkmale wahr, sondern gleichzeitig erkennt man, dass ein klassifikatorisch definiertes Objekt mit ganz bekannten Funktionen und mit einer *Bedeutung* für das *Handeln* der Person vorliegt (vgl. *Prinz* 1983). Bedeutungseigenschaften basieren auf dem durch Lernen erworbenen Wissen über die Reizmerkmale der Objekte und die mit den Objekten ausführbaren Handlungen. Sie entstehen im aktuellen Wahrnehmungsgeschehen durch Aktivierung von *Gedächtnis*spuren. Bedeutungseigenschaften sind demnach hochgradig von den individuellen *Erfahrungen* abhängig, die zur Bildung der Gedächtniseintragungen geführt haben. Hier liegt eine wesentliche Quelle interindividueller Unterschiede in der Wahrnehmung. Wer ein Objekt nicht kennt, kann zwar seine Reizmerkmale wahrnehmen, seine Bedeutungseigenschaften jedoch nur in dem Maße, in dem einschlägiges Wissen über Beziehungen zwischen *Reizmerkmalen* und Bedeutungseigenschaften im Wissensgedächtnis aktiviert werden kann. Dies ist eine der zentralen Annahmen der kognitiven Wahrnehmungsforschung (vgl. *Prinz* 1983).

Diese Zusammenhänge bilden die Basis für unser Konzept der Veränderung der Wahrnehmung.

3 Veränderung

Das Konzept ist auch bestimmt vom Begriff der Veränderung. Ein – wie es scheint – unproblematischer Begriff – erst bei genauerer Betrachtung erkennt man seine philosophische Tiefe.

Alle Dinge verändern ihre Form, ihre Gestalt, ihre Farbe, ihre Erscheinung und streng genommen tun sie dies unaufhörlich. Mikroskopisch betrachtet geschieht dies etwa mit jeder noch so geringen Temperaturänderung (sichtbar wird dies beispielsweise am Quecksilberfaden in einem Thermometer). Da die Temperatur jedoch niemals konstant ist (auch die Sonne ändert sich permanent!) ändert sich auch die Erscheinung der Körperwelt unaufhörlich. Unaufhörlich aber bedeutet, dass es genau genommen *nur* Veränderung gibt. Alles was geschieht, ist ständige Veränderung, nichts *bleibt*, alles *wird*. Der Begriff der Veränderung jedoch bekommt erst dann einen Sinn, wenn es etwas gibt, das sich verändert und damit auch: wenn etwas da ist, das *bleibt*. *Bleiben* und *sich verändern* sind nicht so sehr Gegensätze als Korrelatbegriffe. Jeder von ihnen kann nur mit Hilfe des andern definiert und verstanden werden. Gibt es in der Welt nur Veränderung und nichts Bleibendes, nur Bewegung und keine Ruhe, dann fehlt der eine der Korrelatbegriffe, und *Veränderung,* weil sie sich von nichts *Bleibendem* abhebt, verliert jeden Sinn.

So gerät der naive Begriff von Veränderung schnell an sein Ende. Er bindet sich an das wahrnehmende Individuum. Auch die Alltagserfahrung kennt dieses Problem. Wenn ich die Feststellung treffe ‚etwas hat sich verändert', so ist dies keineswegs eindeutig. *Was hat sich verändert? Die Dinge, die mich umgeben? Die Verhältnisse? Die Anderen? Oder hat sich lediglich meine Wahrnehmung verändert, meine Sicht der Dinge, meine Einstellung zu den Anderen? Habe ich selbst mich verändert? Hat sich tatsächlich und objektiv etwas verändert oder ist die vermeintliche Veränderung nur Produkt meines Geistes – Einbildung? Gibt es etwas an den Dingen, den Verhältnissen und an den Anderen, das sich nicht verändert, sondern bleibt, und ist dieses dann auch wahrnehmbar? Worauf also bezieht sich Veränderung? Welche Rolle spielt das wahrnehmende Subjekt?*

Für das Konzept der Veränderung der Wahrnehmung ergeben sich aus diesen Überlegungen eine Reihe von Konsequenzen.

3.1 Der Begriff der Veränderung ist verknüpft mit subjektiver Wahrnehmung und individuellem Erleben

Die Welt des sinnlichen Scheins kann von unserer Wahrnehmung nicht oder nur unzureichend durchdrungen werden. Die wahrnehmbaren Veränderungen, die das Tor unserer Sinne passieren, erscheinen uns in Eigenschaften und Veränderung bezieht sich ausschließlich auf diese. Das Sein, das in diesen Eigenschaften sich ausdrückt, bleibt unseren Sinnen jedoch verborgen. Die Wirklichkeitswelt gelangt zu uns durch die Wahrnehmung von Eigenschaften. An ihnen wird Veränderung registriert. Sie können sichtbar, hörbar, fühlbar usw. werden und so sind wir zunächst auf unsere Sinnesorgane verwiesen. Fritz *Mauthner* drückt dies wie folgt aus:

Für viele Fälle von Veränderungen scheint die naive Weltanschauung der Gemeinsprache recht zu haben, wenn sie bei dem nächsten Objekt der Veränderung nur an einen Zustand, eine Qualität oder eine Quantität denkt und hinter der Veränderung sich etwas Bleibendes vorstellt, gewöhnlich eine Substanz, die unverändert bleibt. Das grüne Blatt wird im Herbste rot, aber das Ding bleibt Blatt; wie der Baum bleibt. Ich bekomme graue Haare, aber mein Ich bleibt. Der Strom schwillt im Frühjahr an, aber im großen und ganzen bleibt der Strom in seinem Strombett. Das letzte Beispiel könnte uns lehren, dass nur die gewiesene Form geblieben ist, aber auch nicht ein Tröpfchen Wasser vom alten Winterstrom.
Doch auch in mir ist nur die gewiesene Form geblieben, kaum ein Atom aus der Zeit, da ich ein Säugling war. Und der Chemiker wird nachweisen können, dass auch im herbstlichen Blatt alles etwas anders geworden ist, bis auf die gewiesene, gerichtete Form. Und so frage ich mich: was ist das Subjekt oder meinetwegen das Objekt der Veränderungen, wenn es nach der Änderung nicht mehr da ist? Sollte das Subjekt oder meinetwegen das Objekt etwa die bloße Form sein? Da müsste doch vorher erst ausgemacht werden, was die Form ist, außerdem, dass sie menschliche Vorstellung ist. (*Mauthner* 1910, o.S.)

3.2 Veränderung ist Bewegung

Veränderung ist eigentlich *Bewegung*, die zu veränderten Zuständen führt. Auffallenderweise denken wir beim Begriff Veränderung zunächst nicht an eine Bewegung, sondern an ihr Resultat, den unterschiedlichen Zustand mit seinen Eigenschaften.

Veränderung als durchgängig wirksames Prinzip ist von solch umfassender und durchdringender Wirksamkeit, dass sie unserer Aufmerksamkeit paradoxerweise häufig gar nicht zugänglich ist. Veränderung ist eine Erscheinungsweise des Phänomens ‚Zeit', sie geschieht in gleichem Maße, wie Zeit vergeht.

Wir sind also viel eher daran gewöhnt, in statischen Zuständen zu denken und wahrzunehmen. Die Bewegung ist für uns die Ablösung einer Position durch eine andere Position. Es ist uns dabei zwar klar, dass es da noch etwas anderes gibt, nämlich den Übergang von einer Position in die andere, aber sobald wir unsere Aufmerksamkeit auf diesen Übergang richten, machen wir daraus wieder eine Reihe von (Zwischen-) Positionen, wobei wir wohl wiederum anerkennen, dass zwischen zwei aufeinanderfolgenden Positionen ein Übergang angenommen werden muss. Wir verschieben aber immer wieder den Augenblick, diesen Übergang ins Auge zu fassen. Wir betrachten nicht die Bewegung von einer Position zur anderen, sondern die unterschiedlichen Zustände der Positionen.

Das sind deutlich wahrnehmbare Tatbestände, die den Unterschied ausmachen: die Falten in einem Gesicht, der abgeschliffene Stein im Flussbett, der dürre Baum am Ufer. Zweierlei denken wir implizit *dazu*, wenn wir diese Dinge und Tatbestände sehen.

Zum einen denken wir uns den Stein, den Baum und das Gesicht so, wie sie es wohl *früher* einmal waren – vor vielen Millionen Jahren, bevor das Wasser einen runden Kiesel geschliffen hat, vor vielen Jahren, als noch Blätter im Baum rauschten, vor einigen Jahren, als das Gesicht noch jugendlich, die Haut noch glatt war. Wir denken uns das Aussehen der Dinge anders, als wir sie vor uns sehen und bezeichnen den Unterschied mit ‚Veränderung'.

3.3 Die Wahrnehmung
von Veränderung ist an das Gedächtnis geknüpft

Zum anderen denken wir uns die *Identität* der Dinge über die Zeit hinweg: Es ist noch der selbe Stein, der selbe Baum und der selbe Mensch, obgleich inzwischen verschieden aussehend. Wir gehen davon aus, dass die Dinge die selben bleiben über die Zeit hinweg, oder zumindest *etwas* an den Dingen bleibt das selbe und verleiht ihnen Identität. Veränderung als unterscheidender Vergleich von Zustand und Erscheinung verschleiert also das wesentliche der Veränderung: ihre *Bewegung*. Veränderung wird dann anders begriffen, wenn diese Bewegung im Zentrum unserer Wahrnehmung steht, etwa wenn Papier verbrennt: dann ist auch dieser Prozess, der Ablauf der Veränderung zu sehen, zu spüren, zu riechen und zu hören. Veränderung wird also in einem strengen Sinne weniger wahrgenommen, sie wird viel eher erlebt. Erleben bedeutet dabei immer eine Bewertung von psychisch bedeutsamen Inhalten in den Dimensionen von Lust und Schmerz (vgl. *Pöppel* 1995). Kognitive und emotionale Inhalte sind hierbei verflochten.

3.4 Veränderung hat eine aktive und eine passive Komponente
und Veränderung wird ambivalent erlebt

Offenbar wollen wir beides zugleich: Veränderung und keine Veränderung. Veränderung hat Doppelcharakter: Sie kann Bedrohung sein und gute Perspektive.
   Die bedrohliche Form von Veränderung gefährdet unsere Sicherheit, die andere Form der Veränderung ist verbunden mit dem Begriff der Hoffnung.
   Die Analyse der Begriffe ‚Wahrnehmung' und ‚Veränderung' und ihrer Beziehungen führt zu einer Reihe von Zusammenhängen, die dann die Grundlage ergeben für die Entwicklung des *pädagogischen* Konzepts ‚Veränderung der Wahrnehmung'. Dies ist kein philosophisches sondern ein ausgesprochen praktisches pädagogisches Konzept. Es lässt sich auf die wissenschaftlichen Zusammenhänge zurückführen, in die die Begriffe der Wahrnehmung und der Veränderung eingebunden sind:

4 Zusammenhänge

4.1 Wahrnehmung und die Sinne

Die Formulierung dieses Zusammenhangs macht gleichzeitig ein verbreitetes Missverständnis sichtbar: Wahrnehmung wird häufig mit Sinneswahrnehmung gleichgesetzt. Tatsächlich jedoch ist die Sinneswahrnehmung nur ein (sehr wichtiger) Bestandteil des gesamten Wahrnehmungsprozesses, gleichsam der Beginn dieses Prozesses, der alle kognitiven Prozesse mit einschließt und letztlich *Bewusstsein* konstituiert.

Veränderung der Wahrnehmung meint in diesem Zusammenhang immer Verbesserung der Wahrnehmung im Sinne von Differenzierung und von Integration. Zum einen also die Verfeinerung, Vervielfachung und Präzisierung der Sinneswahrnehmung, zum anderen aber auch das Zusammenspiel der unterschiedlichen Sinne, ihre Ergänzung, Bereicherung hin zu einer fortschreitenden Konstruktion von subjektiver Wirklichkeit (vgl. 4.3).

4.2 Die gegenständliche Abhängigkeit der Wahrnehmung

Insbesondere der permanente Fluss der Veränderung erfordert ein entsprechendes System der Erkennung und Anpassung des permanent produzierten Datenstroms, dem der wahrnehmende Organismus ausgesetzt ist. Diese Anbindung an die umgebende Realität erfordert gleichsam eine Verankerung in derselben: Das System des wahrnehmenden Individuums ist untrennbar verbunden mit allen Systemen, die seine Umwelt konstituieren, ja ist Bestandteil dieser Umwelt, ist in sie eingebunden, profitiert von ihrer Qualität und ist durch sie begrenzt.

Von besonderer Bedeutung: Der Körper oder der Leib
   Die eigene Person ist der Kristallisationspunkt, das Zentrum aller Wahrnehmung.
   Ein kleiner Mensch erlebt anders und anderes als ein langer, ein dicker anders als ein dürrer. Leibeigenschaften präformieren Erfahrungen: beweglich, träge, blind, schwerhörig, schwach, stark, durchtrainiert, krank, verletzt, allergisch zu sein bedeutet, Erfahrungen einer bestimmten Qualität machen zu können und zu müssen...

Hinzu kommen *temporäre Zustände*. Die Wahrnehmung bekommt ganz eigene Qualität, wenn ein Mensch Hunger hat, wenn er gut ausgeschlafen ist, unter Drogen steht, entspannt ist, einen Zentnersack auf dem Rücken trägt, einen Schnupfen hat oder friert. In größter Gefahr nimmt ein Mensch ganz anders wahr, als wenn er sich sicher und geborgen weiß. Insbesondere die Abhängigkeit von der gefühlsmäßigen Situation wird deutlich. Angst, Freude und Wut verändern die Qualität der Wahrnehmung. Wer verliebt ist sieht alles durch die ‚rosarote Brille', wer deprimiert ist, für den ist die Welt grau und düster, in beiden Fällen nimmt der Mensch gründlich verändert wahr. Gerade die letzten beiden Beispiele zeigen auch den engen Zusammenhang von Körper und Geist, die unauflösbare Verflechtung von biologisch – organismischem Zustand und den korrespondierenden psychischen Funktionen. Die psychische Verfassung vermag den Leib zu Höchstleistungen treiben (etwa: der eiserne Wille, die panische Angst usw.), ihn andererseits auch zu hemmen, ja geradezu zu lähmen.

Der Leib ist der Kristallisationspunkt und die materielle Grundlage des Wahrnehmungsprozesses. Deshalb kommt ihm im Konzept ‚Veränderung der Wahrnehmung' auch besondere Bedeutung zu.

Die Bedeutung des Körpers, seiner Leistungsfähigkeit und seiner Empfindungsfähigkeit nimmt in unserer Gesellschaft immer mehr ab; im Berufsleben spielt Körperkraft oder Körpergeschicklichkeit eine immer geringere Rolle. Der Alltag keinerlei körperliche Höchstleistungen mehr, technische Geräte degradieren den Körper zum Anknipser und das Auto legt die Strecken mühelos zurück, für die sich ein Fußgänger verausgaben müsste. Lediglich in seinem Nicht-Funktionieren beansprucht der Körper Aufmerksamkeit, die Krankheit und das Gebrechen hemmen den reibungslosen Ablauf. Dies hat eine Entsprechung im individuellen Körpergefühl und in der Selbstdefinition des Individuums, in seiner Identitätsgenese.

Der Leib (Körper) ist eine wesentliche Dimension der Selbstdeutung des Menschen und daher eine bestimmende Größe der Selbst-Wahrnehmung .

Daneben jedoch gibt es noch eine ganze Reihe von materiegebundener Abhängigkeit, durch die Wahrnehmung bestimmt, präformiert, determiniert oder beeinflusst wird. Hier sind insbesondere die *Räume* zu nennen, in denen wahrgenommen wird, der persönliche Nahraum, Zimmer, Wohnungen, etwa städtisches Lebensumfeld, ja alle Bestandteile einer individuellen Lebenswelt, etc.

4.3 Wahrnehmung und Wirklichkeit

„Das Nervensystem ist so organisiert – oder organisiert sich selbst so –, dass es eine stabile Wirklichkeit errechnet." (von Foerster 1998, 57)

Die erkenntnistheoretische Position des Konstruktivismus betrachtet den Menschen als Schöpfer seiner Wirklichkeit, die von jedem einzelnen Menschen (als autopoetischem System) konstruiert wird. Wirklichkeit ist demnach keine objektive, vorfindbare Tatsache. Sie entsteht vielmehr für jeden einzelnen durch die Interaktion des Menschen mit seiner Umwelt.

Die Welt und sich selbst konstruktivistisch zu begreifen, ist ein riskantes Unterfangen. Sie gefährdet nahezu alle Gewissheiten, alle Sicherheiten für den Menschen, in einer für ihn wahrnehmbaren, stabilen Welt zu leben.

Die Vorstellung, dass unsere Wirklichkeit nicht real existiert, sondern lediglich ein Produkt unseres Geistes sein soll, fällt uns deshalb so schwer, weil wir beim Begriff ‚Wirklichkeit' vor allem an die Dingwelt denken, an die Gegenstände, die uns umgeben. Die Vorstellung, dass die Tastatur, mit deren Hilfe ich soeben tippe, nicht real existieren solle, sondern durch meinen Wahrnehmungsprozess erst hervorgebracht würde erscheint absurd. Zweifellos existiert auch ohne meine Wahrnehmung eine Tastatur – wie sie *erscheint* ist allerdings eine andere Frage – ich erschaffe natürlich nicht ihre materielle Existenz. Die Schöpfung meiner Wirklichkeit bezieht sich keineswegs auf die materielle Existenz von Dingen und Gegenständen meiner Umwelt, nicht also auf die objektiv feststellbaren Eigenschaften (Gewicht, Ausmaße etc.) sondern sie bezeichnet

- die Art der Erscheinung von Dingen. Dies sind die *qualitativen Eigenschaften*, die alleine vom Subjekt bewertet (= erlebt) werden. Bei der Tastatur: Farbe, Ästhetik, Art des Handlings, Geruch, Geschmack (wird bei einer Tastatur selten geprüft!), Klang usw.
- Verhältnisse und Beziehungen. Hierbei spielen Gegenstände und Dinge eine untergeordnete Rolle. Es handelt sich hierbei um eine Wahrnehmung, die erst durch die Entwicklung bestimmter psychischer Funktionen und damit durch kognitive Entwicklung ermöglicht wird. Hier ist etwa das Verstehen der symbolischen Vermittlung von Bedeutung.

Diese ‚Berechnungen' des Organismus finden laufend statt, die ‚Bedeutungen' eines Menschen verändern sich ständig, die subjektive Wirklichkeit stellt die Bezugsgröße für alles Erleben dar, jeder Mensch erlebt im Hinblick auf seine Wirklichkeit und diese ist von einem anderen niemals vollständig zu erkennen. Da diese Wirklichkeit aber in der Tat ‚zusammengebaut' wird, *muss eine Veränderung der Wahrnehmung an diesen Bausteinen ansetzen.* In erster Linie kann man *Erfahrungen* als solche Bausteine betrachten. Die Möglichkeit, in umschriebenen Bereichen und mit bestimmten Sachverhalten Erfahrungen machen zu können, gilt als eine Grundbedingung für eine Veränderung der Wahrnehmung. Allerdings sind diese Erfahrungen und die Art, Erfahrungen zu machen bereits wieder von jener Wirklichkeitskonstruktion mitbestimmt. Der Veränderungsprozess verläuft folglich nicht kausal und linear sondern ist ein dialektischer Prozess.

4.4 Wahrnehmung und Entwicklung

Alle organischen Systeme entwickeln sich in gesetzmäßig wechselnden, qualitativ unterschiedlichen Phasen der Stabilität und der Veränderung. Insgesamt ist jeder Organismus bestrebt, zu jedem Zeitpunkt seiner Entwicklung einen Zustand des Gleichgewichts herzustellen. Diese Bewegung, ein gestörtes Gleichgewicht wieder in ein ausbalanciertes überzuführen, kann als Entwicklung beschrieben werden. Diese Entwicklungsbewegungen finden auf allen Gebieten statt (körperlich, kognitiv, moralisch usw.). Auf jeder neuen erreichten Stufe begreift der Mensch die Welt ein wenig anders als auf der vorherigen. Jede Stufe stellt ihm gleichsam einen neuen Bezugsrahmen zur Verfügung, der es ihm erlaubt, die Dinge und Sachverhalte anders zu begreifen und ihm damit auch die Möglichkeit gibt, anders zu handeln. Unterstützung bei diesem Entwicklungsprozess meint nun, genau jene Erfahrungen zu ermöglichen, die den gegenwärtigen Prozess voranbringen. Das kann nach einer langen Phase der Konsolidierung und Stagnation ein anregender Impuls sein, neue Erfahrungen zu erproben, oder in einer Phase krisenhafter Verunsicherung zu neuer Stabilität beizutragen, integrative Erfahrungen zu ermöglichen. *Veränderung der Wahrnehmung im Hinblick auf die individuelle Entwicklung eines Menschen meint das Bereitstellen angemessener Entwicklungsaufgaben, das Ermöglichen sowohl dynamisierender als auch stabilisierender Erfahrungen.*

4.5 Wahrnehmung und Bedeutung oder individueller Sinn

‚Sinn' beschreibt die Leitlinien unseres Handelns und die Interpretationsmuster unserer Wahrnehmung. Es sind normative Orientierungen (von außen gesetzt) aber verschmolzen mit subjektiven Erfahrungen und so erscheint der subjektive Sinn als Legierung gesellschaftlicher und subjektiver Bedeutsamkeiten. Sinn ist die zentrale Motivkraft eines Menschen. Ein Mensch kann (fast) alles ertragen, solange er darin einen Sinn erkennt, einen Sinn, der für ihn verbindlich ist. Es ist die Frage nach dem *wozu*. Jeder Mensch wächst zunächst in einen Sinnzusammenhang hinein, in ein normatives Gefüge, das unhinterfragt übernommen wird. Diese Zusammenhänge konstituieren *Bedeutungen*. Wenn die Interpretationsmuster der Wahrnehmung nicht mehr ausreichen, um die soziale Welt zu verstehen, wenn der Sinn nicht mehr überzeugend ist, um Handlung zu begründen, kann dies zur Krise führen. Zumindest jedoch wird es zum Umbau der Sinnkonstruktionen führen. Solche Umbaukonstruktionen gehen einher mit Entwicklungsschritten. Sie können auch ausgelöst werden durch bestimmte Erfahrungen, Ereignisse, die in spezifischer Weise erlebt werden. Sinn muss sich in Erfahrungen realisieren, bestätigen oder widerlegt werden: er muss erlebt werden. *Veränderung der Wahrnehmung bedeutet somit auch Umbauarbeit am individuellen Sinnkonstrukt.* Dies können etwa Gegenerfahrungen sein oder das Betreten von Neuland usw.

5 Die praktische Arbeit mit dem Konzept der Veränderung der Wahrnehmung [1]

Man kann mit dem Konzept der Veränderung der Wahrnehmung mit unterschiedlichsten Adressatengruppen in verschiedenartigsten Zusammenhängen erfolgreich arbeiten. Die Ebenen dieser Arbeit können dabei vielfältiger Art sein. Es seien hier exemplarisch drei dieser Ebenen erwähnt:

5.1 Anreicherung des pädagogischen Alltags

Methoden des Erfahrungslernens sind Bestandteil jeden guten pädagogisch-didaktischen Konzepts. Kein guter Unterricht wird auf ‚learning by doing' verzichten können, jede Erziehungssituation *ist* bereits zwischenmenschliche Erfahrung.

‚Anreicherung des pädagogischen Alltags' meint darüberhinaus erlebnispädagogische Aktivitäten, die den gewohnten Rahmen und die Routine verlassen, die von Freude, Neugierde, Spannung, Erholung und Genuß geprägt sind, ohne dass weitergehende pädagogische Ziele damit verfolgt

---

[1] Vgl. im Folgenden auch *Schad* (1999, 33ff.)

werden müssten. Es geht hierbei also um das Zustandekommen dieser positiven Gefühle. Die Veränderung der Wahrnehmung findet notwendigerweise unmittelbar dann statt, wenn sich Gefühle verändern. *Jede Lehrkraft kennt diese Wirkungen bei Schullandheimaufenthalten oder Wandertagen. Allein die Veränderung der Umgebung hat diese anreichernde Wirkung, insbesondere wenn es sich dabei um ansprechende Naturlandschaft handelt. Tätigkeiten, die Rahmen der Schulklasse sonst nicht ausgeübt werden (ein Schneefeld herunterrutschen, abspülen, am Lagerfeuer sitzen...) haben sofortige gefühlsmäßige Wirkung, da sie die Routineformen der Wahrnehmung verlassen.*

Anreicherung des pädagogischen Alltags meint also die persönliche Bereicherung durch positive Gefühle. Dies ist ein Eigenwert für jegliche pädagogische Arbeit, schafft sie doch die Bereitschaft und die Basis für Veränderung. Diese Anreicherung ist nicht auf lange Dauer hin ausgelegt. Es handelt sich um eine Stimmung, die auch nicht etwa tiefgreifende Wirkungen nach sich ziehen muß. Der kurzfristige gute Effekt schafft ein pädagogisches Klima, ohne das auf Dauer kaum gute Arbeit möglich ist.

Daher sind erlebnispädagogische Unternehmungen, die ‚lediglich' dem individuellen Vergnügen dienen, der Freude und der guten Stimmung, nicht etwa minderwertig, sondern haben im pädagogischen Prozess eine sehr wichtige Funktion, obgleich einer ‚ernsthaften' Pädagogik (insbesondere: Schulpädagogik) allemal all das verdächtig ist, was sich in die Nähe von Freizeit, Vergnügen und Unplanbarkeit zu begeben scheint und einer akademischen Disziplin, die sich um das Prädikat einer exakten Wissenschaft bemüht, können Unwägbarkeit und Offenheit nur unerwünschte und zu minimierende Größen im Gesamtkonzept sein.

Veränderung der Wahrnehmung ist hierbei atmosphärischer Art, bezieht sich auf die Stimmung, das Grundgefühl, auf die emotionale Einstellung.

5.2 Katalysator pädagogischer Prozesse

Schneller und vor allem auch tiefgehender laufen die zwischenmenschlichen pädagogischen Prozesse ab, wenn intensives Erleben beteiligt ist. Dies gilt insbesondere für das Zustandekommen und die Entwicklung einer *Beziehung*. Wo Worte als alleiniges Medium an ihre Grenze gelangen und nahezu nichts mehr bewirken, da sind die Möglichkeiten des Handelns noch lange nicht erschöpft, da wirkt die Substanz einer Beziehung, nämlich die Gefühle.

Beim Kennenlernen wird dies deutlich: Jedermann hat das sichere Gefühl, einen Menschen aufgrund der Worte sehr unzureichend zu kennen, sehr viel besser jedoch aufgrund dessen, was er tut.
Ob man einem Menschen vertraut oder nicht, wird sich vor allem in der Handlung herausstellen, weniger im Gespräch.
Vertrauen wächst und stellt sich allererst her in konkreten Handlungen (auch Sprechhandlungen!). Wo Worte und Gefühle in Widerstreit geraten, da neigt man zumeist dazu, den Gefühlen zu vertrauen.
Auch die Abneigung hat starke Wirkung: Da kann ‚vom Verstand her' ‚alles stimmen' – wenn das Gefühl nicht mitspielt, wird keine gute Beziehung zustande kommen und das Gefühl läßt sich weniger von Worten leiten.
Veränderung der Wahrnehmung ist hierbei von substanzieller Art. Sie bezieht sich auf die Bausteine individueller Entwicklung, auf die Beziehungen und die Elemente des Persönlichkeitswachstums.

5.3 ‚Intensiv-Pädagogik'

Erziehung ist alltägliche Arbeit, ist viel Routinehandeln. Erziehung ist die hilfreiche Begleitung eines Kindes oder Jugendlichen durch seinen Alltag. In den Routineformen dieses Alltags wird die Erziehung wirksam. Der Konflikt und die Auseinandersetzung gehören gleichermaßen dazu wie Liebe, Anerkennung und Bereicherung. Erziehung ist nie ein gleichbleibend ruhiger Ablauf, sondern ist wie alle zwischenmenschliche Abläufe dauernder Dynamik und Veränderung unterworfen. Dieser Prozess stößt mitunter – und offenbar immer häufiger – an Grenzen, jenseits dieser Grenzen Erziehung nicht mehr möglich scheint.

Wenn Erziehung derart schwierig wird, dass buchstäblich ‚nichts mehr geht', wenn keines der erprobten Konzepte mehr greift, wenn guter Wille und Geduld restlos erschöpft sind, dann dominieren Ratlosigkeit und Hilflosigkeit. Der Alltag gelingt nicht mehr.

Der Begriff ‚Intensiv-Pädagogik' kann falsch verstanden werden. Pädagogik ist immer intensiv. Dieser Begriff bezieht sich jedoch auf die Verhältnisse, unter denen Erziehung stattfindet. Intensiv-Pädagogik beschreibt den Versuch, die normalen Bedingungen, unter denen sonst Erziehung geschieht, zu verändern. Die Veränderung dieser Bedingungen muss so fundamental sein, dass sie wirklich Neues schafft. Die Veränderung der Wahrnehmung, die dadurch ermöglicht wird, ist umfassend. Sie bezieht sich auf die eigene Person, auf den ‚Anderen' (und die Beziehungen) und auf die dingliche Lebenswelt. Dies ist die pädagogische Begründung für ‚erlebnispädagogische Reiseprojekte', für Erlebnispädagogik im Ausland und für außergewöhnliche erlebnispädagogische Maßnahmen, die häufig ‚exotisch' anmuten. In dem Maße, in dem sie den ‚Sinn' eines Kindes oder Jugendlichen erreichen, indem sie ihn anrühren, werden sie *Bewegung* bewirken und *Veränderung* im Leben dieses Menschen. *Veränderung der Wahrnehmung ist hierbei von fundamentaler Art. Sie bezieht sich auf die unverzichtbaren Grundlagen menschlicher Entwicklung, ohne die keine konstruktive Weiterentwicklung mehr möglich scheint und ohne die disfunktionale Verhaltensweisen überhandnehmen .*

Literaturverzeichnis

Foerster, H. v.: Das Konstruieren einer Wirklichkeit. In: Watzlawick, P.: Die erfundene Wirklichkeit. München 1998.
Mauthner, F.: Wörterbuch der Philosophie. München, Leipzig 1910/ 1911.
Pöppel, E.: Lust und Schmerz. München 1995.
Prinz, W.: Wahrnehmung und Tätigkeitssteuerung. Berlin, Heidelberg, New Yorck 1983.
Schad, G.: Die Veränderung der Wahrnehmung In: Die Neue Sonderschule 44(1999), 22-37.

Ernst Wüllenweber

Bedeutung, Möglichkeiten und Gefahren der physischen Intervention

Das System der Behindertenhilfe für Menschen mit geistiger Behinderung hat in allen europäischen Ländern in den letzten Jahrzehnten einen bemerkenswerten Um- und Ausbau erfahren. Doch Zufriedenheit kann sich angesichts vieler ungelöster organisatorischer, finanzieller, konzeptioneller und pädagogischer Probleme nicht einstellen. Neben vielen anderen Herausforderungen ist die Behindertenhilfe gekennzeichnet durch einen bedrückenden Mangel an Rahmenkonzepten sowie durch Diskrepanzen zwischen den verschiedenen Fachdisziplinen.

Die Heilpädagogik als Leitdisziplin der Behindertenhilfe verfolgt das Ziel, Entwicklungs- und Lernprozesse zu identifizieren und zu organisieren sowie institutionelle Hindernisse solcher Prozesse zu erkennen und zu beheben. Die Psychologie definiert sich in der Behindertenhilfe v.a. in Richtung Entwicklungspsychologie und Psychotherapie und versucht Beziehungs- und Emotionsprobleme zu beleuchten und zu korrigieren. Die Bedeutung der Psychologie in der Behindertenhilfe hat aufgrund von Kostendruck in den letzten zehn Jahren eher abgenommen. Die Psychiatrie sucht eine Interpretation vieler sozialer-, psychischer- und Verhaltensprobleme von geistigbehinderten Menschen im Rahmen des Psychopathologiekonzepts. Vor allem im Zusammenhang mit der Einführung des Begriffs der ‚Doppeldiagnose' hat der Einfluss der Psychiatrie in der Geistigbehindertenhilfe in den letzten Jahren wieder zugenommen.

Als ein Beispiel für das zuvor erwähnte Desiderat an Rahmenkonzepten in der Behindertenhilfe kann der Umgang mit Verhaltensauffälligkeiten, Krisen und sozialen Konflikten[1] angesehen werden. Beim Umgang bzw. der Intervention bei Krisen (Krisenintervention) (vgl. *Wüllenweber 2000, Wüllenweber/ Theunissen 2001*), Verhaltensauffälligkeiten und sozialen Konflikten gewinnen nach meiner Erfahrung Maßnahmen zur physischen Intervention

---

[1] Zu Abgrenzungen und Überschneidungen der Begriffe Krise, Verhaltensauffälligkeit, psychische Störung, soziales Problem und sozialer Konflikt vgl. *Wüllenweber 2002*.

zunehmend an Bedeutung. Dieses meines Wissens bislang völlig unbearbeitete und zugleich fachlich heikle Thema (worauf ich später noch näher eingehen werde), möchte ich in meinem Vortrag praxisbezogen bearbeiten.

Die physische Intervention scheint sich bis dato weitgehend einer Reflexion durch die zuvor genannten Fachdisziplinen der Behindertenhilfe zu entziehen. Dies sollte sich jedoch m.E. angesichts der konstatierten zunehmenden Bedeutung ändern.

Dabei geht es mir nicht darum, die physische Intervention zu propagieren oder zu diskriminieren, vielmehr geht es mir um eine Diskussion ihrer Bedeutung, ihren Chancen aber auch ihrer Gefahren. Die bisher ausschließlich in der Praxis der Behindertenhilfe geführte Auseinandersetzung soll auf diese Weise für eine Bearbeitung auf einer fachlich-theoretischen Ebene vorbereitet werden.

Beschreibung eines Beispiels

Beginnen möchte ich mit einem Beispiel, um die weiteren Ausführung anschaulicher zu gestalten:

In einer Werkstatt für Behinderte übernimmt ein als resolut bekannter Gruppenleiter einen behinderten Mitarbeiter, der von seinen bisherigen Gruppenleitern als aggressiv, renitent und faul beschrieben wird.

Der behinderte Mitarbeiter verhält sich in der neuen Gruppe zunächst sehr angepasst. Doch nach ca. zwei Wochen zeigt er auch hier die beschriebenen Verhaltensweisen. Der Gruppenleiter schreitet jedoch sofort mit massiven körperlichen Interventionen ein.

Einige Beispiele:
- der Gruppenleiter packt den Mitarbeiter und setzt ihn auf dessen Platz, als dieser sich nicht hinsetzen und arbeiten will;
- nach einem Schlag des Mitarbeiters auf den Kopf des Gruppenleiters, packt dieser den Mitarbeiter, dreht ihm den Arm auf den Rücken und schmeißt ihn vor die Tür. Er lässt ihn erst wieder in den Raum, nachdem dieser sich entschuldigt hat;
- nach starker Erregung des Mitarbeiters, verbunden mit einem tätlichen Angriff gegen einen anderen Mitarbeiter, zwingt ihn der Gruppenleiter auf den Boden und bleibt 40 Minuten auf ihm sitzen, bis dieser sich beruhigt und seine Gegenwehr aufgegeben hat.

Der Gruppenleiter zeigt sich überzeugt, dass er nur durch die beschriebenen körperlichen Interventionen den Respekt des Mitarbeiters erreichen konnte. Der Gruppenleiter schildert den Mitarbeiter als inzwischen weniger aggressiv und viel fleißiger.

Was ist physische Intervention?

Zunächst ist zu fragen, was physische Intervention überhaupt ist? Eine Antwort fällt nicht leicht. Hilfreiche Definitionen ließen sich bisher nicht finden.

Unter dem Begriff physische Intervention werden in der Praxis der Behindertenhilfe v.a. Techniken und Maßnahmen zur Verteidigung und Befreiung verstanden. Diese entstammen insbesondere aus spezifischen Praxiserfahrungen. In themenspezifischen Fortbildungen werden jedoch v.a. Verteidigungs- und Abwehrtechniken gezeigt, die verschiedenen asiatischen Kampfsportarten entlehnt sind. Bei der physischen Intervention soll es nicht um Angriff oder Kampf gehen. Vielmehr soll es um Verteidigungsmaßnahmen gehen, z.B. wie man sich aus einem Würgegriff oder einem Griff in die Haare befreien kann. Hinzu kommen Techniken, wie man einen Angreifer auf den Boden oder in einen Sessel zwingt, welche Körperhaltungen Angriff und welche Deeskalation signalisieren, wie man angreifende Hände festhält oder wie man auf eigene Standsicherheit achten kann. Zur physischen Intervention können aber auch Ablenkungsmaßnahmen, wie z.B. das Überwerfen einer Tischdecke oder überraschende und von der Situation her ‚unpassende' Mimik, Gestik, Töne und Bewegungen gezählt werden. Wo physische Intervention beginnt und wo sie endet ist nur schwer bestimmbar. Gehört z.B. ein beruhigendes um die Schulter fassen ebenso dazu, wie das auf den Boden zwingen wie im obigen Beispiel? Dies sind weitgehend ungeklärte Fragen, die auf Grund der ausstehenden fachlich-theoretischen Auseinandersetzung in der Disziplin Heilpädagogik nicht verwundern können.

Angesichts einer nicht verfügbaren Definition möchte ich eine eigene Arbeitsdefinition formulieren:
Unter dem Begriff ‚physische Intervention' kann zielgerichtetes und körperorientiertes Handeln in pädagogisch-therapeutischen Zusammenhängen zusammengefasst werden. Ziele von physischer Intervention sind:
- Beruhigung des Klienten,
- Kommunikation mit dem Klienten,

- Lenkung des Verhaltens von Klienten,
- Kontrolle des Verhaltens eines Klienten,
- Schutz von anderen Klienten,
- Selbstschutz der Helfer,
- Befreiung aus Zwangs- und Notsituationen.

Bedeutung von physischer Intervention in der Praxis der Behindertenhilfe

Mit der Bedeutung der physischen Intervention in der Praxis der Behindertenhilfe, die an dieser Stelle nachgezeichnet werden soll[2], haben sich bisher alle drei oben genannten Fachdisziplinen der Behindertenhilfe zu wenig beschäftigt. Weitgehend unbeachtet und unreflektiert von diesen Disziplinen hat sich in vielen Einrichtungen der Geistigbehindertenhilfe dennoch eine Etablierung von Maßnahmen zur physischen Intervention ergeben. Es werden mehr und mehr Fortbildungen in Techniken der physischen Intervention angeboten und auch nachgefragt. Nach meiner Erfahrung gilt dies v.a. für Komplex- bzw. Großeinrichtungen und sogenannte Intensivgruppen.

Physische Interventionen sind in der Behindertenhilfe alltäglich, insbesondere in Einrichtungen für behinderte Kinder und für Menschen mit schweren geistigen Behinderungen. Dieser allgemeinen Feststellung steht jedoch eine weitgehende Unkenntnis über die tatsächlichen Formen und Anwendungsbereiche in der Praxis gegenüber. Während man über die Bedeutung der physischen Intervention (aufgrund deren faktischer Existenz) eigentlich nicht mehr diskutieren kann, wird verstärkt und kontrovers über deren Chancen und Gefahren sowie über die Notwendigkeit von spezifischen Fortbildungen diskutiert[3].

Die konstatierte allgemeine Bedeutung ist von Einrichtung zu Einrichtung bzw. von Träger zu Träger anscheinend sehr unterschiedlich. In manchen Einrichtungen scheint es sich um ein Tabuthema zu handeln. Man hat dies für die eigene Praxis noch nicht thematisiert und kommuniziert, oder eine solche

---

2 Dabei beziehe ich mich auf viele Einzelgespräche, Diskussionen in Fortbildungen und auf die Auswertung von 5 Einzelinterviews und zwei Gruppendiskussionen zum Themenbereich, die ich im Sommer 2001 durchgeführt habe.
3 So z.B. auf der Tagung „Wenn geistig behinderte Menschen in eine Krise geraten ... Krisenintervention aus interdisziplinärer Sicht" vom 15.-16.11.2001 an der Universität Halle.

Diskussion wird abgelehnt. In anderen Einrichtungen sieht man die Bedeutung ganz anders: man bietet den Mitarbeitern entsprechende Fortbildungen an und erachtet physische Interventionen als Teil der täglichen Arbeit, insbesondere in Konflikt- und Krisensituationen sowie beim Umgang mit Verhaltensauffälligkeiten.

Die diskutierte hohe Bedeutung lässt sich zu zwei Grundargumenten zusammenfassen:
1. Das Schutzargument: Die Helfer vor Ort sollen zum Selbstschutz und zum Schutz der anderen behinderten Menschen Verteidigungstechniken erlernen und einsetzen, andernfalls würde man die Menschen schutzlos einzelnen aggressiven Behinderten aussetzen. Ein leitender Mitarbeiter einer Großeinrichtung formulierte im Interview: *„Die Mitarbeiter sind nicht dazu da, sich schlagen zu lassen. Wir müssen als Einrichtung alles tun, um die Mitarbeiter zu schützen."*
2. Das Interventionsargument: Die Helfer müssen auf die aggressiven behinderten Menschen auch körperlich reagieren, erst durch physische Interventionen würden einigen Betroffenen die Grenzen ihres Verhaltens deutlich. Eine Betreuerin einer geschlossenen Intensivgruppe formulierte dies so: *„Wenn man den aggressiven Leuten nichts entgegen stellt, lässt man sie machen. Die fühlen sich dann noch bestätigt und alles wird noch schlimmer".*

In bezug auf Fortbildungen zur physischen Intervention konnte sich in Deutschland ein kleiner Markt etablieren. Etwa zehn Personen bieten regional, national und (teilweise) international Fortbildungen in Techniken der physischen Intervention an (vgl. zu den einzelnen Ansätzen: *Klose* 1993, *Graaf* 1993, *Arbel* 1994). Diese Fortbildungen lassen sich vorläufig in zwei Gruppen differenzieren:
1. Physische Intervention ist Teileinheit[4] einer Fortbildung zum Themenbereich ‚Umgang mit Aggressionen'
2. Physische Intervention steht im Mittelpunkt oder ist alleiniger Bestandteil einer Fortbildung.

---

[4] Der Autor favorisiert bei der Durchführung eigener Fortbildungen zu den Themen ‚Krisenintervention' und ‚Umgang mit aggressivem Verhalten' ausschließlich diese Variante.

Bedeutung von physischer Intervention in den Fachdisziplinen der Behindertenhilfe

Als Fachdisziplinen der Geistigbehindertenhilfe sind die Heilpädagogik, die Psychologie und die Psychiatrie zu nennen. Diese Fachdisziplinen haben sich bisher völlig unzureichend mit diesem Thema beschäftigt. Als Leitdisziplin der Geistigbehindertenhilfe sollte die Heilpädagogik m.E. die Bedeutung der physischen Intervention in der Praxis aufgreifen und zu einer fachlich-theoretischen Auseinandersetzung führen. Mehrere Gründe erscheinen hierfür plausibel, warum dies bisher nicht geschehen ist:
1. Die Heilpädagogik hat die physische Intervention noch nicht als Thematik erkannt.
2. Bei der physischen Intervention handelt es sich um ein ‚Querschnittsthema', welches die unterschiedlichsten Themen und Problembereiche tangiert, diese entziehen sich jedoch leicht einer strukturierenden Betrachtung und sind nur schwer befriedigend zu bearbeiten.
3. Das Thema physische Intervention zeigt in die Richtung von Machtmissbrauch und Gewalt. Diese Themen sind in der Behindertenhilfe jedoch noch weithin Tabu[5].

Dennoch bleibt die mangelnde fachlich-theoretische Auseinadersetzung mit der physischen Intervention in der Heilpädagogik in gewisser Weise verwunderlich, weisen doch die Gestalttherapie, die Festhaltetherapie, die Basale Stimulation und die Theaterpädagogik, die auch in der Geistigbehindertenhilfe vielfältig eingesetzt werden, eine deutliche Körperorientierung auf. Zudem nehmen körperliche Interventionen in der Arbeit mit behinderten Kindern und bei Menschen mit Schwermehrfachbehinderungen (vgl. *Biermann* 2000, 95f.) eine gewisse Bedeutung ein.

Möglichkeiten der physischen Intervention

Die in der Praxis diskutierten grundsätzlichen Vorteile der physischen Intervention wurden oben als Schutz- und als Interventionsargument zusammengefasst. Darüber hinaus werden v.a. folgende Chancen diskutiert: Das

---

[5] In der anschließenden Diskussion zum Vortrag wurde die interessante Bemerkung gemacht, „Physische Intervention 'entlaube' die Pädagogik".

Schutzargument wird auf andere behinderte Gruppenmitglieder erweitert. Danach sollen Helfer durch den Einsatz von Techniken zur physischen Intervention mögliche Opfer von aggressiven Angriffen besser schützen können. Auch wird angeführt, daß durch gezielte physische Interventionen Kampfsituationen aber auch Fluchtreaktionen der pädagogischen Mitarbeiter vermieden werden können. Zudem würde allein das Wissen um solche Techniken dazu führen, daß Mitarbeiter sich sicherer fühlen und durch ihre souveräne Ausstrahlung auf den erregten Klienten beruhigend wirken.

Probleme und Gefahren der physischen Intervention

Den angesprochenen Chancen werden jedoch auch Gefahren gegenüber gestellt.

So müsse im Einzelfall die Gefahr gesehen werden, dass die pädagogische Beziehung zu einem Kampf wird. Eine erhöhte Reiz- und Erregbarkeit auf beiden Seiten wäre die wahrscheinliche Folge, mit dem Risiko von Misstrauen, bis hin zur Feindseligkeit und dem Wunsch der Helfer siegen zu wollen.

Möglicherweise würden durch den verstärkten Einsatz von Techniken zur physischen Intervention das Engagement und die Konzepte zur Prävention und pädagogischen Intervention verarmen, weil man sich vornehmlich auf physische Interventionen verlässt.

Eng mit diesem Argument verbunden wurde eine weitere Gefahr wiederholt in Fortbildungen beschrieben: Personelle Engpässe sowie konzeptionelle und räumliche Mängel werden überdeckt, weil man ein anderes Mittel hat, die Bewohner zu steuern und anzupassen.

Eine ganz grundsätzliche Gefahr wird auch dahingehend diskutiert, daß einzelne Mitarbeiter die Grenze zwischen physischer Intervention hin zum Kampf überschreiten. Dies wäre z.B. der Fall, wenn ein Klient durch die körperliche Intervention nicht nur am Schlagen gehindert würde, sondern darüber hinaus der Mitarbeiter dem Klienten körperlich demonstrieren würde, daß er stärker ist, dies vielleicht sogar durch Zufügung von Schmerzen oder Verletzungen.

Diese Gefahr nimmt vor dem Hintergrund unzureichender Kenntnisse vieler Mitarbeiter über die rechtlichen Aspekte der physischen Intervention zu, wenn diese nicht in der Lage sind, zwischen privaten und beruflichen Konfliktsituationen, die unterschiedlich gesetzlich legitimiert sind, zu unterscheiden.

Thesen

Abschließend möchte ich einige Thesen formulieren und zur Diskussion stellen:
1. Physische Intervention ist allgemein und rechtlich legitimierbar durch das Recht von Mitarbeitern und Klienten, Angriffen nicht schutzlos ausgeliefert zu sein.
2. Physische Intervention hat in Einzelfällen eine fragwürdige pädagogische Bedeutung, indem Grenzen gesetzt werden, die man glaubt auf andere (pädagogische) Weise nicht setzen zu können.
3. Eine grundsätzliche Aus- bzw. Fortbildung in Techniken zur physischen Intervention ist abzulehnen, da keine ausreichenden Erfahrungen vorliegen und der Themenbereich noch nicht empirisch untersucht wurde.
4. Insbesondere ist jedoch der isolierte Einsatz bzw. die isolierte Fortbildung in physischer Intervention, also als reine Technik, problematisch. Physische Intervention muss Teil eines Konzepts sein und bei Fortbildungen in ein solches eingeordnet werden.
5. Physische Interventionen ohne Kenntnis der rechtlichen Aspekten ist abzulehnen.
6. Physische Intervention darf keine Füllmasse für ein fachliches, institutionelles oder individuelles Desiderat sein.
7. Eine zunehmende Etablierung von physischer Intervention würde dem falschen und weitgehend überwundenen Bild wieder Nahrung geben, Menschen mit geistiger Behinderung mangele es an Selbstkontrolle, ihre Reaktionen seien mitunter unpassend und unberechenbar, bis hin zu dem alten Vorurteil, diese Menschen seien bedrohlich und gefährlich.

Zusammenfassung

Physische Interventionen sind insbesondere bei behinderten Kindern und Jugendlichen sowie bei Menschen mit schweren Behinderungen Teil der Praxis der Geistigbehindertenhilfe. Dieser Umstand wurde von der Disziplin Heilpädagogik als Leitdisziplin der Behindertenhilfe bisher nur unzureichend zur Kenntnis genommen und bearbeitet. Empirische Ergebnisse fehlen völlig.

In den letzten Jahren hat jedoch in der Praxis der Behindertenhilfe eine verstärkte Diskussion um die Chancen der physischen Intervention eingesetzt. Die Befürworter stützen sich v.a. auf zwei Argumente, dem Schutz- und dem Interventionsargument.

Neben der faktischen Bedeutung und den gesehenen Chancen müssen jedoch auch mögliche Gefahren erkannt, benannt und diskutiert werden. Diese liegen insbesondere in der häufigen Unkenntnis von rechtlichen Aspekten sowie in der Verführung, körperliche Intervention als Kampf oder zum Machtmissbrauch über den behinderten Menschen einzusetzen.

Zusammenfassend betrachtet bleibt festzustellen, daß in bezug auf Maßnahmen zur physischen Intervention in der Geistigbehindertenhilfe fast alle Fragen unbefriedigend bearbeitet sind. Aus meiner Sicht sollten in den nächsten Jahren insbesondere die folgenden Fragen thematisiert werden:
- Für welche Problemsituationen erscheinen pädagogischen Mitarbeitern physische Interventionen angezeigt und warum?
- Welche Zusammenhänge zwischen physischer Intervention und pädagogischer Interaktion bzw. Beziehung sind in der Akutsituation relevant?
- Welche geschlechtsspezifischen Aspekte sind relevant?
- Wie verändert sich die pädagogische Interaktion und Beziehung durch den Einsatz von Techniken zur physischen Intervention?
- Welche rechtlichen Grundlagen bestimmen Maßnahmen zur physischen Intervention?
- Welche Alternativen im Bereich der Prävention und der Akutintervention könnten Maßnahmen zur physischen Intervention ersetzen?

Literatur

Arbel, M.: Physische Intervention im Umgang mit geistig behinderten Menschen. Unveröffentlichtes Fortbildungsmanuskript 1994.
Biermann, A.: Schwermehrfachbehinderungen. In: Borchert, J. (Hrsg.): Handbuch der Sonderpädagogischen Psychologie. Göttingen u.a. 2000, 94-104.
Graaf, P.: Methoden und Hilfen zum Umgang mit aggressivem Verhalten. Elemente eines Fortbildungskurses. In: Zur Orientierung 3(1993), 33-38.
Klose, M.: PIT oder IAV statt Angst und Ohnmacht. In: Zur Orientierung 3(1993), 18-19.

Wüllenweber, E.: Krisen und Behinderung. Entwicklung einer praxisbezogenen Theorie und eines Handlungskonzeptes für Krisen von Menschen mit geistiger Behinderung. Bonn 2000.
Wüllenweber, E.: Was ist eine Krise? In: Theunissen, G. (Hrsg.): Krise und Verhaltensauffälligkeiten. Stuttgart 2002 (Seiten noch nicht bekannt).
Wüllenweber, E.; *Theunissen*, G. (Hrsg.): Handbuch Krisenintervention: Hilfen für Menschen mit geistiger Behinderung. Theorie, Interdisziplinarität, Praxis. Stuttgart 2001.

ARBEIT UND BERUF ALS SONDER- UND HEILPÄDAGOGSCHER VERANTWORTUNGSBEREICH

Horst Biermann

Das Dilemma in der beruflichen Rehabilitation im gesellschaftlichen Strukturwandel

1 Zur Aktualität: Staatliche Intervention für Gleichstellung und Integration

Bezieht man die Prozesse des gesellschaftlichen Wandels auf Chancen und Risiken für Behinderte, so könnte man dazu neigen, die aktuelle Situation positiv zu bewerten, geradezu als Sternstunde des Sozialstaatsgebots. Beispiele dafür sind die neueren gesetzlichen Regelungen wie das Sozialgesetzbuch (SGB III), das in der beruflichen Arbeitsförderung sogar von Behinderung Bedrohte den Behinderten in der Maßnahmeförderung gleichstellt, das Schwerbehindertengesetz (SGB IX), das nur noch *eine* Adresse als kundenorientierte Anlauf- und Servicestelle für Behinderte vorsieht und das eine stärkere Integration Schwerbehinderter auf dem allgemeinen Arbeitsmarkt anstrebt, außerdem ist aus der Hauptfürsorgestelle ein Integrationsamt geworden, nicht zu vergessen sind die gesetzlichen Maßnahmen zur Beschäftigung von 50.000 Schwerbehinderten, ferner das Gleichstellungsgesetz, das Barrieren überwinden helfen soll. Zu nennen wären aber auch Regelungen, wie die neuen Vorgaben für die sonderpädagogische Zusatzqualifikation für Gruppenleiter in Werkstätten für Behinderte (WfB), die stärker die Berufsbildung betonen oder regionale Programme wie *WfB plus* in Nordrhein-Westfalen (NRW), das Innovationen in den Werkstätten anregt, die eine Öffnung zum allgemeinen Arbeitsmarkt zum Ziel haben. Auch die Europäische Union (EU) forciert die Integration Behinderter. Bereits das HORIZON Programm förderte die *Unterstützte Beschäftigung* und im neuen EQUAL Programm sind allein für die BRD rund 1 Mrd. DM zur Integration Behinderter in Arbeit bereitgestellt. Das Jahr 2003 wird die EU zum Jahr der Behinderten ausrufen.

Diese Intentionen sind vor dem Hintergrund zu sehen, dass gerade die neuen Technologien in der Kommunikation neue Dimensionen auch für Behinderte eröffnen, weil sie beim Messen, Steuern, Regeln von Geräten, Anlagen und Systemen neue Potentiale für technische Hilfen, fürs Wohnen und Arbeiten bieten und im Prinzip ein Mehr an Selbständigkeit und Partizipation bedeuten könnten. Neue Arbeitsplätze für Behinderte und völlig neue Formen der Arbeitsorganisation wären grundsätzlich möglich.

Eine allzu optimistische Vision möchte ich allerdings mit einem Fragezeichen versehen, denn diese technischen und ökonomischen Entwicklungen erfolgen nicht nutzerorientiert unter Mitwirkung von Behinderten, sondern sind eher Zufallsprodukte. Bezogen auf die Gesetze ist ihr eher appellativer Charakter zu sehen. Es handelt sich in der Regel nicht um eigene Leistungsgesetze, und selbst wenn Maßnahmen etatmäßig gesichert wären steht den hohen Ansprüchen die Realität des Arbeitsmarktes entgegen. Mit ‚Juristenlogik' oder Sonderpädagogik lässt sich nicht über Arbeitsplätze entscheiden. Der Integrationsanspruch relativiert sich aber vor allem vor dem Hintergrund des tatsächlichen sozialen, technischen und ökonomischen Wandels hin zu einer segmentierten Gesellschaft und den entsprechenden Entwicklungen im Ausbildungs- und Weiterbildungsbereich.

2 Aspekte des Wandels

2.1 Segmentierte Sozialstruktur

Die von *Dahrendorf* charakterisierte Mittelschichtsgesellschaft ist Historie. Die ‚Schichtenzwiebel' aus Ober-, Mittel-, Unterschicht mit den idealtypischen Zuschreibungen von Sozialisationsmerkmalen ist zerschnitten. Gerade der Zusammenhang von Herkunft, Beruf, Arbeit und Status verläuft differenzierter und weniger gradlinig. Entstanden ist ein Mosaik von Gruppierungen. Zwischen diesen Segmenten der Sozialstruktur fallen z.B. das „kulturelle und ökonomische Kapital" (*Bourdieu*, zit. n. *Vester* u.a. 1993) auseinander und Normen und Werte gelten nur noch innerhalb der jeweiligen Bezugsgruppen und nicht mehr universal (vgl. *Vester* u.a. 1993). Frage also, was ist für Behinderte normal, wenn es keine Normalität, keinen Durchschnittsbürger mehr gibt?

Segmentierungsprozesse führen zwangsläufig auch zu Reaktionen bei Jugendlichen. Vergleicht man die Jugendstudien im Längsschnitt, so zeigt sich, dass es keine Normalbiografie Jugendlicher mehr gibt, sondern eher eine Patchwork-Biografie (vgl. *Baethge* u.a. 1989, *Jugend und Beruf* 1993, *Deutsche Shell* 2000). Für die berufliche Sozialisation ist bedeutsam, dass die

Ausdehnung der Jugendphase durch Schule dazu führt, wichtige Erfahrungen, z.B. nützliche Arbeit zu leisten oder sich mit betrieblichen Normen auseinander zu setzen, nicht mehr mit 15 Jahren als Jugendlicher, sondern erst mit 20 Jahren als Erwachsener gemacht werden können. Jugendlichen ist für die Bewertung ihrer Arbeitssituation wichtig, sich mit ihren Bedürfnissen einbringen zu können, sie wollen interessante Arbeit leisten, die ein Zukunftsimage hat, und dem sozialen Klima im Betrieb wird ein hoher Stellenwert zugemessen. Je höher die Vorbildung, desto größer der Anspruch an die Sinnhaftigkeit von Arbeit und je geringer die Vorbildung, desto größer der Trend zur Sicherheit. Bezogen auf Behinderte sind vor allem die Übergänge innerhalb der Schule, zur Ausbildung und in Arbeit oder vom Elternhaus in die eigene Wohnung mit Risiken des Scheiterns verbunden. Speziell Berufseinmündung ist eine krisenhafte Erfahrung und führt zu Brüchen in der Biografie. Umwege, schlechte Arbeitserfahrungen, Ausgrenzung sind Stichworte hierfür (vgl. *Zeller* 2001). Die enorme Länge der Bildungsphase gerade bei Behinderten (ein lernbeeinträchtigter Schüler benötigt heute statt 11 rund 14 Bildungsjahre um Bäcker oder Maler zu werden), meistens in separaten Bildungseinrichtungen in Verbindung mit betreutem Wohnen und geregelten Freizeitangeboten, bietet zwar einerseits die Chance umfassender Förderung, Betreuung und eröffnet attraktive Angebote, führt aber andererseits zu Realitätsverlusten – bei beiden: den Jugendlichen wie den Trägern bzw. den dort Tätigen.

2.2 Segmentierter Arbeitsmarkt

Wir stehen vor einer Ökonomisierung *aller* Lebensbereiche. Beim Arbeitsmarkt lassen sich die Folgen bereits empirisch gesichert aufzeigen, dennoch werden die Wirkungen der Modernisierung bis heute kontrovers diskutiert. Der These von der Polarisierung der Qualifikationen, wonach einer Elite ein Heer Minderqualifizierter gegenübersteht und sich Arbeitsmarktchancen mit repetitiver Teilarbeit gerade für angelernte Behinderte eröffnen, steht die These vom Ende der Arbeitsteilung gegenüber. Heute zeichnet sich ab: Reintegration von Facharbeit, Anreichern der Tätigkeiten um Planung und Kontrolle des Arbeitsergebnisses, die Zunahme der Sachbearbeiterpositionen im kaufmännisch-verwaltenden Bereich - all dies führt zu neuen Formen der Arbeitsorganisation, zur Technisierung der Arbeitsabläufe und erfordert anders aus- und weitergebildete Arbeitskräfte. Flache Hierarchien, Teamansätze, Gruppenarbeit, Qualitätszirkel, Fertigungsinseln sind Stichworte für die globale Perspektive der Exportwirtschaft (vgl. *Kern/ Schumann* 1984, *Frack-*

mann 2001). Während die traditionelle Industriegesellschaft Arbeit für die Masse der Bevölkerung bot, Arbeitsmigration förderte und das Heer der Ungelernten im Zuge der Intellektualisierung der Arbeit zu einer Minderheit werden ließ, so dass in Deutschland ein Facharbeitsmarkt typisch ist, bietet die globale Arbeitsorganisation nur noch einer Elite Erwerbsarbeitsplätze – dies nicht einmal dauerhaft und aufgesplittet in Kern- und Randbelegschaften (vgl. *Zeitschrift Berufsbildung*, Heft 63).

Mit Blick auf Personen mit Behinderungen kommen vier Risiken hinsichtlich ihrer Erwerbschancen zusammen (vgl. *Dostal* u.a. 2000): Wandel der Wirtschaftssektoren, plus Wandel der Bedeutung von Berufen und Tätigkeiten, plus Wandel der Qualifikationsniveaus, plus segmentierter und ökonomisierter Arbeitsmarkt.

- *Wandel der Wirtschaftssektoren*: Bei der Entwicklung zur Dienstleistungs- und Kommunikationsgesellschaft brechen ganze Tätigkeitsbereiche weg. Dabei lassen sich einfache Tätigkeiten exportieren, siehe Textilfertigung oder auch importieren, siehe Bauarbeiter. Inzwischen gilt das aber auch für anspruchvolle Tätigkeiten bis hin zu Forschung und Entwicklung, Beratung und Management, Bildung und Weiterbildung.
- *Tätigkeitswandel*: Die Tätigkeiten selbst *werden* immer intensiver, der Stress nimmt zu, die Arbeitsergebnisse müssen präzise eingehalten und auch zeitlich garantiert werden (Qualitätsmanagement). Neben diesen inhaltlich hohen Anforderungen wird auch die Organisation der Arbeiten betriebswirtschaftlich optimiert. Der Trend zu Kern- und Randbelegschaften nimmt zu. Vieles wird delegiert, ‚outgesourced' und Scheinselbständigen, Subunternehmen, freien Mitarbeitern übertragen. Das gilt auch für das Handwerk.
- *Wandel der Qualifikationsniveaus:* Prognosen, so von *Prognos* und *IAB*, zeigen einen Mangel an einfachen Tätigkeiten; sie brechen bereits jetzt, aber zunehmend im nächsten Jahrzehnt drastisch weg. Dabei nimmt die Gruppe der formal gering Qualifizierten aber voraussichtlich nur um die Hälfte ab, so dass rund jeder Zweite dieses Personenkreises dauerhaft erwerbslos bleibt (vgl. *Prognos/ Tessaring* 1994). Um die verbleibenden einfachen Tätigkeiten konkurrieren zunehmend leistungsstarke Bewerber, auch illegal Beschäftigte.
- *Totale Ökonomisierung* der Produktion und Dienstleistungen: Die umfassende Philosophie der Ökonomisierung erfasst nicht nur die traditionellen Produktions- und Dienstleistungsbereiche, sondern auch die neuen IT Berufe und Medienarbeiten und sogar den Ausbildungsbereich. Typisch sind sogenannte unternehmensübergreifende Produktionsketten. Ermöglicht werden sie durch leistungsstarke Informations- und Kommunikationstech-

niken. Hohe Produktivität, ebenfalls hohe Flexibilität führen zu dezentralen Unternehmen, die strategische Allianzen eingehen. Dafür sind interne und externe Kontrollen erforderlich. Instrumente sind z.B. wertschöpfende Entlohnung und Zielvereinbarungen. Mit dieser Strukturveränderung in der Arbeitsorganisation verändert sich auch die Qualifikationsstruktur. Beruflichkeit und fachlicher Kern weichen sogenannten hybriden Qualifikationsbündeln. Dabei kommt es zu einer Polarisierung von Leiharbeitern, geringfügig Beschäftigten, befristet eingestellten Angestellten einerseits und andererseits dem leistungsstarken ‚Arbeitskraftunternehmer' andererseits. Dieser übt Selbstkontrolle aus, akzeptiert schnell sich wandelnde Arbeitsbedingungen und die ‚Verbetrieblichung' des allgemeinen Lebens.

2.3 Segmentierter Ausbildungsbereich

Vor allem durch staatliche Intervention seit den 70er Jahren ist der Marktmechanismus im Ausbildungssektor gestört. Zu Beginn der Bildungsreformen konnte noch rund ein Fünftel der Sonderschulabsolventen ohne zusätzliche Hilfen direkt in anerkannte betriebliche Lehren übergehen. Heute ist analog zum segmentierten Arbeitsmarkt eine Aufspaltung auch des Ausbildungswesens in einen Kern- und Randbereich erfolgt. Der anerkannte Ausbildungsbereich, einschließlich der berufsqualifizierenden Berufsfachschulen, ist zwar in sich hierarchisiert, aber insbesondere die qualifizierte betriebliche Ausbildung steht im Regelfall Behinderten und Benachteiligten nicht mehr offen. Verfestigt hat sich seit 1980 der systemfremde Benachteiligtensektor, der den Bildungsauftrag der Länder für Jugendliche mit Lern- oder Verhaltensproblemen faktisch aufhebt. Zwar zielt die Förderung mit erheblichem Aufwand für Träger und Jugendliche auf anerkannte Ausbildung ab, es wird aber genau in den Berufen ausgebildet, die ein hohes Beschäftigungsrisiko kennzeichnet, also Bauhaupt- und Baunebenberufe, Metallberufe und Hauswirtschaft. Die Qualität der Lehr- und Lernformen gerät erst jetzt nach 20 Jahren Benachteiligtenförderung durch die Arbeitsverwaltung in den Blick der Evaluation (vgl. *Bundesanstalt für Arbeit* 1999, *Brinkmann* 2000).

Das Segment ‚Reha' ist in den 70er bzw. in den neuen Ländern in den 90er Jahren zu einem landesweiten Netzwerk ausgebaut worden. Um die hohen Standards beneiden die Bundesrepublik viele Staaten und kaum ein anderes Land wendet dermaßen viel Geld für die berufliche Reha auf. Klammern wir eine Analyse der Situation und die Diskussion der Stärken und Schwächen des Reha-Netzwerkes aus, so stehen WfB und Berufsförderungswerke (BFW) für behinderte Erwachsene nach Selbstdarstellungen der Dachorganisationen vor einem konzeptionellen Neuanfang. Es ist sicher allgemein zu begrüßen, wenn sich die BFW, so der Anspruch, zu modernen Dienstleistern entwickeln. Auch die WfB sind nicht erst durch das neue Schwerbehindertengesetz in einer Phase der Entwicklung ihrer Organisation. Viele Einrichtungen sind inzwischen nach DIN 9000ff. zertifiziert und betreiben Qualitätsmanagement als Voraussetzung, um Aufträge zu akquirieren. Die Deutsche Vereinigung für die Rehabilitation behinderter Menschen (DVfR) hat in ihrer gerade veröffentlichten empirischen Studie über die Situation der WfB u.a. eine Öffnung und Vernetzung sowie ein zeitgemäßes Marketing vorgeschlagen. Auch die Weiterentwicklung des Arbeitstrainingsbereichs zu einem Bereich Berufliche Bildung zeigt eine Sensibilisierung der Werkstätten für Personalfragen. Wie sich die neuen Konzepte umsetzen lassen, welche Wirkungen sie haben, bleibt abzuwarten. Ob der Übergang in sozialversicherungspflichtige Erwerbsarbeit das alleinige Qualitätskriterium für WfB und BFW und auch Berufsbildungswerke (BBW) für behinderte Jugendliche sein kann, ist angesichts der Segmentierung des Arbeitsmarktes und der geringen Qualität der eventuell offenen Arbeitsplätze zu fragen. Ein besonderer Problemfall sind die BBW für Jugendliche. Hier ist offen, ob die bisherigen Standards angesichts der Konkurrenz der Benachteiligtenförderung der Arbeitsverwaltung (SGB III) gehalten werden können. Auch hier gilt, dass sie das Erbe der Entstehungsperiode der 70er Jahre tragen und in *den* gewerblich-technischen Berufen ausbilden, die laut vorliegender Berufsprognosen künftig fortfallen bzw. zumindest stark rückläufig sind. Aber auch didaktisch ist die traditionelle Konzeption der BBW angesichts fehlender regulärer betrieblicher Erstausbildungsplätze eines internen Dualen Ausbildungssystems von Werkbereich und Schule durch die Modernisierung im Regelbereich konzeptionell überholt. Gerade die Trennung von Theorie und Praxis gilt es zu überwinden. Zudem: allein der Aspekt der fehlenden Berufsschullehrer für die Sonderberufsschulen kann das System der BBW implodieren lassen, da genau das Personal fehlt, das für die erforderlichen pädagogischen Innovationen Voraussetzung ist.

Die vielfältigen Integrationsprogramme werden hier nur der Vollständigkeit halber erwähnt. Quantitativ konnten sie trotz erheblicher Subventionierung des Horizon Programms kaum nennenswert Behinderte in den regulären Arbeitsmarkt platzieren. Insbesondere mit Blick auf die Nachhaltigkeit der Vermittlungen relativiert sich die These des ‚Platzieren vor dem Qualifizieren' weiter, zudem wird die Qualität der Tätigkeiten und der Arbeitsbedingungen kaum thematisiert. Die Generalisierung von modellhaften Konzepten bleibt daher eine ungelöste Frage.

2.4 Fazit: Chancen und Risiken für Behinderte

Geöffnet hat sich in den letzten Jahren die Qualifikationsschere zwischen dem Benachteiligten- und Reha-Segment und der Regelausbildung. Die Modernisierung der anerkannten Erstausbildung durch die Neuordnung verallgemeinert die anspruchsvolle industrietypische Lernform auch für handwerkliche und dienstleistende Berufe. Theoretisierung und Entspezialisierung, Kompetenzerwerb durch Handlungslernen mit selbständigem Planen, Durchführen und Evaluieren der Arbeitsergebnisse und Arbeitsprozesse treten an die Stelle von regelhaftem Tun, Imitationslernen oder lernzielorientiertem Arbeitstraining. Damit verändert sich auch die gesellschaftliche Funktion des Ausbildungssystems. Ging es – wie Kerschensteiner dies um die Jahrhundertwende 1901 legitimierte – darum, die Sozialisations- und Erziehungslücke zwischen Schulentlassung und Militärdienst durch Berufsbildung zu schließen, also um die soziale Kontrolle von Jugendlichen über das Vehikel Ausbildung und eben nicht primär um den Qualifikationsbedarf für die Wirtschaft, so hat vor allem die handwerkliche Lehre heute ihre Schwammfunktion verloren. Diese ist übergegangen auf die Segmente für Behinderte und Benachteiligte. So erklärt es sich theoretisch auch, warum die aus Sicht des DIHT systemwidrige Benachteiligtenausbildung nicht in Betrieben angesiedelt und damit Bestand hat und Freie Träger gegen Kostenerstattung Jugendliche aus dem Ausbildungsmarkt nehmen. Eine tatsächliche Integration in den Arbeitsmarkt über die Fachausbildung erfolgt aber für diese Gruppe nicht mehr bzw. nur noch in das Segment der Einfacharbeiten, Randbelegschaften oder informell Tätigen im zweiten Arbeitsmarkt. Allerdings tragen sie das Beschäftigungsrisiko und werden selber für ihre Situation verantwortlich gemacht. Diese idealtypische Stigmatisierung muss die Ausgrenzung in den besonderen Ausbildungs- und Arbeitsmarkt begleiten, um die Legitimationswidersprüche zwischen Förderungsanspruch und realen Erwerbs- und Lebenschancen zu individualisieren.

Die „Philosophie der Ökonomisierung" hat auch im Ausbildungsbereich gegriffen. Aus der industriellen Lehrwerkstatt für die Erstausbildung ist das auch in der Weiterbildung genutzte Qualifizierungszentrum geworden. Als ‚outgesourcte Consulting' oder Bildungsfirma kann im Sinne eines Profitcenters auch die Qualifizierung von Behinderten oder Benachteiligten erfolgen, wenn sich, z.B. durch EU-Programme, eine Fremdfinanzierung findet. Dem Netzwerk der Einrichtungen der beruflichen Rehabilitation ist damit ein potentieller Konkurrent im überbetrieblichen Trägermarkt erwachsen. Die Entwicklung zu einem regionalen Qualifizierungs- und Kompetenzzentrum, das ‚Nicht-Behinderte' integriert, haben alle Träger des Reha-Netzwerkes von BBW, BFW bis zu WfB vertan.

Der Lernort Betrieb wird zwar in allen Vorgaben stets als vorrangig gerade für Behinderte benannt, tatsächlich können aber weniger als 15.000 Jugendliche bundesweit dort eine Ausbildung erhalten. Zudem arbeiten und lernen sie im Regelfall nicht in anerkannten Ausbildungen, sondern in solchen nach § 48 BBiG (Berufsbildungsgesetz) bzw. § 42b HwO (Handwerksordnung) und sie lernen in wenig attraktiven Tätigkeitsbereichen mit hohem Beschäftigungsrisiko. Fraglich ist auch, ob sie das Erlernte in einem anderen Betrieb und einer anderen Tätigkeit anwenden können (vgl. *Berufsbildungsbericht* 2001).

Insgesamt muss man leider und dies auch in der Pauschalität von einer mehrfachen Fehlausbildung Behinderter und Benachteiligter sprechen – mitverursacht gerade durch die Art und die Form der spezifischen Förderung. Die Integrationsbewegung, beginnend mit der Frühförderung, könnte man fälschlicherweise für ein neues Paradigma in der Theorie der Arbeit mit Behinderten halten. Zugenommen hat aber nicht die Zahl der nachhaltig in reguläre sozialversicherungspflichtige Arbeitsplätze vermittelten Behinderten. Die betrieblich integrierten Behinderten sind immer noch mehrheitlich Selbstrekrutierungen von Behinderten in den Betrieben. Was zugenommen hat sind die Zahlen der ‚WfBler', geradezu expandiert ist die Zahl auf über 180.000. Die Erwerbsquote – und dies ist der entscheidende Maßstab für den Grad der Integration von Behinderten – ist gering. Von den 6.6 Mio. Schwerbehinderten sind 5,4 Mio. nicht erwerbstätig (vgl. *IV. Behinderten-Bericht* 1998). Dem Postulat der Integration Behinderter in den Arbeitsmarkt, ob Sonderarbeitsbereich in der Werkstatt oder subventionierter Arbeitsbereich im Integrationsprojekt, steht real gegenüber, dass dieser Arbeitsmarkt der Behinderten nicht bedarf – nicht einmal innerhalb der Reserve der Randbelegschaften.

3. Aspekte zur Diskussion

Ein Hauptproblem besteht darin, dass die Situation nicht in ihren Ursachen angegangen wird, sondern auf der Ebene der Phänomene. Strukturveränderungen, Globalisierung, neue Formen der Arbeit, Wertewandel sind zwar allgemein in der Diskussion, werden aber zu wenig auf die Folgen für Behinderte bezogen. Konkret: die Sonderpädagogik diagnostiziert vom Subjekt und analysiert bzw. denkt nicht vom Arbeitsmarkt her. Seit langem bestehen zwar Konzepte, Behinderte auf ein Leben ohne Erwerbsarbeit vorzubereiten (vgl. *Hiller* 1994 oder *Stadler* 1998), es gibt auch Modellversuche zu computer based learning, zu Telearbeit für Behinderte, Vorschläge zu modularisierten Ausbildungen, Placement durch Integrationsfachdienste bzw. Unterstützte Beschäftigung usw. Fast ausschließlich geht es um Einfügen, um Akzeptanz von Maßnahmen und nicht um einen offenen Angebotscharakter für eine erwerbslebenslange Bildung und Qualifizierung (auch) von Behinderten. Das Problemdefizit lässt sich verdeutlichen an den neuen Gesetzen. Sie gehen an den Ursachen von Arbeitslosigkeit und sich abzeichnenden Entwicklungen vorbei, ignorieren sie, indem sie Ansprüche formulieren, die gar nicht in ihrer Entscheidung bzw. der der Behinderten liegen. Über betriebliche Ausbildungen und über Arbeitsplätze entscheiden die Betriebe, nicht die Sonderpädagogen, nicht die Politiker, erst recht nicht die Behinderten. Wenn aber in einen Markt interveniert wird, entstehen Verwerfungen, Verdrängungsprozesse, Mitnahmeeffekte. Idealtypisch setzt ein Individualisierungs- und Stigmatisierungsprozess ein. Die Folgen fehlender Integration werden auf die Behinderten selbst projiziert.

3.1 Plädoyer für pädagogische Innovationen

Trotz der eher pessimistischen Arbeitsmarktchancen und der geringen Integrationschancen auf dem Arbeitsmarkt plädiere ich für pädagogische und besonders didaktische Innovationen, die sich an den Prinzipien der modernisierten handlungsorientierten Erstausbildung, Fort- und Weiterbildung orientiert. Optimale Qualifizierung dient so als Prognoseersatz und erschließt evtl. Möglichkeiten, die wir heute noch nicht denken können.

3.2 Sozialwissenschaftlich orientierte berufliche Reha-Pädagogik

Hochschule muss Verantwortung übernehmen durch eine neue interdisziplinäre Pädagogik. Die tradierten Disziplinen der Berufs-, Sonder- und Sozialpädagogik werden bereits heute ihrer Aufgabe in der beruflichen Reha nicht gerecht, weil sie in ihren jeweiligen tradierten Theorien und Modellen gefangen sind. Eine sozialwissenschaftlich und empirisch fundierte Reha-Pädagogik müsste sowohl vom Arbeitsmarkt her denken als auch von den Betroffenen her entwickelt werden. Dies ist an den sonderpädagogischen Instituten und Fachbereichen bestenfalls Programm.

Literatur

Arbeitsgemeinschaft der Leiter an Sonderschulen im Bildungsbereich des Berufskollegs NW (Hrsg.): Leitlinien für das Berufskolleg für Schülerinnen und Schüler mit sonderpädagogischem Förderbedarf – BKSF. Wetter o.J.

Arbeitsgemeinschaft deutscher Berufsförderungswerke: Grundsätze für Berufsförderungswerke. Verabschiedet auf der Mitgliedervollversammlung der Arbeitsgemeinschaft deutscher Berufsförderungswerke am 12.11.1985 im BFW Vallendar. Hamburg 1986.

Baethge, M. (u.a.): Jugend: Arbeit und Identität. Opladen 1989.

Behinderte und Benachteiligte qualifizieren. Themenheft Zeitschrift Berufsbildung 50(1996), H. 40.

BMBF (Hrsg.): Berufsbildungsbericht 2001. Bonn 2001.

Biermann, H. u.a. (Hrsg.): Beiträge zur Didaktik der Berufsbildung Benachteiligter. Karlsruhe 1999.

Biermann, H.: Stichworte: Behinderte. Benachteiligte. In: Cramer, G. u.a. (Hrsg.): Ausbilder-Handbuch. Deutscher Wirtschaftsverlag, 3 Bde. Köln 2000.

BLK: Innovative Maßnahmen zur Verbesserung der Situation von lern- und leistungsschwächeren Jugendlichen in der beruflichen Bildung. Bonn 1996. BMBF (Hg.): Berufsbildungsbericht 2001. Bonn 2001.

BMBF: Jugendliche ohne Berufsausbildung. Eine BiBB/ Emnid-Untersuchung. Hekt. Skript o.O.u.J. (Bonn 1999).

Brinkmann, Ch.: Zur Evaluation der aktiven Arbeitsförderung nach dem SGB III – Monitoring und Wirkungsforschung im Umbruch. In: Mitteilungen aus der Arbeitsmarkt- und Berufsforschung 34 (2000), 483-499.

Bundesanstalt für Arbeit: Benachteiligtenförderung. Dienstblatt-Rd. Erl. 50/ 99 vom 25.11.1999.

Bundesministerium für Arbeit und Sozialordnung: Die Lage der Behinderten und die Entwicklung der Rehabilitation. Vierter Bericht der Bundesregierung über die Lage der Behinderten und die Entwicklung der Rehabilitation. Bonn 1998.

Bundesminister für Arbeit (Hrsg.): Armuts- und Reichtumsbericht. Lebenslagen in Deutschland. Berlin 2001.

Bundesregierung (Hrsg.): Bündnis für Arbeit, Ausbildung und Wettbewerbsfähigkeit. Ergebnisse der Arbeitsgruppe ‚Aus- und Weiterbildung'. Presse- und Informationsamt, Broschüre. Bonn o.J. (1999).

Davids, S. (Hrsg.): Modul für Modul zum Berufsabschluss. Bielefeld 1998.

Deutsche Shell (Hrsg.): Jugend 2000. 2 Bde. Opladen 2000.

Deutscher Bundestag: Unterrichtung durch die Bundesregierung: Beschäftigungspolitischer Aktionsplan der Bundesrepublik Deutschland. Bundestagsdrucksache 13/ 10510 vom 22.04.1998.

Dostal, W. u.a.. (Hrsg.): Wandel der Erwerbsarbeit: Arbeitssituation, Informatisierung, berufliche Mobilität und Weiterbildung. Nürnberg 2000.

Frackmann, M.: Neue Qualifikationsanforderungen und Berufsbildung. In: Schanz, H. (Hrsg.): Berufs- und wirtschaftspädagogische Grundprobleme. Bd. 1. Baltmannsweiler 2001, 215-228.

Henninges, H. v.: Arbeitmarktsituation und Merkmale von arbeitslosen Schwerbehinderten. Nürnberg 1997.

Hiller, G.G.: Ausbruch aus dem Bildungskeller. Pädagogische Provokationen. 3. Aufl., Langenau-Ulm 1994.

IAB: Arbeitsmarkt für Schwerbehinderte nach 1995 weiter verschlechtert. IAB Kurzbericht (1998) Nr. 16.

Jansen, R.; *Stooß*, F. (Hrsg.): Qualifikation und Erwerbssituation im Geeinten Deutschland. Berlin 1993.

Jugend und Beruf. Themenheft der Zeitschrift Berufsbildung 47(1993), H. 22.

Kern, H.; *Schumann*, M.: Das Ende der Arbeitsteilung? Rationalisierung in der industriellen Produktion: Bestandsaufnahme, Trendbestimmung. München 1984.

Kerschensteiner, G.: Staatsbürgerliche Erziehung der deutschen Jugend. Von der Kgl. Akademie gemeinnütziger Wissenschaften zu Erfurt gekrönte Preisschrift. Erfurt 1901.

Kipp, M.; *Stach*, M. (Hrsg.): Innovative berufliche Rehabilitation. Bielefeld 2000.

Kloas, P-W.: Praktisch orientierte Berufe – ein unzureichendes Konzept. In: BWP 28(1999), 22-27.

Landesinstitut für Schule und Weiterbildung: Förderung Benachteiligter Jugendlicher in Nordrhein-Westfalen. Grundlagen, Partner und Modelle der Zusammenarbeit. Curriculumentwicklung. Soest 1994.

Plath, H.-E.; *Blaschke*, D.: Probleme der Erfolgsfeststellung in der beruflichen Rehabilitation. In: Mitteilungen aus der Arbeitsmarkt- und Berufsforschung 33(1999), 61-69.

Plath, H.-E. u.a.: Verbleib sowie berufliche und soziale Integration jugendlicher Rehabilitanden nach der beruflichen Erstausbildung. In: Mitteilungen aus der Arbeitsmarkt- und Berufsforschung 29(1996), 247-278.

Prognos AG: Wirkungen technologischer und sozio-ökonomischer Einflüsse auf die Tätigkeitsanforderungen bis zum Jahre 2010. Nürnberg 1996.

Pütz, H.: Integration der Schwachen = Stärke des dualen Systems. Förderung der Berufsausbildung von benachteiligten Jugendlichen - neue Strukturen und Konzeptionen. Berlin 1993.

Seyd, W. u.a.: Ganzheitlich rehabilitieren, Lernsituationen handlungsorientiert gestalten. Abschlussbericht über ein Forschungs- und Entwicklungsprojekt. Hamburg 2000.

SGB III – AFRG v. 24.3.1997. Sozialgesetzbuch, Teil III: Arbeitsförderungsreformgesetz. In: BGBl. I, 594.

Stadler, H.: Rehabilitation der Körperbehinderung. Stuttgart 1998

Tessaring, M.: Langfristige Tendenzen des Arbeitskräftebedarfs nach Tätigkeiten und Qualifikationen in den alten Bundesländern bis zum Jahre 2010. Eine erste Aktualisierung der IAB/Prognos-Projektionen 1989/ 91. In: Mitteilungen aus der Arbeitsmarkt- und Berufsforschung, 27(1994), 5-19.

Vester, M. u.a.: Soziale Milieus im gesellschaftlichen Strukturwandel. Zwischen Integration und Ausgrenzung. Köln 1993: Bund-Verlag.

Zeller, W.: Die Ausbildung Behinderter und ihre Integration in den Arbeitsmarkt unter besonderer Berücksichtigung der Körperbehinderung, des Taylorismus und des Konzeptes der Normalisierung. Diss. Phil. Uni. Bremen 2001.

Zielke, D.: Grunddaten zur Benachteiligtenförderung. In: BWP 28 (1999), 28-32.

Carsten Rensinghoff

Jugendliche und junge Erwachsene mit Hirnverletzung in der modernen Leistungsgesellschaft

„'Dieses Jahrtausend wird das Millennium des Gehirns. Schon bald wird das menschliche Gehirn in der Lage sein, seine eigenen Funktionen umfassend zu analysieren'" (*Hennemann* et al. 2000, 1), so die Worte Madjid *Samiis*, dem Direktor des International Neuroscience Institute in Hannover, dem Center of Excellence für Neurochirurgie und Hirnforschung.

Aus einer Hirnverletzung resultiert in den meisten Fällen ein Riss durchs Leben. Nichts ist mehr so wie vor dem traumatischen Ereignis. Ein schweres Schädel-Hirntrauma, das eine posttraumatische Beeinträchtigung – und hieraus folgend eine gesellschaftliche Behinderung nach sich zieht – ist eine lebenslange Diagnose. Dies trifft besonders Jugendliche und junge Erwachsene mit einem im Lebenslauf und noch vor Abschluss einer Berufsausbildung erworbenen schweren Schädel-Hirntraumas. Für diese jungen Menschen ist nach einem schweren Schädel-Hirntrauma alles Vergangenheit. Vor allem in beruflicher Hinsicht sind defizitäre Lebenserfahrungen zu verzeichnen, die in diesem Beitrag einer näheren Betrachtung unterzogen werden.

1 Zu den Besonderheiten in der psychischen Entwicklung des Kindes vor einem schweren Schädel-Hirntrauma

Henri *Wallon* folgend handelt es sich bei Schulpflichtigen um eine krisenbehaftete Altersstufe. Diesbezüglich machte der Autor in den fünfziger Jahren des vergangenen Jahrhunderts folgende Ausführungen:

Die Schule fordert [...] eine auf Kommando auszuführende Mobilisierung der intellektuellen Tätigkeiten in Richtung auf die durch Abfolge und Willkür verschiedenen Gegenstände. Mit dieser Erlaubnis hat [...] (sie; C.R.) oft Missbrauch getrieben. Die gestellten Aufgaben müssen das Kind mehr oder weniger von seinen spontanen Interessen loslösen. Allzu häufig erreichen diese Aufgaben bei ihm nur eine erzwungene Anstrengung, eine künstliche Aufmerksamkeit oder eine wirkliche intellektuelle Schläfrigkeit. In sehr vielen Fällen sind das Übungen, deren Nutzen man erst auf lange Sicht und nicht während des Übungsvorganges erkennen kann. Daher schien es notwendig, die Aktivität durch zusätzliche Anregungen aufrechtzuerhalten. Das ist der Zweck der Belohnungen und Strafen, deren wesentliche Formel für viele heute noch ist: das Stück Zucker oder der Stock, das heißt ein einfaches Dressurverfahren. (*Wallon* 1973, 154)

2 Zu den möglichen Ursachen für schwere Schädel-Hirntraumen im Kindes- und Jugendalter

In einer statistischen Analyse der Patientenstichprobe einer neurologischen Rehabilitationsklinik für Kinder, Jugendliche und junge Erwachsene bis 25 Jahren haben die Autoren *Heubrock/ Petermann* (2000) erkannt, dass „50,1% der aufgenommenen Patienten älter als 15 Jahre sind" (ebd., 130). Unter zehn Jahre sind 22,3% und 27,6% befinden sich in einem Lebensalter zwischen zehn und 15 Jahren.

Die Risikoquellen für schwere Schädel-Hirntraumen im Kindes-, Jugend- und jungen Erwachsenenalter sind vielfältig. Die häufigste Ursache sind die nach einem Straßenverkehrsunfall. Jedoch können sich schwere Schädel-Hirntraumen auch unter den folgenden Bedingungen ereignen:
- Stürze;
- Ertrinkungsunfälle;
- versehentlich oder absichtlich ausgelöste Schüsse oder Explosionen, z. B. beim Experimentieren oder Zünden von Silvesterknallern;
- Misshandlungen;
- suizidalen Handlungen vorwiegend bei älteren Kindern und Jugendlichen.

Es wäre hierzu interessant zu erfragen, ob mancher Verunfallte, den die moderne Intensivmedizin das Leben erhalten hat, suizidale Absichten hatte. In den meisten Fällen sind schwere Schädel-Hirnverletzungen Folge von Spiel- bzw. Freizeitunfällen. Hier sind seitens der Berufsunfallversicherung besondere Probleme zu erwarten. Schwere Schädel-Hirntraumen die dagegen Folge eines Schulwegeunfalles sind, erfahren eine sehr viel günstigere Betreuung durch die gesetzliche Berufsunfallversicherung. Unfälle mit dem Kleinkraftrad oder auf der Fahrt mit dem eigenen Auto, den sogenannten Disco-Unfällen, können bei Jugendlichen oder jungen Erwachsenen ebenso verantwortlich für eine schwere Schädel-Hirnverletzung sein.

Oftmals geschehen Straßenverkehrsunfälle bei Jugendlichen unter krisenhaften Bedingungen. Sie stehen deshalb häufig „direkt in Zusammenhang mit adoleszenten Entwicklungskonflikten wie Auseinandersetzungen mit den Eltern, Auseinandergehen von Freundschaften oder auch Versuchen, sich und anderen die eigene Identität durch risikoreiches Verhalten, z. B. mit dem Motorrad" (*Hofmann-Stocker* 1990, 88) bzw. beim Führen eines Autos in (stark) alkoholisiertem Zustand zu beweisen.

3 Zu den Folgen eines schweren Schädel-Hirntraumas von Kindern, Jugendlichen und jungen Erwachsenen

Die kognitive Verarbeitung einer Hirnverletzung mit den hieraus resultierenden lebenslänglichen und gesellschaftlich perspektivlosen Folgen sind nicht vergleichbar mit denen anderer Behinderungsformen oder chronischer Erkrankungen, da bei einem hirntraumatischen Ereignis das verarbeitende Organ selbst betroffen ist, was meinen Lernerfahrungen zufolge im Bewusstsein der meisten Sonderpädagogen nicht verankert ist. Da das schädel-hirntraumatische Ereignis ein sich in der Entwicklung befindliches Individuum ereilt, kann und darf die Wiederherstellung des prätraumatischen Entwicklungsstandes, im Gegensatz zu den rehabilitativen Bemühungen bei erwachsenen Hirnverletzten, nicht das Ziel der Rehabilitation sein. Bei der Wiedererlangung des prätraumatischen Niveaus kann es sich nur um eine Durchgangsphase handeln, da sich das Kind nach dem traumatischen Ereignis weiterentwickeln soll und muss. Unter Berufung auf einen Übersichtsartikel von *Benz/ Ritz* (1996) stellen *Heubrock/ Petermann* (2000, 15) heraus, dass sich langsam „auch in der neurologischen Rehabilitation die Erkenntnis durchzusetzen (beginnt; C.R.), dass Kinder keine ‚kleinen Erwachsenen' sind, und sich Hirnschädigungen bei ihnen anders auswirken und anders verlaufen."

Stichwortartig seien an dieser Stelle mögliche Folgen eines Schädel-Hirntraumas genannt:

a) körperliche Beeinträchtigungen, wie Paresen, Ataxien, Gleichgewichtsstörungen oder Schmerzsyndrome;
b) neurologische Beeinträchtigungen, wie posttraumatische Epilepsien, Sinnes- oder Koordinationsbehinderungen, Koma, apallisches Syndrom oder Locked-in-Syndrom;
c) neuropsychologische Defizite, wie Antriebs-, Gedächtnis-, Konzentrations-, Sprech-, Sprach-, Handlungs-, Planungs- und Denkstörungen;
d) psychische Defizite in Form von posttraumatischen Psychosen oder Belastungsstörungen, hirnorganischen Durchgangssyndromen mit Verwirrtheit, gesteigerter Agitiertheit und Orientierungsverlust, depressive Reaktionen und Verhaltensstörungen;

e) psychosoziale Defizite in Form von Isolation, Kommunikationsstörungen, Verlusten von Freundschaften und Ausgliederung aus Kindergarten, Schule bzw. Ausbildung. Letztgenannte Beeinträchtigungen resultieren u.a. auch aus der z.T. lange andauernden stationären Behandlung in einer ‚Totalen Institution'. Hierbei handelt es sich um einen „Ort, der nach dem gleichen Muster Wohlverhalten seiner Insassen erzwingt, das Zuhälter, Pornoproduzenten oder misshandelnde Männer gegenüber Frauen und sexuelle Gewalt praktizierende Väter gegenüber ihren Kindern ausüben. Im übrigen ein Muster, das auch bei der Misshandlung politischer Gefangener und in der Folter regelmäßig Anwendung findet" (*Jantzen* 1998, 141).

Es wird erkennbar, dass die aufgelisteten Folgen eines Schädel-Hirntraumas bei Kindern, Jugendlichen und jungen Erwachsenen eine enorm umfangreiche und tiefgreifende Bedrohung und Einschränkung der Lebensqualität bedeuten.

Schwer hirnverletzte Kinder, Jugendliche und junge Erwachsene werden abrupt dazu aufgefordert eine nicht selbst verschuldete Lebenskrise zu bewältigen. Sie müssen sich selbst neu definieren um auf diese Weise einen neuen Standort innerhalb unterschiedlicher Gesellschaftssysteme zu finden. Wahrscheinlich müssen sie früher als bedeutsam erachtete Lebensziele in Frage stellen und ihren Lebensplan radikal umstellen, um auf diese Weise eine neue Basis für ein von ihnen als sinnvoll anerkanntes Leben in der Gesellschaft zu finden.

Soziologisch ist somit ein Abrutschen in die Schicht der ‚sozial Verachteten' (vgl. *Cloerkes* 2001, 64f.) die Folge eines schweren Schädel-Hirntraumas von Kindern, Jugendlichen und jungen Erwachsenen.

4 Einige Tatsachen, die u.a. schon auf dem Tisch liegen

In der Bundesrepublik Deutschland verunglücken jährlich ca. 2 Mio. Kinder im Alter bis zu 15 Jahren. Einer ärztlichen Behandlung bedürfen etwa eine Mio. Kinder. Rund 220.000 dieser Kinder werden so schwer verletzt, dass sie sich in eine stationäre Behandlung begeben müssen. Die meisten der Letztgenannten müssen von diesem traumatischen Ereignis an mit einer lebenslänglichen Diagnose leben, denn bis vor etwa 30 Jahren starb man einfach nach einem schweren Schädel-Hirntrauma. Die moderne neurochirurgische Intensivmedizin jedoch hat die Strafe um ein Vielfaches verfeinert: Man übersteht es, jedoch – gerade was die berufliche Habilitation schwer hirnverletzter Jugendlicher und junger Erwachsener anbelangt – nicht folgenlos. Anders – und vielleicht nicht so provokant – ausgedrückt hieße das dann: „Bei kontinuierlicher Abnahme der Todesfälle durch verbesserte intensivmedizinische Behandlung tritt die langfristige Lebensqualität in den Vordergrund des Interesses" (*Benz/ Ritz* 1996, 201).

Exemplarisch seien hier die psycho- sozialen Folgen eines schweren Schädel-Hirntraumas angeführt:
Am 01.04.2000 schrieb mir Bruno M. eine Postkarte:

Ich lebe als Ausland-Schweizer seit 1997 in Sofia und Gevgelija. Ich hatte als 10-jähriger in den Schweizer Bergen eine Schädelhirnverletzung. [...] Bis 1996 in der Schweiz (bei Zürich lebend) habe ich selbst etwas bei unserer Hirnverletztengruppe mitgemacht. Aber die Schweiz ist so teuer geworden, dass ich nicht mehr dort leben kann, sondern mir billigere Länder ausgesucht habe. Ich habe nicht unbedingt eine schwere Hirnverletzung gehabt, aber sie hat Folgen bis heute. Und das sind Jahrzehnte. Gilt eigentlich ‚nur' die Schwere? Nicht auch die Folgen – Länge? [...] Immerhin: Ich konnte mich halbwegs gesellschaftlich eingliedern, bin nun aber vorzeitig *ausgegliedert*. Verheiratet bin ich nie gewesen – hat wahrscheinlich auch damit zu tun. Enorm schlanke Mädchen sind ein ‚Phantasiehobby' geblieben.

Bei *Lurija* (1992, 42) können wir die Folgen der Schussverletzung des 23-jährigen Unterleutnants Sassezki vom 02.03.1943 nachlesen. Das Opfer führte in dieser Zeit für sein Studium an einem polytechnischen Institut ein ausbildungsbegleitendes Praktikum durch:

Die Verwundung hatte einen längeren Bewusstseinsverlust zur Folge und wurde, trotz rechtzeitiger Versorgung der Wunde [...], durch eine Entzündung kompliziert, die Adhäsionen in den Hirnhäuten sowie ausgeprägte Veränderungen in den umgebenden Geweben der Hirnsubstanz hervorrief.
Der Splitter ist in die Substanz der hinteren Scheitelbeinregion eingedrungen und hat das Gewebe dieser Bereiche zerstört.
Kompliziert wurde die Verwundung durch den lokalen entzündlichen Prozeß, der begrenzt wurde durch die Bereiche in der unmittelbaren Umgebung der Verwundung. Aber die hinteren Regionen der linken Hemisphäre, die entscheidend sind für die räumliche Wahrnehmung sind irreversibel geschädigt. Die bereits einsetzende Narbenbildung wird unvermeidlich eine partielle Atrophie der in der Nähe der Wunde gelegenen Strukturen der Hirnsubstanz zur Folge haben' (*Lurija* 1992, 42).

Die Traumafolgen waren so immens für Sassezkis weiteres – auch und vor allem berufliches – Leben, dass Oliver *Sacks* in der Einführung in *Lurijas* Arbeit den Kern treffend auch nur schreiben konnte: „Es sprach alles total gegen ihn, wie Lurija sagt; viel wahrscheinlicher ist (und ist es für solche Patienten auch heute noch), dass sie für immer ‚verloren' sind, daß ihre Welt für immer in ‚Scherben' liegt" (*Lurija* 1992, 19).

Iréne *Wyss*, gerade zwanzig Jahre alt, wurde als Briefträgerin mit ihrem Kleinkraftrad von einem Lkw gegen eine Mauer geschleudert. Die Folge war ein schweres Schädel-Hirntrauma mit weitreichenden Folgen in der beruflichen Karriere:

Alle Pläne, die ich vor meinem Unfall hatte – die Umschulung aufs Büro, Mitarbeit im Familienbetrieb meines Verlobten – warf ich nun über den Haufen. Mein Gehirn war wie durchgeschüttelt. [...]
Nach der Umstrukturierung auf die Post 2000 konnte ich endgültig nicht mehr mithalten, obwohl ich alles mir Mögliche dran setzte. Ich lernte zu Hause alle Neuerungen auswendig, sagte alle Freizeitaktivitäten ab und kapselte mich richtiggehend ab. Früher besuchte ich Sprachkurse, trieb Sport, schrieb Briefe – ich hörte mit allem auf, weil ich meine ganze Energie für meine Arbeit brauchte. Ende 1995 war ich total erschöpft. Laufend wurde noch mehr gefordert. Noch schneller, noch mehr" (*Wyss* 1998, 62f.)

Die Folge dieser defizitären Lebensläufe kann dann nur noch ein Leben in Armut auf Dauer (vgl. *Müller* 2001, 323) sein, was konsequenterweise eine Stagnation oder schlimmstenfalls eine Verschlimmerung der beschriebenen neuropsychologischen Auffälligkeiten bedingt und somit ein Leben im Stress ist (vgl. ebd., 325).

5 Zur beruflichen Habilitation schwer hirnverletzter Jugendlicher und junger Erwachsener

Ich wende mich nun der Lösung des oben angesprochenen Problems zu. An der Universität Bremen erforschen wir im Sachgebiet ‚Allgemeine Behindertenpädagogik' am Lehrstuhl Wolfgang Jantzens das *Peer Support als neuropädagogische Maßnahme in der Habilitation schwer hirnverletzter Jugendlicher und junger Erwachsener im Übergang von der Ausbildung in das Berufsleben*.

Bevor ich mich nun dem forschungsmethodologischen Problem und der Präsentation erster Forschungsergebnisse widme, folgen zunächst einige terminologische Erklärungen.

5.1 Zur Terminologie

5.1.1 *Peer Support*

Peer Support in der beruflichen Habilitation schwer hirnverletzter Jugendlicher und junger Erwachsener „ist die Hilfe, die eine hirnverletzte Person zur Verfügung stellt, die über – durch die Hirnverletzung hervorgerufene – behinderungsbedingte Erfahrungen und Kenntnisse sowie über Fähigkeiten mit der im Lebenslauf erworbenen Behinderung umzugehen, verfügt. Sie assistiert anderen hirnverletzten Menschen und deren Bezugspersonen im Umgang mit ihren – aus der Hirnverletzung resultierenden – behinderungsspezifischen Erfahrungen" (*Rensinghoff* 2000, 18f.). Bei der Verwendung der Peer Support-Methode in der Beratung von schwer Hirnverletzten kommt hinzu, dass sich die Peer Support-Nutzer in Gegenwart eines gleichartig Betroffenen, der also als Experte in eigener Sache über eine erlebte Kompetenz verfügt freizügiger äußern als sie es bei einem professionellen Berater, der über eine erlernte Kompetenz verfügt, tun würden. Das Vertrauensverhältnis ist ein anderes. Der Peer Support-Nutzer erwartet ein besseres Verständnis für seine Situation als ihm dies u.U. von einem professionellen Berater entgegengebracht wird, weil der eben derartiges so (noch) nicht erfahren hat (vgl. *Geißler* 1993, 105). Hier sind Beispiele von anderen Hirnverletzten, die sich in einer ähnlichen Situation wie der des Gegenübers befunden haben und die von professionellen Beratern gerne angeführt werden, nutzlos und ineffektiv. Es ist nicht das Gleiche. Was fehlt, ist das eigene Erleben über das in der Beratungs- oder Gesprächssituation ungezwungen gesprochen werden kann.

Was legitimiert mich dazu in Sachen Peer Support zu forschen? Ich selber erlitt 1982 mit 12 Jahren ein schweres Schädel-Hirntrauma, nachdem ich rollschuhfahrend von einem Pkw angefahren wurde. Nach zunächst positiv verlaufener medizinischer und sozialer Rehabilitation stieß ich auf eine sehr prekäre berufliche Qualifizierungsphase als Lehramtsanwärter für das Lehramt für Sonderpädagogik an den Ausbildungsseminaren für dieses Lehramt in Dortmund und in Düsseldorf (vgl. *Rensinghoff* 1999).

5.1.2 *Habilitation*

Habilis und das Verb *habilitare*, in der Bedeutung von *geschickt* oder *fähig machen* sind die, dem Lateinischen entstammenden, sprachlichen Wurzeln des Terminus *Rehabilitation*. In der Rechtswissenschaft ist mit Rehabilitation die Wiederherstellung von Ehre und Recht gemeint (vgl. *Frommelt/ Katzenmeier* 1999, 1). Da es sich bei der beruflichen Eingliederung schwer hirnverletzter Jugendlicher und junger Erwachsener um ein erstmaliges Unternehmen handelt, verzichte ich in meiner Begrifflichkeit auf die Vorsilbe *Re-*.

5.1.3 Neuropädagogik

Als erziehungswissenschaftliche Disziplin befasst sich die Neuropädagogik mit den Funktionsabläufen des Nervensystems und den vom Gehirn gesteuerten und kontrollierten Wechselbeziehungen zwischen Organismus und Umwelt.

Sie ist eine praktische Wissenschaft, da die Pädagogik, auf der die Neuropädagogik basiert, das Praxisfeld von Erziehung und Bildung im Blick hat. Die Mutter jeder pädagogischer Spezialisierung ist die Erziehungswissenschaft, in der sich dann die unterschiedlichen pädagogischen Spezialgebiete, z. B. die Sozialpädagogik, die Behindertenpädagogik, die Heilpädagogik oder eben die Neuropädagogik wiederfinden (vgl. *Rothermel* 1997, 19f.).

5.2 Zur Forschungsmethode

Zum Einsatz kommt die ‚Soziale Problemlösemethode Zukunftswerkstatt'. Als Peer Support-Anbieter bin ich der Überzeugung – und meine eigenen Lernerfahrungen mit dieser Methode belegen dies – dass es sich hierbei um ein gutes Verfahren handelt, welches es den sich in der Berufsfindung befindlichen schwer hirnverletzten Jugendlichen und jungen Erwachsenen erlaubt in einem kreativen Prozess mit häufig wechselnden Schritten zu einer Problemlösung zu gelangen.

Die Problemlösung in einer Zukunftswerkstatt ist nach einem Drei-Phasen-Modell strukturiert:

In der Beschwerde- und Kritikphase wird das Anliegen durch eine kritische Aufbereitung des Problems geklärt. Nachdem der Ist-Zustand ermittelt ist, folgt die Phantasie- und Utopiephase, in der das gegenwärtig Vorfindbare mit sozialer Phantasie und Kreativität überwunden wird. In der Verwirklichungs- und Praxisphase werden Teile des Wunschhorizontes bzw. phantastischen Ideen zu Forderungen bzw. Projekten verdichtet.

Die Auswertung der Zukunftswerkstatt erfolgt durch das Zusammenfassen und Interpretieren der wichtigsten Ergebnisse der einzelnen Phasen. Zusätzlich werden Anhaltspunkte zur Weiterarbeit gegeben. „Zukunftswerkstatt-Studien zielen auf eine generelle Aussage zum Thema und helfen Trends und Perspektiven aufzuzeigen" (*Kuhnt/ Müllert* 1996, 151). Die Zukunftswerkstatt-Dokumentation sämtlicher visualisierter Äußerungen geschieht „in aufbereiteter und schnell lesbarer Form, getippt mit entsprechendem Layout. [...] Ziel einer guten Dokumentation ist es, daß die Teilnehmenden im nachhinein nicht nur die methodischen Schritte nachvollziehen, sondern vor allen Dingen inhaltliche Stränge verfolgen können, um zu eigenen Schlüssen zu kommen" (ebd., 150). Die Auswertung dieser Zukunftwerkstatt-Studie, bei der zu dem Thema – *Berufliche Situation hirnverletzter Menschen* – mehrere Zukunftswerkstätten durchgeführt werden, erfolgt durch eine Inhaltsanalyse, die der Klärung von Sachverhalten dient und die Grundlage für Projektansätze ist.

Um derartige Studien abzurunden, nehmen wir eine thesenartige Einschätzung der Werkstätten in ihrer Gesamtheit vor – nach Ergebnissen und Übergreifendem, nach Leitlinien und Trends, nach Schwerpunkten und Besonderheiten, nach Perspektiven und Chancen. Dadurch wollen wir dem Thema und seinen unterschiedlichen Ausprägungen näherkommen und folgern, unter welchen Bedingungen Projekte und Lösungen am ehesten Erfolg versprechen. (*Kuhnt/ Müllert* 1996, 162f.)

5.3 Erste Ergebnisse

5.3.1 *Allgemeines*

Ich habe mich beim zeitlichen Management auf eine Kurzwerkstatt beschränkt, da die Arbeit in Zukunftswerkstätten sehr anstrengend ist und so den neuropsychologischen Defiziten, wie schnelle Ermüdbarkeit, nur kurze Belastbarkeit, etc. begegnet werden kann. Eine Kurzwerkstatt beschränkt sich auf einen zeitlichen Umfang von ca. 180 Minuten. Da wir uns jedoch keinem zeitlichen Diktat aussetzen wollen, können diese 180 Minuten großzügig überschritten werden. Aus beeinträchtigungsbedingten Gründen kann für die einzelnen Phasen mehr Zeit beansprucht werden. Uninteressant ist für meine Arbeit, was die Zukunftswerkstattteilnehmer für eine Hirnverletzung haben und welche anderen Verletzungen, als Folge eines Polytraumas, vorliegen. Zu den Zukunftswerkstätten erhalten die potentiellen Teilnehmer eine schriftliche Einladung. Die Teilnahme geschieht freiwillig.

5.3.2 Erste Ergebnisse

Am 20.03.2001 habe ich in der Zeit von 19 Uhr bis 21.30 Uhr im Neurologischen Rehabilitationszentrum für Kinder und Jugendliche – *Friederhorst* – in Bremen, ein stationäres Setting also, eine Zukunftswerkstatt durchgeführt.

Die Zukunftswerkstattteilnehmer waren, trotz der fortgeschrittenen Tageszeit, sehr engagiert und belebten die Zukunftswerkstatt mit einem bunten Frühlingsstrauß an kreativen Ideen. Im tageszeitlichen Management lag auch das Problem, was sich in einer Totalen Institution (vgl. *Goffman* 1973) nicht so leicht aus dem Weg räumen lässt. Die Teilnehmer hatten um 19 Uhr bereits einen anstrengenden Therapietag hinter sich und mussten zudem noch Dinge erledigen, die zu einer anderen Tageszeit, u.a. auch ob des vollen Therapieplans, nicht möglich sind, als da wären private Telefonate mit den Angehörigen in der weiter entfernt liegenden Heimat, Haare waschen und tönen o.ä.. So passierte es mitunter, dass einige Werkstattteilnehmer die Zukunftswerkstatt kurzzeitig verließen oder sich früher verabschiedeten, weil sie ins Bett gehen oder anderen sozialen Aktivitäten nachgehen wollten.

‚Was kommt nach der Reha?' war das Thema dieser Zukunftswerkstatt, an der 12 Rehabilitanden teilgenommen haben. Das Durchschnittsalter lag bei 21,3 Jahren. Die jüngsten Teilnehmer waren 15 Jahre und der älteste Teilnehmer war 34 Jahre alt.

Bei der Auswertung dieser Zukunftswerkstatt ist festzuhalten, dass die Rehabilitanden das Leben außerhalb der Klinik als sehr problembehaftet wahrnehmen. Viel Sorge bereitet ihnen das schulische oder berufliche Weiterkommen nach der stationären Rehabilitationsbehandlung. Die Sorge um die Schulkarriere bzw. den Arbeitsplatz sind auch die Punkte, welche im Problembewusstsein der meisten Rehabilitanden die größte Akzeptanz fanden, neben der gesamtgesellschaftlichen Integration als beeinträchtigter Mensch, was dann eine gesellschaftlich konstruierte Behinderung zur Folge hat (vgl. *Jantzen* 1974).

Es zeigt sich in der Phantasie- und Utopiephase, dass es ganz *normale* Wünsche sind, welche die Rehabilitanden in dieser Habilitationsphase bewegen, als da z.B. wären die Wünsche nach ‚Gesundheit', ‚Freunden fürs Leben', ‚reichster Mann der Welt' zu sein, ‚per Fahrrad zur Schule/ Arbeit fahren' zu können, einen ‚guten Einstieg ins Berufsleben (Ausbildung)' zu haben oder dem Zusammenleben mit einem TV-Star („Ich möchte mein Leben mit Eminem verbringen!").

Übliche Wünsche, Wünsche eines jeden von uns, Wünsche die wir uns täglich gegenseitig irgendwie wünschen, wie dem der uneingeschränkten Gesundheit, sind für die Rehabilitanden nun utopisch, nur in der Phantasie vorhanden, unerreichbar.

Die Gemeinschaftsarbeit dieser Zukunftswerkstatt endete in dem Aufstellen von Forderungen, die ein jeder Rehabilitand nach seinen Möglichkeiten beachten will. Hierbei handelt es sich um
1. auf die Beeinträchtigung abgestimmte, sportliche Aktivitäten,
2. Aktivitäten für den Geist, als da wären Lesen, das Lösen von Rätseln, der Besuch von kulturellen Einrichtungen,
3. ein positives Denken,
4. ein Lernen von anderen Menschen und dem Helfen anderer Menschen.

Wegen der fortgeschrittenen Tageszeit kamen die Rehabilitanden nicht mehr dazu Projektumrisse zu erarbeiten, die das Ergebnis einer jeden Zukunftswerkstatt sein sollte.

Am 19.05.2001 führte ich mit sechs Menschen, die als Jugendliche oder junge Erwachsene ein schweres Schädel-Hirntrauma erlitten haben, eine Zukunftswerkstatt zum Thema ‚Berufliche Situation von Menschen mit einer Hirnverletzung' in einem poststationären Setting, der Beratungsstelle für Hirnverletzte in Darmstadt durch. Eine weitere Teilnehmerin, die Freundin eines hirnverletzten Teilnehmers, lebt nicht mit den Folgen einer Hirnverletzung. Das Durchschnittsalter sämtlicher Zukunftswerkstattteilnehmer lag bei 35,1 Jahren. Die jüngste Teilnehmerin war 20 Jahre und der älteste Teilnehmer war 51 Jahre.

Die Sorge um ein durch die schwere Hirnverletzung verhindertes Arbeitsleben kam deutlich zum Ausdruck. Die Teilnehmer sind mit Ausgrenzung, Frusterfahrungen, verhinderter Studierfähigkeit, Unkenntnis der Arbeitgeber o.ä. konfrontiert. Sie fühlen sich als Menschen zweiter Klasse, spüren die Angst der Arbeitgeber Behinderte einzustellen, sie kritisieren den Vergleich mit der Norm.

Mit sozialer Phantasie und Kreativität angereichert kommen die Teilnehmer auf die Projektidee Medienarbeit mit der Universität oder der Schule durchzuführen. Das Projekt soll im Wintersemester 2001/ 02 an der Johann-Wolfgang Goethe Universität in Frankfurt am Main starten.

Literatur

Benz, B.; *Ritz*, A.: Verlauf neuropsychologischer Störungen nach Schädel-Hirntrauma im Kindesalter. In: Kindheit und Entwicklung 5(1996), 201-208.

Cloerkes, G.: Soziologie der Behinderten. Eine Einführung. Heidelberg ²2001.

Geißler, C. Der Pannwitzblick. Filmtextliste des Films. In: Sierck U.; Danquart, D. (Hrsg.): Der Pannwitzblick. Wie Gewalt gegen Behinderte entsteht. Hamburg 1993, 99-131.

Goffman, E.: Asyle. Über die soziale Situation psychiatrischer Patienten und anderer Insassen. Frankfurt a.M. 1973.

Hennemann, U. et al.: INI-Klinik in Hannover setzt neue Maßstäbe in der High-Tech-Medizin. ‚Center of Excellence' für Neurochirurgie und Hirnforschung. In: Medical Tribune. Special News 91(Nr. 28 vom 14.07.2000), 1-2.

Heubrock, D.; *Petermann*, F.: Lehrbuch der Klinischen Kinderneuropsychologie. Grundlagen, Syndrome, Diagnostik und Intervention. Göttingen 2000.

Hirschfeld, H.O.v.: Riss durch das Leben – Pilotkampagne zur öffentlichen Bewusstseinsbildung. In: Verein für Behindertenhilfe e.V. (Hrsg.): Tagungsbericht: Leben nach der Klinik. Perspektiven der Eingliederung von Menschen mit erworbenen Hirnschäden. Hamburg 2001, 87-100.

Hofmann-Stocker, E.: Psychische Verarbeitung und Psychotherapie in der Rehabilitation hirnverletzter Jugendlicher. In: Zeitschrift für Neuropsychologie 2(1990), 75-94.

Jantzen, W.: Sozialisation und Behinderung. Studien zu sozialwissenschaftlichen Grundfragen der Behindertenpädagogik. Gießen 1974.

Jantzen, W.: Enthospitalisierung und verstehende Diagnostik. In: Jantzen, W.: Die Zeit ist aus den Fugen. Marburg 1998, 127-145.

Kuhnt, B.; *Müllert*, N.R.: Moderationsfibel Zukunftswerkstätten: verstehen – anleiten – einsetzen. Das Praxisbuch zur Sozialen Problemlösemethode Zukunftswerkstatt. Münster 1996.

Lurija, A.R.: Der Mann, dessen Welt in Scherben ging. Zwei neurologische Geschichten. Hamburg 1992.

Müller, A.: Armut und Behinderung. Skizzen zu einer drängenden Frage. In: *Müller*, A. (Hrsg.): Sonderpädagogik provokant. Luzern 2001, 321-328.

Rensinghoff, C.: Selbstbestimmtes Leben nach schwerer Schädelhirnverletzung im Alter von 12 Jahren. In: Wild, K.R.H.v. u.a. (Hrsg.): Das schädelhirnverletzte Kind. Motorische Rehabilitation – Qualitätsmanagement. München 1999, 150f..

Rensinghoff, C.: Peer Support als neuropädagogische Maßnahme in der Habilitation schwer hirnverletzter Jugendlicher und junger Erwachsener im Übergang von der Ausbildung in das Berufsleben. In: Neurologie & Rehabilitation 6(2000), 18f.

Rothermel, L.: Pädagogik als Wissenschaft. In: Bernhard, A.; Rothermel, L. (Hrsg.): Handbuch Kritische Pädagogik. Eine Einführung in die Erziehungs- und Bildungswissenschaft. Weinheim 1997, 19-28.

Treuhandstiftung Tragkraft: Riss durchs Leben. Erworbene Hirnschädigung und was dann? – Einladung zum Symposium anlässlich der REHACare 2001 in Düsseldorf.

Wallon, H.: Die psychische Entwicklung des Kindes. Berlin 1973.

Wyss, I.: Vom ‚Arbeitsunleben' zum Arbeitsleben – ein steiniger Weg. In: Fragile o.J.(1998), 62f.

Dagmar Orthmann

Berufliche Planungsprozesse lernbeeinträchtigter Jugendlicher

1 Einführung

1.1 Gesellschaftlicher Strukturwandel – Neue Anforderungen an Individuen

Als Kernpunkt makrosoziologischer Entwicklungen wird häufig der Prozess der Individualisierung beschrieben, in deren Gefolge das „Individuum zur zentralen und verantwortlichen Instanz der Lebensgestaltung" (*Fend* 2000, 140) geworden ist.

Ob die Individualisierungstendenzen in modernen Gesellschaften für die Jugendlichen eher Chance oder Risiko sind, hänge vor allem davon ab, „ob der erweiterte sozialstrukturelle Möglichkeitsraum für Individuierung unter je konkreten situativen Lebensbedingungen auch tatsächlich genutzt wird bzw. genutzt werden kann" (*Heitmeyer/ Olk* 1990, 20). Probleme ergeben sich, wenn die Handlungs- und Leistungskompetenzen der Person nicht den jeweils durch institutionelle oder Altersnormen festgelegten Standards entsprechen und eine ‚Passung' von objektiven Anforderungen und subjektiven Kompetenzen auch nicht durch geeignete personale oder soziale Strategien erreicht werden kann (vgl. *Hurrelmann* 1994).

1.2 Lebensbereich Beruf – Kernstück von Individualisierungsprozessen

Der Lebensbereich Beruf wird oft als Kernstück oder auch als „Motor der Individualisierung" (*Beck* 1994, 46) bezeichnet. Von den Heranwachsenden wird eine Integration der persönlichen Möglichkeiten mit den sozialen Opportunitätsstrukturen gefordert, wobei dieser Entwicklungsbereich im Vergleich zu anderen durch besonders hohe Akkommodationsanforderungen gekennzeichnet ist.

Der berufliche Eingliederungsprozess wird zunächst durch die im schulischen Bildungssystem zu erwerbenden Berechtigungszertifikate (Schulabschlüsse) entscheidend vorstrukturiert. Besonders ungünstige Startpositionen ergeben sich damit für die ca. 6% Jugendlichen, die den Mindeststandard Hauptschulabschluss nicht erreichen – dazu gehören (zunächst) die Abgänger und Abgängerinnen der Schule mit dem Förderschwerpunkt Lernen.

Für die Schüler unterer Bildungsgänge kommt erschwerend hinzu, dass berufliche Planungsprozesse in einer deutlich früheren Lebensphase gefordert sind als bei Jugendlichen mit höherer Schulbildung und von Personen, die dazu weniger gerüstet sind (höhere Planungsnotwendigkeit bei größeren Planungserschwernissen).

1.3 Zur Struktur der Entwicklungsaufgaben im Lebensbereich Beruf

Parallel zum Erwerb der schulischen Bildungsvoraussetzungen müssen zunächst Präferenzen, also Vorstellungen darüber, was man (werden) will, ausgebildet werden. Die persönlichen Präferenzen müssen schrittweise einer Realitätsprüfung unterzogen werden, d.h. zunehmend mit den Realisierungsbedingungen in Übereinstimmung gebracht werden. Dabei gilt es, Prüfbewegungen auf verschiedenen Ebenen zu leisten, z.B. bezüglich der persönlichen Voraussetzungen (etwa: individuelle Fähigkeiten, gesundheitliche Voraussetzungen, Motivationen, Bildungsabschluss etc.), der Anforderungsprofile der gewünschten Berufsfelder (z.B. Zugangsvoraussetzungen, Tätigkeitsprofile) und des Arbeitsmarktes (opportunity structures, wie z.B. regionale Lehrstellenoptionen) etc. Werden innerhalb dieser Prüfprozesse Divergenzen zwischen Wünschen und Realisierungsbedingungen entdeckt, so werden weitere Prüfprozesse notwendig, beispielsweise bezüglich einer möglichen Schaffung bisher fehlender Ressourcen (z.B. Verbesserung der schulischen Bildungsvoraussetzungen) oder – wenn sich die Freiheitsgrade als zu eng erweisen - in Form der Änderung der Präferenzen innerhalb des Lebensbereiches (z.B. anderer Berufswunsch) oder, im Falle von individuell besonders hoch erlebten Einschränkungen, eventuell auch ein Verlassen des gesamten Lebensbereiches zugunsten der versuchten Realisierung von Grundbedürfnissen über andere Lebensbereiche.

Als besonders günstig wird erachtet, wenn Jugendliche im Verbund mit stützenden privaten und professionellen Personen und Strukturen aktive Informationssuche über den Arbeitsmarkt betreiben, Wege zu den angezielten

Berufen explorieren, nach Möglichkeiten zur Erfüllung von Voraussetzungen suchen und sich den Gegebenheiten flexibel anpassen. Es stellt sich die Frage, welche Folgen die gesellschaftlichen Entwicklungen für die Lebensentwürfe und Handlungsstrategien von Jugendlichen haben. Wie nehmen Jugendliche gesellschaftlichen Wandel wahr und wie wird diese Wahrnehmung in der Lebensplanung präsent?

Bezüglich der Forschungslage ist festzustellen, dass bisher nur sehr wenig Berührungspunkte zwischen der Jugendforschung und der Sonderpädagogik (hier speziell der Lernbehindertenpädagogik) bestehen.

Die berufliche Eingliederung ist innerhalb der Lernbehindertenpädagogik zwar ein zentrales Thema. Es fehlen jedoch Erkenntnisse über die subjektiven Verarbeitungs- und Planungsprozesse der lernbeeinträchtigten Jugendlichen. Hier setzt meine Untersuchung an.

2 Struktur und Zielstellungen der empirischen Untersuchung

Die hier vorzustellenden Aspekte sind Teil eines größeren Forschungsvorhabens mit dem Arbeitstitel: ‚Lebensplanungsprozesse lernbeeinträchtigter Mädchen'. Übergeordnetes Ziel der hypothesengenerierenden Studie ist die Analyse der Lebensplanungsprozesse lernbeeinträchtigter Mädchen zum Ende der obligatorischen Schulzeit, und zwar bezogen auf die zentralen Lebensbereiche: Ausbildung/ Beruf, Private Lebensformen (Partnerschaft und Elternschaft), Freizeit- und Sozialkontakte und Wohnen.

Die Konzentration auf die Gruppe der Mädchen wird wie folgt begründet: 1. Es gibt Hinweise auf zusätzliche Risiken für Mädchen im Vergleich zu Jungen, insbesondere bezüglich der beruflichen Eingliederung, wie z.B. noch geringere Auswahl an tatsächlich zugänglichen Beschäftigungsfeldern, noch geringere Verdienstmöglichkeiten etc., so dass diese Personengruppe besonderer Unterstützung bedarf. 2. Der Forschungsbedarf ist hier besonders hoch, denn die wenigen empirischen Befunde beziehen sich vorrangig auf männliche Teilgruppen (ehemals) Lernbeeinträchtigter.

Im Folgenden werden ausgewählte Aspekte des Lebensbereiches Ausbildung/ Beruf dargestellt.

3 Methodik der empirischen Untersuchung

3.1 Untersuchungsgruppe

Die Untersuchungsgruppe bilden n = 113 Mädchen aus n = 22 Schulen mit dem Förderschwerpunkt Lernen in Rheinland-Pfalz. Diese besuchten im Untersuchungszeitraum (02. bis 04.2000) eine Klasse 9 (n = 88) bzw. Klasse 10 (n = 25).

Die jungen Frauen sind zum Untersuchungszeitpunkt zwischen 14;8 Jahren und 17;7 Jahren alt (im Durchschnitt 16;0 Jahre).

3.2 Methoden der Datenerhebung, -aufbereitung und -auswertung

Die Datenerhebung erfolgte durch mündliche Befragung in Form von halbstandardisierten Interviews (Leitfadeninterview in Einzelsituation).

Das mündlich erhobene und aufgezeichnete Datenmaterial wurde zunächst wörtlich transkribiert. Die Datenauswertung erfolgt durch qualitative und quantitative Inhaltsanalysen.

4 Ausgewählte Ergebnisse

Ich möchte mich hier auf zwei Teilaspekte innerhalb der beruflichen Planungsprozesse beschränken, nämlich auf den Erwerb von schulischen Ausgangsqualifikationen und auf die Entwicklung von Berufswünschen.

4.1 Zum Erwerb einer schulischen Ausgangsqualifikation

4.1.1 Quantitative Aspekte

Zunächst ist festzustellen, dass alle Probandinnen auf jeden Fall das begonnene Schuljahr und damit die momentane schulische Qualifikation erfolgreich abschließen wollen. Denken sie aber auch an eine Verbesserung der gegenwärtig erreichten Bildungsvoraussetzungen?

Von den n = 87 Mädchen aus Klasse 9 geben zum Untersuchungszeitpunkt n = 46 (ca. 53%) das explizite Ziel ‚Hauptschulabschluss' an, zusätzlich erwähnen n = 7 als weitere Perspektive einen möglichen Realschulabschluss. Von den n = 25 Schülerinnen aus Klasse 10 geben n = 6 das explizite Ziel ‚Mittlere Reife' an. Diese Zahlen sind als hoch zu bewerten, insbesondere weil nach einem möglichen Hauptschulabschluss nicht gefragt wurde – alle diesbezüglichen Äußerungen erfolgten also spontan (nur die Motivstrukturen wurden dann erfragt).

4.1.2 Zugrundeliegende Motivstrukturen

Das Ziel Hauptschulabschluss/ Realschulabschluss wird in fast allen Fällen (n = 45 von n = 52) begründet. Dabei lassen sich verschiedene Motivstrukturen unterscheiden:

a) Hauptschulabschluss = Zugangsvoraussetzung zum Beschäftigungssystem (n = 44)

Dies ist die mit Abstand am häufigsten besetzte Kategorie, dabei sind innerhalb dieser Kategorie noch Differenzierungen auszumachen, und zwar folgender Art:

1. Der Hauptschulabschluss wird als unverzichtbare Mindestvoraussetzung für den Zugang zum Beschäftigungssystem betrachtet (n = 9).
Ankerbeispiel zu a): I 075
„keine chance mehr, du hast keine chance mehr, ohne hauptschulabschluss ne arbeit zu finden. .. ich muss es ja machen, sonst hast du VERLOREN."
2. Der Hauptschulabschluss dient der Verbesserung der Chancen im Beschäftigungssystem (n = 31), (wie z.B. größere Auswahl an Berufen, bessere Verdienstmöglichkeiten).
3. Der Hauptschulabschluss wird als Zugangsvoraussetzung für den eigenen Wunschberuf betrachtet (n = 11).

b) Hauptschulabschluss = Strategie zum Stigmamanagement (n= 6)
Hier sind die Aussagen zusammengefasst, die den Hauptschulabschluss im Zusammenhang mit der Beseitigung des Stigmas ‚Sonderschülerin' sehen.
Ankerbeispiel zu b): I 041
„erscht emal der hauptschulabschluss, und das ist für mich ziemlich wichtig, weil .. der name, der berührt mich ziemlich arg, ähm .. seit gewisser zeit, wenn mer von dene annere, zum beispiel von de hauptschüler, wenn mer zum beispiel unnerwegs ist, oder an de bushaltestelle steht und da kommt so dumme kommentar .. und des berührt halt schon ziemlich arg, wenn es heeßt, eija, der behinnerte bus kommt. und wenn ich en hauptschulabschluss hab und des dann .. dann is erschtmol der name weg."

c) Hauptschulabschluss = Aspekt der Persönlichkeitsentwicklung (n = 3)
Dies ist die am geringsten besetzte Kategorie. Hier wird die persönlichkeitsbildende Funktion, die eigene Qualifikation durch den Erwerb des Hauptschulabschlusses thematisiert.
Ankerbeispiel zu c): I 049
"ich äh, will mich eenfach weiterbilde"

4.1.3 Zusammenfassende Interpretation

Die lernbeeinträchtigten Mädchen nehmen ihre (bisherige) Bildungsbenachteiligung deutlich wahr und versuchen, diese durch den Erwerb einer anerkannten schulischen Qualifikation zumindest teilweise auszugleichen.

Die hohe Instrumentalisierung des Hauptschulabschlusses spiegelt die gesellschaftliche Situation wider: die gestiegene Bedeutung von formalen Bildungsabschlüssen als Eintrittskarte in Ausbildung und Beschäftigung lässt die ursprüngliche bzw. primäre Qualifizierungsfunktion in den Hintergrund treten. Die Lernbeeinträchtigten erkennen die Auslese- und Platzierungsfunktion schulischer Bildung, und damit hängt ihre Einschätzung zusammen, dass das Abschlusszertifikat das eigentlich wichtige Resultat des Schulbesuchs sei.

4.2 Zur Herausbildung von Berufswünschen

4.2.1 Typologie der Prozessverläufe (nach Marcia und Waterman)

Es gibt verschiedene Versuche, die Prozesse der schrittweisen Synchronisation von Wünschen und Möglichkeiten differenziert zu betrachten. Ich gehe aus von einer von *Marcia* (1980) und *Waterman* (1985) entwickelten Typologie des Aufbaus von Berufsidentitäten. Diese betrachten zwei zentrale Dimensionen, nämlich a) die Exploration (= Ausmaß der aktiven Suche) und b) die Sicherheit der Entscheidung (‚Commitment'). Je nach dem, wie explorativ und entschieden die Überzeugungsbildung erfolgt, kann man dann Verlaufstypen unterscheiden: die Entschiedenen, die Festgelegten, die Suchenden und die Diffusen.

Die Untersuchungsgruppe verteilt sich bezüglich der Ausbildung von Berufswünschen auf diese vier Prozesstypen wie folgt:

Commitment	Ausmaß der Exploration Hoch	Ausmaß der Exploration niedrig
Hoch Entschiedenheit	Entschiedene N = 29 (25,7%)	Festgelegte N = 14 (12,4%)
niedrig Diffusion	Suchende N = 59 (52,2%)	Diffuse N = 11 (9,7%)

Abb. 1: Ausbildung von Berufswünschen nach Prozesstypen

Diese Prozesstypen (Kategorien) sollen jetzt genauer beschrieben werden:
a) Die Entschiedenen (hohes Ausmaß an Exploration und hohe Entschiedenheit) n = 29
Dieser Gruppe konnten n = 29 (25,7%) junge Frauen zugeordnet werden. Es handelt sich um eine Teilgruppe mit bereits erworbenen oder jetzt zu erwerbenden relativ günstigen Bildungsvoraussetzungen (Hauptschulabschluss bei mindestens n = 19 von 29, wahrscheinlich aber mehr, durch Erwerb in einer berufsvorbereitenden Maßnahme).
Bezogen auf die aktuellen Berufswünsche zeichnen sie sich durch eine recht hohe Sicherheit aus; außerdem sind die Berufswünsche realistisch - und zwar sowohl prinzipiell (etwa im Zusammenhang mit den erreichbaren schulischen Bildungsvoraussetzungen) als auch – soweit abschätzbar – in Bezug auf die individuellen Voraussetzungen.
Allen gemeinsam sind: ein hohes persönliches Interesse am gewählten aktuellen Berufsbild, die Prüfung der eigenen Voraussetzungen auf Übereinstimmung mit geforderten Voraussetzungen und Aktivitäten zur Schaffung von Vorerfahrungen und Ausbildungsvoraussetzungen.
Dazu ein Beispiel:
Beispiel: I 007 (Berufswunsch: Hauswirtschafterin)
„hm .. das ist eigentlich das, ehm, was man mit der schule anfangen kann in anführungszeichen .. na ja, und des, ich hab mir halt das ausgesucht, was mir eigentlich meinen fähigkeiten entsprach und, na ja, was mir eigentlich spaß macht auch und .. zu einem passt und erstens kann ich mit dem beruf ins ausland, das ist mir eigentlich sehr wichtig."
... (es folgt eine genaue Beschreibung des antizipierten Ausbildungsweges und der geplanten Sammlung von Berufserfahrungen und Möglichkeiten der weiteren Qualifikation)
„pfe, na ja, irgendwie .. ich arbeite eben gern im haushalt, das heißt auch, ich backe eben gern, koche eben gern. das vereinigt eben alles, was ich gern möchte. und natürlich ist es jetzt net unbedingt ein traumberuf, aber ich hab eben dadurch sehr, sehr viele möglichkeiten. und den beruf hab ich

auch gewählt, weil ich wollte nicht, em einfach nur also, ich hab ja noch andere möglichkeiten. (LACHT) ja gut, zwar wenige, aber ich hab noch welche. und frisöse oder floristin, das wär schrecklich, weil ich wär an einen platz festgebunden und äh, vor allen dingen, ich möchte nicht so ein typisch normales leben führen, das liegt mir einfach nicht. ja und .. na, wie ich dann eben von dem beruf erfahren habe, fand ich ihn eigentlich gut und ich kann`s werden von der schulbildung her und .. deswegen."

Verschiedene Entscheidungsinstanzen und Erfahrungsfelder haben zur Ausbildung der Berufswünsche beigetragen. Besonders erwähnt werden: a. Hobbys/ persönliche Interessen (z.B. Hobby nähen – Modenäherin), b. häusliche Vorerfahrungen (z.B. die geistig behinderte Schwester pflegen – Krankenpflegerin) und Betriebspraktika.

Als Beratungsinstanzen wurden vor allem Eltern oder andere Personen im familialen Nahraum genutzt, in einzelnen Fällen auch Lehrpersonen, Freunde und das Arbeitsamt.

Unabhängig davon, welche Erfahrungsfelder nutzbar gemacht werden konnten, ist eine hohe Eigenaktivität der jungen Frauen festzustellen. Diese bezieht sich z.B. auf das Einholen von Erkundigungen zum Berufsbild (z.B. eigenaktiver Besuch im Berufsinformationszentrum, freiwillige Probetage auf Berufsfachschule).

Insbesondere fällt aber auch eine hohe Bereitschaft auf, Ausbildungsvoraussetzungen zu schaffen (z.B. die Schulbildung ergänzen, praktische Erfahrungen im Berufsfeld sammeln)

Beispiel: I 108 (Berufswunsch: Tierarzthelferin)

„ja, ich schaff ja schon, e johr schaff ich schon dort. praktikum vorher, am 22. war ich fertig mit dem praktikum. und am 21. hat er mich gefrogt, ob ich kommen will obends, mal helfe en bissche. jetzt bin ich schon en johr dort."

„also ich geh jede tach obends, außer mittwochs, do han mer zu. .. schaff ich von obends von sechs bis acht, halb neun, neun, kommt druff an, wie viel do sind. und samstags geh ich noch morgends. hm, und sonntags, wenn mer notdienst ham, geh ich auch dorthin."

„ich ruf patienten rin, tu spritze uffziehen, kuck bei op`s zu, bei fäden ziehen, alles mögliche." " .. wenn ich, hann ich gute chancen, dann weeß ich ach, wo was is, wo das is und das is, wenn ich später mol helfe tu, dann weeß ich halt wo was ist, was mir alles nemme müssen, hann ich halt alles schon da drin (TIPPT SICH AN DEN KOPF). wenn se mich ausbilde tun, dann kann ich gleich springe, wenn se was brauche tun." (gekürzt)

Auffallend ist auch, dass neben Optimismus und Begeisterung für das angestrebte Berufsfeld ein recht ausgeprägtes Bewusstsein für mögliche Schwierigkeiten (z.B. eine Ausbildung auch schaffen, eine Ausbildungsstelle überhaupt bekommen) besteht. Die realistische Einschätzung führt zu erhöhten Anstrengungen bezüglich der Schaffung von günstigen Startbedingungen, zum Einplanen von Hilfen in der Ausbildung oder auch zum Einplanen einer als notwendig empfundenen Flexibilität.

b) Die Festgelegten (geringes Ausmaß an Exploration und hohe Entschiedenheit) n = 14

N = 14 (12,4%) Mädchen werden dieser Gruppe zugeordnet, davon besuchen n = 10 zum Untersuchungszeitpunkt eine Klasse 9 und n = 4 eine Klasse 10 der Schule mit dem Förderschwerpunkt Lernen (SFL).

Gemeinsam ist diesen Mädchen zunächst die Angabe eines konkreten Berufswunsches.

Gemeinsam ist auch, dass demgegenüber aber keine/ kaum Aktivitäten in Bezug auf das gewählte Berufsfeld erkennbar sind, weder bei der Prüfung der Präferenzen noch der Voraussetzungen auf den verschiedenen Ebenen. Außerdem ist kaum ein echtes Interesse am gewählten Berufsfeld zu identifizieren.

In einigen Fällen lassen sich Erklärungen für das Fehlen von aktiven Prüfprozessen finden:

So gibt es eine Untergruppe (n = 4), mit recht günstigen Bildungsvoraussetzungen (alle in Klasse 10 der SFL und damit mit Hauptschulabschluss (HSA)). Für sie stellt der aktuelle Berufswunsch eine Notlösung dar und ist damit kein eigentlicher Wunsch, sondern eine notwendige Festlegung, weil die ursprünglichen Berufswünsche nicht erreichbar sind.

Beispiel: I 009 (Berufswunsch Journalistin – Berufsfestlegung Gärtnerin) „ich weiß nicht, weil ich wollte gärtner werden und irgend wie .. keine ahnung, was so ein gärtner alles machen muss" ... „ja, das ist eigentlich wirklich nur so eine notlösung." .. "äh, lust .. mmhhh .. jein"

In zwei anderen Fällen ist der weitere Lebensweg der Mädchen bereits durch das Elternhaus festgelegt. Nach Erfüllung der Berufsschulpflicht werden sie sich in die ehelichen Verpflichtungen begeben. Die Herausbildung eines Berufswunsches ist also individuell kaum bedeutsam. Bei einigen anderen Mädchen dieser Gruppe ist zu vermuten, dass ihre individuellen Voraussetzungen (intellektuell und bezogen auf die private bereichsspezifische Unterstützung) nicht günstig/ ausreichend sind, um die Tragweite des Berufsfindungsprozesses und der notwendigen eigenen Aktivitäten und Prüfprozesse zu überschauen. Diese nennen Berufswünsche, die im individuellen Fall wohl nicht erreichbar sind. Bei mindestens zwei Mädchen dieser Gruppe besteht der Verdacht des sehr geringen Interesses am Lebensbereich Beruf. Hier wird ein Wunsch eher aus Gründen der sozialen Erwünschtheit genannt.

c) *Die Suchenden (hohes Ausmaß an Exploration und geringe Entschiedenheit) n = 59*
Dies stellt die größte Fallgruppe dar (n = 59; = 52,2%).
Die wesentliche Gemeinsamkeit ist, dass bisher Prüfprozesse stattgefunden haben, diese führten jedoch noch nicht zur Ausbildung einer endgültigen Präferenz (noch keine Passung hergestellt), und deshalb werden die Prüfprozesse fortgesetzt.
Beispiel: I 096
„ich weiß halt net so, ob ich frisöse machen kann, weil ich hab ne allergie, deshalb wird das schwer, des zu machen. .. ich hab gedenkt dann altenpflegerin zu machen, aber das ist ziemlich schwer oder so. weil, mei mutter, die is halt auch altenpflegerin, da merk ich des ach, die sagt dann immer, war stressig und so."
Es ist zu beachten, dass ein momentan nicht bestehender Berufswunsch in dieser Fallgruppe nicht bedeutet, dass noch keine Auseinandersetzung stattgefunden hat. Im Gegenteil: ein nicht bestehender Berufswunsch kann – als Resultat von Realitätsprüfungen – auch bedeuten: momentan kein Berufswunsch mehr.
Bezüglich der Verarbeitung bisheriger Prüferfahrungen und der Planung der weiteren Auseinandersetzung lassen sich verschiedene Strategien identifizieren:
1. die Konzentration auf den Erwerb einer besseren schulischen Ausgangsqualifikation und damit einer günstigeren Position für weitere Prüfprozesse;
2. hinausschieben der Präferenzbildung im Zusammenhang mit der Nutzung des Moratoriums 10. Schuljahr an der Schule mit dem Förderschwerpunkt Lernen;
3. die bewusste Nutzung von berufsvorbereitenden Maßnahmen zur Unterstützung der Entscheidungsbildung;
4. bewusste Flexibilität (Beispiel: I 064
"o, ich wollt jo eigentlich tierarzthelferin werre, kann ich mit dem abschluss net. jetzt wollt ich berufsfachschul mache und da meent der herr s., das tät ich net packe. jetzt hab ich heute vorstellungsgespräch beim hela und da werd ich vielleicht einzelhandelskauffrau, ich weeß net. .. kann mich ja später immer noch weiter bilden, meen ich" (I: „das ist ja jetzt was ganz anderes, als das, was du eigentlich wolltest, gell?") "hm. man muss halt flexibel sein, wenn mer das net kriegt, net machen kann, was mer mache will.");
5. sich arrangieren mit Präferenzen zweiter Wahl (Beispiel: I 088
„... aber heutzutag gilt`s nimmer, traumberuf .. muss mer net unbedingt hawe, hauptsache mer HAT en job, das mer was verdiene tut.");

6. in Einzelfällen auch Frustration/ Wut, immer aber verbunden mit weiter bestehender Bereitschaft, die erforderlichen Voraussetzungen (wie z.b. Berufsvorbereitungsjahr) zu erfüllen.

d) *Die Diffusen (geringes Ausmaß an Exploration und geringe Entschiedenheit) n = 11*

Dieser Gruppe werden n= 11 Personen (= 9,7%) zugeordnet.
Es handelt sich um eine Teilgruppe mit besonders schwierigen individuellen Voraussetzungen (z.B. kein 10. Schuljahr wegen fehlender intellektueller oder motivationaler Voraussetzungen möglich).

Bei diesen Frauen sind noch keine Berufswünsche ausgebildet, oder es handelt sich um kindliche Wünsche ohne den notwendigen Realitätsbezug, oder es werden individuell unerreichbare Berufswünsche artikuliert, die bisher weder mit einer Prüfung von individuellen und arbeitsmarkttechnischen Zugangsvoraussetzungen, noch mit Begründungen der Wünsche und entsprechenden Vorerfahrungen verknüpft wurden.

Beispiel a (noch kein Berufswunsch): I 051
„ja also so hab ich noch keine gedanken darüber gemacht, weil .. ich hab wirklich keine ahnung."

Beispiel b (Berufswünsche auf Ebene kindlicher Vorstufen): I 091
„zum beispiel ähm sängerin werden wollt ich immer, oder tänzerin oder moderatorin, weil ich immer so viel rede. .. ja, und da hat meine mama gesagt, das sind immer alles wünsche".

Die Diffusität hat unterschiedliche Entstehungszusammenhänge. Folgende Grundmuster lassen sich erkennen:

Bei einigen Mädchen dieser Fallgruppe (n = 5) muss die Diffusität im Zusammenhang mit Einschränkungen der intellektuellen Leistungsfähigkeit betrachtet werden. Für diese Mädchen sind sowohl die erforderlichen Planungsprozesse als auch die Anforderungen, die eine Berufsausbildung stellt, vermutlich zu hoch. Diese Frauen sind auch in den anderen Lebensbereichen kaum zu differenzierten Antizipationen fähig gewesen.

Bei einigen anderen Mädchen dieser Gruppe (n = 3) ist die Diffusität im Zusammenhang mit einer eingeschränkten bereichsspezifischen Motivation zu betrachten. Zwei dieser Mädchen leben in so schwierigen aktuellen Lebenszusammenhängen, dass eine gedankliche und praktische Auseinandersetzung mit dem Berufsbildungsprozess verhindert ist.

Zu erwähnen ist noch, dass die Eltern in dieser Fallgruppe als Beratungsinstanz im eigentlichen Berufswahlprozess aus verschiedenen Gründen weitgehend ausfallen.

4.2.2 Zusammenfassende Diskussion

Zusammenfassend kann festgehalten werden, dass der überwiegende Teil der lernbeeinträchtigten Mädchen exploratives Verhalten bezüglich der Ausbildung von Präferenzen im beruflichen Bereich zeigt (Suchende und Entschiedene = 88 = ca. 78%). Die zuweilen geäußerte Vermutung, lernbeeinträchtigte Mädchen würden sich für den Lebensbereich Beruf nur wenig interessieren und engagieren, kann hier nicht bestätigt werden.

Im Gegenteil: die Mädchen zeigen zum Ende der Schulzeit eine hohe Bereitschaft zur Individuation und Integration. Die Identifikation von Divergenzen zwischen Wünschen und Realisierungsmöglichkeiten führt bei ihnen bisher zu verstärkten Bemühungen um einen günstigen Startplatz in den Erwerbsbereich.

Die größte Teilgruppe bilden die Suchenden. Wie lange deren hohe Bereitschaft zu Anpassung und Innovation im Falle von langfristig eventuell nicht gelingender Passungsherstellung anhält, ist nicht abzuschätzen.

Günstige Voraussetzungen scheinen zunächst besonders für die Gruppe der Entschiedenen zu bestehen. Allerdings stellt die aktuelle Entschiedenheit natürlich nur eine Momentaufnahme dar; es bestehen bisher kaum Sicherheiten, ob der angestrebte Weg auch tatsächlich gegangen werden kann (z.B. noch keine Lehrverträge). Insofern kann die momentan stabile Situation auch wieder instabil werden. Ging man bisher davon aus, dass diejenigen Jugendlichen, die früh und zweifelsfrei Präferenzen ausgebildet haben, eine besonders günstige Ausgangsposition haben, um nach Realisierungswegen zu suchen, so scheint diese Konstellation heute zumindest für Teilgruppen in Frage gestellt. Für benachteiligte Jugendliche sind die Freiheitsgrade per se so sehr eingeengt, dass das Sich-Festlegen auf einen bestimmten Beruf die Chancen bei der dann folgenden Lehrstellensuche auch eher einschränken als erweitern könnte.

Als problematisch ist die Gruppe der Diffusen zu betrachten, bei der die Fähigkeiten und/ oder die Bereitschaften zur gesellschaftlich geforderten rationalen und eigenaktiven Berufsplanung wenig ausgebildet sind.

Für die Festgelegten sehe ich Probleme, da es sich hier meist um individuelle Notlösungen handelt. Diese machen es schwer, die erforderliche Initiative, Zähigkeit, Flexibilität und Frustrationstoleranz langfristig aufrecht zu erhalten bzw. immer wieder herzustellen.

Ich möchte noch einmal darauf hinweisen, dass mit den hier betrachteten Teilaspekten der Schaffung von schulischen Bildungsvoraussetzungen und der Herausbildung von Berufswünschen die Planungs- und Handlungsprozesse im Lebensbereich Beruf erst ihren Anfang nehmen. Immer wieder muss im Verlauf der angestrebten langfristigen beruflichen Integration eine Passung zwischen individuellen Voraussetzungen und gesellschaftlichen Erfordernissen hergestellt werden, z.b. während der Ausbildung und bei der Suche nach einem existenzsichernden Arbeitsverhältnis.

Literatur

Beck, U.: Jenseits von Stand und Klasse? In: Beck, U.; Beck-Gernsheim, E. (Hrsg.): Riskante Freiheiten. Frankfurt am Main 1994, 43-60.
Fend, H.: Entwicklungspsychologie des Jugendalters. Opladen 2000.
Heitmeyer, W.; *Olk*, T. (Hrsg.): Individualisierung von Jugend. Weinheim 1990.
Hurrelmann, K.: Lebensphase Jugend. Eine Einführung in die sozialwissenschaftliche Jugendforschung. Weinheim 1994.
Marcia, J. E.: Identity in adolescence. In: Adelson, J. (Ed.): Handbook of adolescent psychology. New York 1980, 159-177.
Waterman, A. S.: Identity in the context of adolescent psychology. In: Waterman, A. S. (Ed.): Identity in adolescence: Prozesses and contents. San Francisco 1985, 5-24.

Reinhard Markowetz

Das allmähliche Verschwinden der Arbeit aus der WfB als Herausforderung für die Sonder- und Heilpädagogik

1 Die Arbeit verschwindet aus den Fabriken – auch aus den WfBs?

Wachgerüttelt vom letzten Bericht an den Club of Rome, der eindrucksvoll eines der drängendsten Probleme unserer Zeit, - nämlich die zentrale Zukunftsfrage der Menschheit „Wie wir arbeiten werden", so der Buchtitel von *Giarini/ Liedtke* (1998) -, aufgreift und illustriert, und gleichsam beeindruckt wie ernüchtert von den Bildern, die uns über die Medien immer häufiger von imposanten Industriemessen über deren aktuellen Schwerpunkt, die Fabrikautomation präsentiert werden, sehe ich - den nüchternen Produktionsalltag der Werkstätten für Behinderte im Kopf - kein rosiges Bild für die Zukunft der Werkstätten. Wir haben zur Kenntnis zu nehmen, dass die Revolution produktiver Systeme und die Evolution von Wirtschaft und Arbeit vor den WfBs nicht Halt machen wird. Die anhaltende Krise am Ausbildungs- und Arbeitsmarkt, die Kapazität des Marktes und die Veränderungen in der Industrie werden auch die Maßnahmen der Rehabilitation und damit ihre und unsere Möglichkeiten einschränken. Obwohl die menschliche Arbeit für das materielle Wohlergehen und für das Selbstwertgefühl unentbehrlich ist, wird die grassierende Arbeitslosigkeit über kurz oder lang auch geistigbehinderte Menschen erreichen und den Werkstätten für Behinderte aufgrund der wirtschaftlichen Veränderungen auf dem Weltmarkt ein Beschäftigungsdilemma bescheren.

In fast allen Bereichen des Arbeitslebens ersetzen leistungsstarke Computer, Telekommunikationsgeräte und Informationstechnologien die menschliche Arbeitskraft. In unmittelbarer Zukunft werden alte und neue Produkte in nahezu arbeiterlosen Fabriken hergestellt und vermehrt von virtuellen Firmen vertrieben. Auch der Staat wird seine Rolle als starker und fürsorglicher Ar-

beitgeber verlieren, weil er gar nicht mehr für die Millionen von Menschen, deren Arbeitskraft weder von der Industrie, noch vom Dienstleistungssektor benötigt wird, einspringen kann. Es wird deshalb zukünftig mehr um alternative Arbeits- und Beschäftigungsformen als um den künstlichen Erhalt von Arbeitsplätzen gehen, die sich in absehbarer Zeit doch nicht mehr subventionieren lassen und darüber hinaus auch in den Augen der Öffentlichkeit einen deutlichen Prestigeverlust mit Stigmaeffekten erleben werden. In unmittelbarer Zukunft werden immer mehr Aufträge, die von der Wirtschaft und Industrie zur Bearbeitung in die WfB gelangen, die behinderten Beschäftigten und das dort angestellte Personal in vielerlei Hinsicht überfordern. Spätestens dann wird die Industrie auch auf ein anderes Potential an Billigarbeitskräften ausweichen und die Werkstätten für Behinderte links liegen lassen.
Angesichts der Tatsache, daß weder die Wissenselite noch die Fertigungselite auf eine Anstellung in der WfB drängt, sondern dort eher pädagogisch interessierte, sozial denkende und caritativ wohltätig handelnde Menschen Brot und Arbeit suchen und finden, die selbst in irgendeiner Weise vor den Anforderungen und dem Stress auf dem allgemeinen Arbeitsmarkt in den Schonraum WfB geflüchtet sind, stellt sich auch die Frage, ob diese nichtbehinderten Arbeitnehmer durch Fort- und Weiterbildungen sich zeitgleich mit den rasant ansteigenden neuen Anforderungen, wie sie die Wirtschaft und Industrie als Arbeitgeber für die WfB vorgeben wird, ausreichend professionell und tiefgreifend qualifizieren lassen. Ich möchte damit keinesfalls zum Ausdruck bringen, dass in den WfBs ausschließlich zweit-, dritt- oder viertklassig ausgebildete und motivierte Menschen angestellt sind, sondern lediglich darauf hinweisen, dass wir ein ernstes Problem bekommen könnten, wenn diese Arbeitskräfte auf den neuesten Stand der Technik, auf den Takt der Wirtschaft umgeschult werden müssen und es naiv wäre zu glauben, dass von diesem Wissen sofort auch die behinderten Werktätigen in Form von neuen Arbeits- und Beschäftigungsmöglichkeiten profitieren könnten. Bereits hier zeigt sich, dass die WfB in unmittelbarer Zukunft die Aufträge, wie sie von der Industrie vergeben werden, in ihren bisherigen Produktionsabteilungen nicht mehr bewältigen werden, ohne nichtbehinderte Arbeitnehmer daran zu beteiligen.
Analog zu den politisch aktuell eingeforderten „green cards" für hochqualifizierte Experten zur Bewältigung der Anforderungen, die das Informationszeitalter an die Wirtschaft stellt, bräuchte auch die WfB entsprechende Eintrittskarten für nichtbehinderte Menschen. Das klingt fremd, aber die WfB könnte dadurch eine integrationsstarke Entwicklung nehmen, vor allem dann, wenn es ihr gelingt, dass Behinderte und Nichtbehinderte in kooperativer, individualisierter und differenzierter Art und Weise gemeinsam arbeiten und lernen.

Selbst bei einer kultur- und sozialpolitisch optimistischen Sichtweise des Problems scheint es also nur eine Frage der Zeit, wann auch in den Werkstätten für Behinderte die menschliche Arbeit wegrationalisiert wird und die Arbeit aus den Werkstätten für Behinderte verschwindet. Auch das Ausweichen auf den Dienstleistungssektor wird diesen Verlust nicht ausgleichen können. Die Automation hat auch diesen Sektor schon erfasst. Und auch die gerade mal eben angelaufenen Integrationsbemühungen der Werkstätten für Behinderte, geistigbehinderte Menschen auf dem allgemeinen Arbeitsmarkt unterzubringen und nach dem Assistenzmodell dort zu beschäftigen, lassen sich zwar als Beispiele für eine gelungene berufliche Integration anführen und lobpreisen (vgl. hierzu *Markowetz* 2001, 224ff.). Ich denke dabei z.B. an die Hamburger Arbeitsassistenz (vgl. *Doose* 1997), das wegweisende Modell einer sanften beruflichen Integration für Menschen mit Behinderungen aus der Werkstatt hin auf den allgemeinen Arbeitsmarkt auf der Grundlage des hessischen Konzeptionspapiers (HKP) im Bundesland Hessen (vgl. *Jacobs* 2000) oder an den Aufbau von Integrationsfachdiensten (vgl. Hauptfürsorgestelle des Landschaftsverbandes Westfalen-Lippe 1997). Sie lösen aber das Problem, dass uns sowohl auf dem allgemeinen wie auf dem besonderen Arbeitsmarkt die Arbeit ausgehen wird, nicht grundlegend. Darüber hinaus bieten die gegenwärtigen Integrationsbemühungen schwer geistig- und mehrfachbehinderten Menschen bislang kaum berufliche Perspektiven auf dem sog. ersten Arbeitsmarkt (vgl. *Markowetz* 2000a). Ungeachtet der großen Gefahr, dass die heterogene Gruppe der Rehabilitanden der WfB in „Werkstattfähige = Integrationsfähige" und „Nicht-Werkstattfähige = Nicht-Integrationsfähige" auseinanderdividiert wird, werden über kurz oder lang die Folgen für den einzelnen behinderten Menschen dieser Gruppe die gleichen sein. Sie werden zum Träger eines doppelten Stigmas mit doppelten Benachteiligungen: behindert und arbeitslos. Behinderte Frauen werden in der Tradition unseres Denkens dabei noch mehr als Männer betroffen sein.

Insgesamt betrachtet entzieht die neue Armut behinderten Menschen die Lebensgrundlagen, reduziert deren gesellschaftliche Teilhabechancen, sorgt für neue Formen sozialer Abhängigkeiten und führt in eine Isolation, die ihre Identität beschädigt, gesellschaftliche Vorurteile potenziert, das utilitaristische Denken über Kosten und Nutzen behinderter Menschen stabilisiert und schließlich das Lebensrecht erneut zur Disposition stellt (vgl. *Singer* 1994). Angesichts unserer Vergangenheit im Dritten Reich und des ‚comebacks' nationalsozialistischer Denktraditionen, eine Entwicklung, die uns in der Heilpädagogik in besonderer Weise berühr (vgl. *Antor/ Bleidick* 1995). Möglicherweise wird vorübergehend und bis auf Weiteres eine kleine Elite behinderter Menschen im hergebrachten Sinne von Erwerbsarbeit in den Werkstätten noch Brot und Arbeit finden. Ob es dann aber noch Menschen mit geistigen und schwer-mehrfachen Behinderungen sind, für die originär die Werkstatt für Behinderte als Ort ihrer beruflichen Rehabilitation einmal konzeptionell gedacht und etabliert wurde, bleibt mehr als fraglich. Schon heute freuen sich die Werkstätten über jeden „Grenzgänger", der zum richtigen Zeitpunkt aus der Förderschule in die Ober- oder Werkstufe einer Schule für Geistigbehinderte überwechselte, um wenigstens einen geschützten Arbeitsplatz in der WfB als gar keinen zu bekommen, oder der als psychisch behinderter, verhaltensunsicherer Mensch in die WfB kommt und aktiv dabei hilft, die immer größer werdenden Produktionszwänge zu meistern. Im übrigen ein zweiter Hinweis dafür, dass schon heute eigentlich mehr nichtbehinderte Arbeiter in den WfBs mitarbeiten müssten. Angesichts der Zunahme schwerstbehinderter Menschen in den Werkstätten ist dieses Vorgehen zwar verständlich, es löst aber weder das Beschäftigungsproblem und den Anspruch auf berufliche Rehabilitation aller, noch sichert es die Existenz der WfBs, sondern dokumentiert, dass in den WfBs schon gilt, was auf dem „ersten" Arbeitsmarkt kaum noch einer bestreitet: das Ende der Massenarbeit. Die WfBs werden also vermehrt auch darüber wachen müssen, dass sich die Zielgruppe der Rehabilitation nicht unbemerkt verändert und geistig- und mehrfachbehinderte Menschen in den Förder- und Betreuungsbereich abgedrängt werden.

Offenkundig gehört die Zukunft der Arbeit und das Beschäftigungsdilemma für geistigbehinderte Menschen zu den dringendsten Aufgaben, denen sich unser Rehabilitationssystem in Theorie und Praxis stellen muss. Lösen wir es nicht, droht der unkontrollierte Ausverkauf der wichtigsten und dazu noch einzigsten Einrichtung der beruflichen Rehabilitation für Geistigbehinderte. Auf die Hoffnung, dass die Gesellschaft, der Staat und die Industrie noch lange „ein Herz für Behinderte" haben und unser ausdifferenziertes System der Behindertenhilfe protegieren und subventionieren, können und dürfen wir nicht vertrauen. Deshalb sollten wir uns nicht ausschließlich an den traditionellen Arbeits- und Beschäftigungsmodellen, die uns das globale Wirtschaftssystem vorgibt und fortlaufend aktualisiert, orientieren und diese adaptieren und kopieren. Das dürfte uns vielleicht auch gar nicht so schwer fallen, weil wir in den WfBs ohnehin diesen Trends und proklamierten Innovationen stets hinterherlaufen und eigentlich auch gar nicht so schnell reagieren können, wie das für das wirtschaftliche Überleben der WfBs von Nöten wäre. Ich erinnere an dieser Stelle an die historischen Entwicklungslinien der Rehabilitation geistigbehinderter Menschen (vgl. z.B. *Speck* 1993, 13ff.), die uns deutlich aufzeigen, dass die Institutionalisierung Geistigbehinderter in allen Reha-Bereichen immer erst Jahre später stattfand, also nie unmittelbar von den aktuellen Strömungen der Zeit profitierte.

Wenn wir uns also nicht abhängen lassen wollen, sollten wir einerseits den Mut haben tradierte Elemente und Strukturen der WfB entgegen aller Weis- und Vorhersagungen zu erhalten. Andererseits sollten wir einige der denkbaren Zwischenlösungen auf dem Weg zu einer Gesellschaft, die weitgehend ohne Arbeit auskommen wird, überholen und weit voraus denken, richtungsweisende Wege in die Zukunft aufzeigen und diese auch konsequent gehen. Hierzu müssen wir allerdings zunächst einmal unsere tradierten Vorstellungen von Beruf und Arbeit überwinden und das eingleisige Verständnis von Erwerbsarbeit durch eine neue Sichtweise dessen, was Arbeiten und Produktivität von Tätigkeiten bedeutet, austauschen. Deshalb brauchen wir auch Visionen und Utopien, damit wir die Werkstätten für Behinderte neu denken und neu machen können. Wie also könnte die WfB der Zukunft aussehen? Ich will versuchen, Ihnen die Konturen meiner Vorstellungen einer Zukunftswerkstatt aufzuzeigen.

2 Die WfB der Zukunft – Hintergründe, Visionen und Konturen

Die Werkstatt für Behinderte der Zukunft könnte eine Werkstatt sein, in der behinderte und nichtbehinderte Menschen Hand in Hand ökologische, soziale und kulturelle Themen bearbeiten und dabei das soziale Kapital unserer Gesellschaft vermehren. Solche Werkstätten der Zukunft sind gemeindenahe Einrichtungen des zivilen Sektors, die außerordentlich wertvolle Arbeit abwickeln und schon heute einen so großen Beitrag zum Bruttosozialprodukt leisten, dass wir darauf nicht mehr verzichten könnten. Als gläserne Genossenschaftsbetriebe in weitgehender Selbstverwaltung könnten sich solche Werkstätten zu vernetzten Zentren der Lebenszeitgestaltung entwickeln, in dem die unterschiedlichsten sozialen, non-profit Gruppierungen ein sehr breites Spektrum an entlohnten und (noch) nicht entlohnten Tätigkeiten realisieren könnten, sich selbst untereinander vernetzen und aushelfen können, vielfältige Kontakte zu Organisationen, Institutionen, Verbänden, den Kirchen, politischen Gremien usw. aufbauen und in kooperativer Art und Weise nutzen, so dass eine arbeitsfähige, in sich aber nicht geschlossene Infrastruktur entsteht.

Arbeit ist nicht nur etwas, womit man sein Brot verdient, sondern beim Arbeiten werden Menschen in die Gesellschaft integriert. Wenn man also nicht möchte, dass die immer höherwertigere und komplizierter werdende Arbeit von einem immer geringer werdenden Prozentsatz der Bevölkerung erledigt wird und immer mehr davon ausgeschlossen werden, verliert die Gesellschaft unweigerlich einen ihrer basalen Sozialisationsfaktoren, den der

Arbeit. An dem Tatbestand des Endes der Massenarbeit werden wir trotz intensiver Bemühungen zur Abwendung der Arbeitslosigkeit und Schaffung neuer Arbeitsplätze über kurz oder lang nicht viel ändern können. Um so wichtiger wird es das damit verbundene Auseinanderfallen der Gesellschaft und die Spaltung ihrer Mitglieder zu verhindern und eine solidarische Kultur zu entfalten.

Zukunftswerkstätten werden also einen mehrperspektivischen Auftrag zu erfüllen haben. Sie haben eben diesen Sozialisationsraum zu gestalten, die Spaltung der menschlichen Existenz in Arbeit und Freizeit tendenziell aufzuheben und ein ganzheitliches Lebenskonzept in die Normalität zu überführen. Statt die Arbeitszeit auf wenige Stunden am Tag zu reduzieren und die Menschen mit ihrer neuen Freiheit allein zu lassen und in die Freizeit zu entlassen, sollten die Zukunftswerkstätten ein umfassendes, netzwerkorientiertes und wohnortnahes Programm zur Lebenszeitgestaltung anbieten. Das handlungsleitende Motiv könnte lauten: „Lebenszeitgestaltung in sozialer Integration durch produktive Arbeit und sinngebende wie identitätsstiftende Tätigkeiten!"

Für die Umsetzung eines solchen holistischen Konzeptes bedarf es eines egalitären Integrationsverständnisses (vgl. *Schlömerkemper* 1989, 321ff.), das davon ausgeht, dass an alle Menschen, die in solchen Zukunftswerkstätten arbeiten und tätig sein wollen, keine Bedingungen zu stellen sind, damit sie teilhaben dürfen und uneingeschränkt alle Hilfen zu gewähren sind, die notwendig sind, damit behinderte wie nichtbehinderte Menschen sich entwicklungslogisch (vgl. *Feuser* 1995, 121f.) an den Arbeiten und Tätigkeiten beteiligen können. Es versteht sich, dass in solchen Werkstätten der Zukunft das komplexe und ausdifferenzierte System an Hilfen selbst ein unerschöpfliches Reservoir an Arbeits- und Beschäftigungsmöglichkeiten für behinderte wie nichtbehinderte Menschen darstellt und natürlich auch selbst wahrgenommen wird. Auf diesem Wege könnte ein völlig neues, integratives System eines effektiven, qualitativ hochwertigen und kundengerechten ‚peer-supports' entstehen, das auf viele der Angebote, die auf dem freien Markt Behinderten feilgeboten werden und irgendwie bezahlt werden müssen, getrost verzichtet werden kann. Warum sollten integrativ geführte Werkstätten, die unterschiedlichsten Dienste, die sie zur Bewältigung der heterogen zusammengesetzten Werkstatt-Teams selbst in Anspruch nehmen müssen, nicht auch selbst leisten und in die eigene Tasche wirtschaften können? Zu viele der Dienste für Behinderte obliegen freien, privat geführten Firmen, die - ich drücke es einmal salopp aus- mit Behinderten Geschäfte machen und sich schon eine goldene Nase verdient haben (wie das beispielsweise bei vielen Behindertenfahrdiensten, die immer noch mit der Magnettafel ‚Behindertentransport' auf ihren schmucken Bussen umherfahren, der Fall ist), ohne einmal darüber nachgedacht zu haben, einige der Personen, die sie über Jahre hinweg zur Sonderschule gefahren haben, später einzustellen und ihnen eine berufliche Perspektive zu geben. Solche Dienste gilt es zurück zu erobern oder konsequent in integrative Firmen umzuwandeln, in der genauso wie in den WfBs - unabhängig von Art und Schwergrad der Behinderung - behinderte und nichtbehinderte Menschen gemeinsam arbeiten.

Solche eine Werkstatt der Zukunft kann demnach weder ein Erwerbsbetrieb allein, noch ausschließlich ein Rehabilitationsbetrieb sein. Sie braucht eine hohe Elastizität zwischen entlohnten oder sogenannten monetisierten Tätigkeiten, also jenen, für die ein Auftraggeber Geld bezahlt und eben den nicht entlohnten oder nichtmonetisierten Tätigkeiten, also all jenen Tätigkeiten, für die potenziell zwar etwas bezahlt werden könnte, weil sie einen gewissen Tauschwert besitzen. Wenn also ein Industrieunternehmen für die Serienfertigung eines Teiles in der Kette eines zum Verkauf angebotenen Produktes oder die Kommune für die Mitwirkung bei der Pflege der städtischen Grünanlagen Geld bezahlt, handelt es sich um monetisierte Tätigkeiten, die insgesamt - und wie eingangs allerdings schon mehrfach angedeutet - zurückgehen und dafür um so anspruchsvoller werden. Wenn eine geistigbehinderte Frau einen ihr aus der betreuten Wohngruppe gut bekannten Arbeitskollegen, der öfter einmal ausrastet, mit zuverlässiger Regelmäßigkeit beruhigt und alleine solange betreut, bis beide wieder ihre eigentliche Produktionsarbeit aufnehmen können, wäre das ein Beispiel für eine nicht-monetisierte Tätigkeit am Arbeitsplatz WfB. Es gibt aber auch Beispiele, die sich außerhalb der WfB abspielen. Zum Beispiel, wenn Behinderte regelmäßig im Haushalt helfen, den Fuhrpark der Behinderteneinrichtung waschen und polieren oder in plakativ autistischer Manier die farbigen Mülleimer, welche die Müllabfuhr zwar geleert, aber danach nicht ordentlich geparkt hat, ein zweites mal nach Farben, Größe und Recyclingbedarf sortieren und an den richtigen Ort schieben, dafür aber nicht oder nur gelegentlich finanziell entlohnt werden.

Schließlich spielt im Gefüge des Entlohnungs- und Belohnungssystems der WfBs noch eine dritte Form der Anerkennung für geleistete Arbeiten eine wesentliche Rolle, die der sog. nichtmonetarisierten Tätigkeiten. Das sind Tätigkeiten, die weder einen impliziten, noch einen expliziten Tauschwert haben und sich deshalb eigentlich nicht in Geld umrechnen und quantifizieren lassen. Es sind also Dinge, die wir tun, für die wir nichts verlangen können oder für die nichts oder nicht angemessen bezahlt wird, obwohl sie für uns persönlich von großer Wichtigkeit und Bedeutung sind. Gerade die nichtmonetarisierten Tätigkeiten sind es, die uns als Konsumenten in eigenwilliger, oft unbemerkter Art und Weise neuerdings von den Produzenten wieder aufgebürdet und abverlangt werden. Denken Sie z.B. an die Einführung von Bankautomaten, an die Endmontage vieler Artikel im Heimwerkerbereich, an die elektronischen Waagen die sie selbst in Einkaufsmärkten bedienen müssen, wenn Sie Obst einkaufen. Plötzlich sind wir irgendwie involviert und finden uns als Konsumenten inmitten eines Teils des Produktionsprozesses wieder. Der Zukunftsforscher Alvin *Toffler* sprach bereits 1972 in seinem Buch „Der Zukunftsschock" von dieser neuen Rolle der Konsumenten als Prosumenten. Der richtige Gebrauch und die effektive Nutzung der auf dem Markt feilgebotenen Produkte setzt sozusagen einen immer größeren Anteil an nichtmonetarisierten Eigenleistungen voraus. Es ist also auch an der Zeit den ökonomischen Wert, dessen was da geleistet wird gebührend anzuerkennen, die hierzu notwendigen schöpferischen Kräfte als wirtschaftlich wertvollen und bedeutenden Faktor in unser Denken einzubeziehen und als Arbeit zu definieren. Alle Tätigkeiten, besonders jene, die der individuellen Lebenszeitgestaltung dienen, dem Alltag Sinn und Struktur geben, in besonderer Weise die Persönlichkeit des Menschen stärken und dabei identitätsstiftend wirken und die soziale Systeme stabilisieren, gilt es wieder- oder neu zu entdecken. Was wir brauchen ist ein Bewusstsein für die Gleichstellung des wirtschaftlichen Wertes materieller und ideeller Produkte. Schon heute stehen allein in den alten Bundesländern 48 Milliarden Stunden bezahlter Erwerbsarbeit 76 Milliarden Stunden nicht bezahlter Tätigkeiten gegenüber und schon für 1991/92 schätzte das Statistische Bundesamt den ökonomischen Wert der Bürgerarbeit in der BRD auf rund 75 Milliarden Mark (vgl. *Philipp* 2000). Würde man alle unbezahlten Tätigkeiten auf der Basis von impliziten Tauschwerten monetarisieren, würde sich das Bruttoinlandsprodukt um ein Drittel erhöhen. Auch in Amerika tragen schon heute Tätigkeiten im zivilen Sektor zu mehr als 6 Prozent des Bruttosozialproduktes bei und rund 10, 5 Prozent aller Arbeitskräfte sind bereits im zivilen Sektor beschäftigt (vgl. *Rifkin* 1999, 56). Auch bei uns könnten immer mehr Menschen im zivilen Sektor Bürgerarbeit finden.

Es liegt also auf der Hand, dass nichtmonetisierte Tätigkeiten eine enorme wirtschaftliche Kraft mit einer gewaltigen monetären Wertsumme haben und ein wesentliches, unverzichtbares Element für das Funktionieren der monetisierten Welt sind. Wir können deshalb nicht länger über sie hinwegsehen, sondern müssen sie in unser Denken und Handeln miteinbeziehen. Das Reservoir nichtmonetisierter Tätigkeiten bietet sehr vielseitige alternative Beschäftigungsmöglichkeiten für behinderte wie für nichtbehinderte Menschen und damit die Chance für einen integrativen Vollzug. Darüber hinaus überwinden nichtmonetisierte Tätigkeiten leichter die Grenzen institutionalisierter Angebote, schaffen ein soziales Netzwerk und eine solidarische Infrastruktur. In jedem Fall haben wir das Problem der Monetisierung bislang nicht entlohnter Tätigkeiten zu lösen. Was wir brauchen ist ein hoch individualisiertes System der Entlohnung, das über den tatsächlichen und fiktiven Wert aller

Tätigkeiten, die im Verlauf eines Monates geleistet wurden sehr feinfühlig entscheidet und in eine Geldsumme transferiert, die als Nettoeinkommen deutlich über dem Existenzminimum verlässlich zur Verfügung steht und von den Arbeitnehmer frei ausgegeben werden kann. Die Mittel zur Schaffung von neuen Arbeitsplätzen im Non-Profit-Sektor und zur finanziellen Entlohnung bislang nichtmonetisierten Tätigkeiten können nur aus dem Wohlstand bereitgestellt werden, den der High-Tech-Markt als das essentielle Wirtschaftssystem des auf uns zukommenden Informationszeitalters produziert. An dieser postmodernen kapitalistischen Wirtschaftsform werden die Arbeitermassen nicht mehr beteiligt sein. Das bedeutet, dass immer weniger Menschen, sozusagen eine privilegierte neue Schicht und kleine Elite an Wissensarbeitern und Symbolanalytikern, eine ganze Nation, ein vereintes Europa und eine Welt ernähren und mit Luxusgütern versorgen wird. Es wird deshalb in ganz entscheidendem Maße davon abhängen, ob und wie dieses Marktkapital sozialverträglich und gerecht auf alle Gesellschaftsmitglieder verteilt wird. Wird die Frage bejaht, steht fest, dass dann für all jene Menschen - ob behindert oder nichtbehindert-, deren traditionelle Produktivkraft nicht mehr gebraucht wird, ein entsprechender Ausgleich geschaffen werden muss. Spätestens hier stellen wir fest, dass die Gestaltung der Zukunft der Arbeit für den Staat eine Gratwanderung zwischen Kapitalismus und Sozialismus sein wird, eine qualitativ hochwertige Integrations- und Balanceleistung zwischen monetisierten und nichtmonetisierten Tätigkeiten darstellt und ein sozialverträgliches und gerechtes Wirtschafts- und Beschäftigungssystem braucht, das zwischen dem „neuen Wohlstand" und der „neuen Armut" vermitteln kann und ein lebenswertes Leben für ALLE zu gestalten vermag. Können wir eine solche konkrete soziale Utopie nicht herstellen und die gesellschaftlich produzierten Ungleichheiten nicht angemessen ausbalancieren, provozieren wir soziale Unruhen und rufen kriminelle, undemokratische und inhumane Entwicklungen auf den Plan. Möglicherweise könnten solche Folgen der technischen Revolution sogar eine gesellschaftliche Revolution der Massen auslösen, die von diesem System vor die Tür und auf die Straße gesetzt wurden, aber als Absatzmarkt missbraucht werden. Adel verpflichtet, so heißt es schon in einem Werbeslogan. Kommt der Adel des Informationszeitalters seinen sozialen Verpflichtungen nicht nach und lässt die Massen nicht an den Produktivitätszuwächsen der technischen Revolution angemessen teilhaben, geraten wir in den Strudel der Risikogesellschaft. Stellen wir uns abschließend die Gesellschaft bildlich als einen Hocker mit drei Beinen vor: Markt, Staat und ziviler Sektor. Wenn wir wollen, dass der Hocker nicht umkippt, dürfen weder Markt noch Staat ihr drittes Bein, den zivilen Sektor amputieren, sondern das bereits angebrochene Bein schienen und umfassend rehabilitieren, damit uns soziales Kapital als unverzichtbare Grundlage menschlicher

Existenz erhalten bleibt und wir unsere Hoffnungen auf eine Chancengesellschaft nicht begraben müssen.

3 Fazit, Ausblick und Forderungen

Zu einer Zeit, in der es der Geistigbehindertenpädagogik (vgl. z.B. *Markowetz* 2000a) gerade mal ansatzweise gelungen ist, die Öffentlichkeit davon zu überzeugen, dass Menschen mit einer geistigen Behinderungen einer sinnerfüllten wie produktiven Arbeit in den Werkstätten für Behinderte nachgehen, ja bisweilen sogar auf dem ersten Arbeitsmarkt erfolgreich mitarbeiten können (vgl. z.B. *Barlsen/ Hohmeyer* 1997), bedrohen die Prognosen über die Zukunft der Arbeit (*Giarini/ Liedtke* 1998) in einem noch nicht klar überschaubaren Ausmaß das System der beruflichen Rehabilitation in ihrer Existenz.

Es wäre naiv zu glauben, dass das Beschäftigungsdilemma und die Arbeitslosigkeit vor den Werkstätten für Behinderte Halt machen. Schleichend und fast unbemerkt hat sich die Auftragslage, die Werkstattarbeit für Geistigbehinderte und das Gesicht der Werkstätten verändert. Schon längst bestimmen die Krisen am Ausbildungs- und Arbeitsmarkt und staatliche Einsparprogramme die Maßnahmen der beruflichen Rehabilitation. Trotz anhaltender Forderungen nach Integration, wird es für Geistigbehinderte immer schwieriger, eine adäquate Beschäftigung auf dem ersten, allgemeinen Arbeitsmarkt zu finden. Nur die besten unter ihnen haben derzeit ein Chance, die WfB in Richtung eines Arbeitsplatzes in der freien Wirtschaft zu verlassen und tariflich entlohnt zu werden. Inwieweit Integrationsfachdienste, die das Konzept der „Unterstützten Beschäftigung" (*Trost* 1994) praktisch umzusetzen versuchen, die Lücke zwischen WfB und allgemeinem Arbeitsmarkt schließen können, kann derzeit noch nicht beurteilt werden. Zumindest wecken sie neue Hoffnungen auf eine umfassende Eingliederung und versprechen zumindest etwas von dem einzulösen, was den WfBs bislang nicht gelungen ist: die praktische Umsetzung des definierten Auftrags der beruflichen Rehabilitation und sozialen Integration. Diese Entwicklungen bleiben nicht ohne Folgen. Schon wird die institutionelle Förderung der WfBs in Frage gestellt und entgegen aller bisherigen rehabilitationspolitischen Positionen der erste Arbeitsmarkt zum allgemeinen Therapeutikum für behinderte Menschen erklärt (vgl. *Sackarendt* 2000, 2). Plötzlich bestimmen Konkurrenz und Wettbewerb die rehabilitative Landschaft und unterspülen eine der drei tragenden Säulen der beruflichen Rehabilitationseinrichtungen unseres Rehabilitationssystems: die Werkstätten für Behinderte (vgl. *Cramer* 1997).

Das Konzept der Werkstätten hat sich historisch überholt. Die Werkstätten sind sich uneins, ob sie nun Erwerbsbetriebe, die den Gesetzen der Markwirtschaft folgen müssen oder Rehabilitationseinrichtungen sind, die pädagogisch denken, handeln und fordern dürfen. Die Zunahme schwer geistig- und mehrfachbehinderter Menschen in unserer Gesellschaft und der Rechtsanspruch auf einen Werkstattplatz verschärfen diese Orientierungslosigkeit. Doch statt die Werkstätten weiter zu entwickeln, nach außen zu öffnen und konstruktiv darüber nachzudenken, wie sich die hohen Kosten, die diese Eingliederungseinrichtungen tatsächlich verursachen, zu Zeiten leerer Staatskassen senken und angleichen lassen, ohne dabei den formulierten Anspruch und die Qualität der Rehabilitation aufzugeben, reagiert man in gewisser Weise beleidigt auf jene Stimmen, die zwischenzeitlich die wirtschaftliche wie heilpädagogische Effizienz und Qualität des Systems WfB hinterfragen und anzweifeln. Immer mehr Eltern geistigbehinderter Kinder stellen sich die Frage nach dem Sinn und Nutzen einer aufwendigen und langjährigen schulischen Förderung und beruflichen Erstausbildung unter weitgehend desintegrativen Verhältnissen in speziellen Sondereinrichtungen, wenn diese in ein Leben ohne Erwerbsarbeit münden und keine sozialintegrativen Perspektiven eröffnen. Und auch die Stimmen aus der heilpädagogischen Theorie verbreiten eher Resignation, wenn sie ventilieren, dass Geistigbehinderte „per definitionem nicht in die offene Wirtschaft integrierbar" sind und deshalb besser in speziellen hotelähnlichen Institutionen als Gäste untergebracht wären, in denen für ihr „leibliches und seelisches Wohlergehen gesorgt wird" (vgl. *Kobi* 1999, 28). Es ist deshalb an der Zeit die Werkstätten für Behinderte neu zu denken und zu machen. Was wir dringend brauchen sind konkrete Utopien, die auf der Grundlage wirtschaftswissenschaftlicher Analysen (vgl. z.B. *Alfred Herrhausen Gesellschaft* 1994; *Delsen* 1995; *Giarini/ Liedke* 1998; *Hoffmann/ Kramer* 1994; *Montada* 1994; *Robertson* 1985; *Then* 1994) und gesellschaftskritischer Positionen (vgl. z.B. *Beck* 1986; *Beck/ Giddens/ Lash* 1999; *Giddens* 1999) die konventionellen Ansätze und den verengten Blick auf den rein ökonomischen Aspekt der Arbeit überwinden.

Ein solches alternatives Denk- und optimistisch-visionäres Zukunftsmodell habe ich vorzustellen und zu skizzieren versucht. In diesem Sinne könnten die Werkstätten der Zukunft gemeindenahe Einrichtungen des zivilen Sektors sein, in der behinderte und nichtbehinderte Menschen Hand in Hand ökonomische, ökologische, soziale und kulturelle Themen bearbeiten. Zahlreiche Tätigkeiten des zivilen Non-Profit-Sektors könnten in und über solche Werkstätten organisiert und praktisch umgesetzt werden und damit einen wichtigen, gesellschaftlich wertgeschätzten Beitrag zum Bruttosozialprodukt leisten sowie das soziale Kapital in unserer Gesellschaft vermehren. Insgesamt geht es um die Realisierung eines Modells der integrativen Lebenszeitgestaltung und den sukzessiven Auf- und Ausbau eines mehrdimensionalen Arbeitszeitmodells, das den Dualismus zwischen Freizeit und Arbeit überwindet (vgl. hierzu *Opaschowski* 1990, 74ff.) und die Lebenszeiten, die für bezahlte Arbeit, nichtmonetisierte Arbeit und nichtmonetarisierte Arbeit verbracht werden, zu einem neuen Lebenszyklus trianguliert (vgl. *Giarini/ Liedtke* 1998, 119). Dieses Modell sorgt einmal für eine Neuverteilung und Neubewertung von Arbeit. Zum anderen lassen sich die Arbeitsbelastungen, Arbeitsmengen und -intensitäten sowie die Arbeitszeiten außerordentlich flexibel und fein auf die individuellen Bedürfnisse und den jeweiligen Entwicklungsstand jener Subjekte abstimmen, die in den Zukunftswerkstätten Bürgerarbeit finden könnten. Eine solche entwicklungsbezogene Individualisierung erlaubt es, dass behinderte Menschen unabhängig von Art und Schweregrad ihrer Behinderung auf ihrem jeweiligen Entwicklungsniveau in kooperativer Weise gemeinsam mit nichtbehinderten Menschen arbeiten und dabei von- und miteinander lernen können (vgl. hierzu *Feuser* 1995, 168ff.). Hierzu bedarf es materieller und personeller Hilfen, deren Zur-Verfügung-Stellung selbst einen Markt für bezahlte Arbeiten genauso wie für ehrenamtliche Tätigkeiten darstellt, die prinzipiell aber monetisiert werden könnten. Des weiteren müssen wieder didaktisch-methodische Dimensionen (vgl. *Markowetz* 2000b) als unverzichtbare Elemente einer Rehabilitationspädagogik, welche die Heterogenität der Bürgerarbeit kompetent zu bewältigen hat, in den Mittelpunkt unseres Interesses rücken.

Literatur:

Alfred Herrhausen Gesellschaft (Hrsg.): Arbeit der Zukunft – Zukunft der Arbeit. Stuttgart 1994.
Antor, G./*Bleidick*, U.: Recht auf Leben-Recht auf Bildung. Aktuelle Fragen der Behindertenpädagogik. Heidelberg 1995.
Barlsen, J.; *Hohmeier*, J.: „Unterstützte Beschäftigung" – ein neues Element im System der beruflichen Eingliederung von Menschen mit Behinderungen. Gemeinsam Leben 5(1997)2, 56-58.
Beck, U.; *Giddens*, A.; *Lash*, S.: Reflexive Modernisierung. Eine Kontroverse. Frankfurt/Main 1996.
Beck, U.: Risikogesellschaft. Frankfurt/Main 1986.
Bundesanstalt für Arbeit: Berufliche Rehabilitation. Merkblatt 12. Nürnberg 1990.
Cramer, H.H.: Werkstätten für Behinderte: Die Rechtsgrundlagen. München 1997.
Delsen, L.: Atypical Employment. An International Perspective. Groningen 1995.
Doose, S.: Stand der Entwicklung und Zukunft von „Unterstützter Beschäftigung" in Deutschland. Gemeinsam Leben 5(1997) 2, 84-88.
Feuser, G.: Behinderte Kinder und Jugendliche zwischen Integration und Aussonderung. Darmstadt 1995.
Giarini, O./*Liedtke*, P. M.: Wie wir arbeiten werden. Der neue Bericht an den Club of Rome. Hamburg 1998.
Giddens, A.: Der dritte Weg. Die Erneuerung der sozialen Demokratie. Frankfurt/Main 1999.

Hauptfürsorgestelle des Landschaftsverbandes Westfalen-Lippe (Hrsg.): Monetäre Kosten-Nutzen-Analyse von Fachdiensten zur Integration von Menschen mit geistigen Beeinträchtigungen auf dem allgemeinen Arbeitsmarkt. Münster 1997.

Hoffmann, H.; *Kramer*, D.: Arbeit ohne Sinn? Sinn ohne Arbeit? Weinheim 1994.

Jacobs, J.: Beruf ist das Rückgrad des Lebens. Reader zur 1. Bundesweiten Fachtagung der Gesellschaft für Erwachsenenbildung und Behinderung im Kooperationsverbund mit dem Projekt Berufliche Integration vom 13.-15. Juni 1996. Frankfurt/Main 1997.

Klauß, T.: Probleme und Perspektiven der aktuellen Geistigbehindertenpädagogik. Zeitschrift für Heilpädagogik 47 (1996) 6, 233-242.

Kobi, E.E.: Geistigbehindertenpädagogik: Vom pädagogischen Umgang mit Unveränderbarkeit. Geistige Behinderung 38(1999) 1, 21-29.

Krispin, J.: Die Werkstatt für Behinderte und alternative Beschäftigungsmöglichkeiten für Menschen mit Behinderungen. Mainz/Aachen 1997.

Markowetz, R.: Vorurteil. In: Bundschuh, K.; Heimlich, U.; Krawitz, R. (Hrsg): Wörterbuch Heilpädagogik. Bad Heilbrunn/Obb. 1999, 311-316.

Markowetz, R.; *Cloerkes*, G. (Hrsg.): Freizeit im Leben behinderter Menschen. Theoretische Grundlagen und sozialintegrative Praxis. Heidelberg 2000.

Markowetz, R.: Berufliche Integration für Menschen mit schwersten geistigen Behinderungen und gravierenden Verhaltensproblemen – (k)ein Thema für die Integrationspädagogik?! In: Hovorka, H.; Sigot, M. (Hrsg.): Integration(spädagogik) am Prüfstand. Behinderte Menschen außerhalb von Schule. Innsbruck/Wien/München 2000a, 159-194.

Markowetz, R.: Berufliche Rehabilitation und alternative Beschäftigungsmöglichkeiten für Menschen mit schwer(st)en geistigen Behinderungen und gravierenden Verhaltensstörungen – Erfahrungen und Erkenntnisse aus dem FARM-Projekt. In: Kipp, M.; Stach, M.(Hrsg.): Workshop Berufliche Rehabilitation im Umbruch – Konsequenzen für Berufsbilder, Ausbildung und Unterricht. Neusäß 2000b, 137-174.

Markowetz, R.: Soziale Integration von Menschen mit Behinderungen. In: Cloerkes, G., Soziologie der Behinderten. Eine Einführung. Unter Mitwirkung von Reinhard Markowetz. 2., neu bearb. und erw. Auflage. Heidelberg 2001, 171-232.

Montada, L.: Arbeitslosigkeit und soziale Gerechtigkeit. Frankfurt/Main 1994.

Opaschowski, H.W.: Pädagogik und Didaktik der Freizeit. Opladen 1990.

Philipp, A.: Zahlen zur Bürgerarbeit. In: Mannheimer Morgen, Ausgabe vom 15. März 2000:

Rifkin, J.: Die Arbeit verschwindet aus den Fabriken. Future (1999)3, 54-56.

Robertson, J.: Future Works – Jobs, Self-Employment and Leisure after the Industrial Age. London 1985.

Sackarendt, B.: Sind Werkstätten veränderungsfähig oder wandlungsresistent? Thesen zur Situation der „Werkstatt für Behinderte" Frankfurt/Main (BAG WfB) 2000.

Schlömerkemper, J.: Pädagogische Integration. Über einen schwierigen Leitbegriff pädagogischen Handelns. Die Deutsche Schule 81(1989), 316-329.

Singer, P.: Praktische Ethik. Stuttgart 1994.

Speck, O.: Arbeit für Menschen mit geistiger Behinderung. Zur Orientierung 22 (1998)1, 5-7.

Speck, O.: Menschen mit geistiger Behinderung und ihre Erziehung. Ein heilpädagogisches Lehrbuch. München/Basel 1993.

Then, W.: Die Evolution der Arbeitswelt. Bonn 1994.

Toffler, A.: Der Zukunftsschock. Stuttgart 1972.

Trost, R.: „Unterstützte Beschäftigungsverhältnisse" für Menschen mit geistiger Behinderung. Gemeinsam Leben, 2 (1994)3, 104-110.

Ines Simbrig, Andreas Schmal, Mathilde Niehaus

Einstellungen, Verhaltensintentionen und berichtete Verhaltensweisen gegenüber Mitarbeitern mit Handicap im betrieblichen Kontext

1 Einleitung

Die Integration von Mitarbeitern mit Handicap im Unternehmen ist sowohl von betrieblicher als auch von sozialpolitischer Relevanz. Die sozialpolitische Relevanz belegen einschlägige Daten aus der Arbeitsmarktforschung (vgl. *Niehaus/ Montada* 1997): Demnach sind Menschen mit Behinderungen von Arbeitslosigkeit stärker betroffen als nicht behinderte Menschen. Verschärft wird das Problem noch dadurch, dass es Menschen mit Behinderungen weniger als anderen gelingt, eine eingetretene Arbeitslosigkeit zu beenden. Auf der betrieblichen Ebene wächst der Problemdruck im Sinne einer ‚Scherenentwicklung'. Einerseits steigt die Zahl anerkannt schwerbehinderter Menschen an, andererseits geht die Zahl geeigneter Arbeitsplätze im Sinne von ‚Leichtarbeitsplätzen' im Zuge von Rationalisierungsmaßnahmen, Outsourcing und ‚schlanken' Strukturen zurück.

Weitere gesellschaftliche und politische Entwicklungen verschärfen den Druck zur betrieblichen Integration zusätzlich: So ist zu bedenken, dass die überwiegende Mehrzahl der in Unternehmen beschäftigten schwerbehinderten Mitarbeiter nicht extern rekrutiert wurde, sondern ihre Behinderung im Laufe des Berufslebens, oft auch durch eine belastende Arbeitstätigkeit selbst, erworben hat. Im Zuge der allgemeinen demographischen Entwicklungen werden Belegschaften im Durchschnitt aber älter, was auch erwarten lässt, dass Behinderungen bei Mitarbeitern zunehmen (vgl. *Schmal* 1993). Neben den anerkannt schwerbehinderten Mitarbeitern kommen langzeitkranke und leistungsgewandelte Mitarbeiter/innen hinzu, die integriert werden müssen.

Wenn nun Aktualität und Dringlichkeit von betrieblichen Integrationsbemühungen als gegeben anzusehen sind, stellt sich die Frage nach Realisierungsmöglichkeiten und -strategien. Hier spielen die Einstellungen der betrieblichen Akteure (z.B. Vorgesetzte, Kollegen, Personaler) im Sinne von affektiv-emotionalen und kognitiven Reaktionen und Verhaltensbereitschaften gegenüber der Gruppe von Mitarbeitern mit Behinderungen eine wichtige Rolle. Nach *Seifert/ Stangl* (1981) können negative Einstellungen die betriebliche Integration stärker einschränken als die eigentliche Behinderung oder Erkrankung selbst. Auch die WHO betont, dass die Teilhabe von Menschen mit Handicap am Erwerbsleben durch Umweltfaktoren wie Einstellungen, Werte und Überzeugungen von Menschen „beeinträchtigt oder unterstützt" wird (*WHO* 2001, 1). Für die Praxis der innerbetrieblichen Integration bedeutet dies, dass die Suche und Zuweisung eines Arbeitsplatzes für den Mitarbeiter mit Handicap entsprechend seiner Qualifikation sowie die Aufnahme als vollwertiges Mitglied der Arbeitsgruppe bzw. Abteilung auch von den Einstellungen der jeweiligen beteiligten Akteure abhängt.

2 Was sind Einstellungen?

Nach *Eagly/ Chaiken* (1993, zit.n. *Stahlberg/ Frey* 1996, 221) ist eine Einstellung eine „psychologische Tendenz, die sich in der Bewertung einer bestimmten Entität durch ein gewisses Maß an Wohlwollen oder Missfallen ausdrückt ... Die Bewertung bezieht sich auf alle Klassen bewertender Reaktionen, sowohl offene als auch verdeckte, kognitive, affektive oder verhaltensbezogene." In Anlehnung an diese Definition liegt auch diesem Beitrag ein weiter gefasstes Verständnis von Einstellungen zugrunde, das Verhaltensintentionen und -weisen gegenüber behinderten Mitarbeitern mit einbezieht und somit eine kognitive, eine affektive und eine verhaltensbezogene Komponente enthält.

Das Modell legt nahe, dass es zwischen den drei Komponenten Zusammenhänge gibt. Allerdings zeigt die empirische sozialpsychologische Forschung, dass diese Zusammenhänge nicht deterministischer Natur sind (vgl. *LaPière* 1934), sondern dass es eine Reihe von weiteren Einflüssen gibt, die das Verhältnis von Einstellung und tatsächlichem Verhalten beeinflussen und moderieren. *Myers* (1999) hat diese Beziehung anschaulich in einem Schaubild festgehalten (vgl. Abb. 1).

Für den vorliegenden Beitrag gilt es deshalb zu berücksichtigen, dass die empirisch ermittelten Einstellungen gegenüber Mitarbeitern und Mitarbeiterinnen mit Handicap nicht mit dem tatsächlich gezeigten Verhalten im betrieblichen Kontext gleichgestellt werden dürfen. Wohl aber sind sie als eine Komponente oder Prädiktor des Verhaltens zu verstehen, die sowohl im

Rahmen möglicher Interventionen als auch für die wissenschaftliche Erklärung von Verhaltensweisen zu berücksichtigen sind.

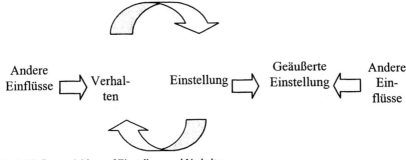

Abb. 1: Einflussvariablen auf Einstellung und Verhalten

3 Begriffsklärung: Mitarbeiter mit Handicap

Die im Rahmen dieser Untersuchung verwendete Bezeichnung ‚Mitarbeiter mit Handicap' wurde gewählt, um die verschiedenen Mitarbeitergruppen mit Behinderungen oder Erkrankungen im betrieblichen Kontext zu vereinheitlichen. Auf eine Differenzierung nach schwerbehinderten Menschen, gleichgestellten Mitarbeitern, langzeitkranken oder leistungsgewandelten Mitarbeitern musste aus methodischen und pragmatischen Gründen verzichtet werden, da in den einzelnen Unternehmen teilweise auf unterschiedliche Art und Weise festgelegt wird, wer unter welche Kategorie fällt (vgl. *Schmal* u.a. 2001). Dennoch gilt zu bedenken, dass sich in der bisherigen Forschung immer wieder zeigte, dass Einstellungen und Verhaltensweisen gegenüber Menschen mit Handicap auch von der Art der Behinderung oder Erkrankung abhängen (vgl. *Tröster* 1990).

Sprachlich und inhaltlich gesehen soll der Begriff ‚Mitarbeiter mit Handicap' verdeutlichen, dass es sich bei den Betroffenen in erster Linie um Mitarbeiter, d.h. Mitglieder des Unternehmens handelt. Der Zusatz ‚mit Handicap' wurde in Anlehnung an die Definition von Behinderung der *WHO* (2001) gewählt und soll die soziale Benachteiligung aufgrund von eigentlicher Behinderung bzw. Krankheit und den daraus entstehenden Einschränkungen aufgreifen.

4 Methodisches Vorgehen

Die dieser Untersuchung zugrundeliegenden Daten wurden in fünf deutschen Automobilwerken unter der Fragestellung erhoben, welche Ansätze betrieblicher Beschäftigungsförderung für (schwer-)behinderte Mitarbeiter in den Unternehmen bestehen und wie diese hinsichtlich ihrer Effektivität, Praktikabilität und Akzeptanz von den betrieblichen Akteuren bewertet werden (vgl. *Niehaus* u.a. 2001). Dazu wurden 23 halbstrukturierte Interviews mit verschiedenen betrieblichen Funktionsträgern (Vertreter der Schwerbehindertenvertretung, Mitglieder von Personalabteilung und Betriebsrat, direkte Vorgesetzte, Vertreter von Planungsabteilung und Werksleitung, Werksärzte sowie Abteilungsleiter und ein Leiter einer innerbetrieblichen Reha-Abteilung) geführt (vgl. *Schmal* u.a. 2001).

Bei der Auswertung der Interviews zum Thema Beschäftigungsförderung und -sicherung zeigte sich, dass in den Gesprächen nicht nur über bestehende Maßnahmen wie z.B. stufenweise Wiedereingliederung oder Arbeitsplatzbegehungen berichtet wurde, sondern auch über Einstellungen und Verhaltensweisen gegenüber Mitarbeitern mit Handicap. Die Interviewdaten wurden mittels qualitativer Inhaltsanalyse (vgl. *Mayring* 2000) unter Zuhilfenahme des Programms ATLAS/ ti ausgewertet. Da die Befragten nicht direkt nach ihren Einstellungen gefragt wurden, handelt es sich um eine nichtreaktive Messmethode, die ‚Impression-Management-Motiven' weniger unterliegen als direkte Selbsteinschätzungsmethoden (vgl. *Stahlberg/ Frey* 1996).

5 Ergebnisse

Im Folgenden werden auf Basis der Datenauswertung ausgewählte Aspekte dargestellt. Es geht zum einen um Kollegen und direkte Vorgesetzte, die in Arbeitsgruppen täglich Kontakt mit Mitarbeitern mit Handicap haben und zum anderen um Vertreter von Personalabteilung und Arbeitgeberseite (Werksleitung, Arbeitgeberbeauftragte, Abteilungsleiter), die Entscheidungen hinsichtlich der Beschäftigung von Mitarbeitern mit Handicap treffen.

Die folgende Analyse bezieht sich sowohl auf Aussagen verschiedener Funktionsträger zu Einstellungen und Verhaltensweisen, die die eigene Person betreffen als auch auf solche, die bei anderen betrieblichen Akteuren wahrgenommen werden.

5.1 Betriebliche Vorgesetzte und Kollegen

5.1.1 „Behinderte Mitarbeiter sind eine Belastung für die Gruppe"

In den Aussagen der betrieblichen Vorgesetzten und Kollegen kristallisiert sich ‚Belastung' als eine Auswertungskategorie heraus. Hierbei können die Aussagen weiter differenziert werden in die Subkategorien
- geringere Leistungsfähigkeit,
- übernehmen von Arbeit,
- geringe Flexibilität,
- erhöhter Betreuungsaufwand,
- negatives Gruppenimage und
- hohe Fehlzeiten,

die im Folgenden kurz erläutert werden. In den durchgeführten Interviews wird von Leistungsvorgaben gesprochen, die von den Arbeitsgruppen eingehalten werden müssen. Es wird außerdem von zusätzlichem innerbetrieblichen Wettbewerb gesprochen, dem sich Arbeitsgruppen stellen müssen. Dieser Wettbewerbsdruck übertrage sich dann auf direkte Vorgesetzte und andere Gruppenmitglieder. Die genannten Faktoren tragen dazu bei, dass Mitarbeiter mit Handicap aufgrund einer tatsächlichen oder zugeschriebenen geringeren Leistungsfähigkeit als Belastung wahrgenommen werden. Aufgrund der Leistungsvorgaben in Arbeitsgruppen würden Mitarbeiter ohne Handicap für ihre eingeschränkten Kollegen oft Arbeit übernehmen müssen. Dies werde z.T. auf informeller Basis geregelt, sei aber aufgrund der resultierenden Mehrarbeit für die anderen ein Auslöser für Spannungen und Unmut in der Arbeitsgruppe.

Weiterhin wird berichtet, dass es nur schwer möglich sei, Mitarbeiter mit Handicap flexibel in Arbeitsgruppen einzusetzen. Ferner werden der erhöhte Betreuungsaufwand sowie Rücksichtnahme auf die betreffenden Mitarbeiter und hohe Fehlzeiten von Mitarbeitern mit Handicap als Belastung für die Gruppe betrachtet. Zusätzlich würden Mitarbeiter mit Handicap von Führungskräften und Arbeitskollegen oftmals als ‚Makel' im Sinne eines negativen Gruppen- oder Abteilungsimages betrachtet.

5.1.2 „Den können wir hier nicht brauchen"

In den durchgeführten Befragungen berichten verschiedene Unternehmensbeteiligte, dass Beschimpfungen und diskriminierende Bezeichnungen, Mobbing bzw. Ausüben von psychischem Druck sowie Handgreiflichkeiten in Arbeitsgruppen ausgeübt werden. Vor allem würden Mitglieder der Arbeitsgruppe auf eingeschränkte Leistungsfähigkeit von Mitarbeitern mit Handicap mit sozialer Ausgrenzung reagieren. Des Weiteren komme es vor, dass einzelne Mitarbeiter mit Handicap bei Problemen in der Arbeitsgruppe von Kollegen als Verursacher dieser Schwierigkeiten gesehen werden.

Als Folgen von Druck in Arbeitsgruppen könne es zu psychischen Belastungen, Erkrankungen, Selbstüberforderung von Mitarbeitern mit Handicap und zum Verzicht auf zustehende Vergünstigungen (Nachteilsausgleiche) kommen. Die erwähnte Problematik könne dazu führen, dass ein Teufelskreis zwischen Spannungen in der Arbeitsgruppe und Fehlzeiten ausgelöst wird.

5.1.3 „Dass der weniger bringt, ist ok."

Unternehmensbeteiligte schildern, dass eine eingeschränkte Leistung in der Arbeitsgruppe akzeptiert werde, wenn der Mitarbeiter mit Handicap die seinen Fähigkeiten entsprechende Leistung erbringe. Akzeptanz von eingeschränkter Leistung scheint am ehesten gewährleistet, wenn der Mitarbeiter mit Handicap bereits länger zu der betreffenden Gruppe gehört und wenn es keine erhöhte Anzahl von Mitarbeitern mit Handicap in einem Bereich gibt, sondern eine ungefähre Gleichverteilung über verschiedene Arbeitsgruppen gegeben ist. Es wird geschildert, dass aufgrund der Möglichkeit, selbst eine Einschränkung oder Behinderung zu erwerben, Akzeptanz aus der Arbeitsgruppe entgegengebracht werde.

Als eine Voraussetzung für das Entstehen von Verständnis werden Informationen und Schulungen für Kollegen und Vorgesetzte von Mitarbeitern mit Handicap genannt. Auch ein als gerecht empfundenes Entlohnungssystem zur Verminderung von Neid und Konkurrenzdenken wird als ein wichtiges Instrument gesehen, um die Akzeptanz in der Arbeitsgruppe zu gewährleisten. Die vorliegenden empirischen Ergebnisse decken sich mit den Ergebnissen von *Kotthoff* (1988), differenzieren diese aber vor allem mit Blick auf die Voraussetzungen für Akzeptanz weiter.

5.1.4 „Wir kommen gut miteinander aus"

Von den Befragten werden verschiedene unterstützende Verhaltensweisen genannt, die zur sozialen Integration der Mitarbeiter mit Handicap beitragen würden: Einbindung durch Kommunikation, konkrete Unterstützung, Anfertigen einer ergonomischen Hilfe am Arbeitsplatz, private Besuche zu Hause oder das Erlernen der Gebärdensprache. Auch gebe es Beschäftigte, die sich als sogenannte ‚Mentoren' für Mitarbeiter mit Handicap einsetzen und gezielte Hilfestellung leisten.

5.1.5 „Der soll sich auch anstrengen"

Es liegen Aussagen vor, dass Vorgesetzte einer Arbeitsgruppe die Arbeitsleistung, die alle Gruppenmitglieder zu erbringen haben, oft auch von Mitarbeitern mit Handicap erwarten. Die Auswertung ergibt, dass Akzeptanz oftmals an Leistungserbringung und Arbeitsmotivation des betreffenden Mitarbeiters geknüpft wird. Entscheidende Gründe für das Verständnis von Kollegen trotz häufig anfallender Mehrarbeit sei die Motivation und ein Beitrag zur Wertschöpfung durch Mitarbeiter mit Handicap. Manche Vorgesetzte scheinen Erfahrungen sowohl mit hoher als auch mit niedriger Arbeitsmotivation bei Mitarbeitern mit Handicap gemacht zu haben (vgl. auch *Seifert* 1979, *Braun/ Niehaus* 1988), was sich in der Aussage „manche sind hoch motiviert und andere drücken sich immer" polarisiert.

5.2 Vertreter der Arbeitgeberseite

5.2.1 „Manche sind hoch motiviert und andere drücken sich immer"

Ähnlich wie die Kollegen und die direkten Vorgesetzten sprechen Vertreter der Arbeitgeberseite zum einen von einer bisweilen überhöhten, zum anderen aber auch von geringer Arbeitsmotivation von Mitarbeitern mit Handicap. Es wird berichtet, dass die Vermittlung von Wertschätzung und konkrete Unterstützung durch das Unternehmen bei Mitarbeitern mit Handicap zu einer Erhöhung der Arbeitsmotivation führe. Andererseits führe die Wahrnehmung von geringer Arbeitsmotivation und hier insbesondere der Verdacht auf motivationsbedingte Fehlzeiten auch bei Mitarbeitern mit Handicap zu verstärkten disziplinierenden Maßnahmen wie Gesprächen mit Vertretern der Personalabteilung, Kündigungen oder Arbeitsgerichtsverfahren.

5.2.2 „Wir bemühen uns ständig, behinderte Mitarbeiter zu integrieren"

Aufgrund sozialer Verantwortung im Rahmen der Unternehmensziele würden nach Aussagen der Befragten auch immer Bemühen und Anstrengungen unternommen, sich für Mitarbeiter mit Handicap einzusetzen. Es wird berichtet, dass das Thema ‚Mitarbeiter mit Handicap' und ‚Gesundheit' im Unternehmen einen hohen Stellenwert habe. Dabei wird die Unterstützungsbereitschaft der Personalabteilung und des Personalvorstandes, der Werksärzte, des Werksleiters oder des Arbeitgeberbeauftragten für Schwerbehinderte betont.

5.2.3 „Das ist alles ein viel zu hoher Aufwand für die paar Mitarbeiter"

Es liegen aber auch Aussagen vor, dass bei der Suche nach adäquaten Arbeitsplätzen für Mitarbeiter mit Handicap Hilfestellungen durch das Unternehmen vermisst würden. Mitarbeiter mit Handicap würden oftmals nicht bei Problemen in der Arbeitsgruppe durch Vertreter der Arbeitgeberseite unterstützt. Als Grund für fehlende Unterstützung wird zum einen der als zu hoch empfundene Aufwand bei der Integration von Mitarbeitern mit Handicap gesehen. Zum anderen würden hohe Kosten von integrierenden Maßnahmen abhalten. Das Thema der Integration von Mitarbeitern mit Handicap in Unternehmen sei nicht immer von zentraler Bedeutung.

5.2.4 „Wir würden ja gerne, aber die Kosten ... "

Vertreter der Arbeitgeberseite berichten häufig von einem Spannungsfeld zwischen sozialer Verantwortung und wirtschaftlicher Verpflichtung. Einerseits wird die Beschäftigung von Mitarbeitern mit Handicap als wichtig angesehen, zum anderen sind Kosteneffektivität und Wirtschaftlichkeit vorrangig. Maßnahmen wie Insourcing zur Schaffung von Leichtarbeitsplätzen oder Vermeidung von Outsourcing stünden genau in diesem Spannungsfeld.

6 Diskussion

Die vorliegende Untersuchung ist als branchenspezifische Studie zu sehen, bei der es vor allem um Mitarbeiter mit Handicap geht, die in der Produktion der Automobilunternehmen beschäftigt sind. Inwieweit diese Situation auf andere Betriebe, wie Dienstleistungsunternehmen oder Unternehmen des öffentlichen Dienstes übertragen werden können, kann hier nicht beantwortet werden. Untersuchungen wie z. B. von *Kotthoff* (1988) legen nahe, dass sich Einstellungen und Verhaltensweisen in Unternehmen sowohl abhängig von der Unternehmensgröße als auch von der Branchenzugehörigkeit und Art des Unternehmens äußern.

Ziel dieser Arbeit ist es, bestehende Einstellungen und Verhaltenstendenzen gegenüber Mitarbeitern mit Handicap zu beschreiben. Eine solche deskriptive Ebene der Beschreibung eines Ist-Zustandes muss immer gegeben sein, um mögliche Ursachen dieses Zustandes und in einem Folgeschritt auch mögliche Veränderungen aufzuzeigen. So können folgende zu prüfende Forschungshypothesen aufgestellt werden:

- Ausgrenzendes Verhalten in Arbeitsgruppen wird durch die soziale Grundeinstellung und die Vermittlung von Akzeptanz von höheren Hierarchieebenen reduziert
- Akzeptanz in Arbeitsgruppen hängt eher von der Leistungsbereitschaft als von der tatsächlichen Leistungsfähigkeit von Mitarbeitern mit Handicap ab.

Für die Automobilbranche bzw. für industrielle Unternehmen liegt somit ein erster Ansatz zur Erforschung von Einstellungen und Verhaltensweisen seitens verschiedener betrieblicher Akteure gegenüber Mitarbeitern mit Handicap vor, auf den in Folgeuntersuchungen aufgebaut werden kann und aus dem sich zahlreiche Implikationen für die Forschung und Praxis ableiten lassen.

Literatur

Braun, H.; *Niehaus*, M.: Die soziale Situation schwerbehinderter Erwerbspersonen. Trier 1988.
Eagly, A.H.; *Chaiken*, S.: The Psychology of Attitudes. San Diego 1993.
Kotthoff, H.: Betriebliche Strategien zur Integration Schwerbehinderter. In: Knappe, E.; Frick, B. (Hrsg.): Schwerbehinderte und Arbeitswelt. Frankfurt a.M. 1988, 103-125.
LaPière, R. : Attitudes vs. actions. Social Forces 13(1934), 230-237.
Mayring, Ph.: Qualitative Inhaltsanalyse. Weinheim 2000.

Myers, D.G.: Social Psychology. Boston 1999.

Niehaus, M.; *Montada*, L.: Behinderte auf dem Arbeitsmarkt. Frankfurt a.M. 1997.

Niehaus, M.; *Schmal*, A. *Heinrich*, T.: Ansätze betrieblicher Beschäftigungsförderung (schwer-) behinderter Mitarbeiter in der Deutschen Automobilindustrie. Forschungsbericht Nr. 291. Bonn 2001.

Schmal, A.: Problemgruppen oder Reserven für den Arbeitsmarkt? Frankfurt 1993.

Schmal A.; *Niehaus*, M.; *Heinrich*, T.: Betrieblicher Umgang mit der Gruppe leistungsgewandelter und behinderter Mitarbeiter: Befragungsergebnisse aus der Sicht unterschiedlicher Funktionsträger. Die Rehabilitation 40(2001), 241-246.

Seifert, K.H.: Einstellungen von Berufstätigen zur beruflich-sozialen Integration von Körperbehinderten. Die Rehabilitation 18(1979), 158-166.

Seifert, K.H.; *Stangl*, W.: Einstellungen zu Körperbehinderten und ihrer beruflich-sozialen Integration. Bern 1981.

Stahlberg, D.; *Frey*, D.: Einstellungen: Struktur, Messung und Funktion. In: Stroebe, W. u.a. (Hrsg.): Sozialpsychologie. Heidelberg 1996, 219-252.

Tröster, H.: Einstellungen und Verhalten gegenüber Behinderten: Konzepte, Ergebnisse und Perspektiven sozialpsychologischer Forschung. Bern 1990.

WHO: Internationale Klassifikation der Funktionsfähigkeit, Behinderung und Gesundheit (ICF). Genf 2001

Autorinnen und Autoren

Biermann, Horst, Prof. Dr.
Universität Dortmund, Fakultät 13, Berufspädagogik und berufliche Rehabilitation, Emil-Figge-Str. 50, 44221 Dortmund

Biewer, Gottfried, Dr.
Universität Koblenz-Landau, Institut für Sonderpädagogik, Xylanderstr. 1, 76829 Landau

Bless, Gérard, Prof. Dr.
Universität Freiburg, Heilpädagogisches Institut, Petrus-Kanisius-Gasse 21, 1700 Freiburg, Schweiz

Blickenstorfer, Jürg, Dr.
Arbenzstr. 19, 8008 Zürich, Schweiz

Bretländer, Bettina
Universität Dortmund, Fakultät 13, Frauenforschung in Rehabilitation und Pädagogik bei Behinderung, Emil-Figge-Str. 50, 44227 Dortmund

Bundschuh, Konrad, Prof. Dr.
Universität München, Institut für Sonderpädagogik, Lehrstuhl für Geistigbehindertenpädagogik und Verhaltensgestörtenpädagogik, Leopoldstraße 13, 80802 München

Dederich, Markus, Dr.
Universität Dortmund, Fakultät 13, Theorie der Rehabilitation und Pädagogik bei Behinderung, Emil-Figge-Str. 50, 44221 Dortmund

Dlugosch, Andrea
Universität Hannover, Institut für Sonderpädagogik, Abt. Beeinträchtigung des Verhaltens, Bismarckstr. 2, 30173 Hannover

Döngens, Christoph, Dr.
Universität Koblenz-Landau, Institut für Sonderpädagogik, Xylanderstr. 1, 76829 Landau

Eberwein, Hans, Prof. Dr.
Freie Universität Berlin, Fachbereich Erziehungswissenschaften, Arbeitsbereich Integrationspädagogik, Habelschwerdter Allee 45, 14195 Berlin

Ellinger, Stephan, Dr.
Universität Würzburg, Institut für Sonderpädagogik, LST 1, Wittelsbacherplatz 1, 97074 Würzburg

Fingerle, Michael, Dr.
Universität Halle-Wittenberg, Institut für Rehabilitationspädagogik, Fachrichtung Verhaltensgestörtenpädagogik, Selkestr. 9, 06099 Halle

Gaal, Eva, Dr.
ELTE Universität Budapest, Gustav Berczi Fakultät für Heilpädagogik, Ecseri út 3, 1097 Budapest, Ungarn

Gehrmann, Petra, Dr.
Universität Dortmund, Fakultät 13, Rehabilitation und Pädagogik bei Lernbehinderungen, Emil-Figge-Str. 50, 44221 Dortmund

Haeberlin, Urs, Prof. Dr.
Heilpädagogisches Institut, Universität Freiburg, Petrus-Kanisius-Gasse 21, 1700 Freiburg, Schweiz

Hartmann, Blanka, Dr.
Universität Leipzig, Institut für Förderpädagogik, Lehrstuhl für Verhaltensgestörtenpädagogik, Marschnerstr. 29-31, 04109 Leipzig

Hillenbrand, Clemens, Prof. Dr.
Fachhochschule Bielefeld, Lehrgebiet Heil- und Sonderpädagogik, Kurt-Schumacher Str. 6, 33615 Bielefeld

Holler-Zittlau, Inge
Universität Marburg, Institut für Heil- und Sonderpädagogik, Schwanallee 50, 35037 Marburg

Horvath, Miklos
ELTE Universität Budapest, Gustav Barczi Fakultät für Heilpädagogik, Ecseri út 3, 1097 Budapest, Ungarn

Hurrelmann, Klaus, Prof, Dr.
Universität Bielefeld, Fakultät für Gesundheitswissenschaften, 33501 Bielefeld

Knebel, Ulrich von, Dr.
Universität Hamburg, Fachbereich Erziehungswissenschaft, Institut für Behindertenpädagogik, Sedanstr. 19, 20146 Hamburg

Koch, Katja, Dr.
Universität Würzburg, Institut für Sonderpädagogik, LST 1, Wittelsbacherplatz 1, 97074 Würzburg

Kulig, Wolfram
Universität Halle-Wittenberg, Institut für Rehabilitationspädagogik, Fachrichtung Verhaltensgestörtenpädagogik, Selkestr. 9, 06099 Halle

Leidig, Tatjana
Universität zu Köln, Heilpädagogisch-Rehabilitationswissenschaftliche Fakultät, Seminar für Erziehungsschwierigenpädagogik, Klosterstr. 79b, 50931 Köln

Lingenauber, Sabine
Universität Dortmund, Fakultät 13, Frauenforschung in Rehabilitation und Pädagogik bei Behinderung, Emil-Figge-Str. 50, 44221 Dortmund

Mahnke, Ursula,
Universität Leipzig, Institut für Förderpädagogik, Lehrstuhl für Lernbehindertenpädagogik, Marschnerstr. 29-31, 04109 Leipzig

Mand, Johannes, Dr.
Universität zu Köln, Heilpädagogisch-Rehabilitationswissenschaftliche Fakultät, Seminar für Allgemeine Heilpädagogik, Sozialpädagogik und Pädagogik der Behinderten, Klosterstr. 79b, 50931 Köln

Markowetz, Reinhard
Pädagogische Hochschule Heidelberg, Institut für Sonderpädagogik, Geistigbehindertenpädagogik, Keplerstr. 87, 69120 Heidelberg

Martensmeier, Julia
Universität zu Köln, Heilpädagogisch-Rehabilitationswissenschaftliche Fakultät, Seminar für Erziehungsschwierigenpädagogik, Klosterstr. 79b, 50931 Köln

Moser, Vera, Dr.
Universität Frankfurt, Fachbereich Erziehungswissenschaften, Institut für Sonderpädagogik, Senckenberganlage 13-17, 60054 Frankfurt/ Main

Neuer-Miebach, Therese, Prof. Dr.
Biegenstraße 32, 35037 Marburg

Niehaus, Mathilde, Prof. Dr.
Universität Wien, Institut für Erziehungswissenschaften, Universitätsstr. 7, 1010 Wien, Österreich

Opp, Günther, Prof. Dr.
Universität Halle-Wittenberg, Institut für Rehabilitationspädagogik, Fachrichtung Verhaltensgestörtenpädagogik, Selkestr. 9, 06099 Halle

Orthmann, Dagmar, Dr.
Universität Landau, Institut für Sonderpädagogik, Xylander Str. 1, 76829 Landau

Pipeková, Jarmila
Masaryk Universität, Pädagogische Fakultät, Porící 9, 603 00 Brno, Tschechische Republik

Prazak, Barbara
Universität Wien, Institut für Erziehungswissenschaften, Universitätsstr. 7, 1010 Wien, Österreich

Rensighoff, Carsten,
Universität Bremen, Sg. 12, Sprockhöveler Str. 144, 58455 Witten

Sasse, Ada, Dr.
Universität Erfurt, Institut für Sonder- und Sozialpädagogik, 99006 Erfurt

Schad, Gerhard, Dr.
Universität Würzburg, Institut für Sonderpädagogik, LST 2, Wittelsbacherplatz 1, 97074 Würzburg

Schildmann, Ulrike, Prof. Dr.
Universität Dortmund, Fakultät 13, Frauenforschung in Rehabilitation und Pädagogik bei Behinderung, Emil-Figge-Str. 50, 44227 Dortmund

Schlüter, Martina, Dr.
Universität zu Köln, Heilpädagogisch-Rehabilitationswissenschaftliche Fakultät, Seminar für Sondererziehung und Rehabilitation der Körperbehinderten, Klosterstr. 79b, 50931 Köln

Schmal, Andreas, Dr.
Universität Trier, FBI-ABO-Psychologie, Universitätsring 15, 54286 Trier

Schmetz, Ditmar, Prof. Dr.
Universität Dortmund, Fakultät 13, Rehabilitation und Pädagogik bei Lernbehinderungen, Emil-Figge-Str. 50, 44221 Dortmund

Schnoor, Heike, Prof. Dr.
Universität Marburg, Institut für Heil- und Sonderpädagogik, Schwanallee 50, 35032 Marburg

Simbrig, Ines
Universität Trier, FBI-ABO-Psychologie, Universitätsring 15, 54286 Trier

Skale, Nadja
Universität Halle-Wittenberg, Institut für Rehabilitationspädagogik, Fachrichtung Verhaltensgestörtenpädagogik, Selkestr. 9, 06099 Halle

Spiess, Walter, Prof., Ph. D.
Christian Albrechts- Universität, Institut für Heilpädagogik. Olshausenstr. 75, 24118 Kiel

Stechow, Elisabeth von
Universität Frankfurt, Institut für Allgemeine Erziehungswissenschaften, Robert-Mayer Str. 5, 60054 Frankfurt/ Main

Störmer, Norbert, Prof. Dr.,
Hochschule Zittau-Görlitz, Institut für Kommunikation, Information, Bildung, Furtstr. 2, 02826 Görlitz

Strachota, Andrea, Dr.
Universität Wien, Institut für Erziehungswissenschaften, Universitätsstr. 7, 1010 Wien, Österreich

Vítková, Marie, Prof.
Masaryk Universität, Pädagogische Fakultät, Porící 9, 603 00 Brno, Tschechische Republik

Walther-Müller, Peter, Dr.
Schweizerische Zentralstelle für Heilpädagogik, Obergrundstrasse 61, 6003 Luzern, Schweiz

Warzecha, Birgit, Prof. Dr.
Universität Hamburg, Institut für Behindertenpädagogik, Sedanstr. 19, 20146 Hamburg

Wenzel, Ellen,
Universität Halle-Wittenberg, Institut für Rehabilitationspädagogik, Fachrichtung Verhaltensgestörtenpädagogik, Selkestr. 9, 06099 Halle

Wetzler, Rainer, Dr.
Universität Dortmund, Fakultät 13, Qualitätsmanagement, Emil-Figge-Str. 50, 44221 Dortmund

Wüllenweber, Ernst, Dr.
Galluner Str. 11, 12307 Berlin